**WERELD
REISGIDS**

Canada

oost

Inhoud

Wildernis, weidsheid en wereldsteden 10
Reizen in het oosten van Canada 12
Hulp bij het plannen van uw reis 14
Suggesties voor rondreizen 19

Land, volk en cultuur

Canada oost in het kort 26
Natuur en milieu 28
Politiek en economie 35
Geschiedenis 40
Jaartallen 50
Maatschappij en dagelijks leven 52
Kunst en cultuur 60

Reisinformatie

Reis en vervoer 70
Accommodatie 74
Eten en drinken 76
Sport en activiteiten 79
Feesten en evenementen 86
Praktische informatie van A tot Z 88

Onderweg in het oosten van Canada

Hoofdstuk 1 – Toronto

In een oogopslag: Toronto 106
Downtown Toronto 108
Langs de oever 108
Entertainment District 113
Actief: Eilandhoppen binnen de stad – Toronto Islands 114
Rond Queen Street 116
Financial District 117
Old Town 118
St. Lawrence 119

Via Yonge Street de stad uit 119
Chinatown en Kensington Market 122
Queen's Park en universiteit 125

Wijken rondom Downtown **126**
Midtown..126
West End 128
East End 128
Uitstapjes vanuit Toronto..129

Hoofdstuk 2 – Ontario

In een oogopslag: Ontario **140**
Niagara Peninsula **142**
Niagara-on-the-Lake..142
Niagara Parkway 147
Niagara Falls 148
Actief: Hornblower Niagara Falls Boat Tour........................152

Zuid-Ontario... **154**
Fort Erie 154
Van Fort Erie naar Point Pelee National Park 154
Van Leamington naar Windsor....................................156
Windsor 157
African-Canadian Heritage Tour 158
Naar Oil Springs en Lake Huron...................................161
Stratford..162
Mennonite Country 164

Rondom de Georgian Bay................................... **168**
Bruce Peninsula 168
Manitoulin Island 171
Van Manitoulin Island naar Muskokas..............................177
Muskoka..178
Algonquin Provincial Park 180
Actief: Peddelen in het Algonquin Provincial Park 182
Rondom de Severn Sound...184

Van Lake Ontario naar de Canadese hoofdstad **188**
Van Toronto naar Quinte's Isle 188
Quinte's Isle..189
Kingston 191
Thousand Islands 193

Actief: Kajakken in het Thousand Islands National Park 196
Morrisburg en Upper Canada Village................................197
Langs het Rideau Canal naar Ottawa 198

Ottawa.. 200
Confederation Square...201
Parliament Hill 201
Sparks Street Mall..203
Langs het Rideau Canal 204
Lower Town 205
Sussex Drive 207
Rockcliffe Park 208
Le Breton Flats 208
Centretown..208
Gatineau 209

Van Ottawa naar Lake Superior 212
Ottawa Valley..212
Actief: Raften op de Ottawa River...............................213
Van Mattawa naar Sault Ste. Marie..............................215
Sault Ste. Marie 218
Naar Thunder Bay 219
Thunder Bay 222
Verder naar het westen...224
Via de noordelijke route terug naar Ottawa 224

Hoofdstuk 3 – Montréal en omgeving

In een oogopslag: Montréal en omgeving 232
Vieux-Montréal: de oude binnenstad 234
Stadsgeschiedenis 234
Rondom de Place Royale 235
Place d'Armes 235
Place Jacques-Cartier en omgeving.............................237
Parc des Îles 239
Actief: Fietsen van Vieux-Montréal naar de eilanden.............242

Centre-Ville 244
Place Ville-Marie 244
Ville Souterraine 244
Rondom Square Dorchester 244
Rue Ste-Cathérine..246
Rue Sherbrooke...246
Boulevard St-Laurent..250
Outremont en Westmount 251
Rue St-Denis...253
Ten oosten van het centrum......................................253

Mont-Royal 254
Actief: Mont-Royal – De stadsberg beklimmen....................261

Uitstapjes in de omgeving van Montréal.................. 262
Laurentides...263
Montérégie en Cantons de l'Est 267

Hoofdstuk 4 – Québec

In een oogopslag: Québec 272
Ville de Québec 274
De geschiedenis van de 'oude hoofdstad' 274
Vieux-Québec: Haute-Ville...275
Basse-Ville...283
Uitstapjes in de omgeving...288

Langs de St. Lawrence River naar de
    Atlantische Oceaan 292
Over de Chemin du Roy naar Québec................................292
Charlevoix 296
Côte-Nord 301

Peninsule de Gaspé 306
Chaudière-Appalaches..306
Bas-Saint-Laurent 308
Actief: Kajakken in het Parc national du Bic 311
De noordkust 313
Actief: Fitness op Mont-Albert, Parc national de la Gaspésie 317
De zuidkust...321
Îles-de-la-Madeleine 323

Hoofdstuk 5 – New Brunswick en Prince Edward Island

In een oogopslag: New Brunswick en Prince Edward
    Island.. 328
New Brunswick 330
Langs de Saint John River 330
Fredericton 331
Van Fredericton naar Saint John 334
Saint John 334
Het zuiden van New Brunswick.....................................340
Bay of Fundy..344
Actief: De Coastal Trail van Herring Cove naar Point Wolfe 345
De Acadische kust 348
Actief: Claire Fontaine Trail in het Kouchibouguac National Park ...351

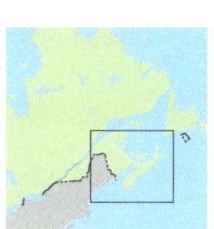

Prince Edward Island.. 354
Naar het eiland 354
Rondritten over het eiland 355
Charlottetown 355
Central Coastal Drive 358
North Cape Coastal Drive 363
Points East Coastal Drive 365
Actief: Greenwich Dunes Trail 369

Hoofdstuk 6 – Nova Scotia

In een oogopslag: Nova Scotia 372
Halifax 374
Geschiedenis 374
Downtown 374
Waterfront 379
Naar Dartmouth 381
Eastern Passage 382
Actief: Uitstapje naar McNabs Island 384

Rondreizen in Nova Scotia 388
Over de Lighthouse Route naar Lunenburg 388
Lunenburg 392
Over de Lighthouse Route naar Yarmouth 396
Actief: Kanoën in het Kejimkujik National Park 398
Over de Evangeline Trail naar Annapolis Royal 403
Annapolis Royal 406
Over de Evangeline Trail naar Halifax 409
Over de Glooscap Trail rond het Minas Basin 410
Actief: Rit op de getijdengolf 411
Fundy Shore Scenic Route 413
Over de Sunrise Trail naar Cape Breton 415
Over de Marine Drive naar Cape Breton 418

Cape Breton Island 422
Van de Canso Causeway naar Whycocomagh 422
Ceilidh Trail 423
Over de Cabot Trail naar Chéticamp 425
Actief: Kaapwandeling over de Cape Smokey Trail 428
Bras d'Or 434
Sydney en de regio Glace-Bay 435
Louisbourg National Historic Site 437
Over de Fleur-de-lis Trail naar St. Peter's 438
Isle Madame 439

Hoofdstuk 7 – Newfoundland en Labrador, Nunavut

In een oogopslag: Newfoundland, Labrador en Nunavut . 442
St. John's en het Avalon Peninsula 444
St. John's. 444
De omgeving van St. John's 451
Het oosten van het Avalon Peninsula 453
Actief: Stiles Cove Path van Pouch Cove naar Flatrock 456
Cape St. Mary's. 459
Placentia en Trinity Bay. 459
Actief: Wandelen naar Cape St. Mary's Ecological Reserve 460
Conception Bay 462

Over de Trans-Canada Highway door Newfoundland 464
Bull Arm 464
Burin Peninsula 464
Bonavista Peninsula. 468
Terra Nova National Park 474
Gander Loop en Twillingate 475
Naar Corner Brook 477
Naar Channel-Port aux Basques 480
Actief: Met de veerboot langs de zuidkust van Newfoundland..... 482

Gros Morne National Park en de Viking Trail 484
Gros Morne National Park 484
Actief: Wandelen en varen op de Western Brook Pond............ 486
Viking Trail naar L'Anse aux Meadows 489
L'Anse aux Meadows 492
Uitstapje naar Labrador 494

Nunavut 498
Canada's nieuwe territorium. 498
Centrale Arctische kust. 499
Baffin Island en het uiterste noorden 501

Register 506
Fotoverantwoording/colofon 512

Thema's

Milieubescherming in Canada 31
'The French Fact, mais oui!' 36
Toronto's Chinatown: oosterse wijk bij de CN Tower 124
Avonturiers van de Niagara 149
De Underground Railroad 160
Leven in het verleden: mennonieten 166
Powwow op Manitoulin Island 174
De Polar Bear Express: per trein naar de frontier 226
Souterrain van Montréal: stad onder de stad 247
Instappen en genieten: de metro van Montréal 252
'Het sap komt!' 266
Wintercarnaval in Québec-Ville 280
Port Royal– De Nieuwe Wereld van Frankrijk 407
De schat van Louisbourg 436
De noordwestelijke doorvaart 502

Alle kaarten in een oogopslag

In een oogopslag: Toronto **107**
Toronto 110
Eilandhoppen in de stad – Toronto Islands 114

In een oogopslag: Ontario **141**
Niagara Peninsula 143
Niagara-on-the-Lake 144
Niagara Falls 150
Zuid-Ontario 158
Rondom de Georgian Bay 172
Algonquin Provincial Park 180
Peddelen in het Algonquin Provincial Park 182
Van Lake Ontario naar Ottawa 190
Kingston 192
Kajakken in het Thousand Islands National Park 196
Ottawa 202
Van Ottawa naar Lake Superior 214

In een oogopslag: Montréal en omgeving **233**
Vieux-Montréal 236
Fietstocht van Vieux-Montréal naar de eilanden 242
Montréal Centre-Ville 248
Mont-Royal – De stadsberg beklimmen 261
Omgeving van Montréal 264

In een oogopslag: Québec **273**
Ville de Québec 276
Langs de St. Lawrence River naar de Atlantische Oceaan 294
Peninsule de Gaspé 308
Stairmaster Mont-Albert, Parc national de la Gaspésie..............317

In een oogopslag: New Brunswick en
  Prince Edward Island **329**
Fredericton 333
Saint John 335
New Brunswick 338
Over de Coastal Trail van Herring Cove naar Point Wolfe 345
Claire Fontaine Trail in het Kouchibouguac National Park 351
Charlottetown 357
Prince Edward Island 362
Greenwich Dunes Trail 369

In een oogopslag: Nova Scotia **373**
Halifax..376
Uitstapje naar McNabs Island......................................384
Rondreizen in Nova Scotia...400
Cape Breton Island..424
Kaapwandeling over de Cape Smokey Trail........................428

In een oogopslag: Newfoundland, Labrador en Nunavut .. **443**
St. John's...446
Stiles Cove Path van Pouch Cove naar Flatrock 456
Avalon Peninsula..458
Over de Trans-Canada Highway door Newfoundland...............466
Wandelen en varen op de Western Brook Pond....................486
Gros Morne National Park en Viking Trail 491
Nunavut..499

Wildernis, weidsheid en wereldsteden

Oost-Canada is ongeveer zo groot als West-Europa en heeft reusachtige meren, woeste rivieren en schier eindeloze bossen, kusten en toendra's. De dimensies van het gebied zijn van een geheel andere orde dan aan onze kant van de Atlantische Oceaan. Daarnaast liggen hier de grootste en oudste steden van Canada – de toegangspoorten tot de tweetalige ziel van dit kolossale land.

Oost-Canada betekent: verblijven in blokhutten aan het water, kanoën op ongerepte rivieren, vissen in kristalheldere wateren, kamperen in nationale parken en het tegen beren beveiligen van proviand. Oost-Canada betekent ook: elanden, bevers, wolven en visarenden – en bij de Atlantische kust walvissen, walrussen en enorme kolonies zeevogels. Tussen de Grote Meren met de Niagara Falls in het westen en de steile kliffen van de Atlantische kust liggen Canada's grootste en oudste steden. Het zijn bruisende, veeltalige metropolen, welbespraakte getuigen van een bewogen geschiedenis en een niet altijd eenvoudig, maar wel vredelievend heden.

Zo weids als de landschappen zijn, zo groot zijn de klimatologische tegenstellingen. Terwijl de dorpen van de Cree aan de James Bay nog door de sneeuw bedekt zijn, genieten de inwoners van Montréal al van voorzomerdagen op hun geliefde terrasjes. Terwijl voor Newfoundland de ijsschotsen door Iceberg Alley drijven, worden er wijnfeesten georganiseerd op het Niagara Peninsula. Zo kunt u ook nog zwemmen in het heldere water van de Muskokameren in Ontario terwijl op Cape Breton Island de herfst allang is begonnen.

Canada is, in tegenstelling tot wat in Europa nogal eens wordt gedacht, over het algemeen geen koud vakantieland. De zomers zijn verrassend warm, in Ontario zelfs drukkend en in Québec droog. Aan de oostkust zijn de zomers doorgaans wat frisser, al is de temperatuur ook hier vaak hoog genoeg voor het strand, bijvoorbeeld aan de noordkust van Prince Edward Island of aan Nova Scotia's zonnige kust langs de Northumberland Strait. Neem dus sowieso badkleding mee. De winters zijn wel koud, vooral in Québec, waar ook de meeste sneeuw valt. In Toronto en Zuid-Ontario lijkt de winter wat meer op de onze.

Het oosten van Canada is de bakermat van de veelzijdige cultuur van dit reusachtige land. Wie in Toronto uit het vliegtuig stapt, wordt welkom geheten in het Engels, maar in Montréal wordt u begroet met eens Frans *bienvenue* – een opvallend teken van een veelbewogen geschiedenis. De twee *founding nations* van Canada, in eerste instantie Frankrijk en vervolgens Engeland, hebben samen vierhonderd jaar lang aan de opbouw van hun land gewerkt. Terwijl beide Europese supermachten elkaar overal elders ter wereld bestreden of op z'n minst met wantrouwen bekeken, werkten in Canada de Engelse en Franse emigranten en hun nakomelingen samen om een staat tot stand te brengen. Deze is weliswaar enkele keren op een haar na uiteengevallen, maar is tegenwoordig dankzij de tolerantie en de op consensus gerichte binnen- en buitenlandse politiek een hoogst gewaardeerd lid van de internationale familie der naties.

Alle clichés over Canada zijn overigens waar. Het is daarom wellicht niet meer nodig u te waarschuwen voor de onafzienbare afstanden: Oost-Canada ligt verdeeld over maar liefst drie tijdzones en de inwoners zelf rekenen niet in kilometers maar in uren en dagen. Wees dus voorbereid op een langdurig verblijf in de auto. Wel is het een heerlijke sensatie om eindeloos over een weg te rijden die u helemaal voor uzelf hebt. Toch is het niet nodig duizenden kilometers te rijden om het oosten van Canada in al zijn facetten te leren kennen. Iedere regio heeft een karakteristiek mengsel van de Canadese veelzijdigheid. De provinciehoofdsteden zijn culturele centra met moderne binnensteden, verzorgde oude stadskernen en uitstekende musea, die tot de beste van Noord-Amerika worden gerekend. Immigranten uit de hele wereld hebben er multiculturele metropolen van gemaakt waar, zoals in Toronto, meer dan honderd talen worden gesproken en waar, zoals in Montréal, de mensen moeiteloos kunnen schakelen tussen Engels en Frans.

Maar de steden zijn natuurlijk lang niet alles. Canada staat bijna symbool voor weidsheid en wildernis, en die liggen ook in het – voor Canadese begrippen – dichtbevolkte oosten van het land voor het oprapen. In St. John's, de hoofdstad van Newfoundland, hoeft u bijvoorbeeld maar de Signal Hill op te lopen om van een adembenemend uitzicht over de grandioze kliffen te genieten. Op slechts twintig minuten rijden in noordelijke richting van Québec leven elanden en wolven in het wild.

Op twee uur rijden ten noorden van Toronto moeten wandelaars en kampeerders rekening houden met Amerikaanse zwarte beren en na anderhalf uur met de auto ten noorden van Montréal kunt u heerlijk kanoën. Hoe verder van de steden, hoe minder mensen. Na drie, vier uur rijden komt u bij een meer, een rivier of een kloof die u met niemand meer hoeft te delen – op een bever na misschien, die in het water een tak voor zich uit duwt onderweg naar zijn burcht …

De schrijvers

Kurt J. Ohlhoff
Ole Helmhausen
anwbmedia@anwb.nl

Kurt J. Ohlhoffs fascinatie met Canada begon in de jaren dat hij voor Duitse en Canadese kranten schreef vanuit Ontario. Ook als cultureel adviseur van het 'Amerikahuis' in Hannover maakte hij vele studiereizen naar Noord-Amerika. Tegenwoordig werkt Ohlhoff als freelance reisjournalist en fotograaf. Hij schreef ook de ANWB Wereldreisgids Canada West & Alaska.

Ole Helmhausen is van oorsprong etnoloog, maar schreef al tijdens zijn eerste reizen naar Afrika reisgidsen. Sinds 1993 woont en werkt hij in Montréal. Daarvandaan schrijft Helmhausen, die zichzelf 'reizend journalist' noemt, voor tal van reisbladen en -websites over mensen en gebieden tussen Newfoundland en British Columbia.

Reizen in het oosten van Canada

Blokhutten aan het water. Watervliegtuigen, kano's en ski's. Adelaars, beren, zalmen, walvissen en bevers: zaken die iedere Europeaan kent en die de dicht op elkaar wonende, altijd gestreste stedeling jaloers maken. Geen ander land ter wereld wordt alleen al bij het noemen van de naam spontaner in verband gebracht met het ideaalbeeld van ongerepte natuur, kristalhelder water en onbewoonde bossen dan Canada. En het mooiste is dat deze clichés, hoe overdreven ze misschien mogen klinken, nog waar zijn ook! In Canada, waar afstanden in uren en dagen worden aangegeven en waar u bij interlokale gesprekken aan de tijdzone moet denken om niet midden in de nacht iemand wakker te bellen, is nog steeds ontzettend veel leefruimte. Door dit land te reizen, in een huurauto of met een camper, betekent rijden over soms wel duizenden kilometers lange wegen, die pas ver achter de horizon eindigen. Onderweg komt u automobilisten tegen die u in het voorbijrijden vriendelijk groeten en maakt u kennis met de lokale bevolking, bij wie gastvrijheid nog altijd hoog in het vaandel staat en die immer bereid is om u te helpen.

Ongerepte natuur

Zelfs de verwendste Europeanen, die het begrip 'levenskwaliteit' misschien anders definieren, kunnen zich onmogelijk onttrekken aan het tijdloos mooie natuurschoon. Er zijn nog altijd wildernissen waarin u dagenlang kunt wandelen of kanoën zonder iemand tegen te komen. U kunt er hengelen in visrijke riviertjes, door diepe canyons raften en talloze dieren observeren.

In het vruchtbare stroomdal van de Fleuve Saint-Laurent en het gebied van de grote meren liggen niet alleen de grote metropolen, hier kletteren ook de Niagara Falls, Oost-Canada's beroemdste natuurspektakel. Ten noorden van de steden strekt zich Canadian Shield uit (ook wel het Laurentiaplateau genoemd): een reusachtige, zacht golvend oppervlak met uitgestrekte bossen en duizenden meren, waarin kale granietpieken de enige accenten zetten. Het mooiste voorbeeld van dit lanschap is te zien in het **Algonquin Provincial Park.**

Atlantisch Canada wordt gekenmerkt door dramatische kustgebieden en zwaar beboste bergtoppen in het achterland. Dit zijn de Appalachen, die in het **Gros Morne National Park** hun prachtige apotheose vinden. Op **Prince Edward Island** zijn Canada's mooiste stranden te vinden.

Kunst en cultuur opzuigen

Canada is meer dan wildernis en weidsheid. De metropolen in dit op één na grootste land ter wereld worden bevolkt door mensen uit alle hoeken van de wereld, die allemaal op creatieve wijze hun steentje hebben bijgedragen aan de identiteit van hun gekozen vaderland.

De internationaalste stad van het land en Noord-Amerika's culturele metropool is **Toronto,** tweehonderd jaar jong, dynamisch, veeltalig en zó rijk aan restaurants, musea en galeries dat zelfs New York jaloers kan zijn. Misschien wel de apartste stad van Noord-Amerika is **Montréal.** De oorspronkelijke volkeren die Canada hebben gesticht en destijds niet bepaald vrienden waren, hebben hier samen een stedelijke samenleving gecreëerd waar de *raison d'être* van zijn inwoners de wil om een goed leven te leiden lijkt te zijn. Zoveel historie en zoveel exquise restaurants op zo'n klein oppervlak als u aantreft in **Québec City** vindt u nergens anders in Noord-Amerika. **Halifax** is zeker geen wereldstad, maar wel de hoofdstad van Nova Scotia en het culturele middelpunt van de Atlantische provincies. Bovendien staat de stad met al zijn pubs en muziekcafés alom bekend als de *Hip City* van het oosten van Canada. Maar het allermooiste is dat u in alle steden slechts een steenworp verwijderd bent van de wilde natuur.

Individuele reizen

Dankzij een uitstekende infrastructuur is Canada een ideaal reisdoel voor mensen die op eigen houtje reizen. Naar de meest afgelegen gebieden van dit land lopen asfalt- of steenslagwegen. Overal zijn benzinestations, restaurants en overnachtingsmogelijkheden te vinden. Het is dus heel goed mogelijk op de bonnefooi te reizen, vooral buiten het hoogseizoen in juli en augustus. Als u in een grote stad, in of nabij een nationaal park of een andere attractie op een feestdag of in het weekend wilt overnachten, moet u het zekere voor het onzekere nemen en een kamer reserveren.

Ook een meerdaagse kano- of wandeltocht kunt u prima zelfstandig organiseren, maar in dat geval moet u absoluut wel ervaring hebben en bovendien lichamelijk fit zijn.

U leert Canada het best kennen als u zelf achter het stuur zit. Met het openbaar vervoer is uw bewegingsvrijheid beperkt. Bovendien komt u er niet mee in de nationale parken. Of u voor een personenauto of een camper kiest, hangt af van uw persoonlijke smaak. Wie met een gewone auto onderweg is, moet regelmatig een hotel zoeken of uitkijken naar een camping. Wie in een camper reist, hoeft zich geen zorgen te maken over onderdak, maar moet wel rekenen op hogere benzinekosten, een duurdere staanplaats op een camping en de regelmatige zorg voor afvalverwijdering. Het is in elk geval aan te bevelen uw auto of camper vooraf te boeken. Niet alleen is het voertuig zo meestal iets goedkoper, maar ook zijn alle belangrijke verzekeringen dan al inbegrepen.

Georganiseerde reizen

Alle grote reisorganisaties hebben Canada in hun programma opgenomen en bieden zowel zomer- als wintervakanties aan. Bovendien zijn er tal van kleine specialisten. Het aanbod loopt uiteen van een groepsrondreis met een Nederlandssprekende gids via talenreizen tot fly & drive's, waarbij de reisorganisator alleen het vervoer regelt en de rest aan zijn klanten overlaat.

BELANGRIJKE VRAGEN OVER DE REIS

Welke **reisdocumenten** heb ik nodig? zie blz. 70

Met welk **budget** moet ik rekening houden? zie blz. 95

Moet ik thuis **geld** wisselen of pas na aankomst? zie blz. 89

Heb ik **inentingen** nodig, en welke **medicijnen** moet ik zeker meenemen? zie blz. 90

Wat voor **kleding** moet er in de koffer? zie blz. 91

Hoe **organiseer** ik de reis ter plekke? Waar boek ik vooraf **rondreizen**? zie blz. 13

Welke rondreizen kan ik met het **openbaar vervoer** doen en voor welke tripjes is juist een **huurauto** nodig? zie blz. 71

Waar krijg ik de beste **weersvoorspelling**? zie blz. 92

Hoe staat het met de **veiligheid** in Canada? zie blz. 98

Hulp bij het plannen van uw reis

Planning van uw reis

De volgende planningen zijn aanbevolen voor reizigers die krap in hun tijd zitten. Ideaal is dit niet, maar met een goede voorbereiding kunt u toch veel zien in weinig tijd.

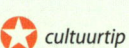 *cultuurtip* 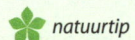 *natuurtip*

1. Toronto

Een beetje zoals New York en 'echt Amerikaans': Toronto is de vierde grootste stad van Noord-Amerika en heeft een skyline die kan wedijveren met die aan de zuidkant van de grens. Op straat lopen mensen uit alle uithoeken van de wereld. Dat is ook te merken aan het

De hoofdstukken in deze gids

1. **Toronto:** zie blz. 105
2. **Ontario:** zie blz. 139
3. **Montréal en omgeving:** zie blz. 231
4. **Québec:** zie blz. 271
5. **New Brunswick en Prince Edward Island:** zie blz. 327
6. **Nova Scotia:** zie blz. 371
7. **Newfoundland en Labrador, Nunavut:** zie blz. 441

culinaire aanbod: alle wereldkeukens zijn hier vertegenwoordigd. Daarmee houden de overeenkomsten met de Big Apple echter op. Toronto voelt eerder als een dorp, of beter, als een grote hoeveelheid dorpjes, dan als een metropool. De sfeer is er ondanks de grootstedelijke hectiek heel menselijk, zeker in de vele woonwijken – *neighbourhoods* – van de stad, waarin de samenhang sterk is en het *small town*-gevoel de drukte van de stad doet vergeten. Het culturele aanbod – zowel low- als highbrow – is dan wel weer van kosmopolitisch niveau: Toronto heeft na New York de grootste theater- en musicalscene van Noord-Amerika.

 Downtown Toronto

Goed om te weten: een auto hebt u in Toronto niet nodig. De meeste bezienswaardigheden zijn te voet bereikbaar of met de in hoefijzervorm door Down- en Midtown Toronto rijdende metro. Verdwalen zult u in elk geval niet: Downtown Toronto is een parallel aan Lake Ontario staande rechthoek met straten in een schaakbordpatroon. De hoofdverkeersader is Yonge Street, die Toronto's straatnetwerk verdeelt in East en West. Voor een eerste oriëntatie is de CN Tower zeer geschikt, de skyline is het mooist vanaf de Toronto Islands. Naast de voor de hand liggende hoogtepunten zou ook een musicalavond in het Royal Alexandra of het Princess of Wales Theatre op het programma moeten staan, en/of een ijshockeywedstrijd in het Air Canada Centre – het lokale team heet Toronto Maple Leafs.

Tijdschema

Toronto: 2-3 dagen

2. Ontario

Met een oppervlakte van meer dan 1 miljoen km² is Ontario groter dan Frankrijk en Spanje samen. Met een hoogte en breedte van 1700 km reikt de provincie in het noorden tot aan de habitat van de ijsberen in de James Bay en in het zuiden tot Point Pelee, op dezelfde hoogte als Noord-Californië. Ontario heeft (bijna) alles: enorme binnenzeeën met heerlijke zandstranden, kosmopolitische wereldsteden en het 'donderende water' van de Niagara Falls in het landelijke zuiden en eindeloze weidsheid met bossen, meren en wilde dieren in het noorden. Voorbij de lijn Ottawa-Toronto verandert het landschap in dat van het Canada uit de reisfolders en wordt het bevolkingsdichtheidscijfer meestal uitgedrukt met slechts decimalen. Wouden en nog meer wouden, hier en daar een meer met een watervliegtuigje erop en veel kale rotsen: het Canadian Shield. Wie op zoek is naar de ultieme outdoorervaring, is hier aan het juiste adres! Hét symbool van de Canadese wildernis is Algonquin Park.

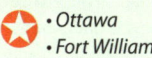 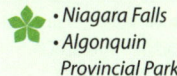

Goed om te weten: publieksmagneten in het zuiden van Ontario zijn de Niagara Falls. Als u dit natuurspektakel volledig ontspannen wilt meemaken, boek dan een overnachting in Niagara-on-the-Lake. Vanuit het iets zuidelijker gelegen Queenston Heights Park – de auto kunt u hier laten – pendelen bussen naar de Horseshoe Falls en andere interessante punten. Bent u van plan meer te doen dan alleen de niet te missen Hornblower Niagara Falls Boat Tour, dan kunt u veel geld besparen met de Niagara Falls Wonder Pass, die ook online te bestellen is.

Het Algonquin Provincial Park is vooral in de herfst prachtig. De Indian summer kleurt het bladerdek dan in allerlei heldere rood- en geelschakeringen. Mei en juni zijn de beste maanden om elanden te zien. Het park is razend populair; campings, begeleide kanotochten en andere activiteiten moet u dan ook ver van tevoren boeken.

Tijdschema

Ottawa:	1 dag
Kleine rondreis:	10 dagen
Grote rondreis:	21 dagen

3. Montréal en omgeving

Voor Amerikanen is het in de metropool met vier miljoen inwoners aan de St. Lawrence River alsof ze in Parijs zijn, simpelweg omdat iedereen er Frans spreekt. Bezoekers uit Europa doet het oude centrum van Montréal juist denken aan kleine stadjes in Bretagne of Normandië. Tenminste, tot ze de locals horen praten. Want met de taal die wij op school hebben geleerd en in Frankrijk spreken, heeft het Québécois net zo veel gemeen als poutine met haute cuisine. Montréals belangrijkste attractie is de oude stad rond de Place Jacques-Cartier met zijn vele kerken en geplaveide straten. Daarnaast moet u hier zeker de 'thuisberg' Mont-Royal op lopen en winkelen op de Rue Catherine. Bij slecht weer kunt u uitwijken naar de Ville Souterraine, de grootste onderaardse stad ter wereld, of een van de vele interessante musea bezoeken.

Een leuk dagtripje voert van Montréal naar de bergen van de Laurentides, die een mooie indruk geven van de wildernis van het Canadian Shield.

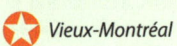 *Vieux-Montréal*

Goed om te weten: Montréal is – voor Noord-Amerikaanse begrippen – een paradijs voor fietsers. Steeds meer Montréalers gaan op een tweewieler naar hun werk, het fietsdeelsysteem Bixi is een groot succes en het fietspadennetwerk is inmiddels meer dan 350 km lang. Veel bezienswaardigheden liggen aan mooie *pistes cyclables*.

Als u tijdens uw bezoek meer musea wilt bezichtigen, is de Carte Musées (ook online te bestellen) zeker zijn geld waard.

Montréal geldt als een van de meest *gay friendly* steden ter wereld. Er is een actieve lhbt-scene en zelfs een Gay Village.

Tijdschema

Montréal:	2-3 dagen
Laurentides:	1 dag
Cantons de l´Est:	1 dag

4. Québec

De St. Lawrence River, de wildernis van het Canadian Shield, de Appalachen. Duizenden meren, honderden rivieren en bossen zo enorm dat je er dagenlang doorheen kunt rijden zonder aan het eind te komen. Daarbij metropolen als Québec-Ville, kunstenaarskolonies zoals in Charlevoix en ruwe vissersdorpjes aan de Côte-Nord – Québec is waarschijnlijk de meest diverse provincie van Canada. De grootste is ze sowieso: Québec strekt zich uit over anderhalf miljoen vierkante kilometer en wordt voor twee derde bedekt door de granietplaten van het dun- of helemaal niet bevolkte Canadian Shield. Hier liggen de eindeloze outdoorspeelplaatsen met hun enorme aanbod aan kanotochten en wandelingen zo lang en moeilijk als u maar wilt.

Ten zuiden daarvan vloeit, langs het Shield, de St. Lawrence River. Het laagland aan beide zijden van de rivier wordt gedomineerd door landbouw. Hier leeft ook meer dan 80% van de bevolking. Aan de zuidkust van de rivier bevinden zich de Appalachen, die hun spectaculaire hoogtepunt bereiken op het wilde Peninsule de Gaspé.

 Ville de Québec   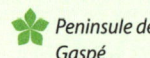 *Peninsule de Gaspé*

Goed om te weten: Québec heeft natuurlijk alles wat voor ons Europeanen typisch Canada is. Maar het is ook Frans. De taal heeft na 260 jaar gescheiden te zijn van het moederland een geheel eigen kleur gekregen, maar de typisch Franse levendigheid en de liefde voor alles wat met eten, drinken en het goede leven te maken heeft, zijn gebleven. De meerderheid van de Québécois spreekt Engels, maar een paar woorden Frans openen vaak deuren die voor minder in de cultuur geïnteresseerd lijkende toeristen gesloten blijven.

Tijdschema

Québec:	1 dag
Kleine rondreis:	10 dagen
Grote rondreis:	20 dagen

5. New Brunswick en Prince Edward Island

New Brunswick is een van de minst door toeristen bezochte Canadese provincies, maar heeft zeker genoeg te bieden. Het beeld van de aan drie kanten door de zee omspoelde provincie wordt gevormd door klifkusten met bizarre rotsformaties en stranden, moerassen en wetlands, maar ook dichte bossen en idyllische rivierlandschappen in het binnenland.

Ook op cultureel gebied is New Brunswick veelzijdig: in het zuiden, met Saint John en provinciehoofdstad Fredericton, worden Britse tradities hoog in het vaandel gehouden, terwijl het noorden, de regio rond Moncton, het bruisende hart van Franstalig Acadië is. De museumdorpen Kings Landing aan de oever van de Saint John River en Village Historique aan de Baie des Chaleurs zijn fascinerende reizen naar de tijd van de Britse en Franse pioniers.

Het toeristisch goed ontsloten Prince Edward Island weet zichzelf in de markt te zetten. Charlottetown is de moeite waard vanwege zijn mooie ligging en de zandstranden van de noodkust zien er zeer uitnodigend uit. De schilderachtige North Cape Coastal Drive betovert met zijn helderrode rotsformaties.

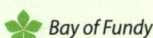 *Bay of Fundy*

Goed om te weten: bij eb zijn tijdens een strandwandeling langs de Fundykust met zijn bizarre getijden spectaculaire rotsformaties te bewonderen. Houd er voor uw veiligheid wel rekening mee dat de vloed hier zeer snel en krachtig opkomt.

Accommodaties in Fundy National Park moeten ruim op tijd worden gereserveerd. Het water aan de Fundykust is veel te koud om in te zwemmen, maar dat kunt u wel langs de brede, ongerepte stranden van New Brunswicks noordelijke kustregio. Het water is daar met zo'n 20 °C een stuk aangenamer – net als langs de mooie stranden aan de noordkust van Prince Edward Island.

Tijdschema

Saint John:	1 dag
Fredericton en Kings Landing:	1 dag
Bay of Fundy National Park:	1 dag
Kouchibouguac National Park, Village historique acadien:	1-2 dagen
Charlottetown:	1 dag
North Cape Coastal Drive, Central Coastal Drive en Points East Coastal Drive:	1 dag per drive

6. Nova Scotia

De landmassa van deze provincie, die er op de kaart uitziet als een reuzenkreeft, is onder te verdelen in een meer dan 600 km lang schiereiland in het zuidwesten en de ten oosten hiervan gelegen, door een kunstmatige dam aan het vasteland verbonden eiland Cape Breton. Beboste heuvels, kusten met mooie baaitjes en vruchtbare dalen bepalen de topografie van het schiereiland, terwijl het beeld op Cape Breton wordt bepaald door kliffen, kale bergen en 'Schotse' hooglanden. Bezienswaardig zijn de talloze pittoreske vissersdorpjes, al wordt daar steeds minder vis en steeds meer kreeft gevangen. Indrukwekkende voorbeelden van de rijke scheepsbouw- en zeevaarttradities vindt u in de mooie kuststadjes Lunenburg, Shelburne en Yarmouth.

Nova Scotia werd al in de vroege 18e eeuw door Europeanen gekoloniseerd. Eerst kwamen de Fransen, die in 1605 de nederzetting Port Royal stichtten en het land 'Acadië' noemden. Daarna volgden de Schotten, die de provincie haar huidige naam gaven. Het historische Fort Louisburg op Cape Breton geeft een levendige indruk van de veranderende geschiedenis.

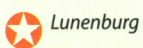 *Lunenburg* 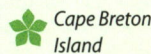 *Cape Breton Island*

Goed om te weten: in Nova Scotia heerst een zeeklimaat met overeenkomstig wisselende weersomstandigheden, al zijn de zomers warm en overwegend droog. De beste reisperiode is van de vroege zomer tot de herfst met zijn prachtige kleuren. Bijzonder mooi is het dan aan de Isthmus of Chignecto, de landengte die Nova Scotia verbindt met het vasteland, en op Cape Breton met zijn kleurrijke gemengde bossen. Vanaf oktober zijn veel bezienswaardigheden gesloten.

Tijdschema
Halifax en omgeving: 1-2 dagen
Peggy's Cove, Lunenburg: 1 dag
Lighthouse Route, Shelburne, Digby: 2 dagen
Evangeline Trail, Annapolis Royal: 1 dag
Parrsboro, Glooscap en Sunrise Trail: 1 dag
Cabot Trail, Baddeck, Cheticamp: 1-2 dagen
Marine Drive, Cape Breton naar Halifax: 1 dag

---

7. Newfoundland en Labrador, Nunavut

Ongerepte rotskusten met fjorden die diep het land in steken, eilandjes, winderige moerasgebieden, hoogvlakten, uitgestrekte bossen waar kariboes, elanden en zwarte beren leven en meren en rivieren vol zalm. Langs de hele kust liggen afgelegen vuurtorens en schilderachtige vissersdorpen – de maritieme sfeer is alomtegenwoordig, geheugenkaartjes zó volgeschoten. Bezoekers varen hier met kleine kotters de zee op om walvissen te observeren, ontdekken een aantal van de grootste zeevogelkolonies van Noord-Amerika, verwonderen zich over de in de zon glinsterende ijsbergen, die aan het begin van de zomer voorbijdrijven en wandelen in de voetsporen van de Vikingen. Wegens ernstige overbevissing van de ooit zo rijke visgronden door met name Europese vissers heeft de Canadese regering de vangstquota drastisch teruggeschroefd en zijn zware tijden aangebroken voor de Newfoundlanders – hun spreekwoordelijke gastvrijheid is hierdoor echter niet aangetast.

Nunavut is sinds 1999 een zelfstandig deel van de Northern Territories, en strekt zich uit over bijna twee miljoen vierkante kilometer. Hier wonen slechts 37.000 mensen. Zo'n 85 % van hen zijn afstammelingen van de oerbevolking, de Inuit en Dene. Hier vindt u indrukwekkende landaschappen en avontuurlijke activiteiten als sneeuwscootertochten en ijsvissen, evenals expedities naar de habitat van de ijsbeer en de narwal (arctische tandwalvis).

- Bonavista Peninsula
- L'Anse aux Meadows

- St. John's en het Avalon Peninsula
- Gros Morne National Park

Goed om te weten: de beste reisperiode is van de vroege zomer tot september, vanaf oktober zijn de meeste bezienswaardigheden en accommodaties gesloten. De Labrador Coastal Drive (Route 510) van L'Anse au Clair langs de zuidkust naar Red Bay was lange tijd de enige geasfalteerde weg van het zo'n 300.000 km^2 grote gebied. Maar in 2015 werd die weg, als een *gravel road*, doorgetrokken naar Happy Valley-Goose Bay. Daarvandaan kunt u uw weg vervolgen over de grotendeels geasfalteerde Route 500 naar Labrador City en verder tot Baie-Comeau aan de St. Lawrence River, dik 600 km verderop.

U kunt per lijndienst van Montréal, Ottawa en Toronto naar Nunavut vliegen, maar erg eenvoudig is dit niet. Inmiddels is er een aantal Canadese aanbieders van meerdaagse reizen inclusief vluchten, overnachtingen en activiteiten. Betrouwbare bedrijven zijn wat dat betreft Arctic Kingdom (www.arctickingdom.com) en The Great Canadian Travel Group (www.greatcanadiantravel.com).

Tijdschema
St. John's en het Avalon Peninsula: 2 dagen
Trinity en het Bonavista Peninsula: 1 dag
Gros Morne National Park: 1-2 dagen
Viking Trail naar L'Anse aux Meadows: 2 dagen
Uitstapje naar Labrador: 2 dagen
Nunavut: 4-8 dagen

Suggesties voor rondreizen

▬ Grote rondreis Ontario (19 dagen)

1e-3e dag: aankomst in Toronto, stadstour, dagtocht naar de Niagara Falls.
4e dag: naar Quinte's Isle, daar wijnproeverij.
5e dag: 's ochtends over de Loyalist Parkway naar Kingston, daar stadstour.
6e dag: aan het eind van de ochtend verder naar Gananoque. 's Middags boottocht in Thousand Islands National Park.
7e dag: 's ochtends naar Ottawa, 's middags stadstour.
8e dag: via Arnprior en Eganville naar Algonquin Provincial Park, kano- of kajaktocht bij zonsondergang.
9e dag: activiteiten in Algonquin Provincial Park.
10e dag: via Huntsville naar Port Carling in de Muskokas.
11e dag: boottocht met de RMS Segwun vanuit Gravenhurst. Overnachting in Port Carling.
12e dag: van Port Carling over Highway 40 via Sudbury naar Killarney Provincial Park. 's Avonds in Killarney zonsondergang boven de Georgian Bay bekijken.
13e dag: activiteiten in Killarney Provincial Park.
14e dag: naar Little Current op Manitoulin Island, zonsondergang bij Ten Mile Point.
15e dag: eilandtour op Manitoulin Island. Overnachting in Little Current.
16e dag: met de veerboot naar Tobermory. Bezoek aan Fathom Five National Marine Park. Overnachting in Tobermory.
17e dag: wandeling in Bruce Peninsula National Park. Overnachting in Tobermory.
18e dag: naar Midland. Bezoek aan museumdorp Sainte-Marie-among-the-Hurons.
19e dag: 's ochtends bezichtiging Discovery Harbour in Penetanguishene. 's Middags terug naar Toronto.

▬ Kleine rondreis Ontario (10 dagen)

1e-3e dag: aankomst in Toronto, stadstour, dagtocht naar de Niagara Falls.
4e dag: naar Gravenhurst in de Muskokas, *dinner cruise* met het historische stoomschip RMS Segwun.

5e dag: van Gravenhurst via Bracebridge en Huntsville naar Algonquin Provincial Park.
6e dag: activiteiten in Algonquin Provincial Park.
7e dag: op Highway 60 in oostelijke richting Algonquin Park uit en via Eganville en Renfrew naar Ottawa. 's Middags stadstour.
8e dag: 's ochtends de National Gallery of Canada, 's middags verder naar Gananoque, bootexcursie in Thousand Islands National Park.
9e dag: van Gananoque naar Kingston, stadstour. 's Middags verder naar Quinte's Isle, wijnproeverij met diner in Picton, bijvoorbeeld bij de Waupoos Estates Winery.

10e dag: aan het eind van de ochtend terug naar Toronto.

━━ Grote rondreis Québec (19 dagen)

1e-3e dag: aankomst in Montréal, stadstour.
4e dag: via Trois-Rivières over de rustige Chemin du Roy naar Québec City. 's Avonds wandeling door de Haute-Ville.
5e dag: musea en wandeling door de *haute ville* en de *basse ville*.
6e dag: langs de noordoever van de St. Lawrence River naar Baie-Saint-Paul. Onderweg stoppen bij de Chûtes Montmorency en bij de Grand Canyon des Chûtes Sainte-Anne. 's Avonds wandelen langs de galeries van kunstenaarskolonie Baie-Saint-Paul.
7e dag: 's ochtends korte wandeling naar de uitkijkpunten in Parc national des Grands-Jardins. 's Middags via Saint-Joseph-de-la-Rive naar La Malbaie.
8e dag: Uitstapje naar het spectaculaire Parc national des Hautes-Gorges. 's Middags naar Tadoussac, stadswandeling.
9e dag: 's ochtends *whale watching* vanuit Tadoussac. Tegen de avond naar Grandes-Bergeronnes om vanaf de kliffen voorbij zwemmende walvissen en de zonsondergang te bekijken.

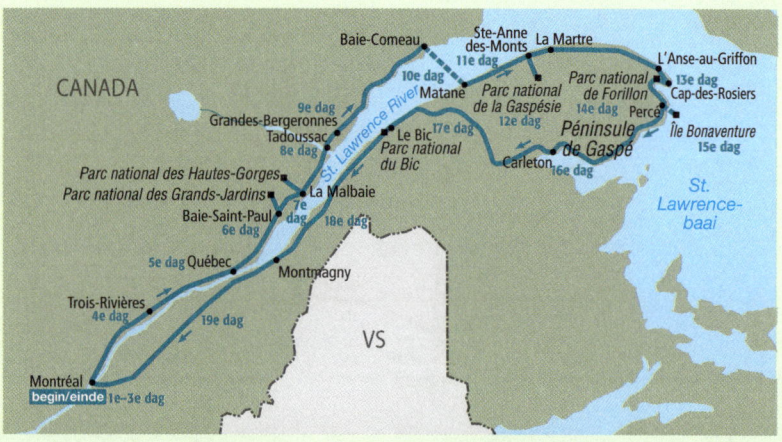

10e dag: verder naar Baie-Comeau, 's middags met het autoveer naar Matane aan de zuidoever van de St. Lawrence River, stadstour (uitstapje naar waterkrachtcentrale Manic-2: 1 dag extra).

11e dag: van Matane naar Ste-Anne-des-Monts, de poort tot het wilde binnenland van het Peninsule de Gaspé.

12e dag: wandelen in Parc national de la Gaspésie. Overnachting in Ste-Anne-des-Monts.

13e dag: naar Cap-des-Rosiers, de poort tot het Parc national de Forillon. Onderweg fotostops in La Martre en L´Anse-au-Griffon.

14e dag: wandelen in het Parc national de Forillon. Overnachting in Cap-des-Rosiers.

15e dag: 's ochtends verder naar Percé. Stadstour en uitstapje naar de gentenkolonie op Île Bonaventure.

16e dag: van Percé langs de Baie des Chaleurs naar Carleton met tussenstops in Paspébiac en Bonaventure.

17e dag: van Carleton dwars door het Peninsule de Gaspé terug naar de St. Lawrence River. Overnachting in Le Bic.

18e dag: 's ochtends kajaktocht of wandeling in het Parc national du Bic, 's middags verder naar Montmagny.

19e dag: 's ochtends boottocht op het historische quarantaine-eiland Grosse-Île, 's middags terug naar Montréal.

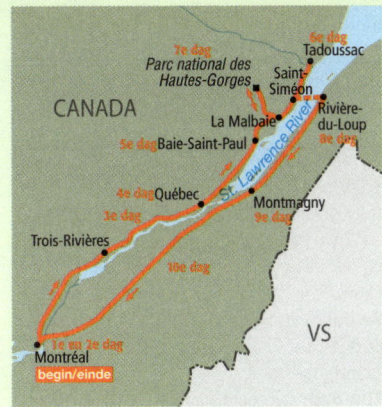

7e dag: dagtocht in het Parc national des Hautes-Gorges, wandeling.

8e dag: 's ochtends *whale watching* vanuit Tadoussac. 's Middags met de veerboot van Saint-Siméon naar Rivière-du-Loup. Stadstour.

9e dag: langs de zuidoever van de St. Lawrence River naar Montmagny, uitstapje naar het historische quarantaine-eiland Grosse-Île.

10e dag: via Autoroute 20 weer terug naar Montréal.

▬ Grote rondreis Atlantic Canada (14-21 dagen)

1e en 2e dag: Halifax, stadstour, uitstapjes in die omgeving (Dartmouth, Fisherman's Cove, McNabs Island).

3e dag: via de Lighthouse Route naar Peggy's Cove, bij Chester uitstapje naar het Ross Farm Living Heritage Museum, verder langs Mahone Bay naar Lunenburg.

4e dag: van Lunenburg via Liverpool (uitstapje naar Kejimkujik National Park, wandelen, kajakken) naar Shelburne, via Yarmouth verder naar Digby.

5e dag: van Digby naar Annapolis Royal (uitstapje naar Westport op Brier Island met *whale watching*: 1 dag extra).

6e dag: van Digby met de veerboot naar Saint John, New Brunswick (uitstapje naar St. Andrews By-the-Sea: 1 dag extra).

▬ Kleine rondreis Québec (10 dagen)

1 en 2e dag: aankomst in Montréal, stadstour.

3e dag: via Trois-Rivières over de rustige Chemin du Roy naar Québec City. 's Avonds wandeling door de Haute-Ville.

4e dag: stadstour Québec.

5e dag: langs de noordoever van de St. Lawrence River naar Baie-Saint-Paul. Onderweg bezichtiging van de Chûtes Montmorency en bezoek aan de Grand Canyon des Chûtes Sainte-Anne. 's Avonds wandeling langs de galeries van kunstenaarskolonie Baie-Saint-Paul.

6e dag: 's ochtends Musée d´art contemporain. 's Middags via La Malbaie naar Tadoussac.

7e dag: van Saint John naar Fundy National Park (wandelen, enorme getijdenverschillen bij de Hopewell Rocks), aansluitend verder naar Moncton, het culturele centrum van Acadië.

8e dag: van Moncton naar Shediac, kreeft eten, zwemmen in de warmste wateren van Atlantic Canada (uitstapje naar Koucibouguac National Park: 1 dag extra, trip naar Caraquet en het Village historique acadien: nog 1 dag extra).

9e dag: van Shediac over de Confederation Bridge naar Charlottetown op Prince Edward Island, stadstour.

10e dag: dagtocht van Charlottetown naar Cavendish en Dalvay-by-the-Sea in het Prince Edward Island National Park (road trips over het eiland: 1-2 dagen extra).

11e dag: van Charlottetown met de veerboot naar Pictou, verder naar Antigonish, daarvandaan over de Canso Causeway en Mabou via Highway 25 naar Baddeck.

12e dag: van Baddeck over de Cabot Trail naar Ingonish Beach en Cape Breton Highlands National Park, verder via Cape North naar Chéticamp.

13e dag: van Chéticamp (whale watching) naar Baddeck, dan via Sydney en Glace Bay (Miner's Museum and Village) naar Louisbourg. Louisbourg National Historic Site, verder via Grand Anse (uitstapje op Isle Madame naar Arichat: halve dag extra) naar Antigonish.

14e dag: van Antigonish naar museumdorp Sherbrooke, aansluitend via Tangier terug naar Halifax.

▬ Rondreis Nova Scotia (10-12 dagen)

1e en 2e dag: Halifax, stadstour, tripjes in die omgeving (Dartmouth, Fisherman's Cove, McNabs Island).

3e dag: over de Lighthouse Route naar Peggy's Cove, verder via Chester langs Mahone Bay naar Lunenburg.

4e dag: naar Liverpool, daarvandaan door het Kejimkujik National Park (wandelen, kajakken) of lamgs de kust via Shelburne en Yarmouth naar Digby.

5e dag: eventueel whale watching vanuit Digby (1 dag extra), anders verder naar Annapolis Royal en Wolfville.

6e dag: van Wolfville via Dartmouth en Shubenacadie (met een vlot over de getijdengolven) naar Truro, vandaar verder naar Antigonish (eventueel rit via Parrsboro, Joggins en Pictou: 1 dag extra).

7e dag: van Antigonish naar Baddeck, vandaar via St. Ann's en Ingonish Beach naar het Cape Breton Highlands National Park en

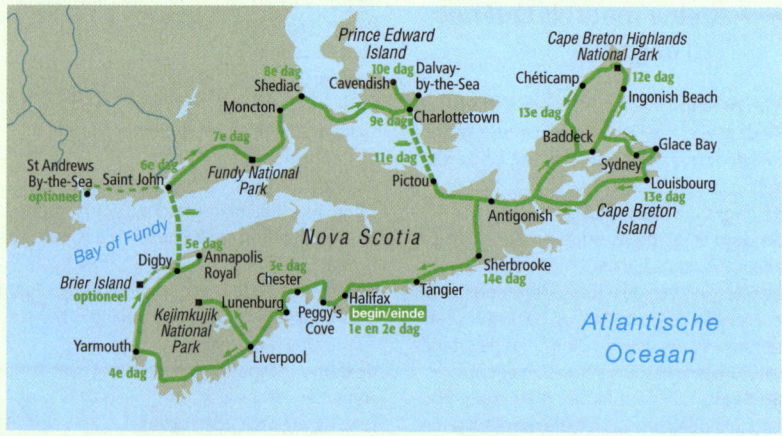

Chéticamp (eventueel via Mabou, Inverness en Margaree Harbour: halve dag extra).
8e dag: van Chéticamp (whale watching) door de Margaree Valley naar Baddeck, verder via Iona, Sidney en Glace Bay (Miner's Museum and Village) naar Louisbourg.
9e dag: bezichtiging van de Louisbourg National Historic Site, via Grand Anse naar Antigonish (eventueel uitstapje naar Isle Madame: halve dag extra).
10e dag: van Antigonish naar het museumdorp Sherbrooke, aansluitend via Tangier terug naar Halifax.

6e dag: via Deer Lake naar Gros Morne National Park.
7e dag: activiteiten in het Gros Morne National Park (uitstapje op de Viking Trail via Port au Choix naar St. Anthony en naar de L'Anse aux Meadows National Historic Site en terug: 2-3 dagen extra).
8e dag: via Corner Brook naar Channel-Port aux Basques (veerboot naar Sydney, Nova Scotia), bij Stephenville uitstapje naar het Port au Port Peninsula (vanuit Rose Blanche met de veerboot naar Burgeo: 1-2 dagen extra).

▬▬ Door Newfoundland (8-12 dagen)

1e dag: St. John's, stadstour.
2e-3e dag: rondrit over het Avalon Peninsula, vuurtoren bij Cape Spear, visssersdorp Petty Harbour, Witless Bay Ecological Reserve (boottocht naar de zeevogelkolonies), Cape St. Mary's Ecological Reserve (wandeling).
4e dag: Trinity en het Bonavista Peninsula, New Bonaventure en Random Passage, Cape Bonavista.
5e dag: van Trinity naar het Terra Nova National Park; Gander, Twillingate (met aan het begin van de zomer ijsberen!), Grand Falls-Windsor.

Land, volk en cultuur

'Canadian niceness is pure … It's also abundant. Canada is to
niceness as Saudi Arabia is to oil. It's awash in the stuff, and
it's about time, I say, the rest of the world imported some.'
Eric Weiner, *Can Canada teach the rest of us to be nicer?*

In Kensington Market klopt het alternatieve hart van Toronto: er waait een vleugje flowerpower door de straten met hun kleurrijke gevels, charmante vintagewinkels en eco-cafés

Canada oost in het kort

Feiten en cijfers

Oppervlakte: heel Canada 9.984.670 km², Oost-Canada 3.149.580 km²
Hoofdstad: Ottawa
Officiële talen: Engels en Frans, in het hoge noorden ook Inuktitut
Inwoners: heel Canada 35,8 miljoen, Oost-Canada 24,7 miljoen, Ontario 14 miljoen, Québec 8,3 miljoen, New Brunswick 760.000, Nova Scotia 950.000, Prince Edward Island 148.000, Newfoundland en Labrador 530.000, Nunavut 37.000.
Bruto nationaal product: ca. $ 70.000 per gezin per jaar
Valuta: Canadese dollar (CAD)
Landnummer: 001
Tijdzones: Central Time Zone (MET -7 uur) in West-Ontario, Eastern Time Zone (MET -6 uur) in Oost-Ontario, Québec en Nunavut, Atlantic Time Zone (MET -5 uur) aan de oostkust en Labrador, Newfoundland Time Zone (MET -4,5 uur) in Newfoundland.

Vlag: de *maple leaf flag* (de 'esdoornbladvlag') werd ingevoerd in 1965. De twee verticale rode strepen staan symbool voor de Atlantische en de Grote Oceaan, de witte streep in het midden voor de sneeuw van de polaire gebieden. Het puntige esdoornblad symboliseert de immense wouden van het land. De rode kleur herinnert aan de Canadese soldaten die zijn gevallen in de Eerste Wereldoorlog.

Geografie

Oost-Canada omvat de provincies Ontario, Québec, New Brunswick, Prince Edward Island, Nova Scotia en Newfoundland en Labrador. Ontario en Québec worden Central Canada genoemd, de vier aan de oostkust liggende provincies Atlantic Canada. Het gebied kent drie grote geografische regio's. In het zuiden ligt het dal van de **St. Lawrence/St-Laurent**, een vruchtbare strook land van enkele honderden kilometers breed die van de Grote Meren tot Québec loopt. Hier, op slechts 5% van het totale Canadese landoppervlak, woont ruim 60% van de bevolking. Ten oosten daarvan liggen in noord-zuidrichting de **Appalachen**. Ze liggen voornamelijk in New Brunswick en Québec, maar lopen uit tot in Newfoundland. Onmiddellijk ten noorden van het St. Lawrencelaagland vormt het **Canadian Shield** met talloze meren, wouden en rivieren het 'klassieke Canada'. Het beslaat bijna de gehele provincie Newfoundland en Labrador en strekt zich verder uit over het grootste deel van Ontario en Québec. In Nunavut gaat het Canadian Shield over in het **noordpoolgebied**.

Geschiedenis

Al rond 10.000 v.Chr. woonden er kleine groepen indianen in Canada. Ca. 1000 v.Chr. vestigden Vikingen uit Groenland zich kortstondig in L'Anse-aux-Meadows op Newfoundland. In 1497 werd Newfoundland herontdekt door John Cabot. In 1537 werd Canada door de Fransman Jacques Cartier opgeëist voor Frankrijk en in 1608 stichtte Samuel de Champlain de kolonie Nieuw-Frankrijk. Henry Hudson ontdekte in 1610 de later naar hem genoemde Hudsonbaai. De Engelsen en Fransen waren al snel in een verbeten strijd verwikkeld over de dominantie in de pelshandel. Na verscheidene oorlogen verloor Frankrijk in 1763 alle Noord-Amerikaanse bezittingen aan Engeland. In 1867 werd de Britse kolonie zelfstandig onder de naam *Dominion of Canada*. De provincie Québec heeft tot op heden een Franstalige cultuur bewaard. In 1999 kregen de Inuit een eigen territorium, Nunavut.

Staat en politiek

Officieel is de Engelse koningin het staatshoofd van deze federale parlementaire monarchie. De uitvoerende macht is in handen van het kabinet, onder leiding van de premier, dat verantwoording aflegt aan het House of Commons. De afgevaardigden van dit Lagerhuis worden volgens evenredige vertegenwoordiging gekozen. De wetgevende macht is verdeeld over drie instanties: de gouverneur-generaal (vertegenwoordiger van de Engelse koningin), de Senaat en het House of Commons, dat het laatste woord heeft. Het land bestaat uit tien provincies met een eigen grondwet en verregaande autonomie wat betreft binnenlands beleid. Ten slotte zijn er nog de drie territoria Yukon, Northwest Territories en Nunavut. Alle provincies en territoria hebben een eenkamerparlement en een premier.

Economie

In Ontario en Québec wordt meer dan 50% van alle hout, papier en cellulose van Canada geproduceerd. Bovendien beschikken beide provincies over de rijke delfstoffenvoorraden van het Canadian Shield (nikkel, koper, goud, zilver, uranium en ijzer). Ook Nunavut is rijk aan grondstoffen. Samen zijn Ontario en Québec verantwoordelijk voor de helft van de totale industriële productie van Canada (staal, vliegtuigen, hightech, levensmiddelen). Québec is verder door zijn grote waterkrachtcentrales in het noorden een van de belangrijkste producenten van elektriciteit op het Amerikaanse continent. In het zuiden van beide provincies wordt op grote schaal landbouw bedreven en het toerisme is eveneens een economische factor van betekenis.

De toekomst van de visserij in de kustprovincies, met name in Newfoundland, is sinds het in 1992 afgekondigde vangstverbod voor kabeljauw onzeker. Een grotere differentiatie en meer toerisme zouden de economie weer moeten aanzwengelen. Recentelijk is de offshore oliewinning een veelbelovende industrie geworden. In New Brunswick zijn bosbouw en handel de voornaamste motoren van de economie. Op Prince Edward Island ligt de nadruk op landbouw (aardappelen), veeteelt en toerisme. In Nova Scotia brengen bos- en landbouw, visserij (kreeft, schelvis, schelpdieren) en in toenemende mate ook toerisme brood op de plank.

Bevolking, religie en taal

Canada is vanouds een immigratieland. Iets minder dan 40% van de bevolking is van Engelse en Ierse afkomst en bijna 30% van Franse. De rest komt uit andere Europese landen. Sinds de Tweede Wereldoorlog komen veel Aziaten naar Canada. Van de oorspronkelijke bevolking, de zogenaamde *First Nations*, leven tegenwoordig nog 1,2 miljoen leden in Canada. Daarvan zijn 50.000 Inuit. Canada is zijn traditioneel liberale immigratiebeleid altijd trouw gebleven. Nieuwe burgers worden toegelaten volgens een puntensysteem, waarbij opleiding, taalkennis en leeftijd een rol spelen – herkomst en religie niet.

Ongeveer 73% van de bevolking is religieus. Hiervan is 43% lid van de rooms-katholieke kerk, ca. 35% van protestantse kerkgenootschappen (United Church, anglicanen, presbyterianen, lutheranen en baptisten). In het Franstalige Québec is 90% katholiek.

De **officiële talen** zijn Engels en Frans, in Nunavut wordt Inuktitut gesproken. 60% van de bevolking heeft Engels als moedertaal.

Natuur en milieu

Alleen al Québec is 37 keer zo groot als Nederland. De geografie is indrukwekkend en de landschappelijke en klimatologische verschillen zijn extreem. Terwijl de kinderen van de Inuit nog met de sneeuwscooter naar school worden gebracht, zitten de inwoners van Montréal al op hun terrasjes koffie te drinken. Een netwerk van natuurparken zorgt ervoor dat het landschappelijk schoon van Canada behouden blijft.

Het grootste granietplateau ter wereld

Het **Canadian Shield** is een oeroude, voornamelijk uit het proterozoïcum daterende geologische formatie, die als een gigantisch hoefijzer rond de Hudsonbaai ligt. Het beslaat heel Labrador, het leeuwendeel van Québec en Ontario en grote delen van Manitoba, Saskatchewan, de Northwest Territories en Nunavut. Het *Canadian Shield* (in het Frans: *Bouclier Canadien*) gaat tot 4,5 miljard jaar terug in de tijd en is daarmee het geologisch oudste deel van het Noord-Amerikaanse continent. Nadat het landijs zich door de stijgende temperatuur had teruggetrokken, bleef een reusachtige, glooiende vlakte achter waarop honderdduizenden meren in het graniet waren uitgesleten. Vervolgens kwam het gebied omhoog, zodat de randen opkrulden – wat vooral schitterend te zien is bij de noordelijke oever van de St. Lawrence en in de Laurentides – waarna door erosie nieuwe geologische vormen met talloze rivieren en watervallen ontstonden.

Het door slechts een dunne bodem bedekte schild wordt gekenmerkt door kale, grijze toppen, veelal van graniet, gneis of dioriet, die tijdens de laatste ijstijd zijn afgeslepen en vaak de enige accenten vormen in een landschap dat verder arm is aan reliëf. Dat geldt voor elke vegetatiezone die hij beslaat, van de arctische toendra en de soortenarme boreale naaldbossen tot de gemengde wouden aan de randen in het zuiden. Het schild is economisch oninteressant, extreem dunbevolkt en nauwelijks ontsloten – veel plaatsen zijn alleen per vliegtuig bereikbaar.

In het uiterste zuiden van Ontario worden veel oerbossen gerooid en omgezet in akker- en weilanden.

Binnenzeeën en woeste kusten

St. Lawrencelaagland en de Grote Meren

In het zuiden loopt het Canadian Shield af naar vruchtbaar, dichtbevolkt laagland. In Québec en Oost-Ontario is dat het **St. Lawrencelaagland**, meer naar het westen het gebied van de Grote Meren. Hier liggen de economische centra van Oost-Canada. Kenmerkend voor Québec is de ruim 3000 km lange **St. Lawrence River**, die naar de Atlantische Oceaan stroomt. Het is de waterweg naar het hart van het continent. In Zuid-Ontario wordt het klimaat bepaald door de kolossale watervlaktes van de **Grote Meren**. De meren Ontario, Erie, Huron, Michigan en Superior staan door de St. Lawrence Seaway met elkaar in verbinding en beslaan samen een oppervlakte van ongeveer 245.000 km². In de Grote Meren ligt een derde van de totale zoetwatervoorraad van de aarde opgeslagen. Het grootste (82.100 km²) en hoogstgelegen (183 m) meer is Lake Superior, het kleinste (18.900 km²) en laagstgelegen (75 m) Lake Ontario. Ze worden verbonden door de Niagara River en de hoogteverschillen worden overbrugd door sluizen tussen Lake Superior en Lake Huron en door het Welland Canal dat om de Niagara Falls heen loopt.

Atlantic Canada

De **Appalachen**, een middelgebergte met loof- en gemengde bossen, rivierdalen en kustplateaus waarop de steden Fredericton, St. John's en Halifax zijn gelegen, strekken zich uit over de kustprovincies New Brunswick en Nova Scotia. Newfoundland is een onvruchtbare, met naaldbossen bedekte streek, die vanwege de onherbergzame kliffen door de plaatselijke bevolking eenvoudigweg *The Rock* wordt genoemd. De fjorden en bergen in het Gros Morne National Park in het westen van het

Ierland is dichterbij dan Vancouver: Cape Spear in Newfoundland

Natuur en milieu

eiland vormen de grandioze finale van de bergensymfonie van de Appalachen.

Bijzondere vermelding verdient ook de zich tussen New Brunswick en Nova Scotia diep landinwaarts uitstrekkende **Bay of Fundy**. Door de trechtervorm ontstaat een extreem sterke getijdenwerking van meer dan 16 m, die tot de hoogste van de wereld behoort. Behalve al dit natuurgeweld beschikt Atlantic Canada ook over fraaie zandstranden en **duinen**, zoals op Prince Edward Island, met een aanzien dat men in zuidelijker streken zou verwachten.

De afgelegen kuststroken van Oost-Canada, vooral de **kust van Labrador**, zijn ruw, onherbergzaam en geïsoleerd. Ook tegenwoordig worden ze nog uitsluitend bewoond door de oorspronkelijke bevolking, die er al sinds duizenden jaren een bestaan vindt. De **Torngat Mountains**, op de grens van Labrador en Québec, bieden het meest dramatische decor van de noordoostkant van het continent. Ze verheffen zich tot meer dan 1600 m hoog en zijn ten gevolge van hun ligging noordelijk van de boomgrens vrijwel geheel onbegroeid. De 300 km lange en met zeventig gletsjers bedekte bergketen is de hoogste uitstulping van het Canadian Shield en een van de ontoegankelijkste gebieden van Noord-Amerika.

Klimaat

Oost-Canada heeft uitgesproken sterke seizoenswisselingen: warme, soms zelfs hete zomers, lange, koude winters met lange vorstperioden en een herfst die beroemd is om zijn explosie van kleuren. Vooral in het zuiden van Québec en Ontario, maar ook in het gebied van de Grote Meren en in Atlantic Canada, zijn zomerse maximumtemperaturen van boven de 30°C normaal, terwijl in de winter de thermometer met name in Québec tot -30 °C kan zakken. In Ontario, het gebied van de Grote Meren en het kustgebied zal het door het nattere klimaat en de hogere luchtvochtigheid niet zo koud worden als in Québec, maar het kan er juist weer hard sneeuwen en ijzelen. De lente en de herfst zijn in Oost-Canada korter dan in Europa, maar des te spectaculairder.

In het voorjaar, *mud season,* kan de smeltende sneeuw hele gebieden in een modderpoel veranderen. De twee tot drie weken lange nazomer, de beroemde **Indian summer** of **été indien**, brengt eind september koele nachten en warme, zonovergoten dagen met zich mee, die de explosie van herfstkleuren extra goed tot zijn recht doet komen.

Flora

Gemengd bos

Oost-Canada is globaal te verdelen in drie vegetatiezones. Een 30 tot 150 km brede gordel langs de grens met de VS en in de provincies New Brunswick, Prince Edward Island en Nova Scotia behoort tot het soortenrijke gemengd bos. Hier komen zelfs soorten voor – bijvoorbeeld in Point Pelée in het zuidelijke puntje van Ontario – die gewoonlijk alleen veel zuidelijker gedijen, zoals de okkernoot en de sycamore, een Noord-Amerikaanse vijgensoort. Intensieve landbouw heeft het aangezicht van deze zone in met name Zuid-Ontario en het St. Lawrencelaagland in Québec aanzienlijk veranderd, maar toch zijn alle ervoor typerende soorten, zoals de esdoorn, de es, de iep, de beuk en de eik, er nog ruimschoots voorhanden. Ook de leverancier van de ahornsiroop, de sugar maple (suikeresdoorn), tiert hier welig. Vooral in de herfst draagt deze boom met zijn felrode loof bij aan het kleurige natuurschouwspel van de Indian summer.

Boreaal naaldbos

De vegetatie van de ten noorden aansluitende **boreale naaldboszone** wordt bepaald door de voedselarme bodem van het Canadian Shield en een korte, ten hoogste vier maanden durende groeiperiode. Aan de zuidrand komen nog ratelpopulieren en berken voor, maar verder gedijen in deze enkele honderden kilometers brede, soortenarme zone bijna uitsluitend boomsoorten die goed bestand zijn tegen de kou, zoals lariksen, zilversparren, sparren en dennen. Vanaf de 52e breedtegraad

Milieubescherming in Canada

Europeanen moeten regelmatig iets wegslikken als ze in Canada zijn. Een geparkeerde auto met draaiende motor, soms geen afvalinzameling, laat staan gescheiden afvalverwerking. Het land is toch groot genoeg, schijnen de Candezen te denken. Maar intussen zien de politici ook hier in dat de zaken beter geregeld moeten worden.

Pas sinds de jaren 90 is er in Canada sprake van enige milieupolitiek van betekenis. In 1990 werd het zogenaamde **Green Plan** uitgewerkt, waarin afspraken over water-, land- en luchtkwaliteit tussen de federale regering en de provincies zijn vastgelegd, die tot ver in het derde millennium reiken. Op de actielijst staan de bescherming van diersoorten, de waterkwaliteit, de vermindering van smog, zure regen, giftige stoffen en afval in het milieu, duurzame bosbouw, landbouw en visserij en ten slotte verbeterde voorlichting.

In Ontario en Québec vormt met name **zure regen** een probleem. De schadelijke stoffen die vooral door auto's, fabrieken en industriegebieden ten zuiden van de grens worden uitgestoten eisen een zware tol van de bossen. De doelstellingen van het **Canadian Acid Rain Control Program** – onder andere een reductie van de CO_2-uitstoot met 2,3 miljoen ton binnen negen jaar – zijn niet toereikend. Volgens wetenschappers kan alleen een vermindering van de uitstoot van schadelijke stoffen met minstens 75% de kwetsbare ecosystemen van Canada redden. Toch kan het Green Plan een flinke verbetering opleveren voor bijvoorbeeld de bossen en meren van de noordelijke Georgian Bay, die zijn vervuild door de hoogovens in Sudbury. Tegelijkertijd echter is de **vervuiling van de Grote Meren** de laatste jaren juist toegenomen. Hoewel de regeringen van de VS en Canada de industrie rond de meren tot milieuvriendelijke miljardeninvesteringen hebben gedwongen, is de lozing van nikkel, chroom, mangaan, nitraat en glycol alleen maar toegenomen – en dat terwijl de meren 24 miljoen mensen van drinkwater voorzien. Na de eerste successen zijn de regeringen nalatig geworden. Ook de maatregelen ter verbetering van de luchtkwaliteit stemmen niet vrolijk. Canadese milieuorganisaties als **Pollution Watch** (www.pollutionwatch.org) eisen daarom dat de eerder plechtig ondertekende milieuwetten ook echt worden gehandhaafd.

Wat de **mondiale klimaatverandering** betreft is de rol van Canada ook bedenkelijk. In 1997 ondertekende de toenmalige regering als een van de eerste het **Verdrag van Kyoto**. Maar de conservatieven die van 2006 tot 2010 regeerden, hebben Kyoto weggestreept en voerden een nieuwe strategie in om de luchtkwaliteit te verbeteren: uitstootrichtlijnen voor de industrie, die rekening houden met economische haalbaarheid. Begin 2009 bevestigden Canadese milieuactivisten dat hun land was opgeklommen tot een van de grootste milieuvervuilers van het continent. Sinds 2010 heeft iedereen het over **fracking**: een moratorium dat in 2012 in het aardgasrijke Québec werd afgekondigd na een burgerprotest tegen deze omstreden technologie, waarbij onder hoge druk een schadelijk mengsel van chemicaliën, zand en water in de bodem wordt geperst om aardgas uit het gesteente vrij te maken, zal mogelijk uitlopen op een totaalverbod op fracking.

Natuur en milieu

wordt het beeld bepaald door heide, subarctische polvormende planten, dwergstruiken en dwergdennen, die tientallen jaren nodig hebben om tot manshoogte te groeien. Tijdens de korte zomer komt de bovenste, ontdooide bodemlaag onder water te staan – 60 cm daaronder begint al de permafrost. Het grootste deel van dit gebied is staatseigendom *(crown land)* en wordt benut voor bosbouw. Vooral de veel voorkomende zwarte spar leent zich bij uitstek voor de papierproductie.

Toendra

Ter hoogte van het zuidelijke deel van de Hudsonbaai loopt de boomgrens, een overgangszone waar het boreale naaldbos steeds dunner wordt, om ten slotte voor het almaar ruwer wordende klimaat te capituleren. De groeiperiode in deze zone, die verspreid ligt over Noord-Québec en Labrador, duurt niet veel meer dan twee maanden. De rotsgrond is het hele jaar door bedekt met taaie korstmossen, en alleen tijdens de kortdurende zomer spreiden allerlei soorten mossen, grassen, kruiden en dwergstruiken, stuk voor stuk zeer gespecialiseerde levensvormen, een verblindende kleurenpracht tentoon.

Behalve rendiermos, het basisvoedsel van de migrerende kuddes kariboes, het zilverachtig glanzende duinriet en het sneeuwwitte veenpluis groeit er ook een menigte bessen- en bloemendragende struiken, waaronder rode bosbes, zilver- en rozenkruid, valkruid, steenbreek, basterdwederik en *Papaver radicatum*. Deze struiken hebben allemaal grote, felgekleurde bloemen, opdat ze door het relatief kleine aantal bestuivende insecten kunnen worden gevonden. Naar het noorden toe wordt de vegetatie steeds schaarser, totdat er uiteindelijk niets dan poolijs overblijft

Fauna

De onherbergzame omstandigheden hebben ook in het dierenrijk echte overlevingskunstenaars voortgebracht. De kleine **knaagdieren** van de toendra, waaronder eekhoorns, marmotten en muizen, eten zich in de herfst dik en leggen in holletjes voorraden aan voor de winter. Daarbij moeten ze voortdurend op hun hoede zijn voor een hele menigte natuurlijke vijanden: sneeuwuilen, valken en raven zoeken vanuit de lucht het terrein af terwijl op de grond marters, nertsen, vossen en hermelijnen, 's winters goed gecamoufleerd door hun witte pels, het leven van de kleine dieren onveilig maken, en hen soms tot in hun holen achtervolgen.

Kariboes en elanden

De toendra is ook het leefgebied van grotere zoogdieren. Het overgrote merendeel van de ruim 1 miljoen Canadese **kariboes**, zoals rendieren in Noord-Amerika worden genoemd, trekt door de kale vlaktes van Noord-Québec en Labrador. Kariboes leven gewoonlijk in kleine groepen, maar sluiten zich tweemaal per jaar aaneen tot reusachtige, uit honderdduizenden dieren bestaande kuddes, voor de trek van zomer- naar winterhabitat en terug. Ze voeden zich met grassen, korstmossen en rendiermos, maar ook met vogeleieren en leggen per jaar zo'n 4500 km af. Dit indrukwekkende vertoon is vooral te danken aan hun hoeven,

Fauna

De kariboestier draagt zijn last met waardigheid: deze hertensoort heeft het in verhouding tot zijn lichaamsgewicht zwaarste gewei

die zowel 's zomers als 's winters perfect zijn aangepast aan de ondergrond. Hun omzwervingen worden overigens door een hele menigte roofdieren begeleid, waaronder vooral wolven en zwarte beren, die op zwakke of zieke dieren jagen, en roofvogels, die azen op kariboes die onderweg het loodje leggen.

Het boreale naaldbos en het gemengd bos vormen het leefgebied van de Canadese 'koning van het bos', de **eland** (Engels: *moose*, Frans: *orignal*). Met een schofthoogte van twee meter is de eland het grootste lid van de familie der herten. Deze solitair levende herkauwer weegt tot 800 kg; het schopvormige gewei van de stier kan 30 kg zwaar en meer dan anderhalve meter breed worden. Daarmee is het dier een zeer indrukwekkende verschijning. De herbivoren voeden zich met bladeren, twijgen, struiken en waterplanten. Hun buitenproportioneel lange poten, waardoor ze er nogal onbeholpen uitzien, maakt het hun mogelijk door de drassige zomen van de meren te lopen, waar ze waterlelies uit de bodem trekken. De grootste concentratie van deze vreedzame bosbewoners is te vinden op het Northern Peninsula van Newfoundland. Alles bij elkaar leven er in Canada circa een miljoen elanden.

Beren en bevers

Een andere indrukwekkende bosbewoner is de **Amerikaanse zwarte beer**. Ook hij eet hoofdzakelijk vegetarisch, maar wil bij tijd en wijle best een klein dier opeten en is ook niet vies van een forelletje dat hij uit de rivieren opvist. Met zijn fenomenale reukzin kan hij op kilometers afstand geuren waarnemen, die hem regelmatig naar campings en huizen lokken. Vooral als de bessen lang op zich laten wachten, kan dit bij het dan uiterst hongerige dier, dat juist uit zijn winterslaap is ontwaakt, tot verhoogde stress leiden, waarbij de kans op potentieel levensgevaarlijke confrontaties tussen beer en mens toeneemt. Gelukkig loopt het voor beide meestal goed af. Toch moeten elk jaar weer zwarte beren die de smaak van achteloos achtergelaten levensmiddelen te pakken hebben gekregen, worden afgemaakt. Deze 'probleemberen' hebben dan namelijk hun natuurlijke vrees voor mensen verloren en zijn onberekenbaar geworden

Tot de meest opmerkelijke dieren van de Canadese bossen behoort de **Canadese bever**. Op het hoogtepunt van de pelshandel, begin 19e eeuw, was hij vanwege zijn zijdezachte

Natuur en milieu

pels bijna uitgeroeid. Tegenwoordig heeft hij zich echter zodanig hersteld dat hij op vele plaatsen een plaag is geworden; in stadsparken is hij bijvoorbeeld een ongewenste bewoner omdat hij aan de houten bruggen knaagt en de loop van stroompjes en beken verlegt. De bever (Engels: *beaver*, Frans: *castor)* bereikt zijn maximale grootte aan het einde van zijn ongeveer twaalfjarige leven en kan dan 90 tot 120 cm lang zijn en tussen 20 en 25 kg wegen. Zijn sterke, steeds opnieuw aangroeiende snijtanden met keihard glazuur vormen een ideaal werktuig om dunne boompjes te vellen. Bevers bouwen in stromend water kunstige, brede dammen, zodat ze in het kalme meertje dat erachter ontstaat in alle rust de schorsen en twijgen van de boompjes die ze hebben geveld kunnen vorberen. Aan de rand van het meer bouwen ze een burcht van takken en modder met daaroverheen een rommelig uitziende hoop twijgen die bescherming moet bieden tegen de winterse kou, maar tegelijkertijd voldoende ventilatie toestaat. Zo'n burcht is zo groot dat vele opeenvolgende generaties bevers hier een droog onderkomen kunnen vinden. Voor alle zekerheid worden er nog enkele tunnels gegraven, die een bliksemsnelle en ongemerkte vlucht in het meer mogelijk maken.

Walvissen

In de Atlantische Oceaan en in de St. Lawrence River bieden **walvissen** een indrukwekkend schouwspel. Vanuit vele kustplaatsen worden excursies aangeboden om deze kolossale zeezoogdieren te spotten. Voor Nova Scotia, in de Bay of Fundy en voor de kust van Newfoundland vinden deze zachtaardige zeereuzen dankzij de koele Labradorstroom een rijk voedselaanbod van krill, ansjovis, haring en andere kleine vissoorten. De **gewone vinvis** blijft het hele jaar door in de subpolaire wateren, maar houdt zich zelden op in de nabijheid van de kust. Andere walvissoorten, zoals de **bultrug**, de **potvis** en zelfs de zeldzame **blauwe vinvis**, trekken 's zomers van de Baffin Bay door de Strait Davis langs Newfoundland en Nova Scotia naar zuidelijke wateren. In de St. Lawrence sluiten kleinere **dwergvinvissen** en **bruinvissen** zich bij hen aan. In de monding van de Saguenayfjord in Québec leeft verder nog een honkvaste groep **beluga's**.

Nationale parken

De mooiste natuurgebieden van Canada staan onder bescherming van de overheid en zijn om die reden uitgeroepen tot nationaal park. De geschiedenis van de Canadese **nationale parken** begon in 1885 in Banff (Alberta), toen daar een 26 km² groot natuurgebied werd afgebakend 'for the benefit, advantage and enjoyment of the people of Canada'. Een poosje later werd het uitgebreid met 379 km² en omgedoopt tot Banff National Park. Tegenwoordig heeft Canada 46 nationale parken, waarvan er 23 zijn gelegen in Oost-Canada en Nunavut – en het worden er alleen maar meer. Bij het aanwijzen van natuurgebieden die tot nationaal park moeten worden gepromoveerd laat de verantwoordelijke instantie Parks Canada zich leiden door het principe dat de gebieden die de natuurlijke variatie van het gigantische land het best representeren het waard zijn te worden beschermd. Momenteel valt al 60% van deze gebieden onder natuurbescherming.

Parks Canada, de instantie ter bescherming en behoud van belangrijk natuurlijk en cultureel erfgoed, werd in 1911 als eerste ter wereld in zijn soort opgericht. Sinds 2003 valt de instantie onder de Canadese milieuautoriteit Environment Canada. Van alle onder het beheer van Parks Canada vallende parken en historische locaties staan er achttien op de Werelderfgoedlijst van de UNESCO. In Oost-Canada zijn dat Rideau Canal in Ontario, L'Anse-aux-Meadows National Historic Site, Red Bay Basque Whaling Station en Gros Morne National Park in Newfoundland en Labrador, Vieux-Québec, Miguasha National Park en Rideau Canal in Québec, de oude binnenstad van Lunenburg, Grand Pré National Historic Site en de Joggins Fossil Cliffs in Nova Scotia, L'Anse aux Meadows National Historic Site, Red Bay Basque Whaling Station, Mistaken Point en Gros Morne National Park in Newfoundland en Labrador.

Politiek en economie

Canada is lid van de G8, de exclusieve club van moderne geïndustrialiseerde staten. De binnenlandse politiek wordt beheerst door de altijd gespannen verhouding tussen de federale overheid en de provincies – de nog altijd onopgeloste kwestie-Québec en de verdeling van gelden over de 'rijke' en 'arme' provincies staan doorlopend op de agenda.

Canada – een verstandshuwelijk ...

... tussen wantrouwige partners

De verhouding tussen de provincies en de federale overheid in Ottawa wordt gekenmerkt door tegenstellingen. Zelfs bij de oprichting van de Canadese statenbond konden sommige kolonies alleen over de streep worden getrokken met substantiële economische voordelen in het vooruitzicht. Het land is te groot en de belangen van de diverse regio's zijn te verschillend. Er zijn belangrijke **separatistische sentimenten** in het westen en met name ook in Québec, die tot op de dag van vandaag niet zijn opgelost. In British Columbia en Alberta hebben de afscheidingsbewegingen vooral een economische achtergrond. Men vindt de financiële bijdrage die moet worden geleverd aan de Canadese confederatie te hoog. Vooral in Alberta, waar het overgrote deel van de Canadese olie en het aardgas wordt gewonnen, voelt men zich door het federale energiebeleid en door bijzondere belastingen betutteld en in zijn ontwikkeling geremd.

Armoede in Atlantic Canada

In de kustprovincies wordt de rancune met name gevoed door het **landelijke visserijbeleid**. Men voelt zich door de overheid stiefmoederlijk behandeld. Het gemiddelde inkomen ligt hier ca. 30% lager dan landelijk en de werkloosheid is op sommige plaatsen driemaal zo hoog. Ten gevolge van een jarenlange overbevissing zag de Canadese overheid begin jaren 90 geen andere mogelijkheid dan het invoeren van **strenge vangstquota**. Dit had ernstige gevolgen voor de zeevisserij. Toen in 1992 een **totaalverbod op het vangen van kabeljauw** werd uitgevaardigd, verloren alleen al in Newfoundland 35.000 vissers van het ene moment op het andere hun werk. Tegelijkertijd moesten ze met lede ogen aanzien dat enorme Spaanse en Portugese visserssvloten voor Newfoundland de laatste visbestanden afroomden, vaak met illegale methoden en overschrijding van de met de EU overeengekomen quota. De omslag kwam met de ontdekking van **grote voorraden olie en gas** voor de kust en in Labrador. Tegenwoordig heeft men name Newfoundland zijn imago van armenhuis afgeschud.

De kwestie-Québec

Het grootste gevaar voor de nationale eenheid gaat uit van de animositeit tussen het Engelstalige Canada en het Franstalige Québec. Deze heeft vooral historische en culturele achtergronden, maar er vallen ook economische factoren aan te wijzen. In een samenleving waar de touwtjes vaak in handen zijn van Engelssprekende bevolkingsgroepen en het Engels de voertaal is van de industrie en de financiële wereld, voelen de francofone Canadezen zich achtergesteld. Om de **afscheidingsbewegingen** het hoofd te bieden, heeft de federale

'The French Fact, mais oui!'

Muzikant Bob Geldof nam 'that french-canadian thing' niet helemaal serieus en dacht weg te komen met een 'bonjour' hier en een 'merci' daar. Maar toen hij in Montréal aankwam, moest hij geïrriteerd de ernst van de zaak vaststellen. In Québec spreken de Canadezen Frans en heeft men ook een andere mentaliteit.

Dit bracht de Britse popster en politiek activist tot de verzuchting dat hij bij zijn aankomst in Noord-Amerika moest constateren dat hij van de taal geen snars begreep. De gepikeerde Geldof was en is niet de enige. Ook andere buitenlanders reageren vaak met ergernis op *The French Fact*. Na enige tijd tevergeefs te hebben gezocht naar tekenen van revolutionair elan zijn ze vaak nog verbaasder. Waarom zou Québec in hemelsnaam zelfstandigheid willen? Het gaat de provincie kennelijk voor de wind binnen de confederatie. De subsidiestroom uit Ottawa – onderdeel van de verzoeningspolitiek – is groter dan die naar andere provincies en in het dagelijks leven en op de werkvloer is Frans de voertaal. De Engelstalige minderheid heeft zijn eigen kranten, ziekenhuizen en radio- en tv-kanalen, en in Montréal wordt evenveel Frans als Engels gesproken.

De **oorzaken van de afscheidingssentimenten** liggen echter dieper. De belangrijkste is de zorg om de Franse taal en cultuur. Zonder overheidsbescherming waren die allang geassimileerd in de oceaan van Engelstaligheid. In 1974 besloot de provinciale overheid daarom dat het Frans de officiële taal van Québec moest zijn en in 1977 stelde *Loi 101* het Frans zelfs op alle gebieden van het openbare leven verplicht. Hiermee kwam veel oud zeer uit de toch nog niet zo lange Canadese geschiedenis tot uiting: het feit dat de economische touwtjes voornamelijk in Engelstalige handen waren, dat Franssprekende klanten in warenhuizen niet werden geholpen en dat het Frans van Québec als teken van een gebrek aan ontwikkeling gold. Het gaat hier om een collectieve herinnering aan talloze directe en indirecte pogingen tot assimilatie, eerst van Londen en vervolgens van Ottawa. Ten slotte is uit de taalbarrière het idee gegroeid dat men eenvoudigweg te verschillend is om samen in één land te kunnen wonen.

De **culturele verschillen** tussen de twee bevolkingsgroepen kunt u duidelijk waarnemen tijdens een wandeling door de Engels- en Franstalige wijken van Montréal – ook al bejegenen de *anglos* en de *francos* elkaar tegenwoordig met aanmerkelijk meer respect dan vroeger. Er groeit tegenwoordig zelfs een tweetalige generatie op, voor wie de verschillen steeds minder te betekenen hebben. Toch zien veel Franstaligen, met name buiten Montréal, **onafhankelijkheid** van Québec als dé oplossing voor alle problemen. Maar zo makkelijk zal dat niet gaan. Lang niet iedereen die op de separatistische Parti Québécois (PQ) stemt, is uit op afscheiding. Vaak willen ze alleen maar een signaal afgeven en zorgen dat er in de rest van het land naar ze geluisterd wordt. Anderzijds zijn er veel liberalen die vinden dat bijvoorbeeld Jean Charest, tot 2012 de vloeiend tweetalige leider van de liberalen, niet Québécois genoeg was. Bovendien pakt ook niet iedere *anglo* zijn biezen. Integendeel bijna: statistieken wijzen op een groeiende toestroom van Engelstalige Canadezen naar de wereldstad aan de oevers van de St-Laurent.

Buitenlandse politiek

regering medio jaren 60 een wet ingevoerd die het Frans naast het Engels een gelijkwaardige officiële taal in alle instituties maakte. Maar daarmee bleken de problemen niet opgelost. Volgens de separatisten gingen de hervormingen niet alleen te langzaam, ook zagen zij Québec als een unieke provincie met een eigen volk, cultuur en geschiedenis. Niks tweetaligheid; er moest in Québec uitsluitend Frans worden gesproken – alleen zo zou de karakteristieke Franstalige cultuur kunnen overleven. Nadat in 1976 de separatistische **Parti Québécois (PQ)** onder leiding van René Lévesque de verkiezingen won, werden een jaar later deze doelstellingen gerealiseerd met *Loi 101*, ook wel bekend als **La charte de la langue française**. Frans werd daarmee de enige officiële taal van Québec. De leidinggevenden van grote en middelgrote bedrijven, die meestal Engelstalig waren, moesten kunnen bewijzen dat zij ook het Frans beheersten. Elke vorm van onderwijs, van de kleuterschool tot de middelbare school, moest in het Frans – ook voor de kinderen van Engelstalige immigranten. Verbittering onder de Engels-Canadezen was het gevolg. Vervolgens stuurde de Parti Québécois aan op onafhankelijkheid en organiseerde ze daartoe twee referenda, maar de Québécois beslisten anders. Toch is het onderwerp nog altijd niet definitief van tafel.

Nog altijd actueel

Begin jaren 90 werd op de **Conferentie van Lake Meech** een poging ondernomen om de angel uit de situatie te halen. Vertegenwoordigers van de respectievelijke provincies kwamen daar bij elkaar om een nieuwe grondwet te ontwerpen, waarin de culturele zelfstandigheid van Québec zou worden verankerd. Uitgerekend het 'nee' van een vertegenwoordiger van de *First Nations* blokkeerde de ratificatie. Het mislukken van de conferentie stortte Canada in een diepe staatsrechtelijke crisis. Twee jaar later kwamen politici van alle partijen bijeen in **Charlottetown**, opnieuw om een nieuwe grondwet te bedenken, maar die werd in een referendum afgewezen. Zowel de bevolking van Québec als die van de Engels-Canadese provincies stemde overwegend tegen. Het gevolg was een diepgaande verandering van het politieke landschap van Canada. In West-Canada en in Québec kregen populistische protestbewegingen de wind in de zeilen. Bij de federale verkiezingen van 1993 kreeg het **Bloc Québécois**, dat de PQ in Ottawa vertegenwoordigde, meer dan twee derde van de zetels in de provincie, waarna het meteen een referendum over onafhankelijkheid aankondigde. Dit referendum en de verhitte campagnes van de voor- en tegenstanders die eraan voorafgingen, brachten de natie in oktober 1995 op de rand van uiteenvallen. Het scheelde minder dan 1 procent, 40.000 stemmen, of de afscheiding was een feit geweest. Maar ook de overwinning van de **Parti Liberal (PLQ)**, die in 2003 onder leiding van premier Jean Charest een einde maakte aan de negenjarige regering van de separatisten, betekende niet het einde van de kwestie-Québec: bij de federale verkiezingen van juni 2004 won het **Bloc Québécois** bijna 50 van de 75 zetels in de provincie. De invloed van de separaristen en nationalisten bleek weer eens begin 2009, toen na hevige protesten de met duizenden figuranten na te spelen Slag op de Abrahamsvlakte werd afgeblazen. Daar hadden in 1759 de Engelsen tegen de Fransen gevochten en ze definitief uit Noord-Amerika verjaagd.

In de herfst van 2012 namen de separatisten het kabinet over van de door corruptie geplaagde liberalen. Momenteel is het weer rustig: in april 2014 behaalden de liberalen bij vervroegd uitgeschreven verkiezingen voor het parlement van Québec een duidelijke overwinning. Ze kregen 70 van de 125 zetels, de Parti Québécois slechts 30.

Buitenlandse politiek
Vredestichter Canada

De **grens tussen Canada en de VS** is de langste onbewaakte grens ter wereld en wordt jaarlijks door honderd miljoen mensen gepasseerd. Na de aanslagen van 11 september 2001 werd de controle aangescherpt. Het

Politiek en economie

goederenverkeer tussen Canada en de Verenigde Staten overtreft qua volume alle andere handelsbetrekkingen tussen twee naties ter wereld; 74% van de Canadese buitenlandse handel is met de VS. Maar ook het leeuwendeel van de **milieuvervuiling** heeft Canada aan zijn zuidelijke buurman te wijten. Canadese en Amerikaanse overheidsfunctionarissen zijn daarom altijd in onderhandeling over talloze problemen, niet zelden in een geagiteerde sfeer.

Multilaterale betrekkingen geven verplichtingen

Canada neemt weliswaar deel aan het North American Aerospace Defense Command (NORAD) en is **lid van de NAVO**, maar staat er niettemin op een eigen buitenlandse politiek en militair beleid te voeren – vaak tot misnoegen van de Verenigde Staten. Zo knoopte Canada veel eerder dan de VS diplomatieke betrekkingen aan met de voormalige Sovjet-Unie, met Cuba en met China. Ook had Ottawa stevige kritiek op de Amerikaanse politiek in Indochina en Latijns-Amerika en werden tijdens de Vietnamoorlog duizenden Amerikaanse dienstweigeraars toegelaten. Canada heeft altijd diplomatieke **initiatieven die gericht waren op ontwapening en ontspanning** ondersteund. Sinds zijn bemiddelende rol in de Suezcrisis in 1956 stuurt het land gewapende *peacekeepers* op VN-vredesmissies over de hele wereld. Als NAVO-bondgenoot neemt Ottawa ook actief deel aan door de VN gesanctioneerd ingrijpen in internationale conflicten zoals de Eerste Golfoorlog (1990-1991), in Kosovo (1996-1999) en Afghanistan (2001-2011).

Canada is **medeoprichter van de Verenigde Naties** en onderhoudt om historische redenen **zeer nauwe relaties met Groot-Brittannië**. Ook de **betrekkingen met Frankrijk zijn hartelijk**, ook al zijn ze door de kwestie-Québec vaak nogal turbulent. De provincies onderhouden op eigen houtje weliswaar geen politieke, maar wel culturele betrekkingen met het buitenland. Zo zijn Québec en New Brunswick **lid van La Francophonie**, de organisatie van Franstalige landen. Bij zeerechtconferenties heeft Canada met aanzienlijk idealisme het standpunt verdedigd dat de rijkdommen van de zee eerlijk onder alle naties verdeeld zouden moeten worden.

Economie

Canada heeft na 1945 een enorme economische ontwikkeling doorgemaakt en is een van de belangrijkste industrielanden van de wereld. De natie behoort daarom tot de acht landen die jaarlijks bijeenkomen op de wereldtop van industriële staten. Gemeten naar het bruto nationaal product staat Canada op de tiende plaats van de wereld; naar inkomen per hoofd van de bevolking op de zestiende. De belangrijkste handelspartner van Canada is de VS, met een aandeel van 74% van het totale handelsverkeer, gevolgd door Japan, Groot-Brittannië en Duitsland. In 1976 sloten Canada en de Europese Unie een overeenkomst die tot een grotere samenwerking op economisch, industrieel en technologisch gebied moest leiden. Canada stond hierbij vooral een grotere onafhankelijkheid van de VS voor ogen, maar daarvan kwam niet veel terecht. Canada is lid van de Noord-Amerikaanse vrijhandelszone NAFTA. Sinds september 2017 worden ook delen van het nog niet officieel in werking getreden CETA-vrijhandelsakkoord tussen Canada en de Europese Unie toegepast.

Hightech en nieuwe markten

De laatste jaren **kijkt Canada duidelijk steeds meer in de richting van de Grote Oceaan**. Vier van de tien belangrijkste handelspartners zijn Aziatische landen, en het aantal immigranten uit dat deel van de wereld is inmiddels aanmerkelijk groter dan uit Europa. Door zijn grote natuurlijke rijkdommen is Canada nog altijd sterk afhankelijk van de **export van grondstoffen en halffabrikaten** (bijna een vijfde van de export bestaat uit hout of houtproducten). Een andere belangrijke bron van inkomsten is de **landbouw**; Canada staat wat betreft graanexport na de VS op de tweede plaats van de wereld. De laatste decennnia heeft het land echter ook een aanzienlijke **technologische ontwikkeling** doorgemaakt; tegenwoordig worden er communicatiesatellieten, vliegtuigen, auto's en zelfs complete energiecentrales geproduceerd. De **industrie** neemt inmiddels zo'n derde van het bruto nationaal product voor zijn rekening. Ontario en Québec zijn het sterkst geïndustrialiseerd. De meeste elektriciteit, 70%, wordt geproduceerd door **waterkrachtcentrales**. De grootste van de talrijke centrales werd in 1979 opgeleverd aan de James Bay in Québec. Het miljardenproject voorziet inmiddels een gebied dat 25 keer zo groot is als Nederland van stroom. Met het in 2011 gepubliceerde **Plan du Nord** drijft Québec de ontsluiting van het noorden tot het uiterste op, naar twintigduizend arbeidsplaatsen en inkomsten van ruim $ 80 miljard (energie, mijn- en bosbouw).

Olie van de toekomst

De beide andere belangrijke energiebronnen, **gas** en **olie**, zijn zorgenkindjes. Canada is een van de weinige industrielanden die energie exporteren. De afgelopen tien jaar zijn gigantische bedragen gestoken in het exploiteren van nieuwe olievoorraden, zoals het zeshonderd miljoen vaten grote **Hiberniaveld** voor de kust van Newfoundland en het **Amauligakveld** in de Beaufortzee. Het laatste veld is met meer dan een miljard vaten wereldwijd een van de grootste vondsten van de laatste jaren. De tegelijkertijd **dalende olieprijs** gooide echter roet in het eten. Omdat de kosten hoger werden dan de baten vordert het werk slechts langzaam. Ook allerlei plannen voor miljardeninvesteringen in **oliepijpleidingen uit het arctisch gebied** kwamen in de spreekwoordelijke ijskast te liggen. De olie-industrie, de bewoners van de poolgebieden en de Newfoundlanders dringen bij de overheid aan op verhoging van de binnenlandse brandstofprijzen, maar consumenten en de Canadese industrie hechten juist weer aan een lage olieprijs.

Een winstevend ambacht, maar niets voor koukleumen: de krabvisserij

Geschiedenis

Canada is geen land van revoluties en burgeroorlogen. Vooral de jongste geschiedenis van het land wordt gekenmerkt door het compromis en niet door de confrontatie. Dat is de rode draad die door de toch veelbewogen geschiedenis van het land loopt en het nationale karakter diepgaand heeft beïnvloed.

Pre-Europese geschiedenis

Tussen 30.000 en 13.000 v.Chr. trokken **nomaden** van Centraal-Azië over de destijds bestaande landbrug in de Beringstraat, die zich gedurende de volgende millennia over het hele Amerikaanse continent verspreidden. Al omstreeks 5000 v.Chr. werd Canada van de Yukon tot aan Newfoundland bewoond door nomadenstammen. Het menu van deze **jager-verzamelaars** bestond uit bessen, wortels, vlees en vis. Hun kleding maakten ze van huiden en pelzen. In de wouden van Oost-Canada woonden voornamelijk Algonkian- en Irokeessprekende stammen.

Omstreeks 2000 v.Chr. vestigden stammen van de **Dorsetcultuur** uit noordoostelijk Azië zich in de kustgebieden van het noordpoolgebied. Van deze in kleine groepen levende mensen zijn knap gemaakte stenen werktuigen teruggevonden. Hun voeding bestond voornamelijk uit vis en zeevruchten, maar ze jaagden ook op kariboes en muskusossen. Rond 1000 v.Chr. werden de Dorsetmensen verdreven door de uit Alaska naar het oosten trekkende Thule. De **Thule** gelden als de voorouders van de huidige Inuit en werden door hun indiaanse buren Eskimo genoemd, wat in hun taal 'rauwvleeseter' betekende.

De Vikingen

Columbus was niet de eerste Europeaan die aan Amerikaanse wal kwam. Vele andere Europeanen gingen hem voor. Het schijnt dat kooplieden uit Bristol omstreeks 1480 schepen naar Noord-Amerika hebben gezonden. Ook wordt de Ierse monnik St.-Brandaan vaak genoemd, die volgens verschillende bronnen rond 874 n.Chr. onder de indianen in Labrador predikte. Wat in ieder geval vaststaat, is dat de Noord-Amerikaanse wateren werden bevaren door **Vikingen**. Rond 1000 n.Chr. kwamen Vikingen uit Groenland aan bij de kust van Newfoundland. Bij het huidige vissersdorp L'Anse-aux-Meadows heeft kort een nederzetting bestaan vanwaaruit ze tochten naar het zuiden maakten. Na dit korte intermezzo verdween Noord-Amerika weer uit het blikveld van de Europeanen.

Frankrijk eist Canada op

Pas vijfhonderd jaar later kwamen de Europeanen terug – om nooit meer weg te gaan. Als eerste kwam de in Engelse dienst varende Venetiaan Giovanni Caboto (**John Cabot**) naar het gebied. Hij landde in 1497 op de Atlantische kust van Cape Breton Island in het noordoosten van Nova Scotia – of op de kust van Newfoundland (de bronnen spreken elkaar tegen). Zijn historische actie en verhalen over de fabelachtige rijkdom aan vis bij de Grand Banks maakten echter niet veel indruk op zijn opdrachtgevers en tijdgenoten – die hadden meer gehoopt op bergen goud of de doorvaart naar Indië. Nadat hij rapport had uitgebracht, kreeg hij van Hendrik VII tien pond uit diens privékas. Op dezelfde avond spendeerde de koning twaalf pond aan een mooie danseres.

Toch wisten Bretonse, Baskische, Engelse en Portugese vissers de rijke visgronden voor Newfoundland te vinden. Walvisvaarders uit Bilbao stichtten begin 16e eeuw aan de zuidkust van Labrador de eerste traankokerij van de Nieuwe Wereld. Vervolgens eiste Jacques Cartier Canada voor Frankrijk op. Tijdens drie reizen tussen 1531 en 1542 verkende hij de St. Lawrence River en bereikte hij de Irokezennederzetting Hochelaga, het huidige Montréal. De naam Canada verscheen voor het eerst in de verslagen van Cartier, en is waarschijnlijk ontleend aan het Irokese *kanata*, dat 'nederzetting' of 'dorp' betekende.

De zoektocht naar de noordwestpassage

Eind 16e eeuw kregen Engeland en andere Europese landen steeds mee interesse voor het noorden van het nieuw ontdekte continent. Nog altijd was de door legendes omgeven, gemakkelijke zeeroute naar China niet gevonden. Naar men veronderstelde moest er een weg langs het noorden van Noord-Amerika zijn, de legendarische **noordwestpassage**. De zoektocht hiernaar duurde eeuwen en kreeg de allure van een heldhaftige strijd tegen de natuur. Pakijs en scheurbuik eisten talloze slachtoffers, maar toch kozen vanaf de 16e eeuw telkens weer nieuwe expedities het ruime sop om een route te zoeken door de doolhof van arctische eilanden. De Engelsman **Martin Frobisher** verkende tussen 1576 en 1578 tijdens drie verschillende reizen het reusachtige Baffin Island – de passage vond hij evenwel niet. **Henry Hudson** bereikte in 1607 de later naar hem vernoemde Hudsonbaai en **William Baffin** kwam niet veel later tot in de Baffin Bay.

Pas in 1845 werd weer een poging ondernomen de door de Britse admiraliteit zo vurig gewenste zeeweg te vinden. **John Franklin** vertrok goed uitgerust met twee schepen, maar werd ergens ten westen van King William Island ingesloten door het pakijs. De expeditie vond een langzaam, bitter einde, zoals men te weten is gekomen uit overleveringen van de Inuit uit de nederzetting Gjoa Haven. Franklin en zijn 129 koppen tellende bemanning verhongerden jammerlijk; er zou zelfs sprake van kannibalisme zijn geweest. Er is vele malen getracht de twee schepen en hun bemanning te vinden. De Britse overheid, Parks Canada en particulieren investeerden telkens in nieuwe zoektochten; alleen al in 2008 werden er zes ondernomen. In september 2014 was een zoektocht eindelijk succesvol. Een Canadese expeditie vond toen in de buurt van Pond Inlet in het noorden van Nunavut de HMS Erebus, een van de Franklin-schepen. Twee jaar later zorgden twee mannen voor een sensatie toen zij tijdens de jacht per toeval stuitten op de HMS Terror – ver weg van de plek waar tot nu toe werd gezocht. De vindplaats van het zeer goed bewaard gebleven schip doet vermoeden dat Franklin de noordwestpassage toch had ontdekt.

Frans Noord-Amerika

Tegen het einde van de 16e eeuw landden de Engelsen in Noord-Amerika. Humphrey Gilbert stichtte in 1587 de eerste – kortstondige - Engelse nederzetting bij het huidige **St. John's** (Newfoundland). Vanaf dat moment waren er steeds meer Engelsen in Newfoundland en de omringende wateren te vinden. Tegelijkertijd namen de Franse koloniale inspanningen serieuze vormen aan. Rond 1600 werd bij de monding van de Saguenayfjord in de St. Lawrence de handelspost **Tadoussac** gebouwd. In 1603 bracht de ontdekkingreiziger **Samuel de Champlain** de St. Lawrence in kaart. Om de kou bij de St. Lawrence te mijden, moest een nieuwe basis zuidelijker gesticht worden, bij de ingang van de Bay of Fundy in de huidige Amerikaanse staat Maine. Op een eilandje in de St. Croix River werd een fort gebouwd, maar die winter stierf de helft van de kolonisten aan scheurbuik. De zomer erna werd met versterkingen uit Frankrijk **Port Royal** gesticht, een nieuwe nederzetting in een beschut liggende baai aan de zuidoever van de Bay of Fundy (bij het huidige Annapolis Royal, Nova Scotia) – de eerste permanente Europese nederzetting in Canada. Op de plaats waar de St. Lawrence River het smalst was, vestigde De Champlain,

Geschiedenis

Pechvogel: viermaal ging Henry Hudson op pad om de noordwestpassage te vinden, viermaal faalde hij

die het strategisch belang van deze locatie op waarde wist te schatten, in 1608 de nederzetting Québec. Die winter eisten scheurbuik en kou weer hun tol. Van de 24 mannen waren er in het voorjaar nog acht in leven, maar ondanks muiterij en ziektes hield de nederzetting stand.

De ontdekking van de Hudsonbaai

Op zijn zoektocht naar de noordwestpassage ondekte de Engelsman **Henry Hudson** de baai die later naar hem genoemd zou worden. In 1607 probeerde hij voor het eerst China via de noordpool te bereiken, maar hij kwam in het pakijs vast te zitten. Op 17 april 1610 vertrok hij voor zijn laatste, noodlottige reis, waarop hij de reusachtige baai zou ontdekken die naar hem is genoemd. Hij en zijn bemanning van 22 man waren met de kleine **Discovery** waarschijnlijk in de getijdenstroom van Straat Hudson terechtgekomen. Een zware storm dreef hen vervolgens naar het westen, waar ze werden ingesloten door het ijs, waaruit ze zich slechts met de grootste moeite en veel geluk konden bevrijden. Op de terugreis sloeg de half verhongerde bemanning aan het muiten en werden Hudson, zijn zoon en enkele getrouwen van boord gezet. Dat is het laatste wat van hen is vernomen. Hudsons ontdekking zou kort daarna in Engeland een levendige belangstelling wekken. De baai werd als een achterdeur naar de lucratieve Canadese pelshandel gezien. In 1670 werd in Londen de **Hudson's Bay Company** opgericht. De Company of Adventurers Trading into Hudson's Bay verkreeg het recht om pelshandel te drijven op alle wateren die uitmondden in de Hudsonbaai. De eerste vestigingen – York Factory en daarna Churchill – werden kort daarna gesticht.

Consolidatie van Nieuw-Frankrijk

Tot 1627 ondernam De Champlain vanuit Québec een aantal reizen naar het zuiden en het westen. Daarbij steunde hij de Huron en Algonkin tegen de Irokezen. De **pelshandel** vormde de economische basis van de kolonie. Het in 1609 verlopen recht op handelsmonopo-

Frans Noord-Amerika

lie van De Monts werd overgedragen aan een handelsmaatschappij. De vroeger in de wildernis hulpeloze Fransen werden handelaars, strijders en 'woudlopers'.

In 1610 liet De Champlain een tiener met de naam Étienne Brulé achter bij de Huron. Deze Brulé leerde de taal en het gebied van de Huron kennen, het begin van de tijd van de **coureurs de bois**, de woudlopers. Met die term werden avontuurlijke Fransen aangeduid, die landarbeid voor de adellijke heren van Nieuw-Frankrijk niet zagen zitten en vaak tientallen jaren bij de indianen woonden – soms voorgoed. Ze leerden de indiaanse pelshandelsroutes kennen, brachten in Québec verslag uit van de verre gebieden in het westen en jaagden op bevers en buffels. Rond dezelfde tijd dienden ook de missionarissen zich aan. In 1642 vestigde de **jezuïet de Maisonneuve** de nederzetting **Ville-Marie**, het latere Montréal. Tot 1700 kwamen regelmatig nieuwe kolonisten aan, maar vanaf dat moment droogde de stroom op. Onder bescherming van leenheren bewerkten ze akkers aan de oever van de rivier, grond die was geschonken aan adel en geestelijkheid. Deze gemeenschap van een paar duizend man vormde de basis voor de hele Franse bevolking van het tegenwoordige Canada.

Irokezenoorlogen

Nadat het monsterverbond van de Fransen en de Algonkin in 1609 bij Ticonderoga tot een overwinning op de Irokezen had geleid, werd de machtige **Irokezenliga**, die het gebied ten zuiden van de St. Lawrence tot diep in de huidige staat New York beheerste, de volgende eeuw de erfvijand van de jonge kolonie. Er waren altijd al bittere vetes tussen de verschillende indianenstammen geweest, maar daar kwam nog eens de strijd met de blanken om de pelshandel bij. De aanvallen van de Irokezen, die militair superieur aan hun indiaanse tegenstanders waren, brachten het voortbestaan van de kolonie ernstig in gevaar. Tussen 1645 en 1655 brachten de Irokezen in verscheidene veldtochten vernietigende slagen toe aan de Huron, de Erie en de Petun. Montréal werd meermalen aangevallen en het Île d'Orléans geplunderd. Pas met een detachement van duizend soldaten werd een – wankele – vrede afgedwongen. De bevolking groeide tussen 1660 en 1675 van twee- tot meer dan achtduizend zielen, zodat er eindelijk een economische opleving kon plaatsvinden en middelen beschikbaar kwamen voor expedities naar het westen en het zuiden. Tussen 1679 en 1682 drong **La Salle** over Lake Erie en Lake Huron tot diep in het zuiden van het Amerikaanse continent door en kwam via de Mississippi tot in New Orleans. Ook in Louisiana wapperde vanaf dat moment de vlag van de Bourbons.

Engeland verschijnt ten tonele

Na enkele **grensconflicten** en talloze kleine schermutselingen in de Ohio Valley begonnen in 1689 de krijgshandelingen tussen de Europese supermachten Engeland en Frankrijk pas goed. Hierbij ging het bijna uitsluitend om belangen in de pelshandel en de visserij. En als het in Europa oorlog was, werden de kolonisten daarin automatisch meegezogen. De Fransen waren niet bepaald blij met de aanwezigheid van de Hudson's Bay Company in het noorden van hun kolonie en stuurden **militaire expedities** naar de regio. Vervolgens wapperde afwisselend de Franse en de Engelse vlag boven de handelsposten in de verlaten streken. Aan de Atlantische kust ging het er nog heftiger aan toe. Met hun indiaanse handlangers ondernamen de Fransen strooptochten tot in de buurt van Boston. De Engelsen namen op hun beurt Port Royal in. Ten slotte stond Frankrijk in 1713 Acadië (Nova Scotia met uitzondering van Cape Breton Island) en Newfoundland aan Engeland af.

Bloeitijd van Nieuw-Frankrijk

Om hun visgronden en de toegang tot de St. Lawrence te beschermen, bouwden de Fransen in 1715 de burcht Louisbourg op Cape Breton Island. In de volgende decennia woonden hier meer dan tweeduizend soldaten, kooplieden en vissers, vaak met hun gezinnen,

Geschiedenis

in de citadel aan zee. Het dagelijks leven van de bevelhebbers werd verzoet door geïmporteerde chocola, goede wijn, dikke Franse tapijten en zijden zakdoeken. Onder aan de sociale ladder bivakkeerden vijfhonderd Franse soldaten in de tochtige gewelven van de kazernes. Ze vormden het grootste staande leger van Nieuw-Frankrijk. Met ruim vijfhonderd gebouwen was de stad voor de kolonie zowel om economische als strategische redenen van levensbelang. Voor de kolonisten van New England vormde hij een continue bedreiging; de Fransen hielden hem voor onneembaar. In de vreedzame jaren tussen 1713 en 1743 beleefde Nieuw-Frankrijk een economische opleving. De bevolking verdubbelde tot zo'n vijftigduizend mensen en de pelshandel, de nijverheid en de scheepsbouw floreerden.

Nieuwe confrontaties

In de **Oostenrijkse Successieoorlog** (1740-1748) stonden Engeland en Frankrijk wederom tegenover elkaar – ook in Noord-Amerika. Louisbourg werd in 1745 belegerd door een Engelse koloniale vloot van meer dan honderd schepen en 8400 troepen onder bevel van gouverneur Shipley uit Massachusetts. Na een zes weken durend beleg viel de vesting in Britse handen. De hele Franse bevolking van Cape Breton Island werd naar Frankrijk gedeporteerd. In 1748 gaf Engeland in ruil voor Europese gebieden Louisbourg terug aan Frankrijk. Al na twee jaar floreerde de handel tussen Louisbourg en New England weer.

Toch kwam het niet tot een duurzame vrede. Engeland consolideerde zijn positie in Atlantic Canada door de bouw van de marinehaven **Halifax** in 1749. De immigratie van Engelsen werd aangemoedigd. In 1753 bracht gouverneur Charles Lawrence Duitse protestanten uit de streek rond Lüneburg naar Nova Scotia, wat leidde tot de stichting van **Lunenburg**. De circa tienduizend Franstalige **Acadiërs**, die sinds 1713 onder Brits bestuur vielen maar neutraal waren gebleven, kwamen tussen twee vuren te staan. Toen ze in 1755 weigerden om trouw te zweren aan de Engelse Kroon organiseerde Lawrence de deportatie van de hele Acadische bevolking naar Frankrijk. Slechts weinigen slaagden erin te vluchten naar Nieuw-Frankrijk, Louisiana of het Caribisch gebied.

Frankrijks vertrek uit Canada

Nog tijdens de Engels-Franse onderhandelingen in Parijs over de exacte ligging van de grens tussen Nieuw-Frankrijk en de dertien Engelse koloniën, begon in Noord-Amerika de **French and Indian War** (1756-1763). Na aanvankelijke Franse successen keerden rond 1758-1759 de kansen. De Engelsen behaalden enkele beslissende overwinningen. Nadat Louisbourg was gevallen, stoomden ze de St. Lawrence op naar het hart van Nieuw-Frankrijk. Na een strijd van twee maanden stond op 13 september 1759 een Engelse strijdmacht van vierduizend man voor de muren van Québec. Generaal James Wolfe had zijn troepen via smalle paden over de steile Cap Diamant geleid. Op de **Plaines d'Abraham** werden ze opgewacht. De Engelsen lieten de schouder aan schouder opmarcherende vijand tot op enkele meters naderen en openden toen het vuur – het werd een bloedbad. De strijd was al na twintig minuten beslecht. De generaals Wolfe en Montcalm, de Franse bevelhebber, waren onder de gesneuvelden. Montréal viel het jaar daarop, waarmee Nieuw-Frankrijk definitief voor het moederland verloren was. Bij de Vrede van Parijs in 1763 stond Frankrijk officieel alle Noord-Amerikaanse gebieden aan Engeland af, zodat ook zo'n zeventigduizend Franstalige kolonisten onder Engels bestuur kwamen.

Canada onder de Union Jack

Onderwijl broeide het in de dertien Britse koloniën in het zuiden. Daar leed men onder de restrictieve wetten en zwaar drukkende belastingen die door Londen werden opgelegd. In 1775 vielen bij Lexington, niet ver van Boston, de eerste schoten van wat de **Amerikaanse Onafhankelijkheidsoorlog** zou worden. De

Canada onder de Union Jack

Amerikaanse rebellen zagen in de kort tevoren door Groot-Brittannië overwonnen Frans-Canadezen een natuurlijke bondgenoot. Hetzelfde jaar trokken ze de nu Britse kolonie Québec binnen, bezetten Montréal en belegerden Québec. Hun verwachting van een Frans-Canadese opstand werd echter niet bewaarheid: *les Canadiens*, zoals de Frans-Canadezen zich noemden, bleven loyaal aan de Britse koloniale overheid. Die had – met een vooruitziende blik – haar nieuwe onderdanen een jaar eerder met de **Québec Act** het recht gegeven op het behoud van het katholieke geloof en de Franse taal en rechtspraak. De grootgrondbezitters en de geestelijkheid gooiden het met de Britten op een akkoordje: de boeren zouden ook voor de Britse heren werken. Zo bleef Québec Brits, terwijl de koloniën in het zuiden enkele jaren later onafhankelijk werden.

Westminster in plaats van Washington

Het einde van de Amerikaanse Onafhankelijkheidsoorlog leidde tot de uittocht van mensen die trouw waren gebleven aan de Britse Kroon, de **United Empire Loyalists**. Ongeveer vijftigduizend van hen trokken naar Brits Noord-Amerika, waar ze zich vestigden aan de noordoever van Lake Ontario, in Toronto, in het zuidoosten van Québec, in Nova Scotia en in New Brunswick. In Québec, dat in die tijd grofweg overeenkwam met de grenzen van het oude Nieuw-Frankrijk, kwam het al snel tot schermutselingen met de Frans-Canadese bevolking. De Britse koloniale overheid haalde in 1791 de angel uit het conflict met de **Constitutional Act**. Hiermee werden de kolonies **Upper en Lower Canada** gecreëerd (tegenwoordig Ontario en Québec). Deze scheiding en beperkt zelfbestuur – beide kregen hun eigen volksvertegenwoordiging – zou de Engels- en Frans-Canadezen in gelijke mate recht moeten doen. Op dat moment woonden tussen Québec Ville en Toronto ca. 160.000 mensen, van wie 21.000 Engelstalig. De meesten vestigden zich in het westelijke deel, het huidige Ontario, maar de elite, de grondleggers van Engels-Canada, bleef in de steden Québec en Montréal wonen, het hart van het Franstalige

De historische voorgangers van deze soldaat stonden er zelden zo relaxed bij als hij: Franse en Engelse soldaten leverden telkens weer felle strijd om de vesting van Louisbourg

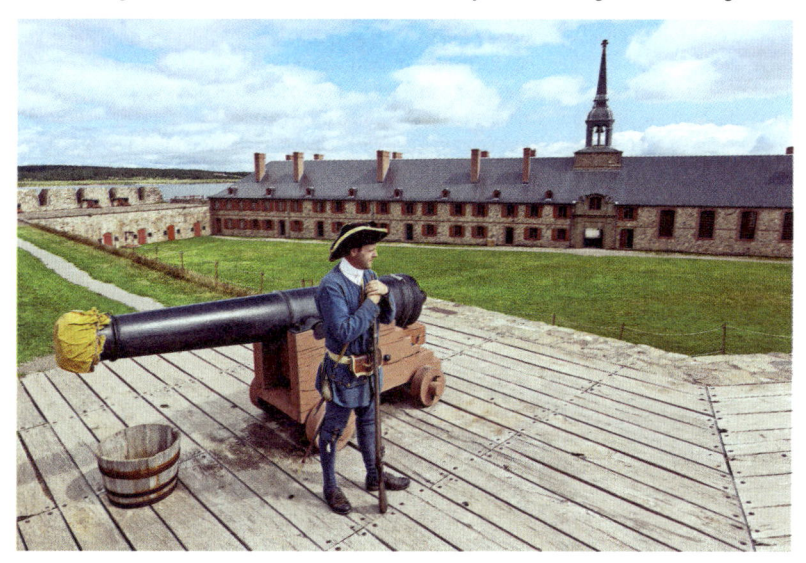

In Canada wordt de multiculturele samenleving veel meer omarmd dan bij de zuiderburen

gebied. De leider van de Engelse partij en hun vertegenwoordigers in Londen verzetten zich hevig maar tevergeefs tegen de Constitutional Act. Ook tijdens de Brits-Amerikaanse Oorlog van 1812 stonden de Frans-Canadezen aan de Engelse kant. De Amerikaanse aanval werd afgeslagen. In 1815 werd de laatste oorlog tussen Engeland en de VS afgesloten met de Vrede van Gent. De oorlog en de jaren daarna betekenden voor Nova Scotia een economische opleving. De scheepsbouw maakte een ongekende groei door en de schepen van Nova Scotia domineerden de handel met het Caribisch gebied. De winstgevende pelshandel, de ruggengraat van de Canadese economie, beleefde met de fusie van de twee concurrenten Northwest Company en Hudson's Bay Company een laatste hoogtepunt: op jacht naar bevervellen bereikten de pelsjagers de laatste nog onontdekte gebieden van het uitgestrekte land.

In 1818 kwamen Groot-Brittannië en de VS overeen dat de 49e breedtegraad van Lake of the Woods tot aan de Rocky Mountains hun gemeenschappelijke grens zou vormen.

Rebellie in de twee Canada's

Daarna beleefde Oost-Canada een **bevolkingsexplosie**. Rond 1840 had Brits Noord-Amerika 1,5 miljoen inwoners. Van hen woonden er 650.000 in Lower Canada (Québec), 450.000 in Upper Canada (Ontario), 130.000 in Nova Scotia, 100.000 in New Brunswick, 60.000 in Newfoundland en 45.000 op Prince Edward Island. In Lower Canada veroorzaakte de toenemende dominantie van de Engelstalige bevolking en het vaak ontactische optreden van de koloniale overheid bij de Frans-Canadezen het bange vermoeden dat er door Londen een doelbewuste assimilatiepolitiek werd gevoerd. In Montréal kwam het tot anti-Britse, maar in de kern ook **antikoloniale betogingen**. In november 1837 vonden in Montréal hevige straatgevechten plaats tussen soldaten en *patriotes*, waartoe overigens niet alleen Frans- maar ook Engels-Canadezen behoorden. Het kwam tot een treffen bij St-Denis, niet ver van Montréal. Het leger werd eerst teruggeslagen, maar behaalde korte tijd later bij St-Eustache alsnog de overwinning en brak zodoende het verzet van de patriotes.

Ook Upper Canada kende een opstand. Eind 1837 kwam een jarenlange frustratie over de *family compact*, een corrupte kliek rond de Britse gouverneur, tot uitbarsting in een gewapend conflict tussen soldaten en aanhangers van de burgemeester van Toronto, William Mackenzie. Een door hem geleide mars op Toronto werd echter ontwapend voordat het tot gevechten kwam.

In antwoord op deze gebeurtenissen voerde Londen **hervormingen** door. In 1841 werden Lower en Upper Canada samengevoegd tot de **Province of Canada**, met zelfbestuur en een eigen parlement. Het Frans werd de tweede officiële taal en de katholieke regering werd vanwege haar loyaliteit tijdens de opstand van de patriotten beloond met het toezicht op het onderwijs en de gezondheidszorg. De eerste stap naar de vereniging van alle Canadese provincies was gezet.

Building a nation

Het idee van één staat tussen de oost- en de westkust was echter nog heel ver weg. De mensen woonden in kleine, geïsoleerde nederzettingen midden in de wildernis. Om de geweldige afstanden te overbruggen, werd de **aanleg van spoorlijnen** voortvarend aangepakt. In 1836 werd het eerste traject tussen Montréal en het 23 km stroomopwaarts gelegen La Prairie geopend. In 1853 werd de spoorlijn tussen Montréal en Portland (Maine) in gebruik genomen. Omstreeks 1860 waren de steden Montréal en Toronto door rails met St. John's (New Brunswick), Halifax en de haven bij de Grote Meren verbonden. De spoorlijnen overbrugden grote afstanden en verleenden eerder utopisch geachte ideeën steeds meer realisme. De roep om een **confederatie van alle Britse koloniën in Noord-Amerika** werd luider, maar de vereniging met de kustprovincies, waarmee het dankzij de winstgevende visserij en scheepsbouw heel goed ging, kwam slechts langzaam dichterbij. New Brunswick, Prince Edward Island en Nova Scotia, die inmiddels net als de Province of Canada autonoom waren, werden pas door de imperialistische retoriek van de Amerikaanse pers, die aandrong op aansluiting bij de VS, in het kamp van de eenheidsbeweging gedreven. Londen legde geen strobreed meer in de weg. Het bestuur was kostbaar en belasting heffen werd steeds moeilijker. Op 1 juli 1867 was het zo ver: Queen Victoria ondertekende de **British North America Act**, die Ontario, Québec, New Brunswick en Nova Scotia bij het **Dominion of Canada** bracht. De eerste premier was **John Alexander Macdonald**. In 1870 sloten Manitoba en de Northwest Territories zich ook aan. British Columbia kon alleen met het vooruitzicht van een spoorwegaansluiting worden overgehaald. Ook Prince Edward Island (1873) moest door de nieuwe hoofdstad Ottawa met een cadeau worden binnengelokt: een veerverbinding met het vasteland. Newfoundland en Labrador kwamen er pas in 1949 bij. De nieuwe staat was ingericht naar voorbeeld van Groot-Brittannië, met een kabinet, een lagerhuis, een hogerhuis en een gouverneur-generaal als de vertegenwoordiger van de Kroon.

Uitdagingen voor de toekomst

In 1886 bereikte de Canadian Pacific Railway Vancouver. Vanaf dat moment kon men Canada met de trein van de Atlantische kust tot de Grote Oceaan doorkruisen. De daaropvolgende veertig jaar leefde de nationale economie enorm op, mede door de hoge tolmuren die werden opgetrokken. Er kwam een grote immigratiestroom uit Europa op gang; Montréal en Toronto werden binnen een tijdsbestek van tien jaar twee keer zo groot. De bosbouw werd gemechaniseerd, waardoor de grootste papierindustrie ter wereld ontstond. De eerste Franstalige premier, **Wilfred Laurier**, streefde naar **compromissen tussen de twee taalgroepen**. De **Eerste Wereldoorlog** dwong Canada tot industriële modernisering. Een half miljoen soldaten werd naar de slagvelden in Europa gestuurd. Door de kwestie van de dienstplicht raakten de twee volkeren weer diep verdeeld. De Engels-Canadezen waren voor, Québec tegen. Na de oorlog keerde de rust weer, maar de kloof tussen *anglos* en *francos* bleef bestaan.

Multiculti of smeltkroes?

Canada werd in de jaren 30 zwaar getroffen door de **wereldwijde economische crisis**. Een derde van de beroepsbevolking kwam zonder werk te zitten. Pas door de **Tweede Wereldoorlog** werd de economie weer aangezwengeld. Canada sloot zich aan bij de geallieerden, waarbij 42.000 Canadezen het leven lieten. Weer werd de nationale eenheid bedreigd door de dienstplichtkwestie, maar Ottawa wist die tot het einde van de oorlog te omzeilen. Na de oorlog hield de **hoogconjunctuur** aan. Newfoundland werd in 1949 de confederatie binnengelokt met het vooruitzicht op financiële voordelen. Tussen 1941 en 1980 verdubbelde de totale bevolking tot ruim 23 miljoen. **Canada versoepelde zijn toelatingspolitiek** ook voor niet-westerse immigranten. Ottawa wilde daarbij van Canada geen smeltkroes zoals de VS maken, maar stond de minderheden toe hun culturele identiteit te behouden. Werk was er genoeg, bijvoorbeeld bij de bouw van de in 1959 geopende St. Lawrence Seaway of aan de Trans-Canada Highway, de snelweg die in 1962 kon worden opengesteld.

Economische en culturele dreiging van Amerika

De exploitatie van de geweldige olievelden in Alberta en de ijzermijnen in Labrador en Noord-Québec, evenals de opbouw van de verwerkende industrie eisten enorme investeringen. Die kwamen in de decennia na de oorlog vooral uit de VS. Alleen al voor de bouw van de spoorlijn tussen Sept-Îles en Schefferville in Labrador in de jaren 50 maakten de Amerikanen US-$ 500 miljoen vrij. De almaar **toenemende invloed van Amerikaanse bedrijven** op de Canadese economie probeerde Ottawa te pareren met wetgeving, en nog altijd worden Amerikaanse activiteiten op Canadees grondgebied met argusogen gadegeslagen. Ook op het **gebied van cultuur** verzet Canada zich tegen de overheersing van de VS. Radiozenders moeten bijvoorbeeld minstens 35% van hun programma's vullen met **Canadese inhoud** (in Canada gemaakte programma's van Canadezen voor Canadezen). Het enige publieke tv-kanaal CBC moet het leeuwendeel van zijn zendtijd Canadese producties uitzenden. Alle andere kanalen zijn door de CRTC (Canadian Radio-Television and Telecommunications Commission) verplicht minstens 50% van hun zendtijd te besteden aan *can-con* (Canadian content) – verplichtingen die zich overigens nauwelijks laten controleren.

Weerbarstig Québec

De wisseling van de wacht, waarbij de sociaal-liberalen de aartsconservatieve kliek die tot dan toe Québec had geregeerd afloste, had een **révolution tranquille** op gang gebracht, een nieuwe bezinning op de Franse taal en cultuur. Deze culturele renaissance had ook politieke consequenties. De weinig politiek geëngageerde *Canadiens* veranderden in betrokken *Québécois,* die steeds luider om een onafhankelijk Québec riepen. In 1968 werd **Pierre Elliott Trudeau** premier, een man met een jeugdige uitstraling, maar ook hij kon het streven naar afscheiding in Québec, waar de charismatische **René Levèsque** in 1969 de separatistische, sociaal-democratische *Parti Québécois* had opgericht, niet verminderen. Toen radicale separatisten in oktober 1970 de minister van Arbeid van Québec, Pierre Laporte, ontvoerden en ombrachten, kondigde Trudeau – zelf Québécois – de **staat van beleg** af en mobiliseerde hij het leger. In 1980 hield de in 1975 aan de macht gekomen Parti Québécois een referendum, maar de bevolking van Québec besloot met 60% tegen 40% binnen de Canadese confederatie te blijven. In 1982 weigerde Québec de Canadese grondwet te ratificeren. Het mislukken van de **Conferentie van Lake Meech** in 1990, die de culturele status aparte van de provincie Québec in de grondwet verankerde, had een staatscrisis tot gevolg. Bij een tweede **referendum over afscheiding** in 1995 scheelde het maar 1% van de stemmen of Québec werd onafhankelijk. Momenteel is het weer rustig. In april 2014 behaalden de liberalen bij vervroegde parlementsverkiezingen een duidelijke overwinning. Zij kregen 70 van de 125 zetels, de Parti Québécois slechts 30.

Zelfbewuste indianen

De **First Nations**, die in de 19e en vroege 20e eeuw met flinterdunne verdragen van hun land waren beroofd, verhieven sinds de jaren 60 steeds luider hun stem. In 1975 werden de **Cree** en de **Inuit** aan de Hudsonbaai met jacht- en visrechten in andere gebieden en $ 225 miljoen schadeloos gesteld voor het verlies van grote delen van hun leefgebied ten behoeve van de bouw van gigantische waterkrachtcentrales in Ottawa en Québec. In 1988 kregen de **Dene** en de **Métis** in de Northwest Territories gebieden en $ 500 miljoen schadeloosstelling toegekend. In 1990 leidde de geplande uitbreiding van een golfbaan bij Oka in de buurt van Montréal tot de **78 dagen durende Okacrisis**: de **Mohawk** uit het aangrenzende Kanesatakereservaat gingen de barricaden op tegen de schending van de daar liggende begraafplaats. De crisis leidde tot inzet van het leger en kostte drie mensen het leven. De uitbreiding van de golfbaan werd afgeblazen, maar de verhoudingen tussen 'witte' en 'rode' Canadezen was er niet beter op geworden.

De situatie van de Canadese indianen ligt ingewikkeld. Zo is er grote vooruitgang geboekt op het gebied van onderwijs. Een kleine 29% van de autochtone bevolking heeft zijn school niet afgemaakt, maar bijna de helft voltooit wel een hogere opleiding. Ter vergelijking: bij de allochtone bevolking behaalt ca. 12% geen diploma en heeft bijna twee derde een hogere opleiding. Maar liefst 3400 indianen zitten achter de tralies, dat is 23% van alle gedetineerden, terwijl de indianen maar 4% van de totale bevolking uitmaken.

De powwows van de oorspronkelijke Canadese bevolking zijn geen Pocahontas-shows voor toeristen – de indianen vieren tradities die 150 jaar lang verboden waren

Jaartallen

Tot 13.000 v.Chr.	Nomadenvolken trekken via de landbrug over de Beringstraat van Azië naar het Amerikaanse continent.
1000 n.Chr.	Vikingen stichten op de noordelijkste punt van Newfoundland een kortstondige nederzetting.
1497	Giovanni Caboto (John Cabot) bereikt de Atlantische kust bij Cape Breton Island of Labrador.
1534-1535	Jacques Cartier exploreert de St. Lawrence tot aan het huidige Montréal en eist Canada op voor Frankrijk.
1608	Stichting van Québec als hoofdstad van Nieuw-Frankrijk.
1610	Henry Hudson ontdekt de later naar hem genoemde baai.
1642	Paul Chomedey de Maisonneuve sticht Montréal. Tot 1700 aankomst van kolonisten die onder feodale verhoudingen Nieuw-Frankrijk in cultuur brengen.
1670	In Londen wordt de Hudson's Bay Company opgericht, die in het stroomgebied van de baai een enorm pelshandelsimperium sticht.
1689	De koloniale rivaliteit tussen Frankrijk en Engeland loopt uit op een oorlog waarin aan beide zijden ook indianen deelnemen.
1713-1715	Frankrijk staat Acadië en Newfoundland af aan Engeland. Ter versterking van hun positie aan de St. Lawrence bouwen de Fransen in 1715 op Cape Breton Island de vesting Louisbourg.
1749	De Engelsen bouwen de marinehaven Halifax en moedigen immigratie naar Atlantic Canada aan.
1755	Deportatie van de Acadiërs uit Nova Scotia.
1756	Fransen en Engelsen bestrijden elkaar tijdens de French and Indian War in Noord-Amerika en de Zevenjarige Oorlog in Europa.
1763	Val van Québec (1759) en Montréal (1760). Frankrijk tekent de Vrede van Parijs, vertrekt uit Noord-Amerika en behoudt alleen de voor Newfoundland liggende eilandengroep St. Pierre-et-Miquelon.
1773-1783	Amerikaanse Onafhankelijkheidsoorlog. 50.000 koningsgezinde loyalisten vertrekken naar Brits Noord-Amerika.

Amerika en Engeland zijn opnieuw verwikkeld in een oorlog; deze wordt besloten met de Vrede van Gent.	**1812-1815**
Montréal en Toronto worden door het spoor verbonden met de kolonies aan de Atlantische kust en de Grote Meren in het westen.	**1860**
Met de British North America Act wordt de Canadese confederatie, het Dominion of Canada, gesticht.	**1867**
Bouw van de Trans-Canadaspoorweg.	**1879-1886**
Newfoundland en Labrador sluit zich als laatste provincie aan bij de confederatie. Canada wordt lid van de NAVO.	**1949**
Nationalisme in Québec. De kloof tussen Engels- en Frans-Canadezen wordt dieper. In Montréal zijn bomaanslagen. In 1970 kondigt premier Pierre Elliott Trudeau de staat van beleg af in Montréal.	**1963-1970**
Tijdens een referendum kiest Québec ervoor binnen de Canadese statenbond te blijven.	**1980**
Weer een referendum in Québec: met een kleine meerderheid van veertigduizend stemmen kiezen de Québécois ervoor bij Canada te blijven.	**1995**
Herindeling Noord-Canada: de oostelijke helft van de Northwest Territories wordt zelfstandig Inuitgebied met de naam Nunavut.	**1999**
De conservatief Stephen Harper wint de absolute meerderheid.	**2011**
De vervroegde parlementsverkiezingen in de provincie Québec in april worden gewonnen door de liberalen.	**2014**
Na een eclatante overwinning van de liberalen lost de 43-jarige Justin Trudeau, de oudste zoon van Pierre Elliott Trudeau, Stephen Harper af als premier.	**2015**
Canada viert zijn 150-jarig bestaan met gratis toegang tot de nationale parken en talloze evenementen. Montréal viert tegelijkertijd zijn 375e verjaardag. Canada en de EU ratificeren het omstreden CETA-vrijhandelsverdrag.	**2017**

Maatschappij en dagelijks leven

Canadezen zijn de relaxte Amerikanen. Ze zijn liberaal, ruimdenkend en vreedzaam. Aan pogingen om 'de Canadees' te beschijven geen gebrek, maar om te weten wat hem of haar het meest eigen is en wat hem onderscheidt van zijn Amerikaanse buurman moet u een lange reis maken door dit kolossale, weergaloze land.

Beide soorten Noord-Amerikanen wonen in typische immigratielanden; beide spreken Engels – afgezien dan van Québec – en beide kunnen in meer of mindere mate profiteren van een succesvolle markteconomie. Terwijl volken met verschillende talen en culturen in Europa duidelijk van elkaar zijn gescheiden door grenzen, lijkt de Amerikaans-Canadese grens niet meer te zijn dan een administratieve formaliteit die voor korte tijd de vaart uit de reis haalt. Aan beide zijden van de grens wordt dezelfde taal gesproken, vaak nog met hetzelfde accent. Aan beide zijden van de grens ziet het dagelijks leven er hetzelfde uit: dezelfde trucks, dezelfde *shopping malls,* dezelfde koffie, toast, gebakken aardappelen en gebakken eieren bij het ontbijt. Dit is natuurlijk wel een sterk vereenvoudigde voorstelling van zaken, maar feit blijft dat als de grensformaliteiten er niet zouden zijn, de reiziger geen enkel idee zou hebben waar hij de Verenigde Staten uit en Canada in rijdt – alweer afgezien van Québec. En toch zijn Canadezen niet alleen maar 'relaxte Amerikanen'.

Gewoonlijk is een bezoek aan een geldautomaat voor de toerist het eerste daadwerkelijke contact met Canada. De Canadese bankbiljetten dragen de beeltenis van de Britse vorstin en ernstig kijkende Canadese politici. Met een gevoel van geruststelling constateert de bezoeker dat de diverse coupures, in tegenstelling tot de oude Amerikaanse *greenbacks,* door de verschillende kleuren gemakkelijk van elkaar zijn te onderscheiden.

Amerikaans of Canadees?

Pas na één, twee of wellicht nog meer weken in Oost-Canada, duizenden kilometers rijden en verscheidene ontmoetingen met de inheemse bevolking, krijgt de reiziger een idee van de verschillen – niet alleen tussen Canada en de Verenigde Staten, maar vooral ook tussen Engels- en Frans-Amerika. Zo klagen Canadezen bijvoorbeeld graag, veel meer dan Amerikanen – vooral over hun politici, die ze iedere vorm van intelligentie ontzeggen. Zelfs hoge regeringsfunctionarissen beklagen zich, en wel – ondenkbaar is de VS – over de grootte van hun land. Een van de beroemdste verzuchtingen over de uitgestrektheid van Canada werd geslaakt door de voormalige minister-president W.L. Mackenzie King. Terwijl andere landen lijden aan te veel geschiedenis, zou hij eens hebben gezegd, lijdt Canada aan te veel geografie.

Daarmee gaf King weliswaar geen blijk van een overmatig ontwikkeld historisch bewustzijn, maar het fundamentele probleem van Canada had hij nochtans niet beter kunnen schetsen. In een land dat tien miljoen vierkante kilometer groot is, komt zelfs in deze tijd van massatelecommunicatie zoiets abstracts als een nationaal gevoel niet gemakkelijk tot ontwikkeling. De meeste Canadezen zien zichzelf in eerste instantie als Ontarians, Newfoundlanders of Nova Scotians – en pas in tweede instantie als Canadezen. Dat geldt zelfs nog meer voor de Franstalige Québécois.

Amerikaans of Canadees?

Bescheiden Canadezen

Al snel zal de vreemdeling ook constateren dat de Canadezen anders met hun geschiedenis omgaan dan de Amerikanen. Terwijl in de VS kosten noch moeite worden gespaard en geen gelegenheid onbenut wordt gelaten om historisch betekenisvolle locaties te markeren, legt men in Canada op zulke plaatsen heel wat meer bescheidenheid aan de dag. Grapjassen hebben daarvoor wel een verklaring: volgens hen hééft Canada ook helemaal geen geschiedenis – alleen een verleden.

Inderdaad vinden veel Canadezen hun eigen geschiedenis saai en onbelangrijk – ze kennen vaak niet eens de naam van de eerste minister-president. In de VS daarentegen is George Washington een begrip dat er bij ieder kind met de paplepel wordt ingegoten. De redenen hiervoor zijn echter niet heel ver te zoeken. De ontdekking van het Westen verliep in beide landen op totaal verschillende manieren. In de Verenigde Staten waren het de pioniers die als eersten in het Westen aankwamen en met werklust, geloof en vaak wapens de *American dream* van vrijheid en geluk, die later de hele natie zou verenigen, belichaamden. De ontsluiting van het Amerikaanse Westen bracht vele helden voort en is bezaaid met legendarische sheriffs, revolverhelden en beroemde schietpartijen. Eerst kwamen de pioniers, daarna pas de overheid.

Geen helden

In Canada ging het precies andersom. In het Canadese westen heerste vanaf het eerste ogenblik orde. Voordat de eerste karavanen kolonisten aankwamen, was hun nieuwe vaderland al verkend en hield de bereden politie, de beroemde *mounties,* het komen en gaan van pelsjagers en indianen al in de gaten. Terwijl een onwankelbaar geloof in de goddelijke voorzienigheid en eigen kracht de drijfveer van de Amerikaanse maatschappij vormde, werd de Canadese samenleving gekenmerkt door een voorkeur voor rust, orde en *good government*. In plaats van een *Canadian dream* zijn er talloze moppen in omloop over de bescheiden, altijd maar naar harmonie strevende Canadezen.

Canada doet ook niet aan heldenverering. Terwijl de Verenigde Staten hun helden bejubelen, neigen de Canadezen er juist toe grootheid te relativeren. Steeds weer wordt de mensen voorgehouden dat niemand moet denken dat hij beter is dan de rest. Het is daarom geen toeval dat een jonge, eenbenige, uiteindelijk aan kanker gestorven marathonloper de enige held van het land is. Zelfs de grootste cynicus kon Terry Fox (zie blz. 222), die met een kunstbeen het halve land door liep om geld voor kankeronderzoek in te zamelen, niet verdenken van egoïstische motieven.

Erfenis van de loyalisten

Ook de nalatenschap van de loyalisten speelt waarschijnlijk een rol in de karaktertrek van de Canadezen om vooral 'normaal' te doen. De loyalisten waren koningsgezinde, hardwerkende Amerikanen met een voorliefde voor rust en orde, die tijdens de Amerikaanse Onafhankelijkheidsoorlog naar Brits Noord-Amerika vluchtten en daar binnen de kortste keren alle belangrijke posities bekleedden. Ze bouwden niet alleen de erg Engels aandoende stadjes aan Lake Ontario. De beroemde Canadese journalist Pierre Berton (1920-2004) merkte eens op dat het woord *loyal* in Canada net zoiets is als het woord *liberty* in de VS – een symbool voor het waardesysteem van de Canadezen en voor het feit dat het in de Canadese geschiedenis aan hartstocht ontbrak.

Inderdaad heeft Canada geen burgeroorlog, revoluties of vergelijkbare dramatische gebeurtenissen meegemaakt, die in andere landen vaak het gevoel van een nationale identiteit hebben versterkt. Dit is terug te vinden in het karakter van het Canadese Engels, dat met aanmerkelijk minder agressieve woorden en uitdrukkingen is doorspekt dan het Amerikaanse Engels. Zo vraagt een Canadees als hij de rekening wil in een restaurant om de *bill*. Zijn Amerikaanse zuiderbuur wil dan de *cheque*. Dit heeft ook het Canadese nationale karakter beïnvloed: anders dan de Amerikanen zijn de

Maatschappij en dagelijks leven

Canadezen juist uit op het vergelijk, het compromis, onderhandeling. Wie naar het verschil tussen Canada en de VS vraagt, krijgt van veel Canadezen een verwijzing naar de ziektekostenverzekering te horen: terwijl in 2010 ruim vijftig miljoen inwoners van de VS niet verzekerd waren, zijn alle Canadezen al meer dan dertig jaar verzekerd van en voor de beste gezondheidszorg.

Québec: eenheid of afscheiding?

Veel Canadezen wijzen op het feit dat hun land officieel tweetalig is. Sinds de jaren 70 zijn alle federale instellingen tussen de Atlantische en de Grote Oceaan tweetalig, en sinds 1974 ook alle verpakkingen. Toch betekent dit niet dat alle Canadezen even goed Engels als Frans spreken of daar politiek achter staan. In de praktijk spreken veel functionarissen van Parks Canada in Ontario – die net als alle Canadese overheidsfunctionarissen twee talen moeten kunnen spreken – uitsluitend Engels, zeer tot ongenoegen van francofone bezoekers uit Québec. Veel Engels-Canadezen wijzen de tweetaligheid af als te duur en onnodig, vooral naarmate ze verder van Québec wonen. Maar ook in Québec is er kritiek op de officiële tweetaligheid: met name in kringen van separatisten circuleert het idee dat de door Ottawa in 1969 ingevoerde *Official Languages Act*, die het Engels en het Frans als de twee officiële talen van Canada aanwees, een verhulde poging is om de Franse taal en cultuur in Québec te verdunnen. Op provinciaal niveau is New Bruns-

Vrolijk nationalisme: in Québec wordt bij elke gelegenheid gezwaaid met 'Le Fleurdelisé', de provincievlag met vier witte lelies op een blauwe achtergrond

wick de enige tweetalige provincie van het land. In de provincie Québec is het Frans tot de enige officiële taal verheven.

De bijna anderhalve eeuw oude *appeasement*-politiek van Ottawa ten aanzien van het onrustige Québec, de wrevel van de Engels-Canadezen over de francofone spelbrekers en de sinds de jaren 60 in Québec altijd weer oplaaiende separatistische retoriek, hebben bizarre gevolgen die de toerist regelmatig verbazen. In gesprekken met Ontarians valt het bijvoorbeeld op dat ze zo goed als niets van hun Franstalige buren weten. Film- en popsterren, zangers, muzikanten – de hele, overigens laagdrempelige, populaire cultuur van Québec is in stadjes als London (Ontario) zo goed als onbekend. Omgekeerd geldt hetzelfde. De kans is groot dat u als Europeaan meer veramerikaanst bent dan een francofone Canadees.

In plaats van met Amerikaanse westerns en rock-'n-roll is hij grootgebracht met Québecse soaps, chansons van de *révolution tranquille* en de hernieuwde trots op de vierhonderdjarige Frans-Canadese erfenis. Hoe het er bij de Engelstalige buren of *chez les américains* aan toegaat kan hem niet veel schelen. Hij is georiënteerd op Québec Ville, gaat op vakantie naar Cuba of de Dominicaanse Republiek en bezoekt Ottawa alleen als hij er echt niet omheen kan. Samen maar gescheiden, eenzaam maar niet alleen: de 'twee eenzaamheden', zoals Hugh MacLennan in zijn sleutelroman *Two solitudes* de Canadese volksaard betitelt, blijven zelfs in tijden van internet en globalisering op veel plaatsen in Canada bestaan. Het alledaagse leven in Canada werd op de hak genomen in de komische actiefilm *Bon cop, bad cop* van Éric Canuel uit 2006. Daarin zijn twee rechercheurs, een onkreukbare uit Ontario en zijn ongeschoren tegenpool uit Québec, op jacht naar een misdadiger die in beider provincies toeslaat. Tijdens de verwikkelingen om de crimineel te vangen is de een gedwongen krom Frans te spreken en de ander onbeholpen Engels. De komische spraakverwarring die zo ontstaat is typisch Canadees - maar het gegeven dat de zaak op het eind toch wordt opgelost, is dat ook.

Bevolking

Tegenwoordig is iets meer dan een derde van de bevolking van Britse afkomst. Ongeveer een kwart van de Canadezen spreekt Frans – de nakomelingen van de zestigduizend kolonisten die Engeland bij de verovering van Nieuw-Frankrijk had overgenomen. Van hen woont 85% in Québec, het hart van Franstalig Canada. Ongeveer 23% van de Canadezen stamt af van andere Europeanen dan Engelsen en Fransen.

Canada is tot op de dag van vandaag een **immigratieland** gebleven. Sinds 1900 zijn twaalf miljoen mensen geïmmigreerd. Tot 1970 kwamen de meesten uit Europa, sindsdien zijn de nieuwkomers vooral afkomstig uit Aziatische landen. De laatste decennia lag het aantal immigranten steeds tussen 220.000 en 260.000. De meesten vestigen zich in de grote steden. Vaak hebben ze al familie in Canada, of het zijn vluchtelingen. Kandidaten voor immigratie die deze ingang niet hebben, maken weinig kans, aangezien de quota voor vrijwel alle beroepen inmiddels zijn bereikt.

Canada heeft alleen belangstelling voor mensen die financieel onafhankelijk zijn of een zekere expertise bezitten, kortom die 'een positieve bijdrage kunnen leveren aan de opbouw van het land', zoals is te lezen in de brochures van de ambassades. Om de waarde van potentiële immigranten te taxeren, wordt een puntensysteem gebruikt waarin onder andere opleiding, gezondheid, leeftijd en vermogen worden gewaardeerd. Anders dan de VS heeft Canada nooit een smeltkroes willen zijn waarin de nieuwkomers zo snel mogelijk moeten worden geassimileerd. Door de traditionele tweetaligheid van Canada heeft het land altijd een multicultureel beleid gevoerd met als motto 'eenheid in verscheidenheid'.

De First Nations

In december 2006 stond een voor de inwoners van Toronto alarmerend bericht in de krant de *Globe and Mail*: de Mississauga-indianen eisten het land terug waar tegenwoordig Toronto Island Airport ligt. Volgens hen was in de *Toronto Land Purchases* van 1787 en 1805 het stuk land helemaal niet van hun voorouders gekocht, maar gewoon afgepakt. Voor het geval ze door de rechter in het gelijk werden gesteld, hadden ze al plannen klaarliggen voor een enorm amusementscomplex. Er zouden onder andere een hotel, een casino en een cultureel centrum komen op de plaats waar nu de luchthaven ligt met zijn start- en landingsbanen, luchthavengebouwen en veren naar het vasteland.

Vervolgingen en moordpartijen onder indianen, zoals die in de VS niet ongebruikelijk waren, hebben in Canada niet plaatsgevonden. Niettemin ontkwamen ook de oorspronkelijke inwoners van Canada er niet aan dat zij van hun gebieden en rechten werden beroofd. Voor de komst van de Europeanen werden tussen de Atlantische en de Grote Oceaan meer dan vijftig talen gesproken, die behoorden tot twaalf onderscheiden taalfamilies. In het oosten waren dit Algonkian- en Irokese talen. Tot op de dag van vandaag worden hier het **Cree**, een Algonkiantaal, en het **Inuktitut**, de taal van de **Inuit**, het meest gesproken.

De veelzijdigheid van het land maakte het de oorspronkelijke inwoners mogelijk op verschillende manieren in hun levensonderhoud te voorzien. In het St. Lawrencelaagland en in Zuid-Ontario verbouwden de Irokees- en de Algonkiansprekende Odawa onder andere mais, bonen en pompoenen, waarbij ze net zo lang op die versterkte plaats bleven wonen tot die grond was uitgeput. De Irokezen en de aan de zuidoever van Lake Huron wonende Huron vormden machtige stammenbonden, die in het contact met de Europeanen een grote rol speelden. Vooral de **Huron**, door wier leefgebied de belangrijkste handelsroutes naar het westen en noorden liepen, waren tussenhandelaren van betekenis. De **Irokezen**, waarvan de stammenbonden bestonden uit Mohawk, Seneca, Oneida, Cayuga, Tuscarora en Onondaga, controleerden daarentegen de handelsroutes naar de Atlantische kust. Andere stammen, waaronder de **Mi'kmaq** en de **Montagnais** in Québec en aan de kust, de **Ojibwa** in Ontario en de **Cree** in het noorden van Québec en Ontario, waren nomadische jager-verzamelaars die de visserij in handen hadden.

First contact

Het spirituele leven van de indianen was zeer ingewikkeld – een groot contrast met hun in materieel opzicht eenvoudige cultuur. Ze gingen ervanuit dat alle levende wezens, dus alle mensen, dieren en planten, met elkaar zijn verbonden. Het was de taak van de mens om in harmonie te leven met de natuur, de geesten van overledenen en de goden, en om het evenwicht tussen die machten te bewaren. Elk lid van de stam was medeverantwoordelijk voor het correct uitvoeren van de daarvoor benodigde gebeden en rituelen en het onderhouden van taboes.

De First Nations

Het eerste historisch vaststaande contact tussen de *First Nations* en de Europeanen was nog in het voordeel van de indianen: de nederzetting die de Groenland-Vikingen omstreeks 1000 n.Chr. hadden gesticht bij het huidige L'Anse-aux-Meadows in New-foundland moest na enkele jaren alweer worden ontruimd onder druk van voortdurende aanvallen van de **Beothuk**. Pas in de loop van de 16e eeuw kwam het tot duurzame contacten met grote gevolgen. Iedere zomer staken visserssvloten uit Europa, vooral Baskische walvisvaarders, de Atlantische Oceaan over om voor de kust van Newfoundland en in de Gulf of St. Lawrence te vissen. Indiaanse harpoeniers op Baskische walvisvaarders werden een alledaags tafereel op de St. Lawrence. Bovendien ontstond er een levendige handel met de Montagnais, de Maliseet en de Mi'kmaq: pelzen werden geruild tegen kralen, spijkers en gereedschap. Voor zover historisch valt te achterhalen, was de in 1600 gestichte handelspost Tadoussac in Québec (zie blz. 301) de eerste van Noord-Amerika.

Van bondgenoten tot slachtoffers

Met de stichting van Nieuw-Frankrijk kreeg de tot dan toe min of meer eerlijke handel tussen de oorspronkelijke inwoners en de Europeanen een geheel andere kwaliteit. Ook het wijdvertakte systeem van bondgenootschappen tussen stammen ging een nieuwe fase in. De strijd om de voordelen van de pelshandel met de Fransen en de Engelsen in New England leidde tot intertribale oorlogen die in de bossen van Québec en Ontario werden uitgevochten. Tegelijkertijd raakten de indianen door bondgenootschappen betrokken in de koloniale schermutselingen tussen de Fransen en de Engelsen. De eerste slachtoffers van deze wrede oorlogen waren de met de Fransen verbonden Huron: in 1649 werden ze door hun erfvijand, de Irokezen, bijna geheel uitgemoord. Tot aan het einde van Nieuw-Frankrijk streden de Abenaki, de Mi'kmaq en de Maliseet aan de kant van de Fransen, terwijl de Six Nations aan de kant van de Engelsen tegen Nieuw-Frankrijk vochten.

Reservaten

Na de koloniale oorlogen nam de rol van de *First Nations* als bondgenoten af. Ook konden zij in de pelshandel, die gedurende de eerste helft van de 19e eeuw gestaag aan betekenis verloor, niet van dienst zijn, net zo min als bij de verdere ontsluiting van Canada. Tegelijkertijd vielen zij vaak ten offer aan ziektes die afkomstig waren uit Europa en waartegen ze geen natuurlijke afweer hadden. Rond 1850 waren de indiaanse samenlevingen van Oost-Canada op sterven na dood en konden ze nauwelijks tegenstand bieden aan de koloniale regering, die hen blijvend in reservaten probeerde te vestigen en 'beschaven'. In landverdragen, de zogenaamde **treaties**, stonden ze hun overgeërfde gebieden af aan de staat. Momenteel zijn er in Canada meer dan 2300 reservaten.

Bij de stichting van Canada in 1867 werden de *First Nations* en de reservaten een staatsaangelegenheid. In 1876 vaardigde Ottawa de **Indian Act** uit, die de oorspronkelijke bevolking scheidde in **status indians** en **non-status indians**. Alleen de eerste categorie behield tot op zekere hoogte rechten en privileges. De tegenwoordig als discriminerend beschouwde wet regelde alle aspecten van het dagelijks leven in de reservaten. Een indiaanse kon haar status verliezen als ze met een *non-status indian* of een blanke trouwde. Tot 1960 kon een indiaan alleen stemmen als hij zijn status opgaf.

Pas na 1951 werden er aan de Indian Act de hoognodige amendementen toegevoegd, niet in de laatste plaats vanwege schrijnende misstanden in de reservaten ten gevolge van werkloosheid, alcoholisme en een algemeen gebrek aan toekomstperspectief. Hierbij werden voor de eerste maal ook de betrokkenen zelf geconsulteerd. In 1958 verkreeg een stam de volledige zeggenschap over de aan hen verstrekte financiële middelen uit Ottawa. In 1960 – in Québec in 1968 – kregen de oorspronkelijk inwoners van Canada stemrecht.

'Voor hun eigen bestwil'

Na 1970 kregen de reservaten volledige zeggenschap over het onderwijs dat er werd

Maatschappij en dagelijks leven

gegeven. Tot dat moment had de overheid de indianen in internaten geplaatst om de jongeren een moderne scholing te geven, ver van de ellende van de verwaarloosde reservaten. Het experiment met de *residential schools* heeft echter tot talloze menselijke drama's geleid. Vijf generaties jonge indianen mochten tijdens hun schooltijd niet hun moedertaal spreken of contact met hun ouders onderhouden. Tegen de tijd dat ze terugkeerden, waren ze vreemden voor hun familie geworden. Omdat ze de taal niet of slecht spraken, werden ze als blanken gezien. Ook het als hervorming van de *residential schools* bedoelde systeem van pleegouderschap leidde tot tragedies. Om hun een kindertijd in een 'intacte omgeving' te geven, werden de kinderen door de overheid bij blanke pleegouders geplaatst die vaak duizenden kilometers ver woonden – zonder inspraak van de natuurlijke ouders.

Tot in de jaren 80 werden in Québec en Ontario op die manier duizenden kinderen

De enige constante factor in het leven van veel Inuit is de jacht – maar door klimaatverandering smelt ook deze zekerheid onder hun voeten weg

De First Nations

bij hun ouders weggehaald en opgevoed door pleegouders, die daarvoor overigens goed werden betaald. De kinderen raakten cultureel en emotioneel ontworteld en verkommerden vaak in een omgeving die weinig interesse of begrip had voor hun situatie. De kinderen kregen een nieuwe naam en verleerden langzaam maar zeker hun taal. Tien, twaalf jaar later keerden ze gebroken en vervreemd terug in hun reservaten, waar ze iedere aansluiting misten. In 1999 verscheen een rapport over de misstanden aan de *residential schools*. In 2008 vroeg toenmalig premier Harper aan de indianen vergiffenis voor dit 'trieste hoofdstuk in de geschiedenis van het land'.

De lange mars is nog niet ten einde

Een doorbraak in de strijd van de *First Nations* voor gelijkberechtiging kwam in 1985. In dat jaar ratificeerde Ottawa een amendement op de Indian Act, Bill C-31. Indiaanse vrouwen mochten voortaan ook *non-status indians* of blanken trouwen zonder dat ze daarmee hun status verloren.

Tegenwoordig hebben de indianen zeggenschap over meer dan 80% van alle beleidsprogramma's en middelen die uit Ottawa komen. Hun situatie is ongetwijfeld verbeterd, ook al blijft er nog veel te wensen over. Claims op land en schadeloosstellingen zoals in Toronto zullen de overheden van Canada en talloze advocaten nog vele jaren bezighouden. Momenteel wonen in Oost-Canada ca. 500.000 indianen, van wie ongeveer de helft in reservaten. Zij behoren grotendeels tot de twee grootste taalfamilies, het Algonkian en het Irokees. De grootste en politiek meest actieve groep zijn de **Mohawk** en aanverwanten. Hun grootste reservaten in Ontario liggen in Grand River bij Kitchener (25.000 inwoners) en bij Akwesasne (12.000) aan de St. Lawrence. Het grootste reservaat in Québec ligt in Kahnawake (8000) bij Montréal. Elke *reservation* heeft een klein museum en organiseert regelmatig kleurrijke samenkomsten, zogenaamde powwows.

De Inuit

In 1999 onderging de kaart van Canada een ingrijpende verandering: het oostelijke deel van de Northwest Territories werd een zelfstandig gebied met de naam **Nunavut** – 'ons land' in het Inuktitut, de taal van de Inuit. In een gebied van meer dan 2 miljoen km² wonen slechts zo'n 37.000 mensen – de bevolkingsdichtheid bedraagt hier dus maar 0,0156 inwoners per vierkante kilometer. De bevolking van **Nunavik** in Noord-Québec bestaat ook bijna uitsluitend uit Inuit: hier wonen op 0,5 miljoen km² bijna 11.000 mensen.

De eerste Canadese Inuit woonden tussen ca. 2000 v.Chr. en 1000 n.Chr. verspreid over het hele noordelijke deel van het continent. Rond 1400 n.Chr. rolde een koudegolf over het noordpoolgebied en werden de Inuit gedwongen tot een drastische aanpassing van hun manier van leven. Toen de eerste Europeanen met hen in contact kwamen - veelal **vissers** en **walvisjagers** – leerden die de Inuit kennen als zeer kundige zeevissers en zeehondenjagers. Tijdens de korte zomer maakten ze met kajaks jacht op walvissen en zaten ze de enorme kuddes karibous achterna over de eindeloze vlaktes van de toendra. 's Zomers verplaatsten ze zich met behulp van kajaks en *umiaks* (grote boten), 's winters met hondensleeën.

De **sociale structuur** van de Inuit werd gekenmerkt door groepen van verschillende families; zo'n groep bestond uit hoogstens honderd personen. Het hoogste gezag lag bij de groepsoudsten. Ook de *angaguk*, de **sjamanen**, hadden veel invloed. Hun werd om raad gevraagd bij ziekte, de zoektocht naar voedsel en de jacht. De 'mensen', zoals de Inuit zichzelf noemen, blootgesteld aan de meest extreme klimatologische omstandigheden, waren immers bijna geheel afhankelijk van succes in de jacht.

Hoewel de Europeanen en de Inuit al eind 18e eeuw met elkaar in contact kwamen, nam dit pas begin 20e eeuw serieuze vormen aan met de inrichting van handelsposten en militaire bases. Vooral de bouw van de laatste heeft diepe sporen nagelaten in de traditionele Inuitsamenlevingen.

Kunst en cultuur

Twee officiële talen, drie volken aan de basis van het land en immigranten uit alle delen van de wereld ... Of bij die uitgangspunten nog kan worden gesproken over één Canadese cultuur, is tot op heden onderwerp van felle discussie. Wat in ieder geval vaststaat, is dat grote verscheidenheid kenmerkend voor Canada is.

Oost-Canada heeft niet één, maar twee officiële culturen, en misschien wel drie – of zelfs tientallen – als je de vaak nog in hoge mate oorspronkelijke culturen van de *First Nations* meetelt. Alle onderdanen hebben weliswaar hetzelfde paspoort, maar verder hebben ze zeer uiteenlopende waarden en ideeën. De Engels-Canadezen hechten bijvoorbeeld erg aan de teamgeest van de *community* en het algemeen belang, terwijl de Québécois veel meer loyaal zijn aan hun stad en hun vakbond. De Franstalige provincie geldt als een liberaal bastion te midden van een verder nogal conservatief Oost-Canada. Enquêtes hebben uitgewezen dat ruim 80% van de Québécois hun landgenoten een afwijkende levensstijl toestaat, terwijl dat in Ontario, de dichtstbevolkte provincie van Canada, voor maar 60% geldt.

In de materiële cultuur hebben de beide stichtende landen en de oorspronkelijke inwoners ieder hun eigen sporen nagelaten, ondanks de alomtegenwoordigheid van de Amerikaanse cultuurmachine, die in deze tijd van massacommunicatie slechts moeizaam met *can-con* (zie blz. 48) door de Canadian Radio-Television and Telecommunications Commission kan worden ingedamd. Naast de drie hoofdelementen is er ten slotte nog een vierde: het multiculturalisme. Als typisch immigratieland is de bevolking van Canada zo heterogeen dat er überhaupt nauwelijks van dé Canadese cultuur kan worden gesproken en moet men simpelweg vaststellen dat de verscheidenheid zelf typisch Canadees is.

Literatuur

De tweetalige traditie van de Canadese literatuur weerspiegelt de culturele kenmerken van Oost-Canada. Ondanks alle verscheidenheid laat zich toch een gemeenschappelijke leidende gedachte onderscheiden: *survivance/ survival*. Anders dan in de Verenigde Staten, waar de thema's macht en geld als een rode draad door de literatuur lopen, is in de Canadese literatuur 'overleven' een voortdurend terugkerend thema. In de belletrie van Québec is de status aparte van de provincie een vaak behandeld onderwerp. Wat de beide literaire tradities gemeen hebben, is de typisch Canadese sympathie voor buitenstaanders en 'helden' die te gronde gaan aan conflicten in en buiten henzelf.

... in Engels-Canada

De dagelijkse ontberingen van de eerste pioniers in Ontario werden uit eigen ervaring beschreven door **Catharine Parr Trail** (1802-1899) in *The Backwoods of Canada* (1836). Wie van zijn pen moest leven, schreef vooral voor de Amerikaanse en Europese markt, zoals de humorist **Stephen Leacock** (1869-1944), die de Canadese burgerman op de korrel nam, onder andere in zijn bekendste roman *Sunshine Sketches of a Little Town* (1912).

Tot ver in de jaren 60 leidde de Engels-Canadese literatuur een marginaal bestaan. Pas in de jaren 70 bevrijdde zij zich uit de schaduw van de dominante Amerikaanse literatuur. Werken van schrijvers als **Robertson Davies**

Literatuur

(1913-1995), **Timothy Findley** (1930-2002), **Margaret Atwood** (1939) en **Alice Munro** (1931) hebben niet alleen in Noord-Amerika succes, maar mogen zich wereldwijd in een breed lezerspubliek verheugen.

In de jaren 80 en vooral 90 werden Engelstalige Canadese schrijvers overladen met literaire prijzen. Ook Hollywood legde in die jaren een grote belangstelling aan de dag voor sommige boeken. In 1992 kreeg de in Toronto wonende **Michael Ondaatje** (1943) de prestigieuze Booker Prize voor literatuur uit het Gemenebest en Ierland voor *The English patient* (1992). De roman werd in 1996 verfilmd en vervolgens met Oscars overladen. In 2002 schreef de in Montréal wonende **Yann Martel** (1963) met *Life of Pi* (in 2012 verfilmd door Ang Lee) een internationale bestseller die eveneens werd bekroond met de Man Booker Prize for Fiction.

... en in Frans-Canada

De literatuur van Québec ontwikkelde zich onafhankelijk van die van Engels-Canada, maar ook, anders dan die laatste, onafhankelijk van het koloniale moederland, in dit geval Frankrijk. De Frans-Canadese literaire traditie nam een aanvang met de dagboekachtige aantekeningen van de jezuïeten in de 17e eeuw. In hun *relations* berichtten ze gedetailleerd over het dagelijks leven op hun missieposten in het land van de indianen.

Verder beperkte het gedrukte woord zich tot aan het begin van de 19e eeuw tot historische, meestal door paters en reizende journalisten geschreven verhandelingen. Pas met de modernisering van het onderwijs en een door de *Rébellion des Patriotes* opgeroepen golf van patriottisme kwam de Frans-Canadese literatuur echt van de

*Margaret Atwood, de grande dame van de Canadese literatuur –
haar boeken werden in vele talen vertaald*

grond. *L'influence d'un livre* (1837) van **Philippe-Ignace François Aubert du Gaspé** (1814-1841), waarin het verhaal van een dramatische zoektocht naar goud wordt verteld, wordt algemeen als de eerste Frans-Canadese roman beschouwd. Tegen het einde van de 19e eeuw waren historische romans en streekromans erg populair. De landelijk-conservatieve waarden werden vooral bezongen in de succesvolle, postuum verschenen roman *Maria Chapdelaine* (1916) van **Louis Hémon** (1880-1913). Voor kritische werken waarin de rol van de katholieke kerk tegen het licht werd gehouden, zoals *Au pied de la pente douce* (1947) van **Roger Lemelins** (1919-1992), was nauwelijks belangstelling.

Hier kwam verandering in met de komst van een generatie schrijvers die in de jaren 30 de universiteit had bezocht. **Gabrielle Roy** (1909-1983) beschreef met *Bonheur d'occasion* (1945) de geschiedenis van een arbeidersfamilie uit Montréal, een sleutelroman over de periode van de *révolution tranquille* in de jaren 60 (zie blz. 48). De gedichten van **Anne Héberts** (1916-2000) zijn vertaald in vele talen.

De 'stille revolutie' van de jaren 60 gaf de literatuur van Québec een nieuwe creatieve impuls. Schrijvers als **Gaston Miron** (1928-1996) en **Jacques Brault** (1933) ontdekten de eigen culturele identiteit van hun provincie. Een politiek pamflet als *Nègre blanc d'Amérique* (1968) van **Pierre Vallières** (1938-1998), die in 1970 als medeoprichter van de terreurbeweging *Front de libération du Québec* betrokken was bij de moord op de minister van Arbeid van Québec (zie blz. 48), gooide olie op het vuur van de afscheidingssentimenten in de opstandige provincie.

Nu bloeit de Franse literatuur in Québec als nooit tevoren. De boeken van **Anne Hébert, Alice Parizeau** (1930-1990) en **Victor-Lévy Beaulieu** (1945) worden zeer veel gelezen. Buiten Québec verdient **Antonine Maillet** (1929) vermelding. De in Bouctouche (New Brunswick) geboren schrijfster beschreef in *La sagouine* uit 1979 de dramatische en vaak tragische geschiedenis van Acadië.

Schilderkunst

In de koloniale tijd was voor de schone kunsten geen plaats in Canada; de kolonisten waren te druk bezig met overleven. Als er al geschilderd werd in het 17e-eeuwse Nieuw-Frankrijk, was het door de paters. Ze vervaardigden naïeve Bijbelse tafereeltjes die als 'informatiebrochures' bij het bekeren van de indianen dienden.

Pas na de Britse verovering kwam de beeldende kunst enigszins tot ontwikkeling. De favoriet van de beau monde in Montréal was de portretschilder **Louis Dulongpré** (1754-1843), die circa drieduizend portretten en religieuze werken naliet. In de 19e eeuw waren landschappen erg geliefd. De bekendste vertegenwoordigers van het genre in Québec waren **Théophile Hamel** (1817-1870), die ook het in alle Canadese geschiedenisboeken afgedrukte portret van Jacques Cartier schilderde, en **Cornelius David Krieghoff** (1815-1872). Deze uit Amsterdam afkomstige schilder maakte naam met zijn romantische landschappen van Québec, waarin vele etnologische details voorkomen.

In Ontario schilderde de uit Ierland afkomstige **Paul Kane** (1810-1871) portretten van indianen op basis van schetsen die hij maakte op zijn reizen naar stammen in de Rocky Mountains en bij de Columbia River. Zijn portretten van krijgers en opperhoofden zijn zo gedetailleerd dat ze tot op heden een etnologische goudmijn vormen. Niettemin bleef Europa stilistisch gezien nog altijd maatgevend. Zelfs de grootste impressionist van Québec, **Clarence Gagnon** (1881-1942), richtte zich nog lange tijd naar Europese voorbeelden.

Group of Seven

De zoektocht naar een zelfstandige, van Europese tradities onafhankelijke 'Canadese' stijl kwam begin 20e eeuw op gang in Ontario. De in 1907 in Toronto opgerichte Canadian Art Club speelde hierbij een belangrijke rol. Richtinggevend waren de werken van CAC-leden **Maurice Cullen** (1866-1934) en met name **Tom Thomson** (1877-1917), wiens grof geschilderde Canadese landschappen een inspiratie vormden voor schilders uit Toronto als **Joseph E. H. McDonald** (1873-1932) en **Lawren S. Harris** (1885-1970). In 1920 exposeerden zij voor het eerst als de **Group of Seven** hun krachtig gepenseelde schilderijen van de Canadese wildernis en prompt werd het zevental gevierd als nationale helden, die zich hadden bevrijd van de gewoonte Europese voorbeelden te imiteren.

Contemporary Arts Society

Toch werden de wildernisschilders niet overal bewonderd. Vooral in Québec werd dat 'Canadagedoe' met scepsis bekeken. Met name de schilder **John Lyman** (1886-1967) uit Montréal had kritiek op het outdoor-nationalisme van de Group of Seven en deed een oproep om 'niet alleen inspiratie te zoeken in het poolgebied maar in heel de schepping'. In 1939 richtte hij de **Contemporary Arts Society** op, een club van de meest getalenteerde kunstenaars van Montréal. In hun omgeving schiepen de **automatistes** – een groep kunstenaars rond **Paul-Émile Borduas** (1905-1960), **Alfred Pellan** (1906-1988) en **Jean-Paul Riopelle** (1923-2002), die onder invloed van de theorie van het automatisme stond – een van Europa onafhankelijke vorm van surrealisme. In 1948 effende hun woordvoerder Borduas voor de provincie Québec de weg naar de 20e-eeuwse kunst met zijn esthetische manifest *Refus global*, waarin hij zich tegen de Kerk in Québec keerde. Echte creativiteit, schreef hij, komt pas vrij nadat alle moralistisch-ethische autoriteit van de geestelijkheid en de maatschappelijke instanties is opgeheven.

Painters Eleven

Toronto was in die tijd artistiek gezien onbetekenend. Bijna alle kunstenaars waren naar de Europese slagvelden vertrokken of werden overschaduwd door de Group of Seven. Pas in de jaren 50 was er weer sprake van publieke belangstelling voor abstracte schilders. Na een zeer succesvolle expositie in New York, waar ze als **Painters Eleven** door de Amerikanen waren bewierookt, kwamen ze in Ontario terug. De bekendste vertegenwoordigers van de P11 zijn **Tom Hodgson** (1924-2006), **Jack Bush** (1909-1977) en **Kazuo Nakamura** (1926-2002).

Hedendaagse Canadese kunst

Tegenwoordig bruist de Canadese kunstwereld van dynamiek en creativiteit. De Ontarians Ronald Bloore (1925-2009), Michael Snow (1929) en Alex Colville (1920-2013) zijn wereldberoemd, evenals de Québécois Jean-Paul Riopelle (1923-2002), Charles Gagnon (1934-2003) en Jean-Pierre Larocque (1953). First-Nationskunstenaars als **Rebecca Belmore** (1960) en **Wally Dion** (1976) onderzoeken hun culturele identiteit, terwijl mixed-mediakunstenaars als **Amalie Atkins**, **David Hoffos** (1966), **Rita McKeough** (1951) en **Ned Pratt** (1964) zich richten op het Canadese landschap en de politiek.

Architectuur

Normandië aan de rivier

De architecten die naar Nieuw-Frankrijk kwamen, bouwden aan de St. Lawrence typisch Franse provinciestadjes met een kerk en een *place d'armes* ('exercitieplaats'). De strenge winter met zijn sneeuwmassa's en lange vorstperioden dwongen hen tot aanpassingen die vandaag de dag nog te zien zijn in Vieux-Montréal. Het dak moesten veel steiler worden om de sneeuwmassa's te laten afglijden of te kunnen dragen, dikkere muren moesten de kou buiten houden en er moest brandwerende gevelafdekking worden aangebracht. Het typische huis van het *ancien régime* – rechthoekig, sober, van grijs steen en altijd met twee schoorstenen aan de korte zijden, vormde een groot contrast met de typische kerk. Zijn classicistische gevel en weelderige interieur was immers het visitekaartje van de doorgaans zeer katholieke koloniale gemeenschap.

Kunst en cultuur

Blokhutten en colonnades

Met de Britten kwamen ook nieuwe stijlelementen en ideeën over bouwen. Omdat in Engeland het Grieks-Romeins classicisme in de mode was, werden ook de huizen in Oost- Canada versierd met zuilen en **colonnades**: de strakke, symmetrische **georgian stijl** was geheel gebaseerd op de esthetische idealen van de klassieken. In het openluchtmuseum Upper Canada Village kunt u dit nog goed zien (zie blz. 198). Na 1800 ging de georgian stijl langzaam over in het complexere **neoclassicisme**. De smaakvolste voorbeelden hiervan zijn de Marché Bonsécours (1847) in Montréal en de City Hall in Kingston (1844). Arme kolonisten vonden in dezelfde tijd de **blokhut** uit: omstreeks 1830 stonden in Ontario twee keer zoveel van deze uit ruwe boomstammen getimmerde woningen als stenen huizen.

Eclectische schoonheid

De verdere 19e eeuw werd gekenmerkt door een veelheid aan stijlen. De Parliament Buildings (1867) in Ottawa en de Basilique Notre-Dame (1829) in Montréal, **Canadese neogotiek** ten voeten uit, zijn de fraaiste voorbeelden van de tot 1900 in Canada zeer geliefde **historiserende stijl**. Onder de noemer 'victoriaans' werden stijlelementen van verschillende perioden gekopieerd en samengevoegd, zoals de Italiaanse renaissance (Bellevue House, Kingston), Second Empire (Hotel de

Grand Hall van het Canadian Museum of History in Ottawa: voor een enorme achtergrond van het regenwoud staan totempalen en gereconstrueerde indianenbehuizingen

Architectuur

Ville, Montréal) en chateaustijl (Château Frontenac, Québec). Bijzonder mooie staaltjes van de rijkdom aan stijlen die kenmerkend is voor de tweede helft van de 19e eeuw zijn de stadjes aan de Bay of Fundy. Vooral Wolfville in Nova Scotia en Sackville in New Brunswick zijn architectonische kleinoden met veel goed onderhouden groen.

Einde van de versieringskunst

Begin 20e eeuw noemde de Bauhaus-ontwerper Walter Gropius alle architecten die gebouwen voorzagen van ornamenten pervers. Samen met Ludwig Mies van der Rohe en Le Corbusier propageerde hij de bouw van 'woonmachines': strakke, functionele woonblokken. Ook de Canadezen werden door deze ideeën beïnvloed en hadden spoedig de smaak voor franje verloren. In Toronto werden sobere rijtjeshuizen van twee verdiepingen opgetrokken, evenals in de arbeiderswijken van Montréal, waar ze verder nog van ijzeren balkons en buitentrappen werden voorzien. Aan de Place d'Armes in Montréal experimenteerden Amerikaanse architecten ook met de juist ontwikkelde staalconstructies, alvorens in Manhattan de nog veel hogere wolkenkrabbers te bouwen.

Na de Tweede Wereldoorlog werden Montréal en Toronto gedomineerd door anonieme kantoorflats van onder anderen **I.M. Pei** (Place Ville-Marie, Montréal) en **Ludwig Mies**

Kunst en cultuur

van der Rohe (Westmount Tower, Montréal), die werden bewonderd als symbolen van vooruitgang. In de jaren 60 behoorden Canadese bouwmeesters als **Moshe Safdie** (onder andere Habitat '67 in Montréal) en **Douglas Cardinal** (Canadian Museum of History in Gatineau) tot de wereldtop. Rond dezelfde tijd werden de verwaarloosde stadskernen van Québec, Montréal, Ottawa en St. John's onder handen genomen. De postmoderne architecten van de jaren 80 gaven de anonieme kantoorflats van Toronto weer een eigen gezicht met enkele neoclassicistische details. Tegenwoordig drukken toparchitecten als **Frank Gehry** hun stempel op Toronto: met de nieuwe gevel van glas en douglassparrenhout, die in het kader van een grootscheepse renovatie in 2008 werd voltooid, klom bijvoorbeeld de **Art Gallery of Ontario** op tot een van de meest gefotografeerde gebouwen van het land. Andere Landmark Buildings zijn ontworpen door **Daniel Libeskind**, **Will Alsop** en **Norman Foster**. Veel van de nieuwe gebouwen in Downtown Toronto zijn van de hand van Bruce Kuwabara en Marianne McKenna van architectenbureau **KPMB**.

Kunst van de First Nations

Dialoog met de schepping

In het officiële logo van de Olympische Winterspelen van 2010 in Vancouver was ook een *inukshuk* verwerkt. De Inuit in het hoge noorden van Canada gebruiken deze stenen, veelal op twee zuilen staande beelden, tot op de dag van vandaag als wegwijzers in de sneeuwwoestijn. De *inukshuk* in het Olympische embleem legde niet alleen getuigenis af van de aanwezigheid van de oorspronkelijke bewoners in het leven van alledag in Canada, maar ook van hun kunstzinnige creativiteit. Tegenwoordig is er steeds meer bewondering en commerciële belangstelling voor de kunst van de indianen en de Inuit. Vroeger lag dat wel anders. Nog tot ruim in de jaren 40 gold kunst uit de reservaten als niets meer dan folklore, niet te vergelijken met Europese kunst. Maar de **indianen** van Canada maken al duizenden jaren kunstzinnige afbeeldingen van hun omgeving. In Oost-Canada zijn nog talrijke indrukwekkende prehistorische kunstwerken bewaard gebleven, waaronder **petrogliefen** (rotstekeningen) in het noordwesten van Ontario, in het Algonquin Provincial Park en natuurlijk in het Petroglyphs Provincial Park, 55 km ten noordoosten van Peterborough (Ontario). De ouderdom van een bij de St. Lawrence in Québec ontdekte buste met een lachend gezicht wordt geschat op 5000-7000 jaar. Helaas zijn zulke vondsten zeldzaam: het organische materiaal waarvan ze zijn vervaardigd is vergankelijk.

Het culturele contact met de Europeanen had ook invloed op de materiële cultuur van de indianen. Veel van hun traditionele werkzaamheden, zoals mandenvlechten en leerlooien, werden opgegeven; ijzeren pannen en textiel bleken veel praktischer. Door de verplaatsing naar reservaten en de vervreemding van hun taal en cultuur ging ook hun materiële cultuur steeds meer achteruit. Vooral de missionarissen, maar ook overheidsfunctionarissen, verboden de vervaardiging en het gebruik van de bij de rituelen en dansen benodigde heilige voorwerpen, trommels en pijpen, die soms tijdens grootscheepse acties in beslag werden genomen. De kennis van de productie en het gebruik ervan, en de ermee verbonden gebeden en rituelen, gingen zodoende vaak voor altijd verloren. Menige geestelijke en politieagent vulde intussen zijn zakken door de in beslag genomen voorwerpen te verpatsen aan musea of Amerikaanse verzamelaars.

Pas sinds een jaar of dertig kan men spreken van zelfstandige indiaanse kunst in Canada. In de jaren 70 waren het de Cree en de Inuit in Noord-Québec die als eerste *First Nations* behalve het vruchtgebruik van land en sociale programma's ook schadevergoedingen van de overheid kregen, die in de miljarden liepen (zie blz. 49). Het zelfbewustzijn van de oorspronkelijke inwoners van Canada kreeg daarmee een belangrijke impuls. Ze eisten herziening van de verdragen waarin hun voorvaderen afstand hadden gedaan van hun land. Jonge indianen, trots op hun cultuur, gingen hun da-

Kunst van de First Nations

gelijks leven *in the rez* figuratief afbeelden en klaagden daarmee de misstanden in de reservaten aan. Ze werden de voortrekkers van een nieuwe indiaanse avant-garde. Terwijl **Douglas Cardinal** (1934), een bekende Canadese architect met Blackfootbloed, in de jaren 80 in Gatineau het beroemde Canadian Museum of Civilization bouwde (het huidige Canadian Museum of History), bestormde het uit Québec stammende folkrockduo **Kashtin**, dat in het Montagnais zong, een Algonkiantaal, de Canadese hitparades. Niet veel later bracht de Inuitzangeres **Susan Aglukark** (1967) haar eerste plaat uit. Sindsdien is ze een grote naam in de Canadese popmuziek.

Tegenwoordig bruist in het oosten de indiaanse kunstscene. De kunstenaars zijn nauwelijks georganiseerd en hoogst individualistisch ingesteld. Ze zijn veelal autodidact en hun kunst wordt gekenmerkt door een zeer onconventionele vormentaal. De met gedurfde zwier vervaardigde werken van **Moses 'Amik' Beaver** (1960) bijvoorbeeld, een Nibinamikindiaan uit Thunder Bay, reflecteren de verbinding tussen de mens en Moeder Aarde, waarbij Beaver zich van zowel moderne als traditionele elementen bedient.

De werken van **Don Chase** (1938) leggen getuigenis af van de spirituele zoektocht die de in Port Hope (Ontario) geboren Ojibwa-indiaan in felle kleuren binnen krachtige zwarte kaders onderneemt. **Mark Anthony Jacobson**, een in 1972 in Sioux Lookout (Ontario) geboren Ojibwa, vindt inspiratie in de geschiedenis en legendes van zijn voorouders en probeert met vaak surrealistisch aandoende schilderijen van dieren en planten een dialoog te voeren met de aarde. Tot de origineelste en internationaal bekendste indiaanse kunstenaars behoort **Norval Copper Thunderbird Morrisseau** (1932-2007). Deze Ojibwa groeide op in de bossen van Noordwest-Ontario en begon zijn carrière met het illustreren van de legendes die hem door zijn grootouders werden verteld. In de loop der tijd voegde hij hier krachtige, felle kleuren aan toe. Zo wekte hij de interesse van galeriehouders in Toronto. Een rode draad door zijn werk was het verlangen naar het eenvoudige leven en het contact met de schepping.

Inuitkunst

Tot ver in de 20e eeuw leefden de **Inuit** als nomaden. Hun taal kende niet eens een woord voor 'kunst'. Kunstzinnige uitingen beperkten zich tot de decoratie van gebruiksvoorwerpen en de vervaardiging van minuscule diermascottes van zacht, makkelijk te bewerken speksteen of obsidiaan. Pas toen ze hun nomadische manier van leven hadden opgegeven en in permanente kampen en dorpen gingen wonen, kwam de Inuitkunst tot ontwikkeling. Vooral de fantasierijke steensnijkunst geniet wereldwijde bewondering. Het bekendst zijn de walvissen, kariboes, honden en jachtscènes van speksteen, marmer of zwart obsidiaan. Deze kunstvorm heeft zich ontwikkeld uit de kleine amuletten en kunstnijverheid die de vroegere nomadische Inuit in hun bagage hadden of voor de handel met Europese en Amerikaanse walvisjagers produceerden. Er is tegenwoordig ook belangstelling voor prenten en litho's met traditionele en moderne onderwerpen. De meeste sculpturen en prenten worden gemaakt door kunstenaars in de nederzettingen Provugnituq, Baker Lake, Holman Island en Cape Dorset. De vele litho's zijn indirect te danken aan de kunstenaar **James Archibald Houston** (1921-2001; Toronto), die de techniek van het steendrukken in 1948 in de noordelijke dorpen introduceerde en onderwees.

Pitseolak (1907-1983) is een van de eerste en beroemdste Inuitkunstenaressen. Toen haar man kwam te overlijden, gaf ze het nomadenbestaan op en vestigde ze zich met haar kinderen in Cape Dorset, dat zich toen tot kunstenaarskolonie ontwikkelde. Pitseolaks buitengewone talent viel op dat moment samen met een internationaal groeiende interesse voor Inuitkunst. Een uitgeverij publiceerde in 1993 een boek over het verleden van de Inuit dat als volgt begon: 'Mijn naam is Pitseolak, het Inuktitutwoord voor zeevogel. Als ik *pitseolak* boven zee zie vliegen, dan denk ik: daar gaan die prachtige vogels, en dat ben ik als ik vlieg!'

Tot de **Inuitschrijvers** die ook in het Engels of Frans publiceren behoren **Minnic Freeman**, **Markoosie**, **Nuligak** en **Avarluk Kusugak**.

Reisinformatie

Reis en vervoer
Accommodatie
Eten en drinken
Sport en activiteiten
Feesten en evenementen
Praktische informatie van A tot Z

Ze is alomtegenwoordig en werkt gelukkig ook aanstekelijk op bezoekers: de veel geprezen Canadese 'niceness'

Victoriaanse villa in Montréal: de metropool verbindt de flair met Noord-Amerikaanse dynamiek

De esdoorn speelt een hoofdrol bij de prachtige verkleuring van het herfstgebladerte tijdens de Indian summer

Reis en vervoer

Aankomst en douane

Canada

Wie als Nederlandse of Belgische toerist naar Canada reist, heeft geen visum nodig. Een geldig paspoort volstaat. Dit geldt ook voor kinderen. Een ID-kaart wordt niet als geldig reisdocument beschouwd. Vaccinaties zijn niet voorgeschreven.

Net als voor de Verenigde Staten is het ook voor Canada voor wie aankomt per vliegtuig verplicht van tevoren een elektronische reisvergunning (electronic Travel Authorization, eTA) aan te schaffen. Dat geldt voor alle vliegtuigpassagiers die niet visumplichtig zijn. Er worden alleen personalia gevraagd die vroeger ook al schriftelijk overlegd moesten worden. De kosten bedragen $ 7 (ca. €5). De autorisatie wordt binnen enkele minuten afgegeven en blijft vijf jaar geldig. Meer informatie en aanvragen: www. www.cic.gc.ca/english.

Alle goederen voor eigen gebruik tijdens de reis mogen **belastingvrij** worden ingevoerd. Verder mag u het volgende meenemen: 1,1 liter sterkedrank, 200 sigaretten of 250 g tabak of 50 sigaren. Levensmiddelen mogen op beperkte schaal worden ingevoerd en alleen als conserven, dus geen vers fruit, groenten en vlees. Als geschenk mogen vliegtuigpassagiers voorwerpen ter waarde van maximaal €430 meenemen. Wapens voor jacht of sport mogen worden ingevoerd, maar hiervoor gelden bijzondere bepalingen. Inlichtingen over douanebeperkingen krijgt u bij de Canadese ambassade in Den Haag en bij **Canada International Services for Non-Canadians:** www.canadainternational.gc.ca. **Canada Border Services Agency:** www.cbsa-asfc.gc.ca.

Verenigde Staten

Voor een reis over land van Canada naar de Verenigde Staten is geen visum en ook geen elektronische ESTA-autorisatie vereist. Let er echter wel op dat als u de grens meermalen passeert, het *departure record*-gedeelte van uw paspoort niet wordt verwijderd.

Voorwerpen voor persoonlijk gebruik mag u belastingvrij meenemen, naast 1 liter sterkedrank (uitsluitend vanaf 21 jaar), 200 sigaretten of 50 sigaren of 2 kg tabak (vanaf 18 jaar). Cadeauartikelen tot een een waarde van US-$100 mogen eveneens belastingvrij worden ingevoerd (dit geldt niet voor alcohol en sigaretten). Nadere inlichtingen over de invoerbepalingen aangaande dieren, auto's, jachtwapens enzovoort krijgt u bij het Amerikaanse consulaat of de ambassade.

Het is niet toegestaan verse en geconserveerde levensmiddelen (fruit, groenten, vlees en zoetigheden met alcoholvulling) in te voeren in de Verenigde Staten, evenmin als planten, verdovende middelen en gevaarlijke geneesmiddelen (mits op recept van een dokter).

Reis

De belangrijkste internationale luchthavens zijn het **Lester B. Pearson Airport** in **Toronto** (18 km ten westen van het centrum) en het **Aéroport international Pierre-Elliott-Trudeau de Montréal** in **Montréal** (20 minuten rijden van Centre-Ville).

KLM en Jet Airways vliegen dagelijks rechtstreeks van Amsterdam naar Toronto, Air Canada een paar keer per week. KLM vliegt ook vier keer per week rechtstreeks naar Montréal. In Toronto hebt u talrijke mogelijkheden om door te vliegen naar onder andere Montréal, Ottawa, Québec City, Halifax en St. John's. Vanuit Brussel kunt u een paar keer per week met Brussels Airlines direct naar Toronto en Montréal. Van grofweg mei tot oktober kunt u ook met de Canadese chartermaatschappij Air Transat naar Toronto (vanuit Amsterdam) of Montréal (Brussel) en daar overstappen op een binnenlandse vlucht.

Binnenlands vervoer

Vliegtuig

Air Canada onderhoudt samen met haar zustermaatschappijen de meeste vliegverbindingen binnen Canada (www.aircanada.com). Op de tweede plek komt lowcostmaatschappij **WestJet** (www.westjet.com). Kleinere, regionaal opererende airlines zijn **Provincial** (www.palairlines.com) en **Air Labrador** (www.airlabrador.com). Naast de grote hubs van Toronto en Montréal zijn er luchthavens in Québec, Halifax, Ottawa, Saint John, Moncton, Bathurst, Yarmouth, Sydney, Charlottetown en St. John's.

Trein

De twee grote spoorwegmaatschappijen, Canadian National en Canadian Pacific Railroad, werken tegenwoordig samen onder de naam **VIA-Rail**.

De **Trans-Canada-Railway** (VIA-Rail) rijdt di., do. en za. van Toronto via Edmonton en Jasper naar Vancouver. De trein rijdt op di., vr. en zo. terug van Vancouver naar Toronto. De totale afstand bedraagt 5000 km en de rit duurt dan ook vijf dagen. Het is in elke plaats mogelijk uw reis te onderbreken. De treinen zijn comfortabel: behalve de gebruikelijke slaapwagons zijn er ook coupés ingericht als kleine hotelkamers met een eigen badkamer.

De **Ocean** rijdt in 21 uur van Montréal naar Halifax, met tussenstops in New Brunswick en Nova Scotia.

Kaartjes voor de VIA-Rail kunt u al in Nederland/België reserveren bij de **Treinreiswinkel**, Breestraat 57, 2311 CJ Leiden en Singel 393, 1012 WN Amsterdam, tel. 071-513 70 08, info@treinreiswinkel.nl, www.treinreiswinkel.nl, of, ook voor België: **Incento**, Vaartweg 23-G, 1400 BB Bussum, tel. 035-695 51 11, info@incento.nl, www.incento.nl
In Canada: VIA-Rail, tel. 514-871-6000, 1-888-842-7245, www.viarail.ca

Bus

Over alle hoofdwegen en de meeste verbindingswegen rijden langeafstandsbussen, al is het niet altijd dagelijks. Zij rijden ook naar plaatsen waar de treinen van VIA-Rail niet kunnen komen door het beperkte spoorwegnet. Enige uitzondering zijn de gebieden in de wilde natuur: bussen komen daar helemaal niet of rijden er zonder te stoppen doorheen.

Om in de provinciale en nationale parken te komen is een auto eigenlijk de enige optie. Naast de talrijke regionale en nationale busmaatschappijen zijn vooral de langeafstandsbussen van Greyhound aan te bevelen. Ze zijn moderner en vaak ook beter onderhouden dan de Greyhoundbussen ten zuiden van de grens en bieden de reizigers de uitstekende service die men van **Greyhound** gewend is (Toronto: 610 Bay St., tel. 416-594-1010, 1-800-661-8747; Montréal: 1717 Rue Berri, tel. 514-842-2281; Québec: 320 Rue Abraham-Martin, tel. 418-525-3000; Halifax: 1161 Hollis St., tel. 902-429-2029, www.greyhound.ca).

In de Atlantische provincies rijden geen bussen van Greyhound. In Atlantic Canada bent u dan ook aangewezen op de bussen van **Maritime Bus** (www.maritimebus.com).

Veerboot

Er varen talrijke veerponten langs de Atlantische kust tussen Prince Edward Island, Newfoundland en het vasteland, maar ze zijn er ook in het brede mondingsgebied van de St. Lawrence.

Bay Ferries Ltd.
94 Water St., Charlottetown, PEI C1A 7L3
tel. 902-566-3838, 1-877-762-7245
www.ferries.ca
Onderhoudt samen met Northumberland Ferries Ltd. het veerpontverkeer tussen Caribou (NS) en Wood Islands (PEI) en tussen Digby (NS) en Saint John (NB) via de Bay of Fundy.

Marine Atlantic
10 Fort William Pl., Baine Johnston Centre Suite 302, St. John's, NL A1C 1K4
tel. 1-800-897-2797
www.marineatlantic.ca

De camper staat voor vrijheid en avontuur – ook al rijdt u 's avonds waarschijnlijk gewoon naar een camping

Sinds al een kleine eeuw verbindt Marine Atlantic Nova Scotia met Newfoundland: het hele jaar door varen er veerboten tussen North Sydney (NS) en Port-aux-Basques (NL), in de zomer ook nog naar Argentia (NL).

Owen Sound Transportation Co.
717875 Hwy. 6, Owen Sound,
ON N4K 5N7
tel. 519-376-8740, 1-800-265-3163
www.ontarioferries.com
Een vaak gebruikte veerverbinding in Ontario is de route van Tobermory naar Manitoulin Island.

Huurauto

Voor zover u geen pure wandelvakantie of een reis per trein of boot plant, is een auto of camper de handigste manier om Oost-Canada te leren kennen. Daar komt bij dat er in het land geen tolwegen zijn. Bij het huren van een auto in Canada moet u in ieder geval een **creditcard** kunnen tonen, omdat u anders enkele honderden of zelfs duizend dollar borg moet betalen. Geef nooit uw **paspoort** als onderpand uit handen.

Benzinestations zijn er in vrijwel alle plaatsen en langs de snelwegen op strategische punten. Bij lange autoritten door afgelegen gebied geven niet te missen borden langs de weg de afstand tot het volgende benzinestation aan.

Het in elk geval aan te raden een personenauto of camper voor een of meer weken ruim voor vertrek te reserveren bij een reisbureau in Nederland of België, omdat alleen dan de speciale vakantietarieven voor Europeanen gelden. Ook is het in het hoogseizoen vaak moeilijk om ter plaatse een voertuig te vinden. Bovendien zijn de aanbiedingen in Nederland en België overzichtelijker en zijn de noodzakelijke verzekeringen vaak al bij de huurprijs inbegrepen, terwijl u daar ter plaatse veel geld voor moet neertellen.

Camper

Omdat campers (**RV's**) in het hoogseizoen snel op zijn, moet u echt al **vroegtijdig** vanuit Nederland/België reserveren – dat betekent minimaal een halfjaar van tevoren. Dat brengt vaak ook financiële voordelen met zich mee. Het is dringend aan te bevelen een zo goed mogelijke **verzekering** af te sluiten. Campers zijn er in diverse maten en verschillende gradaties van luxe, ook met een onbeperkt aantal kilometers en een complete uitrusting. Het is ook mogelijk tegen een meerprijs een *one-way*-huurcontract af te sluiten, waarbij u de auto in de ene plaats ophaalt en in de andere weer aflevert.

De ruime **kampeerterreinen**, vaak in de prachtige natuurgebieden die geen andere accommodatie bieden, maken het reizen met een camper in Canada extra aantrekkelijk.

Travelhome
Bogardeind 229
5664 EG Geldrop (bezoek alleen op afspraak)
tel. 040-211 39 38
info@travelhome.nl
www.travelhome.nl
Camperverhuur en verzorgde reizen.

Verkeersregels

Maximumsnelheden en afstanden staan in Canada op de verkeersborden in kilometers vermeld. De toegestane maximumsnelheid bedraagt op snelwegen 110 km/h, op andere autowegen 80 km/h en binnen de bebouwde kom 50 km/h. Het is verplicht een autogordel te dragen en ook overdag met verlichting aan te rijden. De promillegrens ligt bij 0,5.

Iets bijzonders zijn de groen **knipperende verkeerslichten:** ze geven aan dat het tegenliggende verkeer al een rood licht heeft en u ongehinderd naar links kunt afslaan. In de steden komen veel wegen met om en om eenrichtingsverkeer voor: als u bijvoorbeeld van noord naar zuid rijdt door een straat met eenrichtingsverkeer, is de volgende parallelweg in zuid-noordrichting aangelegd. In Ontario en de kustprovincies mag u bij rood licht rechts afslaan. Ook in Québec geldt deze regeling – maar niet in Montréal. **Schoolbussen** – goed te herkennen aan hun knalgele kleur – die op een halte staan, mogen ook door het tegemoetkomende verkeer niet worden gepasseerd. Overtredingen worden met hoge boetes bestraft.

Pech/ongelukken

Wie pech krijgt met een **huurauto**, moet contact opnemen met het verhuurbedrijf om te horen wat hij moet doen. In afgelegen gebieden en op snelwegen schieten vaak vrachtwagenchauffeurs te hulp, omdat ze over een radio beschikken en via het **alarmkanaal 9** politie en ambulance kunnen oproepen.

Accommodatie

Hotels en motels

Het aanbod in deze categorie is groot en uiteenlopend. Moderne hotels en motels zijn te vinden in de steden en langs de snelwegen. In de uitgestrekte natuur van het binnenland treft u lodges vanwaar u kunt jagen of vissen en resorts om te relaxen. Luxehotels van grote ketens als Sheraton, Hilton, Holiday Inn, Hyatt en Westin vindt u voornamelijk in de grote steden en in toeristische plaatsen, maar goedkopere *family hotels*, zoals TraveLodge en Best Western, kunt u ook in kleinere plaatsen aantreffen.

Kortingen

Hotel- en motelketens versturen op verzoek brochures met plattegronden van hun hotels naar uw huisadres. Wie zijn vakantie al vanuit Europa wil organiseren, kan voor de meeste van deze hotels kortingsbonnen krijgen bij een reisbureau.

Het is sowieso handig om een hotel te boeken vanuit Europa via een reisbureau of een vergelijkingssite, omdat de prijzen op lijsten vaak te onoverzichtelijk zijn om met elkaar te vergelijken. Zo is er de 'rack rate', die vaak aanzienlijk hoger is dan de uiteindelijk te betalen overnachtingsprijs. Afhankelijk van het seizoen en de conjunctuur worden kortingen toegepast en vaak hanteert men een 'senior rate', een korting voor mensen vanaf 55 jaar; en bijna altijd kunnen CAA-leden (dit geldt ook voor ANWB-leden) interessante kortingen tegemoet zien. Doordat reisorganisaties vaak groot inkopen, kunnen zij, ondanks hun provisies, een gereduceerde prijs aanbieden. Als u zelf ter plaatse wilt boeken, moet u in ieder geval zonder valse schaamte naar speciale aanbiedingen en de 'best price' vragen.

Ontbijt

In Canadese hotels en motels is het ontbijt bij de prijs inbegrepen als eenvoudige maaltijd met bagels of toast en koffie. Als u een uitgebreider ontbijt wenst, gaat u daarvoor naar een *coffee shop* (niet te verwarren met de Nederlandse coffeeshop) of *diner*, de restaurantklassieker van Noord-Amerika. In veel gevallen kunt u een kamer boeken met kitchenette, een volledig ingerichte keuken.

Bed and breakfasts

Bed and breakfast of B&B is ook een interessante vorm van onderdak. Via een bemiddelingsorganisatie huurt u een kamer bij particulieren. Naast het vaak uitgebreide, bij de prijs inbegrepen ontbijt krijgt u er veelal allerhande goede tips voor uitstapjes in de omgeving en kunt u tevens eens kennismaken met het dagelijks leven in een Canadees gezin. Goedkoper dan hotels zijn B&B's echter vrijwel nooit. De aanduiding staat steeds vaker alleen nog voor de service die u mag verwachten, terwijl de overnachting zelf, vaak in historische huizen, steeds duurder wordt. Nadere inlichtingen kunt u krijgen bij de regionale **toeristenbureaus** (zie blz. 88 en de adressen voor de verschillende plaatsen in het hoofdstuk Onderweg vanaf blz. 102).

Kamers bij particulieren, appartementen en vakantiehuizen kunt u ook boeken bij onder andere Airbnb (www.airbnb.de) en Home Away (www.homeaway.nl) gebucht werden.

Kamperen

Campings verheugen zich in Canada in een grote populariteit. Door de voorbeeldige sanitaire voorzieningen, picknicktafels en -banken en vuurplaatsen bieden ze in dit land ideale overnachtingsmogelijkheden. Europese krapte is op de terreinen buiten de steden eigenlijk onbekend. Veel openbare kampeerterreinen en benzinestations beschikken over een *dump station,* waar u uw watervoorraad kunt aanvullen

Een blokhut in de middle of nowhere – de droom van elke Canada-reiziger

en gebruikt water kunt lozen – doe dat dan ook alleen hier! Particuliere kampeerterreinen (of RV-Parks) zijn vaak van alle luxe voorzien en hebben meestal ook een zwembad en een eigen water- en stroomaansluiting voor de camper, die hier RV wordt genoemd. De prijzen schommelen er tussen $ 20 en $ 40 per nacht. Nationale kampeerterreinen *(Parks Canada)* zijn meestal verstoken van luxevoorzieningen, maar daar staat tegenover dat ze in de mooiste nationale parken liggen, te midden van de prachtige natuur. Hier betaalt u gemiddeld $ 15 tot $ 20. Vooral in de parken is het verstandig om tijdens het hoogseizoen in juli en augustus al in de loop van de middag een camping op te zoeken (zie blz. 98).

Wildkamperen is alleen toegestaan met toestemming van de eigenaar van de grond of de plaatselijke overheid. Mocht het voorkomen dat u geen kampeerterrein hebt kunnen vinden, dan blijft nog de mogelijkheid om, tot spijt van de campingbeheerders, op het parkeerterrein van een supermarkt te gaan staan, waar 's nachts parkeren in de regel niet verboden is. Bij de provinciale toeristenbureaus kunt u gratis een uitvoerige **campingbrochure** afhalen (zie blz. 88).

Jeugdherbergen/hostels

Als lid van de jeugdherbergcentrale overnacht u heel goedkoop in een van de Canadese hostels, die in veel steden en ook in de nationale parken zijn te vinden. Een lijst van hostels is verkrijgbaar bij:

Hostelling International Canada
301-20 James St., Ottawa
ON Canada K2P 0T6
tel. 613-237-7884, 1-800-663-5777
www.hihostels.ca

Eten en drinken

De bonte bevolkingssamenstelling van Canada heeft ook zijn weerslag op de culinaire tradities. Exotische én vertrouwde gerechten zijn overal te krijgen, een Canadese zalmschotel net zo goed als Chinese, Japanse, Jamaicaanse en Mexicaanse specialiteiten. Met name de metropolen Toronto en Montréal proberen elkaar te overtreffen met exquise restaurants, die steeds meer regionale producten verwerken.

Haute cuisine versus Canadese wildernis

Maar ook in andere gebieden in Canada kan de Europese fijnproever in culinair opzicht bijzondere ervaringen opdoen, bijvoorbeeld in de kustprovincies aan de Atlantische Oceaan en in de provincie Québec.

Québec

Al vierhonderd jaar, sinds de eerste Fransen zich in het rivierdal van de St. Lawrence vestigden, wordt er in Québec op typisch Franse manier gekookt. Maar uit deze keuken heeft zich in de loop der eeuwen ook een regionale, Québecse keuken ontwikkeld. De eerste pioniers moesten hun recepten aanpassen omdat veel van de benodigde traditionele ingrediënten niet voorhanden waren in de Canadese wildernis. Zij keken hierbij naar de indianen en gingen bessen, maïs, pompoenen en de vitaminerijke ahornsiroop gebruiken. Ook leerden ze plaatselijk wild te bereiden, zoals eland en kariboe, waarvan het vlees werd gerookt.

Nog steeds worden veel traditionele gerechten geserveerd in de restaurantjes van Québec: machtige erwtensoep met gerookt pekelvlees of *tourtière*, een vleespastei. Deze schotels uit de tijd van de kolonisten zijn meestal erg voedzaam en calorierijk. Na een dag hard werken hadden zij wel behoefte aan een stevige maaltijd, en u misschien ook na een dag kanoën of wandelen door de eindeloze bossen van Québec.

Veel gerechten uit de moderne *cuisine québécoise* of *cuisine régionale* hebben hun oorsprong in die traditionele keuken. Jonge, creatieve koks hebben de laatste decennia weer belangstelling gekregen voor oude recepten en ze bewerkt tot lichtere, verfijndere varianten. Deze nieuwe Québecse keuken vindt u niet alleen in de grote steden, maar ook in de vakantiestadjes van de Laurentides en aan de oevers van de St. Lawrence. De ingrediënten komen veelal uit de directe omgeving. Op de vruchtbare vlakten ten zuiden van de St. Lawrence worden verse groente en sappig fruit verbouwd, waarvan cider en zelfs wijn worden gemaakt. Wild, zoals kariboe, haas en ree, komt uit de uitgestrekte bossen van het noorden. Het Lac St-Jean staat bekend om zijn zoete blauwe bessen. Goede zalm en mosselen komen van het schiereiland Gaspé en de kreeft van de Îles-de-la-Madeleine, ver in de koude noordelijke wateren, behoort tot de beste ter wereld. En de monniken van Oka en de boeren van het Île d'Orléans maken kaas, waaronder scherpe cheddar en 'stinkkaas'.

Ook de *poutines*, een soort beignets met vlees, zijn niet te versmaden. Neem de *poutine à la farine*, in deeg gebakken varkensvlees met appel, of de *poutine à trou*, idem maar dan tevens met noten en rode bosbessen. De tegenwoordig in Québec populaire fastfoodvariant is gevuld met cheddar en wordt geserveerd met frietjes en saus.

De kustprovincies

In de Atlantische kustprovincies draait het natuurlijk vooral om vis en zeevruchten. Versgevangen zalm, forel, schol en heilbot worden verwerkt tot allerlei traditionele delicatessen. Als verfijnd voorgerecht zijn *digby chicks* aan te bevelen, haring uit de omgeving van Digby die volgens een bijzonder recept wordt gerookt. Ook het malse vlees van de kammossel *(scallop)* komt uit die streek. Heel bijzonder zijn de Malpeque-oesters van Prince Edward Island. Tal van fijnproevers rekenen die tot de beste ter wereld.

Smaakvolle erfenis van de Franse keuken: cassoulet met bonen en konijn

In Nova Scotia komt bij elke maaltijd wel kreeft ter tafel

Canoe in de TD Bank Tower is de beste plek voor een hapje en/of drankje met uitzicht op de skyline van Toronto

Apart zijn *fiddleheads,* tere groene kiemen van de varen, die de lente aankondigen en als fijne groente worden gegeten met boter en citroen. Ze worden ook verwerkt in soepen en salades. *Dulse,* gekookte alg met een merkwaardige, zurige smaak, wordt in de kustprovincies veel gegeten, maar kan toeristen zelden enthousiasmeren. Gedroogd wordt het ook gegeten als chips. Maar de koning van alle zeespecialiteiten in Atlantic Canada, hoewel niet meer zo goedkoop als vroeger, is nog altijd de kreeft.

Veel festivals die in de plaatsen aan de kust van Acadië worden gehouden, draaien om lekker eten en dragen vaak een culinair motto, zoals het *Shediac Lobster Festival* en het *Campbellton Salmon Festival,* beide in New Brunswick.

De lekkernijen uit de Atlantische Oceaan vinden ook hun weg in traditionele schotels als eenpansgerechten. Wat zouden de provincies zijn zonder de *chowders* (dikke soepen) die al heerlijk stonden te dampen in de *chaudières,* de enorme soeppannen van de bewoners van het toenmalige Acadië? Hier in de kustprovincies worden die soepen gewoonlijk bereid met melk. Belangrijke ingrediënten zijn vis, kreeft, mosselen of een mengsel van allerlei verschillende soorten zeevruchten. Die worden vermengd met aardappelen, uien en vaak ook wortelen en gezouten varkensvlees. Er zijn talloze recepten, maar de exacte combinaties van ingrediënten worden als een groot geheim bewaakt. *Chowders* zijn erg geliefd en worden overal geserveerd, van fijnproevers- en wegrestaurants tot aan zelfs de kleinste snackkarren.

Kreeft: delicatesse uit de Atlantische Oceaan

Ongelooflijk maar waar: rond 1900 was kreeft armeluisvoedsel. Op Prince Edward Island kregen kinderen kreeft op brood mee naar school en boeren bemestten hun akkers met kreeftafval. Tegenwoordig is deze gepantserde bewoner van de zeebodem wereldwijd een felbegeerde delicatesse. Het malse witte vlees kunt u het best eten met vers brood en witte wijn. Zelfs de grootste vleesliefhebber zal worden overtuigd.

De kreeft is de koning van de zeevruchten van Atlantic Canada. Het lekkerst is hij gekookt in zeewater en dan warm of koud geserveerd met gesmolten boter en een druppeltje citroen. Maar verder kan kreeft op alle denkbare manieren worden verwerkt: in soep, in pastei, op sandwiches, in salades, quiches en op pannenkoeken. Een broodje met een dikke plak kreeftenvlees, een blaadje sla en mayonaise is een betaalbare delicatesse die overal te krijgen is en een lekkere snack voor onderweg vormt.

Tot voor enkele tientallen jaren was de kreeft nog volop te vinden aan de Atlantische kusten van Canada. Inmiddels zijn de tijden veranderd, maar kreeft is hier nog altijd relatief betaalbaar, zowel in het restaurant als op de markt. De vroeger zeer populaire *all-you-can-eat lobster buffets* in de kustplaatsen van New Brunswick en Prince Edward Island, waar je voor zo'n $ 20 zo veel kreeft kon eten als je wilde, zijn er niet meer. Tegenwoordig moet ieder zijn kreeft per stuk bestellen; onbeperkt mosselen of ander zeebanket eten is daarentegen nog wel mogelijk.

De *Homarus americanus* wordt gevangen in de wateren voor de Atlantische kust van Labrador tot North Carolina. Deze soort komt elders ter wereld niet voor. Het talrijkst is hij in de kustwateren van Nova Scotia, Prince Edward Island, New Brunswick en Maine. In de Atlantische kustregio van Canada wonen meer dan 10.000 zelfstandige kreeftenvissers, die met een vloot van 6000 schepen, ieder met 250 tot 400 fuiken, jaarlijks 30 tot 40 miljoen kreeften naar boven halen. Het is alleen toegestaan om te vissen met fuiken die gemaakt zijn van netten en houten latten. Deze worden voorzien van lokaas en op de zeebodem neergelaten. De locatie en de eigenaar van de fuik worden zichtbaar gemaakt met een felgekleurde drijver.

De kreeftenvangst is streng gereguleerd. Twee derde van de jaarlijkse vangst wordt aan land gebracht in mei, juni en december. De schaal en het vlees zijn dan het stevigst en het best bestand tegen opslag en transport. Een kreeft weegt tussen de 500 g en 2 kg. Als ze tussen de 750 g en 1,5 kg wegen, kunnen ze in hun oranje rode pantser op uw bord terechtkomen. Een enkele keer wordt er een (flink) groter exemplaar gevangen. De wereldrecordhouder is een kreeft van 21 kg die in 1935 in Maine werd gevangen.

Sport en activiteiten

Oost-Canada is een waar paradijs voor sportieve natuurliefhebbers. Voor wandelingen en trek- en kanotochten zijn er met name in de vele nationale en provinciale parken talrijke paden en kanoroutes. Daarbij reikt het spectrum van uitdagende natuurtrips in het Parc de la Gaspésie in Québec of het Gros Morne National Park in Newfoundland tot aan een rustige wandeling naar de beverdammen in het Algonquin Provincial Park (Ontario) of de uitzichtpunten in het Parc national de Forillon (Québec).

De vele meren van Ontario en Québec en de zandstranden van de Atlantische kust bieden geweldige mogelijkheden om een duik te nemen en uitstekende omstandigheden om te zeilen of te windsurfen. Ook fiets- en paardrijdtochten zijn mogelijk. Golf behoort in Canada tot een van de volkssporten. Overal treft u schitterende golfterreinen aan en op veel plaatsen ook goede openbare banen, waarvan het gebruik zeer voordelig is. Ook diverse andere sporten als deltavliegen, ballonvaren of rijden op een hondenslee en sneeuwscooter worden aangeboden.

In verband met de immense diversiteit aan activiteiten en de enorme uitgestrektheid van het in deze reisgids behandelde gebied kan hier slechts een kleine selectie aan recreatiemogelijkheden met de bijzonder typische en mooiste regio's om de desbetreffende sport te beoefenen worden besproken. De toeristenbureaus van de provincies geven op hun websites informatie over het lokale aanbod, bieden gratis uitgebreid foldermateriaal aan en helpen bij het plannen van een actieve vakantie (zie blz. 88).

Excursies in de natuur

Met de boot in het arctisch gebied

Een **boottocht** door het hoge noorden van Canada is een bijzonder avontuur. Zo komt u in gebieden die anders niet bereikbaar zijn en beleeft u de grandioze natuur met grillige rotskusten, diepe fjorden en imposante ijsbergen. Op een stabiele expeditieboot volgt u de weg van de ontdekkingsreizigers en pioniers op hun eeuwenlange zoektocht naar de legendarische noordwestpassage langs de kusten van **Labrador**, **Baffin Island** of de **Hudson Bay**. Onderweg doet u nederzettingen van Inuit aan en ziet u walvissen, ijsberen, walrussen, zeehonden, muskusossen en de veelzijdige arctische vogelwereld. Vertrekpunten voor deze excursies zijn St. John's op Newfoundland en de Inuitdorpen Kuujjuaq en Resolute Bay, per vliegtuig te bereiken vanuit Montréal.

Organisatoren
Adventure Canada: 14 Front St. S., Mississauga, ON L5H 2C4, tel. 905-271-4000, 1-800-363-7566, www.adventurecanada.com.

Whale watching

Speciaal is een excursie per schip of rubberboot om de vredige reuzen van de Atlantische Oceaan van dichtbij te aanschouwen. De beste mogelijkheden daartoe vindt u in Québec in het mondingsgebied van de St. Lawrence River en voor de kust van het schiereiland Gaspé. Op Nova Scotia zijn de beste plaatsen in de Bay of Fundy bij Digby en in New Brunswick bij Caraquet, St. Andrews en Grand Manan. Ook de kustwateren van Newfoundland, bij Trinity, in het zuiden van het Avalon Peninsula en bij het Gros Morne National Park zijn goede gebieden. Daar kunt u onder meer bultruggen, dwergvinvissen, bruinvissen en gewone vinvissen bewonderen. Soms laten ook soorten als potvis, blauwe vinvis, beluga en orka zich aan de oppervlakte zien.

Fietsen en mountainbiken

De wielersport verheugt zich in een groeiende belangstelling en de groei van het aantal fietspaden houdt daarmee gelijke tred. In bijna alle nationale parken en veel steden vindt u zogeheten *bike trails*. Ook voormalige karrensporen en oude spoorbanen krijgen een nieuw leven als bewegwijzerd fietspad. Daarnaast kunt u uitstekend fietsen op de vaak rustige landwegen.

Tot de interessantste routes behoren de **Confederation Trail** op Prince Edward Island, de **Sentier Petit Témis** langs de Madawaska River in New Brunswick, de route van Lawrencetown Beach landinwaarts naar Porter en Lawrencetown Lake in Nova Scotia, de **Viking Trail** in Newfoundland en ten slotte het walhalla voor mountainbikers, de **Mont Bromont** in Québec en de **Blue Mountain** bij Collingwood in Ontario.

Vissen en jagen

Met zijn enorme bossen en ontelbare meren en rivieren biedt Oost-Canada ideale omstandigheden voor sportvissers en jagers. De hengelaar kan bijvoorbeeld een zalm, forel, snoek, snoekbaars of muskellunge *(muskie)* aan de haak slaan. Het wild waarop gejaagd kan worden, bestaat uit zwarte beren, elanden, kariboes, wapiti's en klein wild. Strikte jachtvoorschriften en strenge controles houden de wildstand op peil. Het jachtseizoen valt in de herfst. De beste jachtgebieden vindt u in het noorden van de provincies Ontario en Québec. Het Northern Peninsula in Newfoundland is beroemd vanwege de dichte elandenpopulatie.

Wetten en bepalingen

Jacht en visserij zijn streng gereguleerd door de wetten van de verschillende provincies. Uitvoerige informatie en brochures zijn verkrijgbaar bij de toeristenbureaus. In nationale en provinciale parken mag niet worden gejaagd. Jachtwapens mogen worden ingevoerd, maar moeten bij de douane worden ingeklaard. Voor de uitvoer van huiden en jachttrofeeën is een exportvergunning nodig. Invoer van hengelsportuitrusting voor persoonlijk gebruik is zonder speciale toestem-

De Georgian Bay is met zijn rotsachtige kustlandschap en talloze eilandjes de perfecte plek voor kanotochten

ming mogelijk. Hoewel visvergunningen door de provinciale overheden worden verstrekt, is voor vissen in nationale parken een speciale toestemming vereist, die in elk nationaal park kan worden aangevraagd en dan voor ieder nationaal park binnen Canada geldig is. Voor vissen op open zee hebt u een aparte vergunning nodig die vaak bij de reder verkrijgbaar is. De benodigde **visuitrusting** is in veel plaatsen te huur of te koop. Een overzicht van de jacht- en visgebieden en van de hengelsport- en jachtwinkels is verkrijgbaar bij de provinciale toeristenbureaus.

Veel touroperators hebben sportvissen en ook vaak jachtmogelijkheden in hun programma. Natuurlodges kunnen het karakter van een eenvoudige camping of het comfort van een resort hebben. In het noorden zijn zij vaak alleen per boot of vliegtuig te bereiken. Omdat de accommodatiemogelijkheden meestal zeer beperkt zijn, moet u minimaal vier maanden van tevoren boeken, liever zeven.

Gebieden

In Ontario zijn de merenrijke regio's **ten noorden van Kenora**, het **Lake of the Woods** en **Lake Nipissing** en de **French River** geweldige, visrijke gebieden. **Prince Edward Island** is onder sportvissers beroemd om de enorme blauwvintonijnen, waarvan het gewicht gemiddeld wel 500 kg bedraagt. Ook de andere wateren van de **Atlantische provincies** zijn rijk aan vis en in veel havens kunt u een boot huren of een excursie boeken. Zalm kunt u het best vangen in de **rivieren** in het noordelijke New Brunswick, op Gaspé in Québec, op Cape Breton Island en in Newfoundland.

Inlichtingen

Uitvoerige informatie over jacht- en vismogelijkheden, de bepalingen, de kosten, maar ook een overzicht van bedrijven waar u terecht kunt voor de benodigde uitrusting en van gediplomeerde gidsen is verkrijgbaar bij de toeristenbureaus van de desbetreffende Canadese provincie. Inlichtingen over het invoeren van jachtwapens of hengelsportartikelen: www.rcmp-grc.gc.ca/cfp-pcaf.

Wandelingen, trektochten en tochten door de natuur

In nationale en provinciale parken is vrijwel altijd een aantal eenvoudige en korte wandelroutes uitgezet, die ook geschikt zijn voor gezinnen en meestal een fraai punt in het landschap als bestemming hebben. Lange, zware wandeltochten en meerdaagse trektochten vereisen, vooral als ze door de wilde natuur voeren, een goede conditie en de juiste voorbereiding. Wie zich aan dergelijke tochten wil wagen, maar daar graag een ervaren gids bij heeft, wende zich tot reisorganisaties en *outfitters*. Zij leveren een complete uitrusting, tot persoonlijke gebruiksvoorwerpen aan toe (zie blz. 83). Ook in etappes te lopen langeafstandswandelroutes zijn de **Bruce Trail** (www.brucetrail.org) van Queenston naar Tobermory, de **International Appalachian Trail** van Mount Katahdin (Maine) naar de Peninsule de Gaspé (www.iat-sia.org) en de **Great Trail** (www.thegreattrail.ca) van Vancouver Island naar St. John's, die gereedkwam ter gelegenheid van de honderdvijftigste verjaardag van Canada in 2017.

Watersporten

U kunt overal zeilen, windsurfen, en boot-, kajak- en kanotochten ondernemen. Toen de eerste ontdekkingsreizigers arriveerden, verkenden en ontsloten zij het reusachtige land vanuit het oosten al via de rivieren. Kano's waren destijds het enige vervoermiddel in de wilde natuur.

Duiken

Liefhebbers van de duiksport zullen vooral langs de noordpunt van het **Bruce Peninsula**, in de Georgian Bay, uitstekende duikgebieden vinden. Het **Fathom Five National Marine Park**, een onderwaterreservaat met helder water waar u minimaal 30 m ver kunt kijken, is een mekka voor duikers geworden. De interessante onderwatergrotten en de talloze scheepswrakken lokken ieder jaar achtduizend duikers naar het nationaal park. In de *dive shops* van Tobermory kunt u een complete uitrusting huren, excursies

Bedevaartsoord voor riviersurfers: de golven op de St. Lawrence River in Montréal

Niet alleen een leuk souvenir voor zeilers: oude, in felle kleuren beschilderde houten boeien

Roeien tot je armen pijn doen – niets Canadeser dan een kano- of kajaktrip

boeken en cursussen volgen. Hier vindt u ook de enige decompressiekamer van de provincie.

Houseboatvakanties

Veel rustiger, maar daarom niet minder leuk, zijn *houseboat*-vakanties, bijvoorbeeld vlak buiten Toronto, tussen Orilla en Trenton. Hier bevindt u zich in het gebied van de **Kawarthas Lakes**, in het land van het glinsterende water, zoals de Mississauga-indianen het noemden: een vakantielandschap met rustieke bossen, heldere rivieren, meren met afgelegen baaien, stranden en prima hengelsportmogelijkheden. Daaronder zijn Lake Simcoe, Balsam Lake, Stoney Lake en Rice Lake de grootste. Ze zijn verbonden door het Trent-Severnkanaal. Over deze 390 km lange waterweg kunt u met een boot van **Trenton** aan Lake Ontario dwars door de provincie naar de **Georgian Bay** varen. Deze route is ook geschikt voor beginners. Net zo mooi is een tocht over de **Rideau Waterway** van Kingston naar Ottawa. Deze 200 km lange waterweg loopt via kanalen, meren, de Rideau River en de Cataraqui River en was ooit een handelsroute en militaire bevoorradingsweg, maar is tegenwoordig het domein van recreanten. Met uw eigen huurboot vaart u door een landschap met dromerige boerderijen, kleine bossen en talrijke rustieke haventjes.

Andere mooie gebieden zijn de omgeving van **Lake of the Woods** bij Kenora in het westen van Ontario en het idyllische rivierenstelsel van de **Saint John River** tussen Fredericton en Saint John in New Brunswick.

Houseboats worden in verschillend formaat en comfort aangeboden en zijn geschikt voor twee tot twaalf personen. U hebt geen vaarbewijs nodig – de verhuurder geeft de benodigde instructies, die gewoonlijk volstaan. Het seizoen loopt van half mei tot eind september, waarin de belangrijkste vakantiemaanden juli en augustus het eerst zijn volgeboekt. De beste maand is september. Dan is het weer zacht, het water nog heerlijk warm, terwijl de muggen en de lange wachtrijen voor de sluizen zijn verdwenen. De huurprijzen variëren per seizoen en boot tussen $ 500 en $ 1500 per week.

Verhuurders
Egan Houseboat Rentals: 23 Lila Ct., Omemee, ON K0L 2W0, tel. 705-799-5745, 1-800-720-3426, www.houseboat.on.ca. *Houseboat*-verhuur op de historische Trent-Severn-Waterway.
Gananoque Houseboat Rentals: R.R. 3, Gananoque, ON Canada K7G 2V5, tel. 613-382-2842, www.houseboatholidays.ca. *Houseboat*-avontuur tussen de vele eilanden van het Thousand-Islandsgebied in de St. Lawrence River en op het Rideau Canal.

Kanoën en kajakken

Kano en kajak zijn relatief eenvoudig te besturen en de basiskennis krijgt u snel onder de knie. Modern design heeft het vaartuig steeds lichter gemaakt, waardoor zelfs mensen die lichamelijk wat minder sterk zijn er weinig problemen mee hebben. Het bekendst en ook het geschiktst voor trektochten over het water is de open **Canadese kano** (in Canada *canoe* genaamd) Hij kan gemakkelijk over land worden gedragen en is ruim genoeg voor twee personen plus uitrusting en voorraden voor een paar weken. Bovendien is hij zo stabiel dat u er zonder gevaar meren, rivieren en beschutte kustwateren mee kunt bevaren. Voor langere tochten in kustwateren gebruikt men speciaal gebouwde **zeekajaks**, die ook door zeer ondiep water kunnen varen en zelfs bij een sterkere golfslag veilig zijn.

Voor mensen zonder ervaring bestaat bijna overal de mogelijkheid op een rustig stukje water te oefenen. Langere **tochten door de natuur** kunt u het best in kleine, georganiseerde groepen maken. Daarbij verzorgt de *outfitter* behalve de gids ook kano of kajak, kampeeruitrusting, kookmateriaal en voorraden. Voor beginners is er uitvoerige instructie voor en tijdens de tocht.

Bijzonder mooie kanogebieden liggen in het **Algonquin Provincial Park**, op slechts tweeënhalf uur rijden van Toronto. Een keten van meren, verbonden door rivieren en smalle stroken land, vormt hier een 117 km lang, rondlopend traject, dat aan het einde tot op een kilometer weer bij het beginpunt uitkomt. Ook de natuurgebieden van **Temagami** in

Noord-Ontario, met ruim 2500 km aan kanoroutes, en de provinciale parken van **Quetico**, **Lake Superior** en **Killarney** zijn zeer populair onder kanoërs. Veel nationale en provinciale parken in de overige provincies bieden eveneens zeer goede mogelijkheden, zoals de nationale parken **La Vérendrye** en **La Mauricie** in Québec, het **Fundy National Park** in New Brunswick en het weelderig beboste merenlandschap van het **Kejimkujik Nationaal Park** in Nova Scotia.

Rafting

Een heel ander soort avontuur beleeft u op een rubbervlot over het wildstromende water van de **Ottawa River** bij Beachburg en Forrester Falls, ongeveer twee uur van Ottawa. De excursie door het romantische rivierlandschap is een geweldige en spannende ervaring, maar u moet niet bang zijn een nat pak te halen. De watermassa, de stroomsnelheid en de kracht van de Ottawa River zijn vergelijkbaar met die van de Colorado in de Grand Canyon. Het is ook mogelijk met een kano of kajak de rivier op te gaan of een meerdaagse cursus te volgen. De individuele uitrusting bestaat uit sneldrogende kleding, sportschoenen, badkleding, waterdichte bovenkleding, zonnebril, zonnebrandcrème en een complete set kleren om u te kunnen omkleden. Alle overige benodigdheden worden ter plaatse geleverd. Behalve de wilde tocht door de stroomversnellingen, met welluidende namen als Black Chute, Butchers Knife en Coliseum, zijn er ook rustigere vaarten voor het hele gezin op een zijrivier mogelijk.

Ook Québec biedt wildwateravontuur op talrijke rivieren, zoals de spectaculaire **Rivière Jacques-Cartier** ten noorden van Québec-Ville, die zelfs in droge zomers wild kolkend blijft stromen, en de **Rivière Rouge** met zijn imposante stroomversnellingen tussen de steden Montréal en Ottawa.

Organisatoren
Wilderness Tours: 503 Rafting Rd., Foresters Falls bei Beachburg, ON K0J 1V0, tel. 613-646-2291, 1-888-723-8669, www.wilderness tours.com, zie ook Actief onderweg blz. 213.

OWL Rafting/Madawaska Kanu Centre: 40 Owl Lane, Foresters Falls, ON K0J 1V0, tel. 613-646-2263 ('s zomers), 39 First Ave., Ottawa, ON K1S 2G1, tel. 613-238-7238 ('s winters), reserveringen het hele jaar door tel. 1-800-461-7238, www.owl-mkc.ca. Tochten van een of twee dagen met rubberboten op het wilde water van de Ottawa en de Madawaska River, inclusief ontbijt en lunch. Reserveren vereist. Tevens kano- en raftschool.

Zeekajakken

Met een zeekajak kunt u de kusten van Québec, New Brunswick, Newfoundland en Nova Scotia van dichtbij verkennen. De actieve vakantieganger wachten imposante fjorden, prachtige eilanden, verborgen lagunes, stille baaien, hoge duinen, bizarre rotsformaties, zich in zee stortende watervallen, luidruchtige vogelkolonies en spelende walvissen.

Bijzonder mooie **gebieden**: het **Parc national du Bic**, de **Saguenayfjord** en het **Réserve de parc national du Canada de l'Archipel-de-Mingan** (alle in Québec), de baaien langs de kust van **Prince Edward Island**, de in New Brunswick gelegen **Bay of Fundy**, de vele eilanden langs de zuidoostkust van **Cape Breton Island** (Nova Scotia) en op Newfoundland de fjorden van het **Terra Nova National Park** en de **Bonne Bay** in het Gros Morne National Park.

Outfitters/excursies
Northern Wilderness Outfitters: South River, P. O. Box 89, ON P0A 1X0, tel. 705-474-3272, 705-825-0466 (zomer), 1-888-368-6123, www.northernwilderness.com. Kanoverhuur en kanotochten met begeleiding in het Algonquin Provincial Park.
New World River Expeditions: 25 Ch. des sept Chutes, CP 100, Grenville-sur-la-Rouge, QC J0V 1B0, tel. 1-800-361-5033, www.new world.ca. Vlot- en kajakexcursies over de Rivière Batiscan en Rivière Rouge.
Coastal Adventures: 84 Mason's Point Rd., Tangier, NS B0J 3H0, tel. 902-772-2774, 1-877-404-2774, www.coastaladventures.com. Kajaktochten in Cape Breton, Bay of Fundy,

Prince Edward Island en Zuidwest-Newfoundland. Tevens cursussen en verhuur.

Outside Expeditions: 370 Harbourview Dr., P. O. Box 337, North Rustico, PEI C0A 1X0, tel. 902-963-3366, 1-800-207-3899, www.getoutside.com. Zeekajaktochten door het Prince Edward Island National Park en andere kajakgebieden in Atlantic Canada. Halve- en meerdaagse excursies. Ook met wandelen, fietsen en camping; cursussen en verhuur.

Adventure High Sea Kayaking: 83 Rte. 776, Grand Manan, NB E5G 1A2, tel. 506-662-3563, 1-800-732-5492, www.adventurehigh.com. Excursies van meerdere dagen per kajak, ook fietsverhuur.

Gros Morne Adventures: P. O. Box 275, Norris Point, NL A0K 3V0, tel. 709-458-2722, 709-458-2417, 1-800-685-4624, www.grosmorneadventures.com. Kajakken in de fjorden van Newfoundland, wandeltochten met gids, backpacking in de natuur en foto-excursies.

Zeilen

Zowel ervaren als beginnende zeilers vinden vooral in Ontario ideale mogelijkheden – in de betoverende eilandgebieden rond de Georgian Bay, bij Kingston en de Thousand Islands in de St. Lawrence River. De kustwateren van Nova Scotia bieden uitstekende omstandigheden voor zeezeilen. De wijdvertakte, beschutte wateren van het Bras d'Or Lake in het binnenland van Cape Breton Island in het noordoosten van Nova Scotia zijn een ontmoetingsplaats voor zeilers uit de hele wereld. Overal kunt u zowel een kleine boot huren als een groot jacht charteren. Dat kan *bareboat*, als u zelf over een zeilbrevet beschikt, of anders met een schipper en, indien noodzakelijk, een bemanning.

Zwemmen

Rondreizen, stadswandelingen en tochten in de natuur laten zich in Oost-Canada prima combineren met een strandvakantie. Hete zomers, eindeloze stranden en schoon water – ook die zijn hier te vinden. In Ontario treft u die vooral aan bij **Lake Huron**, **Lake Erie** en langs de **Georgian Bay**. Maar ook in het Atlantische deel van Canada vindt u kustgebieden met aangename watertemperaturen. Zo heeft het zeewater langs de **Acadische kust** in New Brunswick tussen Shediac en het Kouchibougac National Park een temperatuur van 20 tot 24°C. Eveneens aangenaam is het om te zonnebaden op de brede zandstranden aan de noordkust van **Prince Edward Island** bij Cavendish. In Nova Scotia kunnen zonaanbidders terecht aan de kusten van de **Northumberland Strait**.

Wintersport

De meeste Europese toeristen reizen in de zomer naar Oost-Canada. Toch is met name Québec zeer de moeite waard als bestemming voor een winterse vakantie, met prima en voordelige **wintersportfaciliteiten**. De **Mont Tremblant** ten noorden van Montréal en de **Mont Sainte-Anne** iets ten oosten van Ville de Québec zijn voorzien van goede liften en pistes. Het aanbod van hotels en skiverhuur is groot. Langlauflopies zijn er bij vrijwel elke stad ten noorden van Montréal en in de parken in de buurt van de grotere steden (Mont Tremblant, Parc des Laurentides). Naast ijshockey is de populairste winterse sport in Québec ongetwijfeld het rijden op een **sneeuwscooter**. Van half december tot Pasen kunt u over ca. 28.000 km aan gemarkeerde, tweesporige sneeuwscootertrajecten wekenlang ritten door het winterse landschap van deze provincie maken. De hotels, lodges en restaurants, die in groten getale langs de **sneeuwscootertrails** staan, zijn afgestemd op scooterrijders: zo zijn zowel eenmalige korte rondritten als het doorkruisen van de gehele provincie mogelijk.

De rustiger – en milieuvriendelijker – variant van de sneeuwscooter is de **hondenslee**. De rit op een door sterke husky's en Alaska-malamuten voortgetrokken slee door het prachtige, witte winterlandschap is een waar genot. Veel hotels en lodges in Ontario en Québec hebben in de winter hondensleegidsen voor hun gasten in dienst.

Feesten en evenementen

De lijst met evenementen is lang en reikt van de viering van historische gebeurtenissen tot culinaire events en theater- en filmfestivals. De belangrijkste zijn opgenomen in deze lijst, voor andere kunt u terecht in het reisgedeelte van deze gids (vanaf blz. 102).

Festivalkalender

Januari/februari
Carnaval du Québec: Québec City. Optochten, wintersportwedstrijden, ijssculpturen en talloze andere evenementen (www.carnaval.qc.ca).
Montréal en Lumière: concerten, dansuitvoeringen en food trucks bij temperaturen tot -20 °C (www.montrealenlumiere.com).

April
Shaw Festival: tot oktober. In drie theaters in Niagara-on-the-Lake worden stukken van George Bernard Shaw en zijn tijdgenoten opgevoerd (www.shawfest.com).

Mei
Stratford Shakespeare Festival: tot november. Behalve klassiekers wordt ook werk van hedendaagse Canadese auteurs opgevoerd (www.stratfordfestival.ca).

Juni
Pride Toronto: optochten en feesten van de *gay community* (www.pridetoronto.com).
Grand Prix du Canada: Montréal. F1-race op de Île Notre-Dame (www.grandprixmontreal.com).
Festival internationale de Jazz de Montréal: het belangrijkste jazzfestival van Noord-Amerika (www.montrealjazzfest.com).
Nova Scotia International Tattoo: Halifax. Met optochten, muziekkapellen en saluutschoten wordt de Britse militaire traditie gevierd (www.nstattoo.ca).

Juli
Highland Games: traditioneel Schotse wedstrijden in Antigonish (www.antigonishhighlandgames.ca).
Festival d'Été: concerten en andere uitvoeringen in de straten en parken van Québec City (www.infofestival.com).
Halifax Jazz Festival: nieuwkomers en topacts uit de internationale jazzscene (www.halifaxjazzfestival.ca).
Juste pour Rire/Just for Laughs: festival voor comedy, straatkunst en *improv* in Montréal (www.hahaha.com).
Loyalist Days: Saint John. Eerbetoon aan de aanhangers van de Engelse koning tijdens de onafhankelijkheidsoorlog (www.discoversaintjohn.com).

Augustus
Festival acadien de Caraquet: festival van de Acadische bevolking in New Brunswick (www.festivalacadien.ca).
Caribana: Caraïbisch straatcarnaval in Toronto (www.caribanatoronto.com).
Wikwemikong Cultural Festival: grootste powwow van Canada op Manitoulin Island (www.wikwemikong.ca).
Fierté Montréal/Montréal Pride: gay pride (www.fiertemontrealpride.com).
Miramichi Folksong Festival: gerenommeerd folkfestival met topmuzikanten uit de regio (www.miramichifolksongfestival.com).

September
Toronto International Film Festival (TIFF): belangrijkste evenement van de Canadese filmbranche (www.tiff.net).
Niagara Wine Festival: St. Catharines. De nieuwe wijnoogst wordt geproefd en geëvalueerd (www.niagarawinefestival.com).

Oktober
Oktoberfest: Kitchener-Waterloo. Canadese variant van het bierfeest (www.oktoberfest.ca).

Canada Day in Québec: het esdoornblad is uiteraard het populairst, maar de creativiteit van de 'face painters' kent geen grenzen

Jazz in XXL-formaat: het jazzfestival in Montréal is het grootste, gerenommeerdste en best bezochte ter wereld

Praktische informatie van A tot Z

Alcohol

De wettelijke minimumleeftijd voor alcoholgebruik is in Ontario 19 jaar, in Québec 18 jaar en in de Atlantische provincies eveneens 19 jaar. Bier, wijn en sterkedrank zijn alleen in officiële, door de staat gedreven liquor shops te koop, waar ze door de verkoper in een bruine papieren zak worden verpakt. Alleen in Québec kunt u ook bier en goedkope wijn kopen bij zogeheten dépanneurs, kruidenierswinkeltjes op de hoek. Voor het gebruik van alcohol gelden in alle provincies strenge regels. Drinken in het openbaar is verboden. Zelfs het nuttigen van alcohol in een geparkeerde auto is niet toegestaan. Veel restaurants besparen op de dure tapvergunning en hangen in plaats daarvan een bordje met de tekst 'bring your own bottle' of 'apportez votre vin' voor het raam. Dit betekent dat de gasten die bij het eten iets alcoholisch willen drinken, hun eigengekochte wijn moeten meenemen, die ze van tevoren bij de liquor shop hebben gehaald.

Diplomatieke vertegenwoordigingen

... in Nederland
Canadese ambassade
Sophialaan 7
2514 JP Den Haag
tel. 070-311 16 00
info@canada.nl, www.canada.nl
geopend ma.-vr. 9-13 en 14-17.30 uur

... in België
Canadese ambassade
Tervurenlaan 2
1040 Etterbeek, Brussel
tel. 02-741 06 11
bru@international.gc.ca
www.ambassade-canada.be

... in Oost-Canada
Nederlands consulaat-generaal Toronto
1 Dundas Street West, suite 2106
Toronto, ON M5G 1Z3
tel. 416-598-2520

Nederlands honorair consulaat Montréal
1501 Ave McGill College, suite 2900
Montréal, QC H3A 3M8
tel. 514-284-3663
montreal@nlconsulate.com

Nederlands honorair consulaat Québec
269 du Petit-hunier, Saint-Augustin de
Desmaures, Québec, QC G3A 2J3
tel. 418-877-8518
quebec@nlconsulate.com

Nederlands honorair consulaat Halifax
1181 Hollis Street
Halifax, NS B3H 2P6
tel. 902-240-7623
halifax@nlconsulate.com

Belgisch consulaat Toronto
2 Bloor Street West, suite 2006
Toronto, ON M4W 3E2
tel. 416-944-1422
toronto@diplobel.org

Belgisch consulaat Montréal
999 de Maisonneuve Blvd West, suite 1600
Montréal, H3A 3L4
tel. 514-849-7394
montreal@diplobel.fed.be

Overige instanties
Canada Customs
Tervurenlaan 2
1040 Brussel
tel. 02-741 06 11
bru@international.gc.ca

Parks Canada National Office
25 Eddy Street, Gatineau
Québec, K1A 0M5
tel. 905-613-860-1251, 888-773-8888
www.pc.gc.ca

Drugs

In Canada is **cannabis** voor medicinaal gebruik toegestaan. Andere consumptie is officieel verboden, maar wordt gedoogd – bij hoeveelheden kleiner dan 28 g hoeft u niet bang te zijn voor een straf, maar het spul kan wel door de politie worden geconfisqueerd.

Elektriciteit

In Canada bedraagt de netspanning 110/120 V, 60 Hz wisselstroom. Elektrische apparaten die u van huis meeneemt, moeten kunnen worden omgeschakeld, maar u kunt uw smartphone of elektrische tandenborstels gewoon opladen, zij het langzamer. Wel hebt u een adapter nodig voor de Noord-Amerikaanse stopcontacten. Zo'n adapter kunt u beter thuis kopen.

Feestdagen

Nationale feestdagen

1 januari – New Year's Day (Nieuwjaar)
Good Friday (Goede Vrijdag)
Easter Monday (tweede paasdag)
Maandag voor 25 mei – Victoria Day
1 juli – Canada Day
1e maandag in augustus – augustus Civic Public Holiday, in New Brunswick New Brunswick Day, in Nova Scotia Natal Day
1e maandag in september – Labour Day
1e maandag in oktober – Thanksgiving
11 november – Remembrance Day (dodenherdenking)
25 december – Christmas Day (eerste kerstdag)
26 december – Boxing Day (tweede kerstdag)

Regionale feestdagen

3e maandag in februari op Prince Edward Island – Islander Day
17 maart in Newfoundland en Labrador – St. Patrick's Day
23 april in Newfoundland en Labrador – St. George's Day
24 juni in Newfoundland en Labrador – Discovery Day
24 juni in Québec – National Holiday of Québec/Fête nationale du Québec

Fooien

In Canada is de fooi (*tip*) niet bij de prijs inbegrepen. Het is gebruikelijk om in restaurants, bij de kapper en voor taxiritten ca. 15% van de rekening als fooi te geven. Voor het dragen van een koffer geeft u gewoonlijk $ 1. Kamermeisjes geeft u, afhankelijk van verblijfsduur en kamerprijs, ca. $ 6-10.

Fotograferen

Fotorolletjes, geheugenkaartjes en andere fotografieaccessoires zijn buiten de grote steden soms moeilijk verkrijgbaar. U kunt dus beter zorgen voor voldoende voorraad.

Geld

Valuta en wisselkoers

Hoewel er ook **munten** van 50 c tot $ 1 bestaan, zijn eigenlijk alleen maar munten van 1 c, 5 c *(nickel)*, 10 c *(dime)* en 25 c *(quarter)* in omloop. Zorg er altijd voor dat u genoeg kwartjes bij u hebt, om bijvoorbeeld een buskaartje te kopen of in automaten te werpen. De **bankbiljetten** van $ 1, 2, 5, 10, 20, 50, 100, 500 en 1000 verschillen van grootte en kleur. Coupures boven $ 50 worden vaak niet geaccepteerd in winkels en restaurants. Draag daarom liever alleen biljetten tot $ 20 bij u en betaal hogere bedragen met een creditcard. Alle **prijzen in dit boek** zijn aangegeven in

BLOKKEREN VAN BANKPASSEN EN CREDITCARDS

Bel bij verlies of diefstal van een bankpas of creditcard direct de Bankpassen Meldcentrale in Nederland:

0031-883855372
Dit nummer geldt voor kaarten van alle banken. U krijgt een medewerker te spreken.

Noodnummers in Canada:
- MasterCard: 1-800-307-7309
- VISA: 1-800-847-2911
- American Express: +49 69 9797-1000
- Diners Club: 1-866-890-9552

Houd bij het bellen uw gegevens (creditcardnummer, bankrekening) bij de hand!

Canadese dollars (hier aangeduid met $, officieel CAN-$).

Wisselkoers (november 2017): € 1 = $ 1,49, $ 1 = € 0,67. Kijk voor de actuele koers op www.oanda.com).

Contant geld/creditcards

Met uw Nederlandse of Belgische pinpas en creditcard kunt u pinnen bij bijna elke **pinautomaat** (ATM). De kosten hiervan verschillen per bank. Vergeet voor vertrek niet uw pas te activeren voor gebruik in de hele wereld. Dat kan meestal via de app of website van uw bank. Contant geld omwisselen kost u uiteindelijk meestal meer dan pinnen. Cash speelt in het Amerikaanse betalingsverkeer echter een veel minder grote rol dan in Europa. U kunt vrijwel overal (en alles) betalen met een creditcard. Mastercard en Visa worden nagenoeg overal geaccepteerd. Het is sterk aan te raden een van deze creditcards mee te nemen. Op die manier voorkomt u problemen, bijvoorbeeld bij het huren van een auto, wat zonder creditcard nagenoeg onmogelijk is, of u moet een aanzienlijke borg betalen. Pinnen in winkels is overigens niet mogelijk.

Gezondheid

Medische bijstand

De medische bijstand in de steden van Oost-Canada is met die bij ons te vergelijken. Ook buiten de steden wordt hulp geleverd, zonodig per vliegtuig of helikopter. Voor een behandeling kan met creditcard worden betaald. Ziekenhuizen vindt u in de *Yellow Pages* van het telefoonboek onder *hospital* en een **apotheek** onder *pharmacies* of *drugstores*. Grote supermarkten en winkelcentra beschikken vaak over een *drugstore* met een *pharmacy*-afdeling, waar een gediplomeerd apotheker in dienst is die *prescriptions,* medicijnen op recept van een arts, verstrekt. In alle drugstores en pharmacies vindt u veel goedkope pijnstillers en allergiemiddeltjes waarvoor u geen recept nodig hebt. Ze zijn, net als vitaminetabletten, een stuk voordeliger dan bij ons.

Reisapotheek

Speciale **medicijnen** moet u meenemen op reis. Breng ook een kopie van het recept mee, zodat een Canadese arts een herhaalrecept kan uitschrijven. Alleen dan krijgt u medicijnen die uitsluitend op recept te krijgen zijn. Bij wandelingen of een langer verblijf buiten de bewoonde wereld moet u in ieder geval een **reisapotheek** meenemen, om voorbereid te zijn op ongemakken en ongelukjes (medicijnen tegen diarree en koorts, pijnstillers, verband, pleisters en jodium – en vergeet vooral niet een krachtig muggenafweermiddel mee te brengen).

Muggen

In de vrije natuur, in het bijzonder in de bossen, vormen vooral in juni en juli **steekmuggen** *(mosquitos)* een ware plaag. Lastig zijn ook de **black flies**, die eerder pijnlijk bijten dan steken. Met name van half mei tot eind juni vliegen in waterrijke gebieden enorme zwermen rond. Wie in deze periode een lange wandel- of kanotocht plant, moet zich direct na aankomst rijkelijk bespuiten met een **muggenafweermiddel**, dat u overal kunt kopen, bijvoorbeeld het lokale *deep wood*. Vooral op en aan het water doet u er verstandig aan een muggennet voor het gezicht en handschoenen mee te nemen. Toch moet u ondanks al deze voorzorgsmaatregelen een steek hier of daar op de koop toe nemen. Een geluk bij een ongeluk is dat Canadese muggen, in tegenstelling tot hun tropische soortgenoten, over het algemeen geen ziekten overbrengen. Voor Canada zijn geen vaccinaties voorgeschreven.

Verzekering

Vanwege de extreem hoge dokters- en ziekenhuiskosten en het zeer dure ambulancevervoer moet u voor vertrek in elk geval een **reisverzekering** afsluiten (het beste een die eventueel vervoer naar huis vergoedt) of bij uw ziektekostenverzekeraar informeren hoe het precies zit met eventuele kosten tijdens een reis naar het buitenland. Hoe dan ook willen artsen en ziekenhuizen vrijwel altijd direct afrekenen – contant of per creditcard.

Homo's en lesbiënnes

Canada geldt als een van de liberaalste landen ter wereld en homoseksualiteit is dan ook volledig geaccepteerd. *Same sex marriage* is al sinds 2005 mogelijk. Grote lhbt-gemeenschappen zijn er in de metropolen Toronto en Montréal; die laatste stad heeft zelfs een speciale Gay Village.

Internet

Veel reizigers voelen het als een basisbehoefte om nauw contact te onderhouden met het thuisfront. Internet maakt het mogelijk: per uur reizen miljoenen, zo niet miljarden vakantiegroeten samen met de laatste kiekjes de wereld rond. Internetcafés vindt u in iedere grote stad. Ook bibliotheken zijn inmiddels vrijwel allemaal voorzien van openbare computers met internet. Daarnaast bieden steeds meer accommodaties, cafés (Starbucks!) en filialen van fastfoodketens (vaak gratis) wifi. Met een pre-paid simkaart van een Canadese provider kunt u ook zonder wifi online zijn zonder failliet te gaan.

Kaarten

Goed kaartmateriaal voor het plannen van uw reis is gratis of tegen een kleine vergoeding verkrijgbaar bij alle provinciale toeristenbureaus. Topografische of gespecialiseerde kaarten kunt u vinden in een groot aantal boekwinkels, bij outdoorspecialisten en voor een deel ook bij de Visitor Centres van de nationale parken. In ieder geval is hier heel goedkoop kaartmateriaal verkrijgbaar met de wegen en de belangrijkste wandelpaden in het betreffende gebied.

Federal Maps Publications Inc.
425 University Ave., Suite 401, Toronto
ON Canada M5G 1T6
tel. 416-860-1611
www.fedpubs.com/maps.htm
Voor topografische kaarten en bijzondere uitgaven.

Reisboekhandel Pied à Terre
Overtoom 135-137
1054 HG Amsterdam
tel. 020-627 44 55
www.jvw.nl

Kleding en uitrusting

Naast gemakkelijke en luchtige vrijetijdskleding hebt u, zeker wanneer u naar de kuststreken reist, ook truien, een windjack en een regenjas nodig. Als u naar de wereldsteden Montréal of Toronto reist, moet u chiquere kleding meenemen. Het is aan te bevelen bij uitjes altijd in de mogelijkheid te voorzien om iets uit of aan te trekken. Vooral in het noorden, in de hogergelegen gebieden (zoals het Parc national de la Gaspésie en het Gros Morne National Park) en langs de Atlantische kust moet u rekening houden met plots omslaand weer en hevige stortbuien. Uitrusting voor een actieve vakantie kan door de touroperator worden geleverd of ter plaatse worden gehuurd bij een *outfitter* (zie blz. 83).

Klimaat en reisperiode

Het klimaat in Oost-Canada is ongeveer hetzelfde als dat van West-Europa, maar er zijn extremere temperatuursverschillen. Zo heerst er 's zomers in het binnenland een zonnig en warm landklimaat en kan het in het dal van de St. Lawrence zelfs benauwd zijn. Langs de Atlantische kust is het klimaat gematigd en mild. In de winter heerst in het binnenland op veel plaatsen strenge vorst, die door de droge lucht echter voor Europeanen prima te verdragen is. Toronto heeft gemiddeld de hoogste dag- en nachttemperaturen, doordat de grote meren voor tempering zorgen. De gemiddelden in juli zijn ca. 27 °C respectievelijk 17 °C en in januari ca. -1 °C en -7 °C. In Montréal zijn deze in juli 26 °C en 17 °C en in januari -5 °C en -12 °C. Ten slotte is het in Halifax in juli gemiddeld 22°C en 13 °C en in januari 0 °C en -8 °C.

Het klimaat in Toronto

J	F	M	A	M	J	J	A	S	O	N	D
-1	0	4	12	18	24	27	26	22	15	8	1

Dagtemperatuur in °C

| -8 | -7 | -3 | 3 | 8 | 14 | 17 | 16 | 12 | 7 | 2 | -5 |

Nachttemperatuur in °C

| 3 | 2 | 2 | 3 | 6 | 12 | 19 | 21 | 18 | 13 | 9 | 6 |

Watertemperatuur in °C

| 3 | 4 | 5 | 6 | 7 | 8 | 9 | 8 | 7 | 5 | 3 | 2 |

Aantal zonuren per dag

| 8 | 8 | 9 | 9 | 8 | 8 | 7 | 8 | 8 | 8 | 9 | 10 |

Aantal dagen regen per maand

Reisperiode

Het **hoogseizoen** valt in de maanden juni tot augustus. De iets koelere maanden mei en september, met hun voorjaarsbloemen respectievelijk herfstkleuren bij stralend heldere dagen, zijn ook heel aantrekkelijk. Maar velen vinden de herfst en de winter de beste tijd. Minder toeristen, maar vooral: geen muggen en *black flies*, die in het bijzonder tijdens de eerste weken van juni heel vervelend zijn. Toronto, Montréal en Québec zijn het hele jaar door aantrekkelijke reisbestemmingen.

Vanaf Labour Day (1e maandag in september) is het eigenlijk niet meer nodig te **reserveren**, maar de openingstijden van veel musea zijn beperkter en ook voor veel reisorganisatoren eindigt het seizoen eind september, zeker in de noordelijke gebieden.

De **zomer** kenmerkt zich over het algemeen door mooi weer. In september begint de vier weken durende **herfst**, die door de prachtige kleuren van de bossen Indian summer of *été indien* wordt genoemd en als zeer aantrekkelijke reisperiode geldt. Na de bijna zes maanden durende **winter** breekt dan relatief laat, in mei, de korte, intensieve **lente** aan.

Leestips

Fictie

Atwood, Margaret: *Surfacing*, 1972 (in het Nederlands vertaald als *Boven water*). Roman over de zoektocht van een jonge vrouw naar haar spoorloos verdwenen vader en uiteindelijk naar zichzelf.

MacLennan, Hugh: *Two solitudes*, 1945. Roman waarin een man balanceert tussen zijn franco- en anglo-Canadese identiteit – een sleutelroman in het hele land. Het begrip 'twee eenzaamheden' is opgenomen in de Canadese woordenschat en duidt op de veelvuldige miscommunicatie tussen de bevolkingsgroepen.

Monroe, Alice: *Dear life*, 2012 (in het Nederlands vertaald als *Lief leven*, De Geus, 2012). In deze bundel keert de in 2013 met de Nobelprijs voor de Literatuur onderscheiden meesteres van het korte verhaal onder meer

IJsbeer in de Zoo sauvage de St-Félicien – ontmoetingen met wilde dieren zijn niet alleen voor kinderen hoogtepunten van een Canada-reis

terug naar haar jeugd op de zilvervosboerderij van haar ouders in Ontario.

Proulx, Annie: *The shipping news*, 1993 (in het Nederlands vertaald als *Scheepsberichten*, De Geus, 1997). Het verhaal van de onbeholpen Quoyle, die aan de eenzame kust van Newfoundland ondanks alle tegenslagen een nieuw leven begint en zichzelf vindt.

Ten Berge, H.C.: *De beren van Churchill*, E.M. Querido's Uitgeverij, 1978. Het verblijf van de hoofdfiguur in een Inuitdorp beschrijft een ongewone vermenging van werkelijkheid en verbeelding.

Non-fictie

Beron, Pierre: *Pierre Bertons Canada: The land and the people*, Stoddart Publishing, 1999. De avontuurlijke geschiedenis van Canada in 24 fascinerende portretten, met 125 fotos van ruim dertig Canadese fotografen.

Canada's Best Canoe Routes: Uitgave van Allister Thomas, Boston Mills Press, 2003. 37 van de beste kanoroutes tussen de Atlantische en de Grote Oceaan.

Chadwick, Bruce: *Traveling the Underground Railroad*, Citadel Press, 2000. Spannend, ontroerend verslag van de Underground

Railroad, voor veel Afrikaanse slaven de weg naar vrijheid, met beschrijvingen van historisch relevante en toegankelijke bezienswaardigheden.
Good Sam North American RV Travel Guide & Campground Directory: Good Sam Publishing 2015. Jaarlijks verschijnend handboek voor kampeerders in heel Noord-Amerika.
Katz, Elliott: T*he complete guide to walking in Canada*, Firefly Books, 2001. Tips voor uitrusting en planning van wandeltochten en een beschrijving van de interessantste routes.
Lamers, Jan: *Canada drive, een reis door 100 culturen langs de Trans-Canada Highway*, Terra-Lannoo, 2001. Op zijn reis dwars door Canada onderzoekt de schrijver aan de hand van gesprekken waarom er in dit land geen verschil is tussen 'zij' en 'wij'.
Loomis, Jim: *All Aboard! The Complete North American Train Travel Guide*, Chicago Review Press 2011. Alles over treinreizen in Noord-Amerika.
Thompson, Wayne C.: *Canada* (The World Today Series) 2014-2015, Rowman & Littlefield Publishers. Jaarlijks bijgewerkt naslagwerk over geschiedenis, geografie, cultuur, economie en politiek – vanaf het begin tot op heden.

Kranten

Elke grote plaats heeft zijn eigen lokale krant. Een landelijke kwaliteitskrant is de *Globe and Mail* (www.theglobeandmail.com), die vrijwel overal te koop is. In het concurrerende nationale dagblad *National Post* (www.nationalpost.com) ligt de nadruk meer op entertainment. Het wekelijks verschijnende *McLeans Magazine* (www.macleans.ca) is het belangrijkste actualiteitenblad van Canada. In de provincie Québec domineren in Montréal de Franstalige kranten *La Presse* (www.lapresse.ca) en *Le Devoir* (www.ledevoir.com). In Ville de Québec is *Le Soleil* (www.lapresse.ca/le-soleil) de meestgelezen krant. De Engelstalige bevolking van Montréal leest de *Montréal Gazette* (www.montrealgazette.com).

Voor vakantiegangers is vooral het tweemaandelijks verschijnende magazine *Canadian Geographic* (www.canadiangeographic.ca) interessant. Het staat vol uitvoerige artikelen over de Canadese geografie, flora, fauna en samenleving. Een goed overzicht van de Canadese kranten op het internet, gerangschikt per provincie en territory, vindt u op de homepage van de Canadian Newspaper Association (www.newspaperscanada.ca).

Maateenheden

Net als in Europa hanteert men in Canada het metrisch stelsel. Omdat de omzetting van het Brits-Amerikaanse maatsysteem pas in de jaren 70 en begin jaren 80 werd doorgevoerd, duiden vooral oudere Canadezen afstanden nog steeds aan in mijlen en gewichten in ounces.

Media

Televisie/radio/video's

Vrijwel alle grote plaatsen hebben een of meer lokale televisie- en radiozenders, en in bijna iedere hotel- of motelkamer staat een tv. Denk bij het kopen van dvd's aan de regiocode (Canada: 1, Europa: 2).

Nationale parken

Canada's nationale en provinciale parken bieden een wijd spectrum aan activiteiten en accommodaties. Voor veel parken kunt u **reserveren** op www.reservation.parkscanada.gc.ca. De **entreeprijs** per voertuig ligt tussen de $ 10 en 20. Als u van plan bent meerdere parken te bezoeken, kunt u overwegen een **jaarkaart** te kopen.

Parks Canada National Office
30 Victoria St., Gatineau
QC Canada J8X 0B3
tel. 819-420-9486, 888-773-8888
www.pc.gc.ca

Noodgevallen

In alle noodgevallen kunt u overal in het land het alarmnummer **911** kiezen. Heel soms, bij uitzondering, is de alarmcentrale door het kiezen van de 0 *(operator)* te bereiken. De **operator** is in alle gevallen een zeer behulpzaam aanspreekpunt. Veelal zijn ook de mensen van de hotelreceptie, het personeel op een tankstation of de camping, parkwachters en dergelijke in noodgevallen *(emergencies)* bereid om te helpen. Ook spoedopnamen in een ziekenhuis of eerstehulppost, waartoe u zich bij verwondingen of acute klachten kunt wenden, heten *emergencies*.

Openingstijden

Winkels in Canada zijn normaal gesproken op werkdagen geopend tussen 9 en 18 uur, maar natuurlijk zijn er uitzonderingen. Met name in heel kleine plaatsen en in de grote steden zijn winkels (vooral supermarkten) vaak tot laat in de avond geopend. Ook op zondag kunt u nog wel ergens terecht voor de noodzakelijke boodschappen, omdat er in Canada geen voorgeschreven openingstijden worden gehanteerd.

Banken zijn in het algemeen van maandag t/m vrijdag van 10-15 uur geopend, vaak ook op zaterdag. **Musea** zijn gewoonlijk op maandag gesloten en op woensdag- en donderdagavond langer open.

Post

Ook in de kleinste plaatsen van Oost-Canada zijn postkantoren te vinden. Ze zijn echter niet allemaal, zoals in de steden, de hele dag geopend. **Openingstijden** zijn daar over het algemeen ma.-vr. 8-17 uur en za. 8-12 uur. De adressen van de postkantoren vindt u in het telefoonboek onder de rubriek 'Government – Canada Post'.

Als u zich post wilt laten nasturen (deze wordt ongeveer vier weken voor u vastgehouden), kunt u dat poste-restante doen volgens het volgende schema:

(uw naam)
c/o General Delivery Main Post Office
(de stad en de provincie waar u zich bevindt). Vergeet niet dat in Canada de ZIP-Code (postcode) achter de naam van de betreffende provincie hoort te staan. Deze postcode is samengesteld uit een combinatie van zes cijfers en letters.

Een **standaardbrief** (tot 30 g) of een **kaart** naar Nederland en België kost per luchtpost $ 2,50 (2017). Per luchtpost doet de post van en naar Europa er ongeveer vier tot zeven werkdagen over.

Prijspeil

Het prijsniveau in Canadese steden is te vergelijken met dat in Nederland en België. Door de koersschommelingen van de Canadese dollar is inkopen doen in Canada meestal goedkoper, zij het niet veel. In kleine plaatsen, met name in het noorden, moet u echter rekenen op hogere prijzen. Zuivel, sterkedrank en kleding zijn aanmerkelijk duurder, maar benzine, een van de belangrijkste posten op het vakantiebudget, is veel goedkoper – al zijn er regionale verschillen. 1 l *regular* kost in Ontario $ 1,10 (€ 0,75) en in Newfoundland $ 1,20(€ 0,82, prijzen okt. 2017, actuele prijzen op www.gasbuddy.com).

Reizen met een handicap

In Canada wordt al bij de planning van openbare gebouwen en accommodaties al tijdens de voorbereidingsfase rekening gehouden met mensen met een handicap. Ook de bezoekerscentra van veel nationale parken zijn 'barrièrevrij' te bereiken. Info over reizen met een handicap vindt u op www.accesstotravel.gc.ca.

Reizen met kinderen

Canada is een buitengewoon geschikt vakantieland voor gezinnen met kinderen. Veel accommodaties houden rekening met kinderen en hebben speciale aanbiedingen (bijvoorbeeld kindermenu's, speciale attracties en gratis overnachtingen voor kinderen tot vijftien), maar ook de meer avontuurlijke reizen zijn zeker niet kindonvriendelijk. Integendeel: het leven op een camping met veel ruimte, koken in de vrije natuur, vissen of een kampvuur bezorgt kinderen altijd veel plezier. Vooral rondreizen in een camper is voor kleine kinderen ideaal. De auto biedt een vertrouwde omgeving, in tegenstelling tot de steeds veranderende motel- of hotelkamer. Veel kampeerterreinen hebben naast een zwembad ook een speeltuin.

Canadezen zijn er dol op met de hele familie te kamperen – en dat biedt meteen een gerede aanleiding een gesprek met ze aan te knopen: kinderen met kinderen, maar ook ouders onder elkaar. Over het algemeen geldt dat men in Canada beter op mensen met kinderen is ingesteld en meer rekening met ze houdt dan wij in West-Europa gewend zijn. Kinderzitjes in huurauto's zijn dan ook niet alleen vanzelfsprekend, maar bovendien verplicht. De verhuurder zal ze op verzoek graag voor u klaarzetten.

Wie met een of meer kinderen reist, moet er wel aan denken overal meer tijd voor uit te trekken om onderweg voldoende speelruimte te hebben om zich met het kroost te kunnen bezighouden. Daarom is het beter om af en toe een paar dagen op één plaats te blijven. De grotere steden hebben vaak uitstekende dierentuinen, waterparken en in de musea speciale kinderafdelingen. Voor specifieke informatie over het reizen met kinderen kunt u terecht op www.verrereizenmetkinderen.nl. Deze website geeft tips over de benodigde voorbereidingen en presenteert bovendien reisverhalen uit de praktijk.

Roken

Roken is in Canada inmiddels vrijwel overal uit het openbare leven verdwenen. In restaurants, bars, clubs, hotellobby's, lounges en zelfs op veel terrassen geldt een rookverbod, dat aangeduid wordt met *non smoking* of *non-fumeurs*. Steeds minder restaurants hebben een speciaal rookgedeelte. In openbare gebouwen en op de luchthavens vindt u nog wel aangewezen plekken waar u mag roken, maar ook die worden steeds zeldzamer, evenals het aantal rokerskamers in de hotels.

Taal

Engels en **Frans** zijn de twee talen van het land. Officieel hebben ze dezelfde status, maar alleen Engels wordt vrijwel overal gesproken. Ook in de overwegend Franstalige provincie Québec kan een reiziger die geen Frans spreekt goed terecht – zeker in de twee grote steden Montréal en Québec. Op het platteland en in kleine plaatsen kan het weleens gebeuren dat men geen Engels verstaat – of niet wil verstaan. In dat geval is een vriendelijk *bonjour* de sleutel tot de Québecse ziel, want het toont dat u de historische achtergronden van de provincie respecteert.

VERANTWOORD REIZEN

Het milieu beschermen, de lokale economie stimuleren, intensieve contacten mogelijk maken, van elkaar leren – wie verantwoord reist voelt zich verantwoordelijk voor het milieu en de maatschappij. De volgende websites geven tips hoe u op verantwoorde wijze kunt reizen.

www.fairtourism.nl: Fair Tourism streeft naar eerlijker toerisme, waarbij de natuur ontzien wordt en de lokale bevolking actief betrokken is.

www.mvonederland.nl/mvo-netwerktoerisme: Landelijk netwerk voor duurzame ontwikkeling van uitgaand toerisme. In het netwerk hebben zitting: bedrijfsleven, maatschappelijke organisaties, onderwijs en overheid. Met een hele lijst van deelnemers om op door te klikken.

Telefoneren

Wie vanuit Nederland en België naar Canada wil bellen, kiest **001**, gevolgd door de *area code* voor de betreffende provincie en het abonneenummer. Binnen een Canadese stad kiest u alleen het zevencijferige abonneenummer. Voor een interlokaal gesprek *(long distance call)* binnen een provincie kiest u eerst een '1'.

Collect calls en zogenaamde *person-to-person calls*, waarbij u een bepaalde persoon aan de lijn kunt laten roepen, zijn het werk van de *operator*. Telefoonnummers met het **voorkiesnummer 1-800** (of andere 800-nummers, zoals 888) zijn **gratis**. U belt ze bijvoorbeeld om een hotel, vliegticket of auto te reserveren.

Telefoneren met uw mobiele telefoon (cell phone): u moet er rekening mee houden dat bellen met uw mobiele telefoon altijd gepaard gaat met hoge kosten. Als uw mobiele telefoon is ingesteld op roaming, zou hij automatisch het beste netwerk moeten kiezen. Gebeurt dat niet, selecteer dan handmatig een Canadees netwerk. Voor details over roaming kunt u terecht bij uw provider in Nederland of België. Een voordeliger alternatief is om in Canada een prepaid simkaart te kopen of gebruik te maken van apps die via wifi bellen, zoals Skype of Whatsapp. Wanneer u met uw mobiele telefoon naar een 800-nummer belt, iets wat bij gebruik van een vaste telefoon gratis is, moet u wel rekening houden met kosten.

Vanuit Canada kunt u direct naar Europa bellen: kies eerst het **voorkiesnummer 00**, gevolgd door het betreffende landnummer (Nederland 31, België 32).

Dit is ook vanuit elke munttelefoon *(pay phone)* mogelijk. Om te vermijden dat u voortdurend munten moet bijgooien (en de anders bij gesprekken over zee noodzakelijke bemiddeling door de *operator*), kunt u het best een **prepaid phone card** gebruiken, die door verschillende telefoonmaatschappijen wordt aangeboden. Telefoonkaarten met een beltegoed vanaf $ 5 zijn te koop in hotels, tankstations en supermarkten. Dit is verreweg de goedkoopste manier van bellen. Ook bij langere gesprekken hebt u meestal wel genoeg aan een beltegoed van $ 5-10 (een interlokaal gesprek binnen Canada kost afhankelijk van de afstand 13 cent tot $ 1 per minuut, een lokaal gesprek 25-35 cent en een internationaal gesprek naar Europa 10-20 cent per minuut). U kiest het 1-800-nummer dat op de kaart staat en toetst op verzoek het kaartnummer en het gewenste abonneenummer in. Daarbij wordt u gemeld hoeveel beltegoed er nog op de kaart staat en hoeveel minuten u nog kunt bellen. Ook vanaf uw hotelkamer kunt u voordelig bellen met een prepaidkaart. Zo ontloopt u de extra hoge hoteltarieven.

Voor een telefoongesprek vanuit Europa naar Canada kunt u eveneens de 800-nummers (1-800, 1-866, 1-877, 1-888) gebruiken, alleen zijn ze dan niet gratis. Dan gelden de gebruikelijke tarieven, die vooraf worden gemeld.

Netnummers (area codes)

Toronto: 416, 647, 289
Zuid-Ontario: 905
Zuidwest-Ontario: 519
West-Ontario: 807
Ottawa en Oost-Ontario: 613
Montréal: 514, 450
South Shore en Laval (deels): 450
New Brunswick, Peninsula de Gaspé: 506
Newfoundland en Labrador: 709
Nova Scotia: 902
Québec City: 418
Prince Edward Island: 902

Tijdzones

Ook in Canada hanteert men de zomertijd. Deze gaat in op de laatste zondag van april en eindigt op de laatste zaterdag van oktober. Oost-Canada is vanwege de enorme afmeting onderverdeeld in de volgende **tijdzones**:
Ontario en **Québec:** Eastern Standard Time (MET -6 uur).
New Brunswick, Prince Edward Island, Nova Scotia en **Labrador:** Atlantic Standard Time (MET -5 uur).

Newfoundland: Newfoundland Standard Time (MET -4,5 uur).

Uitgaan

Canada is niet echt een land dat veel mogelijkheden tot uitgaan biedt. Voor een bruisend nachtleven kunt u eigenlijk alleen terecht in **Toronto** en **Montréal** en in wat mindere mate in **Ottawa**, **Québec** en **Halifax**. In kleinere plaatsen zijn het voornamelijk pubs en sportcafés, in Québec cage aux sports geheten, die met hun lange bars, tientallen televisieschermen en vaak livemuziek voor het vertier in de avond en nacht moeten zorgen.

Veiligheid

Canada is net zo veilig (of onveilig) als West-Europa. Denk er wel aan dat in de grote steden (en ook in veel indianenreservaten) een hoger criminaliteitscijfer geldt dan in de landelijke gebieden. Vergeleken met de stad is het in de wilde natuur net zo veilig als in grootmoeders huiskamer. De eigen onervarenheid is hier het grootste gevaar. Als u voor het eerst de natuur in trekt, is het verstandig om de adviezen van ervaren rangers op te volgen. In Newfoundland en op Cape Breton Island moet u het grillige weer zeker niet onderschatten. Neem in Québec en Ontario tijdens een tocht door de wilde natuur altijd een gastoeter en pepperspray mee om al te nieuwsgierige zwarte beren op afstand te houden.

Verkeersbureaus

... in Nederland
Canada Marketing Comité (CMC)
www.welkomincanada.nl Het CMC is een initiatief van een aantal reisorganisaties. Het is in 2005 opgericht nadat het Canadese verkeersbureau zijn activiteiten op de Nederlandse markt had stopgezet. Het levert geen brochures, maar biedt online informatie en links.

**Canadese ambassade
afdeling toerisme**
Sophialaan 7,
2514 JP Den Haag
www.canada.nl

... in België
**Canadese ambassade
afdeling toerisme**
Tervurenlaan 2
1040 Brussel
tel. 02-741 06 11

... in Canada
Via de postadressen van de provinciale overheden en vaak als download via de websites is veel gratis materiaal verkrijgbaar, onder meer over de verschillende toeristische regio's, landkaarten en bijzondere brochures over accommodatie, campings, avontuurlijke en sportieve vakanties, wintersport, jagen en vissen.

Ontario Tourism
10 Dundas Street East, suite 900
Toronto, ON M7A 2A1
tel. 1-800-668-2746,
www.ontariotravel.net

Tourisme Québec
1255, rue Peel, Suite 400, Montréal
QC Canada H3B 4V4
tel. 514-873-2015, 1-877-266-5687
www.bonjourquebec.com

Tourism New Brunswick
P. O. Box 6000, Fredericton
NB Canada E3B 5H1
tel. 506-789-2708, 506-444-5205,
1-800-561-0123
www.tourismnewbrunswick.ca

Newfoundland en Labrador Tourism
P.O. Box 8700, St. John's, NL A1B 4J6
tel. 709-729-2830, 1-800-563-6353
www.newfoundlandandlabrador.com

Tourism Nova Scotia
P. O. Box 667, 8 Water St., Windsor

NS Canada B0N 2T0
tel. 902-798-6700, 1-800-565-0000
www.novascotia.com

Prince Edward Island Tourism
P.O. Box 2000, Charlottetown, P.E.I.
C1A 7N8
tel. 902-437-8570, 1-800-463-4734
www.gov.pe.ca/tourism, www.tourismpei.com

Water

Het **leidingwater** is bijna overal drinkbaar. Waar dat niet het geval is, wordt u in principe met waarschuwingsbordjes als *eau non potable* of *no drinking water* op de mindere waterkwaliteit geattendeerd. In de **vrije natuur** kunt u misschien door het meestal kristalheldere water worden verleid om een stevige slok te nemen, maar dan moet u zich wel bedenken dat er, hoewel u ver van de bewoonde wereld bent verwijderd, toch verschillende factoren zijn die de waterkwaliteit kunnen verminderen.

Wees gewaarschuwd! Op trektochten en een langer verblijf in de vrije natuur geldt: het water moet eerst worden gekookt of worden ontsmet met speciale tabletten.

Websites

Algemene websites

www.keepexploring.ca: reiswebsite van de Canadian Tourism Commission met informatie over reisdoelen, weer, festivals en evenementen, activiteiten, cultuur, historische bezienswaardigheden, reisverslagen en links naar reisorganisaties. Daarnaast vindt u hier een reisplanner, een magazine om te downloaden en een zoekfunctie voor individuele vakantiewensen.

www.canada.worldweb.com: een overzichtelijke Engelstalige reisportal met een goede site over Canada met reserveringsfunctie en de mogelijkheid een eigen informatiepagina te maken. De beste pagina op de site biedt toegang tot allerlei interactieve kaarten en plattegronden met daarop ingetekende hotels, restaurants en bezienswaardigheden.

www.thegreenpages.ca: de milieusite van Canada, met een compleet en actueel, zeer overzichtelijk per provincie gerangschikt nieuwsoverzicht over dit thema uit de Canadese media.

www.transcanadahighway.com: gedetailleer-de routebeschrijving van de Trans-Canada Highway, overzichtelijk per provincie gerangschikt en voorzien van gedetailleerde plattegronden.

www.canada.gc.ca: officiële website van de Canadese overheid met informatie over het land en de maatschappij (zoals immigratie, werk, gezondheidsvoorzieningen), maar ook over reizen en met een portal naar sites van de verschillende provincies.

www.pc.gc.ca: webportal van de Canadese organisatie voor nationale parken, Parks/Parcs Canada, met links naar de betreffende parken, die uitvoerig worden beschreven. Alle noodzakelijke informatie over tarieven, voorschriften, veiligheid. Met reserveringsservice.

www.statcan.gc.ca: webportal van de overheidsinstelling Statistics Canada met steeds geactualiseerde informatie over de geografie, demografie en economie van het land.

Nederlandstalige websites

www.canada.nl: officiële website van de Canadese ambassade in Nederland, met een nieuwsbrief en een kalender waarop Canadese evenementen op het gebied van cultuur en economie in Nederland vermeld staan, en links naar Canadese consulaten. Beschrijvingen van de provincies met links naar de toeristenbureaus. Tevens informatie over visa.

www.visa2canada.ca: website met informatie over stage, studie, werken in of permanente emigratie naar Canada.

www.canada.startpagina.nl: portal met links naar websites over Canada, gerangschikt per provincie en onderwerp, zoals reizen, emigreren, politiek en Nederlanders in Canada.

www.wereldwijzer.nl/canada: foto's, weblogs en persoonlijke ervaringen van reizigers.

Websites van de verschillende provincies

De provinciale overheden onderhouden uitstekende websites met interessante informatie over provincie, politiek en toerisme. U vindt er gedetailleerde beschrijvingen van bezienswaardigheden, suggesties voor uitstapjes, mogelijkheden voor de actieve reiziger, een evenementenkalender, een winkel- en restaurantgids, een accommodatieoverzicht en uitvoerige informatie over sportvissen en jagen. Daarnaast vindt u er verdere verwijzingen naar websites van de verschillende provinciale regio's met een nog gespecificeerder overzicht van activiteiten en accommodaties.

Ontario

www.ontariotravel.net: deze informatieve en overzichtelijke website biedt naast slideshows en suggesties om uw vakantie in te delen verschillende thematisch georiënteerde reisgidsen aan, die u kunt bestellen of downloaden, en een app voor smartphones.

www.ottawatourism.ca: de website van de hoofdstad van Canada geeft bijzonder praktische informatie. Goede hotel-, restaurant- en winkeltips.

www.seetoronto.com: de uitstekende website van Toronto wordt onder invloed van zijn vele bezoekers altijd up-to-date gehouden – en dat is zeker in de continu veranderende restaurantscene een groot pluspunt.

www.ontarioparks.com: een wat trage website van de gezamenlijke provinciale parken van Ontario met links naar alle parken en hun recreatiemogelijkheden. Interessant is het 'News/Parks Blog', waar reisverslagen, maar ook vaak kritische bijdragen met als thema natuurbescherming zijn te lezen.

www.museumsontario.com: over het grote aantal goede musea van Canada, het land dat geen geschiedenis zou hebben, ontdekt u alles op de praktisch ingedeelde website van de Ontario Museum Association.

Québec

www.quebecoriginal.com: website met een duidelijk overzicht van bezienswaardigheden, regio's en hotels, die een aantal reissuggesties geeft. Via deze website kunt u ook direct uw accommodatie boeken.

www.tourisme-montreal.org: kleurige, vrolijke website met uitgebreide algemene informatie. Zeer goed is de link naar de last-minute-aanbiedingen.

www.sepaq.com: de website van de Société des établissements de plein air du Québec (Sépaq), die de provinciale parken van Québec bestuurt, heeft links naar alle natuurgebieden en hun mogelijkheden tot vrijetijdsbesteding. Ook kunt u hier terecht om een berghut of outdooractiviteiten te boeken.

www.pourvoiries.com: de website van de Fédération des pourvoiries du Québec (Québec Outfitters Federation) geeft een overzicht van en links naar de meeste van de in de provincie opererende outfitters in de diverse regio's – waar u blokhutten, hengelsportexcursies en eland- en beerspottingtochten kunt boeken.

New Brunswick

www.tourismnewbrunswick.ca: overzichtelijke met website met directories van hotels en restaurants en links naar de kanalen van de populairste social media.

Prince Edward Island

www.tourismpei.com: de website van het provinciale ministerie van Toerisme biedt praktische tips en achtergrondinformatie, links naar directories met hotels en restaurants en een evenementenkalender voor het eiland. Online boeken van accommodaties.

www.peiinfo.com: zeer interessante website met links naar de actuele, dagelijkse politiek van P.E.I., webcams, het weer en de verkeerssituatie op het eiland.

Nova Scotia

www.novascotia.com: de mogelijkheid om ruim 1300 hotels te boeken, een afstandstabel (in km), snel opbouwende landkaarten en een blog maken de planning van uw vakantie naar Nova Scotia makkelijker.

www.tasteofnovascotia.com: uitnodigende, mooie website met de beste restaurants van

de provincie, recepten voor allerlei gerechten en een uitgebreide culinaire gids.
www.parks.gov.ns.ca: overzicht van de parken van Nova Scotia en van de recreatiemogelijkheden. Hier kunt u ook blokhutten, tenten en parkeerplaatsen reserveren.
www.novatrails.com: deze website geeft een overzicht van de beste wandelroutes in Nova Scotia en verschaft tips over mooie uitzichtpunten en bezienswaardigheden langs de wandelpaden.

Newfoundland en Labrador
www.newfoundlandandlabrador.com: mooi opgebouwde website van de meest oostelijke provincie van Canada. Met prachtige foto's en adembenemende video's. Tevens biedt de site praktische reistips.
www.visitnewfoundland.ca: op deze website vindt u alles over politiek, cultuur, toerisme en veel achtergrondinformatie. Daarnaast vindt u hier praktische tips voor uw reis, alles in één overzicht.

Nunavut
www.nunavuttourism.com: officiële toerismewebsite van Canada's noordelijkste territorium met algemene informatie, adressen van accommodaties en tips voor activiteiten.
www.gov.nu.ca: site van de regering van Nunavut.
www.itk.ca: website van de Inuit-vereniging van Nunavut, Nunavik (Noord-Québec) en Nunatsiavut (Noord-Labrador).

Wellness

Ook in Canada zijn wellnessvakanties erg populair. Veel **resorthotels** hebben dan ook een **spa** met zwembad, sauna en de mogelijkheid tot behandelingen. Erg mooi zijn de faciliteiten van de **Scandinave Spa**-keten met filialen in Montréal, Mont-Tremblant en Blue Mountain Village (www.scandinave.com). Voor andere wellnesscenters en -hotels kunt u een kijkje nemen op www.leadingspasof canada.com.

Winkelen

Levensmiddelen

Wie door de westelijke en noordelijke gebieden van Oost-Canada reist, moet eens te meer rekening houden met de enorme afstanden, in verband met de beperkte houdbaarheid van bepaalde levensmiddelen en luxegoederen. Want: hoe verder men van de grote steden verwijderd raakt, hoe duurder de boodschappen zijn, hoe schaarser het aanbod wordt en des te minder verse groenten en fruit er voorhanden zijn. Zo bent u in de noordelijke streken en in de poolgebieden voor een sinaasappel algauw een veelvoud kwijt van wat u er in het zuiden voor moet neertellen.

Souvenirs

Kunstvoorwerpen van indianen en Inuit (zie blz. 66) vormen kwalitatief hoogwaardige **souvenirs**. Erg populair is de zogenaamde *dream catcher,* een met franje versierd netje dat boven het bed van kleine kinderen wordt opgehangen om nachtmerries te vangen. Deze, maar ook artikelen van onder andere leer, parels, hout en berkenbast, kunt u het best kopen in de galeries die zich gespecialiseerd hebben in kunst en kunstnijverheid of in de vaak zeer goede winkels van de grote en ook kleinere musea. Artistiek van zeer hoge kwaliteit, maar ook zeer kostbaar, zijn de gesneden **spekstenen beeldjes** van de Inuit in Nunavut en Nunavik, het territory van de Inuit in Noord-Québec.

Btw en exportbepalingen

In Québec wordt naast een omzetbelasting (Goods and Services Tax, GST) van 5 % ook nog een Provincial Sales Tax (PST) van 9,975 % geheven. In de overige provincies zijn de twee belastingen samengevoegd in de Harmonized Sales Tax (HST). Deze bedraagt in New Brunswick, Newfoundland en Labrador, Nova Scotia en Prince Edward Island 15 % en in Ontario 13 %.

Onderweg

'If some countries have too much history,
Canada has too much geography.'
William Lyon Mackenzie King,
tiende minister-president van Canada

Opstaan met de zon en het ontwaken van de natuur bekijken vanaf de eerste rang – dan ben je je spierpijn zó vergeten

Toronto

Hoofdstuk 1

Toronto

6,2 miljoen mensen in Groot-Toronto, zo'n 10 miljoen in de Golden Horseshoe, het gebied langs de westoever van Lake Ontario: de hoofdstad van Ontario zorgt ervoor dat het uitgestrekte en ongerepte Canada met zijn 36,3 miljoen inwoners in alle statistieken toch tot de sterkst verstedelijkte samenlevingen ter wereld wordt gerekend. De hypermoderne skyline en de indrukwekkende gebouwen van internationale toparchitecten als Frank Gehry en Daniel Libeskind doen misschien anders vermoeden, maar deze stad voelt aan als een dorp. Of liever gezegd als een verzameling dorpen.

Het behoud van die structuur is mede te danken aan Jane Jacobs (1916-2006). Deze legendarische activiste en voorvechtster van hoogwaardige woonruimte hielp in 1971 de aanleg van de Spadina Expressway te voorkomen. Deze zou het einde hebben betekend van talloze mooie wijken. Ook daarom is Toronto tegenwoordig een stedelijk paradijs: een aangename mix van drukke, meertalige wijken met oude en nieuwe huizen door elkaar en een bakker op de hoek.

Toronto telt niet veel belangrijke bezienswaardigheden. Het ware karakter van de stad komt vooral naar voren in de verschillende *neighbourhoods*, zoals Chinatown, West Queen West en Little Italy. Deze etnische wijken kunt u het best lopend verkennen, zodat u zich kunt laten verrassen door wat u onderweg op uw pad vindt, zoals terrasjes, een hotdogkraam of de vaak scherpe contrasten: enerzijds Bay Street, waar dag en nacht de aandelenkoersen af te lezen zijn op flikkerende lichtkranten, en anderzijds Yonge Street en Dundas Square, waar u, te midden van mensen uit alle windstreken, pas echt het gevoel hebt in Toronto aangekomen te zijn. Voor theaters en concert- en kleinkunstzalen moet u in het Entertainment District zijn. De toneel- en musicalscene van Toronto is, na die van New York, de productiefste van heel Noord-Amerika.

Toronto, Canada's levendige stad aan Lake Ontario,
is na New York City de stad met de meeste wolkenkrabbers
van heel Noord-Amerika

In een oogopslag: Toronto

Hoogtepunten

⭐ **Downtown Toronto:** een mooie kennismaking met de miljoenenstad biedt de Skypod van de 553 m hoge **CN Tower** (zie blz. 113). Aansluitend kunt u heerlijk shoppen in het **CF Toronto Eaton Centre** (zie blz. 121) en genieten van kunst in de door Frank Gehry ontworpen **Art Gallery of Ontario** (zie blz. 123). Waar de Torontonians wonen en uitgaan, komt u te weten in de **neighbourhood**s (zie blz. 126).

Fraaie routes

Over Queen Street naar het westen: verlaat via Queen Street West de hoogbouw van Downtown en ervaar hoe de metropool zijn gejaagdheid verliest en in de trendy wijken West Queen West (zie blz. 116), Ossington en Roncesvalles (zie blz. 135) zijn menselijke gezicht toont.

Over Yonge Street naar het noorden: volg de langste straat van Ontario door de bedrijvige bankenwijk en langs het beroemde CF Toronto Eaton Centre met Dundas Square (zie blz. 121) tot de modespeciaalzaken aan Bloor Street in Midtown (zie blz. 126).

Tips

CN Tower: boven op de CN Tower kunt u uw onverschrokkenheid bewijzen door op een hoogte van 342 m over een glazen vloer te lopen of u op de EdgeWalk te wagen, de adembenemendste attractie van Toronto (zie blz. 113).

Royal Alexandra Theatre: Toronto goes Broadway – in theaters als het historische Royal Alexandra Theatre uit 1907 zelfs in een pluche fin-de-siècledecor. Bij pittige producties als *Cabaret* en *Mamma Mia* danst het publiek wel eens mee (zie blz. 116).

TIFF Bell Lightbox: het culturele centrum van het Toronto International Film Festival (TIFF) wijdt zich met bioscopen, aan de filmkunst gewijde galeries, studio's en bistro's aan de toekomst van de visuele media (zie blz. 116).

McMichael Canadian Art Collection: met zijn verzameling werken van de bekende Group of Seven heeft de McMichael Canadian Art Collection een sleutel tot begrip van de Canadese ziel in handen (zie blz. 129).

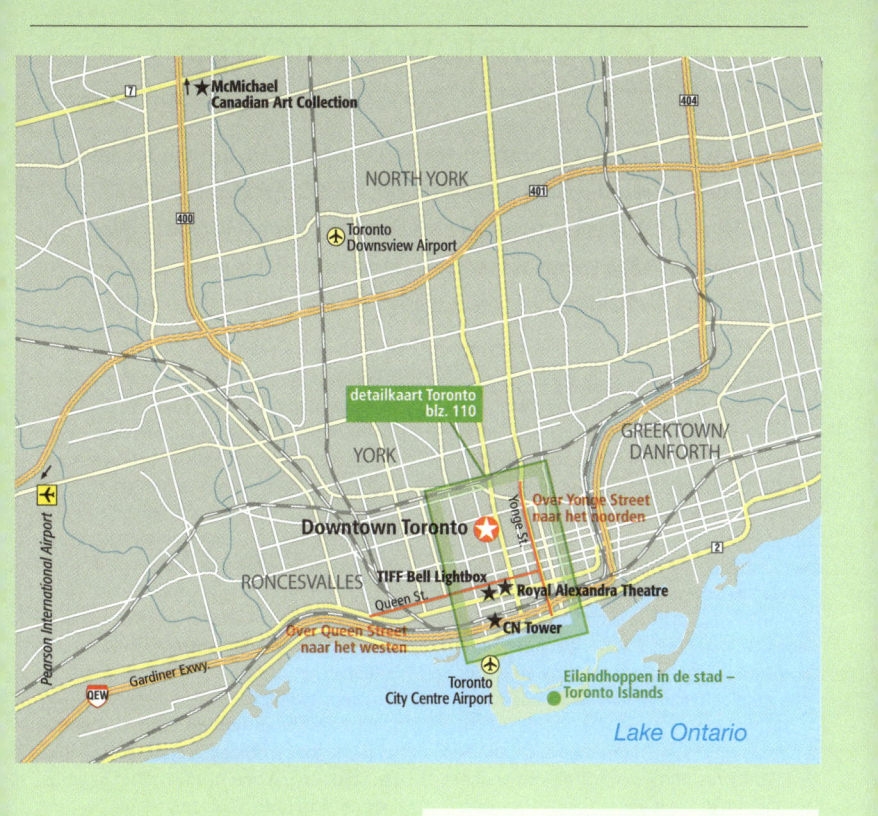

Bonte huizen in Kensington Market

Actief

Eilandhoppen binnen de stad – Toronto Islands

De eilanden in Lake Ontario vormen een mooie bestemming voor wie de stad een dagje achter zich wil laten. Met wandelmogelijkheden onder de bomen en na zonsondergang een onvergetelijk uitzicht op de futuristische skyline van Toronto (zie blz.114).

⭐ Downtown Toronto

▶ E 11

Hoofdstad van Ontario, economisch hart van het land, internationaalste stad van Noord-Amerika, sexy. De aan Lake Ontario gelegen stad, die meestal wordt aangeduid als T.O. (ti-oh), kent vele typeringen. Downtown alleen al maakt ze allemaal waar. En dat is niet slecht voor een stad die twintig jaar geleden nog als 'slaperig' werd aangeduid.

'Toronto the Good' werd de stad vroeger genoemd, omdat er niets te doen was. Jean-Paul Sartre plaatste Toronto op één lijn met Timboektoe en Nizjni Novgorod. Wilden de inwoners een avondje uit, dan reden ze naar Montréal. Toronto was nog tot de jaren 50 een door en door puriteins bolwerk van conservatieve 'white Anglo-Saxon protestants', waar op zondag alcohol noch enige vorm van vermaak te vinden was. Tot in de jaren 50 werden de etalages van warenhuis Eaton's op zondag aan het oog onttrokken, anders zou men wel eens kunnen zondigen door te *window shoppen* …

Dit alles is nu verleden. De stad, die rond het Engelse, in 1759 van de Fransen overgenomen Fort York ontstond, werd in 1834 omgedoopt tot Toronto (Irokees voor 'ontmoetingsplaats'). Na Miami telt de stad het grootste aantal immigranten ter wereld: de helft van de inwoners werd buiten Canada geboren. Op straat kunt u meer dan honderd talen horen en er worden tientallen niet-Engelstalige kranten gedrukt. Het multiculturele karakter van de stad is ook te zien in het culturele leven. Musicals, toneel, kleinkunst, jazz – na New York is Toronto het drukste culturele centrum van Noord-Amerika. Misschien beleeft Toronto daarom op dit moment wel een bouwkundige renaissance die zijn weerga niet kent.

Toronto vormt het economische en financiële hart van Canada. De bonte mengeling van vreemde culturen heeft van deze metropool een levenslustig oord gemaakt, met als bruisend middelpunt de **neighbourhoods**.

Deze door aparte etnische bevolkingsgroepen of andere sociale verbanden bewoonde wijken hebben elk een uniek karakter. Hoog boven de stad rijst de **CN Tower** op, het symbool van het nieuwe, moderne Toronto en een niet te missen oriëntatiepunt. **Downtown**, in alle opzichten representatief voor geheel Toronto, is bij elke ontdekkingstocht in de stad het uitgangspunt. U vindt er gemakkelijk de weg omdat het stratenplan doet denken aan een schaakbord. De huisnummers van de oost-west georiënteerde straten lopen op vanaf de centraal gelegen **Yonge Street**, die vanaf Lake Ontario in noordelijke richting voert. De meeste bezienswaardigheden in deze grote stad liggen in Downtown Toronto, een haaks op het meer staande rechthoek die grofweg wordt begrensd door Spadina Avenue, Bloor Street en Yonge Street. Alles is er lopend bereikbaar. Het gebied ten noorden van Bloor Street heet **Midtown**, de wijk ten westen van Bathurst Street **West End**. Het gebied ten oosten van de Don Valley Parkway staat alom bekend als **East Side**. De meeste bezienswaardigheden buiten Downtown bereikt u met de *subway* (metro).

Langs de oever

Kaart: zie blz. 109

Queen's Quay

Nog in het begin van de jaren 90 lag er tussen Front Street en Lake Ontario een stuk niemandsland dat alleen werd ontsloten door de Gardiner Expressway. Dit troosteloze stuk grond is inmiddels met grote parken tot leven gewekt, en met het Harbourfront Centre, een

Toronto

(kaart zie blz. 110-111)

Bezienswaardig
1. Queen's Quay Terminal
2. York Quay Centre
3. Fleck Dance Theatre
4. Power Plant Gallery
5. Exhibition Place
6. Ontario Place
7. Historic Fort York
8. CN Tower
9. Ripley's Aquarium of Canada
10. Roger's Centre
11. Air Canada Centre
12. Maple Leaf Square
13. CBC Museum
14. Roy Thomson Hall
15. Royal Alexandra Theatre
16. Princess of Wales Theatre
17. TIFF Bell Lightbox
18. West Queen West
19. MZTV Museum
20. Four Seasons Centre for the Performing Arts
21. Union Station
22. Fairmont Royal York Hotel
23. Royal Bank Plaza
24. Bank of Montréal Building
25. Brookfield Place
26. Hockey Hall of Fame
27. Dominion Bank Building
28. Trader's Bank
29. Old Royal Bank Building
30. Bank of Nova Scotia Tower
31. Commerce Court
32. Toronto Dominion Centre
33. Bank of Montréal
34. Toronto Stock Exchange
35. Gooderham Building
36. King Edward Hotel
37. St. James Cathedral
38. Toronto's First Post Office
39. Sony Centre for the Performing Arts
40. St. Lawrence Market
41. St. Lawrence Hall
42. Distillery Historic District
43. Dundas Square
44. CF Toronto Eaton Centre
45. Old City Hall
46. New City Hall
47. Osgoode Hall
48. Elgin and Winter Garden Theatres
49. Ed Mirvish Theatre
50. Mackenzie House
51. Toronto Police Museum and Discovery Centre
52. Chinatown
53. Kensington Market
54. Art Gallery of Ontario (AGO)
55. Ontario Parliament
56. Hart House
57. Royal Ontario Museum (ROM)
58. Gardiner Museum
59. Yorkville Village
60. Bata Shoe Museum
61. Toronto Public Library
62. The Annex
63. Casa Loma
64. Spadina Museum
65. Little Italy
66. Portugal Village
67. Greektown
68. Black Creek Pioneer Village
69. Canada's Wonderland
70. McMichael Canadian Art Collection

Accommodatie
1. The Gladstone Hotel
2. Marriott Renaissance Toronto Downtown Hotel
3. The Drake Hotel
4. Pantages Hotel
5. Chelsea Hotel
6. Hotel Victoria
7. Novotel Toronto Centre
8. Bond Place Hotel
9. The Rex Hotel
10. Hostelling International Toronto

Eten en drinken
1. Scaramouche
2. The One Eighty
3. Trattoria Giancarlo
4. La Fenice
5. Hot House Restaurant & Bar
6. Il Fornello
7. Old Spaghetti Factory
8. El Catrin Destileria
9. Lee Garden
10. BQM Ossington

Winkelen
1. Angell Gallery
2. David Mason Bookstore
3. Dragon City
4. Henry's
5. Craft Ontario Shop
6. LCBO Store/Atrium on Bay
7. Toronto Antiques
8. CD Exchange
9. Type Books
10. Holt Renfrew
11. Tom's Place

Uitgaan
1. Crocodile Rock
2. Dominion Pub and Kitchen
3. Lula Lounge
4. Horseshoe Tavern
5. The Roof Lounge
6. Pilot
7. Vivoli

▷ blz. 112

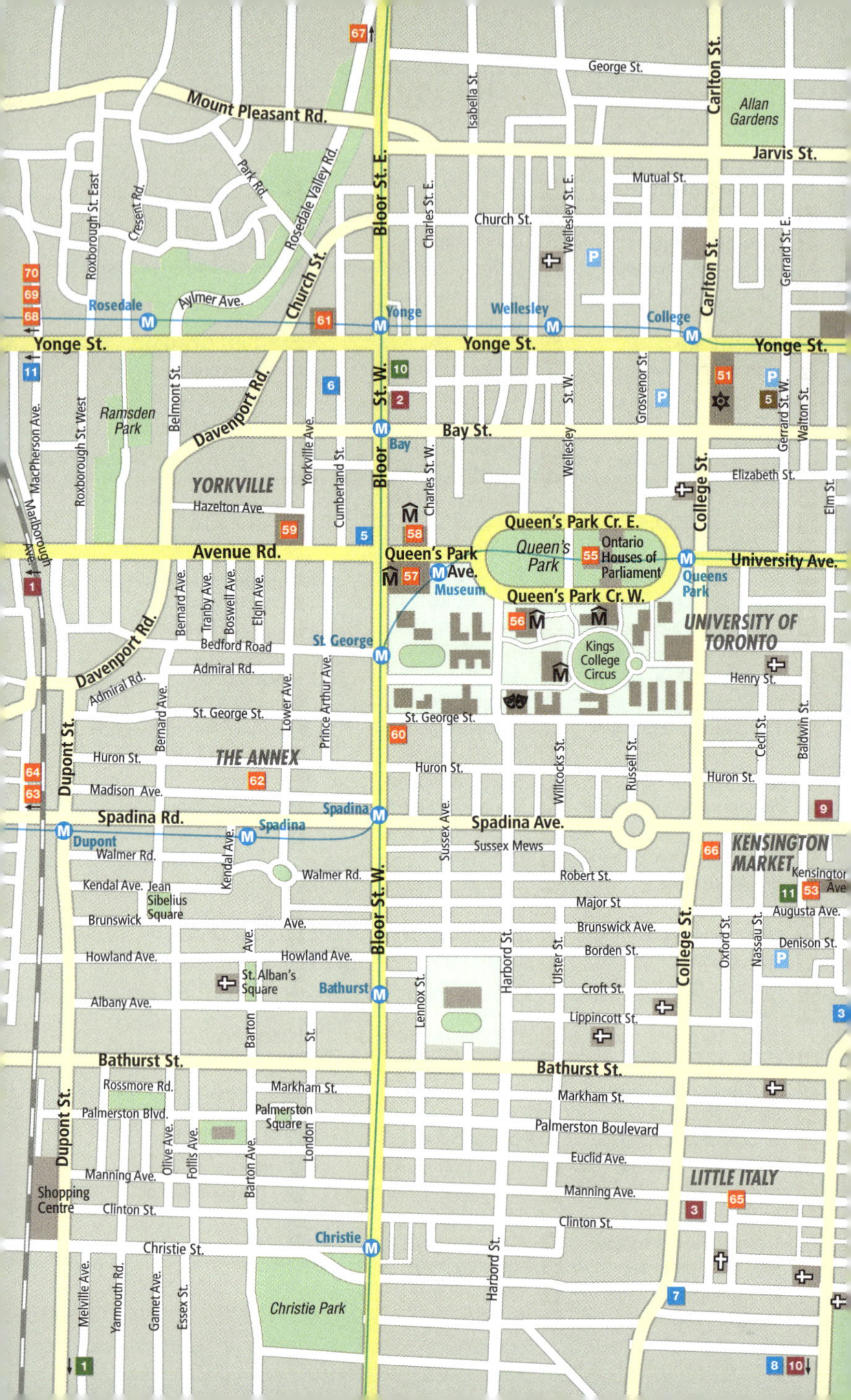

67
George St.
Carlton St.
Allan Gardens
Mount Pleasant Rd.
Isabella St.
Jarvis St.
Park Rd.
Rosedale Valley Rd.
Mutual St.
Roxborough St. East
Cresent Rd.
Bloor St. E.
Charles St. E.
Wellesley St. E.
Church St.
Church St.
Carlton St.
Gerrard St. E.
70
69
68
Rosedale
Aylmer Ave.
61
Yonge
Wellesley
College
Yonge St.
Yonge St.
Yonge St.
11
10
6
2
St. W.
Grosvenor St.
51
5
Gerrard St. W.
Walton St.
Ramsden Park
Belmont St.
Roxborough St. West
MacPherson Ave.
Davenport Rd.
Yorkville Ave.
Bay St.
Bay
Cumberland St.
Bloor
Charles St. W.
Wellesley
College St.
Elizabeth St.
Elm St.
Marlborough Ave.
YORKVILLE
Hazelton Ave.
59
58
5
Queen's Park Cr. E.
Queen's Park
Ontario Houses of Parliament
55
Avenue Rd.
Queen's Park Ave.
57
Museum
University Ave.
Queens Park
Queen's Park Cr. W.
1
Bernard Ave.
Tranby Ave.
Boswell Ave.
Elgin Ave.
56
UNIVERSITY OF TORONTO
Davenport Rd.
Bedford Road
St George
Kings College Circus
Admiral Rd.
Admiral Rd.
Henry St.
Bernard Ave.
St. George St.
Lower Ave.
Prince Arthur Ave.
St. George St.
60
Willcocks St.
Russell St.
Cecil St.
Baldwin St.
Dupont St.
Huron St.
THE ANNEX
Huron St.
Huron St.
64
63
Madison Ave.
62
9
Spadina Rd.
Spadina
Sussex Ave.
Spadina Ave.
Dupont
Spadina
Sussex Mews
KENSINGTON MARKET
66
Walmer Rd.
Kendal Ave.
Walmer Rd.
Robert St.
Kensington Ave.
Kendal Ave.
Jean Sibelius Square
Major St
11
53
Augusta Ave.
Brunswick
Ave.
Brunswick Ave.
Ave.
Bloor St. W.
Oxford St.
Nassau St.
Borden St.
Denison St.
Howland Ave.
Howland Ave.
Harbord St.
Ulster St.
College St.
St. Alban's Square
Bathurst
Lennox St.
Croft St.
Albany Ave.
3
Lippincott St.
Barton
St.
Bathurst St.
Bathurst St.
Rossmore Rd.
Markham St.
Markham St.
Palmerston Blvd.
Palmerston Square
Palmerston Boulevard
Dupont St.
Olive Ave.
Follis Ave.
London
Euclid Ave.
Barton Ave.
LITTLE ITALY
Manning Ave.
Manning Ave.
Shopping Centre
3
65
Clinton St.
Clinton St.
Christie
Christie St.
Harbord St.
7
Melville Ave.
Yarmouth Rd.
Garnet Ave.
Essex St.
Christie Park
1
8
10

Toronto Downtown Map

Neighborhoods/Districts:
- Moss Park
- St. Lawrence District
- Financial District
- Entertainment District
- Queen Street Village
- Chinatown
- West Queen West
- Harbourfront

Key Streets:
- Queen St. E. / Queen St. W.
- Dundas St. E. / Dundas St. W.
- Sherbourne St.
- George St.
- Jarvis St.
- Mutual St.
- Church St.
- Bond St.
- Shuter St.
- Victoria St.
- Richmond St. E. / Richmond St. W.
- Adelaide St. E. / Adelaide St. W.
- King St. E. / King St. W.
- Wellington St. E. / Wellington St. W.
- Front St. E. / Front St. W.
- The Esplanade
- Yonge St.
- Bay St.
- York St.
- University Ave.
- Simcoe St.
- Duncan St.
- John St.
- Widmer St.
- Peter St.
- Blue Jays Way
- Spadina Ave.
- Bremner Blvd.
- Lake Shore Blvd. W.
- Queen's Quay East / Queen's Quay West
- Gardiner Expwy.
- Queen Elizabeth Way (QEW)
- Rees St.
- Bathurst St.
- Stadium Rd.
- McCaul St.
- Beverley St.
- Chestnut St.
- Grange Rd.
- Augusta Ave.
- Denison St.
- Portland St.
- Ryerson Ave.
- Steward St.
- Niagara St.
- Tecumseth St.
- Walnut St.
- Markham St.
- Palmerston Boulevard
- Euclid Ave.
- Manning Ave.
- Claremont Ave.
- Bellwoods Ave.
- Gorevale Ave.

Landmarks / Points of Interest:
- Holy Trinity Church
- Nathan Phillips Square
- Union Station
- St. Andrew
- St. Patrick
- Osgoode
- Bobbie Rosenfeld Park
- Roundhouse Park
- Old Roundhouse (Toronto Railway Museum)
- Grange Park
- Clarence Square Park
- City Place Golf Club and Driving Range
- Little Norway Park
- Coronation Park
- Alexandra Yacht Club
- Toronto City Centre Airport
- Airport Ferry
- Veerboot
- Mooring Basin
- Western Channel
- Inner Harbour
- Toronto Islands

Scale: 0 — 250 — 500 — 750 — 1000 m

Downtown Toronto

- **8** Gate 403
- **9** The Second City
- **10** Yuk-Yuk's Comedy Cabaret
- **11** Mysteriously Yours
- **12** Factory Theatre
- **13** Young People's Theatre

Actief
- **1** Bruce Bell Tours
- **2** Toronto Heli Tours Inc.
- **3** Mariposa Cruises
- **4** The Tall Ship Kajama
- **5** Harbourfront Canoe and Kayak Centre

---

geslaagde mix van nieuwe en gerestaureerde gebouwen, is een cultureel en recreatief gebied ontstaan dat jaarlijks zo'n vier miljoen bezoekers trekt. Tussen de glanzende appartementencomplexen aan Queen's Quay varen zeilboten en passagiersschepen en vertrekken excursieboten en ouderwetse veren naar de autovrije **Toronto Islands** (zie Actief, blz. 114).

Langs de oever van het meer voeren kunst en cultuur de boventoon. Bij de **Queen's Quay Terminal** **1** (207 Queen's Quay W.), vroeger een vervallen pakhuis, trekken nu dertig dure boetieks en tal van chique restaurants met uitzicht op het meer een vermogend publiek.

Het nabijgelegen **York Quay Centre** **2** (235 Queen's Quay W.) herbergt expositieruimten en toneelzalen, waar de culturele organisatie **Harbourfront Centre** onbekende kunstenaars en toneelgroepen een podium biedt (info hotline tel. 416-973-4000, www.harbourfrontcentre.com). Hier bevinden zich ook het **Fleck Dance Theatre** **3** (programma en kaartjes zie Harbourfront Centre) en de in een oude energiecentrale gevestigde **Power Plant Gallery** **4** voor moderne kunst (231 Queens Quay W., tel. 416-973-4949, www.thepowerplant.org, di.-zo. 10-17, do. 10-20 uur).

Exhibition Place **5**
Tussen Strachan Avenue en Dufferin Street, tel. 416-263-3330, www.theex.com, Bloor Subway tot Dufferin Station, verder met bus 29

Vanaf het Harbourfront Centre loopt u via Queen's Quay en Lakeshore Boulevard West in een halfuur naar het iets verder landinwaarts gelegen expositie- en evenementencomplex **Exhibition Place**. Op het uitgestrekte terrein achter de victoriaanse Princes' Gates organiseert men naast de jaarlijkse **Canadian National Exhibition** (augustus tot september) al ruim 130 jaar een honderdtal groots opgezette en uiteenlopende evenementen.

Ontario Place **6**
955 Lake Shore Blvd., tel. 416-314-9900, www.ontarioplace.com, delen gesloten wegens verbouwing

Ten zuiden van Lakeshore Boulevard West strekt pretpark **Ontario Place** zich uit tot ver in Lake Ontario. Het is een op drie kunstmatige eilanden opgericht vrijetijdspark met IMAX-bioscoop, openluchtpodia, een jachthaven en een waterpark. Momenteel (2017) zijn alleen de jachthaven en het amfitheater geopend, de rest van het park wordt verbouwd. Het grootste deel wordt uiteindelijk een openbaar park met een *waterfront trail*.

Historic Fort York **7**
250 Fort York Blvd., www.fortyork.ca, eind mei-begin sept. dag. 10-17, sept.-dec. ma.-vr. 10-16, za., zo. 10-17, jan.-half mei ma.-vr. 10-16.30, za., zo. 10-17 uur, volwassenen $ 9, kinderen 13-18 jaar $ 5,50, 6-12 jaar $ 4,25

Het Waterfront is ook vanuit historisch oogpunt interessant. Halverwege York Quay Centre en Ontario Place ligt, bereikbaar via de landinwaarts voerende Bathurst Street, het gebied waar Toronto ooit begon. **Historic Fort York** is in 1793 door de Engelsen gebouwd op de resten van het Franse Fort Rouillé. Rond de vestingwallen ontstond de nederzetting York, het latere Toronto. Twintig jaar later, tijdens de Brits-Amerikaanse oorlog van 1812, werd het fort door de Amerikanen verwoest. Het jaar erop veroverden de Engelsen Washington en legden ze het Witte Huis in de as. Het herbouwde Fort York moest al in 1814 opnieuw verdedigd worden, hetgeen ditmaal wel lukte.

Entertainment District

Tegenwoordig herinneren zeven blokhutten, kruitopslagplaatsen en officierswoningen aan deze oorlog. Studenten, gestoken in uniformen uit de koloniale tijd, brengen de geschiedenis tot leven, onder meer met op de maat van tromgeroffel uitgevoerde exercities.

Entertainment District

Kaart: zie blz. 109
De straatnaambordjes waarop de naam van deze wijk prijkt, laten er geen twijfel over bestaan waar het in deze rechthoek tussen Front Street West, Spadina Avenue, Queen Street West en Yonge Street om draait. Zowel de inwoners van Toronto als bezoekers komen hier om een leuke avond te beleven in een van de theaters, concertzalen, radio- en tv-studio's, evenementenzalen of in een van de vele bars.

CN Tower 8

301 Front St. W., tel. 416-868-6937, www.cntower.ca, dag. 9-22.30 uur, alle Observation Levels incl. SkyPod $ 47, alleen SkyPod $ 12, voor EdgeWalk zie website, reserveren online of via tel. 416-601-3833, $ 225 incl. video

De **CN Tower** springt in de wijk het meest in het oog. Deze 553 m hoge televisiemast werd na veertig maanden bouwen in 1976 voltooid. Het is het op twee na hoogste vrijstaande gebouw ter wereld en vormt het opvallendste onderdeel van de skyline. Vanaf het hoogste uitkijkpunt, de op 447 m hoogte gelegen **SkyPod**, kijkt u ver uit over de 800 km^2 grote metropool, ingeklemd tussen akkers en Lake Ontario. Het **draaiende restaurant** (tel. 416-362-5411, dag. 11-14, 16.30-22 uur) ligt op een hoogte van 351 m. Het is te bereiken met een glazen lift, die langs de buitenkant van de toren omhoogschiet. Onder het eten of met een drankje genieten de bezoekers van het panorama van het Waterfront, met alle schepen die tussen de oever en de Toronto Islands heen en weer varen, en de honderden zeilboten. Twee keer per jaar kunnen bezoekers de toren te voet beklimmen: sportieve inwoners van Toronto bedwingen in voorjaar en herfst tijdens de CN Tower Stairclimb de 1776 treden ten behoeve van een goed doel. Staand op de glazen vloer, op een hoogte van 342 m, voelen veel bezoekers kriebels in hun buik, terwijl ze 113 verdiepingen onder zich piepkleine mensjes en autootjes zien krioelen. Hier ligt ook het **Outdoor Observation Deck**, waar u in de wind staat. Op dagen dat er in het naast de toren gelegen Roger's Centre een America footballwedstrijd aan de gang is en de koepel geopend is, zit u hier op de eerste rang. Toronto's spectaculairste attractie is de **EdgeWalk**. Die biedt de mogelijkheid om, vastzittend aan een kabel en onder toezicht, over een 150 m lang en maar 1,50 m breed rooster boven het draaiende restaurant een wandeling door de lucht te maken – steeds vlak langs de afgrond.

Ripley's Aquarium of Canada 9

288 Bremner Blvd., www.ripleyaquariums.com, dag. 9-23 uur, volwassenen $ 31, kinderen 6-13 jaar $ 21, 3-5 jaar $ 10

In oktober 2013 ging aan de voet van de CN Tower het grootste overdekte aquarium van Canada open, met 5,7 miljoen liter water op een oppervlak van 12.500 m^2. **Ripley's Aquarium of Canada** herbergt 16.000 dieren, behorend tot 450 soorten. In de Dangerous Lagoon voert een onderwatertunnel de bezoekers langs haaien en zaagvissen. In de Ray Bay zwemmen stekelroggen achter enorme ramen en Planet Jellies herbergt een van de grootste verzamelingen kwallen ter wereld. In de Canadian Waters Gallery zijn zeldzame Canadese dieren als de blauwe kreeft te zien.

Roger's Centre 10

1 Blue Jays Way, tel. 416-341-2770, www.rogerscentre.com, rondleiding van 1 uur, volwassenen $ 16, kinderen 5-11 jaar $ 10

De uit 1989 daterende Skydome naast de CN Tower is in 2005 omgedoopt tot **Roger's Centre**. Dit 32 verdiepingen hoge, multifunctionele stadion biedt plaats aan 68.000 bezoekers. Het witte koepeldak, dat een grootte heeft van ruim 3 ha, kan binnen twintig minuten geopend worden. Het stadion is de thuisbasis van honkbalteam Toronto Blue Jays en American footballteam Argonauts. Dat deze sporten in Canada zeer populair zijn, merkt u

Actief

EILANDHOPPEN BINNEN DE STAD – TORONTO ISLANDS

Informatie
Begin: Toronto Ferry Terminal, 1 Harbour Square, eind Bay Street
Veerboot: dienstregeling tel. 416-392-8193, www.torontoisland.com, retourtje $ 7,71

Duur: 4-5 uur
Belangrijk: deze tocht is het mooist in het warme strijklicht aan het eind van de dag. Na het vallen van de avond komt de fel verlichte skyline van Toronto het best tot zijn recht.

Ten westen van Westin Harbour Castle gaan enkele keren per uur kleine veerboten heen en weer tussen Toronto Ferry Terminal en Hanlan's Point, Centre Island en Ward's Island. De rustige, groene **Toronto Islands** trekken veel bezoekers uit de stad. De 325 ha grote, 11 km lange eilanden nodigen met hun bossen, uitgestrekte grasvelden en strandjes uit om te barbecueën en picknicken. Verder kunt u er vissen, tennissen en kanoën en zijn er veel fietspaden. Er zijn een jachthaven, een pretpark en een kleine (kinder)boerderij. Het terras van het café op het **Centre Island** biedt tot 's avonds laat een onbelemmerd uitzicht op Downtown. Op het Centre Island worden 's zomers festivals en concerten georganiseerd, waarbij een uitgelaten en vrolijke sfeer heerst. Vindt u de rij wachtenden bij het veer naar het Centre Island wat lang, neem dan de boot naar **Hanlan's Point**, de jachthaven van de eilanden. Daar kunt u een fiets huren of een treintje nemen naar de andere veerboten. Het spoor voert onder meer langs het **Gibraltar Point Lighthouse**, een van de oudste vuurtorens van Ontario. Maar weinig Torontonians weten dat er op **Ward's Island** een dorpje te vinden is met een paar honderd inwoners. Enkele families hebben zich al meer dan een eeuw geleden op het eiland gevestigd, andere zijn later de stad ontvlucht. Ze kozen voor een ander leven – zonder auto's, criminaliteit of stress. De nadelen van zo'n afgelegen kleine gemeenschap (geen winkels, geen school) nemen ze daarbij graag voor lief.

Entertainment District

tijdens een rondleiding door het stadion. De fans nemen het veld en de kleedkamers met stralende ogen in zich op. In de cadeaushop vinden petjes en T-shirts met de emblemen van deze teams gretig aftrek. In het complex zijn verder verschillende bars en restaurants gevestigd en bovendien het Marriott Renaissance Toronto Downtown Hotel. Fans die de sporters van heel dichtbij willen zien, kunnen hier meer dan alleen overnachten: als bijzondere attractie zijn de zeventig kamers van het hotel rond het 35 m brede tv-scherm van het stadion gebouwd, zodat ze allemaal uitzicht bieden op het veld – het perfecte adres voor sportfanaten.

Air Canada Centre 11

40 Bay St., tel. 416-222-8687, www.theair canadacentre.com, rondleidingen di.-do. 10-15 uur, volwassenen $ 20

In 1999 werd achter het Union Station het **Air Canada Centre** geopend, de vrij bescheiden thuisbasis van topteams als de Toronto Maple Leafs (ijshockey) en de Toronto Raptors (basketbal). Tijdens een rondleiding achter de schermen beleeft u dit multifunctionele evenementencomplex vanuit het gezichtspunt van de sterren en sporters.

Maple Leaf Square 12

15 York St., www.mapleleafsquarecondos.com

Direct ernaast ligt **Maple Leaf Square**, het nieuwste sport- en amusementscomplex van Toronto. Naast luxeappartementen en het chique hotel Le Germain biedt het onderdak aan een fijnproeversrestaurant en de twee etages omvattende Real Sports Bar met het grootste hdtv-scherm voor sportuitzendingen in Noord-Amerika .

CBC Museum 13

250 Front St. W., www.cbc.ca/museum, ma.-vr. 9-17 uur , gratis toegang

Parallel aan de Lakeshore Boulevard ligt, één blok landinwaarts, de levendige Front Street. In het postmoderne, glazen gebouw met de rode en blauwe ramen huist de nationale tv-zender **CBC**. Het kleine **CBC Museum** herinnert aan de oprichting in 1936 van de Canadian Broad-casting Corporation, toen de ether overspoeld dreigde te worden door Amerikaanse uitzendingen. Ook krijgt u er een indruk van de uitdaging die het vormt om ook de verste uithoeken van dit reusachtige land te bereiken.

Roy Thomson Hall 14

60 Simcoe St., tel. 416-872-4255, www.roy thomson.com, rondleidingen op afspraak

Op de hoek van Simcoe Street en King Street zorgt de in de vorm van een trommel gebouwde **Roy Thomson Hall** voor een opvallend accent. Het gebouw werd in 1982 geopend. In 2002 werd de akoestiek van de zaal door het plaatselijke, befaamde architectenbureau KPMB helemaal *state of the art* gemaakt. De zaal huisvest het Toronto Symphonic Orchestra en het Mendelssohn Choir. In deze concertzaal kunnen 3540 bezoekers plaatsnemen. Er is niet alleen klassieke muziek te horen, want er treden ook rock- en popgroepen op.

Royal Alexandra Theatre en Princess of Wales Theatre

Loopt u over King Street verder in westelijke richting, dan komt u na een paar minuten bij het **Royal Alexandra Theatre** 15 en het aanpalende **Princess of Wales Theatre** 16 . Deze gebouwen, samen het kloppend hart van het Entertainment District, hebben Toronto nagenoeg zelfstandig de titel 'musicalstad' opgeleverd (zie Tip op blz. 116). Op de stoep ervoor zijn zo'n 130 esdoornbladeren in het cement aangebracht: hier ligt **Canada's Walk of Fame**, Toronto's tegenhanger van de beroemde Walk of Fame in Hollywood. Wie de tijd neemt om de namen onder de bladeren te bestuderen, zal zien dat er veel beroemde sterren uit Canada komen. Twee blokken verder naar het noorden eindigt het Entertainment District bij Queen Street.

TIFF Bell Lightbox 17

350 King St. W., www.tiff.net, dag. 10-22 uur

Niet veel verder, op de kruising van King Street en John Street, ligt het kantoor van **KPMB Architects** (322 King St. W). Op de tegenoverliggende hoek steekt het jongste meesterwerk van het lokale architectenbureau wit af tegen

Downtown Toronto

> ### Tip
>
> ## MUSICALSTAD TORONTO
>
> De verwachtingen waren aanvankelijk niet al te hoog gespannen. Een op de liedjes van de Zweedse popgroep ABBA gebaseerde musical zal toch geen volle zalen trekken? Toen kwam de grote verrassing. De Noord-Amerikaanse première van de musical *Mamma Mia* in mei 2000 in het **Royal Alexandra Theatre** 15 werd een daverend succes. Het uit Toronto afkomstige publiek sprong op uit de stoelen en veranderde de zaal in een danshal. Het feest met de gehele musicalcrew duurde voort tot lang na het eind van de voorstelling. *Mamma Mia* behoort wereldwijd tot de meest succesvolle musicals en was ook als film (2008) een enorme hit.
>
> Het 'Royal Alex' was de ABBA-musical – en tal van andere producties – bijna misgelopen. Aan het begin van de jaren 60 dreigde het in 1907 geopende theater, waar Hollywood-iconen als Orson Welles, Mary Pickford, Fred en Adele Astaire en de Marx Brothers op de planken hadden gestaan, te worden gesloopt. In 1962 nam zakenman en lokale mecenas 'Honest' Ed Mirvish (1914-2007) het Royal Alexandra over en liet het in zijn oorspronkelijke staat terugbrengen, met veel brokaat en rood pluche. Mirvish richtte zich – in weerwil van felle kritiek van theaterkenners – op licht verteerbare stukken. Nu lopen er in het Royal Alex producties uit Londen en New York, vaak met internationale sterren. Regelmatig worden hier ook dure producties getest op hun geschiktheid voor Broadway (260 King St. W., tel. 416-872-1212, www.mirvish.com).
>
> Direct ernaast is het **Princess of Wales Theatre** 16 . te vinden Het was het eerste met particulier geld (van de familie Mirvish) betaalde theater dat sinds dertig jaar in Noord-Amerika verrees. Het biedt plaats aan tweeduizend bezoekers en opende in 1993 met de kaskraker *Miss Saigon* (300 King St. W., tel. 416-872-1212, www.mirvish.com).

de hemel. De eerste vijf verdiepingen van de Festival Tower worden in beslag genomen door de **TIFF Bell Lightbox**. Dit is de plaats waar het Toronto International Film Festival wordt gehouden. Met vijf filmzalen, twee filmmusea en twee bistro's die zeer geschikt zijn om mensen te kijken, is het een geliefd trefpunt van trendy Torontonians.

Rond Queen Street

Kaart: zie blz. 109

Queen Street, de vroegere rosse buurt van de puriteinse stad Toronto, is tegenwoordig het trendy, maar nog altijd ietwat smoezelige alter ego van het bedrijvige Financial District. Deze straat, die in het hele land bekendstaat als **Queen Street Village**, is misschien wel de enige straat in Noord-Amerika waar de rijbaan is versmald om de stoepen te kunnen verbreden. Het straatbeeld wordt bepaald door seksshops, dure galeries, jazzcafés en vestigingen van koffieketen Starbucks. De Village van de kunstenaars en levenskunstenaars is door de onstuitbare 'gentrification' (stijgen van de huurprijzen door dure renovaties) opgeschoven naar het gebied ten westen van Spadina Avenue. **West Queen West** 18 is de naam van deze nieuwe wijk, die zich uitstrekt tot ver

Financial District

voorbij Bathurst Street, waar de kunstscene van Toronto *cutting edge* is, waar trendy hotels als Drake en Gladstone zijn gevestigd, waar Ossington Avenue de nieuwste hippe restaurantstraat is en waar jonge kunstenaars bij visionaire galeriehouders hun werk tentoonstellen en levende modellen in de etalages pikant ondergoed tonen.

MZTV Museum [19]
64 Jefferson Ave., tel. 416-599-7339, www.mztv.com, di.-vr. 14-17 uur, volwassenen $ 10

Dit in het verder naar het zuidoosten gelegen Liberty Village gelegen museum bereikt u het eenvoudigst per taxi. De Canadese tv-pionier Moses Znaimer exposeert hier meer dan tweehonderd antieke tv-toestellen uit zijn privéverzameling. Hoogtepunten zijn een op de Wereldtentoonstelling van 1939 getoonde Phantom Teleceiver en de Magnavox-televisie uit 1957 van Marilyn Monroe.

Four Seasons Centre for the Performing Arts [20]
145 Queen St. W., tel. 416-363-8231, www.coc.ca

Ten oosten van CityTV, te midden van de wolkenkrabbers van het Financial District, neemt het **Four Seasons Centre for the Performing Arts** een heel blok in. Dit gebouw met zijn glazen gevel is ontworpen door de in Toronto gevestigde architect Jack Diamond en heeft bijna tweehonderd miljoen dollar gekost. Het verenigt de traditie van de Europese opera's met de nieuwste snufjes op het gebied van interieur en akoestiek. Wie op University Avenue te snel voorbijrijdt, ziet het wellicht over het hoofd, maar binnen overheerst een tijdloos design van glas en esdoornhout, zonder de overdaad die operahuizen vaak kenmerkt. Het Four Seasons is de thuisbasis van de Canadian Opera Company en het National Ballet of Canada.

Financial District

Kaart: zie blz. 109
Tussen Front, York, Richmond en Yonge Streets, waar de zon de straten door de hoge bebouwing maar nét weet te bereiken, gonst het als in een bijenkorf. Het Financial District, het resultaat van de bouwkoorts in de jaren 70 en 80, is het financiële hart van het land: hier vindt u de hoofdkantoren van alle Canadese banken. Van zuid naar noord loopt Bay Street, de Canadese broer van Wall Street.

Union Station [21]
65 Front St. W., www.torontounion.ca

Wie een wandeling wil maken door dit woud van glas en staal, kan het best beginnen bij **Union Station** aan de zuidrand van de wijk. Het statige stationsgebouw met zijn 15 m hoge zuilenportaal is in 1927 geopend door de Britse kroonprins. Het werd gebouwd in opdracht van de spoorwegbedrijven Canadian Pacific en Grand Trunk Railway en herinnert aan de rol die de spoorwegen hadden bij de ontsluiting van dit uitgestrekte land. Na de Tweede Wereldoorlog verloor het station aan betekenis. Tegenwoordig is het spoor nog van belang in het personenvervoer tussen Toronto en Montréal (Via Rail) en als eindstation van de legendarische Canadian, die tussen Toronto en Vancouver rijdt. Het station wordt, onder toezicht van monumentenzorg, gemoderniseerd en uitgebreid met een nieuwe kelderverdieping met winkels en restaurants.

Fairmont Royal York Hotel [22]
100 Front St. W. , www.fairmont.de

Een tweede monument uit de spoorweghistorie is het op een kasteel lijkende **Fairmont Royal York Hotel** aan de overkant. Met zijn 28 verdiepingen en 1000 kamers was dit gebouw, in 1929 door de Canadian Pacific Railways geopend, ooit het grootste in de Commonwealth. De ruim 100 m lange keuken is de grootste van het land, en de mooiste suite is nog altijd voor de Britse koningin. De lobby imponeert met zijn enorme kroonluchters en dikke marmeren zuilen.

De banken
Het Royal York staat echter al sinds lange tijd in de schaduw van de glanzende wolkenkrabbers van het Financial District. In deze wijk waren toparchitecten als Ludwig Mies van der

Rohe, Santiago Calatrava en Eberhard Zeidler verantwoordelijk voor de strakke lijnen en materiaalkeuze. Vooral de goudachtig glanzende ramen van de **Royal Bank Plaza** 23 (200 Bay St.) zijn indrukwekkend. Ten behoeve van een betere klimaatbeheersing is er 7000 kilo puur goud in het glas verwerkt.

Het uit de jaren 80 van de 19e eeuw daterende, rijkversierde **Bank of Montréal Building** 24, op de hoek van Front Street en Yonge Street (30 Yonge St.) staat hiermee in schril contrast. Met het uit glas en staal opgetrokken **Brookfield Place** 25 ontstond in 1990 rond het historische bankgebouw een nieuw complex van twee kantoortorens en diverse 25 m hoge galerijen met cafés en restaurants, dat de gevels van historische gebouwen integreert, waaronder de oude Wellington Bank (161-181 Bay St.). Hier is ook de **Hockey Hall of Fame** 26, te vinden. In het heiligdom van de Canadese nationale sport komen bezoekers door middel van films en authentieke memorabilia als ijshockeysticks en helmen van schaatshelden veel te weten over de geschiedenis van deze snelle sport. In een zwaarbewaakte kluis wordt de Stanley Cup bewaard, de beroemdste ijshockeytrofee van Noord-Amerika (30 Yonge St., www.hhof.com, ma.-vr. 10-17, za. 9.30-18, zo. 10.30-17 uur, volwassenen $ 18).

Op de hoek van King Street en Yonge Street betreedt u het Financial District weer. Hier vindt u de eerste hoogbouw van Toronto: het uit 1914 daterende **Dominion Bank Building** 27 (1 King St. W.) met zijn marmeren hal en prachtige stucwerk, de **Trader's Bank** 28 (67 Yonge St.) uit 1905, die met zijn vijftien etages de eerste wolkenkrabber van Toronto genoemd mag worden, en het uit 1913 stammende **Old Royal Bank Building** 29 (King St. W./ Yonge St.) met zijn Griekse zuilen.

Op de hoek van King Street en Bay Street volgen dan de trapeziumvormige, 66 verdiepingen tellende en uit rood graniet opgetrokken **Bank of Nova Scotia Tower** 30 (44 King St. W.) en het uit vier gebouwen bestaande **Commerce Court** 31 (King/Bay Sts.). De hal van het uit 1931 stammende **Commerce Building** biedt met zijn mozaïek in goud- en blauwtinten een prachtige aanblik.

Aan de overkant van Bay Street rijzen de twee matzwarte torens van het **Toronto Dominion Centre** 32 (66 Wellington St.) op. Dit waren de eerste twee moderne wolkenkrabbers, die lang de skyline van de stad bepaalden. De door Ludwig Mies van der Rohe ontworpen gebouwen werden tussen 1963 en 1969 opgetrokken. Het zwarte Toronto Dominion Centre steekt mooi af tegen de witte **Bank of Montréal** 33 (10 King St. W.), met 72 verdiepingen het hoogste kantoorgebouw van Canada. Iets verder oostwaarts verrijst de op twee na grootste aandelenbeurs van Noord-Amerika, de **Toronto Stock Exchange** 34 (130 King St. W.). In het voormalige beursgebouw is nu het designmuseum **Design Exchange** gevestigd (234 Bay St., www.dx.org, di.-vr. 9-17, za., zo. 12-16.30 uur, volwassenen $ 18,50).

Old Town

Gooderham Building 35

Ten oosten van Yonge Street, tussen Queen Street East en Front Street, komt u in het hart van de oude nederzetting York met veel voor Toronto oude gebouwen. Een van de meest gefotografeerde huizen van de stad is het **Gooderham Building,** een wigvormig bakstenen gebouw met boogramen aan de ene en een fraaie muurschildering aan de andere zijde, die het gebouw aan de andere kant van de straat weerspiegelt. Het icoon werd in 1892 gebouwd door de Gooderhams, een machtige familie uit Toronto, die fortuin maakte met een iets meer naar het oosten gelegen distilleerderij in wat nu het Distillery Historic District heet (zie blz. 119). Op de begane grond is een pub.

King Edward Hotel 36

37 King St. E., www.omnihotels.com
Op de hoek van King Street en Church Street staat het opvallende **King Edward Hotel**, dat in 1903 onder de Britse koning Edward VII werd gebouwd. Het eerste grand hotel van Toronto is tot op de dag van vandaag een van de chicste hotels van de stad. Ook als u er niet overnacht, is een kort bezoek interessant – bijvoorbeeld aan het fraaie, ouderwetse Café Victoria.

St. James Cathedral 37
65 Church St., ma.-vr. 7.30-17.30, za. 9-15, zo. 7.30-17.30 uur

Schuin aan de overkant verrijst de **St. James Cathedral** met neogotische torens. Dit is de vierde kerk die de in 1797 gestichte anglicaanse gemeente op deze plek heeft opgericht. De derde werd in 1844 door brand verwoest.

Toronto's First Post Office 38
260 Adelaide St. E./George St., tel. 416-865-1833, www.townofyork.com, ma.-vr. 9-17.30, za. 10-16, zo. 12-16 uur, volwassenen $ 2

Nog verder naar het noorden, aan Jarvis en Adelaide Street, staat **Toronto's First Post Office**. Dit postkantoor, dat in de jaren 30 van de 19e eeuw werd geopend, is nog altijd als zodanig in gebruik. Het authentieke interieur geeft een waarheidsgetrouw beeld van de Britse posterijen van vóór 1851. Hier kunt u met een veer schrijven, bij een medewerker in historisch uniform postzegels kopen of een pakje verzenden. Het postkantoor en het kantoor van de Bank of Upper Canada, in hetzelfde huizenblok, zijn de enige gebouwen die onveranderd zijn sinds de tijd van het oude York. Beide staan op de lijst van National Historic Sites.

St. Lawrence

Kaart: zie blz. 109

Tussen Front Street en de Gardiner Expressway strekt zich de wijk **St. Lawrence** uit. Hier bevinden zich de kantoren van de reders; veel oude gebouwen en pakhuizen zijn tegenwoordig ateliers, boetieks, theaters, jazzclubs, restaurants en cafés.

Sony Center for the Performing Arts 39
1 Front St. E., tel. 855-872-7669, www.sonycentre.ca

Schuin aan de overkant, op de hoek van Front Street en Yonge Street, ligt het **Sony Centre for the Performing Arts** sinds jaar en dag Toronto's cultuurtempel. Nu de beroemdste huurders, de Canadian Opera Company en het National Ballet of Canada, zijn verhuisd naar het Four Seasons Centre for the Performing Arts (zie blz. 117) treden in deze 3100 zitplaatsen tellende zaal vooral rock- en popsterren op.

St. Lawrence Market 40
95 Front St. E., di.-do. 8-18, vr. 8-19, za. 5-17 uur

Het levendigste deel van de wijk ligt rond de **St. Lawrence Market** met zijn mooi gerestaureerde markthallen aan weerszijden van Front Street. In het zuidelijke deel is de uit 1845 stammende eerste City Hall van Toronto geïntegreerd. Binnen ziet u de gevel van het oude raadhuis, waarin tegenwoordig de **Market Gallery** gevestigd is. Een expositie hier geeft een beeld van de geschiedenis van Toronto.

St. Lawrence Hall 41
157 King St. E.

Verder noordwaarts, aan King Street en Jarvis Street, staat de St. Lawrence Hall, die in 1850 werd gebouwd als eerste zaal in Toronto voor openbare bijeenkomsten. Het is tegenwoordig een National Historic Site, de ruimtes worden verhuurd voor bruiloften, conferenties en andere evenementen.

Distillery Historic District 42
55 Mill St., www.thedistillerydistrict.com

Een paar straten verder naar het oosten, op de hoek van Parliament Street en Mill Street, vindt u in het **Distillery Historic District** de gerestaureerde Gooderham and Worts Distillery uit 1832. Het best bewaarde industriële complex in victoriaanse stijl van Noord-Amerika biedt onderdak aan uitstekende galeries, musea, boetieks en winkels, maar ook restaurants en cafés. De uit rood baksteen opgetrokken gebouwen figureren in diverse Hollywoodfilms, zoals *Chicago* en *X-Men*.

Via Yonge Street de stad uit

Kaart: zie blz. 109

Yonge Street, die vier rijbanen telt, vormt een as die de stad van zuid naar noord doorsnijdt.

Downtown Toronto

Al te fraai is hij niet, maar de straat kent een rijke geschiedenis. Of hij werkelijk de langste straat ter wereld is, valt te betwijfelen, maar de langste straat van de provincie is hij in ieder geval. Yonge Street begint bij Lake Ontario en voert landinwaarts door Downtown Toronto, de stad verdelend in een oostelijk en een westelijk deel. Ten noorden van de stadsgrens loopt de weg als Main Street door tientallen stadjes en dorpen, om 2000 km verderop bij Lake Superior te eindigen als Highway 11. De straat is getuige geweest van alle belangrijke gebeurtenissen in de geschiedenis van Toronto. In 1861 werd hier de eerste tramlijn van Canada in gebruik genomen en begin jaren 50 de eerste metrolijn van het land. Ook nu nog vormt Yonge Street het toneel van de grootste parades en protest- en vredesdemonstraties.

Dundas Square 43

Tegenwoordig vormt Yonge Street het hart van Downtown. Het is daar een mozaïek van kleine winkeltjes, warenhuizen en verlopen straatartiesten. De afgelopen jaren is **Dundas Square** met zijn neonreclames en nieuwe park steeds meer op Times Square in New York gaan lijken, maar deze ontwikkeling heeft, in weerwil van wat men had voorzien, de kleine, goedkope winkeltjes niet allemaal verdreven. Hier is van alles te koop: bijzondere lp's, zwanger-

Podium voor straatmuzikanten, verlossers en verkopers van van alles en nog wat: Yonge Street

Via Yonge Street de stad uit

schapstesten, seksartikelen, smakeloze T-shirts, bodybuildingattributen, flipperkasten, stereoapparatuur, Scandinavische meubels, honderden verschillende soorten noten en ovenverse croissants. Mocht u tot dan toe vergeefs hebben uitgekeken naar bijzondere inwoners, dan zult u ze hier zeker aantreffen. Het scala aan vreemde vogels reikt van jongemannen die denken dat ze Jezus zijn tot luid op hun trommels slaande punkers en bankiers in grijze maatkostuums. En rondom het plein, alsof ze de bezoekers met beide benen op de grond willen houden, rijzen stijlvolle hotels, dagbladuitgeverijen en het beroemdste warenhuis van Toronto op.

CF Toronto Eaton Centre 44
220 Yonge St., tel. 416-598-8560, www.toronto eatoncentre.com, ma.-za. 10-21.30, zo. 10-20 uur
Het **CF Toronto Eaton Centre** beslaat het gehele huizenblok tussen Dundas Street en Queen Street. Dit warenhuis, dat in de jaren 70 werd ontworpen door Eberhard Zeidler, biedt plaats aan driehonderd winkels, restaurants en ruim twintig bioscoopzalen. Het complex, dat wekelijks een miljoen bezoekers trekt, biedt een fraaie aanblik: het 244 m lange glazen gewelf met galerijen wordt opgesierd door bomen, fonteinen en watervallen.

Old City Hall 45
60 Queen St. W.
In het gebouw naast het Eaton Centre huist het stadsbestuur van Toronto. De weg naar de zetel van de burgemeester voert langs de **Old City Hall**. Het oude raadhuis, een nogal eentonig bakstenen gebouw in neoromaanse stijl, werd gebouwd in 1899 en was destijds met $ 2,5 miljoen een peperduur project. De figuren die het gebouw sieren, zouden karikaturen van raadsleden uit die tijd zijn.

New City Hall 46
100 Queen St. W.
In 1965 werd pal hiernaast de **New City Hall** in gebruik genomen. Het gewaagde ontwerp van de Finse architect Viljo Revell – twee torens die zich beschermend scharen rond het gebouw dat de raadszaal herbergt – werd in de jaren 60 het symbool van de stemming van vernieuwing.

Osgoode Hall 47
130 Queen St. W., tel. 416-947-3300, www.lsuc. on.ca, ma.-vr. 8.30-17 uur
Een eindje naar het westen, bijna aan de rand van Chinatown, ligt dit door een zwart gietijzeren hek omringde gebouw uit 1858. Het vormt een oase van rust te midden van het stadsgewoel. De ingang is zo geconstrueerd dat de destijds op Queen Street grazende koeien er niet in konden. In het neoclassicistische gebouw uit 1858 huizen meerdere rechtszalen, een juridische bibliotheek en de kantoren van de Law Society of Upper Canada.

Downtown Toronto

Elgin and Winter Garden Theatres 48
189 Yonge St., tel. 416-314-2871, rondleidingen do. 17, za. 11 uur

Tegenover het Eaton Centre bevindt zich op de andere kant van Yonge Street een walhalla voor theaterliefhebbers. De **Elgin and Winter Garden Theatres** bestaat uit twee boven elkaar gebouwde zalen en is daarmee het enige nog functionerende 'dubbeldekkertheater' ter wereld. Het gebouw, dat zeven verdiepingen telt, is in 1913 opgericht door de Loew's theaterketen. Beide theaters zijn zeer nauwgezet gerestaureerd. Een rondleiding begint in de aan Yonge Street gelegen lobby van het Elgin. De vijftienhonderd stoelen tellende zaal met zijn fraaie, roodgouden interieur is zeker zo indrukwekkend. In het Winter Garden Theatre erboven is het plafond van de zaal versierd met duizenden realistische beukentakken en kleurige lantaarns en lijken de zuilen op boomstammen. Ook de wandschilderingen, die het parkachtige effect nog verder versterken, lijken net echt – de restauratoren hoefden alleen het zeventig jaar oude patina te verwijderen.

Ed Mirvish Theatre 49
244 Victoria St., tel. 416-872-1212, www.mirvish.com

Nog geen 100 m verderop, tussen Yonge Street en Victoria Street, ligt het in 2011 tot **Ed Mirvish Theatre** omgedoopte Pantages Theatre. Dit oude variététheater, dat plaats biedt aan 2200 toeschouwers, is in de jaren 80 dankzij een $ 20 miljoen kostende renovatie in oude luister hersteld. In 1989 werd de zaal op passende wijze heropend met Andrew Lloyd Webbers musical *The Phantom of the Opera*. Bij de opening in 1920 was het de grootste zaal in zijn soort van het gehele Britse Rijk. Als u hier geen voorstelling gaat bijwonen, volg dan tenminste wel de rondleiding. Alleen al de foyer aan Yonge Street, met zijn plafondschilderingen en witte stucwerk op een pastelkleurige achtergrond, is een bezoek meer dan waard.

Mackenzie House 50
82 Bond St., tel. 416-392-6915, mei-Labour Day di.-zo. 12-17, sept.-dec. di.-vr. 12-16, za. en zo. 12-17, jan.-apr. za., zo. 12-17 uur, volwassenen $ 6,19, kinderen 5-12 jaar $ 2,65, 13-18 $ 3,54

Mackenzie House was halverwege de 19e eeuw de woning van de eerste burgemeester van Toronto, de politiek controversiële dagbladuitgever William Lyon Mackenzie (1795-1861). Dit victoriaanse bakstenen gebouw, dat tot en met de gaslantaarns is gerestaureerd, doet tegenwoordig dienst als museum en bibliotheek. U ziet er onder meer een 19e-eeuwse drukpers.

Toronto Police Museum and Discovery Centre 51
40 College St., tel. 416-808-7020, www.toronto police.on.ca/museum, ma.-vr. 8-16 uur, gratis entree, vrijwillige donatie $ 1

Vlak bij Yonge Street is het hoofdbureau van politie te vinden. In de lobby is het **Toronto Police Museum and Discovery Centre** ingericht. Een tentoonstelling en interactieve opstellingen geven inzicht in de opsporingstechnieken van de politie in een grote stad. Hoogtepunten zijn de verhalen over beruchte misdadigers, de uniformen, een oude politieauto en het historische politiebureau uit 1929.

Chinatown en Kensington Market

Kaart: zie blz. 109

In het gebied rond de kruising van Dundas Street West en Spadina Avenue ligt het levendige hart van de oudste van de vijf chinatowns die Toronto rijk is. Deze wijk, een kleurrijke wirwar van reclameborden en groentekramen, vormt een wereld op zich. Toronto's **Chinatown** 52 heeft succesvolle ondernemers voortgebracht, die rijk zijn geworden zonder ook maar een woord Engels te spreken (zie Thema op blz. 124).

Slechts enkele straten verderop, in **Kensington Market** 53 (www.kensington-market.ca), heerst een even grote bedrijvigheid. Tot de jaren 60 was het gebied langs Spadina Avenue, tussen College Street en Baldwin Street, het toneel van de Joodse markt. Immigranten uit

Chinatown en Kensington Market

Kleurrijke huizen weerspiegelen de bonte bevolkingsmix van Kensington Market

alle windstreken hebben de markt inmiddels een nieuw gezicht gegeven. Portugese visboeren, koosjere slagers, handelaren in Caribische groenten en fruit en verkopers van gebruiksvoorwerpen kletsen hier met hun vaste klanten uit de buurt – te midden van de drukte op straat klinkt hier een veelvoud van talen. Bij een biologische bakkerij zijn volkorencroissants te koop en Jamaicanen brengen hun zoete maisbrood aan de man.

Daarnaast zijn er veel gezellige hoekjes en achter de kramen en oude gevels gaan ook trendy boetieks en hippe bistro's schuil. De wijk is op een charmante manier vervallen. Een groot deel van de oude panden is aan een opknapbeurt toe en in vrolijke tinten overgeschilderd. Sinds de jaren 60 heeft het gemeentebestuur diverse malen geprobeerd het gebied te saneren, maar de inwoners hebben zich daar steeds fel tegen verzet en bereikten in 2006 dat hun wijk werd uitgeroepen tot *national historic site*. De grootste opwinding daarna was om de komst van een Starbuckscafé.

Art Gallery of Ontario (AGO) 54

317 Dundas St. W., www.ago.ca, di., do. 10.30-17, wo., vr. 10.30-21, za., zo. tot 17.30 uur, volwassenen $ 19,50, kinderen 6-11 jaar $ 11

Hier vlakbij, op de hoek van Dundas Street en McCaul Street, ligt de **Art Gallery of Ontario (AGO)**, een van de beste kunstmusea van Noord-Amerika. De collectie telt bijna 70.000 voorwerpen, verspreid over een tentoonstellingsruimte van 68.000 m². Onder de kunstschatten zijn oude meesters uit Europa, maar ook een groot aantal werken van hedendaagse Canadese kunstenaars. De trots van het museum is het Henry Moore Sculpture Centre, dat met 131 sculpturen, 73 tekeningen en 689 grafische werken geldt als de grootste Moorecollectie ter wereld.

Het AGO werd in 1900 gesticht en is sindsdien regelmatig verbouwd. Na voltooiing van een omvangrijke uitbreiding in 2008 onder verantwoordelijkheid van de wereldberoemde architect Frank Gehry zet het AGO zich met een schitterende, met hout en staal

Toronto's Chinatown: oosterse wijk bij de CN Tower

Canada is niet altijd een gastvrij immigratieland geweest. Tot na de Tweede Wereldoorlog was het Canadese immigratiebeleid gericht op het toelaten van vooral blanke immigranten uit West-Europa. De Chinese gemeenschap in Toronto heeft zich desondanks weten te ontplooien en is nu niet meer uit de stad weg te denken.

Chinese bioscopen, advocatenkantoren, dokters- en acupunctuurpraktijken. Banken uit Hongkong hebben hier een vestiging, in de winkels klinkt luide Chinese popmuziek. Onbekende geuren bij het passeren van een kruideniersaak. Met plastic boodschappentassen behangen Chinese moeders verdringen zich met hun kinderen bij de kramen. Tientallen soorten fruit en groenten, zeevruchten en vleesspecialiteiten in alle kleuren van de regenboog: knalrode vissen op een laag vergruisd ijs, donkergroene watermeloenen, een bak met levende krabben, een rij roodbruine, vettig glanzende eenden aan haken …

Tegen het eind van de 19e eeuw vestigden de eerste Chinezen zich in Toronto. De aanleg van de Canadian Pacific Railway, die veel Chinese arbeiders naar West-Canada had gelokt, was voltooid, en ook de goudkoorts bij de Klondike was voorbij. In 1878 werd in de stadsarchieven van Toronto melding gemaakt van de eerste Chinese inwoner van Toronto. Het ging om Sam Ching, die op Adelaide Street nr. 9 een wasserij dreef. Rond 1900 waren er tweehonderd Chinezen in de stad gevestigd, die gezamenlijk 95 winkels bezaten. Ook rond 1950 telde de stad nog slechts ongeveer vierduizend Chinezen. In de jaren van 1923 tot 1947 werd de komst van meer Chinezen verboden door de racistisch getinte Chinese Immigration Act. Zelfs legale inwoners van Chinese komaf mochten niet stemmen of politiek actief zijn. Chinese immigranten werden al veel eerder gediscrimineerd. Zo moesten ze in 1885 'hoofdgeld' (een soort immigrantenbelasting) van $ 50 betalen. In 1890 werd dit bedrag verdubbeld, drie jaar later werd het $ 500, naar de huidige koopkracht $ 5000. Pas nadat in de jaren 60 de immigratiewetten werden geliberaliseerd, konden Chinese immigranten zich probleemloos in Canada vestigen. De laatste grote immigratiegolf dateert van 1989, toen betogingen voor meer democratie op het Chinese vasteland werden neergeslagen.

Tegenwoordig woont en werkt het merendeel van de circa half miljoen Chinezen in de hele stad. In de Chinese wijk bij Dundas Street gonst het als in een bijenkorf. Bij de apotheken zijn mengsels tegen alle denkbare kwalen verkrijgbaar, gemaakt van gedroogde zeepaardjes of hertengeweien. Het winkelaanbod op het gebied van curiosa en specialiteiten doet niet onder voor dat van winkels in Hongkong, China en Taiwan. Het loopt uiteen van rijkgeborduurde zijden kleding, sieraden van jade, ivoorsnijkunst, gelakt porselein, kunstnijverheid en sigarettenpijpjes tot Chinees keukengerei en serviesgoed, bamboemandjes en rotanmeubels. Chinese restaurants zijn er natuurlijk ook in andere delen van de stad, maar hier zijn de gerechten en de sfeer authentieker. Waar anders ruimt de ober de tafel af door het tafelkleed eenvoudigweg bij de vier punten op te nemen en de vuile vaat in de aldus ontstane zak naar de keuken te brengen?

Queen's Park en universiteit

beklede gevel en een totaal vernieuwd, ruim 50% groter interieur stevig op de kaart.

Queen's Park en universiteit

Kaart: zie blz. 109

Regeringsgebouwen

Het Britse verleden van dit voormalige WASP-bolwerk toont zich ten noorden van College Street tussen Spadina Avenue en Bay Street. Het keurige ovale park tussen College Street en Bloor Street, **Queen's Park**, vormt een oase van groen in Downtown. De bewoners hanteren dezelfde naam voor de overheidsgebouwen in het lagergelegen deel van het park. De imposante lichtroze gebouwen van het **Ontario Parliament** 55, dat tussen 1886 en 1892 werd opgetrokken uit graniet en zandsteen, zijn voor het publiek geopend. In de lange gangen hangen honderden schilderijen van Canadese kunstenaars (tel. 416-325-7500, www.ontla.on.ca, in de zomer dag. 9-16 uur, gratis toegang).

University of Toronto

Ten westen van Queen's Park vindt u de **University of Toronto** met zijn verschillende colleges. Hier volgen zestigduizend studenten een opleiding. De bouwstijl van de campus, die het midden houdt tussen neoromaans en neogotisch, is net zo ongewoon als de oprichting halverwege de 19e eeuw, toen verschillende kerkelijke colleges accepteerden dat ze onder staatscontrole kwamen te staan. Tegenwoordig vallen zeventien colleges en faculteiten onder één bestuur. In de VS zijn veel colleges, musea en bibliotheken opgericht dankzij giften van rijke burgers, maar hier heeft men de wetenschap en het onderwijs aan de staat toevertrouwd.

De University of Toronto geniet een zeer goede reputatie. Hier werd de insuline ontdekt, is de eerste pacemaker ontwikkeld en aan deze universiteit dacht Northrop Frye zijn invloedrijke literatuurtheorie uit. Marshall McLuhan beschouwde van hieruit de wereld als 'global village'. Rondleidingen beginnen bij **Hart House** 56, het studentencentrum. Dit gebouw is in neogotische stijl opgetrokken om aan te sluiten bij de architectuur van Oxford en Cambridge. Voor een goede en voordelige maaltijd kunt u terecht in de sfeervolle mensa (7 Hart House Circle, tel. 416-978-2452, www.harthouse.utoronto.ca, ma.-vr. 10-16, za., zo. 9-16 uur, gratis toegang).

Royal Ontario Museum (ROM) 57

100 Queen's Park, ingang op Bloor Street W., www.rom.on.ca, ma.-do. 10-17.30, vr. 10-20.30, za., zo. 10-17.30 uur, volwassenen $ 20, kinderen $ 14

Op een steenworp afstand ligt het **Royal Ontario Museum (ROM)**. Dit interdisciplinaire museum aan de noordrand van Downtown, dat vroeger deel uitmaakte van de universiteit, is nog altijd een belangrijk onderzoekscentrum. Met meer dan zes miljoen objecten is dit het grootste museum van Canada. De collectie omvat onder meer de grootste verzameling Chinese kunstwerken en grafvondsten buiten China. Verder beheert het ROM de Sigmund Samuel Canadiana Collection met fraaie Canadese meubels en andere huisraad uit de 18e en 19e eeuw. Een ingrijpende uitbreiding, die bekendstond als Renaissance ROM, werd in 2008 voltooid. Het door architect Daniel Libeskind ontworpen Michael Lee-Chin Crystal, dat over het oude ROM werd geplaatst, heeft het effect van een reusachtige glitterjurk en ook de talloze wijzigingen binnen lieten het verouderde museum eindelijk toetreden tot de 21e eeuw.

Gardiner Museum 58

111 Queen's Park, www.gardinermuseum.on.ca, ma.-do. 10-18, vr. 10-21, za., zo. 10-17 uur, volwassenen $ 15

Aan de overkant van de weg ligt het mooie **Gardiner Museum of Ceramic Art**, het enige keramiekmuseum in Canada. U kunt hier naast bijzonder 18e-eeuws aardewerk uit Europa ook prachtig porselein uit China, Japan en Indochina bewonderen.

Wijken rondom Downtown
▶ E 11

Wanneer Downtown de pacemaker van de stad is, dan vormen de neighbourhoods van Greater Toronto het kloppende hart. De Torontonians komen er voor de goede restaurants, voor een leuk avondje uit, voor de mooie woningen of om in een van deze rustige wijken even te ontsnappen aan de hectiek van Downtown.

Midtown

Kaart: zie blz. 109

Yorkville

Downtown wordt van Midtown Toronto gescheiden door de van west naar oost lopende Bloor Street. Het noordelijke deel van de stad maakt deel uit van de agglomeratie 'Golden Horseshoe', die in de vorm van een hoefijzer om het westelijke deel van Lake Ontario ligt. Het deel van Bloor Street tussen Church Street en Spadina Avenue heeft zich de afgelopen jaren ontwikkeld tot een tweede stadscentrum. In de 19e eeuw lag hier de zuidgrens van de stad Yorkville, die tot 1883 zelfstandig was. In de jaren 60 was Yorkville het Haight-Ashbury van Canada: songwriters als Gordon Lightfoot en Joni Mitchell begonnen hier hun carrière. Nu is dit gebied met victoriaanse herenhuizen, groene straten, passages en binnentuinen een van de duurste woon- en winkelwijken van Toronto. In winkelcentrum **Yorkville Village** 59, tussen Cumberland Court en York Square, zitten winkels van merken als Vidal Sassoon en Fabiani (87 Avenue Rd., www.yorkvillevillage.com, ma.-wo. 10-18, do. 10-19, vr., za. 10-18 uur, zo. 12-17 uur). Het luxueuze **Hazelton Hotel** (118 Yorkville Ave.) is het enige hotel van Toronto dat is aangesloten bij de 'Leading Small Hotels of the World'. Naast chique boetieks vindt u in Yorkville ook exclusieve galeries, boekhandels, uitmuntende restaurants en terrasjes.

U kunt uw verkenningstocht door Yorkville beginnen met een bezoek aan het **Bata Shoe Museum** 60. Dit museum van schoenendynastie Bata, dat eruitziet als een halfgeopende schoenendoos, wijdt bezoekers op informatieve en amusante wijze in de cultuurgeschiedenis van de schoen in. U ziet hier ruim tienduizend schoenen uit enkele millennia, waaronder smokkelschoenen (met de hak aan de voorkant) en de reuzenstappers van beroemde NBA-basketballers. Met exposities besteedt men aandacht aan thema's als de invloedrijkste schoenontwerpers van de 20e eeuw (327 Bloor St. W., www.batashoemuseum.ca, ma.-wo., vr., za. 10-17, zo. 12-17, do. 10-20 uur, volwassenen $ 14, kinderen 5-17 jaar $ 5).

Toronto Public Library 61
789 Yonge St., www.torontopubliclibrary.ca, ma.-vr. 9-20.30, za. 9-17, zo. 13.30-17 uur

Een paar blokken ten oosten van het Bata Shoe Museum ligt de permanent drukke kruising van Bloor Street en Yonge Street. Hier staat de door Raymond Moriyama ontworpen **Toronto Public Library** De architect is erin geslaagd een goede overgang te creëren van de drukke Yonge Street naar het gebouw: in de hal van de openbare bibliotheek klinkt het rustgevende geklater van een fontein in een vijver met veel groen. De verdiepingen scharen zich als galerijen rond het brede, lichte atrium. De bibliotheek herbergt 1,5 miljoen boeken, waarvan ongeveer een derde algemeen toegankelijk is. Liefhebbers van klassieke detectives mogen de **Arthur Conan Doyle Room** (di., do., za. 14-16 uur) niet overslaan. Hier is de groot-

Midtown

ste verzameling ter wereld te zien van boeken en manuscripten die zijn gewijd aan de schepper van de geniale detective Sherlock Holmes.

The Annex 62

De straatjes rond Spadina Avenue, ten noorden van Bloor Street, zijn kenmerkend voor deze wijk. Dit gebied is zeer in trek bij trendsetters: yuppen, advocaten, grote bazen uit de media- en reclamescene en bij welgestelde studenten van de University of Toronto. Rustige lanen, victoriaanse huizen, keurige villa's, vaak met excentrieke bouwkundige details. In het deel van Bloor Street dat de zuidrand van de wijk vormt, zijn verschillende toprestaurants gevestigd. Er zijn zo'n 130 zaken, van donkere studentenpubs tot etnische specialiteitenrestaurants. De wijk Annex vormde overigens vroeger het toneel van een van de eerste actiegroepen van de stad. De bewoners wisten onder andere te verhinderen dat het fraaie karakter van hun wijk zou worden aangetast door architectonische wangedrochten, kantoortorens en parkeergarages.

Casa Loma 63

1 Austin Terrace, www.casaloma.ca, dag. 9.30-17 uur, volwassenen $ 25, kinderen 4-13 jaar $ 17, 14-17 $ 22

Aan de noordrand van Midtown voegt de strakke, rechtlijnige plattegrond van Toronto zich naar het heuvelachtige landschap en zijn de straten niet recht, maar bochtig. Op Spadina Hill, hoog boven de daken, troont **Casa Loma**, het enige kasteel dat Toronto rijk is, ontsproten aan de fantasie van Henry Pellat. Deze selfmade miljonair en liefhebber van de middeleeuwen werd rijk met het opwekken van energie bij de Niagara Falls en werd in 1905 om zijn werk in de adelstand verheven. In 1911 liet hij voor het destijds astronomische bedrag van drie miljoen dollar een middeleeuws kasteel bouwen met torens, tinnen, een 20 m hoge centrale hal en onderaardse gangen. De 98 vertrekken liet hij voorzien van alle denkbare luxe, zoals vergulde kranen.

Sir Henry omringde zich met een vriendenkring van industriëlen, beroemdheden en leden van diverse koningshuizen – dat wil

Van Romeinse sandalen tot de plateauzolen van Elton John – het Bata Shoe Museum laat alles zien wat mensen in de loop der eeuwen als schoeisel hebben gebruikt

zeggen, totdat de zeepbel uiteenspatte. In 1920 kon hij zijn belasting niet langer betalen en ging hij failliet. Casa Loma kwam in bezit van de gemeente Toronto. Na korte tijd als hotel werd Casa Loma een toeristische attractie en een geliefde trouwlocatie.

Spadina Museum 64

285 Spadina Rd., apr.-Labour Day di.-zo. 12-17, Labour Day-jan. di.-vr. 12-16, za., zo. 12-17, jan.-mrt. za., zo. 12-17 uur, volwassenen $ 8,85, kinderen 6-12 jaar $ 7,08, 6-12 $ 5,75

In de ogen van zijn welgestelde tijdgenoten was Pellat een nouveau riche, een parvenu. Wie wil weten hoe het 'oud geld' woonde, moet het ernaast gelegen **Spadina Museum** bezoeken. In dit elegante, vijftig kamers tellende pand, dat in 1866 werd gebouwd door bankier James Austin, groeiden vier generaties op van deze bankiersfamilie, die onder meer de Toronto Dominion Bank oprichtte. Het merendeel van de victoriaanse en edwardiaanse meubels staat nog altijd op dezelfde plaats en de vertrekken geven een goed beeld van het leven van de toenmalige elite. Een van de verkeersaders van de stad dankt zijn bestaan overigens aan de heer des huizes. Om te kunnen genieten van een onbelemmerd uitzicht op Lake Ontario liet hij in het bos een brede strook bomen omhakken – de huidige Spadina Avenue.

West End

Kaart: zie blz. 109

Met West End wordt de wijk ten westen van Bathurst Street bedoeld. De leukste straten van West End zijn Queen Street West en College Street. Dit is vooral een trendy woonwijk – maar er zijn eigenlijk te veel winkels om de wijk als zodanig te bestempelen.

Little Italy 65

Met name de straatjes rondom College Street hebben een typische neighbourhooduitstraling. Dit is te danken aan de Italiaanse Canadezen, wier overwegend uit Calabrië afkomstige voorouders zich hier na de Tweede Wereldoorlog vestigden en met hun cafeetjes, gelateria's, bruidswinkels en ontelbare restaurants het oudste van de verschillende **Little Italy's** van de stad vormden. Veel van de winkels en restaurants zijn tot op heden in familiebezit en mogen de oude *paesani* nog steeds tot hun stamgasten rekenen. Inmiddels is meer dan een half miljoen Torontonians van Italiaanse afkomst. Met name rond de kruising van College Street en Clinton Street stromen de espresso en cappuccino rijkelijk en geurt het op zwoele zomeravonden naar risotto met kreeft. Hier en in de zijstraatjes wacht de grootste concentratie Italiaanse restaurants van Toronto op gasten.

Portugal Village 66

Ten zuiden van Dundas Street West wonen de meeste Portugese Torontonians – een gemeenschap die zo'n 350.000 zielen telt. De voorouders van het rond Trinity Bellwoods Park gelegen Portugal Village zijn afkomstig van de Azoren en Madeira. De mannen kwamen in de jaren 50 en werden later gevolgd door hun gezinnen. Tegenwoordig maakt ook deze wijk een proces van gentrificatie door: oudere inwoners verkopen hun woningen aan jonge mensen met een hoog inkomen en de traditionele sportcafés en Portugese Social Clubs worden vervangen door dure, trendy gelegenheden. Toch is Portugal Village niet helemaal verdwenen. Met name in de buurt van de kruising **Dundas Street West** en **Dovercourt Road** zijn nog veel buurtwinkeltjes, Portugese reisbureaus, slagers en bakkers te vinden – en de beste Portugese restaurants van de stad, zoals Chiado (864 College St., tel. 416-538-1910, voorgerecht $ 10-25, hoofdgerecht $ 35-60) en Alex Rei dos Leitoes (219 Ossington Ave., tel. 416-537-3175, voorgerecht $ 6-10, hoofdgerecht $ 10-24).

East End

Kaart: zie blz. 109

Greektown 67

De Griekse neighbourhood rond Danforth Avenue is de grootste van Noord-Amerika.

Er wonen meer dan 150.000 Canadezen van Griekse afkomst en het is dan ook niet verbazingwekkend dat in **Greektown**, een dorps geheel van huizen van twee verdiepingen, met zijn schemerige *kafenions* (koffiehuizen) en in Griekse tinten beschilderde reisbureaus, bakkerijen en fruitkramen, de succesvolle komedie *My Big Fat Greek Wedding* (2002) is opgenomen.

De meer dan tachtig restaurants rondom Danforth Avenue serveren gerechten uit het oude vaderland en ademen met hun witte godenbeelden en Griekse landkaarten aan de muur vrijwel allemaal een heerlijk kitscherige sfeer. Greektown, in het lokale spraakgebruik ook wel The Danforth genoemd, is met de metro gemakkelijk te bereiken – Danforth Avenue ligt in het verlengde van Bloor Street East.

Uitstapjes vanuit Toronto

Kaart: zie blz. 109

Black Creek Pioneer Village 68
1000 Murray Ross Parkway, www.blackcreek. ca, mei-juni ma.-vr. 9.30-16, za., zo. 11-17, juli-Labour Day ma.-vr. 10-17, za., zo. 11-17, Labour Day-dec. ma.-vr. 9.30-16, za., zo. 11-16.30 uur, volwassenen $ 15, kinderen 5-14 jaar $ 11

Een halfuur in noordwestelijke richting vanuit Downtown ligt het **Black Creek Pioneer Village**, precies aan de rand van het Greater Metropolitan Area. In dit museumdorp zijn ruim veertig 19e-eeuwse huizen uit verschillende delen van Ontario bijeengebracht en met zorg gerestaureerd. Pioneer Village, dat zeker geen kitscherige herinnering aan de 'goede oude tijd' is, schetst niet alleen een waarheidsgetrouw beeld van hoe men vroeger leefde in Ontario, maar belicht ook thema's als de werkdag van de Chinezen in Toronto. Er wordt koren gemalen en brood gebakken, de oude drukpersen zijn in bedrijf en bij de General Store kunt u boodschappen doen.

Canada's Wonderland 69
9580 Jane St., Vaughan, tel. 905-832-8131, www.canadaswonderland.com, mei-Labour Day dag., sept. alleen za., zo. vanaf 10 uur, sluitingstijden zie website, kaartjes vanaf $ 40, metro tot Yorkdale, verder met Go-buslijn 60, YRT-lijnen 4 en 20, TTC-lijn 165 A

Enkele kilometers naar het noorden ligt het Canadese Disneyland. In een 150 ha groot pretpark met honderden attracties oefent een fantasiewereld met sprookjesfiguren en een kindertheater grote aantrekkingskracht uit op de jongste bezoekertjes, terwijl een tiental achtbanen met namen als The Bat, Skyrider en The Mighty Canadian Mindbuster de tieners tevreden stelt.

Alsof het nog niet genoeg is, vindt u op het terrein ook een waterpark met wildwaterbanen, zoals een rit over een waterval met vijf niveauverschillen, een zoutwatercircus met zeeleeuwen in de hoofdrol, wervelende kunstschaatsshows en optredens van topartiesten.

McMichael Canadian Art Collection 70
10365 Islington Ave., Kleinburg, tel. 905-893-1121, www.mcmichael.com, dag. 10-17 uur, volwassenen $ 18, metro tot Islington, verder met TTC-buslijn 37 tot Steele Avenue, daar overstappen op YRT-bus 13A naar Kleinburg

Omringd door een betoverend mooi natuurgebied van 40 ha, 45 km ten noorden van de stad, bij **Kleinburg** (► E 11), vindt u de **McMichael Canadian Art Collection**. Een beter inzicht in de artistieke prestaties van de multiculturele samenleving Canada krijgt u nergens anders. Met name het werk van de Group of Seven, die met in impasto geschilderde landschappen voor het eerst liet zien dat er naast de Europese schilderkunst ook onafhankelijke Canadian Shielders bestonden, is hier op passende wijze ondergebracht. Het uit massieve ruwe houten balken, veldstenen en glas opgetrokken museum doet denken aan een blokhut en valt in het bosrijke gebied rond de Humber River dan ook allerminst uit de toon. Het herbergt niet alleen schilderkunst, maar ook een grote collectie hedendaagse indiaanse

Toronto

kunst en Inuitsculpturen. Het museum werd in 1965 gesticht door Robert en Signe McMichael, die hun grond, huis en kunstverzameling aan de provincie Ontario vermaakten. Intussen is het museum, met een ruim zesduizend voorwerpen tellende collectie, uitgegroeid tot een van de belangrijkste van het land. Er is ook een mooi restaurant te vinden, waar u 's zomers op het terras kunt zitten. Het stadje Kleinburg staat bekend om zijn kunstnijverheid en vele antiekwinkels.

Informatie

Toronto Convention & Visitors Association: 207 Queen's Quay W., tel. 416-203-2600, 1-800-499-2514, www.seetorontonow.com.
Ontario Tourism Marketing Partnership Corporation: 10 Dundas St. E., Suite 900, tel. 1-800-668-2746, www.ontariotravel.net.
www.toronto.com: Toronto's grootste online stadsgids, met actuele info over kunst, cultuur, attracties, restaurants, hotels en evenementen.
www.blogto.com: restauranttipps, ranglijsten, evenemententips en nieuws uit de neighbourhoods.
www.therex.ca: evenementenagenda van de Rex, Toronto's beste jazzkroeg (zie blz. 134) in het gelijknamige hotel.

Accommodatie

www.bbcanada.com: in het Toronto-hoofdstuk staan zo'n vijftig B&B's voor elk budget.
www.bedandbreakfast.com: een twintigtal B&B's in Toronto en omgeving. De prijzen van hotels zijn over het algemeen inclusief ontbijt.
Grand Old Lady – **The Fairmont Royal York** 22 : 100 Front St. W., Financial District, tel. 416-368-2511, 1-800-441-1414, www.fairmont.com/royalyork. Het bekendste luxe hotel van de stad: imposante lobby, een groot aantal winkels, lounges, restaurants, cafés, fitnesscentrum en zwembad. 2 pk $ 280-600.
Elke kamer een verrassing – **The Gladstone Hotel** 1 : 1214 Queen St. W., West Queen West, tel. 647-792-5958, www.gladstonehotel.com. Oud, fraaie gerestaureerd grand hotel. De kunstscene gebruikt dit als adres voor exposities en evenementen. 2 pk $ 240-500.
Uitzicht op het stadion – **Marriott Renaissance Toronto Downtown Hotel** 2 : 1 Blue Jays Way, Entertainment District, tel. 416-341-7100, 1-800-237-1512, www.marriott.com. In de voormalige SkyDome: dé plek voor sportfanaten, veel kamers hebben uitzicht op het statdion. Café en restaurant. 2 pk $ 220-460.
Stijlvol in de kunstenaarswijk – **The Drake Hotel** 3 : 1150 Queen St. W., West End, tel. 416-531-5042, www.thedrakehotel.ca. Artistiek boetiekhotel in West Queen West. De chique kamers, *crash pads* genoemd, staan bol van het design. Met ruime lounge, bar en dakterras. Livemuziek. 2 pk $ 200-430.
Nostalgische charme – **Omni King Edward Hotel** 36 : 37 King St. E., Financial District, tel. 416-863-9700, 1-888-444-6664, www.omnihotels.com. Het oudste grand hotel van Toronto, liefkozend King Eddy genoemd, met hoge lobby in victoriaanse stijl. 2 pk $ 180-510.
Urban cool – **Pantages Hotel** 4 : 200 Victoria St., vlak bij Dundas Square, tel. 416-362-1777, 855-852-1777, www.pantageshotel.com. Less is more: elegante, qua design opzettelijk eenvoudig gehouden suites in warme kleuren, met kitchenette en doorkijkbadkamer. Suite $ 180-360.
Betrouwbaar – **Chelsea Hotel** 5 : 33 Gerrard St. W., Downtown, tel. 416-595-1975, 1-800-243-5732, www.chelseatoronto.com. Het grootste hotel van het land (1590 kamers) biedt luxe voor een redelijke prijs. 2 pk $ 180-310.
Centraler kan niet – **Hotel Victoria** 6 : 56 Yonge St. (hoek Wellington St.), Downtown, tel. 416-363-1666, 1-800-363-8228, www.hotelvictoria-toronto.com. Nogal kleine kamers, maar met victoriaanse charme en veel bezienswaardigheden op loopafstand. 2 pk $ 160-220.
Strategisch – **Novotel Toronto Centre** 7 : 45 The Esplanade, tel. 416-367-8900, www.accorhotels.com. Zeven minuten lopen van Union Station, een paar minuten meer naar de CN Tower. Binnenzwembad en fitnesscenter, aan de overkant van de straat een aantal goede restaurants. 2 pk $ 140-220.
Praktisch – **Bond Place Hotel** 8 : 65 Dundas St. E., Downtown, tel. 416-362-6061,

Adressen

1-800-268-9390, www.bondplace.ca. Goede prijs-kwaliteitverhouding. Wegens de gunstige ligging ten opzichte van de theaters is tijdig reserveren noodzakelijk. 2 pk $ 140-210.

Voordelig – **The Rex Hotel** 9 : 194 Queen Street W., tel. 416-598-2333, www.therex.ca. Eenvoudige, maar schone accommodatie in het achterhuis van Toronto's legendarische jazzcafé. Goede basis voor dagtripjes door de stad. 2 pk $ 90-160.

Schoon en gezellig – **Hostelling International Toronto** 10 : 76 Church St., Downtown, tel. 416-971-4440, 1-877-848-8737, www.hostellingtoronto.com. Toronto's centraal gelegen jeugdherberg, 180 bedden, 24/7 geopend. Bed op slaapzaal $ 40, kamer met een of meerdere bedden $ 40-140 (korting met HI-lidmaatschap).

Eten en drinken

Met meer dan zevenduizend restaurants is Toronto een van de gastronomische centra van Noord-Amerika. Met name op het gebied van de etnische keuken is het aanbod zeer veelzijdig.

Klassieker – **Scaramouche** 1 : 1 Benvenuto Pl., Westend, tel. 416-961-8011, www.scaramoucherestaurant.com, ma.-za. 17.30-22 uur. Een ontmoetingsplaats voor 'tout Toronto'. Eersteklas moderne Franse cuisine. Aanrader zonder pretenties: ossenhaas met sauce bordelaise. Voorgerecht $ 18-28, hoofdgerecht $ 35-47.

Met uitzicht – **The One Eighty** 2 : 55 Bloor St. W., Manulife Centre, 51st Floor, Yorkville, tel. 416-967-0000, www.the51stfloor.com, zo.-wo. 17-24, do.-za. 17-2 uur. Restaurant, bar en lounge met trendy design. Fantastisch uitzicht op Toronto vanaf het bovenste puntje van het Manulife Centre. Aanraders: de panorama caesar salad en de ravioli caprese. Voorgerecht $ 16-20, hoofdgerecht $ 29-43.

Eten bij Gehry – **FRANK** 54 : Art Gallery of Ontario, tel. 416-979-6688, www.ago.net, di.-vr. 11.30-14.30, 17.30-22, Brunch za., zo. 11-15 uur. Door toparchitect Frank Gehry ontworpen bistro-restaurant. Internationale, seizoensgebonden bistrogerechten. Voorgerecht $ 10-20, hoofdgerecht $ 27-34.

Intieme trattoria – **Trattoria Giancarlo** 3 : 41 Clinton St., Little Italy, tel. 416-533-9619, www.giancarlotrattoria.com, di.-za. 17-23 uur. Knusse bistro met patio op de hoek van College Street. Hier genoot Sophia Loren al van de in ham gewikkelde camembert. Voorgerecht $ 7-16, hoofdgerecht $ 21-40.

Authentiek Italiaans – **La Fenice** 4 : 319 King St. W., Entertainment District, tel. 416-585-2377, www.lafenice.ca, ma.-vr. 11.30-22, za. 17-22 uur. Traditionele Italiaanse gerechten. Sfeervol geheel in terracottakleuren met kaarslicht. De carpaccio all'Emiliana en het lamsvlees met muntsaus zijn echte aanraders. Voorgerecht $ 10-18, hoofdgerecht $ 20-42.

Mensen kijken – **Hot House Restaurant & Bar** 5 : 35 Church St., St. Lawrence District, tel. 416-366-7800, www.hothouserestaurant.com, ma.-do. 11-23, vr. 11-24, za. 10-24, zo. 9.30-23 uur. Stijlvol ingericht met vrolijke tinten. Specialiteiten: pasta, pizza en creatieve salades. Zondag brunch met livejazz. Voorgerecht $ 7-15, hoofdgerecht $ 16-36.

Het oog wil ook wat – **Il Fornello** 6 : 214 King Street W., Entertainment District, tel. 416-977-2855, www.ilfornello.com, ma.-vr. vanaf 11.30, za., zo. vanaf 12 uur. Bekroond interieur dat grootsteedse nuchterheid uitstraalt, jonge clientèle met geld. Elegante steenovenpizza's en pastagerechten. Betere vleesgerechten dan in veel steakrestaurants. Voorgerecht $ 7-22, hoofdgerecht $ 15-31.

Pasta-a-plenty – **Old Spaghetti Factory** 7 : 54 Esplanade, St. Lawrence District, tel. 416-864-9761, www.oldspaghettifactory.net, ma.-do. 11.30-22, vr., za. 11.30-23, zo. 11.30-22 uur. Gezellig familierestaurant in een voormalig pakhuis. Heerlijke pastagerechten, grote porties, vijf minuten van de St. Lawrence Market. Voorgerecht $ 7-9, hoofdgerecht $ 15-25.

Mexico urbano – **El Catrin Destileria** 8 : 18 Tank House Ln., Distillery District, tel. 416-203-2121, www.elcatrin.ca, ma.-do. 11.30-23, vr. 11.30-24, za. 10.30-24, zo. 10.30-23 uur. Traditionele en moderne Mexicaanse gerechten, fantasievolle wandschilderingen als decor. Voorgerecht $ 7-15, hoofdgerecht $ 15-23.

Lekkere Chinees – **Lee Garden** 9 : 331 Spadina Ave., Chinatown, tel. 416-593-9524, www.leegardenspadina.ca, di.-do. 16-23.30, vr., za. 16-1, zo. 16-24 uur. Populair Kantonees restaurant. Vooral de vis- en groentegerechten zijn aan te bevelen. Voorgerecht $ 3-8, hoofdgerecht $ 13-36.

De beste burgers – **BQM Ossington** 10 : 210 Ossington Ave., Ossington, tel. 416-850-1919, www.bqmburger.com, zo.-do. 12-23, vr., za. 12-24, zo. 12-23 uur. Hardcore hamburgerfanaten zeggen dat dit de beste tent van de stad is. Dertig soorten craftbier om het een en ander weg te spoelen. Burgers vanaf $ 14.

Winkelen

Toronto is een winkelparadijs van de bovenste plank: in het Greater Metropolitan Area dingen niet minder dan tweehonderd winkelcentra naar de gunst van de consument. De meeste winkels zijn geopend ma.-wo. 9.30-18, do. en vr. tot 20 of 21 en za. en zo. 10-17 uur.

In **Downtown** kunnen shoppers zich op verschillende plekken uitleven. Het meest in trek is het Eaton Centre, met meer dan driehonderd winkels, en het ondergrondse winkelparadijs PATH. Dit bestaat uit een 27 km lang tunnel- en gangenstelsel waarin ruim twaalfhonderd winkels, restaurants en cafés zijn gevestigd en biedt toegang tot zes hotels en vijf metrostations. In **Midtown** staat **Yorkville** voor exclusieve boetieks en het chique warenhuis Holt Renfrew (zie rechtsonder). **West Queen West** staat bekend om zijn gedurfde avant-garde, maar er zijn ook boekhandels en antiekwinkels te vinden. Wie op zoek is naar tweedehands- en vintagekleding heeft de beste kans van slagen bij de boetieks in **Kensington Market.** Aziatische import, maar ook ouderwetse kleermakerijen voor dames- en herenmode vindt u in **Chinatown,** vooral rond de kruising van Spadina en Dundas Street.

Little Italy is een populaire restaurantwijk met een mediterrane sfeer

Adressen

Galerie – Angell Gallery 1 : 1444 Dupont St., Unit 15, tel. 416-530-0444, www.angellgallery.com, wo.-za. 12-17 uur. Angell is een van de oudste galeries in West Queen West en geldt als Toronto's trendsetter in de kunst: creatievelingen die willen weten wat er in de stad in de mode is, gaan even bij Jamie Angell kijken.

Antiquariaat – David Mason Bookstore 2 : 366 Adelaide St. W., Downtown, tel. 416-598-1015, www.davidmasonbooks.com, ma.-vr. 10-17 uur, za. op afspraak. Mekka voor liefhebbers van antiquarische boeken.

Chinees winkelcentrum – Dragon City 3 : 280 Spadina Ave., Chinatown, tel. 416-596-8885, dag. 9-21 uur. Dertigtal zaken en goede restaurants.

Fotowinkel – Henry's 4 : 119 Church St., Downtown, tel. 416-868-0872, www.henrys.com, ma.-wo. 9-18, do., vr. 9-20, za. 10-18 uur. Winkel met verschillende verdiepingen vol apparatuur, filmpjes en een reparatieafdeling – hét adres voor professionele fotografen.

Shoppingcomplex – The Distillery Historic District 42 : 55 Mill St. (hoek Parliament/Mill Street), tel. 416-364-1177, www.thedistillerydistrict.com. Fraai gerestaureerd, uit baksteen opgetrokken industriecomplex uit de 19e eeuw met galeries, ateliers, boetieks, restaurants en cafés. Het hele jaar door tentoonstellingen, concerten en festivals.

Kunstnijverheid – Craft Ontario Shop 5 : 1106 Queen St. W., tel. 416-921-1721, www.craftontario.com, ma.-wo. 10-18, do., vr. 10-19, za. 11-19, zo. 12-17 uur. Verkooppunt van de Ontario Crafts Council, de oudste galerie voor kunstnijverheid van de Inuit en indianen. Objecten in allerlei prijsklassen.

Wijn en meer – LCBO Store 6 : 595 Bay St., Downtown, tel. 416-979-9978, www.lcbo.com, ma.-za. 10-22, zo. 11-18 uur. Deze door de provincie uitgebate drankwinkel verkoopt niet alleen internationale wijnen en sterkedrank, maar heeft ook een grote keus aan lokale producten.

Antiek – Toronto Antiques 7 : 284 King St. W., Entertainment District, tel. 416-260-9057, di.-zo. 10-18 uur. Whoopi Goldberg snuffelt hier rond en ook Christopher Plummer en Goldie Hawn behoren tot de clientèle. Zo'n honderd handelaren brengen hun waren aan de man in de voormalige Harbourfront Antiques Market.

Cd's – CD Exchange 8 : 161 John St. W., Queen Street Village, tel. 416-977-6889, ma.-za. 11-19, zo. 12-17 uur. Toronto's beste keus in jazz, blues, rock en independent.

Boeken – Type Books 9 : 883 Queen St. W., tel. 416-366-8973, www.typebooks.ca, ma.-wo. 10-18, do.-za. 10-19, zo. 11-18 uur. De beste boekhandel in Toronto voor kleine, onafhankelijke uitgeverijen. Hier hebben de verkopers de boeken ook werkelijk gelezen.

Chic warenhuis – Holt Renfrew 10 : 50 Bloor St. W., Yorkville, www.holtrenfrew.com, ma.-wo. 10-19, do.-vr. 10-20, za. 10-19, zo. 12-18 uur. Vanouds hét traditionele warenhuis van Canada, met in het assortiment onder andere internationaal en Canadees design.

Toronto

Designerkoopjes – **Tom's Place** 11 : 190 Baldwin St., Kensington Market, tel. 416-596-0297, www.toms-place.com, ma.-wo. 10-18, do., vr. 10-19, za. 9.30-18, zo. 12-17 uur. De bij de concurrentie beruchte discounter Tom Mihalik verkoopt designerkleding tot 40% goedkoper. Zo nu en dan staat Tom zelf achter de kassa, waar hij, als hij de klant aardig vindt, nog wel eens 10% extra korting wil geven

Uitgaan

Voor actuele informatie over bars en clubs kunt u de dagbladen raadplegen, maar ook *Where Toronto* (www.where.ca/toronto), een uitgebreid maandblad dat gratis verkrijgbaar is bij toeristenbureaus en tal van hotels. Er wordt onderscheid gemaakt tussen nachtclubs, lounges en bars. Ook in discotheken worden regelmatig liveoptredens georganiseerd.
Entreebewijzen: kaartjes voor alle evenementen zijn niet alleen ter plaatse te koop, maar ook via de kassa's van **Ticketmaster Canada** (onder meer in het Roger's Centre, 1 Blue Jays Way, tel. 416-870-8000 en bij Sunrise Records, 784 Yonge St., tel. 416-870-8000).
Relaxed – **Crocodile Rock** 1 : 240 Adelaide St. W., Entertainment District, tel. 416-599-9751, www.crocrock.ca, wo.-vr. 16-2, za. 19-2 uur. Classic rock, pooltafels, bar, dansvloer en een restaurant met cajun- en creoolse specialiteiten.
Voor een afzakkertje – **Dominion Pub and Kitchen** 2 : 500 Queen St. E., tel. 416-366-5555, ma.-wo. 11-24, do. 11-1, vr. 11-2, za. 10.30-2, zo. 10.30-24 uur. Twintigtal soorten craftbier, coole cocktails en Aziatisch geïnspireerd pubfood. Regelmatig livemuziek.
Swingend – **Lula Lounge** 3 : 1585 Dundas St. W., tel. 416-588-0307, www.lula.ca. De beste tent van Toronto voor latin jazz en salsa. Altijd een geweldige sfeer.
Evergreen – **Horseshoe Tavern** 4 : 370 Queen St. W., Queen Street Village, tel. 416-598-4226, www.horseshoetavern.com. Deze legendarische muziekbar brengt al meer dan een halve eeuw livemuziek, van country en blues tot rock en pop.
Cool – **The Rex** 9 : 194 Queen St. W., Queen Street Village, tel. 416-598-2475, www.therex. ca, ma.-vr. 9-24, za., zo. 11-24 uur. Al zo'n dertig jaar een geliefd adres aan Queen Street West, met achttien jazzconcerten per week.
De beste tenten voor de zomer – Wanneer die aardige serveerster een tot de rand gevulde plastic pitcher met sangria neerzet en er van het tafeltje naast u de heerlijke geur van gegrilde gamba's uw neus binnendringt, dan is het zomer in Toronto. En waar kunt u zo'n zoele avond aan Lake Ontario beter doorbrengen dan in de openlucht? Hier volgen drie van de aantrekkelijkste buitenadressen: **The Roof Lounge** 5 (4 Avenue Rd., im 18. Stock des Park Hyatt Toronto, Yorkville, tel. 416-925-1234) biedt mojito's, caipirinha's en een mooi uitzicht op de skyline. Bij **Pilot** 6 (22 Cumberland St., Yorkville, tel. 416-923-5716) gaat u naar het Flight Deck op de tweede verdieping, een pretentieloze openluchtlounge waar de Torontonians na hun werk komen chillen. Sangria met pizza en pasta en uitzicht over Little Italy: het dakterras van het Italiaanse restaurant **Vivoli** 7 (665 College St., tel. 416-536-7575) is op warme zomeravonden onweerstaanbaar.

Theater

Landelijke bekendheid – **The Second City** 9 : 51 Mercer St., Entertainment District, tel. 416-343-0011, www.secondcity.com. Toronto's legendarische podium voor kleinkunst, comedy, cabaret en satire.
Takentenjacht – **Yuk-Yuk's Comedy Cabaret** 10 : 224 Richmond St. W., Entertainment District, tel. 416-967-6431, www.yukyuks. com. Geestige dinershows met amateurs en professionele artiesten.
Whodunit – **Mysteriously Yours** 11 : 2026 Yonge Street, Yorkville, tel. 416-486-7469, www.mysteriouslyyours.com. Diner met een grappige whodunit op de achtergrond, vr., za. (soms ook op do.).
Veelzijdig – **Sony Centre** 39 : 1 Front St. E., St. Lawrence District, tel. 416-872-7669, www. sonycentre.ca. Het voormalige Hummingbird Centre biedt eersteklas optredens op het gebied van rock, pop en country.
Fantastisch – **Four Seasons Centre for the Performing Arts** 20 : 145 Queen St. W., Fi-

Adressen

nancial District, tel. 416-363-8231, www.coc.ca. In het operahuis van Toronto treden de groten der aarde op.

Topakoestiek – **Roy Thomson Hall** 14 : 60 Simcoe St., Entertainment District, tel. 416-872-4255, www.roythomson.com. Deze concertzaal, thuisbasis van het Toronto Symphony Orchestra, staat bekend om zijn goede akoestiek. Ook bij popconcerten kunt u daarvan genieten.

Historisch – **Royal Alexandra Theatre** 15 : 260 King St. W., Entertainment District, tel. 416-872-1212, www.mirvish.com. Musicals en Broadwayshows.

Musicals – **Princess of Wales Theatre** 16 : 300 King St. W., Entertainment District, tel. 416-872-1212, www.mirvish.com. Musicals.

Broadwayrepertoire – **The Ed Mirvish** 49 : 244 Victoria St., Downtown, tel. 416-872-1212, www.mirvish.com. Musicals.

Veel premières – **Factory Theatre** 12 : 125 Bathurst St., Entertainment District, tel. 416-504-9971, www.factorytheatre.ca. Hier ligt de nadruk op stukken van hedendaagse Canadese toneelschrijvers.

Voor een jong publiek – **Young People's Theatre** 13 : 165 Front St. E., St. Lawrence District, tel. 416-862-2222, www.youngpeoplestheatre.ca. Theater voor kinderen.

Actief

Stadstours en meer – **A Taste of the World**: tel. 416-923-6813, www.torontowalksbikes.com. Rondleidingen door de levendige etnische en historische wijken van Toronto, onder meer door Kensington Market en Old Chinatown, inclusief een bezoek aan een kruidengenezer, een thee ceremonie en een dimsumlunch. Diverse thema tochten met verschillende vertrekpunten. **Bruce Bell Tours** 1 : 110 The Esplanade, Suite 906, tel. 647-393-8687, www.brucebelltours.ca. Wat lag er vroeger op de plek van dit parkeerterrein? Welke gangsters liepen tijdens de Drooglegging in deze distilleerderij in en uit? Welke lokale politici hielden hen de hand boven het hoofd? Wie een stadswandeling maakt met de bekendste historicus, verhalenverteller en kleinkunstenaar van de stad, leert het Toronto van vroeger dagen kennen vanuit een volledig nieuw en vaak verrassend perspectief.

Helikopterrondvluchten – **Toronto Heli Tours Inc.** 2 : Toronto Island Airport, Toronto Islands, tel. 416-203-3280, 1-888-445-8542, www.helitours.ca. Downtown Toronto vanaf een hoogte van 600 m!

Boottochten – **Mariposa Cruises** 3 : 207 Queen's Quay W., Queen's Quay Terminal, tel. 416-203-0178, 866-627-7672, www.mariposacruises.com, mei-eind okt. Boottochten naar de Toronto Islands en andere bestemmingen (zie ook Actief blz. 114).

Historische boottocht – **The Tall Ship Kajama** 4 : 235 Queen's Quay W., Suite 111, aan het meer, tel. 416-260-6355, 1-800-267-3866, www.tallshipcruisestoronto.com, half juni tot sept. Tochten met een historisch zeilschip of raderstoomboot op Lake Ontario.

Tip

TRENDY PLEISTERPLAATS RONCESVALLES VILLAGE

Sinds een paar jaar ligt ten westen van West Queen West (dat wil zeggen ten westen van Lansdowne Ave.) aan Queen Street West een nieuwe trendy wijk, Roncesvalles Village (www.roncesvallesvillage.ca). De neighbourhood stond vroeger ook wel bekend als Little Poland; in september vindt hier jaarlijks het door duizenden mensen bezochte Polish Festival plaats. De gezellige pianobar **Gate 403** 8 zet hier de toon. De nieuwste generatie kunstenaars van Toronto treft elkaar hier bij nacho's, steaks en loempia's. 's Avonds treden van een glansrijke toekomst dromende solisten, bijzondere indiebands en hele swingorkesten op (403 Roncesvalles Ave., tel. 416-588-2930, www.gate403.com).

Toronto

In de zomermaanden kunt u de eilanden bij Toronto per kajak verkennen en daarbij genieten van een spectaculair uitzicht op de stad

Kajakken – **Harbourfront Canoe and Kayak Centre Toronto** 5 : 283A Queen's Quay W., aan het meer, tel. 416-203-2277, 1-800-960-8886, www.paddletoronto.com. Kajak- en kanocursussen. Ook tochten met gids.

Evenementen

Inside Out Toronto Lesbian & Gay Film & Video Festival: 10 dagen eind mei/begin juni, www.insideout.ca/initiatives/toronto. Canada's grootste homo-filmfestival.

Luminato Festival of the Arts and Creativity: 16 dagen in juni, www.luminatofestival.com. De hele stad wordt een groot openluchtpodium waarop muzikanten, dansers en andere artiesten laten zien wat ze kunnen.

Toronto Pride Week: 6 dagen eind juni, www.pridetoronto.com. Meer dan een miljoen mensen bezoeken de jaarlijkse gay parade en de vele feesten van Toronto's lhbt-gemeenschap.

Toronto Downtown Jazz Festival: 10 dagen eind juni/begin juli, www.torontojazz.com. Een van de beste jazzfestivals van Noord-Amerika trekt topmuzikanten uit de hele wereld.

Toronto International Dragon Boat Race Festival: 2 dagen eind juni, www.dragonboats.com. De wedstrijd met kleurrijke drakenboten voor de Toronto Islands vormt het hoogtepunt van het festival van de Chinese gemeenschap.

Caribana: 14 dagen eind juli/begin augustus, www.caribanatoronto.com. Noord-Amerika's grootste Caraïbische carnaval trekt met over heel Downtown verspreide optochten, feesten en concerten jaarlijks miljoenen bezoekers.

Toronto International Film Festival (TIFF): 9 dagen half september, www.tiff.net. Tijdens dit glamoureuze evenement gaan films in première en laten grote en kleine sterren zich aan het publiek zien.

Aboriginal Festival: 3 dagen eind novem-

Adressen

ber, www.fortyork.ca. Canadese indianen doen met powwows, danswedstrijden en films van zich spreken in **Fort York** (zie website voor locaties).

Cavalcade of Lights: adventstijd (vier weken voor Kerstmis), www.toronto.ca. De Torontonians bereiden zich met lichtshows, vuurwerk, feesten op de schaats en gezellige straatverlichting voor op het kerstfeest.

Vervoer

Vliegtuig: Lester B. Pearson International Airport (terminals 1, 3 tel. 416-247-7678, www.torontopearson.com) ligt in het noordwesten van het Metropolitan Area en verwerkt jaarlijks dertig miljoen reizigers. Pearson is met het openbaar vervoer goed te bereiken. De meeste grote hotels in Downtown Toronto zijn bereikbaar met shuttlebussen, die passagiers in 30-50 min. bij hun hotel afzetten (ca. $ 40-60 per persoon). De **Union Pearson Express** (tel. 416-869-3600, www.upexpress.com) verbindt terminal 1 met Union Station in Downtown, met tussenstops op de stations Bloor en Weston. De trein vertrekt elke 15 min., de rit duurt 25 min. en kost $ 12 ($ 9 met de Prestocard, www.prestocard.ca). Het snelste, en vanzelfsprekend duurste, is een taxi. De meeste taxibedrijven hanteren een vast tarief, dat momenteel voor een enkele reis ongeveer $ 60 bedraagt.

Trein: de treinen van **VIA Rail** (tel. 1-888-842-7245, www.viarail.ca) rijden van **Union Station** (65 Front St. W.) naar het oosten, westen en naar de Verenigde Staten. Union Station staat via de metro in verbinding met de rest van de stad. Treinkaartjes kunt u eenvoudig bestellen via de website.

Bus: Greyhound Canada (tel. 416-367-8747, 1-800-661-8747, www.greyhound.ca) verbindt Toronto met de rest van het land en de Verenigde Staten. Het **busstation** ligt op de hoek van Bay en Edward Streets en is geopend van 5 tot 1 uur.

Huurauto: alle bekende autoverhuurbedrijven hebben een vestiging op de luchthaven.

Vervoer in de stad

Met eigen (huur)auto: het *rushhour* (spitsuur) 's morgens en 's middags en het chronische gebrek aan parkeerplaatsen maken een verkenning van de stad met eigen vervoer een vermoeiende aangelegenheid. U doet er verstandiger aan zich met de metro, per bus of te voet door Downtown te verplaatsen.

Openbaar vervoer: de **Toronto Transit Commission (TTC)** verzorgt het ov in Groot-Toronto met bussen, trams en metro (www.ttc.ca). Een kaartje voor de metro (ma.-za. 6-1.30, zo. 9-1 uur) kost $ 3,25 en is ook geldig in bussen en trams. Een dagkaart (Day Pass) kost $ 12,50, een Weekly Pass $ 43,75. Kinderen tot en met 12 jaar reizen gratis.

Taxi's: taxi's zijn er in de stad in overvloed, maar ze zijn niet goedkoop. U kunt telefonisch een taxi bestellen of er op straat een aanhouden. De meter heeft als eerste aanslag $ 3,75. Na elke 190 meter of 31 seconden (bij verkeerslichten, file en dergelijke) wordt daar $ 0,25 bij opgeteld.

SWIFT
Moosonee
Thunder Bay
Sault Ste. Marie
Ottawa
Toronto
Niagara Falls

Hoofdstuk 2

Ontario

De bewoners van Ontario beschouwen zichzelf allereerst als Canadezen en pas dan als Ontarians. TROC (The Rest Of Canada) vindt Ontario behoudend, liberaal, kleinburgerlijk en/of toekomstgericht. Waarschijnlijk is Ontario van alles een bétje – en daarmee typisch Canadees. In ieder geval is Ontario de dichtstbevolkte (14 miljoen inwoners) en de rijkste provincie van het land. Hoewel een derde van alle Canadezen in deze provincie woont, is Ontario allerminst overbevolkt. Met een oppervlakte van 1,07 miljoen km² is Ontario groter dan Spanje en Frankrijk samen!

De naam – ontario is een Irokees woord dat 'glinsterend water' betekent – is goed gekozen: de provincie herbergt circa 250.000 meren en 60.000 rivieren. Deze liggen met name in het dunbevolkte noorden, waartoe 80% van de provincie gerekend wordt, al snel drie uur rijden ten noorden van Toronto. Het voor de landbouw ongeschikte landschap met zijn vele bossen en meren behoort tot het Canadian Shield. Deze wildernis ten noorden van Lake Huron en Lake Superior is een paradijs voor natuurliefhebbers. Slechts 20% van de Ontarians woont hier, de overige 80% is gehuisvest in het zuiden, en dan voornamelijk in de vruchtbare driehoek tussen Lake Ontario, Lake Erie en Lake Huron. Hier ligt met de zogeheten 'Golden Horseshoe' het dichtstbevolkte deel van het land.

Talrijke natuurgebieden, zoals het ruige Pukaskwa National Park aan Lake Superior, het schilderachtige Killarney Provincial Park aan de Georgian Bay en het in het zuidelijkste puntje van Canada gelegen Point Pelee National Park, tonen de rijkdom van de Canadese flora en fauna. Het Algonquin Provincial Park is hét symbool van de woeste natuur van Canada, en met de Niagara Falls heeft de provincie een van de beroemdste natuurlijke wereldwonderen in huis. Minder bekend is dat Ontario het decor vormde van enkele spannende episodes uit de Canadese geschiedenis.

In de Georgian Bay met zijn dertigduizend eilanden en eilandjes vinden avontuurlijke peddelaars nog eenzame, romantische plekjes

In een oogopslag: Ontario

Hoogtepunten

Niagara Falls: de wereldberoemde waterval, al miljoenen malen op de foto gezet, is de reis zeker waard (zie blz. 148).

Algonquin Provincial Park: met zijn elanden en beren is dit provinciaal park drie uur ten noorden van Toronto Ontario's ultieme natuurpark (zie blz. 180).

Ottawa: de Canadese hoofdstad herbergt de meeste nationale musea van het land (zie blz. 200).

Killarney Provincial Park: het provinciaal park aan de noordrand van de Georgian Bay is een van de mooiste in Oost-Canada (blz. 217).

Fort William: de grootse reconstructie van een pelshandelsfort neemt u mee naar de tijd van de pelsjagers en indianen in het ooit zo woeste noordwesten (zie blz. 223).

Fraaie routes

Niagara Parkway: Winston Churchill vond de weg van Niagara-on-the-Lake naar de Niagara Falls de mooiste van de hele wereld (zie blz. 147).

Route 87 van St. Jacobs naar Elora: hier rijden behalve auto's ook mennonieten in koetsjes op de weg (zie blz. 165).

Thousand Islands Parkway van Gananoque naar Malllorytown: onderweg kijkt u uit over beboste eilandjes met mooie cottages in de St. Lawrence River (zie blz. 195).

Trans-Canada Highway van Ottawa naar Kenora: de TCH is een doel op zich – vrijwel geen tegenliggers, imposante landschappen en een schitterende route (zie blz. 212).

Tips

Queenston Heights Restaurant: het uitzicht vanuit de sfeervolle eetzaal over het groen van het glooiende Niagara Escarpment is spectaculair (zie blz. 148).

Niagara Glen Nature Area: het grillige rotslandschap geeft een indrukwekkend beeld van de kracht waarmee de Niagara River het landschap heeft gevormd (zie blz. 148).

Point Pelee National Park: tijdens een wandeling tussen de wilde vijgen- en walnotenbomen waant u zich ver in het zuiden (zie blz. 156).

Actief

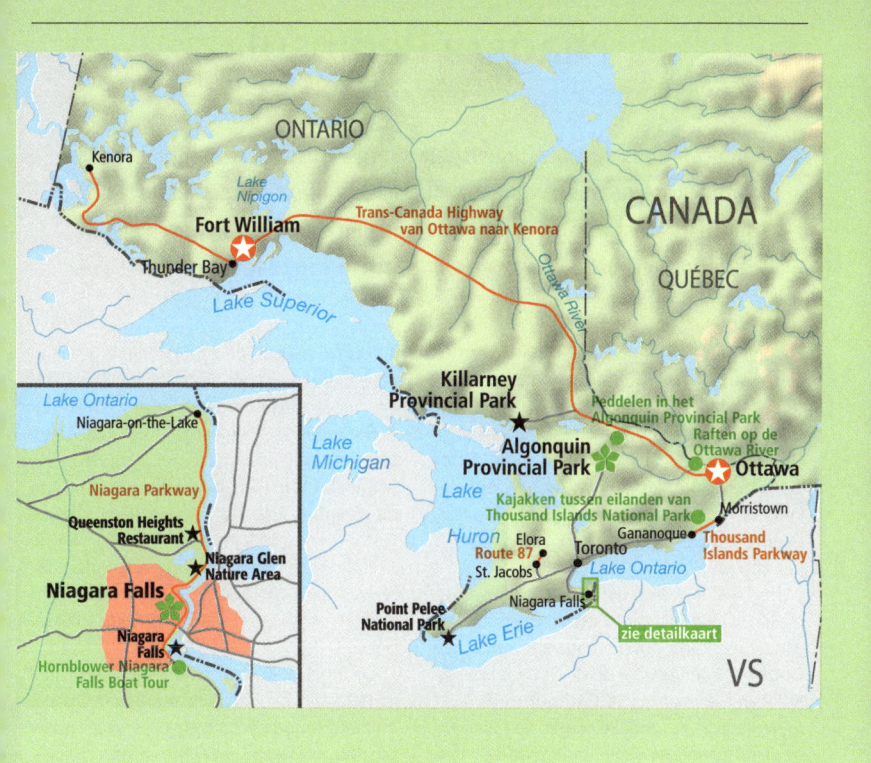

Hornblower Niagara Falls Boat Tour: een boottocht door de kolkende hel is het absolute hoogtepunt van elk bezoek aan de Niagara Falls (zie blz. 152).

Peddelen in het Algonquin Provincial Park: de meerdaagse tocht is een onvergetelijke ervaring, waarbij de roep van de ijsduiker in de schemer een hoofdrol speelt (zie blz. 182).

Kajakken in het St. Lawrence Islands National Park: de beste manier om de betovering van deze bijzondere wereld te ondergaan (zie blz. 196).

Raften op de Ottawa River: wildwatervaren op de Ottawa River, die bij Beachburg prat gaat op de heftigste stroomversnellingen ten oosten van de Rocky Mountains, is een spetterende bedoening (zie blz. 213)

Niagara Peninsula

Een grandioos natuurschouwspel, een toeristische bedoening – beide kwalificaties gaan op voor de Niagara Falls, maar dat maakt deze plek des te interessanter. Op enige afstand van de waterval liggen enkele pareltjes verborgen, zoals de wijngaarden van Niagara-on-the-Lake.

Tijdens de eerste etappe van de rondrit in Ontario hebt u al meteen een hoogtepunt te pakken: het **Niagara Peninsula**. Om dit te bereiken, neemt u in Toronto de zesbaans QEW (Queen Elizabeth Way) rond de dichtbevolkte oever van Lake Ontario in zuidelijke richting. De rit van 130 km naar de Niagara Falls kunt u per auto in zo'n anderhalf uur afleggen.

Het is echter leuker om een kleine omweg te maken via het plaatsje **Niagara-on-the-Lake** aan de monding van de Niagara River in Lake Ontario. U komt er door op de QEW een van de afslagen even voorbij **St. Catharines** (▶ F 12) te nemen. De secundaire wegen voeren door een landschap met oude bomen, weidse wijngaarden en talloze fruitbomen. Dit is de bekendste wijnstreek van Canada.

Als u een stressloos bezoek aan de Niagara Falls voor ogen hebt, kunt u overwegen te overnachten in Niagara-on-the-Lake. Vanuit het iets zuidelijker gelegen **Queenston Heights Park** – waar u de auto kunt laten staan – zijn de waterval en een aantal andere interessante plekken gemakkelijk te bereiken met bussen van **WeGo**, die elke 20 minuten vertrekken (www.wegoniagarafalls.com, dagkaart $ 7,50).

Niagara-on-the-Lake
▶ F 11

Kaart: zie blz. 145; **kaart:** rechts
Niagara-on-the-Lake **1** (16.300 inw.) bezit nog de charme van zijn victoriaanse verleden. De parken, de keurige villa's, waarvan vele dienstdoen als B&B, stijlvolle winkels en goede restaurants in historische panden langs Queen Street zijn niet alleen een lust voor het oog, maar ook historisch belangwekkend. Het sfeervolle plaatsje aan de monding van de Niagara River in Lake Ontario werd in 1791, na het einde van de Amerikaanse Onafhankelijkheidsoorlog, als Newark gesticht door koningsgetrouwe loyalisten en was korte tijd hoofdstad van Upper Canada.

De ingebruikname van het Welland Canal in 1829, dat niet langs Niagara-on-the-Lake en het stroomopwaarts gelegen Queenston voerde, betekende het einde van de scheepswerven. Sindsdien vormen het toerisme en sinds de jaren 70 ook de wijnbouw de belangrijkste pijlers onder de lokale economie.

Fort George National Historic Site **1**
www.pc.gc.ca/fortgeorge, mei-okt. dag. 10-17 uur, anders alleen za., zo., gratis toegang
Tijdens de Oorlog van 1812 legden Amerikaanse troepen het op de westelijke oever gelegen plaatsje in de as, maar de inwoners bouwden de huizen snel weer op. Het in 1797-1802 gebouwde **Fort George** werd in 1813 door de Amerikanen bezet en verwoest.

Het fort is herbouwd en biedt een interessante blik in het leven van een soldaat rond 1812. Engelse *redcoats* exerceren op de maat van de trommelslager, de commandant houdt stafoverleg, keukenmeiden zijn aan het werk in de kookbarak …

Niagara-on-the-Lake

Court House [2]
26 Queen St.
Queen Street, de hoofdstraat, ademt een sfeer van 'merry old England'. Parken met statige zwanen, mooie woonhuizen in bouwstijlen die in de 19e eeuw modern waren en prachtige villa's, omringd door strakke Engelse gazons – de straat doet in alles denken aan het vroegere vaderland. Bezienswaardig is het uit rood baksteen opgetrokken, drie verdiepingen tellende **Court House** uit 1847, dat later dienstdeed als raadhuis. Tegenwoordig herbergt het, net als het politiebureau en de bibliotheek, een van de drie theaters van het beroemde Shaw Festival.

Niagara Apothecary Shop [3]
5 Queen St., www.niagaraapothecaryshop.ca, half mei-Labour Day, dag. 12-18 uur, gratis
Heel trots is men hier op de replica van de **Niagara Apothecary Shop** met zijn glanzende walnotenhouten toonbank en de lange rijen antieke glazen potten waarin alle poedertjes werden bewaard die destijds genezing moesten brengen. De apotheek, die in bedrijf was van 1820 tot 1964, is een van de oudste van Canada. Toen de winkel in 1971 in gebruik werd genomen als museum heeft men het interieur teruggebracht in de staat van 1869.

Niagara Historical Society Museum [4]
43 Castlereagh St./hoek Davy Street, www.niagarahistorical.museum, mei-okt. dag. 10-17, anders dag. 13-17 uur, volwassenen $ 5, kinderen $ 1
Het kleine, maar interessante museum informeert bezoekers over de stichters van dit stadje, de zogeheten United Empire Loyalists. Ook de oorlog van 1812 komt uigebreid aan bod.

McFarland House [5]
15927 Niagara Parkway, tel. 905-468-4943, volwassenen $ 6,25, kinderen 6-12 jaar $ 4,05
McFarland House, een bakstenen georgian gebouw uit 1800, ligt even buiten Niagara-on-the-Lake aan de Niagara Parkway. In het park dat het omringt, kunt u heerlijk picknicken. Het huis, dat is ingericht met empiremeubels, geeft de bezoeker een impressie van het alledaagse leven van de Canadese gegoede klasse aan het begin van de 19e eeuw.

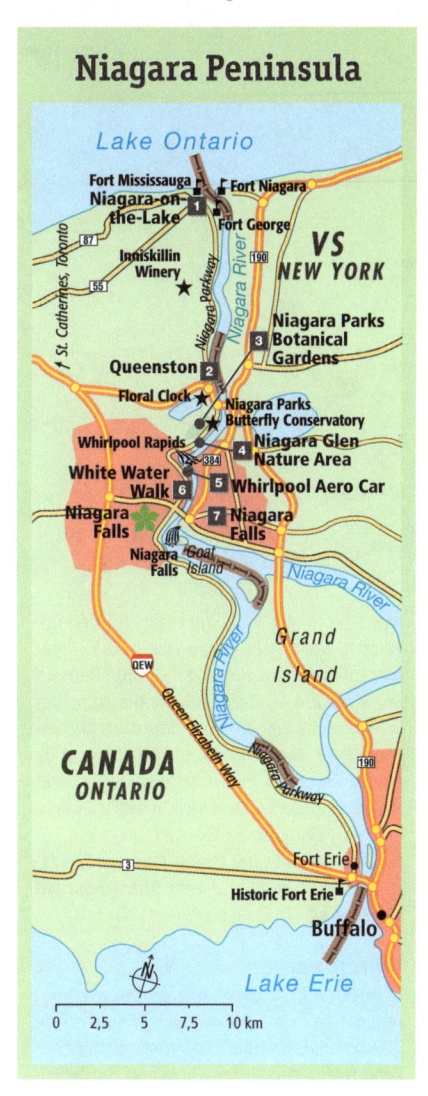

Shaw-Festival
Een grote publiekstrekker is het **Shaw-Festivals**, dat sinds 1962 jaarlijks wordt gehouden en dat tot over de landsgrenzen een goede

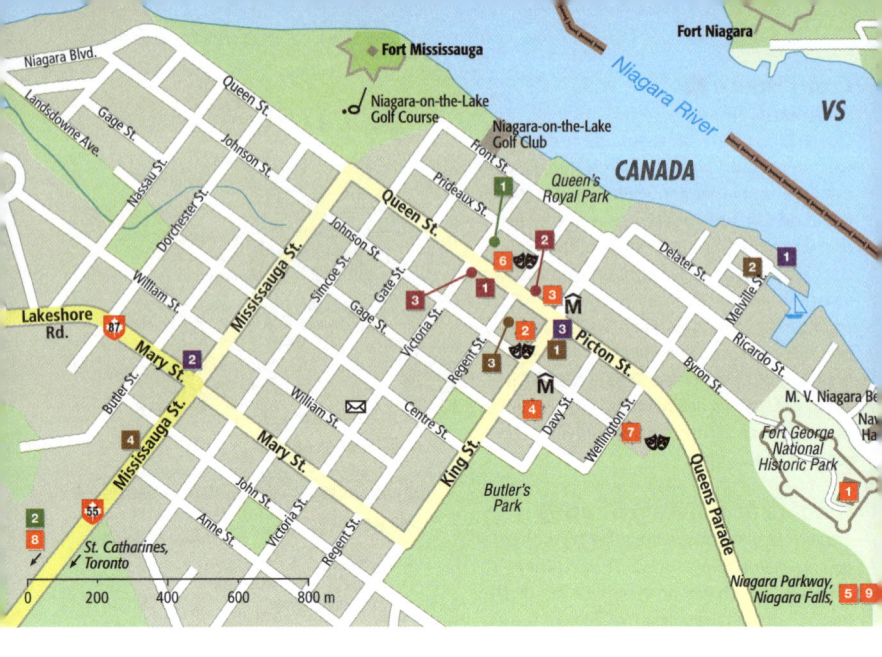

reputatie geniet. Van eind maart tot half november worden er iedere dag in drie theaters stukken opgevoerd van George Bernard Shaw en zijn tijdgenoten. Dit betekent dat er tijdens dit negen maanden durende seizoen meer dan achthonderd stukken op de planken worden gebracht. Het begon met Shaws *Candida* en *Don Juan* in een zaaltje in het verbouwde **Court House** (zie boven). Later kwamen hier het **Royal George Theatre** 6 (85 Queen St.) en het **Shaw Festival Theatre** 7 (10 Queen's Parade) bij.

Wijngoederen

In de jaren 70 ontdekten Europese wijnboeren dat het vochtig-warme klimaat en de grond van het Niagara Peninsula zich uitstekend leenden voor de wijnbouw. Sindsdien zijn niagarawijnen zeer in trek bij wijnkenners. Bij het merendeel van de wijngoederen hier kunt u deelnemen aan een gratis *wine tasting* en een rondleiding over het wijngoed. Tot de wijnpioniers behoren de **Trius Winery at Hillebrand** 8 (1249 Niagara Stone Rd., tel. 905-468-7123, www.triuswines.com), met een mooi café-restaurant, en het wijngoed **Inniskillin** 9 (Niagara Parkway, tel. 905-468-2187, www.inniskillin.com), dat met name bekendstaat om zijn goede ijswijn. Deze werd meerdere malen bekroond en zette het Niagara Peninsula op de kaart als wijnregio.

Informatie

Niagara-on-the-Lake Chamber of Commerce: 26 Queen St., tel. 905-468-1950, Fax 905-468-4930, www.niagaraonthelake.com, mei-okt. dag. 10-19.30, anders dag. 10-17 uur. Informatie, gratis bemiddeling bij het vinden van accommodatie.

Accommodatie

Eerbiedwaardig – **Prince of Wales Hotel** 1 **:** 6 Picton St., tel. 905-468-3246, 1-888-669-5566, www.vintage-hotels.com. Gerenommeerd hotel (sinds 1864) met victoriaanse ambiance, maar voorzien van moderne voorzieningen, zoals een spa en een binnenzwembad. Chic restaurant waar streekwijnen op tafel komen. 2 pk $ 300-450 (laagseizoen $ 170-350).

Jong publiek – **King George III Inn** 2 **:** 61 Melville St., tel. 905-468-4800, 1-888-438-4444, www.thegeorge3.ca. Eenvoudig hotel

Niagara-on-the-Lake

Bezienswaardig
1. Fort George
2. Court House
3. Niagara Apothecary Shop
4. Niagara Historical Society Museum
5. McFarland House
6. Royal George Theatre
7. Shaw Festival Theatre
8. Trius Wines at Hillebrand
9. Wijngoed Inniskillin

Accommodatie
1. Prince of Wales Hotel
2. King George III Inn
3. Olde Angel Inn
4. 1818 Rising Sun B & B

Eten en drinken
1. The Epicurean Restaurant & Bistro
2. Corks Winebar & Eatery
3. Shaw Café & Wine Bar

Winkelen
1. Angie Strauss Art Gallery
2. Outlet Collection at Niagara

Actief
1. Whirlpool Jet Boat Tours
2. Zoom Leisure
3. Sentineal Carriages

---

met een doorlopend balkon rondom en uitzicht op de rivier. Gezellige kamers, alle bezienswaardigheden liggen op loopafstand. Whirlpool Jet Boat Tours kunnen ter plaatse gereserveerd worden. 2 pk $ 110-140.

Kleine kamers – **Olde Angel Inn 3 :** 224 Regent St., tel. 905-468-3411, www.angel-inn.com. Historische herberg uit 1825. Restaurant, pub, gezellige kamers, mooie wintertuin. In trek bij bezoekers van het Shaw Festival; 's zomers is reserveren noodzakelijk. 2 pk $ 90-230.

Betoverend – **1818 Rising Sun B & B 4 :** 519 Mississauga St., tel. 855-201-7819. Schattig klein hotel in de buurt van de Jackson Triggs Winery en het terrein van het Shaw Festival. Mooie tuin om te relaxen. 2 pk $ 90-120.

Eten en drinken

Alles vers – **The Epicurean Restaurant & Bistro 1 :** 84 Queen St., tel. 905-468-3408, www.epicurean.ca, in de zomer dag. 17-21, in de winter wo.-zo. 17-21 uur (in verband met toneelvoorstellingen reserveren voor diner tussen 17.30 en 19 uur). Keurig, modern restaurant met besloten patio, in trek bij theaterpubliek. Creatieve keuken met Californische, Franse en Thaise invloeden. De zalm met sambal en citroengras verdient aanbeveling. Voorgerecht $ 6-14, hoofdgerecht $ 21-45.

Relaxed – **Corks Winebar & Eatery 2 :** 19 Queen St., tel. 289-868-9527, www.corksniagara.com, in de zomer zo.-do. 11-20, vr., za. 11-1 uur. Drukbezocht eettentje met terras en een prima keuken, na 16 uur een grote keuze aan tapa's en altijd een ruim aanbod lokale wijnen en bieren. In mei en juni in het weekend ook theaterdiners. Voorgerecht $ 6-14, hoofdgerecht $ 18-28.

Mensen kijken – **Shaw Café & Wine Bar 3 :** 92 Queen St./hoek Victoria St., tel. 905-468-4772, www.shawcafe.ca, dag. 11-23 uur. Op Europese leest geschoeid caférestaurant met een fraai terras, vanwaar bezoekers uitkijken over Queen Street. De mediterrane fusioncuisine sluit mooi aan bij het theaterthema. Aanraders zijn hier prosciutto met cantaloupemeloen, gevolgd door basilicumlinguine. Voorgerecht $ 12-15, hoofdgerecht $ 15-23.

Winkelen

De meeste galeries, antiekzaken en kledingwinkels liggen aan Queen Street en in de zijstraten. Het is er niet goedkoop; koopjesjagers kunnen beter shoppen in Niagara Falls.

Bloemstillevens – **Angie Strauss Art Gallery 1 :** 178 Victoria St., tel. 905-468-2570, www.angiestrauss.com. Angie schildert en ontwerpt kleding. Ze laat zich vooral inspireren door de zomerse bloemenpracht van Niagara-on-the-Lake.

Outletshopping – **Outlet Collection at Niagara 2 :** 300 Taylor Rd., tel. 905-687-6777, www.outletcollectionatniagara.com, ma.-za. 10-21, zo. 10-19 uur. Canada's grootste openluchtmall met een honderdtal winkels, een foodcourt en een regionale Farmers' Market.

Niagara Peninsula

Sproeinevel bedekt de huid en je kunt je reisgenoot niet meer verstaan wanneer de boot het naar beneden donderende water van de Niagara Falls nadert

Actief

Boottochten – **Whirlpool Jet Boat Tours**
1 : 61 Melville St., tel. 905-468-4800, 1-888-438-4444, www.whirlpooljet.com. Wie het in Niagara-on-the-Lake wel gezien heeft, kan Hotel King George III Inn (zie blz. 144) opzoeken en aan boord gaan van een daar gereedliggende **Jet Boats**. Deze brede, solide boten zijn voorzien van een supermotor met duizenden pk's. De schipper stuurt net zo lang door de stroomversnellingen onder de Niagara Falls tot ook de allerlaatste passagier helemaal doorweekt is. Een geweldige belevenis!

Op de fiets – **Zoom Leisure** **2** : 431 Mississauga St., www.zoomleisure.com, tel. 905-468-2366, 1-866-811-6993. Fietsverhuur en fietstochten onder begeleiding van een gids, onder andere over de Parkway naar Niagara Falls en de wijngoederen in de omgeving. Van Niagara-on-the-Lake loopt een mooi fietspad langs de hoofdweg tot kort voor Niagara Falls, met idyllisch gelegen picknickplekken en prachtig zicht op de rivier en de fruit- en wijngaarden.

Per paardenkoets – **Sentineal Carriages** **3** : 6 Picton St., tel. 905-468-4943, www.sentinealcarriages.ca. U kunt het stadje ook stijlvol verkennen per paardenkoets. De ritjes door de

Niagara Parkway

Kaart: zie blz. 143

Vanaf Niagara-on-the-Lake volgt de **Niagara Parkway** over een afstand van 56 km tot aan Fort Erie (zie blz. 154) de loop van de Niagara River, die de grens markeert met de Verenigde Staten. De weg voert door een ongekend mooi gebied: wijngaarden, boomgaarden, oude bomen langs de rivieroever, uitzicht op de Niagara Gorge, een diepe kloof die is uitgesleten door de Niagara. Langs de weg zijn ook historische gebouwen en monumenten te zien. Wie de Parkway zo nu en dan even verlaat, zal nog meer wijngaarden ontdekken. De streek is op zijn mooist in april en mei, wanneer de appel-, kersen- en perzikbomen in bloei staan. Het landschap dat deze weg doorsnijdt is, anders dan de Amerikaanse oever, al sinds 1885 een beschermd natuurgebied onder beheer van de Niagara Parks Commission – een reactie op de klachten die toen al veelvuldig werden geuit over de oprukkende vercommercialisering van de waterval.

Queenston ▶ F 12

Na ongeveer een kwartier rijden bereikt u het dorpje **Queenston** 2, dat verscholen ligt achter eiken en iepen. Hier kunt u de **Mackenzie Heritage Printery** bezoeken, een drukkerijmuseum dat tot de verbeelding spreekt. Het is gevestigd in de historische woning van Wiliam Lyon Mackenzie, uitgever en redacteur van de toenmalige *Colonial Advocate*. Deze man, een radicaal-democratisch hervormer, stond aan het hoofd van de opstand van 1837 (1 Queenston St., tel. 905-262-5676, begin mei-begin sept. dag. 10-17 uur, volwassenen $ 6,25, kinderen 6-12 jaar $ 4,05).

Het 64 m hoge **Brock's Monument**, dat tussen 1853 en 1856 werd opgericht op het hoogste punt van het **Queenston Heights Park**, herinnert aan de succesvolle generaal Isaac Brock, die hier 1812 in de strijd tegen de Amerikanen om het leven kwam. De top van deze overwinningszuil – een 250 treden tellende trap voert naar een smal uitkijkpunt – biedt een weids panorama dat de Niagara River, Lake Ontario en het Niagara Escarpment

---

oude stad en langs het Waterfront beginnen bij het Prince of Wales Hotel. halfuur $ 80, drie kwartier $ 115, uur $ 145.

Evenementen

Het **Shaw Festival** (www.shawfest.com) neemt een prominente plek in op de kalender van de stad. Maar er is nog veel meer te doen, bijvoorbeeld op de omringende wijngoederen. Zo wordt elk jaar in de eerste week van augustus het **Trius Jazz at the Winery** gehouden. Wilt u weten wat er te doen is, raadpleeg dan de website van de Chamber of Commerce (zie blz. 144).

omvat (mei-okt. dag. 10-17 uur, volwassenen $ 4,50, kinderen 6-16 jaar $ 3,50).

Bent u hier rond het middaguur, laat dan niet na de lunch (met uitzicht) te gebruiken in het **Queenston Heights Restaurant**, dat aan de rand van het ravijn ligt (14184 Niagara Parkway, dag. vanaf 10 uur tot de schemering, gratis toegang).

Actief

Boottochten – **'MV Niagara Belle'**: 55 River Frontage Rd., Queenston, tel. 905-468-4800, www.niagarasunsetcruises.com. Tochten op de Niagara River langs schilderachtige oevers en historische vestingwerken aan beide kanten van de grens.

Niagara Parks Botanical Gardens 3

2405 Niagara Parkway, half okt.- mrt. dag. 10-16, apr.-juni 10-17, juli-sept. 10-19, sept.- begin okt. 9-17 uur, in het weekend langer, volwassenen $ 14,25, kinderen $ 9,25

Niet ver ten zuiden van Queenston kunnen bezoekers in de **Niagara Parks Botanical Gardens** wandelen te midden van verzorgde bloemperken en in een kleine bomentuin. In de buurt ligt ook de glazen koepel van de modern ingerichte **Niagara Parks Butterfly Conservatory**. In een tropisch regenwoud fladderen zo'n tweeduizend exotische vlinders. Er zijn zelfs soorten bij die kunnen zwemmen.

Niagara Glen Nature Area 4

Wandelpaden met een gezamenlijke lengte van ongeveer 4 km slingeren zich door de zeven millennia geleden ontstane, doorkliefde slenk met zijn imposante, als door reuzenhanden door elkaar gegooide zandsteenrotsen. Slechts weinig toeristen nemen de moeite dit bijzondere stukje wildernis met zijn fraaie loofbomen en wilde bloemen te verkennen.

Whirlpool Aero Car 5

3850 Niagara Pkwy., half mrt.-eind juni dag. 10-17, eind juni-eind aug. 9-20, sept.-eind van het seizoen 10-17 uur, 's zomers in het weekend langer, volwassenen $ 14,25, kinderen $ 9,25

Een kilometer verder naar het zuiden maakt de 137 m brede Niagara Gorge plotseling een loodrechte hoek. Hier is een kabelbaan aangelegd boven het wit schuimende water, dat heel toepasselijk Whirlpool wordt genoemd. De **Whirlpool Aero Car** is in 1913 door een Spaanse ingenieur gebouwd als toeristenattractie. Ook als u een tochtje in de ouderwetse rode gondel liever aan u voorbij laat gaan, loont het uitzicht over de diep uitgesneden kloof de moeite van de tocht erheen.

White Water Walk 6

4330 Niagara Parkway, apr.-half nov., volwassenen $ 12,25, kinderen $ 8

Zo'n 2 km verderop in zuidelijke richting voeren een lift en een tunnel vanaf de Whirlpool Bridge omlaag naar de **White Water Walk**, een 300 m lang traject op houten plankieren langs stroomversnellingen. Bij de twee met trappen bereikbare uitkijkpunten bent u heel vlak bij het schuimende water.

❋ Niagara Falls ▶ F 12

Kaart: zie blz. 150; **kaart:** zie blz. 143

De Niagara River, die Lake Erie en Lake Ontario met elkaar verbindt, is nog geen 60 km lang, maar bereikt een stroomsnelheid van wel 50 km/h en is daarmee een van de kortste en snelststromende rivieren ter wereld. Zo'n twaalfduizend jaar geleden stortte de grote waterval, die de indianen *niagara*, 'donderend water' noemden, omlaag bij Queenston, nu 11 km stroomafwaarts van de waterval.

De scherpe daling van de bedding van de Niagara River is ontstaan door terugtrekkende gletsjers. Sindsdien is de waterval door de eroderende kracht van het water steeds verder zuidwaarts komen te liggen. Tijdens deze reis is de diepe Niagara Gorge in de rivierbedding uitgesleten. Zijn 'wandeling' van ongeveer een meter per jaar is de laatste jaren teruggelopen tot slechts 10 cm. Dit komt doordat tegenwoordig een groot deel van de Niagara River boven de waterval wordt afgebogen naar een energiecentrale. Toch

Avonturiers van de Niagara

Sinds de 19e eeuw oefenen de Niagara Falls een grote aantrekkingskracht uit, en niet alleen op toeristen. Een bonte stoet sensatiezoekers, avonturiers en waaghalzen heeft met gevaar voor eigen leven geprobeerd de waterval te bedwingen. Sommigen konden het navertellen, anderen zijn nooit teruggevonden.

De moeder aller stuntvrouwen: Annie Edson Taylor

Op de vraag waarom ze zich in dit avontuur storten, halen ze de schouders op en geven ze het antwoord dat we kennen van bergbeklimmers: 'Omdat hij er nu eenmaal is …' De waterval werd in 1859 voor het eerst overgestoken door een Franse koorddanser, bijgenaamd '**de grote Blondin**', die met een fietsje naar de overkant reed. De volgende keer nam hij een gasstelletje mee op het wiebelige koord, bakte op grote hoogte een omelet en nuttigde die onder het genot van een glaasje wijn. Tot besluit nam hij zijn agent op zijn rug en droeg hij hem over de donderende waterval. Deze actie vormde het startschot voor alsmaar gewaagdere stunts.

Anna Edson Taylor, een danseres uit Michigan, liet zich in 1901 als eerste in een ton naar beneden storten. Zij deed dit niet geheel vrijwillig – op het laatste moment wilde ze er toch van afzien, maar haar begeleiders sneden de touwen door. Ze overleefde de val. In haar kielzog waagden tal van mensen, vaak in de vreemdste bakken en tonnen, de sprong – soms met dodelijke afloop. In 1920 liet **Charles Stephens** zich vastbinden in een houten vat. Na de val restte er van hem niets meer dan zijn rechterarm. **George Stathakis**, een Griekse ober, stikte in 1930 nadat zijn ton veertien uur lang was blijven steken.

Dit soort risicovolle avonturen zijn sinds 1912 verboden, maar de politie moet nog regelmatig in actie komen om waaghalzen van hun voornemen af te houden. Sommigen willen zo graag in de publiciteit komen dat ze de hoge straffen voor lief nemen. **David Munday**, een Canadese automonteur, is in 1985 in een dubbelwandige, versterkte metalen ton naar beneden gestort. Hij was de zevende die de val overleefde en kwam ervan af met een boete van $ 500. In 1990 werd de boete verhoogd naar $ 10.000, maar de echte *dare devils* doet dat weinig. David Munday bracht in 1993 ook een tweede val tot een goed einde. **Jessie Sharp** uit Tennessee had in 1989 minder geluk. Hij probeerde het met een kajak en verdween spoorloos. In 1995 liet **Steven Trotter**, een barman uit Rhode Island, zich voor de tweede keer omlaag storten, ditmaal vergezeld door zijn partner **Lori Martin**, een serveerster uit Georgia. Zij vormden het eerste stel dat gezamenlijk overleefde. En in 2012 stak acrobaat **Nik Wallenda** de waterval op een koord over van Amerika naar Canada.

Er zijn naast vele waaghalzen ook mensen die door een ongeluk in de waterval terechtkomen. Het spectaculairste voorval is dat van de zevenjarige Roger Woodward, die in 1961 na een ongeluk met een boot op de Niagara River te water raakte. De jongen, die gelukkig een zwemvest droeg, stortte 50 m omlaag langs de waterval. Door de kapitein van de *Maid of the Mist* werd hij ongedeerd uit het water gevist. Hoe de jongen het donderende inferno heeft overleefd, is tot op de dag van vandaag een raadsel.

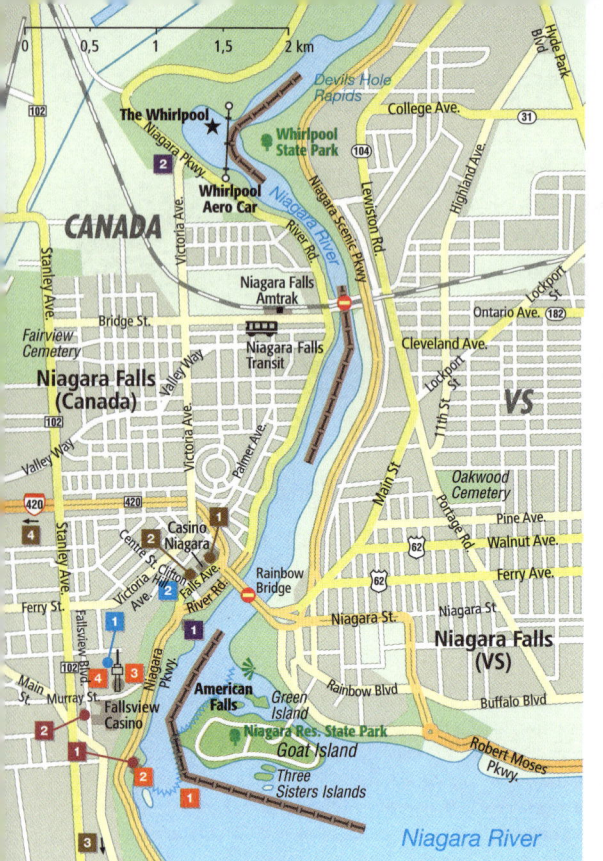

Niagara Falls

Bezienswaardig
1. Horseshoe Falls
2. Table Rock House
3. Skylon Tower
4. IMAX Theatre & Daredevil Gallery

Accommodatie
1. Crowne Plaza Hotel
2. Sheraton on the Falls
3. Niagara Falls Motor Lodge
4. Niagara Falls KOA Campground

Eten en drinken
1. Elements on the Falls
2. The Watermark

Uitgaan
1. Club Seven
2. Strike Rock N'Bowl

Actief
1. Hornblower Niagara Cruises
2. Niagara Helicopters

stroomt er elk uur tot 15 miljoen m³ water van Lake Erie via de hoefijzervormige Horseshoe Falls aan de Ontariokant en via de American Falls aan de zijde van New York State in Lake Ontario.

Aan weerszijden van de grens ligt een plaats met de naam **Niagara Falls** 7. De steden zijn via een internationale brug met elkaar verbonden. U kunt zonder problemen een uitstapje maken naar de Amerikaanse kant van de waterval, maar houd wel rekening met lange wachttijden. Beide plaatsen maken gebruik van de waterval voor het opwekken van energie en als toeristentrekker. Per jaar bezoeken zo'n twaalf miljoen toeristen het gebied. Waarom het waterspektakel zoveel stellen op huwelijksreis aantrekt, weet niemand. In ieder geval doen de talloze hotels in deze 84.000 zielen tellende stad hun best de jonge echtparen te lokken met fraaie kortingen.

De Niagara Falls zijn wereldberoemd en daar wordt op schaamteloze wijze munt uit geslagen. De carnavaleske sfeer is het ergst op **Clifton Hill** aan de Canadese zijde. Hier treft u 'bijpassende' attracties aan als **Ripley's Believe-it-or-Not, Tussaud's Waxworks** en een **Guinness World of Records Museum**. Het 53 m hoge reuzenrad **SkyWheel** op Clifton Hill troont hoog boven de stad en biedt een spectaculair uitzicht.

Gelukkig wordt de strook langs de oever beheerd door de Niagara Parks Commission en blijft in elk geval de directe omgeving van de waterval gevrijwaard van commerciële uitwassen.

Niagara Falls

Horseshoe Falls [1]

Alle toeristische drukte is bij de eerste blik op de **Horseshoe Falls** meteen vergeten. Het water dat zich schuimend en met donderend geraas over een breedte van 700 m maar liefst 54 m naar beneden stort, doet aan als een woeste oceaan. Het geluid is tot in de verre omtrek te horen. Uit het witte schuim onder aan de waterval stijgt een dichte nevel op, waarboven op zonnige dagen fraaie regenbogen ontstaan.

Table Rock Welcome Centre [2]

6650 Niagara Parkway, www.niagaraparks. com, Journey Behind the Falls 2 jan.-begin mei dag. 9-17, mei 9-18, juni-sept. 9-20, okt., nov. 9-19, dec. 9-18 uur, in het weekend langer, volwassenen $ 11,50, kinderen $ 7,50; Niagaras Fury www.niagarasfury.com, het hele jaar dag. 9-21 uur, volwassenen $ 14,55, kinderen $ 9,45

Een prachtig uitzicht op de waterval hebt u vanaf het terras van het **Table Rock Welcome Centre**, dat informeert over de stad en zijn bezienswaardigheden. Een nog intensievere belevenis is de **Journey Behind the Falls.** Een lift brengt u naar een 38 m diep in de rotsen aangelegd tunnelsysteem dat toegang biedt tot uitkijkpunten direct bij de waterval.

De nieuwste attractie in het Table Rock Welcome Centre heet **Niagara's Fury**. De Niagara Parks Commission heeft miljoenen dollars gestoken in dit 4D-spektakel, een één uur durende show met simulaties en animaties over het ontstaan van de waterval in de laatste ijstijd.

Skylon Tower [3]

5200 Robinson St., www.skylon.com, in de zomer dag. 8-24, in de winter dag. 9-22 uur, volwassenen $ 15, kinderen 3-12 jaar $ 9,20

Vanuit de **Skylon Tower** aan de rand van het Queen Victoria Park hebt u ook een prachtig uitzicht op de waterval. De 236 m hoge toren heeft een *obervation deck* en een ronddraaiend restaurant. Beneden zitten winkels, tentoonstellingen nog een aantal restaurants.

IMAX Theatre & Daredevil Gallery [4]

6170 Fallsview Blvd., www.imaxniagara. com, nov.-apr. dag. 10-16, mei, okt. dag. 9-20, juni-aug. 9-21 uur, combiticket IMAX-film en Gallery volwassenen $ 24, kinderen 4-12 jaar $ 18

De IMAX-bioscoop die grenst aan de parkeerplaats van de Skylon Tower laat met adembenemende films de geschiedenis van de waterval en zijn 'uitdagers' zien (zie Thema blz. 149). In de **Daredevil Gallery** zijn naast historische foto's ook de originele 'vaartuigen' te zien van de waaghalzen – een spannende enscenering van dit tragikomische hoofdstuk in de stadskronieken.

Informatie

Niagara Parks Commission: P. O. Box 150, Niagara Falls, ON L2E 6T2, tel. 905-356-2241, 1-877-642-7275, www.niagaraparks.com.

Niagara Falls Tourism: 6815 Stanley St., tel. 905-356-6061, 1-800-563-2557, www.niagarafallstourism.com. Het toeristenbureau biedt hulp bij het plannen van uw verblijf, het reserveren van hotelkamers of tafeltjes in een restaurant.

Met de **Niagara Falls Adventure Pass** kunt u een aantal van de beste attracties bezoeken, zoals de Butterfly Conservatory en de Journey behind the Falls. U kunt de pas online kopen (www.niagaraparks.com, volwassenen $ 57, kinderen 6-12 jaar $ 37).

Accommodatie

Niagara Falls beschikt over accommodatie in elke prijscategorie. Tijdens de Canadese schoolvakanties in juli en augustus, op feestdagen en in het weekend kan het vinden van een kamer lastig zijn; bovendien zijn veel kamers dan twee keer zo duur.

Stijlvol – **Crowne Plaza Hotel** [1] : 5685 Falls Ave., tel. 905-374-4447, 1-800-263-7135, www.niagarafallscrowneplazahotel.com. Grand hotel dat dateert uit 1920 en in 1999 werd gerenoveerd. Biedt behalve de elegantie van de jaren 20 ook een modern waterpark voor kinderen. 2 pk vanaf $ 160.

Voor avonturiers – **Sheraton on the Falls** [2] : 5875 Falls Ave., tel. 905-374-4445, 1-888-229-9961, www.sheratononthefalls.com. Modern hotel van de bekende keten, hoog boven de waterval; veel kamers met uitzicht op het natuurgeweld. 2 pk vanaf $ 150.

Niagara Peninsula

Actief

HORNBLOWER NIAGARA FALLS BOAT TOUR

Informatie
Begin: steiger van de Hornblowervloot **1**, zie kaart blz. 150
Duur: 20 min.
Informatie en boeken: Hornblower Niagara Cruises, tel. 905-642-4272, www.niagaracruises.com, apr.-nov. dag. 9-17.30 uur elk halfuur, in het hoogseizoen elk kwartier, volwassenen $ 26, kinderen 5-12 jaar $ 16
Belangrijk: de rij voor de kassa kan wel 100 m lang zijn, voor sommige afvaarten zijn online reserveringen niet geldig.

De stoere catamaran ontbreekt op vrijwel geen ansichtkaart van de waterval: dapper en overmoedig lijkt hij, omgeven door een witte nevel, zijn ondergang tegemoet te varen. De passagiers op het dek zijn gehuld in rode regenponcho's – geen overbodige luxe tijdens het spannendste onderdeel van een bezoek aan de Niagara Falls: een boottocht tot vlak bij de **Horseshoe Falls**. De passagiers gaan aan boord – tot 2013 waren het de kleine blauwe stoomboten van de legendarische *Maid of the Mist*-vloot – en trekken de bij de prijs inbegrepen regenponcho over hun hoofd. Ze proberen hun camera zo goed mogelijk te verpakken om waterschade te voorkomen. En dan vaart de boot 500 m stroomopwaarts.

Niagara Falls

De **American Falls** worden gepasseerd. Als een eindeloze rij mieren kruipen hier toeristen in felgele regencapes langs de zigzaggende trap omlaag naar de voet van de waterval, die een stuk minder indrukwekkend is. Dan baant het schip zich een weg door het onstuimige water van de Whirlpool tot vlak voor de Horseshoe Falls.

Als een onmetelijk hoge waterwand rijst deze enorme arena voor de boeg op en algauw wordt de boot aan drie zijden door water omgeven. Het geraas van het neerstortende water maakt ieder gesprek onmogelijk. Er dalen zulke hevige buien op de passagiers neer dat iedereen zich in een reusachtige wasstraat waant.

De *Hornblower* nadert de waterwand steeds meer, maar niemand hoeft zich zorgen te maken – de kapitein verstaat zijn vak! Hij keert pas naar de aanlegplaats terug als ook de allerlaatste passagier op zijn minst natte voeten heeft.

Goed en voordelig – **Niagara Falls Motor Lodge** 3 : 7950 Portage Rd., tel. 905-295-3569, www.niagarafallsmotorlodgeontario.com. Voordelige accommodatie met zwembad, bar en restaurant op 2,5 km van de waterval. 2 pk vanaf $ 100.

Camping – **Niagara Falls KOA Campground** 4 : 8625 Lundy's Lane, tel. 905-356-2267, 1-800-562-6478, www.koa.com/campgrounds/niagara-falls-ontario. Tien minuten rijden ten westen van de waterval. Binnen- en buitenbad, activiteiten, theaterdiners op het terrein.

Eten en drinken

De vele fastfood- en afhaalrestaurants (*take-outs*) in Niagara Falls dragen bij aan de toeristische uitstraling van deze stad. Goede restaurants zijn schaars, maar er zijn gelukkig enkele uitzonderingen.

Dichterbij is niet mogelijk – **Elements on the Falls** 1 : 6650 Niagara Parkway (bij de Horseshoe Falls), tel. 905-354-3631, wisselende openingstijden. Canadese en internationale keuken, fascinerend uitzicht op de waterval. Voorgerecht $ 8-22, hoofdgerecht $ 19-22.

Eten is slechts bijzaak – **The Watermark** 2 : 6361 Fallsview Blvd. (in het Hilton), tel. 905-353-7138, wisselende openingstijden. Bij het uitzicht op de waterval vanaf de 33e verdieping van het Hilton Hotel krijgen de creatieve gerechten helaas onvoldoende aandacht. Voorgerecht $ 8-21, hoofdgerecht $ 18-41.

Uitgaan

Een vast onderdeel van het toeristische aanbod rond de Niagara Falls is de lichtshow 's avonds: een twintigtal schijnwerpers zet na zonsondergang de waterval afwisselend in een roze, rood, blauw en groen licht. In de zomermaanden kunt u bovendien elke vr. en zo. om 22 uur van een spectaculair vuurwerk genieten. Drie **casino's** – Seneca, Fallsview en Niagara – bieden dag en nacht kansspelen en amusement. Verder kunt u, vooral op Clifton Hill, terecht in een van de vele pubs en bars met livemuziek.

Keurig – **Club Seven** 1 : 5400 Robinson St., tel. 905-354-7100, www.clubsevenniagara.com, do.-zo. 22-3 uur. Elegante nachtclub in een pakhuis uit de jaren 20. Vier bars met een uitgebreide cocktailkaart, lounge, grote dansvloer.

Actie – **Strike Rock N'Bowl** 2 : 4942 Clifton Hill (in het Great Canadian Midway), tel. 905-358-4783, dag. 11-2 uur. Typisch Amerikaanse sportsbar met videoschermen, bowlingbanen, biljarttafels en een heel ontspannen sfeertje. Voorgerecht $ 6-10, hoofdgerecht $ 10-20.

Actief

Boottocht – **Hornblower Niagara Cruises** 1 : 5920 Niagara Parkway, tel. 905-642-4272, www.niagaracruises.com. Zie links.

Helikoptervlucht – **Niagara Helicopters** 2 : 3731 Victoria Ave., tel. 905-357-5672, www.niagarahelicopters.com. Een tochtje van twaalf minuten in een zevenpersoons heli levert een ongekend uitzicht op de kolkende Horseshoe Fallsen de Whirlpool Rapids.

Zuid-Ontario

Amish en mennonieten, Shakespeare en *good ol' England*, oude boortorens en de echte hut van oom Tom: het zuiden van Ontario heeft vele verrassingen in petto. Op het zuidelijkste puntje van de provincie groeien zowaar, zeer on-Canadees, cactussen en wilde vijgen. In deze landbouwdriehoek, die zich uitstrekt tot diep in de VS, speelt de natuur een ondergeschikte rol.

Met iets meer dan tien inwoners per vierkante kilometer is dit deel van de provincie, dat als een puntige driehoek de Verenigde Staten in steekt, voor Canadese begrippen tamelijk dichtbevolkt. Het **zuiden van Ontario** trok met zijn vruchtbare grond pioniers aan uit allerlei windstreken: Engelse en Schotse immigranten in de 18e en begin 19e eeuw, strenggelovige amish en mennonieten en gevluchte slaven uit het zuiden van de VS. Met de vrome mennonieten trokken er ook veel Duitsers naar het gebied. Plaatsnamen als Fergus, Stratford, St. Jacobs/Jacobsstettl, Hamburg en Heidelberg herinneren aan het mozaïek van bevolkingsgroepen in het vreedzame heuvellandschap dat Mennonite Country wordt genoemd.

Fort Erie ▶ F 12

Kaart: zie blz. 159
Niagara Parkway, iets ten zuiden van de Peace Bridge, mei-begin okt. dag. 10-16 uur, volwassenen $ 12,50, kinderen $ 8,15
Vanuit Niagara Falls bereikt u het stadje Fort Erie via de Niagara Parkway in een halfuur. Het in het zuidelijkste puntje van het Niagara Peninsula gelegen **Fort Erie 1** werd rond 1780 gesticht door loyalisten. De Peace Bridge verbindt de dertigduizend inwoners tellende plaats met de grote zusterstad Buffalo aan de Amerikaanse zijde. Bezienswaardig zijn de imposante, uit 1764 stammende vestingwerken van het **Old Fort Erie** met een gracht en ophaalbrug. Tegenwoordig zijn er replica's van gebouwen en voorwerpen van de Britse en Amerikaanse troepen te zien.

Van Fort Erie naar Point Pelee National Park

Kaart: zie blz. 159
Van Fort Erie volgt u nu Highway 3 door vruchtbaar groen boerenland. Deze vlakke streek is de groente- en fruittuin van Ontario en op heel veel plaatsen ziet u dan ook links en rechts van de weg kraampjes staan, waar u voor een picknick heerlijk verse etenswaren kunt kopen. De circa 450 km van Fort Erie tot het bij Lake St. Clair gelegen Windsor kunt u gemakkelijk in één dag afleggen. Hebt u voldoende tijd tot uw beschikking, neem dan een van de vele secundaire wegen en maak af en toe een omweg. De secundaire wegen komen vaak al na een paar kilometer uit bij een aantrekkelijk provinciaal park met stranden en kampeermogelijkheden langs de oever van Lake Erie.

Port Colborne ▶ E 12

Het is leuk om uit te stappen in de binnenhaven **Port Colborne 2**, waar het Welland Canal uitmondt in Lake Erie. Van **Fountain View Park** kijkt u uit over een van de langste sluizen ter wereld, en in het **Port Colborne Historical & Marine Museum** komt u alles te weten over de aanleg van het kanaal en het grote belang ervan voor de regio (280 King St., mei-half dec. dag. 12-17 uur, gratis toegang). Het **H. H. Knoll Lakeview Park** is een mooie plek om te picknicken met uitzicht op Sugarloaf Harbour en de Gravelly Bay. Bent u er op een vrijdag, dan kunt u uw picknickmand vullen op de **Farmers' Market** (66 Charlotte St.).

Point Pelee National Park
▶ C 13

1118 Point Pelee Drive, apr.-Labour Day dag. 6-22 uur, rest van het jaar 7 uur tot zonsondergang

Trek gerust een hele dag uit voor het **Point Pelee National Park** 3 bij **Leamington**. Over Country Road 33 is het vanuit de zelfverklaarde Tomato Capital of Canada een rit van slechts 10 km naar dit nationale park en vogelreservaat in het zuidelijkste puntje van Canada. U kunt het verkennen via een pad van houten plankieren (zie Tip blz. 156). In het voor- en najaar tellen vogelaars meer dan 350 soorten in het park. Accommodatie voor die jaargetijden moet u zo ver mogelijk van tevoren boeken.

Informatie
... in Leamington:
Leamington and District Chamber of Commerce: 318 Erie St. S., tel. 519-326-2721, 1-800-250-3336, www.leamingtonchamber.com. Links naar accommodaties.

Accommodatie
... in Leamington:
Alles onder één dak – **Best Western Leamington Hotel:** 566 Bevel Line Rd., tel. 519-326-8646, 1-800-780-7234, www.bestwestern.com. Moderne vestiging van de voordelige keten aan de oever van het meer. Zwembaden, waterglijbanen en een sauna. 2 pk $ 150-260.
Sfeervol – **Seacliffe Inn:** 388 Erie St. S., tel. 519-324-9266, www.seacliffeinn.com. Mooi en erg sfeervol, zij het wat verouderd hotel in het zicht van de veerboten naar Pelee Island. Veel kamers met meerzicht, inpandig restaurant. 2 pk $ 100-170.

Eten en drinken
... in Leamington:
Populair – **Gaspard's Café:** 399 Erie St. S., tel. 519-326-5519. Authentiek trefpunt van de locals tegenover de Seacliffe Inn. Al vele decennia door dezelfde familie uitgebaat. Fruitkraam, ontbijtcafé en nieuwsagentschap (lees: roddelkroeg) in één. Gerechten vanaf $ 5.

Point Pelee National Park is uitstekend te verkennen met een kano – u wordt telkens weer begeleid door een koor van de meest uiteenlopende vogelstemmen

Zuid-Ontario

Tip

WANDELEN IN HET POINT PELEE NATIONAL PARK

Point Pelee National Park (1618 ha) is een van de kleinste nationale parken van het land, maar het is met een half miljoen bezoekers ook een van de drukstbezochte. Het 10 km lange en 4 km brede schiereiland, dat zich als een pijlpunt uitstrekt in Lake Erie, ligt op dezelfde breedtegraad als Rome en Barcelona. Zandstranden en duinen worden afgewisseld door vegetatie met de kenmerken van een oerbos, met walnotenbomen, reuzenlevensbomen en zilveresdoorns. Hier groeien zelfs vijgencactussen met citroengele bloemen.

Daarnaast is Point Pelee een van de belangrijkste vogelreservaten van het continent. Het schiereiland ligt op het punt waar twee trekvogelroutes elkaar kruisen. Het drukst is het hier in september en oktober, wanneer de vogels naar warmere streken trekken, en in april en mei, wanneer ze terugkeren naar hun broedplaatsen in het noorden. *Bird watchers* tellen in die perioden meer dan 350 vogelsoorten.

In de herfst bereidt ook de monarchvlinder zich voor op de 3000 km lange reis naar Mexico. Gedurende verschillende herfstdagen strijken tienduizenden van deze fraaie vlinders neer in Point Pelee om er krachten op te doen voor de oversteek van Lake Erie.

In het park zijn mooie wandelpaden te vinden. Direct na de parkingang begint de **Marsh Boardwalk** (1 km), over een plankenpad door een stuk van het drasland in het park. U kunt er waterschildpadden, amfibieën en vele watervogels observeren. Aan het eind van de trail staat een uitkijktoren, vanwaar u een prachtig panorama hebt op het ongerepte rietlandschap rondom.

Een aanrader is ook de **Chinquapin Oak Trail** (4 km), een rondwandeling die begint bij de White Pine Picnic Area en doorloopt in een heerlijk gemengd bos met vele soorten eiken, die ook gedijen in Mexico.

Wie op de foto wil op het allerzuidelijkste puntje van Canada (op het vasteland), neemt de **Tip Trail** (1 km). Het pad begint bij de Tip Exhibit en leidt naar een zandbank die uitkomt in Lake Erie. Voor de monarchvlinder is het de start- en landingsbaan op zijn omzwervingen; in de trektijd is het gebied afgesloten voor mensen. Let op: The Tip heeft mooie stranden, maar zwemmen is door de verraderlijke stromingen streng verboden!

Van Leamington naar Windsor

Kaart: zie blz. 159

Van Leamington gaat het verder over Highway 18. Zo'n 5 km ten noorden van Kingsville, te bereiken via County Road 29, ligt **Jack Miner's Bird Sanctuary** 4 , een reservaat voor de grote Canadese gans. Van maart tot november wordt het op klaarlichte dag soms even donker wanneer zwermen van wel tienduizend ganzen hier landen om te rusten (360 Rd. 3 W., www.jackminer.ca, ma.-za. 8-17 uur).

Langs County Road 23, halverwege Kingsville en Essex, ligt het **Canadian Transportation Museum & Heritage Village** 5 met twintig historische gebouwen uit de periode 1826-1925 en tractoren die wel iets weg hebben van dinosauriërs (6155 Arner Townline, in

Windsor

de zomer di.-zo. 8-14, 's winters alleen museum, wo.-vr. 9-16 uur, volwassenen $ 6, kinderen $ 2).

Fort Malden National Historic Site ▶ B 12
100 Laird Ave., Amherstburg, mei-sept. dag. 10-17, anders ma.-vr. op afspraak, zo. 13-17 uur, volwassenen $ 3,95, kinderen $ 1,90

Vanaf hier is het 20 minuten rijden tot aan de Detroit River. De landengte die tussen Lake Erie en Lake Huron in ligt, markeert de grens tussen Canada en de Verenigde Staten. Het gebied herbergt dan ook tal van historische attracties, zoals **Fort Malden National Historic Site** 6 aan de monding van de Detroit River. Het is een vestingcomplex met aarden wallen en gerestaureerde barakken. Onder de Engelsen werd vanuit dit fort vanaf 1796 handel gedreven met de Saukindianen en sinds 1812 diende het als uitvalsbasis voor aanvallen op het Amerikaanse Detroit.

Amherstburg ▶ B 13

Interessanter is een wandeling door de oude wijk van het 21.000 inwoners tellende **Amherstburg** 7 . Vroeger vormde deze stad het eerste en belangrijkste toevluchtsoord voor zwarte slaven die met hulp van een netwerk van sympathisanten via de Underground Railroad van de plantages in het zuiden van de Verenigde Staten naar Canada vluchtten.

Hun dramatische verhalen komen aan bod in het **Amherst Freedom Museum**. Op de begane grond van het gebouw ziet u voorwerpen, literatuur en foto's die getuigen van de lijdensweg van de slaven en hun latere vrije leven in Canada. Ook is hier de dekenkist te zien waarin kinderen naar een veilige plek werden vervoerd (277 King St., www.blackhistoricalmuseum.org, apr.-okt. di.-vr. 12-17, za., zo. 13-17 uur, volwassenen $ 7,50, kinderen $ 6,50).

Windsor ▶ D 12

Kaart: zie blz. 159
Windsor 8 , een plaats die aan de VS grenst, is een zakelijke stad met 210.000 inwoners. De financiële crisis die in 2008 in de VS uitbrak, heeft de autoindustriestad Windsor zwaar getroffen. Bezienswaardig is **Old Sandwich Town** aan Highway 18, ten zuiden van de Freedom Bridge naar Detroit. Op de plek waar de brug de rivier overspant, was al in 1747 een missiepost van jezuïeten gevestigd. Acht jaar later was Sandwich de enige Europese nederzetting in heel Ontario. Voormalige slaven stichtten hier het eerste zwarte kerkgenootschap van Canada.

De oorspronkelijke **First Baptist Church** werd in 1841 opgetrokken uit boomstammen. Onder de kansel loopt een geheime gang naar de kelder. Hier werden gevluchte slaven verborgen voor slavenjagers (3652 Peter St., www.fbcwindsor.com, rondleidingen op afspraak, tel. 519-252-4917).

Informatie
Convention & Visitors Bureau of Windsor, Essex County & Pelee Island: 333 Riverside Dr. W., tel. 519-255-6530, 1-800-265-3633, Fax 519-255-6192, www.visitwindsoressex.com, ma.-vr. 8.30-16.30 uur.

Accommodatie
Themakamers – **Retro Suites Hotel:** 2 King St. W., Chatham, tel. 519-351-5885, 1-866-617-3876, www.retrosuites.com. Elke suite is verschillend in retrostijl ingericht – als in een western of met de sfeer van een koloniale villa in de zuidelijke staten, of met als thema rock- 'n-roll of *Easy Rider*. Suite $ 140-210.
Familiezaak – **Cadillac Inn:** 2498 Dougall Ave., Windsor, tel. 519-969-9340, www.cadillacinn.com. Verzorgd, modern motel, centraal gelegen, met ruime kamers, zwembad en whirlpool. 2 pk $ 80-200.

Eten en drinken
Beste Indiër in het zuiden – **Spice & Curry:** 49 Keil Dr. S., Chatham, tel. 519-351-7999, ma.-vr. 11.30-14, 17-21, za. 17-21 uur. Achter een onopvallende gevel kookt een enthousiast team uit het zuiden van het Indiase subcontinent voor de buurt. Aanraders: paneer tikka en lamb korma. Voorgerecht $ 4-8, hoofdgerecht $ 14-17.

Zuid-Ontario

African-Canadian Heritage Tour

Kaart: rechts

In de eerste helft van de 19e eeuw vluchtten vele slaven naar Zuid-Ontario. Op de belangrijkste plekken in de geschiedenis van de Afrikaanse Canadezen zijn nu musea te vinden, die met elkaar zijn verbonden door de **African-Canadian Heritage Tour**. Vooral Essex, North Buxton en Dresden zijn in dit kader een bezoek waard.

Essex ▶ C 12

Tien minuten ten oosten van Windsor ligt in de Maidstone Township in **Essex** 9 de door de familie Walls gedreven **John Freeman Walls Historic Site and Underground Railroad Museum**. De collectie vertelt het levensverhaal van Freeman Walls, die in 1846 als slaaf uit South Carolina vluchtte. Met hulp van de door zowel blanke als zwarte abolitionisten gesteunde Refugee Home Society stichtte hij hier een nederzetting. De gebouwen van het museum liggen verspreid op het gras. Een daarvan is de oude blokhut waarin Walls woonde met zijn gezin, dat negen leden telde. De vlucht is een van de taferelen die zijn uitgebeeld. Op het terrein staat een houten wagen met een dubbele bodem. In het geheime vak konden slaven veilig worden vervoerd (Hwy. 401, 859 Puce Rd. Exit, www.undergroundrailroadmuseum.org, mei-aug. ma.-vr. 10-17 uur , gratis toegang, een gift wordt gewaardeerd).

North Buxton ▶ C 12

Een handjevol huizen en boerderijen, een paar trailers onder oude bomen en brievenbussen aan County Road 6, die vijf minuten verder eindigt bij Lake Erie: op het eerste gezicht is er niets bijzonders aan dit gehucht. Alleen een bord waarop te lezen staat 'Buxton National Historic Site & Museum' herinnert eraan dat de geschiedenis van dit plaatsje bol staat van de spannende verhalen. De inwoners van Buxton hebben er geprobeerd hun geschiedenis tot leven te wekken. Er zijn ingelijste pacht- en landverkoopaktes, oude landbouwwerktuigen en handgemaakte huishoudelijke artikelen te zien. De vredige sfeer wordt echter verstoord door voorwerpen als Wanted-posters, voetketens en handboeien, ook voor kinderen. Op een kaart van Noord-Amerika staan pijlen die vanuit het zuiden in de richting van North Buxton in Ontario voeren.

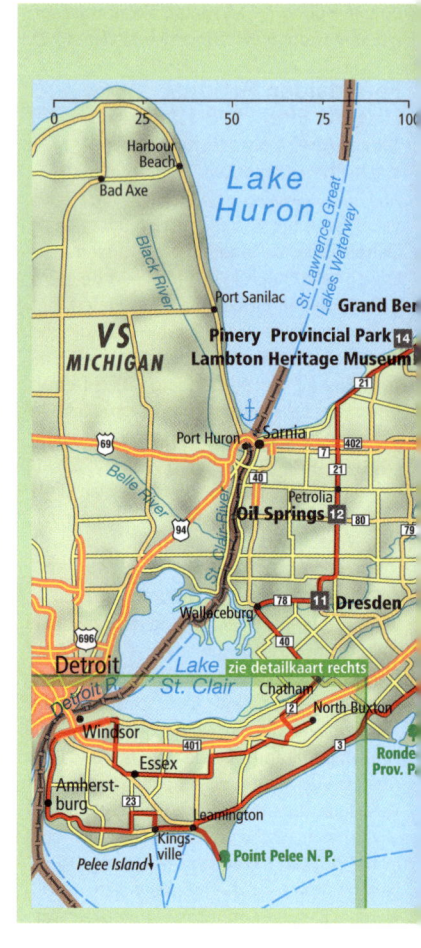

Alle voorouders van de inwoners van Buxton zijn gevluchte slaven uit het zuiden van de VS, die Canada bereikten dankzij de Underground Railroad. Het in 1849 door priester

African-Canadian Heritage Tour

Zuid-Ontario

William King en vijftien uit Louisiana afkomstige slaven gestichte **North Buxton** 10 telde in 1855 zo'n al driehonderd zwarte inwoners en tijdens de Burgeroorlog liep dat op naar tweeduizend. Na de oorlog keerden de meesten van hen terug naar de Verenigde Staten. Anderen bleven. Het **Buxton Museum**, dat zij met bezieling en kennis van zaken uitbaten, ligt langs de **Canadian African Heritage Trail** (21975 A. D. Shadd Rd., www.buxtonmuseum.com, mei-juni, sept. wo.-zo. 13-16.30, juli, aug. dag. 10-16.30, okt.-apr. ma.-vr. 13- 16.30 uur, $ 6).

Dresden ▶ C 12

Dresden 11, een slaperig stadje met zo'n 2800 inwoners, is het hoogtepunt van de African-Canadian Heritage Tour. Aan de rand van de plaats, op het terrein van **Uncle Tom's Cabin Historic Site**, staat het onderkomen dat wereldberoemd werd door *De hut van oom Tom*, geschreven door Harriet Beecher-Stowe. Van deze roman werden alleen al in 1852, het jaar van publicatie, meer dan driehonderdduizend exemplaren verkocht. Het bracht in de VS veel tegenstanders van de slavernij in beweging. Het huis in Dresden werd bewoond

De Underground Railroad

Gedurende de eerste helft van de 19e eeuw vluchtten zo'n zestigduizend slaven van plantages in het zuiden van de VS naar Canada. Hierbij werden ze geholpen door de Underground Railroad. Dit geheime netwerk, dat deel is gaan uitmaken van de Noord-Amerikaanse geschiedenis, heeft veel sporen nagelaten in Zuid-Ontario.

Heldin van de slaven: Harriet Tubman

Canada stond voor vrijheid. Hele families volgden daarom 'de poolster naar het beloofde land Kanaän', een epische tocht van Bijbelse proporties. Ze reisden in het donker, meden de wegen en trokken door moerassen en dichte wouden, altijd bang voor de bloedhonden van de slavenjagers en blanke volksmenigten. Hierbij gingen ze gebukt onder angstvisioenen van de ongewisse toekomst die hun wachtte. In het zuiden was hun namelijk wijsgemaakt dat de tegenstanders van de slavernij kannibalen waren en dat de Detroit River 5000 km breed was en daardoor niet kon worden overgestoken.

Ze werden geholpen door moedige mensen als de legendarische **Harriet Tubman** (1822-1913), die zich na een geslaagde vlucht steeds weer in zuidelijk gebied waagde om anderen veilig naar het noorden te brengen. Ook blanken, met name de strenggelovige **quakers**, die de slavernij op morele en religieuze gronden afwezen, verzetten zich er vanaf het begin van de 19e eeuw tegen en namen actief deel aan het netwerk van helpers. Een vredelievende instelling, sociale bewogenheid en discretie waren altijd al sterke punten van de quakers. Zij stichtten een geheime organisatie, die de schuilnaam **Underground Railroad** kreeg. Om ontdekking te voorkomen, maakte dit netwerk van sympathisanten en activisten gebruik van spoorwegterminologie. Zo brachten *conductors* (conducteurs oftewel vluchtbegeleiders) de slaven naar *stockholders* (aandeelhouders, oftewel huiseigenaren met een schuilplaats), die ze verborgen hielden op *stations* (geheime onderkomens) langs de vluchtroute. De *terminals* (eindbestemmingen) waren de steden in het noorden.

Veel van deze steden lagen in Canada, met name in de regio tussen Lake Erie en de Detroit River: **Amherstburg**, **Windsor**, **Sandwich**, **Chatham**, **North Buxton** en **Dresden**. De stations lagen doorgaans 25 tot 30 km uit elkaar. Een brandende lantaarn was het teken dat op een bepaalde plek een veilig onderkomen wachtte. De Underground Railroad was ondanks de dreiging met hoge straffen ongelooflijk succesvol. De moed en het doorzettingsvermogen van de conductors was ongekend. Zo waagde Harriet Tubman zich meer dan tien keer over de **Mason-Dixonlinie** in de slavenstaten en wist ze maar liefst driehonderd mannen, vrouwen en kinderen naar een leven in vrijheid te leiden.

Canada's opstelling ten opzichte van de slavernij was overigens niet geheel eenduidig. In Upper Canada was in 1793 dan wel een wet aangenomen die de invoer van slaven verbood, slavernij zelf werd niet als onwettig bestempeld. En vooroordelen op basis van ras waren eerder regel dan uitzondering. Het koude Canada bleek dus allerminst het 'beloofde land' te zijn. Niettemin bood het een leven in vrijheid, en na verloop van tijd hielpen ook de kerken en de overheid bij het **stichten van nederzettingen**.

door Josiah Henson, in 1789 als slaaf geboren in Maryland. In 1830 vluchtte hij met vrouw en kinderen naar Canada. In de buurt van Dresden werd hij dominee. Hij stichtte er ook een nederzetting voor gevluchte slaven. In 1841 richtte hij het British American Institute op, een beroepsopleiding voor voormalige slaven. Zijn levensverhaal stond model voor dat van de hoofdpersoon in het boek van Harriet Beecher-Stowe. In de woning van dominee Henson zijn tentoonstellingen te zien over diens leven en de vroege Afro-Canadese geschiedenis (29251 Uncle Tom's Rd., tel. 519-683-2978, www.uncletomscabin.org, mei, juni di.-za. 10-16, zo. 12-16, juli, aug. ma.-za. 10-16, zo. 12-16, sept., okt. di.-za. 10-16, zo. 12-16 uur, anders op afspraak, volwassenen $ 7, kinderen 6-12 jaar $ 4,50, 13-17 $ 6).

Naar Oil Springs en Lake Huron

Kaart: zie blz. 159
Zo'n 30 km naar het noorden bereikt u via Highway 21 een gebied dat een grote rol speelde in de industriële geschiedenis van Noord-Amerika.

Oil Springs ▶ C 12
In het achthonderd inwoners tellende dorp **Oil Springs** 12 begon in 1855 het olietijdperk. Op deze plek zijn de eerste oliebronnen van Noord-Amerika ontdekt en geëxploiteerd. Het zwarte goud werd destijds opgepompt door zo'n honderd houten boortorens. Tijdens de hieropvolgende hoogconjunctuur verhonderdvoudigde de prijs van de grond en nam het aantal inwoners toe tot vierduizend. Er waren negen hotels, een telegraafdienst en door paarden voortgetrokken 'bussen' die iedere vijf minuten reden. Binnen twintig jaar werden vijftien oliebronnen ontdekt en meer dan een dozijn raffinaderijen gebouwd. Technische knowhow en apparatuur uit Oil Springs leverden een bijdrage aan de ontwikkeling van de olie-industrie in de rest van de wereld.

Ook nu nog krijgen bezoekers een aardig beeld van de oliewinning in vroeger tijden, want de oude machinerie op het 24 ha grote Petrolia Discovery Oilfield is gerestaureerd. Tijdens een 20 minuten durende rondleiding kunt u het terrein bezichtigen, waar nog altijd olie gewonnen wordt. In het **Oil Museum of Canada** in Oil Springs laat men met modellen en anderhalve eeuw oude boortorens zien hoe het hier vroeger toeging. Oil Springs leeft nog steeds van de oliewinning – ongeveer 300 bronnen produceren zo'n 25.000 vaten ruwe olie per jaar. Naar schatting is nu een derde van de oliereserve verbruikt (Highway 21, www.lambtonmuseums.ca/oil, mei-okt. dag. 10-17, anders ma.-vr. 10-17 uur, rondleidingen volwassenen $ 5, kinderen $ 3, in juli, aug. zo.-middag ook een 1 uur durende tocht per paard-en-wagen door de olievelden).

Naar Lake Huron ▶ C 11
Na deze duik in het begin van het industriële verleden kunt u een uitstapje maken naar de beste stranden van Ontario aan Lake Huron of meteen doorrijden naar de idyllische festivalstad Stratford – aan u de keuze. Het mooie badplaatsje **Grand Bend** 13 en het 2500 ha grote **Pinery Provincial Park** 14 met zijn lange stranden en duinen van het allerfijnste zand, fraaie campings en lichte bossen, trekken in het weekend veel dagjesmensen uit Windsor, London en Kitchener. Het warme meer, dat heel geleidelijk dieper wordt, is zeer geschikt voor gezinnen met jonge kinderen en er zijn voldoende rustige plekjes voor picknicks en wandelingen. Tegelijkertijd is er ruimte voor een levendige strandscene met gebronsde badgasten en luidruchtige strandfeesten (RR2, tel. 519-243-2220, www.pinerypark.on.ca, www.ontarioparks.com/park/pinery, dag. 8-22 uur, $ 12 per auto).

In het **Lambton Heritage Museum** 15, 8 km naar het zuiden aan Highway 21, besteedt men aandacht aan de lokale geschiedenis. Naast de gebruikelijke pioniersgebouwen en historische voorwerpen zijn hier ook een verzameling koetsen en met de hand

Zuid-Ontario

ingekleurde litho's te zien. In de zomer worden toneelvoorstellingen gegeven in het **Huron County Playhouse** statt (10035 Museum Rd., RR2, mrt.-okt. ma.-vr. 10-17, za., zo. 11-17, anders ma.-vr. 10-17 uur, volwassenen $ 5, kinderen $ 3).

Informatie
... in Grand Bend:
Grand Bend and Area Chamber Tourism Centre: 1-81 Crescent St., tel. 519-238-2001, www.grandbendtourism.com. Informatiebrochures, kaarten en hulp bij het boeken van accommodatie.

Accommodatie
... in St. Joseph:
Inclusief zonsondergang – **Brentwood on the Beach:** R.R. 2, Zurich (▶ D 11), ten noorden van Grand Bend, tel. 519-236-7137, www.brentwoodonthebeach.com. Gezellige B&B en een verzameling mooie huisjes pal aan de oever van het meer. Zoutwaterzwembad, gastenkeuken en barbecue in de tuin. 2 pk incl. ontbijt $ 190-275, cottages voor 2-6 pers. $ 1500-2300 per week, $ 325-400 per nacht.

Eten en drinken
... in Grand Bend:
Romantisch dineren – **F.I.N.E. A Restaurant:** 42 Ontario St. S., tel. 519-238-6224, www.finearestaurant.com, wo.-za. 12-14, wo.-zo. vanaf 17 uur. Mooi, klein restaurant met een aangename veranda, dagelijks wisselende gerechten met seizoensingrediënten uit de regio. De eetzaal, waar op koude dagen een haardvuur brandt, dient als expositieruimte voor het werk van lokale kunstenaars. Voorgerecht $ 8-14, hoofdgerecht $ 25-48.

Stratford ▶ D 11

Kaart: zie blz. 159
Een in de wildernis verzeild geraakte Shakespearefan staat aan de basis van dit plaatsje, dat 34.000 inwoners telt. In 1832 bouwde William Sargeant aan een riviertje een hotel, dat hij de Shakespeare Inn doopte. Toen hij de rivier Avon noemde, was het nog maar een kwestie van tijd tot het groeiende dorp de naam **Stratford** 16 kreeg. De plaats is tot op de dag van vandaag 'very British'. De uitgestrekte parken met treurwilgen, vijvers, zwanen en koepeltjes, daarnaast de uit rood baksteen opgetrokken huizen uit de 19e eeuw – alles herinnert aan *good ol' England*. In 1953 was de cirkel rond: bedrijfsleven en journalisten riepen het **Stratford Festival** in het leven. Hieraan lagen ook economische motieven ten grondslag, want de tot dan toe bloeiende meubelindustrie was ingestort. Op 13 juli opende het festival in een eenvoudige tent met *Richard III*, met in de hoofdrol niemand minder dan Alec Guinness. Tegenwoordig behoort het festival, dat inmiddels vier theaterlocaties telt, tot de belangrijkste toneelevenementen van Noord-Amerika. Met

Stratford

meer dan vijfhonderd opvoeringen weet de organisatie ieder jaar weer ruim een miljoen bezoekers naar Stratford te lokken. Het repertoire beperkt zich niet uitsluitend tot stukken van de beroemde Engelse bard, ook werk van Molière en Sophocles en van hedendaagse Canadezen als Sharon Pollock en Michel Tremblay worden op de planken gebracht.

Informatie

Stratford Tourism Alliance: 47 Downie St., Stratford, ON N5A 1W7, tel. 519-271-5140, 1-800-561-7926, www.visitstratford.ca, ma.-vr. 9-17, za. 10-18, zo. 10-14 uur. Informatiefolders, hotel- en restaurantreserveringen.

Accommodatie

Oergezellig – **Stone Maiden Inn:** 123 Church St., tel. 519-271-7129, 1-866-612-3385, www.stonemaideninn.com. Historische herberg uit 1873 die met veel liefde is ingericht met originele victoriaanse meubels. Op loopafstand van theaters en restaurants. 2 pk $ 110-270.

Heerlijk ouderwets – **Queen's Inn:** 161 Ontario St., tel. 519-271-1400, www.queensinnstratford.ca. Fraai historisch stadshotel met 32 kamers in een bakstenen gebouw uit 1905. Henry's is een goed restaurant (op sommige avonden met pianomuziek), de Boar's Head een pub in Engelse stijl. 2 pk $ 110-210.

Eten en drinken

Gemoedelijk – **The Keystone Alley:** 34 Brunswick St., tel. 519-271-5654, www.keystonealley.com, di., wo. en zo. 11.30-14, do.-za. 11.30-14, 17-21 uur. De bereisde eigenaren

Naar Stratford kom je voor Shakespeare – of in de hoop tienermeisjesidool Justin Bieber tegen het lijf te lopen in het stadje waar hij opgeroeide

Zuid-Ontario

bereiden zeer creatieve gerechten voor prima prijzen. Voorgerecht $ 8-13, hoofdgerecht $ 17-26.

Levendig – **Mercer Kitchen & Beer Hall:** 104 Ontario St., tel. 519-271-9202, dag. 10-22 uur. Levendige kroeg met een lange toog en prima pubgerechten als steaks, kip en hamburgers. Voorgerecht $ 9-14, hoofdgerecht $ 12-28.

Vrolijk – **York Street Kitchen:** 24 Erie St., tel. 519-273-7041, www.yorkstreetkitchen.com, dag. 9-18 uur, ook *take-out*. Klein restaurant met een fleurig interieur, internationale keuken, in het bijzonder aanbevolen: de garnalencurry en de sandwiches. Gerechten $ 5-9.

Evenementen

Stratford Shakespeare Festival: apr.-okt. De uitvoeringen vinden plaats in het **Festival Theatre** (55 Queen St.), het **Tom Patterson Theatre** (111 Lakeside Dr.), het **Avon Theatre** (99 Downie St.) en het **Studio Theatre** (Waterloo en George Sts.). Tickets kosten tussen de $ 50 en 125. U kunt telefonisch reserveren via 1-800-567-1600 of kaartjes kopen op www.stratfordfestival.ca. Op de website staat ook het volledige programma.

Mennonite Country

Kaart: zie blz. 159

Vanuit Stratford rijdt u via Highways 8 en 85 het gebied van de mennonieten binnen. Op zo'n tien minuten rijden ten noorden van de kleurloze dubbelgemeente **Kitchener-Waterloo** ligt het twaalfhonderd inwoners tellende plaatsje St. Jacobs, een van de mennonitische centra van Canada.

Na het verlaten van 'K-W', zoals Kitchener-Waterloo hier kortweg genoemd wordt, rijdt u een heuvelachtig landbouwgebied in met akkers vol tarwe en rogge, doorsneden door een netwerk van landwegen en nog smallere zijweggetjes die naar mooie boerderijen met verzorgde bloemen- en moestuinen voeren. Bij kramen langs de weg verkopen vrouwen verse groenten en fruit. Wanneer u zo nu en dan een koets inhaalt, zult u wellicht vol verwondering naar de ouderwets ogende mensen kijken die zich erin verplaatsen – de mannen met hoed en zwart pak, de vrouwen ook met bedekt hoofd en in een eenvoudige lange jurk.

Dat zijn Old Order Mennonites (zie Thema op blz. 166), leden van een behoudende groep binnen de mennonieten, die wars zijn van alle moderne invloeden en eeuwenoude tradities in ere houden. In de 19e eeuw is deze streek, met plaatsjes als New Hamburg, Baden, St. Agatha, Heidelberg, St. Jacobs, Elmira en Wallenstein, door mennonieten ontgonnen. Hun dorpen liggen dicht bij elkaar. Het is interessant om een of twee dagen rond te rijden in deze streek, te overnachten in een van de gezellige country inns en er te genieten van een smakelijke maaltijd.

St. Jacobs ▶ D 11

St. Jacobs 17 is een van de belangrijkste centra van mennonieten in Canada en staat vooral bekend omdat er vele zogeheten Old Order Mennonites wonen, die zich verplaatsen in zwarte koetsjes. Hun voorouders kwamen begin 19e eeuw uit Pennsylvania en vestigden zich hier in het dal van de Conestogo River. Nog altijd ligt het mooie stadje rond de naar de rivier lopende King Street, en houden hoefsmeden, bakkers en dorpswinkeltjes de old-ordertraditie in stand, ondanks het feit dat hier de laatste jaren meer dan honderd winkeliers van buiten zijn neergestreken om een graantje mee te pikken van de toeristische aantrekkingskracht van St. Jacobs. De discussie over de vraag of de traditie opdroogt en er een culturele uitverkoop plaatsvindt, laait steeds weer op – en doqft weer uit als gevolg van de opmerkelijke flexibiliteit van de mennonitische gemeenschap. Hoewel deze is verdeeld in minstens tien verschillende groeperingen met allemaal een andere houding ten opzichte van het thema moderniteit heeft de gemeenschap tot nu toe elke vorm van erosie met succes weten af te weren. Zo doen de zogenaamde Black Bumper Mennonites, zoals een bepaalde minder strikte afsplitsing in het plaatselijke dagelijks spraakgebruik wordt aangeduid, zeker wel concessies aan het moderne leven, maar ze voelen zich bijvoorbeeld verplicht om hun auto's, zelfs de voor- en achterbumper, matzwart te schilderen, omdat de glans ervan als ijdel wordt beschouwd.

Informatie
St. Jacobs Country: 1386 King St. N., tel. 519-664-2293, www.stjacobs.com. Interessante informatie over de regio en de geschiedenis van de mennonieten in Noord-Amerika.

Accommodatie
Klassieke elegantie – **Maryhill Inn B & B:** 1302 Maryhill Rd., Maryhill, tel. 519-648-3098, www.maryhill.inn. In 1850 door immigranten uit de Elzas als halteplaats voor postkoetsen gebouwd hotel. Met veel liefde gerestaureerd. Zes gezellige kamers. 2 pk $ 135-200.

Gunstig gelegen – **Courtyard Waterloo St. Jacobs:** 50 Benjamin Rd. E., tel. 519-884-9295, www.marriott.com. Victoriaans ogend hotel dat wordt uitgebaat door de Marriottketen. Het biedt uitzicht op de drukbezochte Farmers' Market en beschikt over ruime, moderne kamers, voorzien van alle gemakken. 2 pk $ 130-180.

Eten en drinken
Modern – **Jacob's Grill:** 1398 King St. N., tel. 519-664-2575, zo.-wo. 11.30-21, do.-za. 11.30-22 uur. Burgers, steaks en pastagerechten, op creatieve wijze bereid. Voorgerecht $ 5-14, hoofdgerecht $ 13-26.

Degelijk – **Stone Crock Restaurant:** 1396 King St. N., tel. 519-664-2286, ma., di. 7-15, wo.-za. 7-20, zo. 11-20 uur. Voedzame, smakelijke gerechten met Thaise invloeden. Voorgerecht $ 5-14, hoofdgerecht $ 14-22.

Winkelen
Wie graag rondsnuffelt op zoek naar snuisterijen kan zijn hart ophalen in de meubel- en kunstnijverheidwinkels in **King Street.**

Voor koopjesjagers – **The Outlets:** 25 Benjamin Rd. E., 3 km ten zuiden van St. Jacobs, ma.-vr. 9.30-21, za. 8.30-18, zo. 12-17 uur. In een reusachtige loods is een dertigtal fabrieksoutlets gevestigd, waar tegen hoge kortingen schoenen, kleding en huishoudelijke artikelen worden verkocht.

> **Tip**
>
> ## MARKT IN ST. JACOBS
>
> Bezoek in ieder geval de **St. Jacobs Farmers' Market and Flea Market**, aan de rand van de stad. Deze voormalige boerenmarkt is uitgegroeid tot een van de grootste weekmarkten van Ontario en trekt elke marktdag meer dan twintigduizend bezoekers. U kunt er proeven van mennonitische specialiteiten als *summer sausage* (droge worst) en *shoeflypie* (een zoete zonde van maissiroop en bruine suiker). In de gebouwen achter de grote markthal wordt, vaak 's morgens vroeg, vee verhandeld – een fotogeniek gebeuren met stugge boeren, onder wie ook mennonieten en hun 'neven', de amish (878 Weber St. N., www.stjacobs.com, do. en za. 7-15.30 uur, 's zomers ook di. 8-15 uur).

Evenementen
Quilt-Festival: vierde week van mei, www.nhmrs.com/content/quilts. Dit festival in New Hamburg, dat samenvalt met de **Mennonite Relief Sale & Quilt Auction**, vormt voor de plaatselijke bewoners al generaties een aanleiding om hun mooiste mennonitische patchworkkleden uit het raam te hangen. Op de veiling in New Hamburg zijn vele fraaie patchworkartikelen te koop.

Elora en Fergus ▶ E 11
Het is de moeite waard om op de terugweg naar Toronto de twee schilderachtige plaatsen **Elora** 18 en **Fergus** 19 aan te doen, die in de 19e eeuw door Schotse immigranten zijn gesticht. Hier niet ver vandaan ligt de **Elora Gorge**, een bezienswaardig natuurgebied. In deze zandsteenkloof kunt u bijzondere rotsformaties bewonderen en er stroomt een riviertje met een waterval door.

Leven in het verleden: mennonieten

Thiessen, Derksen, Janzen, Koop: veel namen op de brievenbussen langs de straat getuigen van een rijke familiegeschiedenis. Die van de mennonieten gaat terug tot de 16e eeuw, toen in Nederland Menno Simons, een katholieke priester, zijn oude geloof afzwoer en zich opnieuw liet dopen. Zijn volgelingen noemen zich mennonieten.

Ze meenden dat de Kerk was afgedwaald van de Bijbel, ze vonden geweld en oorlog onverenigbaar met de leer van Jezus en waren ervan overtuigd dat de mens geen **verantwoording** schuldig was aan de wereldlijke overheid, maar **alleen aan God**. Aangezien mennonieten het geloof als een diepgevoelde en persoonlijke verplichting beschouwen, worden **uitsluitend volwassenen gedoopt** en in de geloofsgemeenschap opgenomen.

De mennonieten zijn deze beginselen tot op de dag van vandaag trouw gebleven, ondanks de vijandige houding die velen jegens hen koesteren. Door de eeuwenlange vervolgingen is de onderlinge band zeer sterk geworden. Ze gingen op zoek naar een plek waar ze hun geloof in vrijheid konden belijden en waar de economische omstandigheden beter waren. Ze verlieten Nederland en Zwitserland en trokken naar Duitsland en Rusland en uiteindelijk naar Noord- en Zuid-Amerika. In de loop der jaren ontwikkelde het **Duits** zoals dat in het noorden van Duitsland **in de 16e en 17e eeuw gesproken** werd zich tot de **taal van de mennonieten**.

De meeste Canadese mennonieten zijn afkomstig uit **Pennsylvania**. Toen de grond daar rond 1800 schaars begon te worden, namen de Webers, Brubachers, Gossens, Dijcks en Sawatzky's hun boeltje op en vertrokken ze met door vier paarden voortgetrokken *conestoga wagons* (huifkarren) naar het zuiden van Ontario, 900 km noordwaarts, om het land daar te ontginnen. De vredelievende nieuwkomers konden goed overweg met de indianen. Ze ruilden melk en brood tegen vis en wild en het wederzijdse vertrouwen was zo groot dat 's nachts aangekomen indianen rustig in de keuken wachtten tot de kolonisten wakker werden.

Het al dan niet omarmen van vernieuwingen is voor de mennonieten een geloofskwestie die veelvuldig problemen geeft. Het komt hierbij regelmatig tot een **kerkscheuring**, met name wanneer een kerkelijk leider de meerderheid in de gemeenschap niet met zich mee krijgt. Het in de Bijbel neergelegde beginsel dat een groep van twee of drie mensen, door het geloof in Jezus met elkaar verbonden, al een geloofsgemeenschap vormt (Matteüs 18 vers 20), maakt de drempel hiertoe vrij laag. Zo zijn de mennonieten in Ontario onderverdeeld in maar liefst **zeventien groeperingen**, van behoudend tot gematigd of zelfs progressief. Ongeveer een derde van het totale aantal mennonieten is gematigd of progressief en leidt een overwegend 'normaal' leven in Canada.

Behoudende **Old Order Mennonites** wijzen het gebruik van elektriciteit, telefoon, auto's en moderne landbouwmethoden zonder meer af. Ze dragen ouderwetse kleding, meestal zwart – alleen bij kinderkleding is enige kleur toegestaan – en ze rijden rond met paard-en-wagen. Ze houden zich politiek afzijdig en wijzen het leger af, net als het schoolsysteem. In plaats van verzekeringen af te sluiten, vertrouwen ze op het mennonitische **zelfhulpprincipe**, dat zich uitstrekt van zorg voor zieken en ouderen tot *barn raising,* waarbij iedereen helpt bij de wederopbouw van een afgebrande schuur.

Plezier is niet verboden voor de Old Order Mennonites, maar hun geloof is een serieuze kwestie

Bij gematigde groepen hebben telefoon en elektriciteit hun intrede gedaan op de boerderij, bezit een enkeling ook een auto en neemt men op lokaal niveau deel aan het politieke leven, bijvoorbeeld op het gebied van het onderwijs. Er zijn echter ook kleine verschillen. Zo kan het zijn dat bijvoorbeeld radio wel en televisie niet is toegestaan.

De kerk fungeert als filter voor invloeden van buitenaf en vormt voor de mennonieten 'een vaste burcht', die bescherming biedt tegen de vooruitgang. Progressieve mennonieten beschouwen sommige nieuwe landbouwmethoden of uitvindingen als vooruitgang, terwijl conservatieve mennonieten deze als een gevaar voor het geloof ervaren. Een van de opvallendste elementen van de Old Order Mennonites is de **traditionele kleding** van de gelovigen. Zolang de mennonieten zich afzonderden in hun eigen gemeenschap, leidde dit zelden tot problemen, maar in het huidige communicatietijdperk storen vooral jongeren zich aan de beperkende voorschriften van de Old Order.

Ondanks de meningsverschillen zijn de betrekkingen tussen de diverse groeperingen over het algemeen goed. Zo onderhoudt men gezamenlijk een hulporganisatie, het **Mennonite Central Committee**, waarvoor meer dan zevenhonderd mennonieten, zowel mannen als vrouwen, zich inzetten. De organisatie zendt hulpverleners uit naar zo'n veertig landen, helpt vluchtelingen die zich in Canada willen vestigen en biedt een helpende hand in door natuurrampen getroffen gebieden in Noord-Amerika en daarbuiten.

Rondom de Georgian Bay

Powwows, elanden, beverdammen, kristalheldere meren en rivieren, kale granietrotsen en uitgestrekte bossen: rond de enorme, tot Lake Huron behorende baai ziet u het echte Canada. Vroeger heerste hier de machtige Huronfederatie, later trokken pelshandelaren per kano door het gebied. Hun erfgoed is alomtegenwoordig.

De inwoners van Toronto hoeven maar één uur in noordelijke richting te rijden om **Cottage Country** te bereiken, een geliefde bestemming voor een weekendje weg. De streek omvat de stranden van Lake Huron en de Georgian Bay, maar ook de regio Muskoka, met zijn heldere, door het graniet van het Canadian Shield omringde meren. Mensen van aanzien – en met een goed gevulde portemonnee – bezitten hier een vakantiehuisje met barbecue, boothuis en aanlegsteiger. Op de wegen naar het noorden is het in het weekend dan ook flink druk. Op vrijdagmiddag kunt u hier dus beter niet naartoe reizen. Pas ten noorden van Huntsville wordt het wat rustiger. Hoe dan ook moet de overtocht met de veerboot van Tobermory naar Manitoulin Island gereserveerd worden. Vooral in juli en augustus en in het weekend is de veerboot lang van tevoren volgeboekt. Wie niet heeft gereserveerd, doet er goed aan enkele uren voor vertrek bij de terminal te zijn. Als u geen accommodatie hebt geboekt, is het in het hoogseizoen in de toeristische trekpleisters zeer moeilijk om iets te vinden, vooral als er een feestdag op het weekend volgt.

Bruce Peninsula

▶ D 9/10

Kaart: zie blz. 172
Vanuit Toronto kunt u het best over de Highways 10 en 6 via het plaatsje Owen Sound naar het Bruce Peninsula rijden.

Sauble Beach ▶ D 10

De badplaats **Sauble Beach** **1** aan Lake Huron, ten zuidwesten van het Bruce Peninsula, beschikt over kilometerslange stranden. Al decennia is dit een mekka voor zonaanbidders. De plaats kent een hippe strandscene met muzikale evenementen en festivals en biedt faciliteiten voor alle soorten watersport. Ook gezinnen met jonge kinderen brengen hier graag hun vakantie door. Er zijn vakantiehuisjes te huur en in het provinciaal park zijn campings en picknickplaatsen te vinden.

Het schiereiland

Bij het plaatsje **Wiarton**, met oude huizen, begint het **Bruce Peninsula**, een onderdeel van het Niagara Escarpment. Het schiereiland steekt als een vinger uit in Lake Huron en vormt de scheiding met de Georgian Bay. Met een lengte van 80 km, een breedte tot 20 km en een kustlijn van 800 km lang is het een waar paradijs voor natuurliefhebbers, geologen en watersporters. In het grillige kustlandschap, maar ook in de bossen en moerassen, groeien tientallen zeldzame varens en 44 soorten orchideeën. Er broeden meer dan 170 vogelsoorten in het gebied, dat ontsloten wordt door tal van wandelpaden. Een van de mooiste is de **Bruce Trail** langs de rotsige oostkust. Dit is het noordelijkste deel van de 780 km lange 'varenwandeling', die begint in Queenston en zich uitstrekt langs het Niagara Escarpment, dat Ontario doorsnijdt.

Langs de westzijde van het schiereiland liggen zandstranden. Bij **Cape Croker** **2**, waar het Niagara Escarpment 120 m hoog boven de

Georgian Bay uitsteekt, zijn door het water grillige vormen en gaten in het kalksteen uitgesleten. Er is een camping die wordt gedreven door Chippewa-indianen. Bij het pittoreske plaatsje **Lion's Head** liggen fraaie klimrotsen, die volgens fanatieke klimmers tot de beste van heel Noord-Amerika behoren.

Informatie
… in Wiarton:
Bruce County Tourism: 578 Brown St., tel. 519-534-5344, www.explorethebruce.com. Informatiemateriaal, hotel- en restaurantlijsten.

Bruce Pensinsula National Park
▶ D 9

Tobermory, tel. 519-596-2233, juli-Labour Day dag. 8-20, mei-juni, Labour Day-okt. 9-17 uur
De kwetsbare natuur op het schiereiland wordt beschermd door twee nationale parken. Het in 1987 ingestelde **Bruce Peninsula National Park** 3 is een van de zes biosfeerreservaten in Canada die door de UNESCO als zodanig zijn aangemerkt. Het park beslaat het grootste deel van het noordelijkste puntje van het Bruce Peninsula. Hier staan zo'n 156 km² aan wildrijke bossen en een rostachtige kuststrook met steile kliffen en verborgen strandjes onder bescherming van natuurbeheer.

Fathom Five National Marine Park ▶ D 9

Tobermory, tel. 519-596-2233, registreren van duikers tel. 519-596-2503, openingstijden zie Bruce Peninsula National Park
De aan de noordwestzijde gelegen eilanden Cove, Russel, North en South Otter, Bear's Rump en Flowerpot maken met dertien kleinere eilanden en de omringende wateren deel uit van het **Fathom Five National Marine Park** 4 . Verschillende keren per dag varen excursieboten van Tobermory uit naar deze eilanden met steile kalksteenrotsen, grotten en bizarre rotssculpturen, waarvan u op **Flowerpot Island** de mooiste voorbeelden vindt. De grootste 'bloempot' is 12 m hoog, de kleinste meet 6 m. Op het eiland zijn rustige wandelpaden en een stuk of zes campings te vinden. U kunt zich weer laten ophalen na een paar uur of pas na enkele dagen. U hebt aan een wandeling van drie uur genoeg om de mooiste plekjes van het eiland te verkennen.

Veel bezoekers zijn echter meer geïnteresseerd in wat er bij de puntige riffen onder het wateroppervlak te vinden is. Want zomerse mistbanken en novemberstormen eisten hun tol onder de schoeners, stoomschepen en sleepboten die zich in de 19e eeuw in deze verraderlijke wateren ophielden. Bijgevolg herbergt het kristalheldere water van de Georgian Bay naast natuurlijke attracties als onderwatergrotten en interessante rotsformaties ook een twintigtal **scheepswrakken**. Voor duikuitrusting, lessen en excursies kunt u in Tobermory terecht bij verschillende *dive shops*. U kunt de wrakken ook bezichtigen vanuit een boot met glazen bodem.

Tip

VOOR MILIEUBEWUSTE GASTEN

E'Terra, de ecologisch verantwoorde accommodatie bij Tobermory, is zo exclusief dat het adres zelfs op de website niet precies staat vermeld. Het hotel richt zich op gasten die gewend zijn aan de nodige luxe, maar die het milieu daarbij willen ontzien. Het troont op een hoge rotswand aan de Georgian Bay en wordt omringd door oude *red cedars*. Deze herberg met zes gezellige kamers is opgetrokken uit lokaal steen en duurzaam hout. Ook binnen heeft men milieuvriendelijke keuzes gemaakt – zo zijn er ecologisch verantwoorde toiletten en zijn de donsdekbedden gansvriendelijk gevuld (Highway 6, www.eterra.ca, diverse meerdaagse arrangementen vanaf $ 800).

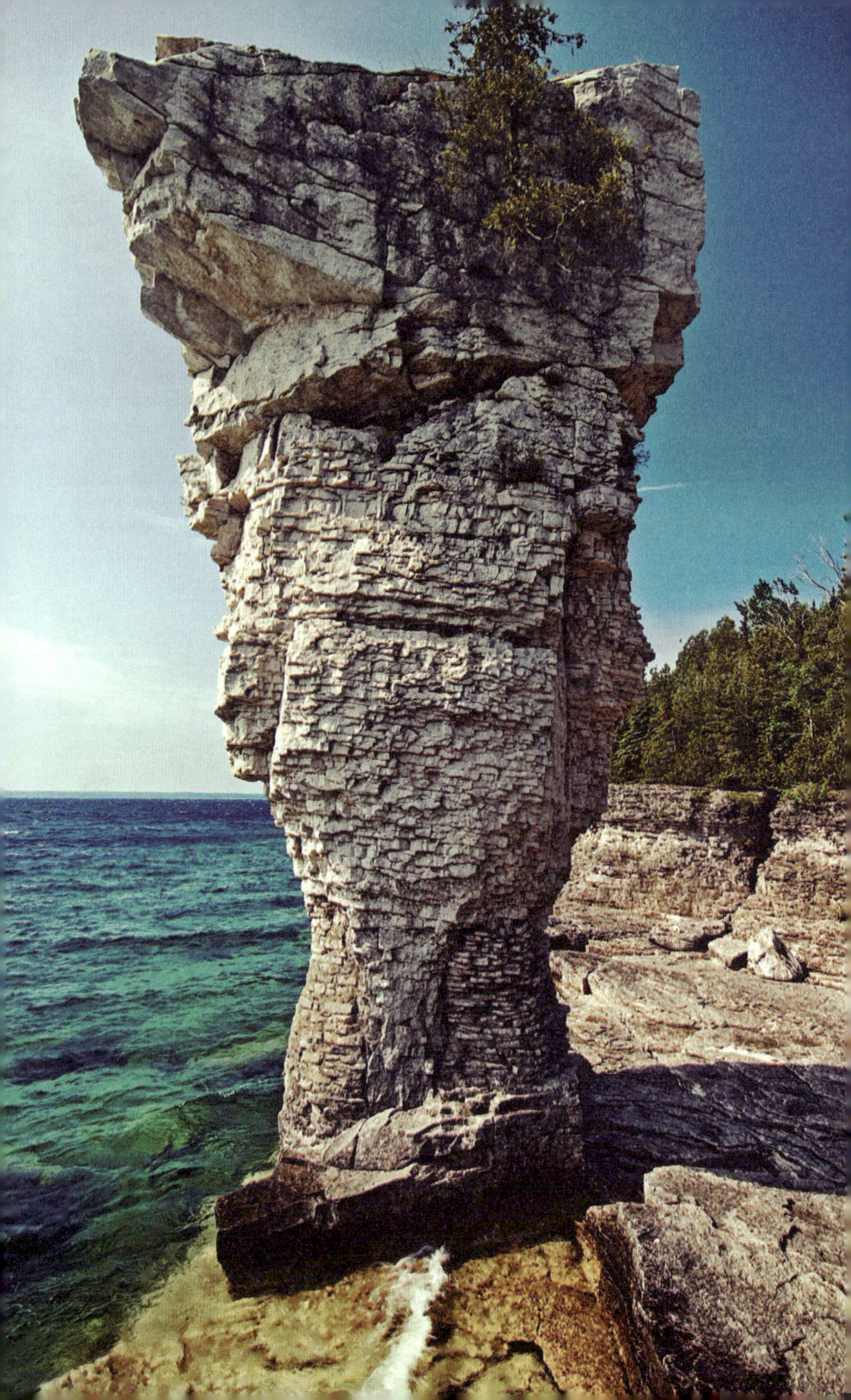

Manitoulin Island

Tobermory ▶ D 9

De twee natuurlijke havens van **Tobermory** 5 , de zelfverklaarde 'Fresh Water Scuba Diving Capital of the World', worden treffend Little Tub en Big Tub *(tub:* bad) genoemd. Het centrum van de plaats omsluit Little Tub Harbour. 's Zomers verdringen zich de zeiljachten en excursieboten langs de steigers. In de houten gebouwen langs de kades zijn winkels, restaurants, *dive shops,* souvenirwinkels en galeries gevestigd. In het kleine **St. Edmund's Township Museum** (7072 Hwy. 6, 3 km ten zuiden van Tobermory, dag. 11-16 uur, gratis toegang, donatie wordt op prijs gesteld) zijn vondsten uit de scheepswrakken te zien. Bij de vissersboten is verse vis verkrijgbaar, en wie deze niet zelf wil bereiden, kan deze lokale delicatesse natuurlijk ook in een restaurant bestellen. Het restaurant en het terras van het Grandview Motel (zie hieronder) een schitterend uitzicht over de Georgian Bay en de twee havens – vooral tegen zonsondergang zijn er vaak spectaculaire luchten te zien.

Accommodatie

Ideale rustpauze – **Big Tub Harbour Resort:** 236 Big Tub Rd., tel. 519-596-2219, www.bigtubresort.ca. Fraai gelegen, uitzicht op het water, kamers met kitchenette. Restaurant, dive shop, duiktrips en kanoverhuur. 2 pk $ 100-160.

Praktisch – **Grandview Motel:** 8 Earl St., tel. 519-596-2220, www.grandview-tobermory.com. Gezellige accommodatie tegenover de Little Tub Harbour. Ruime kamers met uitzicht op het water en vanuit het restaurant op de veerboten naar Manitoulin Island. 2 pk $ 60-200.

Eten en drinken

Mensen kijken, visje eten – **The Fish & Chip Place:** 24 Bay St. S., Tobermory, tel. 519-596-8380, www.thefishandchipplace.com, wisselende openingstijden. Dag. verse witvis, uitzicht op de lieflijke Little Tub Harbour. Hoofdgerecht $ 6-13.

Flowerpot Island heeft zijn naam te danken aan de op vazen lijkende rotsen voor de kust

Actief

Outdoor daar draait het hier om. Wandelen, watersporten, duiken, vissen en kajakken zijn het meest in trek, maar veel bezoekers melden zich ook aan voor een boottocht naar het Fathom Five National Marine Park.

Duiken, kajakken – **G & S Watersports:** 8 Bay St. S., tel. 519-596-2200, www.gswatersports.net. Goede *dive shop* midden in Tobermory: duikexcursies, kajakcursussen, en verhuur van watersportartikelen.

Boottochten – In de **Little Tub Harbour** liggen tourboten te wachten op passagiers, waaronder ook enkele met een glazen bodem.

Vervoer

Veerboot: de **MS Chi-Cheemaun** pendelt tussen Tobermory Terminal en South Baymouth Terminal op Manitoulin Island (tel. 1-800-265-3163, www.ontarioferries.com). De veerboot biedt plaats aan 143 auto's en vaart van begin mei tot half oktober. De overtocht duurt een kleine 2 uur. Volwassenen $ 16,50, kinderen $ 8,25, auto vanaf $ 36,95.

Manitoulin Island

▶ C/D 8/9

Kaart: zie blz. 172

De *Chi Cheemaun* – in de Ojibwetaal 'grote kano' – is de grootste veerboot op de Grote Meren. Tijdens de twee uur durende overtocht van Tobermory naar **South Baymouth** op de zuidpunt van Manitoulin Island wordt het schip omringd door de witte zeilen van de jachten die het water doorklieven. Een heuse boottocht in het hart van Canada. De route gaat eerst langs de eilandjes van het Fathom Five National Park en dan naar 'open water'.

Manitoulin Island, door de Ojibwe *Gitchi Manitou* (woonplaats van de Grote Geest) genoemd, herbergt naaldbossen, watervallen, baaien met zandstrandjes, grillige rotswanden en warme meren die uitnodigen tot zwemmen en kanoën. Met een oppervlakte van 2800 km^2 en een 1600 km lange kustlijn is dit het grootste in een binnenmeer gelegen eiland ter wereld. Circa een derde van de vijftienduizend bewoners is indiaans. Zij leven bijna allemaal in een van de twee reservaten op het eiland. Archeologen hebben bij Sheguiandah resten gevonden van elfduizend jaar oude nederzettingen. De eerste ontmoeting met Europeanen vond plaats in de jaren 40 van de 17e eeuw, toen Franse jezuïeten het eiland bezochten. De indianen zijn trots op de geschiedenis van het eiland. Gevangenissen, vuurtorens en kerken zijn met zorg gerestaureerd en in kleine musea worden memorabilia getoond.

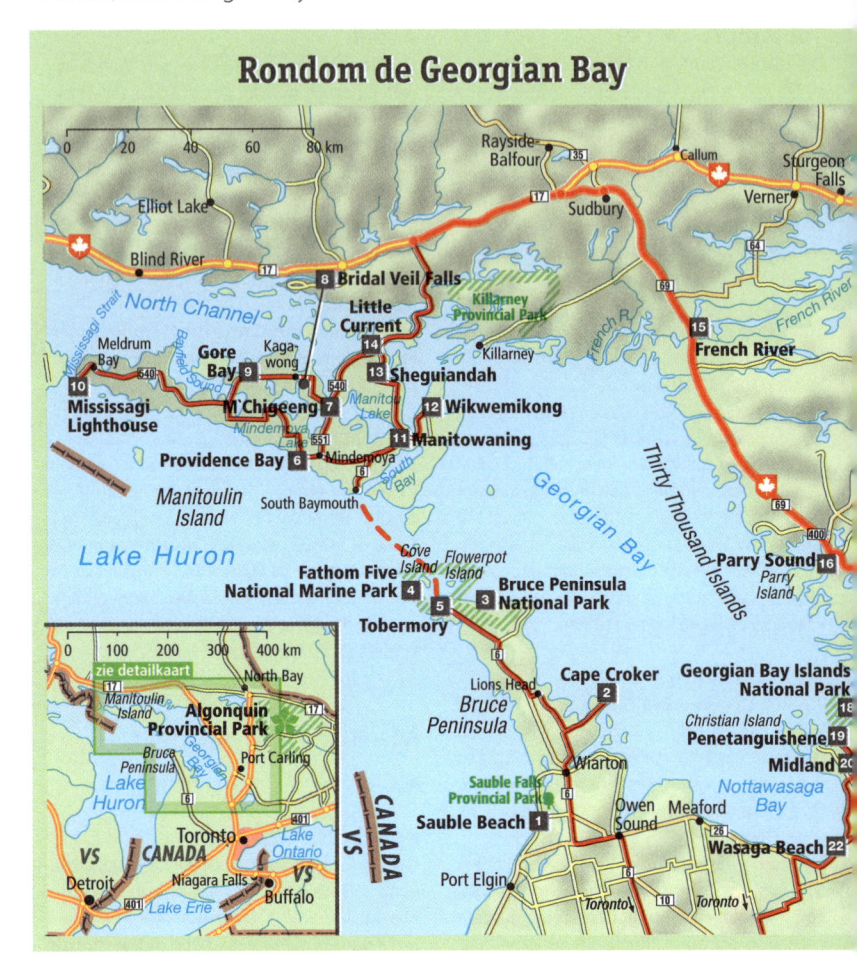

In enkele plaatsen worden **powwows** georganiseerd – kleurrijke bijeenkomsten van indianen. De bekendste is die in Wikwemikong aan de oostzijde van het eiland (zie blz. 174 en 176). Trek als het kan een paar dagen uit om de verstilde dorpjes op het eiland te verkennen.

Van Providence Bay naar de Mississagi Lighthouse ▶ C 8/9

Bij **Providence Bay** 6 aan de zuidelijke oever rijgen de fraaie zandstranden zich aaneen. In **M'Chigeeng** 7 (vroeger: West Bay), de op een na grootste indianenplaats van het

Manitoulin Island

aan de baai gelegen **Kagawong** met aanlegsteigers, pittoreske houten huizen, een ouderwetse *general store* en een vuurtoren.

Gore Bay 9 , te bereiken via Route 540 B, is een van de grotere havenstadjes. Het ligt mooi ingeklemd tussen de rotsen die de noordoever omzomen. Statige villa's en grote, zandstenen gebouwen getuigen van de welvaart in deze vroege nederzetting. In de oude gevangenis, die ook werd bewoond door de cipier, is een **aan de pionierstijd gewijd museum** gevestigd (Dawson Street, juni-sept. ma.-za. 10-16, zo. 14-16, okt. ma.-vr. 10-16 uur, volwassenen $ 4, kinderen $ 2).

Mississagi Lighthouse ▶ C 8

Op de westpunt van het eiland, zo'n 10 km van **Meldrum Bay**, is het rood-witte **Mississagi Lighthouse** 10 te zien. Deze historische vuurtoren uit 1873 herbergt een museum en een klein restaurant. De woning van de vuurtorenwachter is nog ingericht, compleet met potkachel, en geeft een beeld van het dagelijks leven ter plekke. Ook de oude spiegel en de misthoorn, die in 2003 na 33 jaar is hersteld, zijn te zien. Het water van de Mississagi Strait is verraderlijk, de bodem ligt dan ook bezaaid met wrakken. Ook de *Griffon* van La Salle zou hier in 1670 zijn gezonken, enkele getoonde voorwerpen komen naar verluidt uit het schip van deze Franse ontdekkingsreiziger. Het **Lighthouse Park** biedt kampeer- en picknickplaatsen. Enkele korte trails volgen de grillige kalksteenkust. Er zijn boten te huur voor visexcursies.

Manitowaning ▶ D 9

Van South Baymouth rijdt u via Highway 6 in een halfuur naar **Manitowaning** 11 aan de zuidelijke oever van de gelijknamige baai. Dit plaatsje bezit enkele bezienswaardigheden. In het **Assiginack Museum** zijn voorwerpen uit de pioniersperiode te zien (Arthur Street, juni-okt. dag. 10-17 uur, volwassenen $ 2, kinderen $ 1). In het op een steenworp afstand gelegen **SS Norisle Heritage Park** ligt naast een oude molen de **SS Norisle** voor anker. Dit historische schip, de laatste passagiersstoomboot die de Grote Meren bevoer, doet 's zomers dienst als restaurant. De uit 1885 stammende

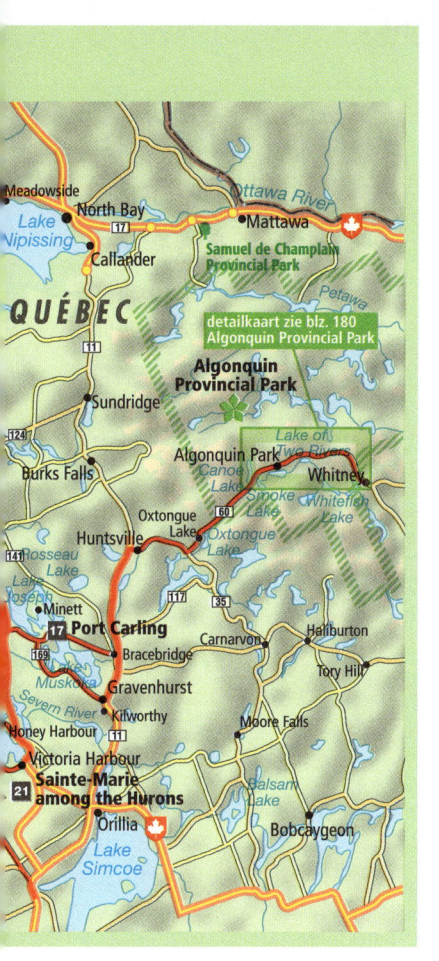

eiland, beheert de Ojibwe Cultural Foundation een cultureel centrum waar indiaanse kunst en kunstnijverheid te koop zijn, dansoptredens plaatsvinden en rondleidingen en activiteiten worden aangeboden (5905 Hwy. 540, tel. 705-377-4404, www.circletrail.com).

Vlak voor Kagawong voert een zijpad van Route 540 naar de **Bridal Veil Falls** 8 . De indiaanse naam van deze waterval luidt: 'waar nevel oprijst bij het vallende water'. Een trap leidt naar het heerlijk frisse water. De mooiste foto's maakt u hier aan het eind van de ochtend. Het is leuk om rond te wandelen in het

Powwow op Manitoulin Island

Eén keer per jaar vieren de Ojibwe en hun gasten, die dan uit alle Noord-Amerikaanse reservaten hiernaartoe komen, op Manitoulin Island het voortbestaan van hun eeuwenoude cultuur. Bleekgezichten zijn welkom bij deze grootste indianenbijeenkomst van Canada. Zij zullen dit drie dagen durende, kleurrijke spektakel nooit vergeten.

De driedaagse powwow, die begin augustus gehouden wordt op Manitoulin Island, is de grootste bijeenkomst van Noord-Amerikaanse indianen in Canada. Blackfeet, Bloods, Crees, Cheyennes, ze zijn er allemaal bij om aan de danswedstrijden deel te nemen. Voor de Canadese indianen is Manitoulin Island een symbool: de inwoners van Wikwemikong hebben als enige Canadese indianenstam geen van de verdragen ondertekend waarmee de Canadese regering de oorspronkelijke bewoners van hun land beroofde. Wikwemikong betitelt zichzelf dan ook trots als Unceded Indian Reserve.

De muzikanten staan in het midden van de Thunderbird Arena. Zangers en trommelaars ondersteunen de dansers met klanken en ritmes die de blanke aanwezigen kippenvel bezorgen. Een voorganger wijst op de powwowetiquette: geen drugs, geen alcohol, niet fotograferen tijdens het bidden. 'Leg onze blanke broeders en zusters uit wat ze zien,' zegt hij met een glimlach, 'zodat ze begrijpen wat ze zien ...'

De dansen lijken misschien kinderlijk eenvoudig, maar 'de moeilijkheid zit hem in de details', legt Dawn Madahbee uit. Deze lange Ojibwevrouw is voorzitter van de Waubetek Business Development Corporation, die indiaanse ondernemers ondersteunt. 'Bij de Women's Traditionals beelden de vrouwen hun hechte band met Moeder Aarde uit. Ze doen dit door met hun voeten zo dicht mogelijk bij de grond te blijven, maar deze uit respect zo licht mogelijk te beroeren.' Ook de franje aan cape, rok en de over de rechterarm geslagen sjaal moet op een bepaalde manier rondzwieren om de juiste betekenis over te kunnen brengen.

Van 1930 tot de jaren 70 waren powwows verboden. 'In die tijd gingen de katholieke priesters van deur tot deur en dwongen de mensen hun heilige voorwerpen, vredespijpen en trommels af te geven', vertelt Dawn, terugdenkend aan de verhalen die haar moeder hierover vertelde. Veel indianen gehoorzaamden. Anderen voerden de rituelen stiekem uit, op een plek diep in het bos, buiten gehoorsafstand van de blanken. In die tijd kenden alleen enkele stamoudsten de betekenis van deze rituelen. De powwow is gereconstrueerd op basis van wat zij zich nog wisten te herinneren.

De toeschouwers geven graag wat uitleg. 'Aan het kostuum van de danser,' zegt tipimaker Stanley Peltier, 'kun je zien aan welk onderdeel iemand meedoet. De *Men's Traditional Dancers* zijn het gemakkelijkst te herkennen.' Stanley behoort zelf ook tot deze groep. Zijn vrouw Shaila, logopediste van beroep, trekt voor de laatste keer zijn verentooi recht voordat hij zich bij de andere deelnemers voegt. 'Deze dans is voortgekomen uit de oude krijgsdansen', zegt ze, en drukt een paar opstandige veren weer op hun plaats. 'Met deze dans vertellen ze over hun belevenissen terwijl ze op oorlogspad waren.' De F*ancy Feather Dancers*, van top tot teen versierd met bonte veren, voeren de dansen van de geheime genootschappen op. De choreografie van deze heftige dansen vereist een goede conditie en de contouren van de dansers vervagen. De stroken franje

Veel van de kostuums van de powwow zijn van generatie op generatie overgegeven

op de kostuums van de *Grass Dancers* kunnen zo worden bewogen dat ze doen denken aan het gras van de prairie dat wuift in de wind. Deze dansers hadden destijds tot taak het gras voor de volgende dans alvast plat te maken.

De kostuums van de vrouwen zijn al even indrukwekkend. Die van de *Jingle Dress Dancers* zijn behangen met honderden belletjes. 'Ooit droomde de vader van een ziek Ojibwemeisje dat een *jingle dress* zijn dochter beter zou maken. Sindsdien wordt dit als een helende dans beschouwd.' Veel jonge vrouwen en meisjes hebben een bontgekleurde, rijkversierde doek om de schouders geslagen. 'Dat zijn de Fancy Shawl Dancers', zegt Shaila. 'De doek symboliseert de deken die jonge vrouwen vroeger droegen. Door lichtvoetig op en neer te springen deden ze er een vliegende vlinder mee na.' Stanley formuleert het kort en bondig: 'En zo kon zelfs de domste krijger zien dat ze gewillig was.'

Er klinkt getrommel en het gezang zwelt aan. De rond de trommels gegroepeerde zangers tikken op hun stembanden om nog hogere tonen aan hun keel te ontlokken. 'Deze klanken komen rechtstreeks uit de buik,' zegt Stanley, 'want vanaf de buik gaan ze rechtstreeks naar de mond, zonder dat de hersenen eraan te pas komen. Net als bij baby's. Zo uiten we onze gevoelens.' Shaila stuurt hem met een klap op zijn billen naar zijn groep. Ze is trots op haar man. En op haar afkomst, die ze koestert in de door blanken overheerste samenleving waarvan ze deel uitmaakt.

Rondom de Georgian Bay

St. Paul's Church is de oudste anglicaanse kerk in Zuid-Ontario. De oude **vuurtoren** pal ernaast is nog in gebruik, maar helaas niet voor bezoekers toegankelijk.

Wikwemikong ▶ D 9

Wie wil weten hoe de indianen tegenwoordig op Manitoulin Island leven, moet **Wikwemikong** 12 bezoeken. In 1648 stichtte de jezuïet Joseph Poncet hier een missiepost. Nog voor Manitowaning voert een zijweg naar het reservaat van de Ojibwe. De nederzetting Wikwemikong (Ojibwe voor 'beverbaai') is zeer uitgestrekt en beslaat het gehele schiereiland. De eenvoudige houten huizen liggen wijdverspreid in het heuvelachtige landschap en de meeste straten zijn onverhard. Tijdens een bezoek aan Wikwemikong valt het schrille contrast op tussen de traditionele en moderne levensstijl. Zo zijn er in het dorp ook een ziekenhuis, een supermarkt, winkels, restaurants en galeries te vinden.

Tip

POWWOW IN WIKWEMIKONG

Elk jaar komen in het eerste weekend van augustus indianen uit heel Noord-Amerika bijeen in Wikwemikong, dat kortweg Wiki wordt genoemd, om de grootste powwow van Canada bij te wonen. Tijdens dit meerdaagse indiaanse volksfeest, dat plaatsvindt in de Thunderbird Arena, is het monotone geluid van de trommels al van verre hoorbaar. Bezoekers betalen een paar dollar entree – en stappen dan een voor Europeanen vreemde wereld binnen. Bij kramen zijn snuisterijen en indiaanse kunstnijverheid te koop. Kijk voor meer informatie op www.wikwemikong.ca

Sheguiandah ▶ D 9

Op de route naar Little Current voert de weg nog voor **Sheguiandah** 13 langs een uitkijkpunt dat uitziet op de La Cloche Mountains op het vasteland. Bij dit zogeheten **Ten Mile Point** herinnert een bord aan de jezuïeten die rond 1648 in deze regio actief waren. Bij een goede souvenirwinkel zijn kwalitatief hoogwaardige sieraden te koop, die zijn gemaakt door indiaanse handwerkslieden. Hier niet ver vandaan ligt het reservaat van de Sheguiandah First Nation, die ieder jaar begin juli hun powwow houden (www.ourmanitoulin.com/powwow.html).

Bij Sheguiandah zelf bevindt zich op een rotsachtige heuvel een **archeologische vindplaats,** waar onderzoekers bij opgravingen in de jaren 50 en nogmaals aan het begin van de jaren 90 de tot nu toe oudste sporen van menselijke bewoning in Ontario vonden in de vorm van meer dan tienduizend jaar oude steenwerktuigen en speer- en pijlpunten van Paleo-indianen.

Een aantal van de opgravingen zijn samen met voorwerpen uit de pionierstijd te zien in het **Centennial Museum of Sheguiandah**. Daar zijn ook blokhutten, een schuur en een gebouw waarin ahornsiroop werd vervaardigd (*sugar shack*) nagebouwd (10862 Highway 6, in de zomer dag. 9-16.30, do. tot 20 uur, anders alleen di.-za., volwassenen $ 4,50, kinderen $ 2).

Little Current ▶ D 8

Het **North Channel**, dat het eiland van het vasteland scheidt, is met zijn honderden eilandjes, schiereilanden en doorgangen buitengewoon geliefd bij zeilers en kanovaarders. Waar nu zeilers op plezierjachten varen, passeerden tot in het begin van de 19e eeuw indiaanse en Frans-Canadese pelshandelaren, de legendarische *voyageurs*, op weg naar Lake Superior.

Aan de zuidrand van dit fraaie recreatiegebied ligt **Little Current** 14 (1500 inw.). De grootste plaats op het eiland begon zijn bestaan als handelspost van de Hudson's Bay Company. Tegenwoordig leggen bij de kleurige huisjes zeiljachten en motorboten aan die onderweg zijn naar de Georgian Bay of Lake Superior.

Buiten de stad vormt een ijzeren draaibrug, in 1913 gebouwd als spoorbrug, de verbinding met het vasteland. Overdag gaat de brug om de 45 minuten een kwartier open om schepen door te laten.

Informatie
... in Little Current:
Manitoulin Tourism Association: 70 Meredith St. E., P. O. Box 119, ON POP 1KO, tel. 705-368-3021, www.manitoulintourism.com. De medewerkers zijn behulpzaam bij het vinden van accommodatie en het reserveren van kaartjes voor de veerboten.

Accommodatie
... in Little Current:
Van indianen – **Manitoulin Hotel & Conference Centre:** 66 Meredith St. E., tel. 705-368-9966, www.manitoulinhotel.com. Modern congreshotel met veel traditionele stijlelementen. Aantrekkelijke kamers, goed restaurant met Ojibwe-gerechten. Wandelingen en kanotochten met gids, workshops als 'Voice of the Drum', 'Storytelling' en 'Traditional Medicine Harvesting'. 2 pk $ 150-230.

Romantisch – **Shaftesbury Inn:** 19 Robinson St., tel. 705-368-1945, www.rockgardenresort.on.ca. Gezellige kamers, veelal ingericht met sfeervol oud meubilair, in een natuurstenen gebouw uit 1884. 2 pk $ 145-235.

Eten en drinken
... in Little Current:
Couleur locale – **Anchor Inn Bar & Grill:** 1 Water St., tel. 705-368-2023, dag. 7-23 uur. Gezellig café-restaurant in de historische Anchor Inn, Canadese keuken, aanraders: alle visgerechten. Voorgerecht $ 3-17, hoofdgerecht $ 20-27.

... in Mindemoya:
Zoals bij moeder thuis – **Mum's Restaurant & Bakery:** 2215 Hwy. 551, tel. 705-377-4311, dag. 6-20 uur. Eenvoudig tentje waar veel locals komen eten, verse vis uit Lake Huron, pizza, pasta en dagelijks vers gebak. Hoofdgerecht $ 7-16.

Evenementen
... in Wikwemikong:
Pow Wow: begin augustus, www.wikwemikong.ca. Naast taalcursussen en tal van culturele evenementen organiseert deze vereniging de jaarlijkse powwow (zie Tip blz. 176). Het programma en de exacte data zijn te vinden op de website.

Van Manitoulin Island naar Muskoka

Kaart: zie blz. 172

De tocht van Little Current naar Sudbury op het vasteland biedt weinig afwisseling en daarin komt ook geen verandering op de volgende 180 km over Highway 69 van Sudbury naar Parry Sound. Uitstappen loont alleen bij de brug over de **French River** 15 , die hier door een diepe kloof stroomt. Op de kleine parkeerplaats kunt u op borden lezen hoe belangrijk deze oude *Rivière des Français* vroeger was. Deze schakel tussen Lake Nipissing en Lake Huron maakte deel uit van de drukstbevaren kanoroute naar het westen en verder naar de Mississippidelta. Een nieuw bezoekerscentrum in het French River Provincial Parket, even landinwaarts, geeft info over dit spannende hoofdstuk in de Canadese geschiedenis. Ook nu nog zijn er op de bochtige French River veel kanoërs te zien.

Het aardige stadje **Parry Sound** 16 (6500 inw.) aan de gelijknamige meerengte is in de eerste plaats een vakantieparadijs voor watersporters. 'Thirty Thousand Islands' (het kunnen er ook meer zijn) noemt men de wirwar van eilandjes voor de kust. De vele resorts en motels zitten in de zomer en tijdens lange weekends goed vol. Wie van het uitzicht over de eilanden wil genieten, kan een oude, 30 m hoge uitkijktoren beklimmen in het **Tower Hill Park** (17 George St., gratis), die in de jaren 20 als brandwachttoren werd gebouwd. In het park is ook het **Museum on Tower Hill** te vinden, dat tentoonstellingen over de cultuur van de First Nations, de Europese ontdekkingsreizigers en de pioniers in deze streek organiseert

(17 George St., wo.-zo. 11-16, do. 13-19 uur, volwassenen $ 5, kinderen $ 3). Aan de pier in Bay Street kunt u aan boord gaan van een van de excursieschepen om de doolhof tussen de dertigduizend eilandjes te verkennen.

Muskoka ▶ E 9/10

Kaart: zie blz. 172

Zo'n 20 km verder naar het zuiden ligt een van de oudste toeristische gebieden van Ontario. De dichtbeboste, hier en daar door granietrotsen onderbroken oevers rond de Muskoka Lakes, bestaande uit de meren Joseph, Rosseau, Muskoka en het Lake of Bays, worden kortweg aangeduid als **Muskoka**. Al een eeuw geleden trok de bevolking van Toronto hierheen om vakantie te houden, en hier staan de duurste huisjes van het land. U vindt er chique resorts met plantsoenen en brede promenades, gezellige familiehotels, victoriaanse herbergen en verscholen B&B's.

De eerste kolonisten die rond 1850 naar dit gebied trokken, merkten dat het niet geschikt voor de landbouw was. Het liet zich door de circa 1600 meren tussen Huntsville, Gravenhurst en de Severn River ook moeilijk ontsluiten voor het verkeer. De toeristische potentie van de streek werd echter snel onderkend. Het duurde niet lang of er voeren passagiersschepen op de meren. In 1875 bereikte de spoorlijn Gravenhurst en in 1886 was Huntsville aan de beurt. Rijke toeristen uit Toronto, Kingston en de VS, op zoek naar comfort in de natuur, lieten niet lang op zich wachten. Grand hotels als Windermere House, Deerhurst en Clevelands House openden hun deuren. Tegen 1903 was er een ware vloot aan stoomboten in de vaart in dit recreatiegebied.

Aan dit romantische tijdperk kwam een einde toen de auto zijn intrede deed. Het merengebied is weliswaar nog altijd in trek bij de rijken, die er vakantiehuisjes bezitten, maar de 'Lakelands' liggen nu ook binnen het bereik van gewone mensen.

Beroemdheden als Steven Spielberg en Tom Hanks weten de beschaafde afzondering van de Muskokas op waarde te schatten

De mooiste plaats is het popperige, zevenhonderd inwoners tellende' **Port Carling** 17, gelegen aan de Indian River tussen Lake Rosseau en Lake Muskoka. Vertrek hier niet zonder het in een blokhut gevestigde **Muskoka Lakes Museum** in het Island Park bezocht te hebben. Het is gewijd aan de ontwikkeling van de regio en de lokale scheepsbouw. Zo werden hier van het beste hout fraaie motorboten *(runabouts)* vervaardigd, die inmiddels onbetaalbaar zijn (100 Joseph St., Island Park, eind mei-begin okt. wo.-za. 10-16, zo. 12-16, juli, aug. tot 17 uur, volwassenen $ 2,50, kinderen tot 5 jaar gratis).

Tijdens een bootexcursie krijgt u een duidelijk beeld van dit gebied met zijn vele meren en bossen. Hoogtepunt van uw bezoek is een tochtje met de historische stoomboot **RMS Segwun** vanuit **Gravenhurst** of **Port Carling**. Deze liefdevol gerestaureerde oldtimer, een pronkstuk uit 1887, is van begin juni tot half oktober in de vaart. Het schip biedt 99 passagiers de gelegenheid om de nostalgische sfeer te proeven uit de begindagen van het toerisme in Muskoka. U kunt zich inschepen voor een tochtje van enkele uren of voor een romantisch diner aan boord, inclusief zonsondergang.

Informatie
... in Kilworthy:
Muskoka Tourism: 1342 Hwy. 11 N., R. R. 2, tel. 705-689-0660, 1-800-267-9700, www.discovermuskoka.ca. Kaarten, hotel- en restaurantlijsten.

Accommodatie
... in Minett:
Klassieker – **Clevelands House:** 1040 Juddhaven Rd., niet ver van Port Carling, tel. 705-765-3171, 1-888-567-1177, www.clevelandshouse.com. Klassiek Muskokaresort aan Lake Rosseau. Mooie kamers en huisjes, alle maaltijden en de meeste sporten bij de prijs inbegrepen. 2 pk $ 210, cottage vanaf $ 245.
... in Port Carling:
Knus – **Crestwood Inn & Restaurant:** 177 Medora St., tel. 705-765-3743, 1-888-573-0239, www.crestwoodinn.ca. Klein hotel midden in het plaatsje. Kamers en huisjes met modern interieur. 2 pk incl. ontbijt $ 150-250.

Eten en drinken
... in Gravenhurst:
Relaxed – **Boathouse Restaurant:** 1209 Muskoka Beach Rd., Taboo Resort, tel. 705-687-2233, 1-800-461-0236, dag. 17.30-22.30 uur. De opvolger van het chique restaurant Elements is een stuk minder formeel. U kijkt uit over het meer en eet eenvoudige pubgerechten als hamburgers en pizza. Voorgerecht $ 8-14, hoofdgerecht $ 15-24.

Actief
... in Gravenhurst:
Boottochten – **Muskoka Steamships:** 185 Cherokee Lane, tel. 705-687-6667, 1-866-6876667, www.realmuskoka.com. Dineren aan boord van de historische stoomboot RMS Segwun, die afvaart in Gravenhurst of Port Carling. Volwassenen $ 99.

❋ Algonquin Provincial Park ► F/G 8/9

Kaarten: zie rechts en blz. 182

Dit beroemde natuurgebied ligt krap een uur rijden ten oosten van Huntsville. Het in 1893 gestichte park is met 7725 km² het oudste en grootste van de provinciale parken van Ontario. Het dankt zijn naam aan de Algonkinindianen, die deze streek ooit bevolkten. De eerste blanken hier waren houthakkers, die vanaf 1850 naar Weymouthdennen zochten, die felbegeerd waren om hun uitstekende hout. Deze *lumberjacks* woonden 's winters in afgelegen kampementen en moesten iedere minuut daglicht benutten om de imposante bomen met beperkte middelen te kunnen vellen. De stammen werden met bijlen bewerkt en in het voorjaar, wanneer het rivierwater hoog stond, samengebonden afgevoerd over de Ottawa River naar het stroomafwaarts gelegen Québec. Tijdens deze lange, gevaarlijke tocht overnachtten de houthakkers in primitieve hutjes op de vlotten, die op de St. Lawrence River uitgroeiden tot reusachtige konvooien.

Uit vrees voor kaalslag werd het gebied uitgeroepen tot park, aangezien de houtkap dan gereguleerd kon worden. Niet lang daarna kwamen er toeristen naar het park, die enthousiaste verhalen hadden gehoord over de vismogelijkheden en die schilderijen hadden gezien van de Group of Seven (zie blz. 62).

Tegenwoordig is het Algonquin Provincial Park, hoewel de bosbouw er nog altijd een bescheiden rol speelt, weer een ongerept natuurgebied met loof- en naaldbomen, moerassen, rivieren en meren die vaak met elkaar in verbinding staan. De lokale **fauna** is met 40 zoogdier- en 130 vogelsoorten rijk te noemen. Wie terugdenkt aan een bezoek aan Algonquin, zal zich het kampvuur aan het stille meer herinneren, de spookachtige roep van de ijsduiker en de boeggolf die een zwemmende bever veroorzaakte op het spiegelgladde water. 's Avonds is soms het langgerekte gehuil van een roedel wolven te horen. De kans is groot dat een kanovaarder na een bocht in de rivier opeens op een grazende eland stuit, die zijn grote kop opricht om de rustverstoorder te bekijken. In het park leven ook beren, otters, vossen en wasberen.

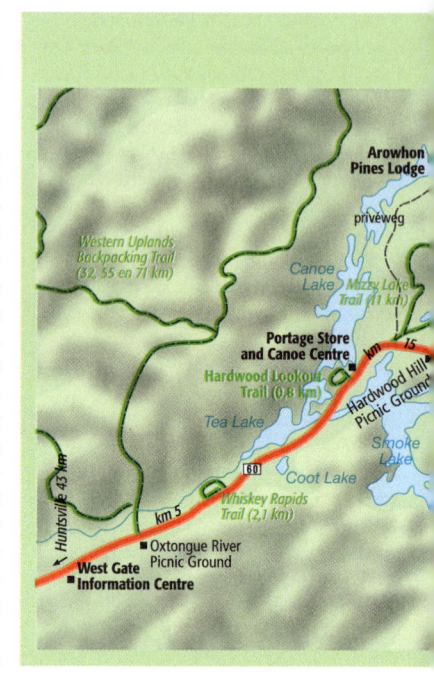

Elanden of herfstkleuren?

Mei en juni zijn de beste maanden voor het **spotten van elanden**. De koningen van het woud verlaten dan hun rijk om aan Highway 60 te drinken van het door de sneeuwbestrijding zilte water langs de weg. In de eerste twee, drie weken van juni heerst er een ware plaag van zogeheten *black flies*. Muggenolie en bedekkende kleding zijn dan een must.

De herfst met de **Indian summer** eind september/begin oktober is het 'vijfde toeristische jaargetijde'. De herfstkleuren van de esdoorn, Amerikaanse ratelpopulier en Amerikaanse eik bieden een schitterend schouwspel, dat ten noorden van New England nergens mooier is. Koele nachten en warme dagen zonder muggen – voor velen is dit de beste periode voor de kanotocht door Oost-Canada waar zij al zo lang naar uitzagen.

Algonquin Provincial Park

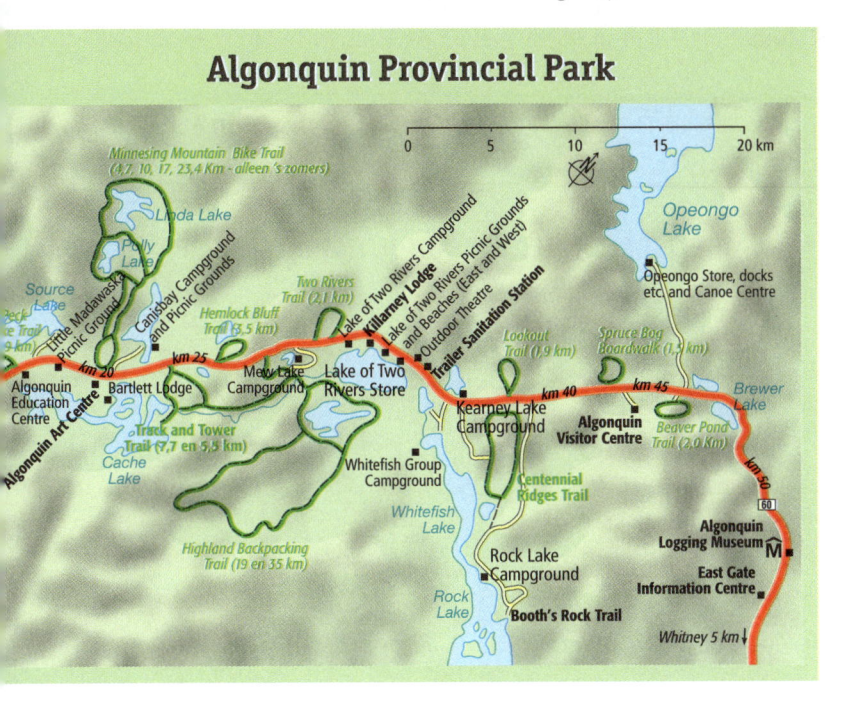

Kanoën en vissen

Het netwerk van kanoroutes is in totaal 1600 km lang. Al kanoënd trekken bezoekers langs meren, rivieren en draagplaatsen in het ongerepte hart van het park, dat niet door wegen is ontsloten. Er zijn tal van kleine, vaak op de prachtigste plekjes gelegen kampeerplaatsen te vinden. Een complete uitrusting, inclusief kano en proviand, is te huur bij bedrijfjes in het park.

Een meerdaagse tocht in de wildernis is alleen te maken indien u over de nodige ervaring beschikt. Beginners kunnen een paar uur een kano huren voor een tochtje op een van de meren van de **Parkway Corridor**, het ontsloten gebied aan weerszijden van Highway 60, die het zuiden van het park over een afstand van 56 km doorsnijdt. Hier liggen ook veel kampeerplaatsen en meren met badstranden, wandelpaden en educatieve natuurroutes. Onervaren bezoekers die dieper in het park willen doordringen, kunnen zich bij een van de lokale bureaus aanmelden voor een meerdaagse tocht met een gids (zie Actief op blz. 182).

Wandelen

De **wandelpaden** zijn het verkennen waard, ook al voeren ze niet ver het park in. Bijna alle paden beginnen bij Highway 60. Enkele van de mooiste zijn de **Hardwood Lookout Trail** (0,8 km), die uitzicht biedt op het betoverend mooie Smoke Lake, de **Track and Tower Trail** (7,7 km) met uitzicht op het Cache Lake, de zware **Centennial Ridges Trail** (10 km) naar spectaculaire uitkijkpunten in het park en tot slot de **Booth's Rock Trail** (5,1 km), die langs twee meren en een uitkijkpunt voert.

Musea en exposities

Bezienswaardig in het park zijn ook de musea en exposities. In het **Algonquin Visitor Centre** komt u via maquettes en moderne displays veel te weten over de ecologie van het park en in de 'Algonquin Room' ziet

PEDDELEN IN HET ALGONQUIN PROVINCIAL PARK

Informatie
Begin en einde: Rock Lake Campground, 8 km ten zuiden van kilometerpaal 40.3 aan Highway 60, aan het eind van de onverharde Rock Lake Road
Lengte: 30 km; drie plekken waar u moet 'klunen' (200- 500 m)
Duur: 3 dagen, 2 nachten
Aanbieder: Algonquin Outfitters, zie Actief op blz. 183
Belangrijk: vooral begin juni is een antimuggenmiddel onontbeerlijk.

Alleen per kano kan men diep doordringen in het Algonquin Provincial Park. Het oer-Canadese transportmiddel wordt tussen de meren op de schouder genomen, geheel in de traditie van de *voyageurs*, de Franstalige pelshandelaren. Zo'n draag- of kluunplaats heet zowel in het Frans als het Engels *portage*, het Engelse woord *portaging* heeft betrekking op het vervoer van kano en bagage over de draagplaats. Het algehele beeld wordt beheerst door in het dicht beboste rotslandschap van het Canadian Shield ingebedde, kristalheldere meren met kleine eilandjes. Rotskusten domineren, soms als loodrechte wanden en kliffen van graniet, soms als concentraties rond afgesleten brokstukken en blokken met daartussen kleine strandjes.

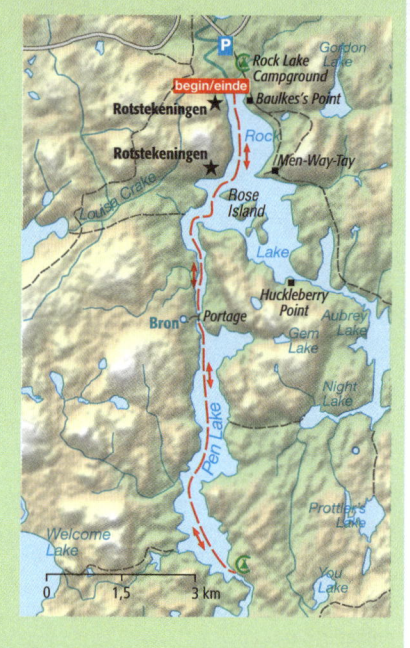

Parkeer uw auto op het parkeerterrein van de **Rock Lake Campground**. Daar wordt de kano te water gelaten, beladen met alle benodigdheden voor drie dagen. Na een halfuur komt u langs **Rose Island**, een mooi eiland als op een schilderij van de Group of Seven. Op de door het park uitgegeven stafkaart – te verkrijgen bij het parkbeheer en bij Algonquin Outfitters – staan onder andere indiaanse **rotstekeningen** aangegeven. Een uur of twee, drie later versmalt Rock Lake zich tot een natuurlijk kanaal, dat uiteindelijk uitkomt bij de **portage naar Pen Lake**. Een smal, door wortels verhard pad loopt vanhier in zuidelijke richting naar het ongeveer 400 m verderop gelegen **Pen Lake**. Met een kano en 60 tot 80 kg bagage op uw rug beslist een vermoeiende oefening! Maar Pen Lake vergoedt alle inspanningen. De lucht is zo helder dat het pijn doet aan

Algonquin Provincial Park

de ogen. Glad en stil ligt het meer aan uw voeten. De kano glijdt door het stille, donkere water. De twee volgende dagen worden doorgebracht met vissen, zwemmen, bosbessen plukken en korte wandelingen over de oever. Een bijzondere ervaring is een kanotochtje voor zonsopkomst. Terwijl de ochtendnevel nog in dikke slierten boven Pen Lake hangt, glijdt u geruisloos over het water, langs een slapende ijsduiker een donsdeken in, die Canada met een natuurlijk softfocuslens doet vervagen.

u schilderijen en andere kunstwerken die zijn geïnspireerd op het plaatselijke natuurschoon. U vindt er ook een goed gesorteerde boekhandel en een restaurant (Highway 60, km 43, apr.-mei dag. 9-17, juni 10-17, juli, aug. 9-21, sept., okt. 10-17, nov., dec. za., zo. 10-16, anders alleen za., zo. 10-17 uur).

Niet ver van de oostelijke ingang is het in verschillende blokhutten ondergebrachte **Algonquin Logging Museum** gevestigd. Met behulp van video's en ouderwetse gereedschappen schetst men een beeld van het onvoorstelbaar zware leven dat de houthakkers hier een eeuw geleden leidden. Een kort pad achter de gebouwen voert naar een nagebouwd kamp, waar u kunt rondkijken tussen oude stoommachines en een authentiek amfibievoertuig waarmee de gevelde bomen werden vervoerd in dit niet door wegen ontsloten gebied (eind juni-half okt. dag. 9-17 uur , gratis toegang).

In het aan Found Lake gelegen **Algonquin Art Centre** (bij km 20) ziet u hoe kunstenaars in de afgelopen decennia het park hebben waargenomen (juni-half okt. dag. 10-17 uur, www.algonquinartcentre.com , gratis toegang, een donatie wordt op prijs gesteld).

Informatie

Algonquin Provincial Park: Superintendent, Whitney, ON K0J 2M0 (postadres). Information Office tel. 705-633-5572, telefonische reservering campingplaatsen, www.algonquinpark.on.ca, dag. 9-16 uur.
Omdat het Algonquin Provincial Park zoveel bezoekers trekt, moeten campingplaatsen zowel langs Highway 60 als in het park zelf lang van tevoren worden gereserveerd. Op de website van het park ziet u hoe dit in zijn werk gaat. Ook de kanotocht bij een outfitter en de kamers in een hotel of lodge in het park moeten tijdig worden besproken.

Accommodatie

Idyllisch – **Arowhon Pines:** Highway 60, tel. 705-633-5661 (29 mei-12 okt.), tel. 416-483-4393 (in de winter), www.arowhonpines.ca. Fraai oud resort aan een eigen meer. Het beschikt over kamers in het hoofdgebouw en in huisjes. De keuken bereidt uitstekende gerechten. 2 pk $ 230-550 per persoon op basis van volpension en gebruik van alle recreatieve voorzieningen.

Typisch Canadees – **Killarney Lodge:** Highway 60 (km 32), op een klein, rotsachtig schiereiland in het Lake of Two Rivers, tel. 866-473-5551, www.killarneylodge.com. Luxueuze blokhutten en een keuken die verfijnde maaltijden bereidt. Tweepersoons blokhut per persoon op basis van volpension, $ 190-400.

Praktisch – **Algonquin Lakeside Inn:** 4382 Hwy. 60, Dwight, aan Oxtongue Lake vlak bij de westelijke ingang, tel. 705-635-2434, 1-800-387-2244, www.algonquininn.com. Prima accommodatie. Grote kamers, de cottages zijn wat nieuwer. 2 pk $ 80-180, cottages $ 140-270.

Actief

Uitrusting en kanotochten – **Algonquin Outfitters:** RR 1, Dwight, vlak bij de westelijke ingang, tel. 800-469-4948, www.algonquinoutfitters.com. Het oudste en meest gerenommeerde adres in het park. Hier kunt u alles inkopen wat u voor een tocht nodig hebt of u inschrijven voor een kanotocht met gids.

Wandelen en kanovaren – **Voyageur Quest:** 22 Belcourt Rd., Toronto, tel. 416-486-3605, 800-794-9660, www.voyageurquest.com. Trekking- en kanotochten met gids, deels met overnachting in rustieke park lodges.

Rondom de Severn Sound ▶ E 10

Kaart: zie blz. 172

Een lieflijk landschap, omspoeld door het water van de zuidelijke Georgian Bay: geen wonder dat de streek rond de Severn Sound aan het begin van de 17e eeuw het domein was van de machtige Huronfederatie. Door de combinatie van historische attracties en natuurschoon is dit een zeer geliefde reisbestemming.

Georgian Bay Islands National Park 18

Het park is een mooie plek voor een eerste stop. Het is bereikbaar via Highway 69 en Muskoka County Road 5 vanuit het badplaatsje **Honey Harbour**. U vindt hier verschillende accommodatiemogelijkheden, restaurants en jachthavens. Met een watertaxi kunt u naar een van de eilanden varen.

Het 24 km² grote **Georgian Bay Islands National Park** omvat in totaal zestig grote en kleine eilanden, die worden gekenmerkt door kale, door gletsjerijs gladgeschuurde rotsen, door de wind vervormde dennen en stille baaien.

De ongenaakbare natuur van de schilderijen van de Group of Seven (zie blz. 62) is met name te vinden in het noordelijke deel van **Beausoleil Island**, het grootste eiland van het park. Hier strekt het roze graniet zich in de vorm van schiereilanden uit in de baai. De meeste eilanden lenen zich goed voor kamperen, er zijn talloze mooie wandel- en fietspaden (fietsverhuur in het Cedar Spring Visitor Centre) en ideale omstandigheden voor zwem- en watersportplezier. De beste stranden bevinden zich in Sandpiper en Oaks en bij Cedar Spring en de Honeymoon Bay Campground.

Informatie

Georgian Bay Islands National Park: 901 Wye Valley Rd., Midland, tel. 705-527-7200, www.pc.gc.ca, het hele jaar geopend, service mei-okt., volwassenen $ 5,80, kinderen $ 2,90.

Accommodatie

... in Honey Harbour:

Strandvakantie – **Blue Water Lodging:** tel. 705-756-2454, 1-888-523-2503, www.bw lodging.ca. Tien eenvoudige, maar gezellige cottages voor 2-4 personen. De meeste hebben een terras met barbecue aan het water. Cottage $ 300-550 voor twee nachten (minimum).

Vervoer

Watertaxi: commerciële watertaxi's en de *GBI Day Tripper* van het nationale park (tel. 705-526-8907, juli, aug., volwassenen $ 9,90, kinderen $ 8,55) varen u van Honey Harbour naar de eilanden.

Penetanguishene 19

Penetanguishene, plaatselijk kortweg Penetang (spreek uit: pienteng) genoemd, is tweetalig. De negenduizend inwoners spreken zowel Engels als Frans en de geschiedenis van dit boeiende plaatsje aan het zuidoosten van de Georgian Bay is al even interessant als zijn culturele erfgoed. Om zijn aanwezigheid op de Great Lakes te verstevigen bouwde de Britse marine hier in 1817 een fort. Er zijn tegenwoordig replica's te zien van vijftien gebouwen uit die tijd, die een passende historische inrichting hebben gekregen. Als zeelui en soldaten van de Britse koning verklede gidsen geven het geheel de juiste sfeer.

De grootste publiekstrekkers van de **Discovery Harbour** zijn de historische marinezeilschepen *Bee* en *Tecumseth*, waarmee ook tochtjes gemaakt kunnen worden (Jury Dr., tel. 705-549-8064, mei, juni di.-za. 10-17, juli, aug. dag. 10-17, begin-half sept. do.-zo. 10-17 uur, volwassenen $ 7, kinderen $ 5,25). Langere tochten in het gebied van de Thirty Thousand Islands kunt u 's zomers vanuit 'Penetang' ook maken aan boord van de rondvaartboot **MS Georgian Queen**.

Actief

Cruises – **MS Georgian Queen:** 2 Main St., Penetanguishene Town Dock, tel. 705-549-7795, 1-800-363-7447. De blauw-witte rondvaartboot MS Georgian Queen vertrekt 's zomers aan

Rondom de Severn Sound

Meer dan dertig muurschilderingen sieren de gevels van Midland – Ontario's grootste openluchtgalerie

het eind van Main Street voor diverse excursies door het doolhof van eilanden. Juli-sept., volwassenen $ 26, kinderen $ 13.

Midland [20]

In **Midland**, waarvan King Street het middelpunt vormt, moet u beslist de tijd nemen voor een bezoek aan het **Huronia Museum**. De interessante collectie omvat zeer uiteenlopende objecten uit de pionierstijd in deze streek die betrekking hebben op de stadsgeschiedenis. Ook het museum met schilderijen van de Group of Seven is bezienswaardig (zie blz. 62). Het hoogtepunt is een bezoek aan de bij het museum behorende reconstructie van het **Huron/Ouendat Village**. De palissades, maisaanplant, *longhouses* en werktuigen geven een waarheidsgetrouw beeld van de leefomstandigheden van de Huron in de tijd van de komst van de eerste blanken (Little Lake Park, King Street, dag. 9-17 uur, rondleidingen volwassenen $ 14,25, kinderen $ 11,25).

De mooie, grote bakstenen huizen aan Main Street getuigen van de welvaart die de stad rond 1900 kende. De houtindustrie, een ijzergieterij en de scheepsbouw floreerden destijds. Tegenwoordig vormt het toerisme de belangrijkste bron van inkomsten.

Samuel de Champlain, de 'Vader van Nieuw-Frankrijk', zette in 1615 als eerste Europeaan voet aan land in het leefgebied van de Wendat, door de Fransen Huron genoemd. In 1639 stichtten de jezuïetenpaters Jean de Brébeuf en Gabriel Lalemant niet ver van Midland de missiepost Sainte-Marie among the Hurons (zie blz. 186). Omdat de Wendat sedentaire boeren waren, namen de jezuïeten zich voor in dit gebied veel zieltjes te winnen. Dit voornemen zou uiteindelijk het einde van de Huron betekenen. De door palissades omgeven nederzetting Sainte-Marie was in die tijd de meest westelijk gelegen buitenpost van Europa in de Nieuwe Wereld. Handelswaar, zaaigoed, vee, Europese levensmiddelen, metaal, liturgische voorwerpen – alles moest in kano's van berkenbast worden aangevoerd vanuit het 1200 km verderop gelegen Québec.

Rondom de Georgian Bay

Informatie
Southern Georgian Bay Chamber of Commerce: 208 King St., tel. 705-526-7884, Fax 705-526-1744, www.southerngeorgianbay.ca, ma.-vr. 9-16 uur. De plaatselijke VVV verstuurt op aanvraag de uitstekende officiële reisgids van de regio.

Accommodatie
Zoals thuis – **Tucked Inn the Harbour B & B:** 197 Robins Point Rd., Victoria Harbour, tel. 705-534-4196, 877-773-7778, www.tuckedinnthe harbour.com. Mooie, kleine B&B in het romantische gehucht Victoria Harbor, een paar minuten rijden ten oosten van Midland en op een steenworp afstand van het meer. Zeer gastvrije uitbaters. 2 pk $ 110-120.

Nuchter en betrouwbaard – **Kings Inn:** 751 King St., tel. 705-526-7744, 1-888-474-1711, www.kingsinn.ca. Centraal, maar toch zeer rustig gelegen motel met eenvoudige, schone kamers. Winkels en restaurants op een paar minuten lopen. 2 pk $ 60-90.

Eten en drinken
Als in Griekenland – **The Riv Bistro:** 249 King St., tel. 705-526-9432, dag. 11-15, 17.30-21.30 uur. Mediterrane keuken met veel Griekse invloeden. Zalige *spanakopita* en verrukkelijke *chicken bahari*. Voorgerecht $ 5-13, hoofdgerecht $ 20-30.

Topwraps – **The Ultimate Eatery:** 295 King St., tel. 705-527-5000, dag. 8-22 uur. Eenvoudig eettentje waar veel locals komen. Sandwiches, soepen en salades. $ 6-18.

Sainte-Marie among the Hurons 21
Highway 12, 13 km ten oosten van Midland, apr., mei en okt., nov. ma.-vr. 10-17, juni-sept. dag. 10-17 uur, volwassenen $ 12, kinderen $ 9,25

Sainte-Marie groeide snel. In de hoogtijdagen van deze plaats woonden hier zo'n zestig blanken, een vijfde van de Europese bevolking in Nieuw-Frankrijk. Van hieruit ondersteunde men de andere missieposten in de regio. Naarmate de missiepost rijker werd,

Met zijn duizenden rotsachtige eilandjes doet de Georgian Bay denken aan Zweden

Rondom de Severn Sound

nam de afkeer van de blanken en de onderlinge strijd in de Wendat-nederzettingen toe. Uit Europa afkomstige besmettelijke ziekten als mazelen, griep en pokken eisten vele slachtoffers. Daar kwam nog bij dat de overeenkomst tussen de Europeanen en de Huron door de Irokezen, aartsvijanden van de Huron, als oorlogsverklaring werd beschouwd. De bloedige incidenten stapelden zich op.

In de zomer van 1648 vielen de Irokezen het Hurondorp St-Joseph aan. In de strijd lieten vele Wendat en de jezuïet Antoine Daniel het leven. Veel jezuïeten en hun bekeerde beschermelingen zochten een veilig heenkomen in Sainte-Marie. Er volgden meer aanvallen op Hurondorpen. In het voorjaar van 1649 werden honderden Wendat en de jezuïeten Brébeuf en Lalemant afgeslacht.

Overlevenden van dit bloedbad begroeven de lichamen van de twee priesters in Sainte-Marie. Uit angst voor de oprukkende Irokezen trokken de Fransen zich terug in de richting van Québec. Voor hun vertrek staken ze Sainte-Marie in brand om te voorkomen dat de Irokezen de vruchten van hun werkzaamheden zouden plukken. Ze verschansten zich op een eiland (het huidige Christian Island), om daar Sainte-Marie II op te bouwen. Een zware winter en hongersnood noopten hen echter ook deze missiepost op te geven. Met enkele honderden bekeerlingen in hun kielzog trokken de jezuïeten in 1650 naar Québec. Pater Paul Ragueneau, geestelijk leider in de laatste jaren van deze missie, heeft in brieven naar Frankrijk het dramatische einde van Sainte-Marie en het verschrikkelijke einde van de martelaren aan de martelpaal beschreven.

In de jaren 40 werd begonnen met de reconstructie van de historische plekken. Aan de hand van archeologische vondsten en tekeningen en brieven van de jezuïeten is de missiepost tot in de kleinste details nagebouwd. Net als 350 jaar geleden rijst er een imposante palissade van puntige boomstammen op rond de moestuinen, werkplaatsen, schuren, stallen en woningen van de missionarissen en de ambachtslieden. Ook de grote *longhouses* van de Wendat, die zij optrokken uit boomstammen en twijgen, zijn nagebouwd. Doordat het museumdorp sinds de bouw door weer en wind sterk is verweerd, doet het gehele complex verrassend authentiek aan. Bezoekers krijgen een duidelijk beeld van het dagelijks leven in de missiepost. In de sobere verblijven van de jezuïeten schrijven in het zwart geklede mannen met de ganzenveer en in de werkplaatsen wordt getimmerd en ijzer gesmeed. Voor de historische missiepost staat een modern gebouw met een museum, archief, lezingenzaal, boekhandel en restaurant. Een bezoek aan de missiepost begint met een korte audiovisuele presentatie. Daarna opent de muur zich en kijkt u uit op de middeleeuwse gebouwen van het dorp – de rondleiding kan beginnen.

Martyrs Shrine

16163 Hwy. 12 W., tegenover Sainte-Marie, dag. 8-21 uur, volwassenen $ 5, kinderen tot 12 jaar gratis

De acht jezuïeten die in Huronia omkwamen, zijn in 1925 door paus Pius XI als martelaren heiligverklaard. Een jaar later is te hunner nagedachtenis een kerkje gebouwd tegenover Sainte-Marie. De **Martyrs Shrine** is inmiddels uitgegroeid tot een bedevaartsoord voor Amerikaanse katholieken. Paus Johannes Paulus II bezocht deze kerk toen hij in 1984 door Canada reisde. De trap voor de kerk biedt een prachtig uitzicht op het blauwe water van de Severn Sound. In de Martyrs Shrine wordt iedere dag een mis gevierd. Het gebouw is ook voor het publiek opengesteld.

Wasaga Beach [22]

Wie tot besluit van de reis rond de Georgian Bay behoefte heeft aan wat rust, kan heerlijk vakantie vieren aan een van de vele stranden langs de **Nottawasaga Bay**. Hier, aan het zuidelijkste puntje van de Georgian Bay, strekken zich kilometerslange duin- en strandlandschappen uit.

Bij de moderne badplaats **Wasaga Beach** ligt een groot provinciaal park met faciliteiten voor kampeerders. De lokale stranden, gelegen op slechts een dik uur rijden vanuit Toronto, zijn zeer geliefd bij stadsbewoners en in de zomer heerst hier in het weekend dan ook altijd een gezellige drukte.

Van Lake Ontario naar de Canadese hoofdstad

De nog altijd landelijk ogende noordoever van Lake Ontario vormt het hart van de Engelssprekende gemeenschap van Canada. In de plaatsjes rond het meer en langs de St. Lawrence hijst men nog graag de Union Jack. Inwoners van de grote steden die op rust gesteld zijn, komen hier aan hun trekken – zowel op het land als op het water.

Nadat de Huron door de Irokezen uitgemoord waren, werd dit deel van Zuid-Ontario ingenomen door de Ojibwe. Gedurende een periode van 150 jaar leefden ze als jager-verzamelaars in de bossen tussen Lake Ontario en Ottawa, maar uiteindelijk werden ze door de Engelssprekende blanken verdrongen. De loyalisten die na de Amerikaanse Vrijheidsoorlog naar Canada vluchtten, trokken de St. Lawrence River over en vestigden zich aan de noordoever van Lake Ontario. Met de aanleg in 1826 van het Rideau Canal van Kingston naar Ottawa en de Trent-Severn Waterway naar de Georgian Bay richtten de loyalisten hun aandacht landinwaarts: de kaarsrecht groeiende dennen leverden ideale masten voor de Britse koninklijke marine en het land vormde een perfecte leefomgeving voor koningsgezinde Amerikanen en immigranten uit het koninkrijk. In de eeuw die hierop volgde, ging het de regio voor de wind, maar toen raakte de ontwikkeling van Toronto in een stroomversnelling. Het oude Upper Canada raakte achterop en tot op heden valt het de reiziger op dat de keurige stadjes – vaak heel aangenaam – verstild zijn, ondanks de succesvolle decentralisatie die de afgelopen jaren is ingezet.

Het mooiste deel van de reis van Toronto naar Ottawa voert langs de noordelijke oever van Lake Ontario en de St. Lawrence River. Inclusief enkele kleine omwegen is het een rit van 500 km, waarvoor u op zijn minst twee dagen zou moeten uittrekken. Halverwege kunt u de historische stad **Kingston** bezoeken. Hebt u voldoende tijd, dan kunt u een extra dag doorbrengen op het idyllische schiereiland **Quinte's Isle**. In Gananoque moet u zijn voor boottochtjes langs de **Thousand Islands**, en in Morrisburg voor het **Upper Canada Village**, een van de mooiste museumdorpen in het oosten. Beide bestemmingen nemen een halve dag in beslag. Vanaf Morrisburg is het nog een klein uurtje naar Ottawa. Toronto verlaat u via Highway 2 East of via Highway 401. Tot aan Port Hope hebben beide trajecten niet al te veel bijzonders te bieden. Pas verderop wordt de route via Highway 2 de mooiste.

Van Toronto naar Quinte's Isle ▶F/G 11

Kaart: zie blz. 190

De mooie plaatsjes **Port Hope** **1** en **Cobourg** **2** liggen aan de oever van Lake Ontario, aan de voet van de Northumberland Hills. Beide plaatsen zijn rond 1800 gesticht door Britse loyalisten. In Cobourg ziet u veel fraaie, rood bakstenen huizen en een mooie havenboulevard met verzorgde parken. Bezienswaardig is de in het oude centrum gelegen **Victoria Hall**, een imposant gebouw uit 1860 met Korinthische zuilen, een museum en een concertzaal (55 King St., ma.-vr. 8.30-16.30 uur , gratis toegang, een donatie wordt op prijs gesteld).

Tijdens de Highland Games, die eind juni/begin juli gehouden worden, staat het erfgoed van de inwoners van Schotse afkomst centraal, met traditionele wedstrijden, bonte optochten, doedelzakmuziek en concerten.

Bij **Colborne** en **Brighton** voert Highway 2 langs de appelboomgaarden van Ontario en er staan dan ook veel fruitkramen langs de weg. Via het nogal kleurloze Trenton kunt u in een rechte lijn binnen twee uur naar Kingston rijden, maar u kunt ook kiezen voor de veel mooiere omweg over de 94 km lange **Loyalist Parkway** (Highway 33) naar Quinte's Isle.

Bij het **National Air Force Museum** op de basis van de Royal Canadian Airforce in **Trenton** 3 zijn vliegtuigen te zien uit de twee wereldoorlogen (220 RCAF Rd., mei-sept. dag. 10-17, anders wo.-zo. 10-17 uur, volwassenen $ 10, kinderen $ 5).

Belleville 4 , gelegen op de plek waar de Moira River uitmondt in de Bay of Quinte, is een oude loyalistenstad met veel victoriaanse huizen.

Quinte's Isle ▶ G 11

Kaart: zie blz. 190

Bij het plaatsje Carrying Place bereikt u **Quinte's Isle**, dat officieel Prince Edward County heet. Hier voert Highway 33 over het Murray Canal, dat in de 19e eeuw de Bay of Quinte met Lake Ontario verbond en dat tegenwoordig populair is bij watersporters. De weg slingert inmiddels door een lieflijk heuvellandschap met goed onderhouden boerderijen en kleine dorpen. Hier en daar zult u wijngaarden zien liggen, want Quinte's Isle, waar pas in 2000 de eerste wijnstokken werden geplant, is de snelstgroeiende wijnbouwregio van Canada.

Picton 5

Het slaperige stadje **Picton**, dat een paar duizend inwoners telt, is de grootste plaats van het schiereiland. Via Bridge Street bereikt u het haventje. In het historische gerechtsgebouw was John A. Macdonald, de eerste premier van Canada, werkzaam als advocaat. De in 2011 gerestaureerde voormalige kerk St. Mary Magdalene Church (1825), die de interessante collectie van het Prince Edward County Museum herbergt, en enkele bijzondere historische panden vormen samen het aan de historie van de streek gewijde **Macaulay Heritage Park** (Union/Church Sts., mei-half okt. wo.-zo. 9.30-16.30 uur, volwassenen $ 5, kinderen $ 3).

Het zuiden en oosten van het schiereiland

In Waupoos, aan County Road 8, hebt u vanaf het 60 m hoger gelegen **Lake of the Mountain Provincial Park** een fraai uitzicht over de baai en Waupoos Island.

Enkele kilometers verderop bij South Bay kunt u bij het **Mariner's Park Museum** 6 een rondgang maken door het maritieme verleden van de county. De collectie omvat een herbouwde oude vuurtoren, een tentoonstelling over de rumsmokkel en een kaart waarop te zien is dat er meer dan vijftig scheepswrakken voor de kust liggen, interessant voor duikers.

Echt rustig wordt het aan het einde van de weg naar het **Long Point Lighthouse**, waar in de vroege ochtend de vissersboten

Tip

WIJNPROEVEN

Op de krijthoudende grond van het schiereiland Quinte's Isle produceren een stuk of tien wijngoederen uitstekende witte en rode wijnen. Bij een aantal van deze wijngoederen, zoals bij **Waupoos Estates Winery**, kunt u het wijnproeven combineren met een voortreffelijke middag- of avondmaaltijd (3016 County Rd. 8, Picton, tel. 613-476-8338, www.waupooswinery.com).

Van Lake Ontario naar de Canadese hoofdstad

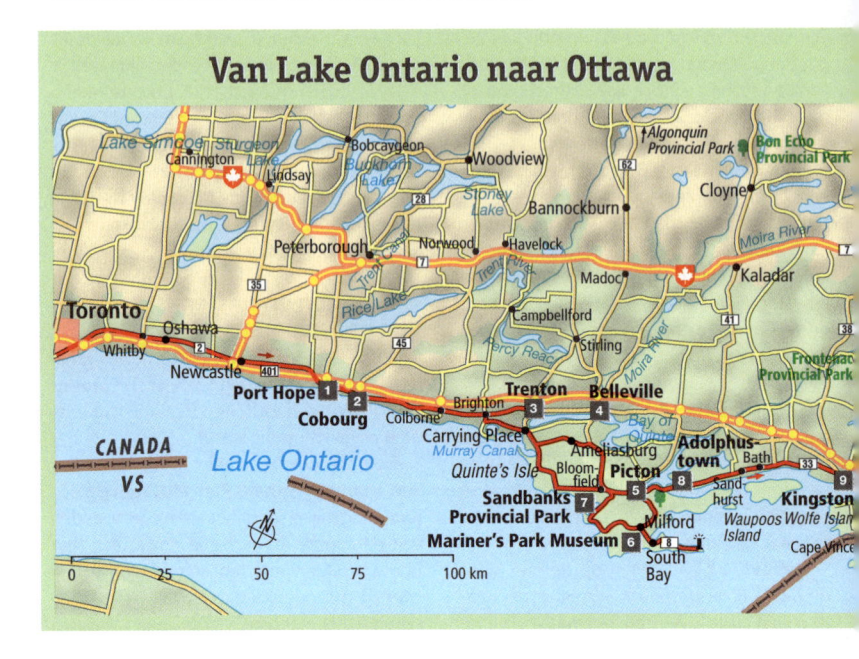

Van Lake Ontario naar Ottawa

uitvaren. Ook op andere plaatsen op Quinte's Isle, zoals in **Ameliasburg**, zijn er bescheiden pioniersmusea gevestigd in gerestaureerde gebouwen. Het in het zuidwesten gelegen **Sandbanks Provincial Park** 7 is met zijn fraaie witte zandstranden en enorme zandduinen een heerlijke plek om te kamperen en te picknicken.

Met een veerboot die plaats biedt aan een twintigtal auto's en elk halfuur afvaart, maakt u gratis de oversteek naar het 'vasteland'. Het veer legt aan in het bij Glenora aan Highway 33 gelegen **Adolphustown** 8 . In het United Empire Loyalist Park schetst het Heritage Centre de historische rol van de koningsgezinden in Upper Canada (mei-sept. dag. 11-16 uur, volwassenen $ 5, kinderen $ 3).

Via Sandhurst en Bath rijdt u langs de oever van het meer binnen een uur naar Kingston.

Informatie
… in Picton:
Prince Edward County Chamber of Commerce: 116 Picton Main St., tel. 613-476-2421, www.pecchamber.com, ma.-vr. 9-16.30 uur.

Accommodatie
… in Picton:
Victoriaanse schoonheid – **Merrill Inn:** 343 Main St. E., tel. 613-476-7451, 1-866-567-5969, www.merrillinn.com. Historische gebouw uit 1870 aan een mooie laan. Bekroonde *dining room*. Zeer uitgebreid ontbijt met ingrediënten uit eigen huis. 2 pk $ 200-280, regelmatig interessante arrangementen.

Camping – **Sandbanks Provincial Park:** RR 1, ten zuidwesten van Picton, tel. 613-393-3319, 1-888-668-7275, www.ontarioparks.com/park/sandbanks/camping. Plek voor vijfhonderd tenten, alle faciliteiten en winkelmogelijkheden. $ 20-45 per tent.

Eten en drinken
… in Picton:
Huiselijk – **Bean Counter Café:** 172 Main St., tel. 613-476-1718, www.beancountercafe.com, ma.-do. 7-17. vr., za. 7-18, zo. 7-17 uur. Bistro in het centrum. Lichte lunchgerechten, huisgemaakt gebak en ijs. Hoofdgerecht $ 7-14, desserts $ 4-8.

huis lokt de kleurrijke **Kingston Public Market** 2 (Springer Market Square, di., do. en za. 9-18 uur). Van de trap voor de zuilen van de City Hall ziet u achter de fraaie jachthaven het meer, waar talloze excursieboten onderweg zijn naar de Thousand Islands.

Confederation Park 3

U kijkt daarbij ook over het **Confederation Park**, waar vaak openluchtconcerten plaatsvinden. Hier is ook het toeristenbureau gevestigd en begint de **Confederation Tour Trolley**. Met deze op een tram lijkende bus kunt u een 50 minuten durende rondrit door de stad maken (www.kingstontrolley.ca).

Bellevue House 4

35 Centre St., mei-juli do.-ma. 10-17, aug., sept. dag. 10-17 uur, anders do.-ma. 10-17 uur, volwassenen $ 4, kinderen $ 2

Kingston staat bekend als museumstad, en terecht – er zijn hier niet minder dan zeventien musea en historische locaties. **Bellevue House** is een prachtige, in mediterrane stijl gebouwde villa uit de jaren 40 van de 19e eeuw en bedevaartsoord voor vaderlandslievende Canadezen. Hier woonde de eerste Canadese premier, sir John A. Macdonald. Doordat de medewerkers historische kostuums dragen, wordt er een aardig beeld geschetst van het huishouden van de familie Macdonald.

Canada's Penitentiary Museum 5

555 King St. W., www.penitentiarymuseum.ca, mei-okt. ma.-vr. 9-16, za., zo. 10-16 uur, anders op afspraak, gratis toegang, een donatie wordt op prijs gesteld

Een van de ongebruikelijkste musea van het land is **Canada's Penitentiary Museum** op het terrein van de stadsgevangenis. Het museum belicht de penitentiaire geschiedenis van Canada. U ziet er door gevangenen gemaakte wapens en voorwerpen die bij vluchtpogingen zijn gebruikt. Ook de technieken waarvan men zich bediende om de gevangenen eronder te houden komen aan bod. Bezoekers krijgen zo een beeld van het dagelijks leven in de gevangenis.

Kingston ▶ H 10

Kaart: zie blz. 193 **Kaart:** boven

De geschiedenis van **Kingston** 9 gaat voor Canadese begrippen ver terug. In 1615 bereikte Samuel de Champlain deze regio en in 1673 stichtte Frontenac, gouverneur van Nieuw-Frankrijk, hier op de plaats waar Lake Ontario en de St. Lawrence River in elkaar overgaan een militaire en pelshandelspost. In 1678 liep hier het eerste zeilschip van Ontario van stapel en van 1841 tot 1844 was Kingston zelfs de hoofdstad van Canada. De mooie oude huizen en imposante kalkstenen gebouwen in het centrum van deze universiteitsstad, dat uitzicht biedt op Lake Ontario, herinneren aan deze korte periode.

City Hall en Public Market

De **City Hall** 1 uit 1843-1844, gebouwd in de stijl van de Engelse renaissance, geeft het vroegere belang aan van deze stad, die nu 115.000 inwoners telt (216 Ontario St., gratis rondleidingen half mei-half okt. ma.-vr. 10-16 uur, tel. 613-546-4291). Achter het stad-

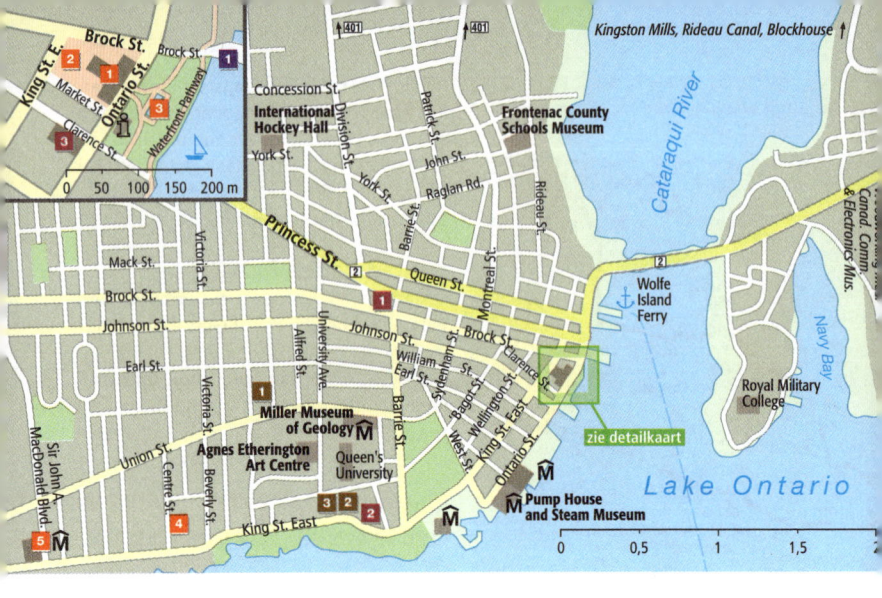

Fort Henry 6

Route 2, mei-okt. dag. 10-17 uur, $ 18, sunset-ceremonie alleen juli en aug. wo. vanaf 20 uur

Het hoogtepunt is het imposante, op een heuvel bij de monding van de Cataraqui River gelegen **Fort Henry**. Deze vesting aan de oostrand van de stad is gebouwd tijdens de Oorlog van 1812 en werd later versterkt om een eventuele Amerikaanse invasie te stuiten. Het publiek kijkt bewonderend toe bij de prachtige shows, wanneer rekruten in rode uniforms de hoogtijdagen van het Britse Rijk doen herleven met parades en de wisseling van de wacht. In juli en augustus wordt op woensdag om 19.30 uur de plechtige *Sunset Ceremony* gehouden, waarbij saluutschoten en tromgeroffel klinken en de Union Jack wordt gestreken. In de vertrekken van de officieren en barakken van de soldaten kunt u zien hoe men hier vroeger leefde.

Informatie

Kingston Economic Development Corporation – Tourism Information Office: 209 Ontario St., tel. 613-548-4415, 1-888-855-4555, www.kingstoncanada.com. Hier beschikt men over adreslijsten van hotels en restaurants en een aanbod van stadswandelingen.

Accommodatie

Degelijk – **Hochelaga Inn** 1 : 24 Sydenham St. S., tel. 613-549-5534, www.hochelagainn.com. Prachtige victoriaanse villa met torentjes en een veranda, omringd door een grote tuin. De kamers zijn geheel in stijl ingericht met meubels uit de victoriaanse tijd. 2 pk $ 175-299.

Juweel midden in de stad – **Frontenac Club Inn** 2 : 225 King St. E., tel. 613-547-6167, www.frontenacclub.com. Smaakvol ingerichte kamers in een voormalig bankgebouw, zeer centraal gelegen, ruime, heel lichte gemeenschappelijke zitkamer met leren banken. 2 pk $ 149-269.

Victoriaans met stijl – **Hotel Belvedere** 3 : 141 King St. E., tel. 613-548-1565, www.hotelbelvedere.com. Stijlvolle victoriaanse herberg uit 1880 met 22 individueel ingerichte kamers, waarvan enkele ook met kitchenette. 2 pk $ 129-259.

Eten en drinken

Pretentieloze bistro – **Le Chien Noir** 1 : 69 Brock St., tel. 613-549-5635, www.lechiennoir.com, ma.-wo. 11-22, do.-za. 11-23 uur. Gezellige bistro met alle Franse klassiekers op de kaart, met als toppers *steak frites* en mosselen. Voorgerecht $ 6-15, hoofdgerecht $ 15-29.

Kingston

Bezienswaardig
1. City Hall
2. Kingston Public Market
3. Confederation Park
4. Bellevue House
5. Canada's Penitentiary Museum
6. Fort Henry

Accommodatie
1. Hochelaga Inn
2. Frontenac Club Inn
3. Hotel Belvedere

Eten en drinken
1. Le Chien Noir

2. King Street Sizzle Restaurant & Bar
3. Kingston Brewing Company

Actief
1. Kingston 1000 Islands Cruises

Levendig en hip – **King Street Sizzle Restaurant & Bar** 2 : in het Four Points Sheraton, 285 King St. E., tel. 613-544-4434, www.fourpointskingston.com, ma.-za. 6.30-23, zo. 7-23 uur. Ongecompliceerde fusionkeuken met een ruime keus aan visgerechten. In de zomer kunt u buiten eten. Voorgerecht $ 7-15, hoofdgerecht $ 13-29.

Stevige kost – **Kingston Brewing Company** 3 : 34 Clarence St., tel. 613-542-4978, www.kingstonbrewing.ca, dag. 11-2 uur. Brouwerij en wijnbar in een historisch gebouw, stevige kost op de menukaart, gezellig terras, rondleidingen door de kleine brouwerij zijn mogelijk. Voorgerecht $ 7-14, hoofdgerecht $ 12-19.

Actief
Raderboot – **Kingston 1000 Islands Cruises** 1 : 1 Brock St., tel. 613-549-5544, www.1000islandscruises.ca, mei-half sept. U kunt met de Island Queen, een replica van een historische driedeks raderstoomboot, een drie uur durende tocht maken door het labyrint van de Thousand Islands (zie hierna). Ook het adres voor een boottocht over Lake Ontario, een rondvaart door de haven of cruises met lunch of diner aan boord.

Thousand Islands
▶ H 10

Kaart: zie blz. 190
Kingston is de westelijke *gateway* naar de **Thousand Islands**, een wirwar van kleine en nog kleinere eilandjes tussen Kingston en Brockville aan de St. Lawrence River. Het getal 1000 moet u overigens niet al te letterlijk nemen, want eigenlijk gaat het om ruim 1700 eilanden. En de allerkleinste, grote rotsblokken eigenlijk, zijn dan nog niet eens meegeteld. De idyllische eilandengroep, de zuidelijkste uitloper van het Canadian Shield, is ontstaan tijdens de laatste ijstijd. De Cataraqui-indianen die dit gebied in vroeger tijden bevolkten, noemden het de 'Tuin van de Grote Geest'. In de 19e eeuw ontdekten rijke stedelingen dat de eilanden een prima vakantiebestemming vormen en zij lieten er – ieder op zijn eigen eiland – luxueuze cottages bouwen. Inmiddels zijn alle eilanden privé-eigendom, behalve de 24 eilanden en 90 eilandjes die onderdeel uitmaken van het St. Lawrence Islands National Park (zie blz. 197). Op sommige cottages is overigens eerder de benaming 'paleis' van toepassing.

Boldt Castle 10
Det beroemdste voorbeeld hiervan is het nooit voltooide **Boldt Castle** op Heart Island, aan de Amerikaanse zijde van het water. George C. Boldt, die zijn carrière begon als bordenwasser en eindigde als multimiljonair en eigenaar van het Waldorf Astoria Hotel in New York, liet kort na 1900 een fantastisch gebouw verrijzen, dat aan een Europese burcht doet denken. Het kasteel met 120 kamers, kantelen en torens was een geschenk voor zijn vrouw. Kort voor de voltooiing overleed zij echter. Boldt liet daarop het werk stilleggen en zette nooit meer voet op het eiland. Gedurende zeventig jaar keek er niemand om naar het gebouw. Sinds

Van Lake Ontario naar de Canadese hoofdstad

Ieder zijn eiland – veel van de Thousand Islands zijn bebouwd, met van alles van een cottage zonder elektriciteit tot een landhuis met zwembad en tennisbaan

1977 vallen Heart Island en Boldt Castle onder de Thousand Island Bridge Authority, die de restauratie van de ruïne op zich nam. Het kasteel vormt een van de hoogtepunten van een tocht langs de eilanden, waarbij het drama van het echtpaar Boldt telkens wordt verteld (oversteek per boot vanuit Gananoque, zie hierna).

Gananoque 11

Het mooie plaatsje **Gananoque**, dat 5200 inwoners telt en 30 km stroomafwaarts ligt, is een van de belangrijkste uitvalsbases voor boottochten in de regio Thousand Islands. De **Gananoque Boat Line**, de grootste en oudste lokale touroperator, organiseert korte en langere excursies. Tijdens een vijf uur durende excursie is een bezichtiging van Boldt Castle (zie hiervoor) in het programma opgenomen.

Het rijk van de Thousand Islands heeft zijn eigen gebruiken. Zo wordt er in de **Half Moon Bay** op Bostwick Island, niet ver van Gananoque, al 130 jaar in de zomer elke zondag om 16 uur een openluchtdienst op het water gehouden. Vanaf de rots die als kansel dient in een natuurlijk amfitheater houdt een geestelijke een preek voor de in boten gezeten gelovigen. Voor de collecte na afloop wordt gebruikgemaakt van een kano. In Gananoque begint trouwens ook de 38 km lange **Thousand Islands Parkway**, een panoramische weg langs de oever, die een prachtig uitzicht biedt op de Thousand Islands met hun cottages.

Thousand Islands

Eenzame hoogte – Gananoque Inn: 550 Stone St. S., tel. 613-382-2165, 1-888-565-3101, www.gananoqueinn.com. Het chicste hotel van de Thousand Islands ligt pal aan het water, beschikt over een mooie tuin en kamers met uitzicht op de eilanden. 2 pk $ 100-360.

Eten en drinken

Lekker huiselijk – Anthony's: 37 King St. E., tel. 613-382-3575, www.anthonysrestaurant gananoque.com, dag. 8-22 uur. In de winkelwijk. Het aanbod loopt uiteen van bruschetta en poutine (het nationale gerecht van Québec met patat, kaas en jus) tot jambalaya en de beste kwaliteit steaks. Hoofdgerecht $ 16-26.

Sympathieke eettent – The Socialist Pig: 21 King St., tel. 613-463-8800, www.thesocialist piggananoque.com, dag. 8-20, 's winters tot 16 uur. Coffeeshop, restaurant en geëngageerd 'buurthuis'. Mexicaans geïnspireerde keuken. Voorgerecht $ 6-14, hoofdgerecht $ 13-16.

Lekker en licht – The Purple House Café: 165 Main St., tel. 613-463-9296, ma.-vr. 11-20, za., zo. 10-21 uur. Lichte gerechten met verse seizoensingrediënten. Erg lekkere pizza's, mooi terras. Voorgerecht $ 4-10, hoofdgerecht $ 12-18.

Actief

Boottochten – Gananoque Boat Line: 6 Water St., tel. 613-382-2144, 1-888-717-4837, www.ganboatline.com. Meerdere tripjes van een of meer uren door de eilandwereld.

Kajakken – 1000 Islands Kayaking: 110 Kate St., Gananoque (aan het water), tel. 613-329-6265, www.1000islandskayaking.com. Wie in is voor een sportieve uitdaging, maar wel graag in een zacht bed slaapt, moet zich aanmelden voor een meerdaagse begeleide kajaktocht van 1000 Islands Kayaking. Tijdens alle tochten overnachten de deelnemers in herbergen (zie Actief blz. 196).

Klauteren – Skywood Eco Adventure Park: Thousand Islands Parkway, zo'n 40 km van Gananoque, www.parks.on.ca/attractions/skywood-eco-adventure-park, Mallorytown, tel. 613-543-4328, 800-437-2233. Ontario's grootste avonturenspeelplaats. Ziplining,

Informatie

1000 Islands Gananoque: 215 Stone St. S., tel. 613-382-7744, www.1000islandschamber.com, dag. 8.30-20 uur. Verstuurt de officiële Thousand Islands-gids. Op de website staan alle accommodaties, restaurants en attracties.

Accommodatie

Net als thuis – Trinity House Inn: 90 Stone St. S., tel. 613-382-8383, 1-800-265-4871, www.trinityinn.com. Historische herberg, opgetrokken uit rood baksteen en ingericht met 19e-eeuws meubilair, met uitzicht op het water. Uitgebreid ontbijt, op verzoek ook kajak- en boottochten. 2 pk $ 130-240 (B&B-pakket).

Van Lake Ontario naar de Canadese hoofdstad

Actief

KAJAKKEN IN HET THOUSAND ISLANDS NATIONAL PARK

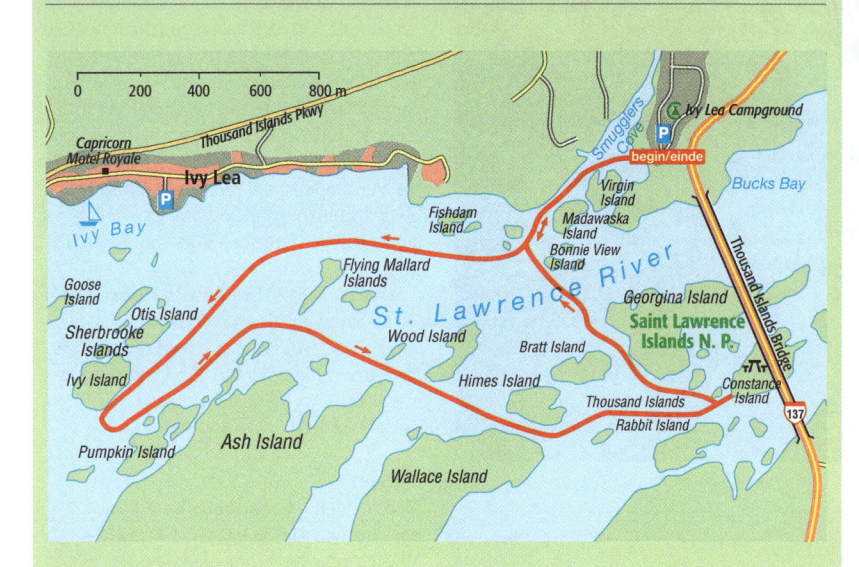

Informatie
Begin en einde: Smuggler´s Cove
Lengte: 20-25 km
Duur: 2 dagen
Aanbieder: 1000 Islands Kayaking Company, Gananoque, zie Actief blz. 195

Belangrijk: deze tocht vergt een goede conditie, maar geen speciale kennis van kajakken. Keuze uit overnachten in een tent op een eiland of op het vasteland in een *country inn*. De trip wordt ook aangeboden met twee overnachtingen.

In 1904 werd het St. Lawrence Islands National Park opgericht. Het bestaat uit 24 eilanden, pareltjes met ranke dennen op glad graniet, bosbessenstruiken en baaien om te picknicken en te zwemmen.

Kajakkers kunnen kiezen uit tochten op eigen gelegenheid, waarbij wordt overnacht op een camping in het park, en zogeheten *luxury explorations*. Dit zijn door lokale reisbureaus georganiseerde trips met begeleiding, waarbij u afhankelijk van de omstandigheden een of meer keren overnacht in gezellige *country inns*. Een tweedaagse kajaktocht begint in **Smuggler´s Cove** bij Ivy Lea.

Hoewel ervaring niet vereist is, krijgt u voor vertrek nog een snelcursus van de gidsen. Hoe moet je keren, hoe peddel je achteruit? Hoe voorkom je dat je omslaat? Geen overbodige luxe. Bij het verlaten van de baai van Smuggler's Cove doemt een donkere lijn op het wateroppervlak op: de stroming. De **St. Lawrence River** is hier op zijn smalst en de stroomsnelheid van het water is drie keer zo groot als elders. Zodra u in de stroming glijdt, probeert de kajak zijn neus stroomafwaarts te draaien, maar met een paar krachtige slagen met de peddels draait hij weer tegen de stroom in.

Een eeuw ontspanning en vrije tijd – historische cottages op de eilanden die niet bij het nationaal park horen – ligt op de route, die langs **Ivry Island** en **Pumpkin Island** voert. **Constance Island**, dat net groot genoeg is voor een steiger en een paar picknicktafels, is ideaal voor een pauze. Op de terugweg naar **Ivy Lea Village** komt u langs **Georgina Island**. Dag twee heeft een ander programma: roodkopgieren, paaiende karpers en talloze in het ondiepe water van de Landon Bay poedelende amfibieën.

wandelingen over de boomtoppen, een grote boomhut-speeltuin en veel meer voor jong en oud.

St. Lawrence Islands National Park 12

Det plaatsje **Mallorytown Landing** vormt een mooie uitvalsbasis voor het verkennen van de 24 grote en 90 kleine eilanden van het **St. Lawrence Islands National Park**. Het bezoekerscentrum van het park is gevestigd aan een mooi badstrand in Mallorytown. Hier dichtbij is ook een bijbehorende, volledig toegeruste camping te vinden. De oppervlakte van dit nationaal park, het kleinste van Canada, bedraagt minder dan 3,5 km^2. Op Georgina Island en Grenadier Island groeit de zeer zeldzame pekden, die de hars leverde waarmee pioniers hun houten boten waterdicht maakten. Ook zeldzame dieren als de Amerikaanse moerasschildpad en de ongevaarlijke zwarte ratelslang, die wel 2,5 m lang kan worden, komen in het nationaal park voor.

Op elf eilanden, die in een 80 km lang stuk van de rivier tussen Kingston en Brockville liggen, is gelegenheid tot kamperen, picknicken, wandelen, zwemmen en vissen. U kunt een boot huren of een watertaxi nemen. Wie langer wil blijven, kan een woonboot huren. Bedrijven die boten verhuren en excursies organiseren zijn te vinden in Rockport, Ivy Lea, Gananoque en Mallorytown.

Accommodatie
... in Rockport:
Slaap lekker – **Tekdiv Bed & Breakfast:** 24 Selton School Rd., Lansdowne (4 km van Rockport), tel. 613-659-4791, www.bbtekdiv.com. Drie ruime, in warme kleuren ingerichte kamers, vriendelijke eigenaars. Ivy Lea Beach en Gananoque Boat Lines liggen op een paar minuten lopen. 2 pk $ 115-160.

Morrisburg en Upper Canada Village ▶ J 10

Kaart: zie blz. 190

Morrisburg 13

Morrisburg dankt zijn huidige vorm aan de verbreding van de St. Lawrence Seaway en de aanleg van een stuwdam. Toen de waterweg in 1959 geopend werd, verdween een deel van het oude Morrisburg met nog een handjevol andere dorpen in de St. Lawrence River.

Upper Canada Village

13740 County Rd. 2, www.uppercanadavillage.com, eind mei-begin sept. dag. 9.30-17 uur, volwassenen $ 19,95, kinderen $ 12,95

Terwijl de plannen voor de St. Lawrence Seaway nog op de tekentafel lagen, regende het al protesten. Historici en andere betrokkenen wilden het erfgoed beschermen en wisten politici ervan te overtuigen dat de gebouwen, waarvan een deel nog was neergezet door mensen die de Amerikaanse Vrijheidsoorlog waren ontvlucht, niet onder water mochten verdwijnen. In 1956 begon men met de reconstructie van een loyalistendorp uit de tijd rond 1860. Er werden gebouwen en werktuigen geselecteerd, die in hun geheel of in delen werden verplaatst en gerestaureerd. In een museumdorp bracht men alles weer bijeen. De keuze voor de locatie van het dorp, in de buurt van Crysler Farm, heeft een historische achtergrond. Hier versloegen in 1813 Britse troepen met hun indiaanse bondgenoten de Amerikanen, hoewel die in de meerderheid waren. **Upper Canada Village** 14, 11 km ten oosten van Morrisburg aan de oever van de St. Lawrence River, is uitgegroeid tot een van de grootste attracties van Ontario.

Het dorp bestaat uit een veertigtal gebouwen, waaronder twee kerken, een korenmolen met stoomaandrijving, een zaagmolen en twee boerderijen met vee en bijbehorende akkers. De ruim 150 'inwoners' – geestelijke, dokter, boeren, arbeiders, keukenpersoneel – dragen 19e-eeuwse kleding en zijn in het dorp aan het werk. Bezoekers kunnen het uitgestrekte terrein bezichtigen vanuit een koets of een boottochtje maken op het kanaal. Ze zien hoe de akkers worden bewerkt en hoe de oogst wordt binnengehaald – met werktuigen die zijn vervaardigd door de smid of de timmerman. In de mechanisch aangedreven spinnerij en weverij snorren en ratelen de oude machines. Buiten grazen de schapen die de wol leveren. Vanuit de **smidse** klinkt het luide getik van de hamer op het aambeeld, en de geur van vers brood lokt bezoekers naar Willards Hotel. Bezoekers bewonderen het tinnen serviesgoed bij **Cook's Tavern** en rillen bij de aanblik van de operatie-instrumenten in het **Doctor's Office**. De oogst van de boerderijen in de omgeving wordt verwerkt in het restaurant van het dorpshotel en in de bakkerij. Het hier vervaardigde ambachtswerk is te koop en wordt ook geleverd aan andere museumdorpen in Ontario. Neem ten minste vier uur de tijd om u hier onder te dompelen in de 19e eeuw. Hierna rijdt u in een dik uur via Highway 31 naar Ottawa.

Langs het Rideau Canal naar Ottawa ▶ H 10

Kaart: zie blz. 190

Een andere mooie route van Kingston richting Ottawa is die langs de **Rideau Waterway**. Deze 200 km lange waterweg verbindt de Cataraqui en Rideau River via diverse meren en kanalen met sluizen en werd in 2007 door de UNESCO uitgeroepen tot Werelderfgoed. Werd het Rideau Canal vroeger bevaren door handelaren en bevoorradingsschepen van het leger, tegenwoordig ziet u er overwegend pleziervaartuigen. Toch hoeft u voor deze rou-

Langs het Rideau Canal naar Ottawa

te niet per se een boot te huren. Het is minstens zo leuk een gemoedelijk dagtochtje te maken via de Highways 15, 43 en 16, waarbij u nu en dan een van de slingerende zijwegen in slaat. Een fietstocht langs het kanaal behoort ook tot de mogelijkheden.

Dromerige boerderijen, bossages, stoeterijen en steeds maar meer gezellige haventjes omzomen de smalle wegen. De kinderen die bij de 150 jaar oude, handbediende sluizen zitten te vissen, lijken uit een tekening van Norman Rockwell te zijn gestapt. Jones Falls, Chaffeys Lock, Newboro en Rideau Ferry zijn enkele sluisplaatsen die bereikbaar zijn via de secundaire wegen die zich afsplitsen van Highway 15. In het aardige, negenduizend inwoners tellende plaatsje **Smith Falls** 15 vindt u het hoofdkantoor van het parkbeheer van het Rideau Canal Park en bovendien het **Rideau Canal Museum**. Hier krijgt u informatie over de boeiende geschiedenis van het kanaal en de technologie van de sluizen. Ook de pioniersdorpen langs het kanaal passeren de revue (34 Beckwith St. S., half mei-sept. ma.-vr. 8.30-16.30 uur, anders op afspraak, gratis toegang, een donatie wordt op prijs gesteld).

Via Highway 43 rijdt u naar het slaperige, rond een kruispunt gelegen plaatsje **Merrickville** en tot slot via Highway 16 langs Manotick naar Ottawa.

Middeleeuws feest in Upper Canada Village – dat indianen toentertijd nog ongehinderd door Europese kolonisten door de omgeving konden struinen, stoort niemand

⭐ Ottawa

▶ H 9

De hoofdstad van Canada heeft niet in zijn rol kunnen groeien, maar werd als zodanig aangewezen. Daardoor maakte Ottawa lange tijd een weinig uitnodigende en niet erg authentieke indruk. Pas de laatste paar jaar krijgt de stad steeds meer de kenmerken van een bruisende, culturele metropool. Zo vindt u nergens in Canada meer nationale musea.

Zelfs voor Canadese begrippen is Ottawa een jonge stad. Samuel de Champlain, de 'Vader van Nieuw-Frankrijk' voer weliswaar in 1613 de Ottawa River op, maar pas rond 1800 werd een begin gemaakt met de kolonisatie en ontsluiting van de regio. De voornaamste reden hiervoor was de enorme hoeveelheid bomen die hier gerooid kon worden. Ook toen kolonel John By in 1826 met zijn Royal Engineers aankwam om een kanaal aan te leggen, trof hij behalve een ruw houthakkerskamp alleen wildernis aan. Met de Oorlog van 1812 tegen de Amerikanen nog vers in het geheugen wilden de Engelsen een bevoorradingsroute aanleggen van Kingston naar de Ottawa River, waarop men veilig was voor de Amerikaanse kanonnen. Zo ontstond het 200 km lange **Rideau Canal.**

De werkzaamheden duurden tot 1832, maar kolonel By liet naast het kanaal ook de nederzetting Bytown bouwen. Omdat men in Engeland dringend hout nodig had, verrezen hier en aan de overkant diverse zaagmolens. Het kleine kamp, bevolkt door houthakkers en kanaalarbeiders, dat vanaf 1855 **Ottawa** heette, groeide snel. Toch was de schok groot toen koningin Victoria in 1857 uitgerekend Ottawa uitriep tot hoofdstad van de provincie Canada, die in die tijd bestond uit Upper (Ontario) en Lower Canada (Québec). Victoria kende Ottawa waarschijnlijk alleen maar van ansichtkaarten, zo mopperden de Canadese kranten. Aan deze keuze was een spannende strijd voorafgegaan tussen de steden Montréal, Kingston en Toronto, die alle tot hoofdstad wilden worden uitgeroepen. Al spoedig zou blijken dat Victoria een verstandige keuze had gemaakt. Want Ottawa lag niet alleen buiten de reikwijdte van de Amerikaanse artillerie, maar, en dat is nu belangrijker dan ooit, de stad lag ook precies op de grens tussen Engelstalig en Franstalig Canada.

Tegenwoordig heeft **Ottawa** 885.000 inwoners. De stad vormt het middelpunt van een Metropolitan Area van 1,4 miljoen mensen, waartoe ook de stad **Gatineau** gerekend

---

Tip

VERY BRITISH

Veel Britse tradities worden in Ottawa levend gehouden, vooral in de zomer, wanneer stipt om 10 uur de gardesoldaten over het grote gazon tussen de parlementsgebouwen marcheren – met muziek, felrode uniformen en zwarte, hoge berenmutsen. De Changing of the Guard, het wisselen van de wacht, is een grote toeristentrekker geworden. 's Avonds is er een indrukwekkend klank-en-lichtspel te zien, onder de naam Reflections of Canada. Hierbij wordt op het plein voor het parlementsgebouw de Canadese geschiedenis onder de aandacht gebracht (25 juni-26 aug. dag. vanaf 10 uur).

wordt. Deze stad ligt op de, al bij Québec behorende, overzijde van de Ottawa River. Ottawa is de hoofdstad van het op een na grootste en minst gecentraliseerde land ter wereld, een kwalificatie waarop men trots is, maar waaraan ook nadelen kleven. De uitgestrektheid van het land zorgt er bijvoorbeeld voor dat de doorsnee Canadees zelden over de grens van zijn provincie kijkt. En doet hij dat wel, dan oriënteren de inwoners van Vancouver zich eerder op Californië en die van Nova Scotia eerder op Boston dan op Ottawa. Canadezen zijn veel beter op de hoogte van de verrichtingen van de provinciale regering dan van wat de landelijke politici doen. Langs de kust en op de prairie zien velen Ottawa alleen als de plek waar de inkomsten van de – natuurlijk – als te hoog ervaren GST *(General Sales Tax*, btw) naartoe vloeien en de stad staat dan ook bekend als *the city Canadians love to hate*.

Ottawa, een stad zonder roemrijk verleden, werd lange tijd als muurbloempje gezien. Het beste van Ottawa is de trein naar Montréal, zo plachten ambtenaren te klagen. De afgelopen decennia heeft deze bedaagde ambtenarenstad dit imago steeds meer weten af te schudden. Dankzij grote investeringen van staatswege is de stad in een groene metropool met een hoge levensstandaard veranderd. De vele **nationale musea**, een redelijk actief nachtleven en een gevarieerde evenementenkalender nodigen het hele jaar door uit tot een verblijf van enkele dagen. De overzichtelijkheid van de stad heeft onder deze ontwikkelingen niet geleden. Symbolen van de stad als **Parliament Hill**, de grootste **musea** en het **Rideau Canal** zijn vanaf de meeste uitkijkpunten in Downtown te zien. De gebouwen 'groeien' niet tot in de hemel, en bijna alle bezienswaardigheden zijn vanuit het centrum te voet te bereiken.

Confederation Square

Kaart: blz. 202
Confederation Square is het hart van Ottawa. Midden op het plein worden de oorlogsslachtoffers van Canada herdacht met het bronzen **National War Memorial** 1 , dat uit imposante bogen bestaat. Hier ligt het Graf van de Onbekende Soldaat. Verder kruisen bij Confederation Square de twee belangrijkste verkeersaders van de stad elkaar: Elgin Street, die uit het zuiden komt, en Wellington Street, die de binnenstad van oost naar west doorkruist. Het grote plein is een ideaal vertrekpunt voor een stadswandeling. Ook de stadsrondritten met de rode dubbeldekkers beginnen hier. Verder zit er het **Capital Info Centre**, waar stadsplattegronden en folders verkrijgbaar zijn (90 Wellington St., dag. 10-17 uur).

National Arts Centre 2
53 Elgin St., tel. 613-594-5127, www.nac-cna.ca
Aan de zuidzijde van Confederation Square ligt het **National Arts Centre**, dat met zijn veelzijdige programmering grote aantallen bezoekers trekt. Er treden regelmatig opera-, toneel- en dansgezelschappen op uit binnen- en buitenland. Op het terras worden overigens vaak gratis lunchconcerten gegeven en in het weekend kunt u er kunstnijverheidstentoonstellingen bezoeken. De inwoners van Ottawa zijn, vergeleken met die in andere steden, hoog opgeleid en zeer geïnteresseerd in kunst en cultuur. Zo zorgen wel drie symfonieorkesten voor een volle concertagenda. 's Zomers vormt het café bij het terras een ontmoetingsplaats voor kunstenaars en studenten van de nabijgelegen universiteit.

Parliament Hill

Kaart: blz. 202
Aan de noordwesthoek van Confederation Square verrijst **Parliament Hill**, waarop hoog boven de Ottawa River de **regeringsgebouwen** 3 staan. Deze bepalen het silhouet van de stad. In 1860 legde de Engelse kroonprins Edward de eerste steen voor de drie statige, in neogotische stijl opgetrokken gebouwen. In 1867 waren het East, West en Centre Block gereed, mooi op tijd voor de eerste zitting van het kersverse parlement van de Dominion of Canada. Met hun torens en groene koperen daken doen ze denken aan Westminster en Buckingham Palace in Londen.

Ottawa

Bezienswaardig
1. National War Memorial
2. National Arts Centre
3. Overheidsgebouwen
4. Bank of Canada Building met Currency Museum
5. Château Laurier Hotel
6. Ottawa Locks
7. Bytown Museum
8. Rideau Centre
9. Byward Market
10. National Gallery of Canada
11. Notre Dame Basilica
12. Nepean Point
13. 24 Sussex Drive
14. Canada Aviation Museum
15. Canadian War Museum
16. Canadian Museum of Nature
17. Canadian Museum of History/Musée Canadien de l'Histoire
18. Gatineau Park

Accommodatie
1. Albert at Bay Suite Hotel
2. Lord Elgin Hotel
3. Arc The Hotel
4. The Metcalfe Hotel
5. Ottawa Jail Hostel

Eten en drinken
1. Beckta
2. The Fish Market Restaurant
3. Luxe Bistro
4. Courtyard Restaurant

Uitgaan
1. Barrymore's Music Hall
2. Mercury Lounge
3. Zaphod Beeblebrox
4. Heart & Crown

Actief
1. Rent-a-Bike

Het in 1865 voltooide **East Block** is het oudst. Hier kunt u in vier gerestaureerde zalen de sfeer uit de begintijd van de Canadese staat opsnuiven. Neem een kijkje in de vergaderzaal van de ministerraad en de werkkamers van de gouverneur-generaal en de twee founding fathers John A. Macdonald en George Étienne-Cartier. In het **Centre Block**, met de 92 m hoge **Peace Tower** ervoor, komt het Canadese parlement bijeen. De daarachter gelegen overkoepelde **Parliament Library** was het enige gebouw dat de brand van 1916 doorstond. Het herbergt mooie lambriseringen en een marmeren beeld van een jeugdige koningin Victoria.

In het hoofdgebouw, waar de Senaat en het Huis van Afgevaardigden bijeenkomen en de parlementsbibliotheek is gevestigd, worden dagelijks **rondleidingen** gegeven. Het West Block, met de werkkamers van de parlementsleden, is niet voor publiek geopend (dag. rondleidingen op wisselende tijden, reserveren in de informatietent tussen Centre en West Block, wisselende openingstijden, zie www.lop.parl.gc.ca/visitors).

De **promenade** achter de parlementsgebouwen biedt een weids uitzicht tot op de National Gallery en op de stad Gatineau aan de overkant van de rivier, al op het grondgebied van de provincie Québec, met het Canadian Museum of History en de groene heuvels van het Gatineau Park.

Sparks Street Mall

Kaart: zie boven

Parallel aan Wellington Street loopt de **Sparks Street Mall**, Canada's oudste, 's zomers met bloemen versierde voetgangerszone. Hier vindt u behalve strakke, glanzende bankkantoren vooral chique modewinkels, antiquariaten en winkels met kunstnijverheid. Het is gezellig druk op straat – er zijn terrasjes en eetkraampjes, er treden muzikanten en straatartiesten op.

De voetgangerszone eindigt bij de Place de Ville, een complex met hotels, kantoortorens en een ondergronds winkelcentrum.

Ottawa

Bank of Canada Building met Currency Museum 4

245 Sparks St., www.bankofcanadamuseum.ca, dag. 10-17 uur (okt.-april ma. gesl.), gratis

Aan Sparks Street, tussen Bank Street en Kent Street, verrijst het **Bank of Canada Building**. Het oorspronkelijke, door groen omgeven witte bankgebouw uit 1937 wordt geflankeerd door twee hedendaagse, uit glas en staal opgetrokken kantoorgebouwen. Op de eerste verdieping van het oude gebouw zit het **Currency Museum**. Naast de wellicht grootste collectie Canadese munten en bankbiljetten zijn er ook verschillende interessante tentoonstellingen te zien, die zijn gewijd aan de drieduizendjarige geschiedenis van betaalmiddelen in alle delen van de wereld. De collectie omvat voorwerpen uit de tijd van de eerste Chinese dynastieën, uit het oude Rome en de Griekse beschaving tot aan de Amerikaanse koloniale tijd, van glazen kralen, schelpenkettingen, walvistanden en molensteengroot stenen geld tot munten van goud en zilver, bankbiljetten en creditcards.

Langs het Rideau Canal

Kaart: zie blz. 202

Château Laurier Hotel 5

1 Rideau St., www.fairmont.de, zie ook blz. 210

Aan de oostkant van Confederation Square, pal aan het Rideau Canal, staat het majestueuze **Château Laurier Hotel**, de Canadese versie van een Loirekasteel. Dit hotel, dat in 1912 werd geopend door de Canadian Pacific Railways, is het chicste van heel Canada. Buitenlandse staatslieden en gasten van koninklijken bloede worden er ondergebracht. Het hotel stamt uit de tijd dat spoorwegbedrijven dergelijke geldverslindende en tegenwoordig als overbodig bestempelde projecten opzetten om te laten zien dat ze er rijk genoeg voor waren. De ruime kamers zijn ingericht in Louis-XV-stijl en bieden, vooral op de hogere verdiepingen, een prachtig uitzicht over de stad, dat reikt tot aan de Gatineau Hills, die zich als een donkergroene streep aan de horizon uitstrekken.

Ottawa Locks 6

Het terras van Château Laurier biedt goed uitzicht op de sluizen en stuwen van het Rideau Canal, dat hier uitmondt in de Ottawa River. 's Zomers is het hier een komen en gaan van pleziervaartuigen. Net als een eeuw geleden worden de oude sluizen, de **Ottawa Locks**, nog altijd met de hand bediend. Ze overbruggen een hoogteverschil van 25 m. Over een afstand van 8 km strekt het Rideau Canal zich in een door plantsoenen en terrasjes omzoomde band uit door de stad, tot aan Dows Lake, waar het kanaal overgaat in de Rideau River. In de parken en de mooie straten met victoriaanse huizen langs de oever ziet u veel joggers en fietsers, en op het kanaal is het een komen en gaan van motorboten en kano's. In de winter verandert het kanaal in de langste schaatsbaan ter wereld.

Bytown Museum [7]

Ottawa Locks, juni-okt. dag. 10-17, nov.-mei do.-ma. 11-16 uur, volwassenen $ 6,50, kinderen $ 3

In het parkje aan de voet van de sluizen staat het Commissariat Building, het oudste gebouw van Ottawa. Daar werden in 1827 de loonlijsten van de kanaalarbeiders bijgehouden. Hier exposeert het **Bytown Museum** voorwerpen uit de nalatenschap van kolonel By, maar ook uit de stadsgeschiedenis en de periode waarin het kanaal werd aangelegd.

Lower Town

Kaart: zie blz. 202

Rideau Centre [8]

50 Rideau St., ma.-vr. 9.30-21, za. 9.30-19, zo. 11-18 uur

Aan de overzijde van het kanaal ligt het moderne **Rideau Centre**, het stijlvolle winkelcentrum van Ottawa met verschillende warenhuizen en boetieks, winkels en restaurants. In totaal zijn er in het complex meer dan 180 internationale modemerken verkrijgbaar. In 2016 werd de mall uitgebreid met een modern bijgebouw met onder meer een groot foodcourt.

Indrukwekkend sluiscomplex: de Ottawa Locks verbinden het Rideau Canal met de Ottawa River en overwinnen daarbij een hoogteverschil van 25 m

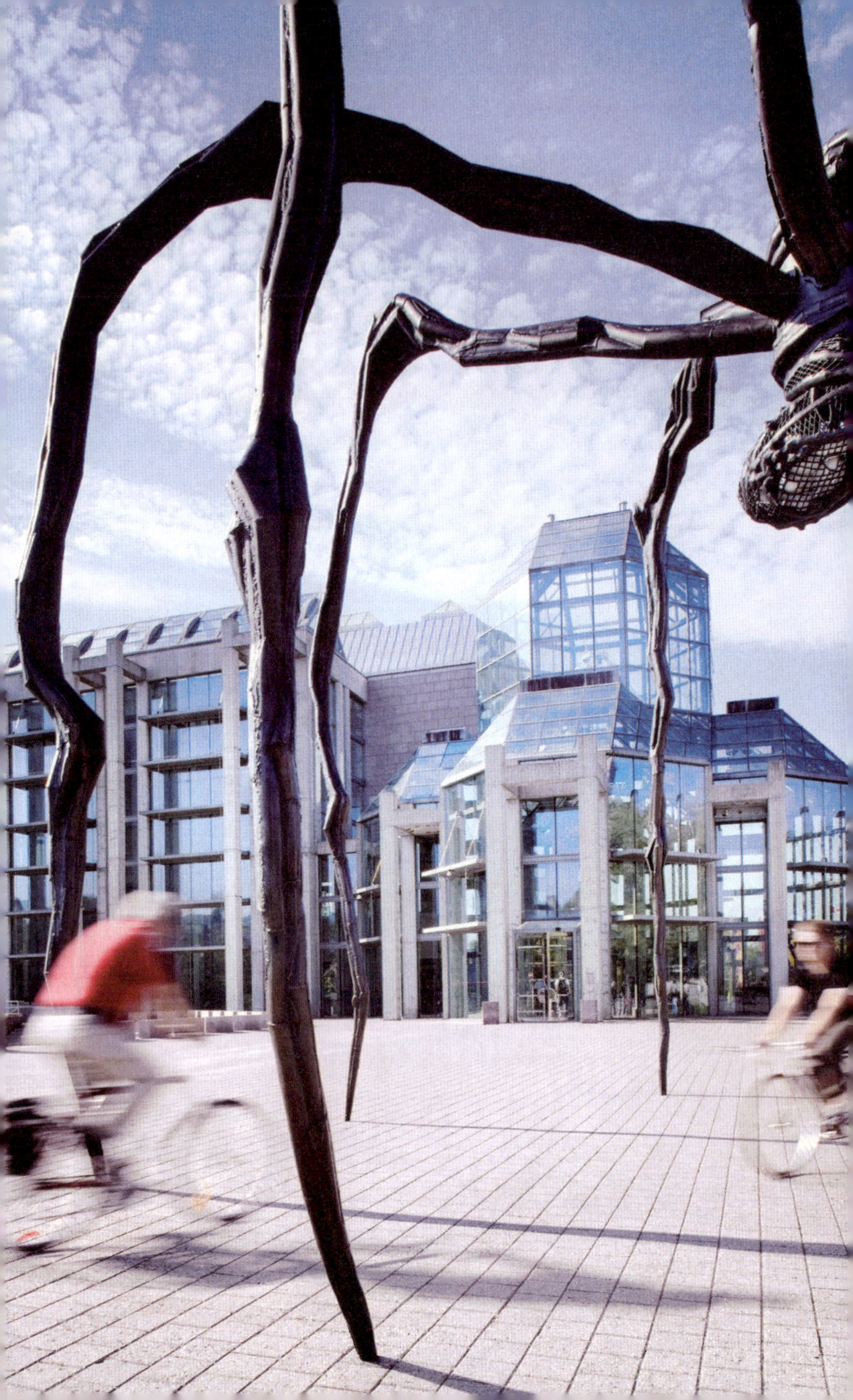

Byward Market [9]

55 Byward Market Square, verschillende openingstijden, zie www.byward-market.com

Hier komt u in het oudste deel van de stad, het gebied rondom de **Byward Market**. Deze vroegere stadsmarkt – rond een gebouw dat aan een hangar doet denken, met zo'n zeventig kramen op twee verdiepingen, liggen nog meer winkels en kraampjes – vormt ook nu nog een ontmoetingsplaats voor mensen van binnen en buiten de stad. Hier verkoopt men vers fruit en groente, hier doen de partners van uit alle windstreken afkomstige diplomaten hun boodschappen en slenteren goedgeklede stelletjes van bistro naar galerie. Bij de kramen zijn niet uitsluitend etenswaren verkrijgbaar, maar ook andere zaken, zoals originele, zelfgemaakte cadeauartikelen of handgemaakte linnen bloezen. Na de wandeling kunt u uitblazen in een van de cafés op de sfeervolle, gerestaureerde binnenplaats.

Sussex Drive

Kaart: zie blz. 202

Sussex Drive is de bekendste straat van Ottawa, zo niet van heel Canada. Aan de straat die begint bij Rideau Street en dan de Ottawa River volgt, zijn bovendien enkele van de beste musea van het land en de Amerikaanse ambassade (nr. 490) gevestigd. Op nr. 24 resideert niemand minder dan de premier van het land.

National Gallery of Canada [10]

380 Sussex Dr., www.gallery.ca, mei-sept. dag. 10-17, do. tot 20, anders di.-zo. 10-17, do. tot 20 uur, volwassenen $ 12, kinderen $ 6

De fraaie collectie van de in 1988 geopende, door de Canadese toparchitect Moshe Safdie ontworpen **National Gallery of Canada** omvat sculpturen, tekeningen en schilderijen van Canadese kunstenaars. Zo worden hier de mooiste werken getoond van de Group of Seven, van Emily Carr, David Milne, Paul Kane en Cornelius Krieghoff; tevens ziet u er een interessante collectie Inuitkunst. Ook worden er beroemde werken getoond van Europese, Amerikaanse en Aziatische kunstenaars. Daarbij komen spectaculaire wisseltentoonstellingen en de verzameling van het Canadian Museum of Contemporary Photography, dat door de National Gallery werd overgenomen. Hierin is het mooiste werk te zien van Canadese fotografen, die zich lieten inspireren door de wildernis en het dagelijks leven. Het gebouw zelf is minstens zo indrukwekkend als de kunstwerken – de National Gallery is met zijn glazen koepels en roze graniet, zijn zuilengangen, rustige binnenplaatsen met beelden en stijlvolle groenvoorzieningen een architectonisch juweel. Schitterend is ook de in dit moderne gebouw herbouwde **Rideau Street Convent's Chapel** uit 1888 met zijn ornamenten, ranke zuilen en spitsbogen. Vanuit de ruime, glazen hal met café hebben bezoekers een bijzonder mooi uitzicht op de Ottawa River en het parlementsgebouw. Op het voorplein vinden nu en dan dansvoorstellingen en andere culturele evenementen plaats.

Notre Dame Basilica [11]

Tegenover de National Gallery verrijzen de torens van de in 1890 gebouwde **Notre Dame Basilica**, de oudste kerk van Ottawa. De in neogotische stijl gebouwde, in 1890 ingewijde kerk is Ottawa's oudste gebedshuis en de zetel van de aartsbisschop. Indrukwekkend zijn de glas-in-loodramen en het grote Casavant-orgel met 72 registers en 4700 pijpen.

Nepean Point [12]

Naast de National Gallery begint een mooie wandeling door het groen naar **Nepean Point**. Van deze plek hoog boven de Ottawa River opent zich een zeer fotogeniek uitzicht: op de Alexandra Bridge naar Gatineau, maar vooral langs de National Gallery, waarvan de glazen torens verwijzen naar de neogotische bouwstijl van het parlement, tot aan Parliament Hill, waar in de statige regeringsgebouwen de koers van dit enorme land wordt uitgestippeld. Een standbeeld houdt de herinnering levend aan **Samuel de Champlain**. De stichter van Nieuw-Frankrijk kwam hier

Louise Bourgeois' Maman gedoopte kunstwerk voor de National Gallery.

voor het eerst in 1613. Visionair glijdt zijn blik over de Ottawa River, terwijl hij in zijn uitgestrekte arm een astrolabium vasthoudt – op zijn kop, zoals kenners spottend opmerken. Zowel de Ottawa River, die ooit deel uitmaakte van de kanoroute naar het binnenland, als het navigatieinstrument symboliseren de ontsluiting van Canada.

24 Sussex Drive 13

Tussen de Atlantische en de Grote Oceaan is **24 Sussex Drive** net zo bekend als 10 Downing Street in Londen. Op beide adressen resideert de premier van het land, beide adressen zijn bewust niet al te protserig – hoewel de premier van Canada het voorrecht van een eigen tuin geniet. De buurt valt gelukkig niet tegen. Schuin aan de overkant woont en werkt de gouverneur-generaal, de vertegenwoordiger van de Britse koningin in Canada. Zijn weelderige, in een park gelegen woning, **Rideau Hall**, is in de zomermaanden steevast een bestemming voor schoolreisjes (1 Sussex Dr.).

Rockcliffe Park

Kaart: zie blz. 202
Achter de National Gallery volgt Sussex Drive de Ottawa River stroomafwaarts. Onderweg passeert u vlak na elkaar verschillende ministeries, de City Hall en enkele parkjes. Dan begint **Rockcliffe Park**, de meest prestigieuze wijk van Ottawa. In de mooie lanen wonen diplomaten en belangrijke politici en zijn de meeste ambassades gevestigd.

Canada Aviation and Space Museum 14

11 Aviation Pkwy., www.casmuseum.technoscience.ca, mei-sept. dag. 9-17, anders dag. 10-17 uur, volwassenen $ 13, kinderen $ 8
Verderop gaat Sussex Drive over in de Rockcliffe Avenue, die algauw de Aviation Parkway kruist. Hier ligt het voor sportvliegtuigjes en kleine jets bestemde Rockcliffe Airport. Een verbouwde hangar herbergt het **Canada Aviation Museum**. Een van de mooiste vliegtuigverzamelingen ter wereld geeft een beeld van de Canadese luchtvaartgeschiedenis, van de eerste Canadese toestellen en de bushpiloten met hun kisten tot de semilegendarische Arrow, een type straaljager dat ondanks succesvolle testvluchten nooit in productie is genomen.

Le Breton Flats

Kaart: zie blz. 202

Canadian War Museum 15

1 Vimy Pl., www.warmuseum.ca, mei, juni, sept., okt. vr.-wo. 9-18, do. 9-21, juli-sept. za.-wo. 9-18, do., vr. 9-21, okt.-apr. ma.-wo., vr.-zo. 9-17, do. 9-20 uur, volwassenen $ 15, kinderen $ 9
Het **Canadian War Museum**, dat vanaf het parlement via Wellington Street te voet gemakkelijk te bereiken is, ligt eveneens aan de Ottawa River. Het is gewijd aan de militaire geschiedenis van Canada en de rol van zijn vredestroepen na de Tweede Wereldoorlog. In de vaste exposities komen alle oorlogen aan bod waarin het Canadese leger een rol heeft gespeeld.

Centretown

Kaart: zie kaart blz. 202

Canadian Museum of Nature 16

240 McLeod St., www.nature.ca, mei-sept. dag. 9-18, do. tot 20, anders di.-zo. 9-17, do. tot 20 uur, volwassenen $ 13,50, kinderen $ 9,50
Vanbuiten biedt dit 150 jaar oude museum in het zuiden van de stad een stoffige en ouderwetse aanblik, maar het is gemoderniseerd en biedt tegenwoordig amusement op natuurwetenschappelijke basis, dat op multimediale wijze wordt gepresenteerd. Topstukken van de collectie, die bestaat uit ruim tien miljoen objecten uit flora, fauna en geologie, zijn de reconstructies van het leefgebied van dinosaurussen en mastodonten. In 2017 is een nieuwe tentoonstelling geopend over het Canadese arctische gebied, met onder meer Aurora Borealis-projecties (het noorderlicht).

Gatineau

Kaart: zie blz. 202

Op de noordelijke oever van de Ottawa River ligt **Gatineau**, de Franstalige tegenhanger van Ottawa. Rond 1800 vestigde zich hier een zekere Philemon Wright, een loyalist uit Massachusetts in New England. Hij was de eerste blanke kolonist in de regio. Een eeuw lang bleef Gatineau een slaperig plaatsje, totdat men hier aanspraak maakte op een deel van de overheidsdiensten. Zo kwam het dat de afgelopen decennia enkele ministeries zijn verhuisd naar de noordelijke oever van de Ottawa, dus naar de provincie Québec. Door de wirwar van nieuwe regeringsgebouwen die hierdoor ontstond, verdween het historische centrum stukje bij beetje. De Frans-Canadese *joie de vivre* bleef gelukkig in stand. Het **uitgaansleven** van Ottawa speelt zich hoofdzakelijk af in Gatineau. In de hoofdstad mag het aantal disco's en bars dan de laatste jaren toenemen, nog altijd gaat het er in Gatineau levendiger aan toe, zelfs na het gelijktrekken van de sluitingstijden – aan weerszijden van de rivier om 2 uur.

Canadian Museum of History 17

100 Laurier St., www.historymuseum.ca, mei, juni, sept., okt. vr.-wo. 9-18, do. 9-21, juli-sept. za.-wo. 9-18, do., vr. 9-21, okt.-apr. dag. 9-17, do. 9-21 uur, volwassenen $ 15, kinderen $ 9

Aan de oever aan de Gatineauzijde van de Ottawa River oftewel de Rivière Outaouais neemt het **Canadian Museum of History** oftewel het **Musée Canadien de l'Historie** een dominante positie in. Sinds de voltooiing van het gebouw in juni 1989 is dit een van de belangrijkste publiekstrekkers van de zogeheten Capital Region. Destijds baarden zowel het tentoonstellingsconcept als de architectuur wereldwijd opzien, en al in het eerste jaar bezochten meer dan een miljoen mensen het museum.

De hoofdthema's zijn de **oorspronkelijke bewoners van Canada**, de avontuurlijke **pioniersstijd** van het land en de vele **bevolkingsgroepen**. Architectonisch is het gebouw een meesterwerk: met zijn elegante vloeiende lijnen en zachte rondingen, die door de wind en het water ontstaan zouden kunnen zijn, voegt het museum zich harmonieus in het rivierlandschap. Om de verbondenheid van mens en natuur uit te drukken, integreerde architect **Douglas Cardinal** symbolen en concepten uit de indiaanse cultuur in het gebouw en creëerde zo een unieke verbinding tussen vorm en materiaal. Hij werkte voornamelijk met natuursteen uit Manitoba, waaronder ook kalksteen met fossielen erin, die de opmerkzame bezoeker in de gevel kan zien zitten. De enigszins verhoogd gelegen entree biedt zicht op de enkele verdiepingen hoge **Grand Hall** (zie foto blz. 64-65), waar tegen de achtergrond van een schemerig regenwoud een dorp met verschillende *longhouses* van de westkustindianen zijn neergezet, compleet met totempalen, maskers en andere artefacten van de Coast Salish, Haida, Nuxalk en Tsimshian. De collectie omvat ook moderne kunstwerken van inheemse kunstenaars. Opvallend zijn de sculpturen van de Northwest Coast-indiaan **Bill Reid**: het licht dat door een glazen koepel valt, doet de soepele contouren van zijn witglanzende plastiek *Chief of the Undersea World* goed uitkomen.

In de 17 m hoge **History Hall**, die even groot is als een voetbalveld, worden fascinerende episodes uit de Canadese geschiedenis uitgebeeld. Hier 'beleeft' u de aankomst van de Vikingen in Newfoundland, ziet u hoe Baskische vissers op een walvisvangststation in 1584 in Labrador levertraan winnen, bezoekt u een Acadische nederzetting en ervaart u hoe de pelsjagers, houthakkers en pioniers leefden aan de noordgrens van Canada – realistischer kan bijna niet.

Gatineau Park 18

Verder bezit Gatineau weinig bezienswaardigs, maar een uitstapje naar **Gatineau Park** is de moeite waard. Welke miljoenenstad kan zich erop beroemen een 361 km² groot natuurgebied als stadspark te hebben? De wandelpaden die het uitgestrekte bos doorkruisen hebben een totale lengte van 165 km. En dat alles op slechts twintig minuten rijden van Downtown Ottawa en op enkele minuten ten noorden van Gatineau. Sommige

Ottawa

trails volgen oude indianenpaden. Het park biedt talloze mogelijkheden voor recreatie: wandelen, fietsen, mountainbiken, zwemmen, kanoën en in de winter langlaufen over honderden kilometers aan prachtige loipes. Het mooist is het park tijdens de Indian summer, wanneer het loof van de esdoorns een warme kleurenpracht vertoont. Men ontmoet er elkaar voor een picknick aan Lake Meech, Lac Philippe of Lac La Pêche of geniet vanaf de **Champlain Lookout**, aan de steile zuidrand van het Canadian Shield, van het weidse uitzicht over de vruchtbare, met boerderijen bezaaide vlakte langs de Ottawa River (van Ottawa via de Macdonald-Cartier Bridge, dan Highway 5, exit 12 naar Old Chelsea, borden volgen).

Midden in deze voor het Canadian Shield typerende Canadese wildernis is ook een historische bezienswaardigheid te vinden. Aan de zuidrand van het park ligt aan Lake Kingsmere **Mackenzie King Estate**, het 25 ha grote zomerhuis van de Canadese premier William Lyon Mackenzie King. Gedurende 22 jaar, van 1921 tot 1930 en nogmaals van 1935 tot 1948, bestuurde deze zonderlinge politicus het land vanuit dit rustige toevluchtsoord. Zijn bekendste eigenaardigheid trekt nu veel publiek: hij verzamelde ruïnes. Griekse zuilen, stenen van het in 1916 uitgebrande parlement van Ottawa en stukken van het Engelse parlement dat in 1941 werd gebombardeerd zijn bij wijze van 'ruïnetuin' rond het landhuis gegroepeerd. Het idyllische terrein wordt ontsloten door vele fraaie wandelpaden. Bij de Moorside Tea Room kunt u thee of koffie drinken met een kleine versnapering erbij (eind mei-half okt. ma., wo.-vr. 10-17, za., zo. 11-18 uur, per auto $ 10).

Informatie

Ottawa Tourism: 1405-150 Elgin St., Ottawa, ON K2P 1L4 (Postadresse), tel. 613-237-5150, 1-800-363-4465, www.ottawatourism.ca, ma.-vr. 9-17 uur. Bezoekadres: Capital Information Kiosk, 90 Wellington St., dag. 9-18 uur, tel. 1-866-811-0055. Hulp bij het zoeken en boeken van accommodaties en restaurants.

Accommodatie

Klassieker – **Fairmont Château Laurier 5** : 1 Rideau St., tel. 613-241-1414, 1-800-441-1414, www.fairmont.de/laurier-ottawa. Traditioneel 'kasteelhotel', op een prima locatie, mooi café in de wintertuin, ruime kamers, van alle comfort voorzien. 2 pk $ 290-400.

Lekker ruim – **Albert at Bay Suite Hotel 1** : 435 Albert St., tel. 613-238-8858, 800-267-6644, www.albertatbay.com. Charmant stadshotel met de grootste suites van de stad, alle met balkon en volledig uitgeruste keuken. 2 pk $ 190-390.

Instituut – **Lord Elgin Hotel 2** : 100 Elgin St., tel. 613-235-3333, 1-800-267-4298, www.lordelginhotel.ca. Ottawa's tweede traditionele hotel is minder duur, kamers in biedermeierstijl, tegenover het National Arts Centre. 2 pk $ 170-230.

Coole charme – **Arc The Hotel 3** : 140 Slater St., tel. 613-238-2888, 1-800-699-2516, www.arcthehotel.com. Minimalistisch, in warme tinten ingericht designhotel, drie blokken ten zuiden van de Sparks Mall, elegante bar, fitnessruimte. 2 pk $ 160-310.

Toplocatie – **The Metcalfe Hotel 4** : 123 Metcalfe St., tel. 613-231-6555, 1-844-871-6555, www.themetcalfehotel.com. Centraal gelegen boetiekhotel met ruime, modern ingerichte kamers en vriendelijk personeel. 2 pk $ 150-235.

Origineel – **Ottawa Jail Hostel 5** : 75 Nicholas St., tel. 613-235-2595, www.hihostels.ca. Budgetonderkomen in een voormalige gevangenis. $ 35 voor een bed in de slaapzaal, eenpersoonscellen vanaf $ 50 incl. ontbijt.

Eten en drinken

De afgelopen tien jaar is het gastronomische niveau van Ottawa opgeklommen tot dat van Toronto en Montréal. Inmiddels biedt de stad een interessante keuze uit een flink aantal uitstekende restaurants.

Stadse sfeer – **Beckta 1** : 150 Elgin St., tel. 613-238-7063, www.beckta.com, dag. 17.30-21.45 uur. In deze trendy nieuwkomer tovert de chef-kok met even eenvoudige als originele ingrediënten. Bij het restaurant hoort ook een (informelere) wijnbar. Driegan-

Adressen

genmenu $ 71, *tasting menu* $ 98, wijnbar: voorgerecht $ 10-17, hoofdgerecht $ 19-32.

Een must – **The Fish Market Restaurant** 2 : 54 York St., tel. 613-241-3474, www.fishmarket.ca, lunch dag. vanaf 11.30 uur, diner zo.-do. tot 22, vr., za. tot 23 uur. Onlosmakelijk verbonden met de Byward Market: het populairste visrestaurant van Ottawa. Levendige sfeer, solide keuken. Voorgerecht $ 8-20, hoofdgerecht $ 28-40.

Ecologisch verantwoord – **Luxe Bistro** 3 : 47 York St., tel. 613-241-8805, www.luxebistro.com, dag. 11.30-22.30 uur. Midden op de Byward Market, malse steaks, lekkere hamburgers, originele gerechten met een Italiaans tintje. Voorgerecht $ 10-25, hoofdgerecht $ 23-50.

Oude Wereld – **Courtyard Restaurant** 4 : 21 George St., tel. 613-241-1516, www.courtyardrestaurant.com, ma.-za. 17.30-21.30, zo. 17.30-21.30 uur. Genieten van een verzorgd diner in een pand uit 1837. Gerechten geïnspireerd op de Franse keuken, met verrassende combinaties. Voorgerecht $ 9-19, hoofdgerecht $ 19-44.

Winkelen

De leukste en interessantste winkels van Downtown Ottawa vindt u langs de **Sparks Street Mall** (zie blz. 203) en in het **Rideau Centre** 8 . Kunsthandwerk, maar ook hoogwaardig textiel, boeken en elektronica in de **Byward Market** 9 .

Uitgaan

De oude mop dat het beste van Ottawa de trein naar Montréal is, hoor je niet meer. Het uitgaansleven kan zich nog niet meten met dat van Montréal, maar u zult zich in de hoofdstad zeker niet vervelen – niet in de laatste plaats omdat de uitgaansgelegenheden in zowel Ottawa als Gatineau tegenwoordig pas om 2 uur sluiten. De meeste kroegen, muziekbars en clubs van Ottawa zijn te vinden rond de Byward Market en in Elgin Street.

Leuke livesfeer – **Barrymore's Music Hall** 1 : 323 Bank St., tel. 613-695-8488, www.barrymores.on.ca. Oudste *music hall* van de stad, dagelijks rock, blues, jazz en pop.

Smaakvol – **Mercury Lounge** 2 : 56 Byward St., tel. 613-789-5324, www.mercurylounge.com, wo.-za. 20-3 uur. Jazztent annex galerie met een dansvloer.

Voetjes van de vloer – **Zaphod Beeblebrox** 3 : 27 York St., tel. 613-562-1010, www.zaphods.ca, wo.-zo. vanaf 21 uur. Elke nacht livemuziek en Ottawa's populairste dj's.

Ongedwongen – **Heart & Crown** 4 : 67 Clarence St., tel. 613-562-0674, www.heartandcrown.ca, dag. 11-2 uur. Een van de populairste pubs van de stad, relaxte sfeer, op woensdag en zaterdag livemuziek uit Ierland.

Toneel- en concertzaal – **National Arts Centre** 2 : 53 Elgin St., tel. 613-497-7000, www.nac-cna.ca. Het culturele vlaggenschip van de Canadese hoofdstad herbergt drie zalen met respectievelijk 2300, 950 en 350 plaatsen. Het National Arts Centre Orchestra en bekende ensembles geven er concerten en op het programma staan hedendaags en klassiek toneel.

Actief

Fietsen – Hebt u een dagje over, volg dan het voorbeeld van grote aantallen hoofdstedelingen en klim op de fiets. Ottawa is terecht trots op zijn fietspaden. Ze verbinden niet alleen kantoren en ministeries met elkaar, maar zorgen ervoor dat ook verschillende musea en andere bezienswaardigheden per fiets bereikbaar zijn. Fietsverhuur bijvoorbeeld bij **Rent-a-Bike** 1 , 2 Rideau St., tel. 613-241-4140, www.rentabike.ca, $ 9 per uur, $ 22 per 4 uur, $ 28 per dag.

Vervoer

Vliegtuig: Ottawa International Airport (tel. 613-248-2125, www.yow.ca/en) ligt aan de zuidrand van de stad en wordt bediend door Air Canada en Amerikaanse maatschappijen. Lijnbussen en hotelshuttles rijden naar de binnenstad. Een taxi naar uw hotel kost circa $ 40.
Trein: Ottawa Station (200 Tremblay Rd., tel. 888-842-7245, www.viarail.ca) wordt aangedaan door treinen van Via Rail. Vanaf het station kunt u met de bus naar de binnenstad.
Bus: vanuit Central Bus Station (265 Catherine St., tel. 613-238-6668) vertrekken bussen naar het westen en het oosten.

Van Ottawa naar Lake Superior

Het idee om per auto het hele continent te doorkruisen heeft voor reizigers uit het drukke Europa iets fascinerends. Niet minder dan 2000 van de in totaal 7821 km lange, legendarische Trans-Canada Highway (TCH) voert door de wildernis van het Canadian Shield. Dit is Noord-Ontario, waar de dorpen als afgelegen eilandjes in het groen liggen en waar elanden, beren en bevers leven.

Een wit esdoornblad op een groene achtergrond, met daarboven in groene letters 'Trans-Canada': dit verkeersbord maakt toeristen duidelijk dat zij zich met hun auto op de beroemde snelweg bevinden die Canada van oost naar west doorkruist. Deze snelweg, in 1962 geopend en in 1970 voltooid, verbindt St. John's, de hoofdstad van Newfoundland, met Victoria, de hoofdstad van British Columbia op Vancouver Island. Het is een misvatting dat het om één enkele weg gaat, want in werkelijkheid bestaat de TCH uit verschillende wegen. Zo splitst in Manitoba de Yellowhead Highway zich af van de TCH om – officieel als TCH, maar met nummers die van provincie tot provincie verschillen – via een noordelijke route door de Rockies uit te komen bij de Grote Oceaan. Ook in Ontario splitst de Trans-Canada Highway zich in een noordelijke en een zuidelijke route. Dit stelt reizigers in staat een afwisselende rondreis door de mooiste en ongereptste delen van Noord-Ontario te maken. Trek voor zo'n trip ten minste tien dagen uit, uitstapjes niet meegerekend.

Ottawa Valley

Kaart: zie blz. 215
Vanaf de Canadese hoofdstad volgt Highway 17 de Ottawa River door een landschap dat voor het merendeel uit grasland bestaat. Algauw wordt het rustiger op de weg. De verzorgde stadjes begonnen bijna allemaal in de loop van de 19e eeuw als houthakkersnederzetting. Een paar kilometer voorbij Ottawa loont het al om de Highway te verlaten en verder te gaan over de smallere wegen die de loop van de rivier van dichterbij volgen, zodat u deze mooie, ouderwetse plaatsen kunt bezoeken en op hun Main Streets de benen kunt strekken.

Beachburg ▶ G 9
Nog geen twee uur rijden ten noordwesten van Ottawa ligt **Beachburg** **1**, het raftingcentrum van Oost-Canada. Van mei tot september kunt u bij verschillende bedrijven wildwatertrips met rubberboten of kajaks boeken. Als u het aandurft, kunt u de stroomversnellingen passeren waar vroeger de indianen en blanke pelshandelaren met hun tere kano's van berkenbast voeren en de zware portages overmeesterden. Wat betreft watervolume, stroomsnelheid en hoogte van de golven biedt de Ottawa River hier omstandigheden die niet onderdoen voor die van de raftinglocaties in de Rocky Mountains. Echt gevaarlijk wordt het echter nergens. De gidsen in de boten zijn ware wildwaterexperts en kennen de rivier als hun broekzak. Bovendien dragen alle deelnemers een helm en een zwemvest en is het water niet al te koud. De bureaus die raftingtrips organiseren, verzorgen ook accommodatie en maaltijden in blokhutten of tenten en bieden daarnaast tochten aan per mountainbike of kano.

RAFTEN OP DE OTTAWA RIVER

Informatie
Begin: bij Beachburg aan de *put-in* van Wilderness Tours
Duur: 1 dag
Aanbieder: Wilderness Tours, Foresters Falls, vlak bij Beachburg, 503 Rafting Rd., tel. 613-646-2242, 1-888-723-8669, www.wildernesstours.com
Belangrijk: neem badgoed en droge kleding mee. U wordt nat! Onderweg dienen zich talloze activiteiten aan, zoals bodysurfen en rotsspringen.

Plotseling stort de boot zich omlaag als een treintje in een achtbaan. Het geruis is oorverdovend. Hun stem verheffend om over het kabaal heen te komen, brullen de *river guides* nog een paar aanwijzingen. Onder aan de stroomversnelling wordt de boot door een sterke stroming in tegengestelde richting omhooggewipt en worden de passagiers op de bodem van de rubberboot onzacht door elkaar geschud. Dan lijkt het wel of de hele rivier in de boot wordt uitgestort. Iedereen wordt kleddernat, maar dat is juist de bedoeling: voor vertrek zijn spijkerbroek en T-shirt vervangen door dunne polyester kleding en zwemvesten en heeft iedereen een helm opgezet. Nat worden is dus geen probleem en zelfs overboord vallen is geen drama: als een rubberen badeendje drijf je op het wateroppervlak, tot je met een paar slagen de boot bereikt en door de ervaren *river guide* weer aan boord wordt gehesen. Een raftingtrip op de Ottawa River is een en al waterpret. Tijdens de spannende momenten onderweg leren de deelnemers, afkomstig uit alle delen van de wereld, elkaar best goed kennen. Gelukkig wordt ook de inwendige mens niet vergeten: halverwege gaan de hamburgers op de barbecue. Wilderness Tours, het grootste raftingbedrijf in Beachburg, biedt nog meer activiteiten aan, waaronder paardrijden, bungeejumping en kajakken.

Pembroke ▶ G 9

Voorbij Beachburg wordt de omgeving steeds bosrijker. In plaatsen als Pembroke, Petawawa, Chalk River en Mattawa wordt de herinnering aan de houthakkerij in mooie, kleine pioniersmusea levend gehouden.

In **Pembroke** 2 herinnert het **Champlain Trail Museum and Pioneer Village** aan een episode uit de Canadese geschiedenis. Samuel de Champlain, de stichter van Nieuw-Frankrijk, kwam hier in 1615 tijdens zijn reis naar de Huron aan de Georgian Bay langs – destijds vormde de Ottawa River een van de drukste kanoroutes naar de Grote Meren. In 1867 vond een boerenzoon in de buurt een astrolabium met daarop het jaartal 1613, dat Champlain tijdens een *portage* verloren moet hebben. De ontdekkingsreiziger maakt namelijk in zijn dagboek melding van dit verlies. De tentoonstelling toont hoe belangrijk de oude handelsroute voor de ontsluiting van Canada was. Ook worden er voorwerpen van de Algonkinindianen getoond (1032 Pembroke St. E., www.champlaintrailmuseum.com, mei, juni di.-za. 10.30-16.30, juli, aug. ma.-za. 10.30-16.30, zo. 12.30-16.30, sept., okt. di.-za. 12.30-16 uur, volwassenen $ 6, kinderen $ 2).

Alternatieve route

Vanaf Pembroke voert een alternatieve route via de Highways 60 en 62 door het **Algonquin Provincial Park** (zie blz. 180). Daarna kunt u bij Huntsville via Highway 11 noordwaarts rijden om bij North Bay op Highway 17 uit te komen. Wie nog niet in het Algonquin Provincial Park is geweest, kan aan dit traject de voorkeur geven omdat het landschap aantrekkelijker is.

Informatie

Ottawa Valley Tourist Association: 9 International Dr., Pembroke, K8A 6W5, tel. 613-732-4364, 1-800-757-6580, www.ottawavalley.travel.

Accommodatie

Stadsrand – **Hillside Inn:** 638 Pembroke St. E., tel. 613-732-3616, 1-877-453-8883, www.hillsideinn.ca. Schoon motel aan de stadsrand, goede prijs-kwaliteitverhouding. 2 pk $ 70.

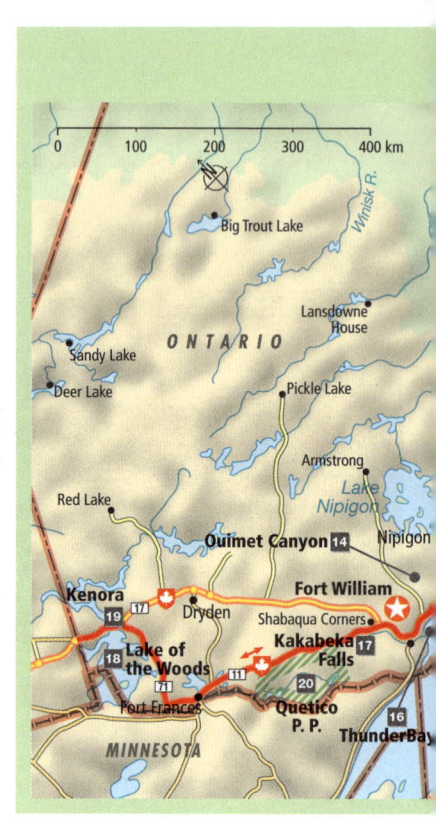

Eten en drinken

Zoals bij moeder thuis – **Finnigan's Roadhouse:** 955 Pembroke St. E., tel. 613-735-2333, dag. 7-23 uur, www.finniganspembrooke.com. Goede Canadese standaardkost als kalkoen, steaks en gehakt. De huisgemaakte appeltaart is niet te versmaden. Voorgerecht $ 6-11, hoofdgerecht $ 15-22.

Actief

Rafting – Raften op de Ottawa River is in deze regio zeer populair. De stroming en de stroomversnellingen met namen als Butcher's Knife en Angel's Kiss trekken elke zomer tienduizenden geïnteresseerden. De beste aanbieder is **Wilderness Tours** (zie Actief blz. 213).

Van Ottawa naar Lake Superior

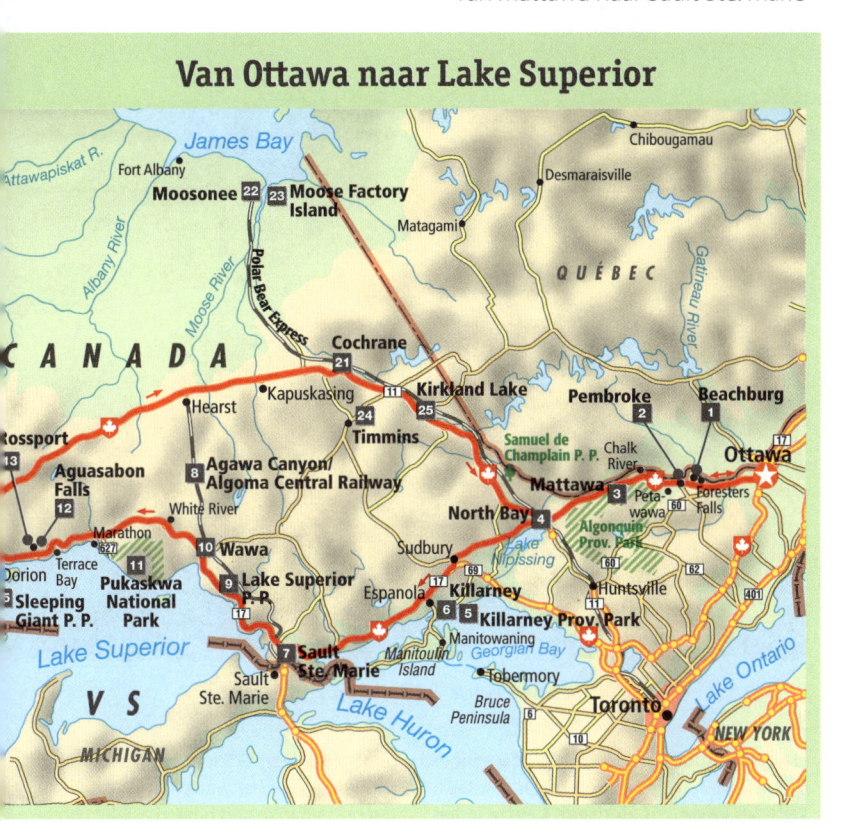

Van Mattawa naar Sault Ste. Marie

Kaart: zie boven

Mattawa ▶ F 8

In het stadje **Mattawa** 3 (2000 inw.) splitst de in westelijke richting stromende Mattawa River zich af van de Ottawa. Deze rivier, die 64 km verder naar het westen uitmondt in Lake Nipissing, vormde vroeger de poort naar het onbekende Westen. Wie daarheen wilde, moest hierlangs. Mattawa, in de taal van de Ojibwe 'trefpunt van rivieren', heeft alle grote avonturiers en ontdekkingsreizigers in Noord-Amerika voorbij zien trekken: Samuel de Champlain, Étienne Brulé, Jean Nicolet, Père Jacques Marquette, Lois Joliet, Pierre de la Vérendrye, Simon McTavish, Simon Frasier, Alexander Mackenzie – het zijn namen die in heel Canada steeds weer opduiken. Deze mannen verkenden de Grote Meren, zakten de Mississippi af tot aan de Golf van Mexico en trokken tot aan de Rocky Mountains en de Beaufortzee. Ze worstelden op de Mattawa River over loodzware *portages*, die namen dragen als 'portage de mauvaise musique' ('waar het zingen verstomde') of 'porte de l'enfer' ('poort naar de hel'). Deze zwoegers en de houthakkers die na hen kwamen, worden herdacht met de aan Main Street opgestelde houten beelden die beroemde persoonlijkheden uit die tijd voorstellen, en in het **Mattawa & District Museum** bij Explorer's Point (285 First St., juli-aug.

Plaatjesboekidylle in Killarney Provincial Park

dag. 10-20 uur, volwassenen $ 1,50, kinderen $ 1). Het even ten westen van Mattawa gelegen **Voyageur Heritage Centre** in het Samuel de Champlain Provincial Park (half mei-half okt. ma.-vr. 8.30-16, juli, aug. ma.-vr. 8.30-16, za., zo. 13-16 uur, gratis toegang).

North Bay ▶ E 8

Ongeveer 60 km voorbij Mattawa komt **North Bay** 4 in zicht. Bij deze frontierstad aan Lake Nipissing komen de Highways 11 en 17 samen. Met zijn 54.000 inwoners vormt North Bay het levendige centrum van de regio, die 'Ontario's near North' wordt genoemd. Het historische centrum lijkt verstikt te worden door een ring van shopping malls en parkeerplaatsen, maar de oude Main Street tussen Cassell en Fisher Street doet met zijn van namaakgevels voorziene huizen aan als een stadje uit de pionierstijd in de 19e eeuw.

Ook de ligging aan het uitgestrekte Lake Nipissing maakt veel goed. Dit meer met een oppervlakte van 775 km^2 lag vroeger op de kanoroute naar het westen. Waar tot die tijd trappers en indianen huiden ruilden, bouwden blanke kolonisten in 1882 de eerste huizen op de rotsige bodem.

Tegenwoordig dient het meer ter vermaak: de **Chief Commanda II**, een moderne catamaran, steekt in de zomer van wal voor mooie excursies op het meer. Tijdens die tochtjes worden ook belangrijke plaatsen uit de tijd van de pelshandel bezocht, zoals de bovenloop van de French River en een indianendorp (King's Landing, Memorial Drive, tel. 705-494-8167, 1-866-660-6686, www.chief commanda.com, begin mei-sept., $ 30-70).

In het **Discovery North Bay** (voorheen North Bay Area Museum) komt u van alles te weten over de geschiedenis van de spoorwegen en de houthakkerij in deze streek (100 Ferguson St., www.discoverynorthbay.com, ma.-vr. 10-18, za. 8-17 uur, volwassenen $ 7, kinderen $ 5).

Van Mattawa naar Sault Ste. Marie

steven tafellakens en eten steaks en gehaktballen zoals bij moeder thuis. Voorgerecht $ 10-22, hoofdgerecht $ 18-26.

Actief

Trips door de wildernis – Het dunbevolkte Noord-Ontario is een paradijs voor hikers, kampeerders, vissers en jagers. Tientallen professionele bureautjes, zogeheten outfitters, bieden hun diensten aan. Hier kunt u uw uitrusting compleet maken, blokhutten huren en u aanmelden voor een kano- of vistrip onder leiding van een gids. De meeste outfitters zijn aangesloten bij de **Northern Ontario Tourist Outfitters Association (NOTO)** in North Bay. Hier kunt u terecht voor allerhande informatie over uw trip naar de wildernis (NOTO, 386 Algonquin Ave., North Bay, Ontario P1B 4W3, tel. 705-472-5552, www.noto.ca).

Uitstapje naar het Killarney Provincial Park ▶ D 8

Het landschap aan weerszijden van de TCH is kenmerkend voor het Canadian Shield: talloze meren, door gletsjerijs afgesleten granietrotsen, baaien met zandstranden, dennenbossen met velden vol bosbessen en lichtere gemengde bossen. Dit stukje Canada is op zijn fotogeniekst in het **Killarney Provincial Park 5**. Het ligt grotendeels op een schiereiland in de Georgian Bay en geldt als de parel van de provinciale parken van Ontario. U bereikt het park via Highway 69 (verderop: Highway 537), die bij de industriestad Sudbury afbuigt van de TCH. Het park wordt gekarakteriseerd door het alomtegenwoordige blauw van de Georgian Bay en het rode, met wit kwartsiet dooraderde graniet. Het werd in 1964 ingesteld op initiatief van A.Y. Jackson. Deze schilder vond inspiratie in de schaars begroeide bergruggen en hun prachtige vergezichten. Wolven, beren, bevers en elanden zult u hier vaker zien dan in de loofbossen verder naar het zuiden. Aan het eind van Highway 537, die dwars door het park naar de Georgian Bay voert, ligt het dorpje **Killarney 6**. Het mooie, op rood graniet gebouwde gehucht, dat vierhonderd inwoners telt, wordt aangedaan door luxueuze jachten, hikers en natuurfotografen.

Informatie

Tourism North Bay: 205 Main St. E., tel. 705-472-8480, www.tourismnorthbay.com. Hulp met zoeken en boeken van accommodatie. Ook kunt u hier de officiële *Adventure Guide* aanvragen.

Accommodatie

Het aanbod van accommodatie is in Noord-Ontario nogal beperkt. Functionele hotels en motels vormen de hoofdmoot.
Authentiek – **Sunset Inn:** 641 Lakeshore Dr., tel. 705-472-8370, 1-800-463-8370, www.sunsetinn.ca. Gezellige herberg in blokhutstijl, met suites en privéhutjes aan de oever van het meer. 2 pk $ 140-220.

Eten en drinken

Gezelligheid – **Cecil's Eatery & Beer Society:** 300 Wyld St., tel. 705-472-7510, www.cecils.ca, dag. 11-2 uur, zo. *all you can eat* brunch. De gasten zitten aan lange tafels met witte, ge-

Van Ottawa naar Lake Superior

Accommodatie

Huiselijk – **Killarney Mountain Lodge:** 3 Commissioner Rd., tel. 705-287-2242, 1-800-461-1117, www.killarney.com. Mooie, oude lodge op de rotsige oever van de Georgian Bay. Kamers in het hoofdgebouw en in gezellige chalets, restaurant, recreatieve activiteiten. 2 pk $ 180-360 per persoon incl. ontbijt of 2 maaltijden.

Innemend – **The Sportsman Inn:** 37 Channel St., tel. 705-287-9990, 1-877-333-7510. Twaalf grote suites met uitzicht op het water. Deze luxueuze herberg richt zich vooral op zeilsporters. Bij het hotel horen een fijnproeversrestaurant en een pub. 2 pk $ 129-360.

Camping – **George Lake Campground:** in het Killarney Provincial Park, tel. 705-287-2900, www.ontarioparks.com. Camping met alle faciliteiten.

Actief

Kanotochten – **Killarney Outfitters:** tel. 705-287-2828, www.killarneyoutfitters.com. Tochten van een of meer dagen. De wirwar van granieteilandjes voor Killarney en de grillige kust van het Killarney Provincial Park maken dit tot een van de fotogeniekste kanogebieden van Oost-Canada. Ervaren natuurliefhebbers kunnen hier een kano of kajak huren en er op eigen houtje op uit trekken.

Sault Ste. Marie

Kaart: zie blz. 215

De oudste stad van Ontario werd in 1668 aan weerszijden van de St. Mary's River, die Lake Huron en Lake Superior met elkaar verbindt, gesticht door Franse jezuïeten. Eind 18e eeuw bouwde de Northwest Fur Trading Company hier een pelshandelspost. In die tijd legde men ook al een kanaal aan om de stroomversnellingen van de St. Mary's River te omzeilen. Zo ontstond de eerste bevaarbare verbinding tussen de beide meren. Het hedendaagse **Sault Ste. Marie** [7], dat kortweg 'The Soo' wordt genoemd, is met 75.000 inwoners het economische centrum van de regio. De plaats is door een brug verbonden met de gelijknamige, maar veel kleinere zusterstad aan de Amerikaanse overzijde. Vijf imposante sluizen zorgen ervoor dat de met erts en graan beladen vrachtschepen uit Thunder Bay en de Amerikaanse plaats Duluth op weg naar Toronto, Montréal en de Atlantische Oceaan het hoogteverschil kunnen overwinnen. Het gaat om zo'n twaalfduizend schepen per jaar, die zo hoog zijn dat ze boven de huizen uit komen. Maar van hun aanwezigheid kijkt niemand hier meer op. De sluizen, de **Sault Locks**, vormen de grootste publiekstrekker van de stad. Een boottocht met de *Chief Shingwauk* door de sluiskamers, die wel 77 m lang en 15 m breed zijn, is voor velen een van de hoogtepunten van een rondreis door Noord-Ontario.

Ermatinger/Clergue National Historic Site ▶ B 8

831 Queen St. E., tel. 705-759-5443, jan.-mei di.-za. 9.30-16.30, juni-half okt. dag. 9.30-16.30, half okt.-dec. di.-za. 9.30-16.30 uur, volwassenen $ 12, kinderen $ 10

Det **Ermatinger Old Stone House**, het oudste stenen huis ten westen van Toronto, werd in 1814 gebouwd voor de rijke pelshandelaar Charles Ermatinger en zijn vrouw Manonowe, de dochter van een Ojibwestamhoofd. De Zwitser Ermatinger stond bekend om zijn gastvrijheid, waarvan onder anderen de bekende *frontier*-schilder George Catlin heeft genoten. Het huis is in 19e-eeuwse stijl ingericht. Een kleine tentoonstelling vertelt bezoekers iets over het leven van de Ermatingers en de pelshandel. In een schemerige kelder hangen pelzen van bevers, wolven en vossen aan het plafond – alsof Ermatinger ze gisteren zo heeft achtergelaten. Door de ruilhandel kwamen de Ojibwe in het bezit van Europese goederen als geweren en munitie, stoffen, kralen, kammen, bijlen en pannen. Op het terrein is ook het **Clergue Blockhouse** te bezichtigen, de woning van pionierende grootindustrieel Francis Clergue. In het nog te openen informatiecentrum met filmzaal zal de geschiedenis van het huis, de Oorlog van 1812 en de toenmalige rol van de indiaanse bevolking worden belicht.

Canadian Bushplane Heritage Centre ▶ B 8
50 Pim St., tel. 705-945-6242, www.bushplane. com, half mei-half okt. dag. 9-18, volwassenen $ 12, kinderen $ 3

Het leven in de Canadese wildernis, die ook in Sault Ste. Marie meteen voorbij het laatste huis begint, zou nog altijd niet mogelijk zijn zonder de moedige *bush pilots* en hun vliegtuigjes. Dit interessante museum, dat is ondergebracht in een oude hangar aan de St. Mary's River, herbergt een met zorg samengestelde tentoonstelling, waarin ook aandacht is voor de bestrijding van bosbranden vanuit de lucht.

Agawa Canyon Tour Train ▶ D 4
129 Bay St., tel. 705-946-7300, 1-800-242-9287, www.agawatrain.com, eind juni-half sept. volwassenen $ 91, half sept.-half okt. $ 110

Voor de mooiste attractie moet u ten noorden van de stad zijn. Jong en oud zijn het erover eens: een dagtocht over de **Algoma Central Railway** naar de **Agawa Canyon** 8 is het helemaal. Op de negen uur durende tocht worden ongeveer 480 km afgelegd. Het spoor voert over steile tracés en houten bruggen. De spannendste van deze *trestle bridges* (schraagbruggen), zoals de hoge houten constructies heten, ligt 40 m boven de Montréal River. Deze spoorlijn is de enige toegangsweg naar dit indrukwekkende natuurgebied met dichte wouden, kloven, meren en watervallen.

Zo'n 160 km ten noorden van The Soo begint de trein aan de afdaling in de 152 m diepe **Agawa Canyon**. Daar aangekomen hebben de passagiers twee uur de tijd voor een picknick en wandelingen naar fotogenieke watervallen. Neem camera en verrekijker mee vanwege de mooie fotomotieven, zoals zwarte beren. Tevens mogelijk: een tweedaagse excursie naar Hearst en terug.

Informatie
Sault Ste. Marie Chamber of Commerce: 369 Queen St. E., tel. 705-949-7152, www.ssmcoc.com, ma.-vr. 9-17 uur. Erg informatieve website.

Accommodatie
Aangename uitvalsbasis – **Algoma's Water Tower Inn:** 360 Great Northern Rd., tel. 705-949-8111, 1-888-461-7077, www.watertowerinn.com. Moderne hotel met zwembad, sauna en restaurant. 2 pk $ 120-190.

Camping – **Sault Ste. Marie KOA:** Hwy. 17, 8 km te noorden van de stad, tel. 705-759-2344, 1-800-562-0847. Verwarmd zwembad. U kunt hier ook een hut huren.

Eten en drinken
In het noorden van Ontario biedt de menukaart weinig vernieuwende gerechten. Men houdt hier van eenvoudige, stevige kost. Ook hier bevestigt de uitzondering echter de regel.

Creatief – **The Iron Club c/o Sault Ste. Marie Golf Club:** 1804 Queen St. E., tel. 705-759-2695, di.-vr. 11.30-15, di.-za. 17-21 uur. Lokale fijnproevers komen hier voor de originele gerechten met Italiaanse inslag en bereid met streekproducten. Voorgerecht $ 6-10, hoofdgerecht $ 16-30.

Authentiek – **Ernie's Coffee Shop:** 13 Queen St. E., tel. 705-253-9216, ma.-vr. 10-19, za., zo. 9-18 uur. Gezellige, in 1950 geopende diner, waar voor lage prijzen grote porties worden geserveerd. Hamburgers, sandwiches, koffie. Voorgerecht $ 5-9, hoofdgerecht $ 8-17.

Richting Thunder Bay

Kaart: zie blz. 215

Van Sault Ste. Marie gaat de reis verder naar Lake Superior. *Gitche Gumee*, 'groot water', noemden de Ojibwe het grootste van de Grote Meren. Met een oppervlakte van ruim 80.000 km^2 is het Lake Superior of Bovenmeer bovendien het grootste zoetwatermeer ter wereld. En het onstuimigste: er zijn talloze schepen op dit meer vergaan. De noordoever, een ongerepte kustlijn die is gevormd door gletsjers, vulkanen en aardbevingen, strekt zich uit van Sault Ste. Marie tot aan het 700 km of acht uur rijden verderop gelegen Thunder Bay. Op veel plaatsen moet de Trans-Canada Highway iets landinwaarts afbuigen om de rotsen te omzeilen die te groot waren om op te blazen.

Van Ottawa naar Lake Superior

Lake Superior Provincial Park
▶ D 4
Tel. 705-856-2284, www.lakesuperiorpark.ca
Ongeveer 130 km voorbij *The Soo* begint het **Lake Superior Provincial Park** 9 . De TCH voert over een afstand van 80 km door dit natuurgebied met een totale oppervlakte van 1600 km². U hoeft niet ver van de weg af te gaan om te kunnen genieten van natuurschoon, zoals de steile, met naaldbomen begroeide rotswanden die de **Old Woman Bay** omringen. Op verschillende plaatsen in het park kunt u picknicken en kamperen (www.ontarioparks.com). Het kantoor van het parkbeheer ligt aan de noordrand van het park in het kleine dorp **Wawa** 10 . Hier zijn trailkaarten voor wandel- en kanotochten verkrijgbaar en krijgt u informatie over de lokale flora en fauna. Nog geen 2 km voorbij uitkijkpunt Agawa Bay zijn rotstekeningen te bezichtigen die door Indianen zijn gemaakt van elanden, beren, vissen en kano's. In Wawa is ook het regionale **Tourist Information Centre** gevestigd, te herkennen aan de grote stalen sculptuur van een Canadese gans. Wawa betekent in de Ojibwetaal 'wilde gans' (tel. 1-800-367-9292, www.wawa.cc). De oerbossen, moerassen en meren rond de plaats White River lenen zich goed voor jagen en vissen.

Accommodatie
... in Wawa:
Verzorgde blokhutten – **High Falls Motel:** Trans Canada Highway, 5 minuten rijden ten zuiden van Wawa, tel. 705-856-4496, 1-888-856-4496, www.highfallsmotel.com. Charmant motel in een licht naaldbos. Zes leuke cabins en drie motelkamers. Cabin $ 90-130.

Pukaskwa National Park ▶ C 4
tel. 807-229-0801, www.pc.gc.ca
Pukaskwa National Park 11 wordt door geen enkele weg ontsloten. Het gebied van bijna 1900 km² kan uitsluitend te voet of per kano worden verkend, en alleen door ervaren trekkers. Het kleine bezoekerscentrum bij het noordelijkste puntje van het park, in **Hattie Cove**, is per auto wel bereikbaar. U komt er via Route 627 vanuit Marathon (dag. juni-begin sept.). Er is een camping en tijdens verschillende dagtochtjes kunt u in elk geval een indruk krijgen van het woeste kustlandschap. De 60 km lange **Coastal Trail** is het enige lange pad door het gebied. Hij begint bij Hattie Cove en baant zich in zuidelijke richting een weg door de boreale kustwildernis tot aan de Swallow River. Ervaring met dit soort tochten, een goede conditie en improvisatietalent zijn onontbeerlijk tijdens deze zevendaagse tocht.

Ouimet Canyon en Sleeping Giant Provincial Park ▶ C 4
Op de weg naar het 200 km verderop gelegen Thunder Bay nodigen twee natuurlijke

attracties uit tot het maken van een tussenstop. Even voorbij Terrace Bay moet u beslist uitstappen bij de **Aguasabon Falls** 12 . Van een uitkijkpunt hebt u een mooi uitzicht over het schuimende water dat door een smalle kloof richting Lake Superior stroomt. Gaat het u niet meer lukken om Thunder Bay voor het vallen van de avond te bereiken, overnacht dan in **Rossport** 13 . Dit voormalige vissersplaatsje met honderdvijftig inwoners is vanaf de TCH te bereiken via een 1 km lange toegangsweg. Het mooie dorp ligt pal aan het water en heeft enkele verrassend goede restaurants en hotels in petto. Dit stukje weg is met zijn bijzondere rotsformaties en rode kliffen een van de mooiste delen van de route. Bij **Dorion** voert een zijweg naar de 110 m diepe en nog geen 150 m brede **Ouimet Canyon** 14 . Bij diverse uitkijkpunten kunt een blik in de diepte werpen.

Kort voor Thunder Bay duikt een tafelberg op uit de nevel boven de oever. Dit is de zuidpunt van het op Sibley Peninsula gelegen **Sleeping Giant Provincial Park** 15 . De naam is te danken aan de Ojibwe, die de imposante tafelberg op een slapende reus vonden lijken. Het park wordt doorkruist door wandelpaden met een gezamenlijke lengte van bijna 100 km. Wandelaars hebben op veel plekken een grandioos uitzicht op Lake Superior. Het spectaculairst – en zwaarst – is de 40 km lange **Kaybeyun Trail**. Vanaf het beginpunt bij Highway 587 loopt hij omhoog naar de Thunder Bay Lookout.

In koude winters vriest Lake Superior dicht en veranderen de rotsformaties aan de oevers in een ijzig winterwonderland

Van Ottawa naar Lake Superior

Onderweg naar Thunder Bay passeert u een opmerkelijk monument – een beeld van een jonge hardloper met een beenprothese. Het **Terry Fox Monument** herinnert aan de jonge Terry Fox, die op achttienjarige leeftijd botkanker kreeg. Nadat zijn been was geamputeerd, begon Terry aan de Marathon of Hope, bedoeld om geld in te zamelen voor kankeronderzoek. Per dag legde hij zo'n 40 km af. Op de plaats waar nu zijn beeltenis naar het westen kijkt, sloeg de ziekte weer toe. Ditmaal was het longkanker en Terry moest opgeven, na 5300 km te hebben afgelegd. Een jaar later stierf hij, op 22-jarige leeftijd. Zijn erfenis, de Terry Fox Run die ieder jaar in heel Canada wordt gehouden, is uitgegroeid tot een van de belangrijkste bronnen van inkomsten voor kankeronderzoek.

Accommodatie, eten en drinken

Rond Lake Superior vindt u overwegend eenvoudige hotels en motels.

... in Rossport:
Romantisch – **Serendipity Gardens Café & Gallery:** 222 Main St., tel. 807-824-2890, www.serendipitygardens.ca. Vier studiosuites, de twee op de eerste etage hebben een kunstig gewelfd plafond en zijn heel gezellig. In het café-restaurant wordt verse vis geserveerd met uitzicht op het meer. 2 pk $ 90-140.

Thunder Bay ▶ C 4

Kaart: zie blz. 215

Deze moderne stad aan de westzijde van Lake Superior is met 120.000 inwoners op afstand de grootste stad van de streek. **Thunder Bay** 16 is de op twee na grootste havenplaats van Canada en vormt met zijn graanpakhuizen de poort naar de prairieprovincies. De naam van de stad verwijst naar de door Franse trappers zo genoemde *Baie du Tonnère*. Het is een van de jongste steden van het land, want de

Ja, er is een vuurtje, maar aangenaam is het zeker niet in deze nagebouwde winterwigwam in de historische pelshandelspost Fort William

Thunder Bay

stad draagt deze naam pas sinds 1970, toen Port Arthur en Fort William werden samengevoegd. In het **Thunder Bay Museum** komt u meer te weten over de avontuurlijke geschiedenis van de streek (425 Donald St. E., www.thunderbaymuseum.com, 5 juni-Labour Day dag. 11-17, anders di.-zo. 13-17 uur, volwassenen $ 3, kinderen $ 1,50).

⭐ Fort William
1350 King Rd., half juni-begin okt. dag. 10-17 uur, volwassenen $ 14, kinderen $ 10

De hoofdattractie van Thunder Bay ligt 13 km stroomopwaarts aan de Kaministiquia River. Het is de reconstructie van de historische pelshandelspost **Fort William**. De handelspost werd in 1801 door de Northwest Company uit Montréal opgericht als het belangrijkste doorvoerpunt voor de pelshandel met Noordwest-Canada. Tot 1821 kwamen er ieder jaar duizenden *voyageurs* bijeen tijdens het *Grand Rendezvous*. Uit het westen kwamen de *hommes du nord*, de ruwe trappers die rond Lake Athapasca jaagden, met de voorraad pelzen die ze gedurende de lange winter hadden opgebouwd. Zij gedroegen zich als de elite van de *voyageurs* en noemden hun collega's uit het oosten, uit Montréal, spottend *porkeaters*, omdat zij altijd zeer goed te eten hadden. Ook de Schotse zakenlieden die het voor het zeggen hadden in de Northwest Company waren van de partij. Toen het de *voyageurs* uit het westen een keer niet lukte om hun pelzen naar Montréal te brengen, deed Fort William dienst als tussenstation. Op het moment dat de mannen het fort na een reis van weken of soms maanden in zicht kregen, waren ze zeker in voor een feestje – maar natuurlijk pas nadat ze hun pelzen te gelde hadden gemaakt.

Sinds 1973 is Fort William, dat bestaat uit meer dan veertig gebouwen, in gebruik als openluchtmuseum. In salons, voorraadschuren en werkplaatsen zijn museummedewerkers verkleed als indianen, pelshandelaren, trappers, soldaten en kooplieden aan het werk, net als twee eeuwen geleden. Er worden op traditionele wijze kano's en manden vervaardigd van berkenbast, in de smidse klinkt gehamer en sterke kerels wegen de pelzen en maken er balen van. In het historische restaurant van het fort ruikt het naar versgebakken brood, dat net uit de steenoven is gekomen. Buiten de palissade is een indianenkamp met droogrekken voor de vellen te zien en een boerderij met alles erop en eraan wat vroeger nodig was om de inwoners van het fort van het benodigde voedsel te voorzien. En wanneer half juli honderden acteurs uit heel Noord-Amerika voor het grote rendezvous naar Fort William komen, krijgt u hier echt het gevoel dat u een reis door de tijd hebt gemaakt naar de ruwe, maar spannende periode van de *voyageurs*.

Informatie
Visit Superior Country: 425 Hwy. 11/17, Nipigon, tel. 807 887 3188, www.superiorcountry.ca.
Tourism Thunder Bay: Terry Fox Information Centre, Highway 11/17, tel. 807-983-2041, 1-800-667-8386, www.thunderbay.ca/visiting.htm, juni-sept. dag. 9-19, anders 9-17 uur.

Accommodatie
Uitzicht op het meer – **Prince Arthur Waterfront Hotel:** 17 N. Cumberland St., tel. 807-345-5411, 1-800-267-2675, www.princearthurwaterfront.com. Modern, charmant hotel aan de oever van het meer in de wijk Prince Arthur, met restaurant, zwembad en sauna. 2 pk $ 110-220.

Centraal gelegen – **Valhalla Inn:** 1 Valhalla Inn Rd., tel. 807-577-1121, 1-800-964-1121, www.valhallainn.com. Beste accommodatie van de stad, gelegen aan de Trans-Canada Highway richting Winnipeg, twee restaurants, zwembad, lounge. 2 pk $ 100-200.

Eten en drinken
Nog niet zo heel lang geleden was Thunder Bay een culinair niemandsland, maar inmiddels hebben verschillende jonge chef-koks de stad stevig op de kaart gezet.

Belle surprise – **Bistro One:** 555 Dunlop St., tel. 807-622-2478, www.bistroone.ca, di.-za. 17-22 uur. Verfijnde cuisine met een Frans tintje, gezellige sfeer, veel design. Voorgerecht $ 13-19, hoofdgerecht $ 35-44.

Van Ottawa naar Lake Superior

Noord-Italiaans – **Giorg Ristorante:** 114 Syndicate Ave. N., tel. 807-623-8052, www.giorgristorante.com. Goede Noord-Italiaanse keuken. Voorgerecht $ 7-22, hoofdgerecht $ 26-49.

Winkelen

Alles onder een dak – **Intercity Mall:** 1000 Fort William Rd., ma.-vr. 9.30-21, za. 9.30-18, zo. 12-17 uur. Beste winkelcentrum in de omgeving, met meer dan honderd winkels.

Verder naar het westen

Kaart: zie blz. 215

Kakabeka Falls

Zo'n 35 km ten noordwesten van Thunder Bay stort het water van de Kaministiquia River bij de **Kakabeka Falls** 17 over een kalksteenrots in een 40 m diepe kloof. De 'Niagara Falls van het noorden' laten zich vanaf de uitkijkpunten aan weerszijden van de rivier gemakkelijk bekijken.

Lake of the Woods en Kenora
▶ B 4

Bij **Shabaqua Corners**, dat u bereikt na een rit van drie kwartier, splitsen Highway 11 en 17 zich weer in een noordelijke en een zuidelijke tak. Beide wegen leiden naar het 200 km voor Winnipeg gelegen stadje Kenora – 500 saaie kilometers door een landschap dat wordt gekenmerkt door moerassen en naaldbossen. Het rijden wordt iets minder voorspelbaar in het gebied van het 4350 km^2 grote **Lake of the Woods** 18. Het is een ongerept, romantisch landschap met talloze eilandjes met een gezamenlijke kustlijn van ruim 100.000 km. Hier kunt u op eigen gelegenheid ronddwalen per kano of motorboot, maar u kunt zich in Kenora ook aanmelden voor een tochtje met de M.S. Kenora (www.mskenora.com). Aan boord kunt u de lunch of het diner gebruiken. In **Kenora** 19 staat een 12 m grote sculptuur van een uit het water opspringende *muskie*, een lid van de snoekenfamilie, bijgenaamd Husky the Musky, als symbool voor de visrijkdom in de regio. Het uitstekende **Lake of the Woods Museum** informeert bezoekers over de cultuur van de oorspronkelijke bewoners en laat zien hoe *voyageurs*, de hout- en papierindustrie en de mijnbouw bijdroegen aan de ontsluiting van de wildernis in het westen (300 Main St. S., www.lakeofthewoodsmuseum.ca, juli, aug. dag. 10-17, anders di.-za. 10-17 uur, volwassenen $ 4, kinderen $ 2).

Quetico Provincial Park ▶ B 4

Op de zuidelijke route (Highway 11) ligt het **Quetico Provincial Park** 20 op de grens met de VS, een vrijwel ongerept natuurgebied van ruim 4600 km^2 met dennen- en sparrenbossen en zo'n zeshonderd meren, rivieren en watervallen – een ideale leefomgeving voor elanden, beren, bevers, otters en zeearenden. Natuurliefhebbers genieten hier van de meer dan 1500 km aan kanoroutes. Aan de randen van het park zijn er in Dawson Trail, Atitokan en Lac La Croix rangerposten te vinden.

U doet er echter goed aan al in Thunder Bay te bedenken of u de 1100 km (heen en terug) van deze rondrit werkelijk de moeite waard vindt. Het gebied heeft niet veel te bieden dat u niet al elders hebt gezien – tenzij u graag een wat extremer wildernisavontuur wilt beleven en met de kano een week of langer door het Quetico Park wilt trekken, of een fervent visser bent. Maar ook op de terugweg naar Ottawa of Toronto zult u nog volop in de gelegenheid zijn een hengel uit te werpen.

Via de noordelijke route terug naar Ottawa

Kaart: zie blz. 215

Voor de terugreis van Thunder Bay kunt u bij Nipigon de noordelijke tak van de TCH nemen, Highway 11. De weg voert door eindeloze bossen en mijnstadjes, via **Hearst**, het Franstalige eindpunt van de Algoma Central Railway, en de hout- en papierstad Kapuskasing naar Cochrane. Grinnikend beweert men hier dat je het

Via de noordelijke route terug naar Ottawa

best 's nachts over deze weg kunt rijden, omdat er dan meer te zien is.

Accommodatie, eten en drinken
... in Hearst:
Functioneel – **Northern Seasons Motel:** 915 George St., tel. 705-362-4281, 1-877-362-4282. Eenvoudige, maar schone accommodatie niet ver van het Algoma Central Railway Station. Restaurant en lounge. 2 pk $ 80-90.

Cochrane ▶ D 4
Cochrane 21 heeft een heel bijzondere attractie: een dagtocht met de Polar Bear Express naar het 300 km verderop gelegen Moosonee (zie Thema blz. 226) aan de **James Bay**. Er zijn geen wegen in dit gebied, door de ongerepte bossen voert uitsluitend een enkelspoor naar de rand van de subarctische toendra. Voor vertrek kunt u even rondkijken in het **Cochrane Railway and Pioneer Museum**, waar een tentoonstelling te zien is over de geschiedenis van de Ontario Northland Railway, die in de eerste decennia van de 20e eeuw deze spoorlijn naar het noorden heeft aangelegd (210 Railway St., half juni-half sept. dag. 8.30-18.30 uur, volwassenen $ 2). Omdat de trein in alle vroegte vertrekt, zorgen de meeste passagiers ervoor dat ze al een dag van tevoren in Cochrane zijn.

Die tijd kunt u benutten om een andere attractie te bezichtigen. In het in 2004 geopende **Polar Bear Habitat and Heritage Village** kunt u met, dat wil zeggen naast, ijsberen zwemmen. Op het complex, waar verweesde jonge ijsberen worden opgevangen, mogen bezoekers rondzwemmen in een bad vanwaaruit zij door een stevige wand van plexiglas de ijsbeervrouwtjes Aurora en Nakita hetzelfde zien doen (1 Drury Park Rd., www.polarbearhabitat.ca, eind mei-half sept. dag. 10-16 uur, volwassenen $ 16, kinderen $ 10).

De **Polar Bear Express** rijdt iedere dag (behalve vrijdag) van eind juni tot begin september. De trein vertrekt uit Cochrane om 8.30 uur en komt om 12.50 uur in Moosonee

Niet voor angsthazen: in Cochrane kunnen jong en oud zwemmen met het grootste landroofdier ter wereld, slechts gescheiden door een glasplaat

De Polar Bear Express: per trein naar de frontier

Er moeten eerst even twee zaken worden rechtgezet: ijsberen zult u onderweg niet te zien krijgen en de Polar Bear Express is bepaald geen exprestrein – hij boemelt kalmpjes door de toendra. Wie desondanks wil instappen, kan het rauwe, alledaagse leven in het gebied van de vroegere frontier ervaren.

Het begint al in **Cochrane**. Vanuit deze plaats rijdt de trein iedere dag naar het aan de James Bay gelegen Moosonee. Bezoekers vinden in Cochrane onderdak in enkele motels en bij de in het station gevestigde Station Inn. De trein herinnert de 5800 mensen die rond James Bay wonen eraan dat ze niet alleen op de wereld zijn. Er voert namelijk geen weg naar hun woonplaats. Op het perron in Cochrane is het iedere ochtend weer een drukte van belang.

Men laadt alles in wat los en vast zit, uiteenlopend van dozen luiers tot kano's en motorsleden. Bleke kantoormedewerkers stappen in en bebaarde trappers ploffen neer in de blauwgrijze kussens. Grote indiaanse families nemen meteen enkele banken in beslag, slungelige scholieren uit Toronto drukken hun neus tegen de ruit: stuk voor stuk typisch **Canadese tafereeltjes**.

De passagiers hebben een reis van 300 kilometer voor de boeg; een rit van een ruim vier uur langs bossen en moerassen. Algauw zonderen zowel blanke als indiaanse tieners zich af met hun iPods. Moeders voeden hun baby's, vaders doen een dutje. De Entertainment Wagon met bar, piano en gordijnen uit de jaren 50 is, zo meldt een bordje, alleen op de terugweg geopend. De reden hiervoor wordt later, in Moosonee, duidelijk. In een plaats waar de helft van de inwoners uit Cree-indianen bestaat, zit men niet te wachten op mensen die 's middags al dronken zijn. Intussen boemelt de trein door de wildernis en geeft een zachte vrouwenstem via de intercom historische informatie over het gebied.

Doordat de pelshandel de Cree-indianen afhankelijk maakte, werd deze bevolkingsgroep een zorgenkindje van de regering. Dit laatste vertelt de stem niet, dat blijkt later in Moosonee. Onder de inwoners die naar het perron zijn gekomen om mensen te kijken, zijn ook twee of drie dronken indianen. **Moosonee**, dat in 1903 werd gesticht aan de westelijke oever van de Moose River door pelshandelaren die de concurrentie aangingen met de Hudson's Bay Company, is een blanke nederzetting 'in the middle of nowhere'. Toch vindt u er een supermarkt, postkantoor, een kerk en een staatsslijter, die minstens zo goed beschermd is als Fort Knox.

'Wij kunnen niet verhinderen dat een enkele indiaan in Moosonee aan de drank is', zegt Clarence onderweg naar **Moose Factory Island**. De tocht per watertaxi over de Moose River duurt tien minuten. 'Het is al minder erg dan vroeger.' Dat blijkt wel als we op de westzijde van het eiland een mooi gebouw zien staan met lange tipipalen tegen de gevel. De door de Cree ontworpen **Cree Village Ecolodge** wordt geleid door Cree-indianen.

De aardetinten in het interieur geven aan dat zij nog altijd een sterke verbondenheid voelen met hun land. De dertigjarige Clarence, die tochtjes over de James Bay en traditionele jachtkampen organiseert, gebruikt de lodge als basis voor zijn activiteiten. De ecolodge is echter meer dan een mooi onderkomen. Dit gebouw vormt een poort naar onze cultuur', zegt Candice, de jeugdige

De Polar Bear Express voert door spaarzaam bewoond land en kruist oude pelshandelroutes

manager van de lodge. 'Onze gasten kunnen hier een kop koffie drinken en ons op een heel ongedwongen wijze leren kennen.' En inderdaad zien we in de met honingkleurige balken betimmerde lobby blanke gasten met Cree-indianen kletsen.

Moose Factory is een vrij grote gemeenschap. In de met steenslag bedekte straten staan moderne houten huizen. Overmaatse schotels in de voortuinen brengen de wereld in de huiskamer. Alles is te voet bereikbaar: het **Centennial Museum Park** met de begraafplaats van de Engelse HBC-mannen, de pier, vanwaar de stevige kano's vertrekken voor walvistochtjes naar de Bay of voor natuurexcursies, de aantrekkelijke **St. Thomas Anglican Church** uit 1860, met een altaar dat met elandvellen is versierd. Aan stokken hangen pasgelooide huiden te drogen. Elke familie heeft haar eigen **jachtkampement.**

Dat van Clarence ligt anderhalf uur varen stroomopwaarts. Hij heeft er voor zijn gasten een tipi neergezet. 's Avonds braadt hij een wilde gans boven een vuurtje. Af en toe staat hij op en spitst hij zijn oren. Dan stoot hij een diepe, langgerekte roep uit. Diep in het bos klinkt eenzelfde roep terug. De wolf heeft geantwoord. Clarence de Cree spreekt vele talen. De schaamte over zijn dronken broeders in Moosonee is vergeten. In zijn kamp voelt hij zich nog altijd het meest thuis.

De Amerikaanse zeearend: symbool voor kracht en uithoudingsvermogen

aan. Om 18 uur begint hij aan de terugreis naar Cochrane, waar hij om 22.05 uur aankomt. De trein *Little Bear*, die hetzelfde traject drie keer per week aflegt, rijdt het hele jaar door. Deze trein beschikt ook over een restauratiewagon, maar is langzamer en stopt onderweg op verzoek om post en vracht af te leveren bij de als postadres dienende kilometerpalen. Onderweg stappen bij de halteplaatsen ook vaak kinderen in, voor wie de trein een soort rijdende snoepwinkel is (retour volwassenen $ 104, kinderen $ 52).

Accommodatie, eten en drinken
Schoon en vriendelijk – **Cochrane Station Inn:** 200 Railway St., tel. 705-272-3500, 1-800-265-2356. Modern hotel in het station van de Polar Bear Express met een restaurant en een sauna. 2 pk $ 100-120.

Moosonee en Moose Factory Island ▶ D 3
Het 1300 inwoners tellende **Moosonee** 22 ligt aan de James Bay, bij de monding van de Moose River, het zuidelijkste puntje van de Hudson Bay. Het plaatsje verdient geen schoonheidsprijs: aan de onverharde wegen staan sobere utiliteitsgebouwen. Voorzichtigheid is geboden, want sommige van de kleine vrachtwagens worden bestuurd door indianenkinderen. In de Hudson's Bay Store is kunstnijverheid te koop van Cree en Inuit. In First Street staat het **Moosonee Visitor Centre**; daarnaast kunnen bezoekers video's bekijken over natuur en geschiedenis van de regio.

Interessanter is een bezoek aan **Moose Factory Island** 23. U kunt zich er door een Cree-indiaan per watertaxi naartoe laten brengen en als u geluk hebt, ziet u tijdens

Via de noordelijke route terug naar Ottawa

de tocht spelende beloega's. In 1673 bouwde de Hudson's Bay Company op het eiland een handelsfort, de eerste nederzetting van de Engelsen in Ontario. In 1686 werd het door de Fransen veroverd en omgedoopt in Fort St. Louis. Niets herinnert nog aan die tijd. De meeste huizen stammen uit de eerste helft van de 19e eeuw. Voor een tipi bakken Creevrouwen boven een vuurtje *bannock*, het 'brood van het Noorden'.

Ook in de **St. Thomas Anglican Church** komt u in aanraking met de indiaanse tradities. Het missaal is in de taal van de Cree gesteld en het altaarkleed bestaat uit zacht elandenleer bezet met glazen kralen. Over de in 1864 gebouwde houten kerk met de beschilderde ramen doet een wonderlijk verhaal de ronde. Tijdens een overstroming in het voorjaar, jaren geleden, dreef de kerk weg. Omdat het gebouw op de rotsige bodem niet verankerd kon worden, besloot men nadien om een paar gaten in de vloer te boren, zodat water dat bij een overstroming binnenstroomt gemakkelijk wegloopt als het weer zakt. Op deze manier blijft de kerk op zijn plaats. De gaten zorgen er ook voor dat het gebouw sneller droogt.

Accommodatie, eten en drinken

Multicultureel – **Cree Village Ecolodge:** tel. 705-658-6400, www.creevillage.com. Gezellige lodge op Moose Factory Island met restaurant en lounge. Ontmoetingsplaats voor 'rood en wit'. 2 pk $ 180-260.

Actief

Boottochten – **Cree Village Ecolodge.** Boottochten onder leiding van een Creegids naar de monding van de Moose River in de James Bay, waarbij u veel te weten komt over de subarctische flora en fauna. Met een beetje geluk krijgt u ook beloega's te zien.

Tripjes naar de wildernis – **Excursies naar de James Bay** zijn in deze streek het populairste uitje in de wildernis, omdat ze relatief gemakkelijk te regelen zijn. De excursies worden georganiseerd door de Cree Village Ecolodge (zie hierboven) en ze worden geleid door ervaren Creegidsen.

Van Cochrane naar North Bay
▶ D/E 4

De reis van 500 km van Cochrane terug naar North Bay voert door een gebied waarin een hoofdrol is weggelegd voor de mijnbouw. Toen aan het begin van de 20e eeuw de Ontario Northland Railway vanuit North Bay (zie blz. 216) werd uitgebreid, ontdekte men mineralen in de bodem van het Canadian Shield. Over hoe dit in zijn werk ging, doen mooie verhalen de ronde: Fred La Rose, een spoorwegarbeider, gooide een hamer naar een vos – en legde zo een zilverader bloot. Harry Preston gleed uit over een bemoste steen en ontdekte, toen hij vloekend weer opkrabbelde, stukjes glinsterend goud in de rots. De derde geluksvogel, Harry Oaks, later een mijnbouwmagnaat en zelfs in de adelstand verheven, werd bij Kirkland door de conducteur uit de trein gegooid omdat hij geen geld had voor een kaartje. Precies op deze plaats ontdekte Oaks een van de rijkste goudaders van Canada. Sinds deze ontdekking in 1907 is hier in totaal 900 ton goud uit de bodem gehaald.

Wie meer van dit soort *gold stories* wil horen, kan in **Timmins** 24 het moderne **Timmins Museum & Exhibition Centre** bezoeken. Dat is niet alleen aan de 'gouden tijden' van de regio gewijd, maar ook aan het driehonderd jaar oude, door indianen, Franco- en Anglo-Canadezen bepaalde culturele erfgoed (325 Second Ave., www.timminsmuseum.ca, di., vr. 9-17, wo.-do. 9-20, za., zo. 12-16 uur, gratis toegang).

In **Kirkland Lake** 25 verzorgt men in het **Museum of Northern History**, gevestigd in het Sir Harry Oakes Château, tentoonstellingen en displays over de geologie en geschiedenis van de regio, de zoektocht naar delfstoffen en het harde dagelijks leven in een vroeger goudzoekerskamp (2 Château Dr., www.museumkl.com, ma.-vr. 10-17, za. 12-16 uur, volwassenen $ 6, kinderen tot 6 jaar gratis entree).

Informatie

… in Timmins:
Tourism Timmins: 76 McIntyre Rd., Schumacher, ON P4N 1B3, tel. 705-360-2600, www.tourismtimmins.com.

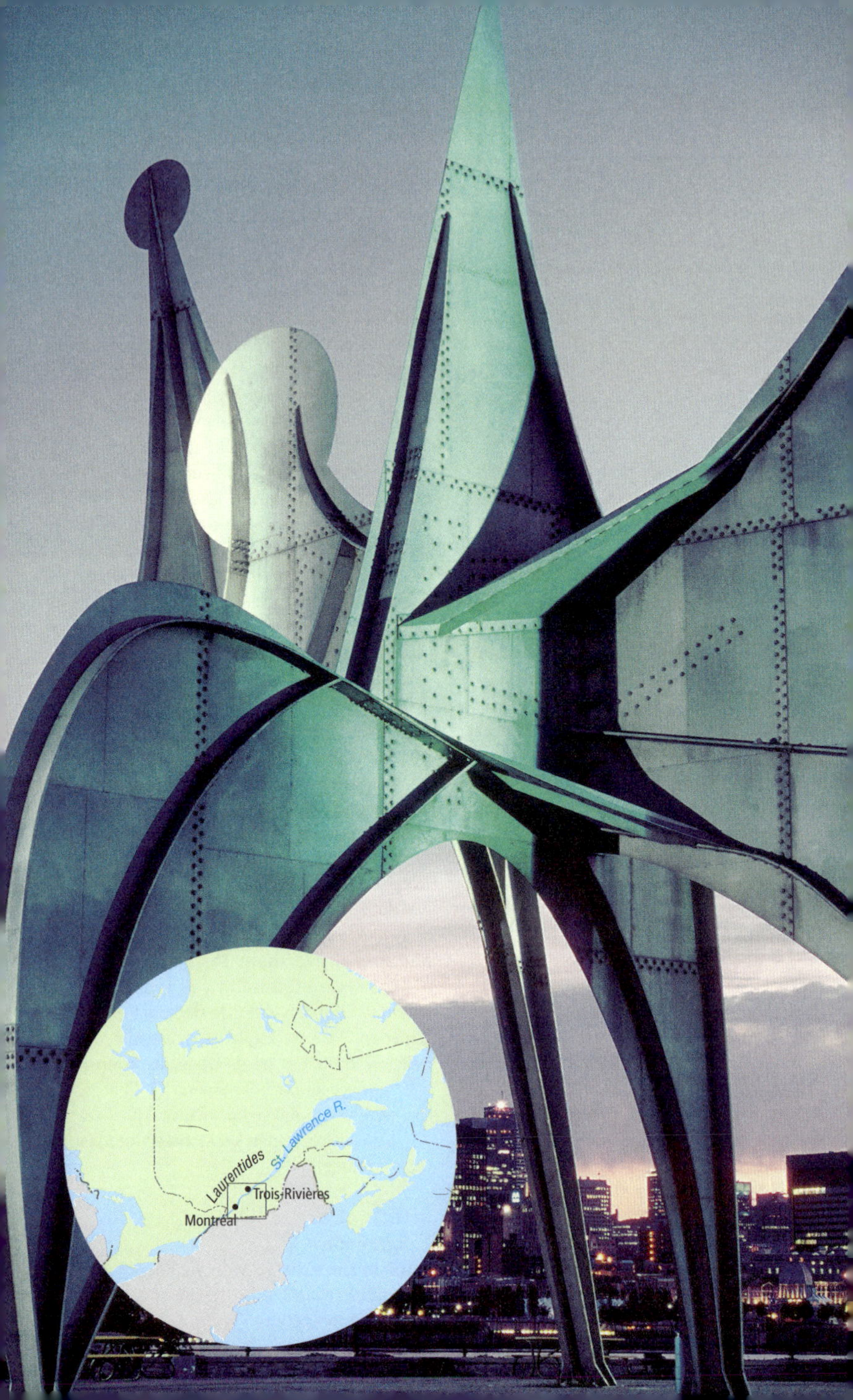
St. Lawrence R.
Laurentides
Trois-Rivières
Montréal

Hoofdstuk 3

Montréal en omgeving

'Bonjour, hi!' Het grootste verschil tussen Montréal en de rest van Canada valt al meteen na aankomst op. Hier worden meer dan honderd talen gesproken, waarvan er twee de boventoon voeren: Frans en Engels. Maar wie daaruit de conclusie trekt dat het niet botert tussen de twee bevolkingsgroepen die aan de basis stonden van dit land, begeeft zich op glad ijs. Deze stad is alles – en tegelijkertijd niets. Wat wel klopt: Montréal is de op een na grootste Franstalige stad ter wereld en de enige stad waar Fransen en Engelsen na een vaak stormachtig huwelijk van meer dan tweehonderd jaar een buitengewoon liberale samenleving hebben gecreëerd, die met recht bekendstaat om zijn joie de vivre.

Montréal is niet gemakkelijk te vatten. De kinderkopjes in Vieux-Montréal doen denken aan Bretagne, maar de kantoortorens erachter juist aan een Noord-Amerikaanse metropool. En het Frans en het Engels worden hier en daar verdrongen door andere talen, zoals in Petite Italie en in Petite Patrie, het domein van Caribische immigranten.

Desondanks kunnen de inwoners de overeenkomsten met Frankrijk niet verloochenen. Montréalers kleden zich goed en zijn dol op winkelen en lekker eten. *Diner au restaurant* is waarschijnlijk het meest geliefde tijdverdrijf. Ook daarom behoren de restaurants van Montréal tot de beste van het continent.

Meertalige mensen, Frans-koloniale huizen van natuursteen naast troosteloze architectuur uit de jaren 60: dagelijks overwint deze stad, die eigenlijk niet eens zo mooi is, zijn tegenstellingen opnieuw. Daarnaast gonst het er van de creatieve spanning: de uitgaanskalender, de musea en de galeries behoren tot de beste van heel Canada.

Toen Alexander Calder in 1967 zijn L'Homme met zes benen schiep voor het Parc Jean-Drapeau, zag de skyline van Montréal er nog heel anders uit

In een oogopslag: Montréal en omgeving

Bezienswaardig

⭐ **Vieux-Montréal:** oude exercitieterreinen, bochtige steegjes, bistro's en straatartiesten maken een wandeling door de oude binnenstad tot een waar genot (zie blz. 234).

Laurentides: een uitstapje naar de bergketen ten noorden van Montréal geeft u een goede indruk van de wildernis met de vele meren die zo typerend is voor het Canadian Shield (zie blz. 263).

Fraaie route

Naar de bergen – Autoroute 15: een tocht over Autoroute 15 naar de Laurentides voert door leuke stadjes met uitstekende restaurants en superromantische natuurgebieden (zie blz. 262).

Tips

Place Jacques-Cartier: het is heerlijk mensen kijken op de terassen van de cafés op het mooiste plein van de stad, terwijl je wordt bewaakt door de 18 m hoog op zijn sokkel staande admiraal Nelson (zie blz. 237).

Les Deux Pierrots: in de bekendste boîte-à-chansons van Montréal gaat het er wild aan toe als onemanshows en bands het overwegend jeugdige publiek trachten te vermaken (zie blz. 243).

Marché Jean-Talon: op de gezellige weekmarkt niet ver van Petite Italie kunt u zich bij kramen en in kleine bistro's te goed doen aan de taarten uit Québec en de rest van de wereld (zie blz. 251).

La Binerie Mont-Royal: het laatste traditionele eethuis van de stad, serveert *tourtière* (pastei), *soupe aux gourganes* (bonensoep) en *fèves au lard*, bonen met spek (zie blz. 256).

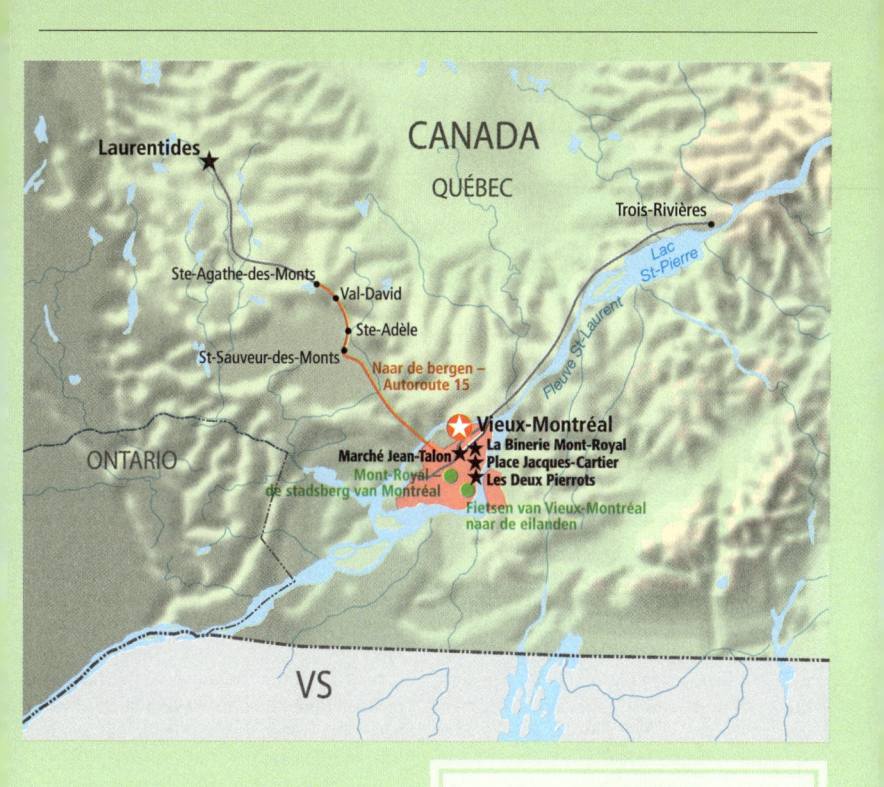

Jazzfestival in Montréal

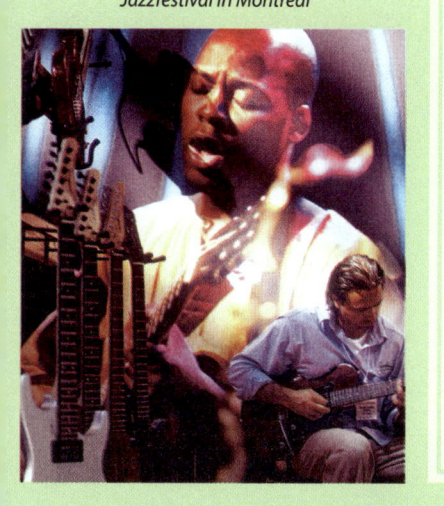

Actief

Fietsen van Vieux-Montréal naar de eilanden: met een huurfiets van het voor iedereen toegankelijke BIXI-systeem beleeft u Montréal wel van heel dichtbij (zie blz. 242).

Mont Royal – de stadsberg beklimmen: van Centre-Ville gaat een weg omhoog, maar u kunt ook een van de voetpaden en steile trappen naar de top van Montréals eigen berg nemen (zie blz. 261).

⊛ Vieux-Montréal: de oude binnenstad

▶ K 9

Normandisch aandoende muren, katholieke kerken, huizen van de Engels-Canadese aristocratie en het geluid van paardenhoeven op de keien: in Vieux-Montréal begon niet alleen de stad, maar heel Canada. Tegenwoordig is de oude binnenstad niet alleen de grootste trekpleister van Montréal, maar hij is ook weer in opkomst als woonwijk.

Stadsgeschiedenis

De wijde boog die Rue de la Commune beschrijft, herinnert nog altijd aan de vroegere loop van de rivier. Waar nu op warme zomerdagen de inwoners van Montréal en toeristen wandelen, gingen rond 1800 de zeilschepen uit Europa voor anker. In de vier tot zes verdiepingen tellende gebouwen, die nu elegante bistro's en restaurants herbergen, sloeg men vroeger handelswaar op, en waar de Boulevard St-Laurent overgaat in Rue de la Commune zetten ooit de immigranten uit alle werelddelen voor het eerst voet op Canadese bodem. De stad ademt geschiedenis. De metropool Montréal, die meer dan vier miljoen inwoners telt, strekt zich uit van het **Île de Montréal** tot op het vasteland. De stad maakt deel uit van het vruchtbare, landelijke dal van de St-Laurent.

In 1535 bereikte zeeman **Jacques Cartier** uit Saint-Malo als eerste Europeaan het eiland. Hij beklom de berg Mont Royal, waaraan de stad zijn naam dankt. Tot aan Stadacona, het Irokese dorp aan de voet van deze berg, was de St-Laurent bevaarbaar geweest, maar verderop maakten pittige stroomversnellingen varen onmogelijk. Cartier noemde ze *Rapides de Lachine*, omdat hij ervan overtuigd was dat wie verder stroomafwaarts trok in China uitkwam. In overeenstemming met de toen geldende gebruiken claimde hij het land voor Frankrijk.

De basis voor het ontstaan van de stad werd gelegd in 1642. Onder leiding van Paul de Chomedey Sieur de Maisonneuve en de non Jeanne Mance vestigde zich een handjevol Europeanen bij de **Pointe-à-Callière**, vlak bij de huidige Place Royale. Daar stichtten ze de missiepost Ville-Marie. Het bekeren van de indianen verliep moeizaam, maar algauw trokken er ook immigranten en pelshandelaren naar deze plek. Het door een palissade omgeven dorp groeide uit tot de belangrijkste pelshandelspost van Noord-Amerika en vormde de uitvalsbasis voor verkenningstochten in het westen van het continent.

In 1760 kwam Montréal in Britse handen. Engelse en met name Schotse immigranten wisten de plaats in de daaropvolgende honderdvijftig jaar tot economische bloei te brengen. Ondernemers als John Molson en pelsbaronnen als James McGill bouwden de brouwerijen en gerenommeerde onderwijsinstellingen die het straatbeeld nu nog bepalen.

In de 20e eeuw maakte Montréal wereldwijd naam: de stad organiseerde de Expo '67 en in 1976 de Olympische Zomerspelen. In de jaren 70 en 80 bereikten de tegenstellingen tussen de Frans- en Engelstalige inwoners van Montréal een voorlopig laatste hoogtepunt toen de stad officieel Franstalig werd. Veel Engelstalige bedrijven verhuisden naar Toronto, en Montréal keek lijdzaam toe hoe zijn rivaal in Ontario de positie van grootste metropool innam. De stad heeft zich inmiddels van deze uittocht weten te herstellen en ziet de toekomst optimistisch tegemoet.

Rondom de Place Royale

Kaart: zie blz. 236

Musée d'Archéologie et d'Histoire Pointe-à-Callière [1]

350, pl. Royale, www.pacmusee.qc.ca, eind juni-begin sept. ma.-vr. 10-18, za., zo. 11-18, anders di.-vr. 10-17, za., zo. 11-17 uur, volwassenen $ 20, kinderen $ 8

Aan de Place Royale, in de buurt van de haven Vieux-Port, nodigt het in 1992 geopende, in een postmodern gebouw gevestigde **Musée d'Archéologie et d'Histoire Pointe-à-Callière** uit tot een spannende verkenning van Montréals verleden. Het museum verrees exact op de locatie van de eerste nederzetting Ville-Marie. Roltrappen voeren naar ondergrondse opgravingen. U ziet resten van de palissade en van muren. De kunstvoorwerpen die in de modder langs de rivieroever gevonden zijn, brengen de donkere zalen tot leven. Hologrammen van 'kolonisten' tonen hoe zwaar het leven hier die eerste jaren was. Op de obelisk naast het museum staan de namen van de pioniers vermeld.

Centre d'Histoire de Montréal [2]

335, pl. d'Youville, ma.-vr. 9-17 uur, volwassenen $ 6, kinderen $ 4

Iets verder naar het westen wordt aan de hand van kleurige collages en oude films in het **Centre d'Histoire de Montréal** verteld hoe het verder ging met de geschiedenis. Hierbij zijn hoofdrollen weggelegd voor pelshandelaren, Irokezen, notabelen uit de 19e eeuw en trams.

Place d'Armes

Kaart: zie blz. 236

Van de voormalige rivieroever voeren straatjes omhoog naar het hart van de oude binnenstad. De stadsmuren die Montréal beschermden tijdens de honderdjarige Irokezenoorlog (1608-1704) zijn rond 1800 afgebroken. Toch zijn veel oude gebouwen intact gebleven. De **Place d'Armes**, het oude, in 2010 gerenoveerde exercitieplein, biedt een interessant kijkje in

Designerboetieks lokken met uitverkoop: de Rue St-Paul is een vooral bij vrouwen zeer populaire hardloopstraat

Vieux-Montréal

Bezienswaardig
1. Musée d'Archéologie et d'Histoire Pointe-à-Callière
2. Centre d'Histoire de Montréal
3. Monument Maisonneuve
4. Basilique Notre-Dame
5. Vieux Séminaire de Saint-Sulpice
6. Bank of Montréal
7. Rue St-Jacques
8. Colonne Nelson
9. Hôtel de Ville
10. Château Ramezay
11. Marché Bonsecours
12. Chapelle Notre-Dame-de-Bon-Secours
13. Vieux-Port
14. Île Sainte-Hélène
15. Île Notre-Dame

Accommodatie
1. Gault
2. Place d'Armes
3. Épik Montréal

Eten en drinken
1. Toqué!
2. Bonaparte
3. Grinder
4. Joe Beef
5. Verses

Winkelen
1. Galerie Le Chariot
2. Galerie St-Dizier

Uitgaan
1. Les Deux Pierrots
2. Centaur Theatre

Actief
1. Ça Roule
2. Saute-Moutons
3. Le Bateau-Mouche

---

het verleden van de stad. Op dit mooie plein met banken en bloemperkjes neemt het **Monument Maisonneuve** 3 een belangrijke positie in. Hoog op zijn sokkel, met de blik gericht op de horizon, ziet u de stichter van de stad, de missionaris, met aan zijn voeten zijn assistenten Jeanne Mance en Lambert Closse. Ook zijn hond Pilote ontbreekt niet. Twee aan de Place d'Armes gelegen gebouwen verdienen nadere beschouwing.

Basilique Notre-Dame 4
110, rue Notre-Dame Ouest, ma.-vr. 8-16.30, za. 8-16, zo. 12.30-16 uur, volwassenen $ 5, kinderen $ 4, rondleidingen $ 10 resp. $ 8

De neogotische **Basilique Notre-Dame** uit 1829 heeft twee torens van elk 69 m hoog. Met zijn prachtige altaar en gewichtloos lijkende, met sterren bezaaide hemel geldt hij als een van de mooiste kerken van Noord-Amerika. Het fraaie houtsnijwerk is rond 1870 vervaardigd door Victor Bourgeau, Philippe Hébert en de Franse beeldhouwer Henri Bourriché. Het orgel, dat boven het hoofdportaal troont, telt 5772 pijpen en is daarmee een van de grootste ter wereld. De akoestiek in de basiliek is zo goed dat het filharmonisch orkest van Montréal hier al opnamen heeft gemaakt.

Vieux Séminaire de Saint-Sulpice 5
130 Rue Notre-Dame

De opdrachtgever tot de bouw van de Notre-Damebasiliek woonde in het aangrenzende **Vieux Séminaire de Saint-Sulpice**. Dit statige seminarie, waar de kolonisten eens een veilig heenkomen zochten bij een aanval van de Irokezen, stamt uit 1685 en is het oudste gebouw van de stad, maar niet te bezichtigen. U kunt even tussen de tralies van het hek door kijken om de toren met zijn klok uit 1701 te bewonderen, de oudste van Noord-Amerika.

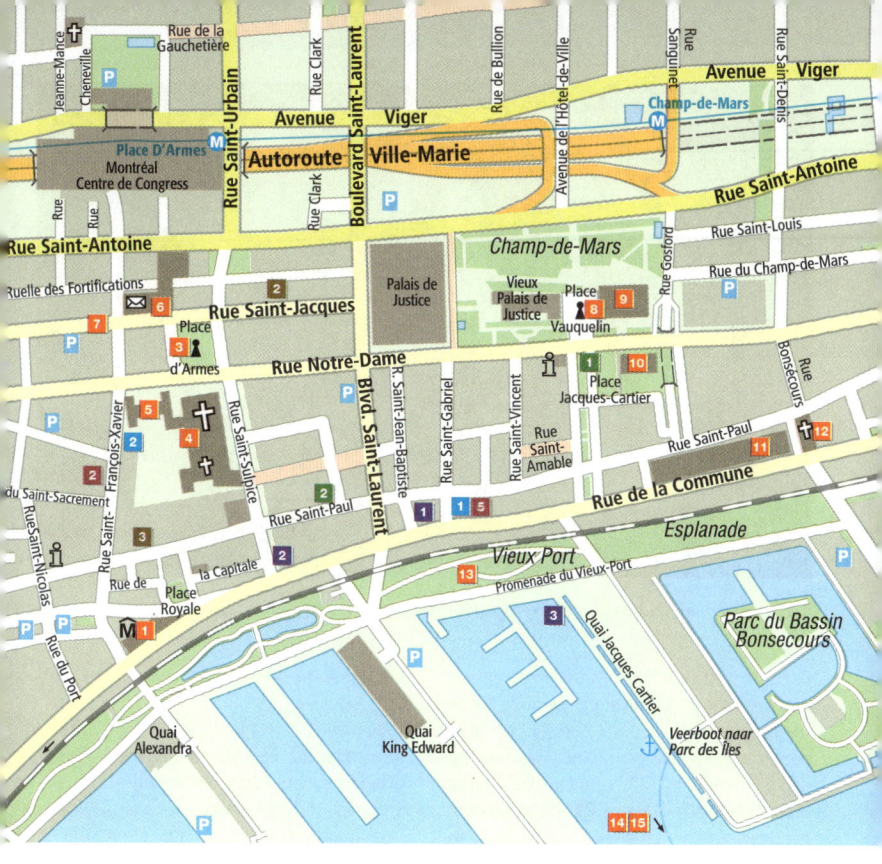

Bank of Montréal en Rue St-Jacques

Achter het Maisonneuve-monument staat de fraai gedecoreerde, in 1847 gebouwde **Bank of Montréal** 6 (119 Rue St-Jacques). Het gebouw, dat is geïnspireerd op het Pantheon in Rome, was vroeger de hoofdvestiging van de oudste bank van Canada en heeft een bezienswaardige, door 32 marmeren zuilen omringde lobby. Het is het eerste van een lange rij financiële instellingen in **Rue St-Jacques** 7 , die vroeger St. James Street heette en die tot de jaren 70 fungeerde als Canada's Wall Street. Vanaf deze plek beheersten de Engelssprekende bankiers en financieel experts heel Canada. Na de invoering van de Franse taalwet trokken veel Engelssprekenden weg uit Montréal en tegenwoordig is Toronto het financiële centrum van Canada. Rue St-Jacques geldt met zijn vele oude gebouwen niettemin nog altijd als zeer bezienswaardig.

Place Jacques-Cartier en omgeving

Kaart: zie boven

Het toeristische centrum van Vieux-Montréal is **Place Jacques-Cartier**, die rond 1800 werd aangelegd. Het plein vormt een trefpunt voor toeristen en stadsbewoners. Jongleurs en andere straatartiesten trekken drommen

In het koor van de Basilique Notre-Dame is het alles goud wat blinkt

goedgemutst publiek. Daarna slenteren veel mensen naar de **Vieux-Port**, de oude haven, waar plantsoenen de oude, gerestaureerde kades omzomen en waar nog maar weinig schepen aanmeren. In 1809 drukten de Engelsen met de **Colonne Nelson** 8 hun stempel op het plein. Het monument voor de Britse admiraal Nelson is niet onomstreden en de – met enige regelmaat onthoofde – zeeheld van Trafalgar blikt autoritair landinwaarts naar het Franstalige Québec. In de vloer is de loop van de oude stadsmuur zichtbaar gemaakt.

Hôtel de Ville 9

275, rue Notre-Dame Est, ma.-vr. 8.30-16.30 uur, 27. juni-26. aug. ma.-vr. gratis rondleidingen

In Nelsons zicht staat het **Hôtel de Ville**, het in victoriaanse second-empirestijl gebouwde stadhuis aan de overzijde van Rue Notre-Dame. Het balkon was in 1967 over de hele wereld op tv te zien toen Charles de Gaulle met zijn beruchte uitspraak 'Vive le Québec libre' een politieke rel in Canada veroorzaakte.

Château Ramezay 10

280, rue Notre-Dame Est, www.chateaurame zay.qc.ca, juni-begin okt. dag. 10-18, rest van het jaar di.-zo. 10-16.30 uur, volwassenen $ 10, kinderen $ 5

Tegenover het stadhuis staat het **Château Ramezay**, dat in 1705 werd gebouwd voor Claude de Ramezay, de elfde gouverneur van Montréal. In het chateau woonde de Franse landvoogd van Montréal. In de jaren 1775 en 1776 beleefde het kasteel een interessante tijd toen de Amerikaanse vrijheidstroepen de stad tijdelijk innamen en de beroemde filosoof en staatsman Benjamin Franklin hier – zonder succes – probeerde de Franstalige Canadezen in opstand te laten komen tegen de Britse koloniale machthebber. Het gebouw, dat sinds 1895 een museum is, omvat vijftien weelderig ingerichte kamers.

Marché Bonsecours 11

Rue St-Paul Est, dag. 10-18 uur

Wie Rue St-Paul een klein stukje in noordelijke richting volgt, komt bij de **Marché Bonsecours**, de oude markthal uit 1847. Het aanbod hier beperkt zich allang niet meer tot vis. Er wordt tegenwoordig ook onder meer kunst verkocht. De hal is al van verre te herkennen aan zijn zilveren koepel. In de zomer kunt u bij standjes rond de hal regionale specialiteiten proeven en culinaire souvenirs als bijvoorbeeld ahornsiroop en cider kopen.

Chapelle Notre-Dame-de-Bon-Secours [12]

400, rue St-Paul Est, mrt.-apr. en nov.-half jan. di.-zo. 11-16, mei-okt. di.-zo. 10-18 uur, half jan.-eind febr. gesloten, volwassenen $ 12, kinderen $ 7

Nog een eindje verder aan dezelfde straat staat de kleine **Chapelle Notre-Dame-de-Bon-Secours** uit 1771, een kerk voor zeelieden. Het Mariabeeld op het dak ontving vroeger, met de ogen op het water gericht, de zeelui met open armen. Uit dankbaarheid sneden ze na aankomst als votiefgeschenk kleine scheepjes. Het kleine museum in de kelder is gewijd aan Marguerite de Bourgeoys, die in 1657 op deze plek de eerste kapel van Montréal stichtte.

Vieux-Port [13]

De St. Lawrence River (St. Lawrence River voor de Engelstalige Canadezen) liep ooit langs de Rue de la Commune, maar dat is verleden tijd. Dit is het gevolg van grootschalige landaanwinning in de afgelopen eeuw. Wie de belangrijkste waterweg van Canada graag van dichtbij wil zien, kan een rondvaart maken door de haven – of waterdichte kleding aantrekken en aan boord gaan van een jetboot, die zich met 2000 pk een weg baant door de stroomversnellingen van Lachine even verderop. De spannende, natte tocht is niets voor mensen met hartklachten, zoals te lezen valt op het bord bij het vertrekpunt aan de Quai Jacques-Cartier.

Per BIXI-huurfiets is de kennismaking met de rivier aantrekkelijker: van de Vieux-Port voert het mooie fietspad *Piste cyclable du canal de Lachine* langs het historische **Canal de Lachine** tot aan de 11 km verder gelegen stroomversnellingen (zie Actief blz. 243).

Parc des Îles

Kaart: zie blz. 236
Ook de twee eilanden in de St. Lawrence River die samen het recreatiegebied **Parc Jean-Drapeau** vormen, zijn gemakkelijk te bereiken. Het park is vernoemd naar een voormalige burgemeester van Montréal. Tot voor kort stond het bekend als Parc des Îles. Voetgangers kunnen de metro nemen (station Jean-Drapeau) of oversteken met de aan de Quai Jacques-Cartier aangemeerde pont, die tevens fietsers meeneemt. U kunt ook fietsen over de *piste cyclable* (zie Actief blz. 242).

Île Sainte-Hélène [14]

Het **Île Sainte-Hélène** is bezaaid met groene parken. In het noorden van het eiland vindt u het Six Flags-attractiepark **La Ronde** (22, ch. MacDonald, www.laronde.com, half mei-half juni dag. 10-20, half juni-begin sept. dag. 10-22.30, begin sept.-half okt.12-19 uur, dagkaart volwassenen $ 66, kinderen $ 49). Het nabijgelegen **Musée Stewart** is gevestigd in een Brits fort uit de 19e eeuw en bezit onder andere een interessante collectie militaria (20, ch. du Tour de l'Île, www.stewart-museum.org, wo.-zo. 11-17 uur, volwassenen $ 10, kinderen 13-18 jaar $ 8).

Het zuiden van het eiland maakte in 1967 deel uit van het terrein van de Wereldtentoonstelling. Enkele paviljoens die destijds zijn gebouwd, staan er nog. Bezienswaardig is **La Biosphère**. Dit enorme, ronde gebouw was tijdens de Expo het Amerikaanse paviljoen. Sinds 1995 is hierin een informatiecentrum over het ecosysteem van de St. Lawrence River gevestigd (160, ch. du Tour-de-l'Île, www.biosphere.ec.gc.ca, juni-aug. dag. 10-17, sept.-dec. wo.-zo. 10-17 uur, volwassenen $ 15, kinderen tot 17 jaar gratis).

Île Notre-Dame [15]

Het **Île de Notre Dame** is een kunstmatig eiland, dat in 1967 werd aangelegd voor de Expo. Een mooi park met vredige paden herinnert nog aan de Wereldtentoonstelling. Ernaast ligt het circuit waar de F1 Grand Prix van Canada wordt verreden.

Maar de grote publiekstrekker is het **Casino de Montréal**, dat in het voormalige Franse paviljoen is ondergebracht. Het uitzicht op de skyline van Montréal en de oceaanstomers die op ooghoogte langsvaren over

Vieux-Montréal

de St. Lawrence River is de aanschaf van een paar fiches zeker waard (1, av. du Casino, dag. 24 uur geopend).

Informatie

Centre Infotouriste de Montréal: 1255, rue Peel, www.quebecoriginal.com, mei dag. 10-18, juni-sept. 9-19, okt. 10-18, anders 9-17 uur. Schriftelijke en telefonische vragen: **Tourisme Montréal,** CP 979, Montréal, Québec H3C 2W3, Canada, tel. 514-844-5400, www.tourisme-montreal.org. Informatiemateriaal, adressen van hotels en restaurants in Montréal en de provincie Québec. Hotelreserveringen worden gratis voor u geregeld.

Carte Musées Montréal: wie voor $80 een museumkaart koopt, krijgt drie dagen lang toegang tot 34 musea en attracties en mag gratis reizen met metro en bus. Verkrijgbaar bij het **Centre Infotouriste** (zie boven) en online op www.museesmontreal.org.

Accommodatie

Montréal biedt alle mogelijke soorten accomodatie en voor ieder budget. Het aanbod loopt uiteen van een bescheiden slaapplaats in een jeugdherberg tot luxueuze suites van $ 5000 per nacht. De prijzen zijn echter over het algemeen redelijk te noemen, zelfs in Vieux-Montréal.

Modern boetiekhotel – **Gault** [1] 449, rue Ste-Hélène, tel. 514-904-1616, 1-866-904-1616, www.hotelgault.com. Het contrast tussen de weelderig versierde gevel en het haast ascetische interieur is interessant; in de kamers domineren lichte kleuren en heerst een zenachtige rust. 2 pk $ 280-750.

Victoriaanse charme – **Place d'Armes** [2] 55, rue St-Jacques Ouest, tel. 514-842-1887, 1-888-450-1887, www.hotelplacedarmes.com. Tegenover de Basilique Notre Dame in Vieux-Montréal combineert men een moderne urbane stijl met victoriaanse architectuur. De kamers zijn gedecoreerd in warme aardetinten. 's Zomers is er een bar-restaurant op het dakterras. 2 pk $ 210-480.

Stadsidylle – **Épik Montréal** [3] : 171, rue St-Paul Ouest, tel. 514-842-2634, 1-877-841-2634, www.epikmontreal.com. Hotel met tien zeer smaakvol tussen heden en verleden balancerende kamers en suites in een oud gebouw. 2 pk $ 150-330.

Eten en drinken

Als Montréals grootste attractie heeft Vieux-Montréal natuurlijk ook talloze restaurants voor elke smaak. U betaalt hier wel iets meer voor uw maaltijd dan in Centre-Ville.

Een unieke ervaring – **Toqué!** [1] : 900, pl. Jean-Paul Riopelle, tel. 514-499-2084, www.restaurant-toque.com, di.-vr. 11.30-13.45, di.-do. 17.30-22, vr., za. 17.30-22.30 uur. In het hele land beroemde, trendsettende zaak met originele *nouvelle cuisine* – elk gerecht dat op tafel wordt gezet is een kunststukje. Voorgerecht $ 24-28, hoofdgerecht $ 44-52.

Klassiek – **Bonaparte** [2] : 443, rue St-François-Xavier, tel. 514-844-4368, www.restaurantbonaparte.com, ma.-vr. 11.30-14.30, 17.30-22, za., zo. 8-14.30, 17.30-22.30 uur. Traditionele Franse keuken in een historisch pand in de oude binnenstad. Voorgerecht $ 7-22, hoofdgerecht $ 39-47.

Lekker trendy – **Grinder** [3] : 1708, rue Notre Dame Ouest, tel. 514 439 1130, www.restaurantgrinder.ca, ma.-wo. 17.30-23, do. 17.30-24, vr., za. 17.30-24, zo. 17.30-23 uur. Uitstekende steaks, gebraden kip en seafood in een modern industrieel sfeertje met veel hout en glas en bakstenen muren. Voorgerecht $ 15-28, hoofdgerecht $ 33-55.

Een instituut – **Joe Beef** [4] : 2491, rue Notre-Dame, tel. 514-935-6504, www.joebeef.ca, di.-za. 18.30-23.30 uur. Kleine bistro met lekkere steaks en heerlijke oesters. Voorgerecht $ 11-18, hoofdgerecht $ 20-42.

Voor alle zintuigen – **Verses** [5] : 100, rue St-Paul Ouest (in Hotel Nelligan), tel. 514-788-4000, www.versesrestaurant.com, ma.-vr. 6.30-10.30, 12-14, zo.-do. 17.30-22, vr., za. tot 23 uur. Moderne Franse keuken met oosterse invloeden, in de zomer een bistro op het dak met een mooi uitzicht over de oude stad. Hoofdgerecht $ 19-40.

Place Jacques-Cartier, de plek waar iedereen naartoe komt

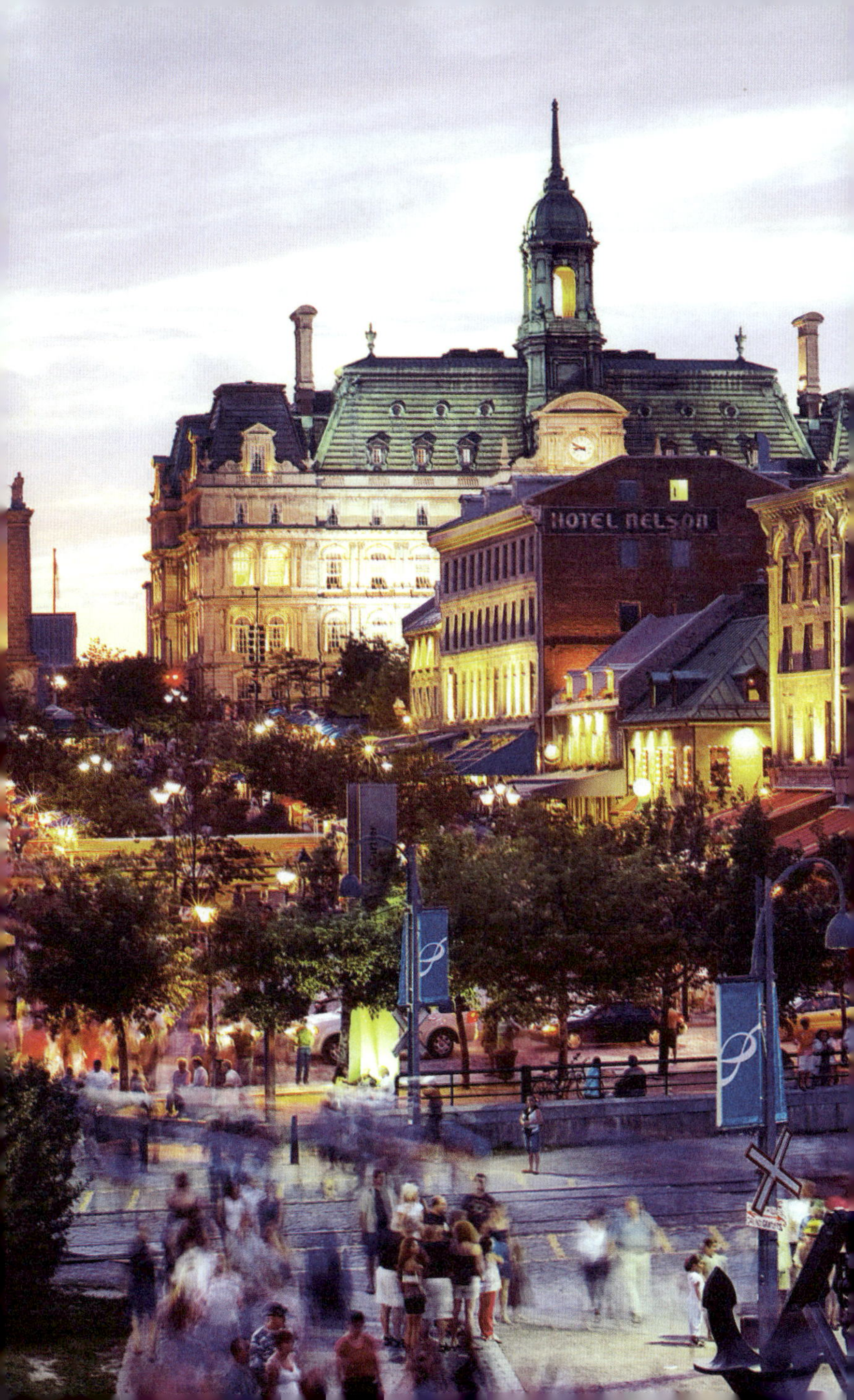
HOTEL NELSON

Vieux-Montréal

Actief

FIETSEN VAN VIEUX-MONTRÉAL NAAR DE EILANDEN

Informatie
Begin: Vieux-Montréal, haven
Lengte: 15 km
Duur: minimaal 3 uur
Fietsverhuur: zie Actief blz. 243
Belangrijk: vergeet niet iets voor op uw hoofd, zonnebrandcrème en veel water mee te nemen – warme zomerdagen zijn in Montréal geen uitzondering.

Deze fietstocht voert door vierhonderd jaar stadsgeschiedenis naar een van de mooiste uitkijkpunten van de stad en is tegelijkertijd de beste workout nadat u de restaurants en cafés van de stad hebt verkend. Op het comfortabele zadel van een BIXI-fiets of een huurfiets van Ça Roule begint de tocht in de Rue de Commune in de oude haven van Vieux-Montréal.

Fietsers op de *piste cyclable* volgen de bordjes 'Casino de Montréal'. Daarbij passeert u **Habitat '67**, een hoop schijnbaar willekeurig, als dozen op elkaar gestapelde appartementen. Ter gelegenheid van de Wereldtentoonstelling van 1967 werd de (toen nog onbekende) Canadese architect Moshe Safdie gevraagd een complex te ontwerpen waarin alle 147 appartementen uitzicht hebben op de rivier, een taak waarvan hij zich met bravoure kweet.

Tweede halte is het idyllische, via de Pont de la Concorde bereikbare, groene **Île Sainte-Hélène** 14 . Het zuiden van het Île Ste-Hélène maakte in 1967 deel uit van het terrein van de Wereldtentoonstelling en enkele paviljoens uit die tijd zijn behouden. Opvallend is het grote ronde gebouw dat tijdens de Expo het paviljoen van de Verenigde Staten was en tegenwoordig onderdak biedt aan **La Biosphère**, met informatie en exposities over de St. Lawrence River als natuurlijke habitat (zie blz. 239). In het noorden van het Île Ste-Hélène ligt het pretpark **La Ronde** (zie blz. 239). Hier vlakbij, bijna onder de Pont Jacques-Cartier, ligt het oude Britse fort met daarin het **Musée Stewart**.

Adressen

Het kunstmatige **Île Notre-Dame** 15 13 29 39 werd in 1967 speciaal voor de Expo aangelegd, onder andere met aarde die werd opgegraven voor de aanleg van de metro. Eenmaal op het eiland is het interessant langs het Formule 1-circuit te rijden, **Circuit Gilles Villeneuve**, aan de oever. Het uitzicht van het eiland op de eclectische skyline van de stad is spectaculair. Rijd vanhier over het fietspad en de duizelingwekkende **Pont Jacques-Cartier** terug naar de oude binnenstad Vieux-Montréal.

Winkelen

Inuitkunst – **Galerie Le Chariot** 1 : 446, pl. Jacques-Cartier, ma.-za. 10-18, zo. 10-15 uur. In deze galerie in hartje Vieux-Montréal is de grootste collectie Inuitkunst van het land te koop, zoals snijwerk van speksteen en walrustand, en verder bontmutsen en mocassins.

Trendbarometer – **Galerie St-Dizier** 2 : 24, rue St-Paul, www.saintdizier.com, dag. 10-18 uur. gesloten). In deze grote galerie is werk te zien van bekende plaatselijke avant-gardisten.

Uitgaan

Druk en vrolijk – **Les Deux Pierrots** 1 : 104, rue St-Paul Est, tel. 514-861-1270, www.2pierrots.com, do.-za. 20.30-3 uur. De beste van de weinige traditionele *boîtes à chanson* die de stad nog rijk is. Hier moet u zijn voor chansons door artiesten uit Québec.

Theater – **Centaur Theatre** 2 : 453, rue St-François-Xavier, tel. 514-288-3161, www. centaurtheatre.com. Dit historische instituut heeft twee podia, waarop overwegend Engelstalig klassiek toneel wordt opgevoerd, maar soms ook een hedendaags stuk.

Actief

Fietsen – Montréal is hard op weg om fietshoofdstad van Noord-Amerika te worden. De grootste stap in deze richting werd in 2009 gezet, toen het openbare **fietsverhuursysteem BIXI** (www.bixi.com, $ 5 per 24 uur, $ 14 voor 3 dagen) in gebruik werd genomen. Het systeem heeft ruim vierhonderd over de gehele stad verspreide stallingen (*docks*). Een kind kan de was doen: creditcard insteken, code invoeren, stalling ontzekeren, fiets uitnemen en wegrijden. Het eerste halfuur is in de prijs inbegrepen, zodat u bijna gratis van de ene naar de andere wijk kunt fietsen. Voor het eerste halfuur daarna betaalt u $ 3,50, daarna gaat het cumulatief verder. Mooie fietspaden liggen niet alleen in de populairste wijken – Le Plateau Montréal, Mile End, Vieux-Montréal –maar ook in Downtown. Met name twee aantrekkelijke fietstochten laten de stad van zijn beste kant zien. De multifunctionele *piste polyvalente du canal de Lachine* begint bij de Rue de la Commune in Vieux-Montréal en volgt het historische kanaal tussen veel groen door tot het 15 km verderop gelegen arrondissement Lachine bij de gelijknamige stroomversnellingen. De andere route begint eveneens in Vieux-Montréal en gaat naar de eilanden Île Ste-Hélène en Île Notre-Dame (zie Actief blz. 242).

Fiets- en skateverhuur – **Ça Roule** 1 : 27, rue de la Commune Est, tel. 514-866-0633, www.caroulemontreal.com. Fietsen vanaf $ 30 per dag, inlineskates vanaf $ 9 per uur en $ 20 per dag. Ook tours met gids. De Vieux-Port en het fietspad aan de Canal de Lachine zijn populair bij fietsers en skaters.

Raften – **Saute-Moutons** 2 : 47, rue de la Commune, tel. 514-284-9607, www.sautemoutons.com. Tochten vanaf Quai de l'Horloge in de Vieux-Port naar de Rapides de Lachine, een waar wildwaterparadijs. Waar vroeger ontdekkingsreizigers afmeerden, is het nu een komen en gaan van kajaks en vlotten. Wildwaterexcursies met een raft of supersnelle speedboot.

Havenrondvaarten – **Le Bateau-Mouche** 3 : Quai Jacques-Cartier, Vieux-Port, tel. 514-849-9952, www.bateaumouche.ca. *Dinner cruises* met uitzicht op de verlichte skyline, overdag rondvaarten door de haven. Een *diner-croisière en soirée* vormt het romantische hoogtepunt van een bezoek aan Montréal.

Evenementen, vervoer

Zie Montréal Centre-Ville, blz. 260.

Centre-Ville

▶ K 9

Een typisch Montréals fenomeen: vraag vijf Montréalers de weg naar het centrum en u krijgt vijf verschillende antwoorden. De verkeersborden wijzen de bezoeker meestal de weg naar het typisch Noord-Amerikaanse Downtown, dat hier Centre-Ville heet, maar de inwoners sturen u gewoon naar de plekken waar iets te doen is. En dat is overal ...

Vieux-Montréal geldt als de plek waar de stad is ontstaan, maar waar is het centrum? Ligt het ergens tussen de uit glas en staal opgetrokken kolossen die de oude binnenstad omringen? Weliswaar wordt de wijk tussen Rue Atwater in het zuidwesten en Rue St-Denis in het noordoosten in de brochures Centre-Ville genoemd, maar een stadscentrum zoals we dat in Europa kennen, is in Montréal verspreid over verschillende wijken. Vertrouw daarom niet op het antwoord dat de inwoners u geven. De Montréaler die niets liever doet dan *magasiner* (winkelen), zal u naar de winkelstraat Rue Ste-Cathérine sturen. Een Montréaler met gevoel voor geografie noemt echter Square Dorchester en een avondmens denkt allereerst aan de restaurantstraten Rue St-Denis en Boulevard St-Laurent.

Place Ville-Marie

Kaart: zie blz. 248
Een opvallende verschijning in het hart van de kantoorwijk is de 42 verdiepingen tellende **Place Ville-Marie** 1 , het eerste geïntegreerde gebouwencomplex van de Nieuwe Wereld, dat in de jaren 1959-1962 verrees op een kruisvormig grondplan. Er werken 15.000 mensen en dagelijks trekt het complex ook nog eens 75.000 bezoekers. Niemand minder dan de beroemde architect **I.M. Pei** ontwikkelde dit project, dat later op tal van plaatsen in het centrum navolging kreeg: bijvoorbeeld met het aangrenzende Place Bonaventure, een complex dat bovendien in verbinding staat met het station, op Square Victoria, waar ook de beurs is gevestigd, en met het elegante Complexe Desjardins iets verder naar het oosten, bij kunstcentrum Place-des-Arts.

Ville Souterraine

Kaart: zie blz. 248
Het spreekt voor zich dat deze kantoorkolossen ook ondergrondse metrostations herbergen. Maar dat is nog niet alles. Terwijl Place Ville-Marie steeds hoger reikte, gebeurde er onder de grond ook heel wat. Diep onder straatniveau werkte men aan een nieuwe stad, de **Ville Souterraine**. Na dertig jaar zwoegen en graven was heel Centre-Ville voorzien van een stelsel van tunnels. Hier kan het publiek rustig winkelen en vertoeven, ongeacht het weer tijdens de lange Canadese winter. En krijgt u behoefte aan daglicht, dan neemt u de lift naar het dakterras van hotels als het Sheraton, het Intercontinental en het Méridien, om daar op grote hoogte te genieten van een drankje of een maaltijd.

Rondom Square Dorchester

Kaart: zie blz. 248
Gelukkig heeft Centre-Ville ook genoeg bovengrondse attracties te bieden. Op slechts twee straten van Place Ville-Marie ligt aan de Boulevard René-Lévesque, een van de verkeersaders

van de binnenstad, **Square Dorchester**. Hier ligt op de hoek van de Rue Peel het **Centre Infotouriste**, waar u terecht kunt voor stadsplattegronden en adressen (zie blz. 240). Aan het plein, dat door de aanwezigheid van monumenten, banken en een kiosk meer weg heeft van een park, staan twee imposante gebouwen. Het uit 1918 stammende beaux-artsgebouw van verzekeraar **Édifice Sun Life** 2 aan de noordoostzijde was vroeger het grootste gebouw van het Britse Rijk.

Cathédrale Marie-Reine-du-Monde 3

1085, rue de la Cathédrale, www.cathedrale catholiquedemontreal.org, ma.-vr. 7-19, za., zo. 7.30-19 uur

Als de aanpalende, in 1894 voltooide **Cathédrale Marie-Reine-du-Monde** u bekend voorkomt, is dat zeker niet vreemd; het is een sterk verkleinde replica van de beroemde St.-Pieter in Rome. Zelfs Bernini's baldakijn boven het hoofdaltaar is in 1900 door Victor Vincent nagemaakt.

1000 de la Gauchetière 4

Pal achter de kerk rijzen in de Rue de la Cathédrale de glimmende contouren van een veel nieuwere wolkenkrabber op: **1000 de la Gauchetière**. Met 205 m is het het hoogste gebouw van Montréal, waar niet hoger gebouwd mag worden dan de top van de 'huisberg' Mont Royal (233 m). Ook hier zit in het souterrain een winkelpassage – deze heeft een schaatsbaan.

Centre Canadien d'Architecture (CCA) 5

1920, rue Baile, www.cca.qc.ca, wo., vr. 11-18, do. 11-21, za., zo. 11-17 uur, volwassenen $ 10, kinderen gratis

Liefhebbers van architectuur moeten zeker een bezoek brengen aan het zes straten verder naar het zuiden gelegen **Centre Canadien d'Architecture (CCA)**. Dit aan internationale bouwkunst gewijde museum is uniek in de wereld. Hier bewaart men niet alleen voorwerpen die het architectonische erfgoed van Canada betreffen, maar ook tekeningen en foto's van de interessantste bouwstijlen en -tradities uit alle windstreken. Verder fungeert het CCA als internationaal onderzoekscentrum, waar nieuwe vormen en stijlen worden uitgedacht.

In je korte broek winkelen terwijl het buiten vriest: het kan in Montréals VIIe Souterraine

Centre-Ville

Rue Ste-Cathérine

Kaart: zie blz. 248

De eerste dwarsstraat die uw pad kruist als u de Square Dorchester verlaat, is de levendige **Rue Ste-Cathérine**. Met zijn boven- en ondergrondse consumptiepaleizen en ontelbare boetieks wordt dit gezien als dé winkelstraat van Montréal. Hier, ten westen van de Boulevard St-Laurent, vindt u de grootste winkels van de stad, zoals La Baie (nr. 585), Les Ailes de la Mode (nr. 677), Simon's (nr. 977) en Ogilvy (nr. 1307). In het in 1976 geopende **Centre Eaton** 6 (nr. 705), een winkelcentrum met verschillende verdiepingen en een zeer licht atrium, zijn maar liefst 175 winkels gevestigd. Ook in deze straat hebt u op veel plaatsen toegang tot de Ville Souterraine. Omdat ruimte er schaars is, heeft men werkelijk alles ondertunneld – ook de anglicaanse **Cathédrale Christ Church** 7. Boven de grond wordt de neogotische kerk uit 1859 weerspiegeld in de strakke, glazen gevel van de postmoderne wolkenkrabber Maison des Coopérants, onder de grond reiken de heipalen van de kerk tot aan het dak van een moderne crypte met boetieks en fastfoodrestaurants (nr. 635, dag. 8-18 uur).

Een blok verderop voert de fotogenieke **Avenue McGill College** heuvelopwaarts. Deze straat, een soort miniatuur Champs-Élysées, komt uit bij het gebogen portaal van de Université McGill. Voor de donkerblauwe torens van de Banque Nationale de Paris (BNP) staat een van de bekendste sculpturen van Montréal, **La Foule Illuminée** 8 van Raymond Mason: een groep druk gebarende mensen, gemaakt van gele glasvezel.

Musée d'Art Contemporain 9

185, rue Ste-Cathérine, www.macm.org, di. en do.-zo. 11-18, wo. 11-21 uur, volwassenen $ 15, kinderen $ 5

Kunst en cultuur wachten een stuk verder naar het oosten aan Rue Ste-Cathérine: het **Musée d'Art Contemporain** is gewijd aan hedendaagse kunst. In acht grote zalen zijn werken te zien van moderne kunstenaars uit Québec als Jean-Paul Riopelle en Paul-Émile Borduas en verder kunt u zich hier op de hoogte stellen van de laatste trends in de Canadese kunstscene. Het museum maakt deel uit van de **Place des Arts**, een groots opgezet centrum voor de kunsten met concert- en toneelzalen, dat tevens de thuisbasis vormt van de opera en het filharmonisch orkest van Montréal. Daarnaast is de Place des Arts het kloppend hart van het nieuwe, 1,5 km² grote Quartier des Spectacles (www.quartierdesspectacles.com). Hier bieden zo'n tachtig cultuurinstellingen, ateliers en showtheaters het hele jaar door vermaak.

Les Cours Mont-Royal 10

1455, rue Peel, www.lcmr.ca, ma.-wo. 10-18, do.-vr. 10-21, za. 10-17, zo. 12-17 uur

Aan Rue Ste-Cathérine vindt u winkels van onafhankelijke Canadese ontwerpers. Velen van hen, onder wie Harry Rosen, Mimi Momo en Kar-Ma, zijn te vinden in **Les Cours Mont-Royal**, een mall boven én onder de grond.

Rue Crescent 11

Voor wie liever niet met de kippen op stok gaat, ligt een paar blokken verder naar het westen, rond de kruising van de **Rue Crescent** met de **Rue de la Montagne**, het uitgaanscentrum van Montréal. In de clubs, restaurants, cafés en disco's wordt geprotest met wat tijdens het *magasiner* is aangeschaft.

Rue Sherbrooke

Kaart: zie blz. 248

Iets verder noordelijk loopt parallel aan Rue Ste-Cathérine de chique **Rue Sherbrooke**, de belangrijkste oost-westverbinding van het Île de Montréal. In de 19e eeuw beleefde deze straat hoogtijdagen toen Engelssprekende zakenlui driekwart van het totale Canadese vermogen in bezit hadden. Slechts enkele van de fraaie panden die ze bewoonden, hebben de vernieuwingsdrang van na de Tweede Wereldoorlog doorstaan, zoals de mooie gebouwen van de Université McGill. Hoewel de Rue Sherbrooke veel van zijn oude luister verloren heeft, biedt de straat mede dankzij luxueuze hotels van later datum en dure appartementengebouwen nog altijd een mondaine aanblik.

Souterrain van Montréal: stad onder de stad

Deze anekdote duikt steeds weer op: er was eens een domme toerist die hartje winter in Montréal aankwam met alleen zomerkleren in zijn koffer. Toch hoefde hij tijdens zijn verblijf van twee weken geen dikke jas te kopen, aangezien hij Montréal ondergronds verkende.

Het lijkt een sprookje, maar dit verhaal zou waar kunnen zijn. 's Winters waait de koude poolwind vrij over het stroomdal van de Fleuve Saint-Laurent. Van november tot april is dit het domein van Koning Winter, met veel sneeuw en vrieskou. In januari zijn temperaturen van -20°C geen zeldzaamheid. De vindingrijke Montréalers hebben zich echter door de kou niet klein laten krijgen – ze hebben het leven eenvoudigweg naar beneden verplaatst, naar de verwarmde ruimten van hun *ville souterraine*. Terwijl in het voorjaar en tijdens de zomer op de terrasjes en op de boulevards van Montréalse *joie de vivre* de boventoon voert, ontmoet men elkaar in de donkere dagen van de winter in het souterrain. Men flaneert, winkelt of gaat naar de film, laat zijn schoenen verzolen of bestelt *café au lait*. En dat alles tien meter onder de grond.

Het idee voor een ondergrondse stad stamt uit het begin van de jaren 60, toen de eerste wolkenkrabber in de binnenstad werd gebouwd. Pal naast het nieuwbouwproject liep een diepe sleuf in de grond, waar ooit spoorrails lagen. Het gat werd niet dichtgestort en er werd ook geen parkeergarage gerealiseerd, maar in plaats daarvan bouwde men er een ondergronds winkelcentrum met bioscopen en cafés. **Place Ville-Marie**, het hart van de onderaardse stad, werd algauw het favoriete ontmoetingspunt van de Montréalers. Het idee sloeg aan: steeds als er in de jaren hierna ergens in de binnenstad gebouwd werd, legde men ook nieuwe passages en ondergrondse faciliteiten aan. Tijdens de aanleg van de metro werden de in- en uitgangen in kantoren en woonflats geplaatst en in één moeite door ook verbonden met de onderaardse winkels. En niet veel later werden ook de gebouwen daaromheen via tunnels met elkaar verbonden. Niemand hoefde meer naar buiten als er een sneeuwstorm door de straten raasde.

Het wijdvertakte netwerk van passages en tunnels, gebouwen met verschillende verdiepingen en pleinen is ruim 32 km lang. Maar liefst 200 restaurants, 45 banken, 40 bioscopen, theaters en concertzalen, een aantal hotels en bijna 2000 winkels zijn er te vinden in deze superiglo. Ongeveer een derde van de binnenstad is ondergronds bebouwd. Maar het draait niet alleen om winkelpassages. Fonteinen, beelden, plastic bomen en ook natuurlijk groen sieren de gangen en de centrale hallen, die vaak meerdere verdiepingen tellen. Ook de universiteit en het Museum voor Moderne Kunst zijn in deze steeds verder uitdijende wereld te vinden. En zelfs God ontbreekt niet: de Promenades de la Cathédrale bieden direct toegang tot de kathedraal van Christ Church uit 1859, waarvan de gevel lange tijd door lelijke winkels aan het oog werd onttrokken, maar die sinds 2006 in al zijn anglicaanse pracht te zien is vanaf Rue Ste-Cathérine. 's Winters wordt de ondergrondse stad dagelijks bezocht door ruim een half miljoen mensen. In de *ville souterraine* is een bontjas niet nodig. Zou dat verhaal van die domme toerist dan toch misschien waar zijn?

Karl Teuschl

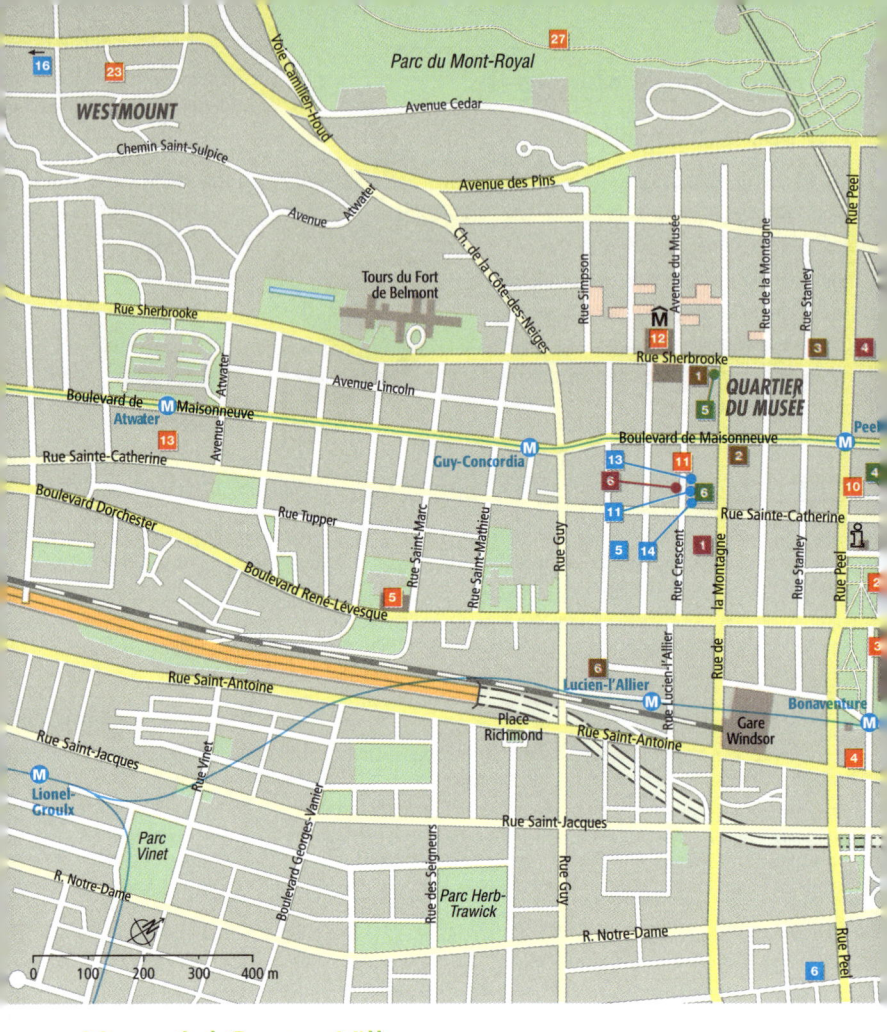

Montréal Centre-Ville

Bezienswaardig
1. Place Ville-Marie
2. Édifice Sun Life
3. Cathédrale Marie-Reine-du-Monde
4. 1000 de la Gauchetière
5. Centre Canadien d'Architecture
6. Centre Eaton
7. Cathédrale Christ Church
8. La Foule Illuminée
9. Musée d'Art Contemporain
10. Les Cours Mont-Royal
11. Rue Crescent
12. Musée des Beaux-Arts
13. Square Westmount
14. Université McGill
15. Musée McCord d'Histoire Canadienne
16. Quartier Chinois
17. Quartier Juif
18. Quartier Portugais
19. Mile End
20. Petite Italie
21. Marché Jean-Talon
22. Outremont
23. Westmount
24. Université du Québec à Montréal
25. Parc Olympique
26. Jardin Botanique de Montréal

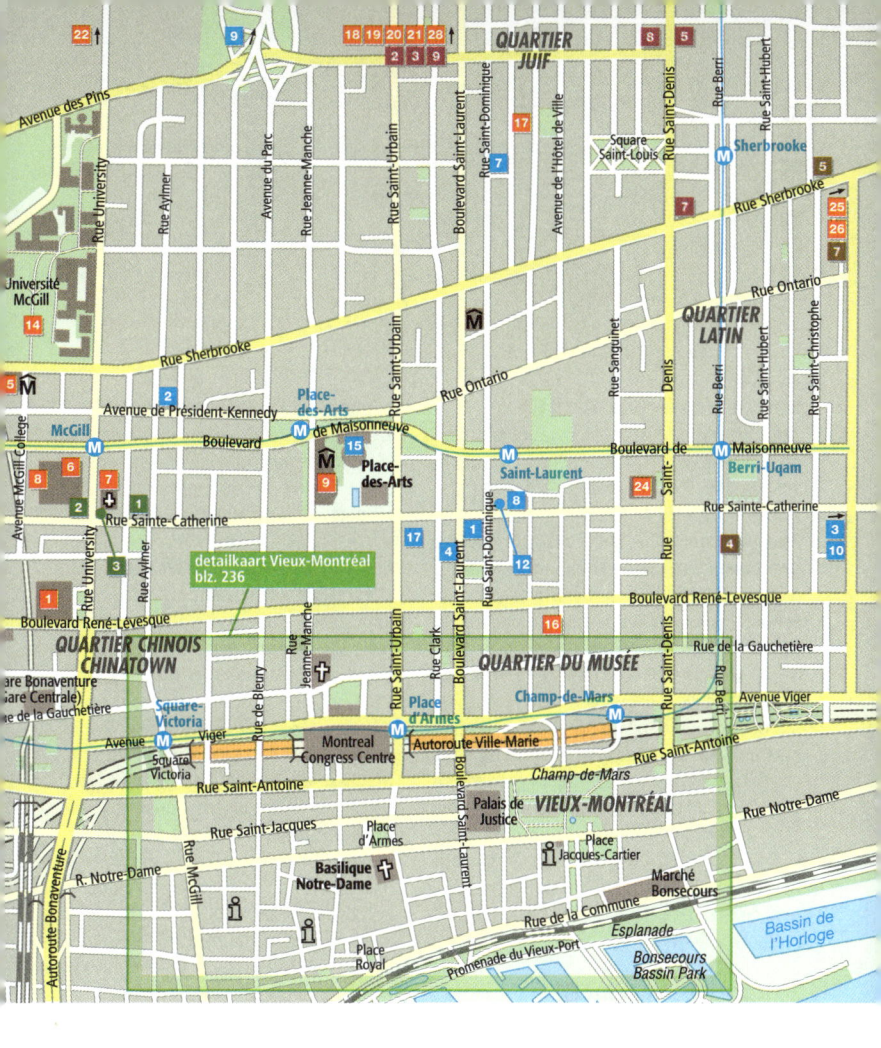

| 27 | Parc du Mont-Royal
| 28 | Oratoire St-Joseph

Accommodatie
| 1 | Ritz-Carlton Montréal
| 2 | Loews Hôtel Vogue
| 3 | Hotel Omni Mont-Royal
| 4 | Hotel Lord Berri
| 5 | Hotel de Paris
| 6 | Auberge de Jeunesse/ Hostelling International
| 7 | Camping Alouette

Eten en drinken
| 1 | Restaurant Europea
| 2 | Milos
| 3 | Moishe's Steak House
| 4 | Renoir
| 5 | L'Express
| 6 | Wienstein & Gavino's Pasta Bar Factory
| 7 | Hôtel de l'Institut
| 8 | La Binerie Mont-Royal
| 9 | Schwartz's Delicatessen

▷ blz. 250

Centre-Ville

Winkelen
1. La Baie
2. Complexe Les Ailes
3. Les Promenades de la Cathédrale
4. Simon's
5. Holt Renfrew
6. Ogilvy

Uitgaan
1. Club Soda
2. House of Jazz
3. Club 6/49
4. Quai des Brumes
5. Upstairs
6. New City Gas
7. Café Campus
8. Foufounes Électriques
9. Blue Dog Motel
10. Club Unity
11. Electric Avenue
12. Metropolis
13. Sir Winston Churchill Pub
14. Thursday's
15. Place des Arts
16. Segal Centre
17. Théâtre du Nouveau Monde

Musée des Beaux-Arts 12
1380, rue Sherbrooke Ouest, www.mbam.qc.ca, di. 11-17, wo.-vr. 11-21, za., zo. 10-17 uur, volwassenen $ 15, kinderen tot 12 jaar gratis, wo. vanaf 17 uur $ 11,50

Een blikvanger in Rue Sherbrooke is het **Musée des Beaux-Arts**, te herkennen aan de Griekse zuilen. Het in 1860 gestichte Museum voor Schone Kunsten is het oudste van het land en is sinds 1912 in dit gebouw gevestigd. In de jaren 80 werd de collectie uitgebreid, waarvoor in 1991 aan de overkant een door Moshe Safdie ontworpen dependance werd gebouwd, het **Pavillon Jean Noel Desmarais**. Veel mensen bezoeken dit mooie museum om zijn verzameling Canadese kunstwerken, van onder anderen Antoine Plamondon en de excentrieke Ozias Leduc. Ook de oude meesters en oude bekenden als Picasso en Dalí komen hier aan bod, en er zijn regelmatig spectaculaire wisseltentoonstellingen.

Square Westmount 13
In westelijke richting voert Rue Sherbrooke naar de chique wijk **Westmount**, met als belangrijkste bezienswaardigheid het begin jaren 60 door Mies van der Rohe ontworpen pikzwarte kantoorgebouw **Square Westmount** (Rue Sherbrooke en Rue Greene). Het herbergt – zowel boven- als ondergronds – een stijlvol winkelcentrum. Traditioneel is Westmount een bolwerk van de rijke Engelstalige Montréalers, die het lot van de stad tot in de jaren 70 bepaalden. En tot op de dag van vandaag wonen hier nog nazaten van rijke pelshandelaren, bankiers en industriëlen, ondanks de chronische angst onder de Engelstaligen dat de provincie Québec op een dag misschien wel onafhankelijk zal zijn. In de zijstraten die omhoog voeren naar de Mont Royal staan nog veel statige victoriaanse huizen, die naarmate men verder de berg op rijdt, steeds groter worden.

Universiteit en Musée McCord d'Histoire Canadienne
In oostelijke richting voert de Rue Sherbrooke naar de campus van de gerenommeerde, Engelstalige **Université McGill** 14, die in 1821 werd gesticht na een schenking van de rijke pelshandelaar James McGill. Bezoek ook het daar schuin tegenover gelegen **Musée McCord d'Histoire Canadienne** 15, waar de Canadese sociale en culturele geschiedenis wordt geïllustreerd aan de hand van fraai indiaans borduurwerk en gedetailleerde thema-exposities met voorwerpen uit de afgelopen drie eeuwen (690, rue Sherbrooke Ouest, www.mccord-museum.qc.ca, di. en do.-vr. 10-18, wo. 10-21, za., zo. 10-17 uur, volwassenen $ 15, kinderen tot 12 jaar gratis).

Boulevard St-Laurent

Kaart: zie blz. 248

Verder naar het oosten kruist de Rue Sherbrooke de Boulevard St-Laurent en de Rue St-Denis om uit te komen bij het Olympisch Stadion. De charmant verloederde **Boulevard St-Laurent** is de belangrijkste noord-zuidas van de metropool. Oudere Montréalers noemen hem simpelweg The Main, de hoofdstraat, die Montréal in de 19e eeuw niet alleen in tweeën deelde, maar ook de 'anglos' in het

Outremont en Westmount

westen scheidde van de 'francos' in het oosten. Vanaf 1900 veranderde het aangezicht van de Main door de komst van immigranten uit de hele wereld. In verschillende golven streken hier de afgelopen decennia Chinezen, Oost-Europese Joden, Grieken, Italianen, Latino's en Haïtianen neer. Ze duwden de groepen die vóór hen gekomen waren verder de boulevard op – een proces dat wordt weerspiegeld door de namen van de winkels. Aan het begin van het derde millennium beleven verschillende delen van de boulevard een nieuwe bloeitijd als trendy plek.

Quartier Chinois 16

Het kleine **Quartier Chinois**, op het stuk tussen de Boulevard René-Lévesque en de Rue Viger, ontstond al in 1870. Twee vergulde, door de stad Shanghai geschonken ceremoniële bogen over de Boulevard St-Laurent markeren het noordelijke en het zuidelijke einde van de compacte, maar levendige Chinatown. Chinese spoorwegarbeiders die na het aflopen van hun contract in Canada bleven hangen, vestigden zich hier en verdienden hun brood in wasserijen en kantines voor arbeiders. Nu vormt Chinatown het historische centrum van de circa vijftigduizend Montréalers van Chinese afkomst, van wie tegenwoordig het merendeel op de zuidelijke oever woont. Het Quartier Chinois zelf vormt een stukje China in Canada: de restaurants zijn authentiek, langs de stoepen staan fruitkistjes opgestapeld en in de winkels kunt u de heerlijkste exotische geuren opsnuiven.

Quartier Juif en Quartier Portugais

Ten noorden van de Rue Sherbrooke strekt zich langs de Boulevard St-Laurent het oude **Quartier Juif** 17 (Joodse wijk) uit, waar de uit Oost-Europa afkomstige Joden woonden. Inmiddels is dit het domein van een bonte mengeling van andere immigranten. De kleine restaurants in de autovrije Rue Prince-Arthur zijn overwegend Grieks, in de Rue Duluth kunt u Vietnamees eten. In het **Quartier Portugais** 18, vlak voor Avenue du Mont-Royal, zijn Portugese restaurants te vinden.

Mile End en Petite Italie

Zonder overgang volgt dan **Mile End** 19, dat doorloopt tot aan de Boulevard St-Joseph en enkele parallelstraten links en rechts van de Boulevard St-Laurent omvat. Ooit woonden in deze buurt de katholieke Ierse arbeiders, tegenwoordig is het dé hotspot van Montréal. Talloze galeries exposeren werk van de jongste generatie creatievelingen. In oude kroegen als Sala Rossa (4848 Blvd. St-Laurent) en Casa del Popolo (nr. 4873) deden populaire cultbands als Arcade Fire en Plants & Animals hun eerste podiumervaring op.

Helemaal in het noorden ligt **Petite Italie** 20. De wijk is gemakkelijk te herkennen aan de ijssalons en pizzeria's met espressomachines en posters van het Italiaanse voetbalelftal in de etalages.

Marché Jean-Talon 21

7070, rue Henri-Julien, ma.-wo. 7-18, do., vr. 7-20, za. 7-18, zo. 7-17 uur, ook bereikbaar via metro Jean-Talon

Een paar blokken vanaf Petite Italie in noordoostelijke richting ligt de mooiste en kleurigste markt van de stad. Tussen de felrode en groene paprika's, lychees, *maple syrup* (esdoornsiroop) en het verse brood zijn op de **Marché Jean-Talon** tientallen verschillende talen te horen. De exploitanten hechten waarde aan originaliteit – ketens en andere franchisezaken zijn niet welkom. Rond de kramen, die onder een overkapping zijn opgebouwd, zijn delicatessenzaken en koffiehuizen gevestigd, waar u zich door al het gebak van de wereld kunt eten.

Outremont en Westmount

Kaart: zie blz. 248

Tegenwoordig zijn de meeste Joodse inwoners van Montréal gevestigd in de welvarende wijk **Outremont** 22 (volg hiervoor de mooie Avenue Laurier in de richting van de Mont Royal). Aan de Boulevard St-Laurent zelf herinnert alleen nog restaurant Schwartz's Delicatessen (zie blz. 256) met zijn *smoked meat*

Instappen en genieten: de metro van Montréal

's Winters, wanneer het 25 graden vriest en de vorst de stad stevig in zijn greep lijkt te hebben, heeft het openbare leven in Montréal daarvan niets te lijden – aangezien het zich in dit jaargetijde grotendeels binnen afspeelt.

Ook Claude komt dan wekenlang niet buiten. Niet omdat hij het te koud vindt, maar omdat het niet nodig is. Hij hoeft zich niet eens warm aan te kleden. De 10 km naar zijn werk in het centrum van Montréal zijn van begin tot einde geklimatiseerd. Terwijl buiten de sneeuwstormen elkaar opvolgen, neemt hij in zijn appartementencomplex in de voorstad Longueuil de lift naar de parkeergarage. Daar begint een voetgangerstunnel naar metrostation Longueuil-Université-de-Sherbrooke. Een paar minuten later is hij op weg naar Centre-Ville. De reis gaat onder de Fleuve Saint-Laurent door naar station Berri-UQAM, het grootste knooppunt in het metronet van Montréal. Hier stapt Claude over van de gele op de oranje lijn. Een kwartiertje later stapt hij uit op station Square-Victoria. Via roltrappen en een voetgangerstunnel bereikt hij ten slotte een winkelcentrum met restaurants, een sportschool en boetieks. Nog één laatste roltrap en Claude staat in de lobby van de beurs van Montréal, waar hij werkt. Een auto heeft hij nog nooit gehad, simpelweg omdat hij er geen nodig heeft.

De metro van Montréal is ideaal. Zelfs de Engelssprekende inwoners hebben het niet over de *subway*, maar zeggen *métro*, van 'chemin de fer métropolitain'. Het metronet, dat wegens de strenge Canadese winters volledig ondergronds is aangelegd, verbindt heel Montréal. Het stelsel, dat in 1966 in vier jaar werd aangelegd, is continu uitgebreid. Sinds 2007 rijdt hij tot Montmorency in de noordelijke voorstad Laval. Dagelijks maken 700.000 forenzen gebruik van de metro, van wie 34% geen auto bezit – een recordpercentage voor Noord-Amerika. De metrotreinen leggen jaarlijks 59 miljoen kilometer af, en de Société de Transport de Montréal (STCM) is een van de grootste werkgevers van Québec.

'Le Métro' hoort in Montréal net zo bij het stadse leven als sushi en latte. De treinen zijn uitgerust met rubberen wielen, destijds een unicum, en rijden daardoor soepel en bijna geruisloos door de tunnelbuizen. Ieder station is anders vormgegeven en ingericht. Bekende lokale kunstenaars hebben zich er laten vereeuwigen en op internet circuleren door liefhebbers samengestelde lijstjes van de mooiste stations – met classificatiesysteem. Op een van de sites worden acht metrostations genoemd waarvan 'je blij wordt dat je in Montréal woont'. Deze stations verdienen vijf sterren (in de vorm van metrologo's of kortweg *métros*). Twintig stations hebben vier *métros* ('je hebt geluk als je hier vlakbij woont') en 23 stations zijn bedeeld met drie *métros* ('aantrekkelijk station'). In de ogen van Jean-Claude Germain, de meest geciteerde historicus van Québec, is de metro van Montréal van even groot belang voor deze stad als de beroemde boulevards dat zijn voor Parijs en de kanalen voor Venetië. En dat niet alleen: in de metro klinken meer dan honderd talen. 'Eigenlijk hoef ik nooit op vakantie te gaan', zegt Claude. Een vriend van hem heeft zijn Colombiaanse vrouw 30 m onder de grond leren kennen. 'Elke dag hoor ik op weg naar mijn werk wel tien verschillende talen.'

sandwiches aan de tijd dat het Jiddisch de derde taal van Montréal was. Outremont is de Franstalige tegenhanger van het keurige, Engelstalige **Westmount** 23 aan de westkant van de Mont Royal, waar vroeger de elite van *le Québec* in statige villa's met tuinen woonde en op elke straathoek wel een café of bistro te vinden was.

Rue St-Denis

Kaart: zie blz. 248

Parallel aan Boulevard St-Laurent en een paar blokken oostelijker loopt de **Rue St-Denis**, ten zuiden van de Rue Sherbrooke de studentikoze uitgaansstraat van Franstalig Montréal, ten noorden daarvan de boetieken restaurantstraat voor een iets ouder publiek. Vooral in het gebied rond de **Université du Québec à Montréal (UQAM)** 24 , bij het kruispunt van St-Denis en Ste-Cathérine, voelen kunstenaars en andere vrije geesten zich thuis te midden van de cafés, bars, theaters en winkeltjes. Overdag ziet u artiesten en levenskunstenaars in het leuke Park Carré St-Louis (tussen Rue St-Denis en Avenue Laval) hun draaiboeken doorlezen of gitaarspelen en 's avonds kunt u hier naar de film, naar het theater of, *bien sûr*, een hapje eten in een van de vele restaurants.

Ten oosten van het centrum

Kaart: zie blz. 248

Ook buiten het centrum zijn er interessante bezienswaardigheden. De meeste hiervan zijn gemakkelijk te bereiken per metro.

Parc Olympique de Montréal 25

Een daarvan is het **Parc Olympique** aan de noordoostrand van de stad, dat werd gebouwd voor de spelen van 1976. Het **olympisch stadion** rijst als een ruimteschip op uit een zee van bruine huizen. Het geheel wordt overzien door de in een gewaagde hoek van 45 graden neergezette **Tour de Montréal**. De toren, voltooid in 1987, is een van de symbolen van de stad. Hij is 175 m hoog en wordt door de Montréalers trots betiteld als de hoogste scheve toren ter wereld. De tocht per cabine omhoog naar het uitkijkpunt is een bijzondere ervaring (454, av. Pierre-de-Coubertin, juni di.-zo. 9-18, ma. 13-18, juli, aug. di.-zo. 9-19, ma. 13-19, sept. di.-zo. 9-18, ma. 13-18, okt.-dec. di.-zo. 9-17 uur, volwassenen $ 23, kinderen $ 11,50).

Tijdens de olympiade werd het sportcomplex bejubeld als een architectonische mijlpaal en symbool van het opkomende Montréal. Na de spelen wachtte echter een koude douche: in plaats van de geraamde $ 320 miljoen had het stokpaardje van de flamboyante burgemeester Jean Drapeau ('Het ligt eerder in de lijn der verwachting dat een man een baby krijgt dan dat onze olympiade één dollar schuld oplevert!') een dikke $ 1,2 miljard gekost. Naar verluidt is de schuld inmiddels afbetaald. De belastingbetalers noemden het project 'the big O', het grote gat. Het aangrenzende olympisch wielerstadion is verbouwd tot ecomuseum en rendeert als zodanig prima. De **Biodôme** trekt jaarlijks zo'n 1,5 miljoen bezoekers met zijn vier vegetatiezones, die worden bewoond door apen, krokodillen, lynxen, bevers en pinguïns (4777, av. Pierre-de-Coubertin, dag. 9-17, zomer tot 18 uur, volwassenen $ 20,25, kinderen $ 10,25).

Jardin Botanique de Montréal 26

4101, rue Sherbrooke Est, di.-zo. 9-17 uur, volwassenen $ 20,25, kinderen $ 10,25

De **Jardin Botanique de Montréal**, die door de Rue Sherbrooke van het Parc Olympique gescheiden wordt, mag u beslist niet missen. Ondanks het noordse klimaat van Québec is dit een van de mooiste botanische tuinen ter wereld – en tevens een van de grootste. Tien enorme kassen, een stuk of 25 thematuinen op meer dan 70 ha en ruim 22.000 soorten bloemen maken een bezoek tot een kleurig feest. De Chinese tuin met zijn sierlijke pagodes en goudvisvijvers is een aanrader. Bij de tuin hoort ook een insectarium met vlinders, spinnen en kevers uit alle continenten. Een combikaartje geeft toegang tot Olympisch Stadion, Biodôme en botanische tuin.

Centre-Ville

Mont-Royal

De beklimming van de **Mont-Royal** (zie Actief op blz.261). vormt een mooie afsluiting van uw bezoek aan de stad. De Montréalers noemen deze heuvel, die slechts 250 m hoog is, liefkozend *la montagne*. Het is de enige heuvel in de wijde omtrek en alleen al daarom heeft Jacques Cartier waarschijnlijk het 'koninklijke' uitzicht vanaf de top zo geprezen.

Sinds de 19e eeuw, toen de in zijn tijd wereldberoemde tuinarchitect Frederick Law Olmsted het **Parc du Mont-Royal** 27 ontwierp, is de top als stadspark gevrijwaard van bouwactiviteit. De oostflank wordt bekroond door de in 1924 opgerichte replica van het kruis dat Maisonneuve, de stichter van de stad, in 1642 precies op deze plek neerzette. Het wordt 's avonds verlicht en is vanuit de stad dan ook goed te zien.

Uitzichtpunten

Vanaf het einde van de Rue Peel voert tegenwoordig een steil voetpad tegen de berg op naar het in 1932 gebouwde **Chalet du Mont-Royal**, dat een groot panoramaterras heeft. Bezoekers genieten van het weidse uitzicht en de hoog oprijzende kantoortorens van Centre-Ville lijken hier heel dichtbij, maar zijn dat in werkelijkheid natuurlijk niet. Daarachter stroomt de brede zuidarm van de St. Lawrence River naar de Atlantische Oceaan. Helemaal in het zuiden zijn nog net de Appalachen te zien, die zich uitstrekken richting Vermont.

Het Olympisch Stadion, dat in het oosten uit de huizenzee oprijst, is ook zichtbaar vanuit het mooie **Belvédère Camilien Houde**. Volg hiervoor de borden bij het Chalet du Mont-Royal door een dicht bos en langs een steile rotswand.

Lac aux Castors

Achter het chalet slingeren paden door het park naar het kunstmatige Lac aux Castors, het 'bevermeer'. Zijn naam heeft het te danken aan de beverdam waarop men stuitte tijdens de bouw. Afhankelijk van het jaargetijde kunt u op het meer waterfietsen of schaatsen – restaurant Le Pavillon zorgt elk seizoen voor een versnapering.

Begraafplaatsen

Daarachter, op het Plateau des Berges, liggen de uitgestrekte begraafplaatsen van Montréal. De begraafplaatsen zijn niet alleen begraafplaats. In de zomer, maar vooral wanneer de bladeren in de herfst mooi rood kleuren, kunnen bezoekers heerlijk wandelen langs idyllische laantjes met appelbomen en Japanse kersenbomen. U loopt hier langs geurige bloemperken, graftombes en eindeloze rijen grafstenen, waarop verhalen vereeuwigd zijn uit twee eeuwen immigratie.

Het in 1852 geopende **Cimetière Mont-Royal** wordt sinds het wereldwijde succes van de film *Titanic* uit 1998 door veel toeristen bezocht. Hier liggen onder meer de graven van de uit Montréal afkomstige slachtoffers van de scheepsramp (dag. 8-20 uur, www.mountroyalcem.com, metrostation Édouard Montpetit). Op deze begraafplaats en op de **Cimetière Notre-Dame-des-Neiges** (www.cimetierenddn.org) hebben ook veel (in Canada) bekende personen een laatste rustplaats gevonden.

Oratoire St-Joseph 28

3800, ch. Queen Mary, www.saint-joseph.org, dag. 7-20.30 uur, gratis toegang, metrostation Côte des Neiges

Aan de noordwestkant van de berg wacht nog een laatste attractie – een heiligdom voor bedevaartgangers en katholieken, die in Québec tot op heden de meerderheid vormen. Het reusachtige **Oratoire St-Joseph**, dat werd gebouwd tussen 1924 en 1966, wordt jaarlijks bezocht door zo'n twee miljoen pelgrims uit heel Noord-Amerika. In deze kerk met zijn 154 m hoge koepel hopen zij troost en soms ook wel genezing te vinden. Dat gebeden wel eens lijken te worden verhoord, blijkt uit de met krukken behangen zuilen in het portaal – sommige gelovigen konden na een bezoek aan deze kerk weer lopen.

Informatie
Zie blz. 240.

Adressen

Accommodatie

Grande dame – **Ritz-Carlton Montréal** **1** : 1228, rue Sherbrooke Ouest, tel. 514-842-4212, 1-800-363-0366, www.ritzcarlton.com. Al honderd jaar het beste hotel van de stad. Hier verblijven filmsterren en politici. In het in 1911 geopende en in 2012 met een neo-modernistische aanbouw uitgebreide hotel brachten Liz Taylor en Richard Burton hun wittebroodsweken door. Uitmuntende service en dito restaurants. 2 pk vanaf $ 460.

Stedelijk chic – **Loews Hôtel Vogue** **2** : 1425, rue de la Montagne, tel. 514-285-5555, 1-800-465-6654, www.loewshotels.com. Centraal gelegen luxehotel met sierlijk ingerichte kamers. Restaurant met een gekleurd plafond in de stijl van een Parijse bistro. 2 pk $ 200-400.

Betrouwbaar – **Hotel Omni Mont-Royal** **3** : 1050, rue Sherbrooke Ouest, tel. 514-284-1110, 1-800-578-1200, www.omnihotels.com. Modern luxehotel met twee verfijnde restaurants, een bar, in de zomer een buitenzwembad en een fitnessruimte. 2 pk $ 160-310.

Betaalbaar – **Hotel Lord Berri** **4** : 1199, rue Berri, tel. 514-845-9236, 1-888-363-0363, www.lordberri.com. Pretentieloze gezelligheid in een historisch gebouw nabij de oude binnenstad. Italiaans restaurant. 2 pk $ 70-220.

Lichte kamers – **Hotel de Paris** **5** : 901, rue Sherbrooke Est, tel. 514-522-6861, 1-800-567-7217, www.hotel-montreal.com. Intiem stadshotel met lichte kamers in een victoriaanse villa aan de rand van Centre-Ville. 2 pk $ 70-170.

Centraal – **Auberge de Jeunesse/Hostelling International** **6** : 1030, rue Mackay, tel. 514-843-3317, www.hostellingmontreal.com. Centraal gelegen hostel met slaapzalen met drie tot acht bedden, maar ook tweepersoonskamers met badkamer. Vanaf $ 17 per persoon op de slaapzaal, 2 pk vanaf $ 60.

Aan de stadsrand – **Camping Alouette** **7** : Highway 20, Exit 105, 3449 de l'Industrie, in St-Mathieu-de-Beloeil, tel. 450-464-1661, 1-888-464-7829, www.campingalouette.com. Gunstig gelegen met busverbinding naar Centre-Ville, 150 plaatsen voor campers, 50 tentplaatsen, uitgebreid servicepakket, activiteiten. Staanplaats vanaf $ 40 per nacht.

Eten en drinken

De meeste goede restaurants zijn te vinden aan de **Boulevard St-Laurent** en de **Rue St-Denis** ten noorden van de Rue Sherbrooke, rond de kruising van de Rue St-Denis en de Avenue Mont-Royal, en langs de **Avenue Laurier** aan de oostzijde van Outremont. De keukens van alle nationaliteiten zijn vertegenwoordigd, vaak voorzien van een creatieve draai. Voordelig en toch goed zijn de gelegenheden (veelal Grieks of Portugees) in de buurt van de kruising van de **Rue Prince-Arthur** en de Boulevard St-Laurent. In dit gebied besparen veel restaurants op de dure tapvergunning. Dat besluit maken ze kenbaar met het bordje 'Apportez votre vin'. Montréalers brengen dan een fles mee uit een van de staatswinkels van de Société des alcools du Québec (SAQ). In het restaurant wordt deze ingeschonken alsof hij daar is besteld. De traditionele, stevige *cuisine québécoise* is bijna nergens meer te krijgen. Fijnproevers komen echter op veel plaatsen aan hun trekken.

Hoog niveau – **Restaurant Europea** **1** : 1227, rue de la Montagne, tel. 514-398-9229, www.europea.ca, ma.-vr. 18-21.30, za. 18-22, zo. 18-21.30 uur. Creatieve interpretatie van de Franse keuken. Zesgangenmenu $ 90, twaalfgangenmenu $ 120.

Populair – **Milos** **2** : 5357, av. du Parc, tel. 514-272-3522, www.milos.ca, ma.-vr. 12-24, za., zo. 18-24 uur. Vis en salades, afkomstig van de beste markten, vissers en boeren van Québec; dit is de beste Griek van de stad. Voorgerecht $ 16-25, hoofdgerecht $ 40-58.

Steakwalhalla – **Moishe's Steak House** **3** : 3961, blvd. St-Laurent, tel. 514-845-3509, www.moishes.ca, ma.-vr. 11.30-14.30 en 17.30-23 uur. Hét adres voor vleesliefhebbers. Legendarische steaks, maar het interieur is een tikje ouderwets. Voorgerecht $ 8-22, hoofdgerecht $ 29-64.

Heerlijke desserts – **Renoir** **4** : 1155, rue Sherbrooke Ouest, tel. 514-285-9000, www.restaurant-renoir.com, dag. 18-22.30 uur. Verzorgd restaurant in hotel Sofitel. Moderne Frans-Canadese keuken met Californische inslag, bereid met verse streekproducten van de markt. Met een mooi terras. Voorgerecht $ 17-27, hoofdgerecht $ 29-52.

Succesverhaal – **L'Express** 5 : 3927, rue St-Denis, tel. 514-845-5333, www.restaurant lexpress.com, ma.-vr. 8-3, za. 10-3, zo. 10-2 uur. Een van de succesvolste bistrorestaurants. Met een lange bar, vriendelijk en in uniform gestoken personeel en muziek van Edith Piaf. Voorgerecht $ 8-18, hoofdgerecht $ 13-24.

Levendig – **Wienstein & Gavino's Pasta Bar Factory** 6 : 1434, rue Crescent, tel. 514-288-2231, www.wgmtl.com, zo.-wo. 11-23, do.-za. 11-24 uur. Restaurant op twee verdiepingen waar yuppen komen genieten van lekkere pizza en pasta. Voorgerecht $ 8-19, hoofdgerecht $ 12-36.

Hoog niveau, lage prijs – **Hôtel de l'Institut** 7 : 3535, rue St-Denis, tel. 514-282-5155, www.ithq.qc.ca/hotel, za., zo. 7.30-10.30, ma.-vr. 7-9.30, 12-13.30, di.-za. 18-21 uur. In het restaurant van de gerenommeerde kookschool van Montréal serveren de studenten op de Franse keuken geïnspireerde lekkernijen. Voorgerecht $ 7-12, hoofdgerecht $ 12-17.

Charmant relikwie – **La Binerie Mont-Royal** 8 : 367, av. du Mont-Royal Est, tel. 514-285-9078, www.labineriemontroyal.com, di.-vr. 6-14, 17-21, za. 7.30-15, 17-21, zo. 7.30-15 uur. Huiselijke gerechten uit de stevige *cuisine québécoise*. Voorgerecht $ 3-5, hoofdgerecht $ 9-20.

Legendarisch – **Schwartz's Delicatessen** 9 : 3895, blvd. St-Laurent, tel. 514-842-4813, www.schwartzsdeli.com, zo.-do. 8-12.30, vr. 8-13.30, za. 8-14.30 uur. Al meer dan tachtig jaar een begrip op het gebied van *smoked meat* (rookvlees). Elke dag staat er een lange rij voor de deur van het eenvoudige etablissement. $ 7-22.

Winkelen

De belangrijkste winkelstraat in Centre-Ville is de **Rue Ste-Cathérine**. Hier zijn zowel boven als ondergrondse shoppingmalls en warenhuizen als het Centre Eaton, Les Ailes de la Mode, Ogilvy en La Baie te vinden. In het westelijke deel van deze straat zitten vestigingen van onder meer Mexx, Urban Outfitters en Timberland. Niet te missen is natuurlijk de **Ville Souterraine** met zijn tunnels en passages waarin de winkels en restaurants zich aaneenrijgen. Entrees vindt u bijvoorbeeld aan de Place Bonaventure/Place Ville-Marie, in het Complexe Desjardins of Les Cours Montréal. **Souvenirwinkels** zijn vooral in de buurt van de oude binnenstad in de Rue St-Paul te vinden. Daar kunt u ook rondsnuffelen in de leuke **kunstnijverheidswinkels** en **galeries**. In de Rue St-Denis tussen de Rue Sherbrooke en de Avenue Mont-Royal zijn veel **juweliers** en boetiekjes gevestigd.

Mierenhoop – **Centre Eaton** 6 : 705, rue Ste-Cathérine Ouest, ma.-vr. 10-21, za. 10-18, zo. 11-17 uur. Circa 175 winkels verspreid over vier verdiepingen, jaarlijks negentien miljoen bezoekers. Ondergrondse verbinding naar nog meer consumptiecentra.

Nationaal begrip – **La Baie** 1 : 585, rue Ste-Cathérine Ouest, ma.-wo. 9.30-18, do.-vr.

Tip

POUTINE ETEN

Wat de hamburger is voor de Amerikanen, is *poutine* voor de Montréalers en de rest van de provincie Québec: een cholesterolbommetje van patat met stukjes cheddar, overgoten met een warme, bruine saus. Wie het een paar maal gegeten heeft, begint er zowaar van te houden. In de regio is dit gerecht zo populair dat het zelfs bij McDonald's op het menu staat. Het beste adres om eens poutine te proberen is **La Banquise** (994 Rue Rachel Est, tel. 514-525-2415, www.labanquise.com, 24/7 geopend). Hier serveert men 27 varianten op het poutinethema, met verdachte namen als Kamikaze, T-Rex en B.O.M. (bacon, onion, merguez). *Bon appétit!*

Adressen

Als 'One Stop Shop' geconceptualiseerde lifestyleboetiek in de Rue St-Paul: behalve mode en accessoires vindt u hier ook woondesign en kunstwerken

9.30-21, za. 9.30-17, zo. 12-17 uur. Het acht verdiepingen tellende warenhuis van de Hudson's Bay Company is al honderd jaar een vertrouwd adres voor de inwoners van Montréal.

Coole outfits – **Complexe Les Ailes** 2 : 677, rue Ste-Cathérine Ouest, www.complexelesailes.com, ma., di. en za. 10-18, wo.-vr. 10-21, zo. 11-17 uur. Stijlvol winkelparadijs in het voormalige warenhuis Eaton met een directe verbinding met de Ville Souterraine.

Accessoires – **Les Promenades de la Cathédrale** 3 : 625, rue Ste-Catherine Ouest, www.promenadescathedrale.com, ma.-wo. 10-18, do., vr. 10-21, za. 10-17, zo. 12-17 uur. Winkelcentrum onder een oude kerk. In het atrium worden vaak concerten gegeven en vinden tentoonstellingen plaats.

Jonge mode – **Simon's** 4 : 977, rue Ste-Cathérine Ouest, www.simons.ca, ma.-wo. 10-18, do., vr. 10-21, za. 10-17.30, zo. 11-17.30 uur. *Urban wear* voor redelijke prijzen.

Centre-Ville

Montréal, c'est cool – zeker tijdens het jazzfestival

Très élegant – **Holt Renfrew** 5 : 1300, rue Sherbrooke Ouest, www.holtrenfrew.com, ma.-wo. 10-18, do.-vr. 10-21, za. 9.30-17, zo. 12-17 uur. Hét adres in Montréal voor de beter gesitueerde clientèle. Mode van internationale designer.

Het oog wil ook wat – **Ogilvy** 6 : 1307, rue Ste-Cathérine, www.ogilvycanada.com, ma.-wo. 10-18, do., vr. 10-21, za. 9.30-18.30, zo. 11-18 uur. Het chicste warenhuis van Montréal.

Uitgaan

Het bruisende nachtleven van Montréal concentreert zich in verschillende delen van Centre-Ville. De bars, restaurants, pubs en disco's aan de **Rue Crescent** en rond de kruising van de Rue Crescent en de **Rue Maisonneuve** staan al decennialang garant voor geslaagde feesten en nachtelijk vertier. In de **Rue St-Denis** tussen de Rue Sherbrooke en de Rue Ste-Cathérine vindt u talloze bars, bistro's en clubs. 's Nachts heerst er ook een gezellige drukte in de **Rue Ste-Cathérine**, vooral in het deel tussen de Boulevard St-Laurent en de Rue St-Denis, waar de vele seksshops voornamelijk Amerikaanse studenten aantrekken. Trendy etablissementen – discotheken, loungebars en clubs – zitten met name aan de **Boulevard St-Laurent** tussen de Rue Sherbrooke en de Avenue Mont-Royal. De hippe restaurants en cafés aan de **Avenue Mont-Royal**, die naar de Mont Royal voert, hebben de laatste jaren de naam een typische *city destination* te zijn. Een prettige bijkomstigheid is dat u zich bijna overal in Montréal veilig kunt voelen. Oplichting en nachtelijke overvallen komen er nauwelijks voor. Nog een pluspunt zijn de ruime openingstijden bij (tot 3 uur 's ochtends of nog later).

Livemuziek

Echte livesfeer – **Club Soda** 1 : 1225, blvd. St-Laurent, tel. 514-286-1010, www.clubsoda.ca. Een van de populairste concertzalen van de stad. Internationale en lokale artiesten, ook veel nieuwkomers.

Adressen

Good Ol' Times – **House of Jazz** 2 : 2060, rue Aylmer, tel. 514-842-8656, www.houseofjazz.ca, dag. 18-2 uur. Jazzclub waar je ook kunt eten. Topmuzikanten.

Salsa – **Club 6/49** 39 3 : 1112, rue Ste-Catherine, tel. 514-952-4808, www.club649.com, do.-za. 22-3 uur. Overdag salsacursussen, 's avonds drukke dansclub.

Klassieke jazz – **Quai des Brumes** 4 : 4481, rue St-Denis, tel. 514-499-0467, www.quaidesbrumes.ca, dag. 14-3 uur. Door nicotine vergeelde jazzbistro. Legendarisch onder fans van het genre.

Lekker schemerig – **Upstairs** 5 : 1254, rue Mackay, tel. 514-931-6808, www.upstairsjazz.com, dag. 18-2 uur. Elke dag blues en jazz, ook van lokale bandjes.

Dansen – **New City Gas** 6 : 950, rue Ottawa, tel. 514-879-1166, www.newcitygas.com. Multifunctionele evenementenhangar met club en podia.

Studenten – **Café Campus** 7 : 57, rue Prince-Arthur, tel. 514-844-1010, www.cafecampus.com, dag. 15-2 uur. Studentenkroeg met rockoptredens.

Legendarische punkershol – **Foufounes Électriques** 8 : 87, rue Ste-Cathérine, tel. 514-844-5539, www.foufouneselectriques.com, dag. 15-3 uur. In dit ooit legendarische punkheiligdom gaat het er tegenwoordig wat rustiger aan toe, maar er treden nog wel pittige rockbands op.

Bars en clubs

Fusion – **Blue Dog Motel** 9 : 3958, blvd. St-Laurent, tel. 514-845-4258, dag. 9.30-3 uur. Hiphop, rock en electro in een ongewoon knusse ambiance.

Divers – **Club Unity** 10 : 1171, rue Ste-Cathérine Est, tel. 514-523-2777, www.clubunitymontreal.com, vr. 21.30-3, za. 22-3 uur. Hippe gayclub op twee niveaus, met de beste dj's van de stad.

Funk-a-delic – **Electric Avenue** 11 : 1476, rue Crescent, tel. 514-285-8885, do.-za. 22-3 uur. Oude vertrouwde disco met stroboscoop en discolampen. Oldies uit de jaren 80.

Volop actie – **Metropolis** 12 : 59, rue Ste-Cathérine, tel. 514-844-3500, www.metropolismontreal.ca, vr., za. 22-3 uur. Grootste dansvloer van de stad, vaak livemuziek.

Goede sfeer – **Sir Winston Churchill Pub** 13 : 1459, rue Crescent, tel. 514-288-3414, www.swcpc.com, dag. 11.30-3 uur. Meerdere bars, dansvloer en een 'rijper' publiek.

Vrolijke klanten – **Thursday's** 14 : 1449, rue Crescent, tel. 514-288-5656, www.thursdaysmontreal.com, dag. 11.30-15, 18.30-2 uur. Twee grote bars, dansvloer, veel toeristen.

Dans en theater

Ballet en moderne dans, concerten, Franse en Engelse theaterproducties – het culturele leven van Montréal weerspiegelt de bevolkingssamenstelling van de stad. Er worden elk jaar festivals georganiseerd, gewijd aan alle denkbare disciplines. Voor het actuele uitgaansaanbod kunt u kijken op websites als www.mtlblog.com, www.midnightpoutine.ca en www.tourisme-montreal.org/blog. Naast de hieronder vermelde theaters zijn er nog talloze kleinere zalen, zodat u elke dag de keuze uit minstens dertig voorstellingen hebt. Voor kaartjes kunt u terecht bij de Infotouriste (zie blz. 240).

Cultuurcentrum – **Place des Arts** 15 : 175, rue Ste-Cathérine, tel. 514-285-4200, www.placedesarts.com. Montréals culturele epicentrum bestaat uit drie theaters (Maisonneuve, Théâtre Jean-Duceppe, Café de la Place Théâtre) en concertzaal Salle Wilfrid-Pelletier met bijna drieduizend plaatsen, de thuishaven van het Montreal Symphony Orchestra.

Joods theater – **Segal Centre** 16 : 5170, ch. de la Côte-Ste-Cathérine, tel. 514-739-2301, www.segalcentre.org. Engelstalige en Jiddische theaterproducties.

Francofoon podium – **Théâtre du Nouveau Monde** 17 : 84, rue Ste-Cathérine Ouest, tel. 514-866-8668, www.tnm.qc.ca. Klassieke en hedendaagse stukken in het Frans.

Evenementen

Festival Transamériques: drie weken eind mei tot half juni, www.fta.ca. Hedendaagse en vaak gewaagde theaterproducties, die veelal een nieuw perspectief bieden.

Centre-Ville

Tour de l'Île: 1e za. juni, www.velo.qc.ca/fr/accueil. Montréals grootste fietswedstrijd. Zo'n 30.000 fietsers doen mee aan deze 50 km lange tocht over het Île de Montréal.

L'International des Feux Loto-Québec: eind juni-eind juli, za. en wo. Tien vuurwerkshows van een halfuur, verzorgd door de beste pyrotechnici van de wereld. Op het Île-Ste-Hélène, de beste loge van Vieux-Montréal.

Festival International de Jazz de Montréal: 13 dagen eind juni-begin juli, www.montrealjazzfest.com. Meer dan vierhonderd zinderende concerten, zowel buiten als binnen. In het Quartier des Spectacles rond de Place des Arts klinkt niet meer uitsluitend jazz, maar ook salsa, wereldmuziek, rock en zelfs tango.

Les Nuits d'Afrique: 10 dagen half juli, www.festivalnuitsdafrique.com. Rond de Boulevard St-Laurent brengen meer dan vijfhonderd muzikanten uit Afrika en het Caraïbisch gebied een eerbetoon aan hun cultureel erfgoed.

Juste pour Rire/Just for Laughs: 2 weken half juli, www.hahaha.com. Montréals beroemdste comedyfestival trekt bekende stand-upcomedians als Tim Allen, Rowan Atkinson (Mr. Bean) en Jerry Seinfeld aan. Daarnaast is er plek voor *improv*.

Montréal World Film Festival: 11 dagen eind aug., begin sept., www.ffm-montreal.org. Weinig Hollywood: op Canada's oudste filmfestival zijn films uit de hele wereld te zien.

Pop Montréal: 5 dagen eind sept., begin okt., www.popmontreal. com. Festival met indiemuziek uit Montréal en de rest van Noord-Amerika.

Le Festival du Nouveau Cinema: 10 dagen half okt., www.nouveaucinema.ca. De laatste trends op het gebied van film en nieuwe media.

Vervoer

Vliegtuig: Aéroport international Pierre-Elliott-Trudeau (tel. 514-633-3333, 1-800-465-1213, www.admtl.com) ligt in de voorstad Dorval in het westen van het Île de Montréal en wordt bediend door alle grote maatschappijen. De grote hotels in Centre-Ville liggen op zo'n 20 km afstand. De meeste grote hotels in het centrum bieden een gratis shuttleservice aan. Afhankelijk van de drukte op de weg duurt de rit 30 tot 50 minuten. Kunt u geen gebruik maken van een gratis shuttle, dan is de goedkoopste bus die van de Société de Transport de Montréal (STM): de Express Bus 747 van deze maatschappij rijdt 24 uur per dag voor $ 10 tussen de luchthaven en verschillende bestemmingen in Centre-Ville (www.stm.info). Taxi's zijn duurder en niet per se sneller. Een ritje naar het centrum zou doorgaans niet meer dan $ 50 moeten kosten.

Trein: De treinen van **VIA Rail** (tel. 1-888-842- 7245, www.viarail.ca) vertrekken van het station **Gare Centrale** in Centre-Ville (935 Rue de la Gauchetière Ouest, tel. 514-989-2626). De treinreis naar Toronto – tegenwoordig met wifi aan boord – duurt 4-6 uur, naar Québec bent u 3 uur onderweg. Andere verbindingen zijn die met het Péninsule de Gaspé, met de Canadese Atlantische kust en met New York City.

Bus: Greyhound Canada (tel. 1-800-661-8747, www.greyhound.ca) verbindt Montréal met de rest van het land en de Verenigde Staten. Busstation **Gare d'autocars de Montréal** is 24/7 geopend (rue Berri 1717, tel. 514-842-2281).

Huurauto: alle grote maatschappijen zijn vertegenwoordigd op het vliegveld.

Openbaar vervoer in de stad: voor bezoekers is de **metro** (zie Thema blz. 252) de beste en goedkoopste manier om Montréal te ontdekken. Met 4 lijnen en 66 stations bedient de metro het grootste deel van het Île de Montréal. De metro wordt aangevuld door een wijdvertakt busnetwerk. Toeristen die slechts kort in de stad zijn en op hun gemak alle bezienswaardigheden willen aflopen, kunnen een bus- en metropas voor één of drie dagen kopen. Het 24-uursticket kost $ 10, een pas voor drie dagen $ 18. De alternatieven zijn de **chipkaart OPUS** (minimumbedrag $ 6) of een simpel retourtje *(billet aller et retour)* van $ 6. Info over het lijnennetwerk, de tarieven en de dienstregeling vindt u op www.stm.info.

Adressen

Actief

MONT-ROYAL – DE STADSBERG BEKLIMMEN

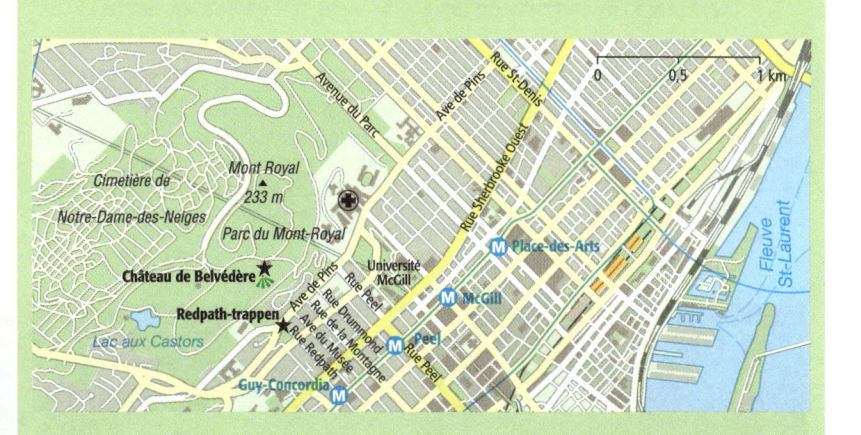

Informatie
Begin: Rue Peel (noordeinde) of Redpath-trappen
Duur: 90 min. tot de belvedère

Belangrijk: wie 's zomers vanaf Centre-Ville/Downtown de klim wil wagen, doet er goed aan genoeg water en mineraalrijk proviand mee te nemen – het is een stevige klim.

De Mont-Royal is niet zo hoog, maar heeft mooie wandelpaden kris-kras over zijn hellingen. Een van de inspannendste wandelingen is die over de trail die begint aan het einde van de **Rue Peel**: met trappen en vol haarspeldbochten gaat het hier omhoog naar het Château de Belvédère. Vele wegen leiden echter naar boven. Vier straten – Rue Redpath, Avenue du Musée, Rue de la Montagne en Rue Drummond lopen ten noorden van de Avenue Docteur Penfield dood, dus u moet bij de bij **Avenue des Pins** beginnende paden en trappen over de berg zijn. De **Redpath-trappen** zijn de mooiste. Nog op het onderste derde deel van de berg bereikt u de hoofdweg, die omhoog loopt over de schouder van de berg. Daar begint een ruim tweehonderd treden tellende trap naar de belvedère **Château du Mont-Royal**, waar u een fantastisch uitzicht hebt op heel Centre-Vile. De berg waar de stad naar is vernoemd is een rustpunt in de huizenzee van de stad en van oudsher een geliefde bestemming voor wandelaars, joggers en fietsers. Aan de oevers van een kunstmatig meer, het **Lac aux Castors**, wordt in de zomer gezonnebaad en gepicknickt. Niet ver van het meer liggen de twee gemeentelijke begraafplaatsen, waar het met de lommerrijke, vredige lanen en het uitzicht op het noordelijke deel van de stad ook goed wandelen is. In de winter draaien alle activiteiten op de slechts 250 m hoge berg om sneeuw – langlaufen, sleeën. En ook dan is de Mont Royal geschikt voor een – heel wat pittiger – wandeling of workout.

Uitstapjes in de omgeving

Het gebied rond Montréal heeft geen spectaculair natuurschoon te bieden, maar wie twee uur in noordelijke richting rijdt, ontdekt Canada à la française – met dichtbegroeide bossen en ruig graniet, elanden, bevers en goede restaurants. De streek ten zuiden van Montréal kent een rijke historie, uiteraard met veel savoir-vivre'.

De **Laurentides** (het Laurentidegebergte) met toppen tot een hoogte van 1000 m maken deel uit van het oeroude Canadian Shield. Dit geologische verschijnsel, de grootste granietplaat ter wereld, krult zich in de vorm van een reusachtig hoefijzer rond de Hudson Bay en bedekt daarbij Labrador en Québec bijna helemaal en Ontario ten dele.

Het gebied ten zuidoosten van Montréal biedt een geheel andere aanblik. Ten zuiden van de Fleuve Saint-Laurent bereikt u algauw de **Montérégie**, een streek met boerderijen en

Été indien in de Laurentides – de herfst hoeft niet triest, koud en regenachtig te zijn

meren, die terugkijkt op een stormachtig verleden. De regio wordt doorsneden door de Richelieu. Het rivierdal vormde eeuwenlang een belangrijke noord-zuidas, maar was ook een militaire route waarover Irokezen, Fransen, Engelsen en Amerikanen het gebied in trokken. Stoere forten en blokhutten herinneren nog aan deze tijd.

Richting het zuidoosten komt het keurige akkerland geleidelijk aan steeds hoger te liggen, om te eindigen in de middelhoge Appalachen in de **Cantons de l'Est**. Vroeger noemde men deze streek de Eastern Townships. Dat had te maken met de loyalisten die de VS ontvluchtten en zich rond 1800 in het gebied vestigden, waar ze huizen en dorpen bouwden in de stijl van New England. Inwoners van Montréal denken bij de naam Cantons de l'Est aan wandelen, kanoën, zeilen, surfen of relaxed rondhangen in een huisje aan een meer of in een van de vele Country Inns. In het weekend trekken veel stedelingen er dan ook graag op uit. Angst voor grote mensenmassa's is niet nodig – zelfs in het 'dichtbevolkte' zuiden van Canada is plaats genoeg.

Laurentides

Kaart: zie blz. 265

Dit gebergte ontstond ruim tienduizend jaar geleden, toen smeltende gletsjers er een laatste stempel op drukten. De hoogste top is die van de **Mont Tremblant** ('trillende berg', 1000 m). De Laurentides zijn de favoriete plek van de buitensportfans onder de Montréalers. Het berglandschap ondergaat het toerisme met een haast stoïcijnse gelatenheid. De mooie stadjes, die begonnen als elegante buitenplaatsen van rijke stedelingen, laten zich niet gek maken door de sportievelingen uit de stad die er in groten getale het weekend komen doorbrengen. Net als vroeger staat hier de kerk met zijn zilverglanzende torenspits in het hart van het dorp, omringd door schattige houten huisjes met houtsnijwerk op de gevels en veranda's rondom. Neonreclames en hoogbouw zijn geheel afwezig, terwijl makers van handbeschilderde borden juist oververtegenwoordigd zijn. Eersteklas restaurants zijn er overigens ook in overvloed.

Saint-Sauveur-des-Monts en Sainte-Adèle ▶ J 9

Het eerste van deze pareltjes langs Autoroute 15, de grote uitvalsweg vanuit Montréal naar het noorden, is **Saint-Sauveur-des-Monts** [1]. Fraaie boetieks, winkels met kunstnijverheid, een bruisend nachtleven met optredens van jazz- en bluesmuzikanten uit heel Noord-Amerika en natuurlijk uitstekende restaurants: Saint-Sauveur is een geslaagde mengeling van een kunstenaarskolonie en een Europees kuuroord.

Ook in het aan Lac Rond gelegen **Sainte-Adèle** [2] zijn kunstenaars te vinden. In de smaakvol ingerichte galeries die de hoofdstraat omzomen kunt u ze persoonlijk

Uitstapjes in de omgeving

ontmoeten, te midden van hun werk. In het rustige stadje **Val-David** 3 aan de voet van de rotskam Mont Césaire is men minder commercieel ingesteld. In de kunstenaarscafés en op de terrassen van de restaurants heerst een ontspannen sfeer.

Sainte-Agathe-des-Monts ▶ J 9
Sainte-Agathe-des-Monts 4 is van oudsher in trek bij de rijken. Langs de oever van het Lac de Sable kunt u de fraaie zomerhuizen van Amerikaanse filmproducenten en Canadese zakenlieden zien liggen. De natuur wordt steeds mooier als u van deze plaats naar het noorden rijdt. Van de weg die rond het meer voert, splitst zich een smalle zijweg af de wildernis in, die uitkomt bij het natuurreservaat met de naam **Centre Touristique et Éducatif des Laurentides**. Trails met een lengte tot 15 km lopen rond het vredige **Lac Cordon** en twee andere meren (5000, ch. du Lac Caribou, Saint-Faustin-Lac-Carré, www.ctel.ca, ma.-vr. vanaf 9, zo. vanaf 8 uur tot zonsondergang, volwassenen $ 7,25, kinderen $ 3,50).

Parc national du Mont-Tremblant ▶ J 8
Het skistation op de **Mont-Tremblant** is vanaf het Lac Cordon goed te zien. Het hoogste punt van de Laurentides (968 m), dat de laatste tien jaar is uitgegroeid tot het grootste wintersportgebied van Oost-Canada, trekt in alle seizoenen veel publiek. 's Winters wordt hier geskied en 's zomers is het een eldorado voor wandelaars, mountainbikers en watersporters. Beginnende kanoërs kunnen in het nationaal park hun hart ophalen. In het **Parc national du Mont-Tremblant** 5 liggen zo'n vijfhonderd meren, waarvan een deel met elkaar is verbonden. Er liggen eenvoudige campings en aan Lac Monroe zijn kano's te huur.

Informatie
Association touristique des Laurentides: 14142, rue de la Chapelle, Mirabel, tel. 450-436-8532, 1-800-561-6673 (reserveringen), www.laurentides.com. Deze organisatie verstrekt adressen van hotels en restaurants en verzorgt hotelreserveringen.

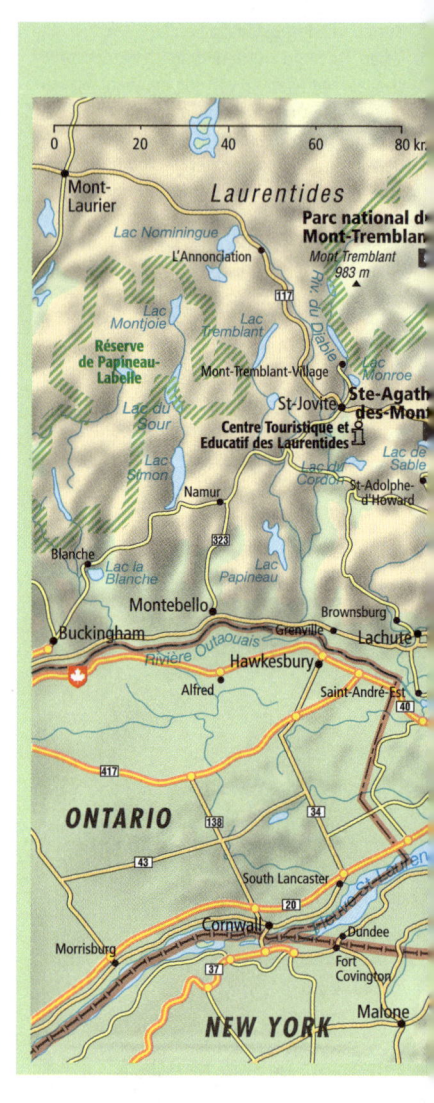

Accommodatie
De kwaliteit van de horeca in dit gebied is, mede dankzij de nabijheid van Montréal, opvallend goed.

… in Saint-Sauveur:

Aangenaam – **Manoir Saint-Sauveur:** 246, ch. du Lac-Millette, tel. 450-227-1811, 1-800-361-0505, www.manoir-saint-sauveur.com.

Laurentides

Omgeving van Montréal

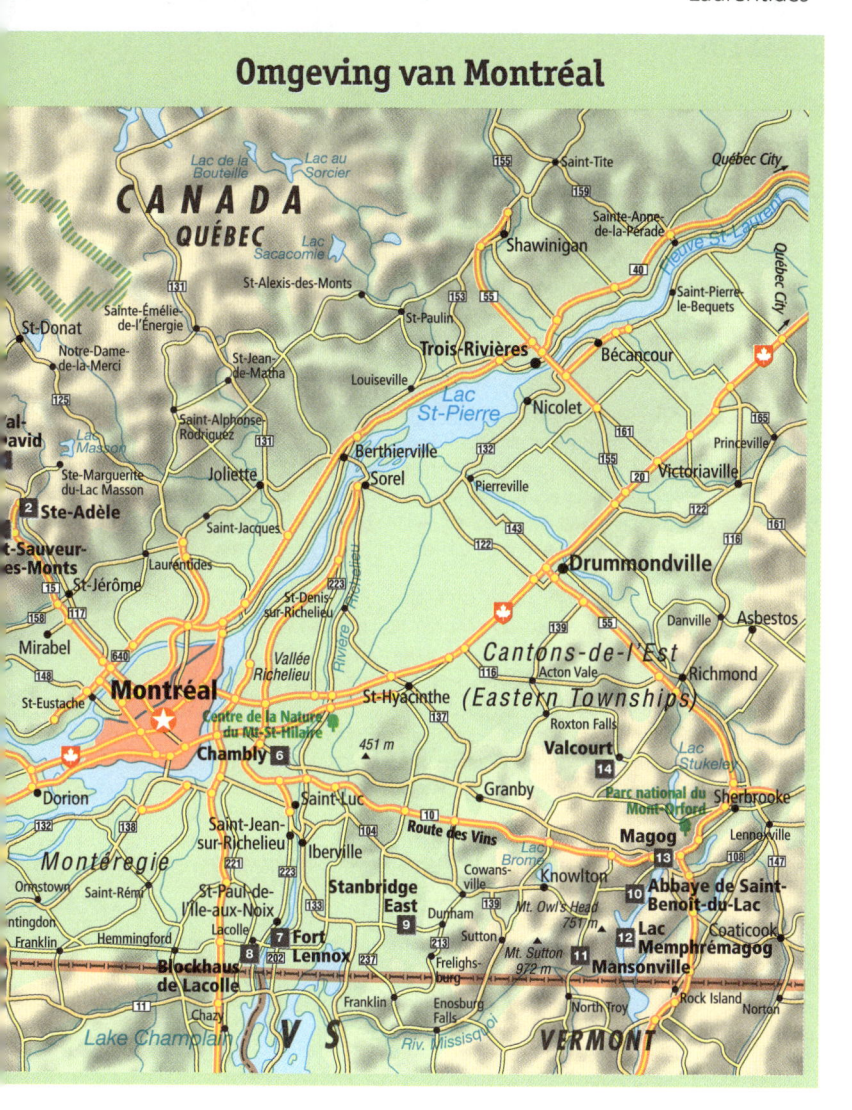

Verzorgd hotel met sportieve uitstraling aan de voet van een populair vierseizoenenresort, saunacentrum en een uitstekend buffet. 2 pk $ 140-400.

... in Val-David:

Idyllisch – **Auberge du Vieux Foyer:** 3167, 1er Rang Doncaster, Val-David, tel. 819-322-2686, 1-800-567-8327, www.aubergeduvieuxfoyer.

com. Aangename, lichte kamers, stijlvolle, rustieke cottages, saunacentrum en fijn dineren. 's Zomers verwarmd zwembad, huurfietsen: een complete vakantie. 2 pk $ 210-260.

... in Mont-Tremblant:

Schattig – **Le Couvent B&B:** 137, rue du Couvent, tel. 819-425-8608, www.lecouvent.com. Landelijke gemoedelijkheid in het dorpje

'Het sap komt!'

De dagen lengen, de temperatuur stijgt: de winter neemt afscheid en het voorjaar nadert. In Québec is dit de tijd van de *maple syrup*. Met het hele gezin trekken de Québécois de bossen in om in traditionele suikerhutten te genieten van verse ahornsiroop en de stevige gerechten die de *cuisine québécoise* te bieden heeft.

Veel gezinnen in grote steden als Montréal en Québec hebben familieleden op het platteland. En nu is het dé tijd om ze te bezoeken. Proviand en de kinderen worden in de auto gezet en men gaat op weg naar de uitgestrekte bossen, waar een neef een *sucrerie* drijft, een hut waar ahornsiroop wordt ingekookt. Daar logeert het gezin dan een weekend of misschien wel een hele week, helpt een handje bij het verzamelen van het sap, bezoekt feestjes en geniet van het feit dat de hele familie weer eens bijeen is.

Wie deze lekkernij 'uitgevonden' heeft, is niet bekend. In elk geval gebruiken de indianen in Zuidoost-Canada de siroop al sinds mensenheugenis. Waarschijnlijk werd het sap bij toeval ontdekt. Misschien velde een indiaan een boom, kreeg hij het sap dat uit de bast naar buiten stroomde op zijn hand en likte hij zijn vingers schoon. En ontdekte zo de zoete smaak. Later merkten de indianen dat het sap ingedikt nog zoeter smaakt. Daarom kookten zij het enige tijd en voilà – daar was de *maple syrup* zoals die nu bekend is. De indianen ontdekten nog iets anders. Door hun zeer eenzijdige dieet, dat 's winters vrijwel uitsluitend uit vlees bestond, kregen velen van hen last van 'lentekoorts', zoals zij scheurbuik noemden. De zoete ahornsiroop bevat veel vitamine C, en daardoor bleven stamleden die ervan dronken kerngezond. De blanke immigranten gingen de siroop gebruiken als zoetstof en als geneesmiddel. Omdat de suiker uit de Britse koloniën in het Caribisch gebied heel duur was, gebruikte men in de keuken voornamelijk ahornsiroop als zoetstof. De productie hiervan ontwikkelde zich tot een heuse bedrijfstak.

Ahornsiroop wordt uitsluitend gemaakt in Noord-Amerika, want alleen daar groeit de suikeresdoorn. Twee derde van de productie vindt plaats in Québec. In de esdoornbossen wordt in honderden hutjes van half maart tot eind april hard gewerkt. Sommige producenten willen geen druppel verspillen en gebruiken daarom vacuümpompen om het sap uit de bomen te zuigen en het door lange slangen naar de hut te laten stromen.

Het zijn echter overwegend familiebedrijven, waar iedereen meehelpt om de bomen aan te snijden, het heldere sap in emmers op te vangen en vervolgens naar de hut dragen. Daar wordt de vloeistof, die voor 95% uit water bestaat, in metalen ketels ingekookt. Voor een liter siroop is 40 liter ahornsap nodig. Uren later is de siroop gereed. De kinderen zijn altijd opgetogen als de eerste kuip klaar is. De vader schept met een pollepel een beetje van de kleverige massa in de helderwitte sneeuw voor de hut. Hij wacht tot de siroop iets is afgekoeld, steekt er vervolgens een stokje in en klaar is de eerste ahornlolly van het jaar! Na een dag hard werken geniet men 's avonds aan de ruwhouten tafel in de hut van een stevige maaltijd met verschillende traditionele siroopgerechten. Zo viert de familie meteen ook het einde van de winter.

Karl Teuschl

Mont-Tremblant. Ook hutten en een appartement. 2 pk $ 100-130.

Eten en drinken
… in Sainte-Adèle:
Intiem smikkelen – **À l'Express Gourmand:** 31, rue Morin, Ste-Adèle, tel. 450-229-1915, lexpressgourmand.ca, wo.-zo. vanaf 17 uur. Zorgvuldig toebereide en door Franse wijnen gecompleteerde seizoensgerechten in een erg fijne sfeer. Voorgerecht $ 8-16, hoofdgerecht $ 24-37.

… in Saint-Sauveur:
Authentiek – **Crêperie la Gourmandise Bretonne:** 396, rue Principale, tel. 450-227-5434, www.creperiesaintsauveur.com. Alle soorten en maten crêpes – van mini tot reusachtig en van zoet tot pittig. Voorgerecht $ 6-10, hoofdgerecht $ 12-24.

… in Val-David:
Eenvoudig en goed – **Jack Rabbit:** 2481, rue de L´Église, Val David, tel. 819-322-3104. Pasta- en vleesgerechten, op geraffineerde wijze bereid. Voorgerecht $ 5-9. hoofdgerecht $ 13-19.

Winkelen
Winkelen is het leukst in **Saint-Sauveur**. Aan de rand van deze plaats liggen tal van in de lokale architectonische stijl gebouwde factory outlets waar kleding van merken als Levi's, Nautica en Patagonia, huishoudelijke artikelen en sieraden te koop zijn. In de Rue Principale in **Sainte-Agathe** liggen galeries waar werk van lokale kunstenaars wordt aangeboden. Ook in **Val-David** zijn *ateliers* te vinden die het nodige publiek trekken.

Uitgaan
Het nachtleven van de Laurentides speelt zich af in **Saint-Sauveur** en Mont-Tremblant. In Saint-Sauveur moet u 's avonds in de hoofdstraat Rue Principale zijn. Een van de vele leuke muziekcafés is **Les Vieilles Portes** (nr. 185, tel. 450-227-2662, dag. 18-3 uur) met livemuziek en oldiesdisco. Internationaler – deze plaats wordt ook door New Yorkers bezocht – gaat het er 's avonds aan toe in **Mont-Tremblant**. Hier zitten veel bars, lounges, muziekcafés en clubs dicht bij elkaar. Neem eens een kijkje in **Le P'tit Caribou**, een café dat vele malen is uitgeroepen tot beste kroeg van Oost-Canada, met livemuziek en gezellig dansen midden in de Village (125, ch. de Kandahar, tel. 819-681-4500, www.ptitcaribou.com).

Vervoer
Vanuit Montréal komt u via Autoroute 15 in de Laurentides.

Montérégie en Cantons de l'Est

Kaart: zie blz. 265

In het zuidoosten van Montréal kunt u tijdens een dagtochtje kennismaken met de Franse *joie de vivre* en de discrete charme van 'good old England'. Deze gevarieerde streek biedt een lichtverteerbare mengeling van natuur, geschiedenis en cultuur. Uitgestrekte wijngaarden en appelkwekerijen treft u aan in de **Montérégie**. Kleine dalen en fraaie stadjes met een rijke geschiedenis betoveren bezoekers in de **Cantons de l'Est**. Verder kunt in dit gebied stoere forten en historische slagvelden bezoeken, en 's avonds uw intrek nemen in een van de gezellige, landelijke hotels.

Fort Chambly ▶ K 9
Fort Chambly, Fort Saint-Jean en Fort Lennox, alledrie gelegen aan Route 223 in het dal van de in strategisch opzicht belangrijke Rivière Richelieu, stammen uit de eerste 150 jaar van het bestaan van Canada. De forten beschermden Nieuw-Frankrijk tegen de Irokezen en de Britten en zouden later de Amerikanen weghouden uit Brits-Noord-Amerika. **Fort Chambly** in **Chambly** 6 is het oudste van de drie. In 1665 bouwden Franse soldaten hier een houten fort om Montréal te vrijwaren van de gevreesde Irokezen. De huidige vesting werd gebouwd in 1711, uit angst voor aanvallen van de Britten. Het is een imposant, op een bastion lijkend kasteel met kantelen en schietgaten, dat aan twee zijden door het water van de Richelieu wordt

Uitstapjes in de omgeving

omgeven (2, rue de Richelieu, Chambly, apr.-mei, begin sept. tot okt. wo.-zo., juni-begin sept. dag. 10-17 uur, volwassenen $ 5,65, kinderen $ 2,90).

Fort Lennox ▶ K 10

1, 61e av. St-Paul, tel. 450-291-5700, half mei-eind juni dag. 10-17, eind juni-eind sept. dag. 10-18 uur, okt. alleen op afspraak, volwassenen $ 7,80, kinderen $ 3,90

Voorbij de industriestad Saint-Jean-sur-Richelieu rijdt u via Route 223 bij Saint-Paul-de-l'Île-aux-Noix naar het **Île aux Noix** ('noteneiland'), dat als een natuurlijke douanepost midden in de Richelieu ligt. Het deelt de rivier in twee smalle, gemakkelijk te controleren armen. Het wekt geen verbazing dat er een fort werd gebouwd op deze plek, die slechts enkele kilometers verwijderd is van de monding van het zich diep in de VS uitstrekkende Lake Champlain. Op het eiland hield men, eerst vanuit een Frans, daarna vanuit een Brits fort, het noord-zuidverkeer in de gaten. Na de oorlog van 1812 bouwden de Britten uit angst voor de Amerikanen er het nu nog intacte **Fort Lennox** [7]. Het is een imposant complex, dat wordt omringd door water en hoge muren.

Blockhaus de Lacolle ▶ K 10

1, rue Principale, St-Paul-de-l'Île-aux-Noix

Het laatste fort voor de Canadees-Amerikaanse grens, in de buurt van de kruising van Route 202 en 221, is het **Blockhaus de Lacolle** [8]. Dit is een van de weinige fortificaties in de vorm van een blokhut die de tand des tijds hebben doorstaan. Het gebouwtje, ondanks de Duitse naam neergezet door de Britten in 1781, weerstond tal van aanvallen die de geschiedenisboeken nooit zouden halen. Schietgaten, sporen van hagel en pijlpunten in het hout getuigen nog van deze wilde tijden.

Stanbridge East en Québecs wijnroute ▶ K 9/10

Het slaperige plaatsje **Stanbridge East** [9] aan Route 202, met zijn *village green*, zijn oude dorpsplein en de tegenwoordig met gras begroeide brandkuil is een lust voor het oog. Bezoek in deze plaats het **Musée de Missisquoi**, waar meubels, huisraad en kleding een beeld schetsen van het leven dat de loyalisten zo'n twee eeuwen geleden leidden (2, rue River, www.museemissisquoi.ca, eind mei-half okt. dag. 10-16.30 uur, volwassenen $ 10, kinderen $ 3).

Bent u weer terug in het heden, rij dan via Route 202 naar Cowansville en Dunham, de zogeheten **Chemin des Vignobles**. Een wijnroute? Daar is het in Québec toch veel te koud voor? Toch gedijen de wijnstokken, waaraan druiven voor witte en rode wijn rijpen, hier prima. Er heerst in dit gebied een bepaald microklimaat, waardoor het meer zonuren telt dan de rest van de provincie. Een twintigtal wijnboeren maakt hiervan gebruik en zo komt het dat hier sinds het begin van de jaren 80 niet alleen tomaten en aardappels worden geteeld, maar ook uitgestrekte wijngaarden de glooiende heuvels sieren. Stijlvolle borden langs de weg nodigen uit tot een *dégustation* (wijnproeverij). Sommige van de wijnen die hier in het hoge noorden van Noord-Amerika worden geproduceerd, kunnen de concurrentie uit Californië aan (www.laroutedesvins.ca).

Abbaye de St-Benoît-du-Lac en Mansonville ▶ L 9

Ook de volgende bezienswaardigheid zult u – dankzij gregoriaanse gezangen en huisgemaakte kaas – niet snel vergeten. Achter de tot bijna 1000 m hoge Monts Sutton, waarover Route 243 zich slingerend een weg baant, ligt op een hoogte boven Lac Memphremagog de **Abbaye de Saint-Benoît-du-Lac** [10] (www.abbaye.ca). De bouwers van deze abdij, benedictijner monniken uit Noord-Frankrijk, kozen in 1912 een schilderachtige locatie uit, te midden van groene weiden, blauwe bergen en stil water. De kaas die hier door de circa vijftig monniken wordt geproduceerd is geliefd in heel Québec.

Landschapsfotografen raken in vervoering in **Mansonville** [11], iets verder zuidelijk aan Highway 243. Dit dromerige stadje, dat net zo goed ten zuiden van de grens had kunnen liggen, geeft met zijn overdekte brug, acht kerken en fraaie ronde schuur een goed beeld van de architectuur van New England.

Montérégie en Cantons de l'Est

Lag Memphrémagog ▶ L 9

De benedictijnen en de nazaten van de loyalisten zijn niet de enigen die genieten van deze vredige idylle: het geheim van **Lac Memphrémagog** 12 is ook in Hollywood allang bekend. Donald Sutherland, geboren in New Brunswick, was de eerste ster die hier een fraai zomerhuis kocht. Andere prominente nieuwe 'kolonisten' zijn Sylvester Stallone en Madonna. Maar een tweede Beverly Hills zal het niet worden; de sterren komen hier voor hun rust en verschansen zich achter hoge hekken.

Aan de noordzijde van Lac Memphrémagog ligt het vakantieoord **Magog** 13. Boven het stadje rijst de 900 m hoge **Mont-Orford** uit, 's winters een geliefd skioord en 's zomers een wandelparadijs. Het uitzicht van het panoramaterras over het 42 km lange meer is de moeizame klim zeker waard – maar u kunt ook de stoeltjeslift nemen. Op de andere bergwand ligt het **Parc national du Mont-Orford**: een klein maar fijn natuur- en recreatiegebied met kristalheldere meren en stille wandelpaden.

Valcourt ▶ L 9

Via Autoroute 10 rijdt u in circa 2,5 uur terug naar Montréal. Wie in techniek is geïnteresseerd, kan onderweg nog een leuk uitstapje maken: in **Valcourt** 14 bevindt zich het **Musée de l`ingéniosité**. Er zijn alleen sneeuwvoertuigen te zien. Joseph-Armand Bombardier bouwde als jongen al zijn eerste gemotoriseerde slee. Hij monteerde de motor van een T-Ford op zijn hondenslee en liet het geheel aandrijven door een (levensgevaarlijke) schroef. In 1937 volgde zijn eerste commerciële sneeuwmobiel, in 1959 zag de Ski-doo het levenslicht, die nu bekend is als de sneeuwscooter. Tegenwoordig is Bombardier een bedrijf dat wereldwijd opereert – het museum brengt in herinnering op welke bescheiden schaal het allemaal begon (1001, av. J.-A.-Bombardier, www.museebombardier.com, mei-sept. dag. 10-17 uur, volwassenen $ 12, kinderen $ 8).

Informatie

... in Brossard:
Tourisme Montérégie: 8940, blvd. Leduc, ten zuidoosten van Montréal (▶ K 9), tel. 866-496-0069, www.tourisme-monteregie.qc.ca. Voor brochures, hulp bij het plannen van uw route en reservering van accommodaties.

... in Sherbrooke:
Tourisme Cantons de l'Est: 20, rue Don-Bosco Sud, Sherbrooke, tel. 800-355-5755, www.cantonsdelest.com. Assistentie bij het plannen van uw route.

Accommodatie

... in Magog:
Snoezig – **Auberge Château du Lac:** 85, rue Merry Sud, tel. 819-868-1666, 1-888-948-1666, www.lechateaudulac.com. Elegante kleine inn aan het meer. Kamers in empirestijl. Bijbehorend Frans restaurant. 2 pk $ 170-210.
Dromerig slapen – **À L'Ancestrale:** 200, rue Abbott, tel. 819-847-5555, www.ancestrale.com. Romantische B&B in het centrum. Kamers met namen als L'inoubliable (onvergetelijk) en La Rêveuse (droomster). 2 pk $ 100-150.

Eten en drinken

... in Magog:
Brouwerijrestaurant – **Microbrasserie La Memphré:** 12, rue Merry Sud, tel. 819-843-3405, www.microbrasserielamemphre.com, ma.-vr. 11.30-24, za., zo. 12-1 uur. Ongecompliceerde kroeg met eigen microbrouwerij. Burgers, sandwiches, pastagerechten. Voorgerecht $ 5-10, hoofdgerecht $ 16-28.
Mooi uitzicht – **Restaurant L'Ancrage:** 1150, rue Principale Ouest (in Hotel l'Étoile-sur-le-lac), tel. 819-843-6521, www.etoilesurlelac.ca. Mediterrane keuken, terras met meerzicht. Erg lekker: de *canard foie gras*. Voorgerecht $ 6-9, hoofdgerecht $ 11-24.

Winkelen

In **Magog** liggen de meeste winkels langs de **Rue Principale**. Het aanbod loopt uiteen van antiek, kunst, goedkope rommelwinkeltjes, dure schoenenzaken en trendy boetieks. De winkel **Art-en-Soi** (nr. 416) verkoopt decoratieve voorwerpen *faits au Québec*.

Laurentides
St-Lawrence R.
Péninsule de Gaspé
Ville de Québec
Trois-Rivières

Hoofdstuk 4

Québec

'Bienvenue au Québec' staat op een bord langs de Highway, die nu Autoroute heet. Ernaast wappert de vlag met de lelie van de Bourbons in de wind. Zo worden toeristen komend uit Ontario op sympathieke wijze verwelkomd. Circa 80% van de bevolking spreekt hier Frans.

Québec, met 1,5 miljoen km² de grootste Canadese provincie, is de Franse variant van het reusachtige land. De provincie is ruim twintig keer zo groot als de Benelux, maar telt slechts ruim acht miljoen inwoners, die bijna allemaal in het vruchtbare St. Lawrence-laagland in het uiterste zuiden wonen. Het komt erop neer dat 90% van Québec leeg of dunbevolkt is. Het klassieke beeld dat van Canada bestaat – water, houten huisjes, beren en bevers – gaat dus ook op voor Québec.

Kebec ('versmalling in de rivier') is de naam die de Algonkiansprekende indianen gaven aan de plek bij de rivier waar Samuel de Champlain in 1608 de grondslag legde voor Frans Noord-Amerika. Tegenwoordig bezit het St. Lawrencelaagland met de veeltalige miljoenenstad Montréal en de ommuurde provinciehoofdstad Québec twee van de opmerkelijkste steden van Noord-Amerika. Beide vormen het middelpunt van agglomeraties met een moderne landbouw en toekomstgerichte industrieën. Ten noorden van de rivier begint het Canadian Shield, een gebied gekenmerkt door bosbouw en houtindustrie, papier- en cellulose-industrie en enorme waterkrachtcentrales, die de hele provincie van elektriciteit voorzien.

Québec kent veel gezichten. In het landelijke St. Lawrencelaagland herinnert de provincie in de Eastern Townships aan New England en tussen Trois-Rivières en Québec aan het oude Nieuw-Frankrijk. De ruige Côte-Nord en het Péninsule de Gaspé hadden echter ook zo in Newfoundland kunnen liggen. Eén ding hebben al deze regio's gemeen: de natuur begint al onder de rook van de stad.

De door de Britten uit Nova Scotia en New Brunswick
verdreven Acadiërs bouwden hun bonte huisjes op
de groene weiden van het Îles-de-la-Madeleine

In een oogopslag: Québec

Hoogtepunten

⭐ **Ville de Québec:** de hoofdstad van de gelijknamige provincie is de bakermat van de Franse cultuur in Noord-Amerika (zie blz. 274).

Charlevoix: (levens)kunstenaars zorgden ervoor dat het schilderachtige berglandschap ten noorden van de St. Lawrence River synoniem staat met bohème en genieten (zie blz. 296).

🍀 **Péninsule de Gaspé:** dit fraaie, ruige gebied aan de St. Lawrencebaai (Golfe du St-Laurent) is met zijn kleine vissershavens en woeste binnenland een paradijs voor natuur- en wandelliefhebbers (zie blz. 306).

Fraaie routes

Chemin du Roy: de oude Koningsweg, die parallel aan Autoroute 20 langs de St. Lawrence River loopt, voert door enkele van de oudste dorpen van Noord-Amerika (zie blz. 292).

Route 362: de oude kustweg, die zich tegen de steile kust van het Canadian Shield vlijt, leidt door enkele van de fraaiste dorpen en landschappen van de provincie (zie blz. 297).

Route 138 van Godbout naar Sept-Îles: dit deel van de ruige noordkust biedt met zijn vele indrukwekkende uitkijkpunten op de rivier een van de mooiste roadtrips van Oost-Canada (zie blz. 302).

Route 132 van La Martre naar L'Anse-au-Griffon: deze route langs de grillige noordkust van het Péninsule de Gaspé doet zeker niet onder voor de veel beroemdere Cabot Trail op Cape Breton Island (zie blz. 316).

Tips

Veerboot naar Lévis: het mooiste uitzicht op de unieke skyline van Ville de Québec hebt u vanaf het water (zie blz. 284).

Grosse-Île: Canada's tegenhanger van Ellis Island laat de ontberingen en gevaren zien die immigranten 180 jaar geleden moesten doorstaan (zie blz. 306).

Château Bahia bij Pointe-à-la-Garde: in deze rustieke variant van het Zuid-Duitse sprookjeskasteel Neuschwanstein kunt u een nacht kasteelheer spelen (zie blz. 322).

Îles-de-la-Madeleine: de uit zeven eilandjes bestaande archipel is een idylle met groene, zacht afgeronde heuvels en eindeloze goudgele zandstranden (zie blz. 323).

Van oudsher een inspiratiebron voor kunstenaars: het herfstige kleurenpalet in Charlevoix

Actief

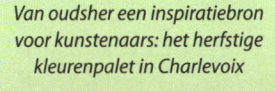

Kajakken in het Parc national du Bic: wind, weer en golven zijn de elementen waar u in een kajak mee te maken hebt. Plus aalscholvers en andere zeevogels en nieuwsgierige zeehonden. Met wat geluk komt er zelfs een walvis langs (zie blz. 311).

Fitness op de Mont-Albert: steil, steiler, steilst – de Mont-Albert en de andere toppen van de onherbergzame Monts Chic-Chocs op het Péninsule de Gaspé vormen een waar trekkingparadijs, dat zelfs aan wandelaars met de beste conditie hoge eisen stelt (zie blz. 317).

⭐ Ville de Québec

▶ L 8

De enige stadsmuur ten noorden van Mexico laat er geen misverstand over bestaan: deze stad is anders. Québec, de hoofdstad van de gelijknamige provincie, is niet alleen een van de mooiste steden op het continent, maar ook de bakermat van de Franse cultuur in Noord-Amerika en een symbool van het Frans-Canadese zelfbewustzijn.

Québec was en is de meest Franse stad van Canada. Het is ook het bolwerk van de separatisten, die al ruim veertig jaar steeds opnieuw met veel lawaai de onafhankelijkheid van hun provincie opeisen. Desondanks hangt in de ruim vier eeuwen oude stad aan de monding van de Rivière St-Charles in de St. Lawrence River (die hier Fleuve St-Laurent heet) nog altijd een aangenaam provinciale sfeer – ook al wonen er inmiddels meer dan achthonderdduizend mensen en speelt Québec politiek een vooraanstaande rol als hoofdstad van de grootste provincie van Canada.

Zelfs de stromen toeristen uit alle delen van de wereld hebben daar geen verandering in gebracht: het omliggende platteland, vanwaar de meeste bewoners pas de laatste vijftig jaar naar de stad zijn verhuisd, bepaalt nog net als vroeger het levensritme van de stad. De mensen maken een praatje met hun buren op hun balkon, op straat of in het café en gaan zondags naar de kerk. Pas de laatste generatie heeft een uitgaansleven in gang gezet dat iets voorstelt. Inmiddels doen de danstenten, bars en restaurants aan de Grande Allée en de Rue Saint-Jean niet meer onder voor die in Montréal – integendeel. Als Amerikaanse culinaire tijdschriften een artikel wijden aan de Canadese keuken, staan de restaurants in Québec City steevast boven aan de ranglijst.

La vieille capitale, de oude hoofdstad, zoals de Québécois hun stad liefkozend noemen, bestaat uit twee heel verschillende delen. Buiten de stadsmuren raast het drukke verkeer door een moderne, Amerikaans aandoende *city* met winkelcentra, kantoorgebouwen en parkeerterreinen. Binnen het ommuurde **Vieux-Québec**, de oude stad met zijn doolhof van straatjes, gaat het er gemoedelijker aan toe – zelfs al concentreert het toerisme zich juist in dit deel. Daar komt bij dat hier op elke vierkante meter geschiedenis is geschreven. Nergens anders op het continent zijn binnen zo'n klein gebied zo veel belangrijke besluiten voor Noord-Amerika genomen als hier. In 1985 werd Vieux-Québec als eerste Noord-Amerikaanse stad door de UNESCO op de lijst van Werelderfgoederen geplaatst. Hoe terecht deze beslissing was, merkt als u een wandeling door de nauwe straatjes maakt.

De geschiedenis van de 'oude hoofdstad'

De indianen noemden deze plaats *kebec*, wat zoveel betekent als 'versmalling in de rivier'. Samuel de Champlain, de geograaf en visionaire vader van Nieuw-Frankrijk, zag direct het grote strategische belang van deze plaats in en liet in 1608 aan de voet van de hoge rots Cap Diamant een houten fort verrijzen: de Habitation de Québec. In de loop van de 17e eeuw groeide de kleine gemeenschap uit tot het zenuwcentrum van Nieuw-Frankrijk en overslaghaven van een pelshandelsimperium dat zich rond 1730 uitstrekte tot aan de Rocky Mountains en Louisiana. De Franse gouverneur resideerde hier en de jezuïeten legden er de basis voor de rooms-katholieke kerk in

Noord-Amerika. In 1759 slaagden de Engelsen er na herhaaldelijke vergeefse pogingen in de stad te veroveren. Na de nederlaag in de Zevenjarige Oorlog moest Frankrijk in 1763 bij de Vrede van Parijs bijna al zijn bezittingen in Noord-Amerika opgeven. Nieuw-Frankrijk, dat zich in die tijd uitstrekte tot aan de Grote Meren en de Mississippidelta, kwam in handen van het Britse Rijk.

Onder de Britten maakte de stad een bloeitijd door als houtoverslagplaats. Al snel woonden er meer Engels- dan Franstaligen in de stad. Rond 1900 lokte het florerende Montréal de Engelstaligen echter landinwaarts, en in 1920 sprak nog maar 10% van de bewoners van Québec-Stad Engels. Tegenwoordig is Québec *partout français* en dankzij het 'groeibeleid' van regering en stadsbestuur een bloeiende metropool, waarvan het ommuurde Vieux-Québec een warm plaatsje inneemt in het hart van de Québécois.

De **oude stad**, die even goed ergens in Noord-Frankrijk had kunnen liggen, is ideaal voor voetgangers. Alle bezienswaardigheden, restaurants en uitgaansgelegenheden liggen binnen de stadsmuur of vlak daarbuiten. Alleen voor uitstapjes in de omgeving hebt u een auto nodig. Om een goed beeld te krijgen van de bakermat van Nieuw-Frankrijk kunt u het best minimaal twee dagen uittrekken voor een bezoek. Vanwege de vele trappen zijn een goede conditie en stevige schoenen daarbij geen overbodige luxe. Vieux-Québec bestaat namelijk uit een bovenstad, de *haute ville*, die hoog op de Cap Diamant ligt, en een benedenstad, de *basse ville*, waarvan de huisjes elkaar verdringen op de smalle oever.

Vieux-Québec: Haute-Ville

Kaart: zie blz. 277

La Citadelle 1
Côte de la Citadelle, www.lacitadelle.qc.ca, mei-okt. dag. 9-17, anders 10-16 uur, elk uur rondleidingen, volwassenen $ 16, kinderen $ 6

Terrasse Dufferin: fantastisch uitzicht hoog boven de St. Lawrence River

Québec City Map

Estuaire de la Rivière Saint-Charles

Bassin Louise

Fleuve Saint-Laurent

Rivière Saint-Charles

Districts
- BASSE-VILLE
- HAUTE-VILLE

Key Locations
- Pont Samson
- Pont Dorchester
- Gare Intermodale / busstation
- Gare du Palais
- Old Post Office
- Quai St. André
- Espace 400e Bell
- Musée naval de Québec
- Parc d'Artillerie
- Québec Convention Centre
- Parc de l'Esplanade
- Parc des Champs-de-Bataille
- Parc Notre-Dame de la Garde
- Place Royale
- Place George V
- Place George VI
- Terrasse Dufferin
- Promenade de la Pointe-à-Carcy
- Promenade des Gouverneurs
- Jardin St-Roch
- Côte d'Abraham

Streets
- Rue des Sables
- Rue Saint-Honoré
- 7e Av.
- 6e Av.
- 5e Av.
- 4e Av.
- 3e Av.
- 2e Rue
- 1re Rue
- Rue de la Drave
- Rue Monseigneur-Gauvreau
- Rue de la Chapelle
- Rue Saint-François Est
- Bd. Charest Est
- Rue de la Couronne
- Rue Sainte-Madeleine
- Rue Sainte-Marie
- Rue Sainte-Claire
- Rue Saint-Gabriel
- Rutherland
- Bd. René Lévesque-Est
- Grande Allée Ouest
- Grande Allée Est
- Av. Brand
- Av. Garneau
- Rue Jean-Lesage
- Rue de l'Ancien Chantier
- Rue Sainte-Marguerite
- Rue Saint-Roch
- Côte Samson
- Côte du Palais
- Rue Christie Harnel
- Rue St. Thomas
- Rue St. Paul
- Rue des Remparts
- Rue Saint-Jacques
- Rue de l'Université
- Rue Sainte-Famille
- Rue Saint-Jean
- Rue Saint-Stanislas
- Rue d'Auteuil
- Rue des Glacis
- Rue Sainte-Ursule
- Rue du Trésor
- Côte de la Montagne
- Rue Saint-Pierre
- Rue Sault-au-Matelot
- Rue Dalhousie
- Rue du Petit Champlain
- Rue du Marché-Champlain
- Rue Saint-Louis
- Av. Ste-Geneviève
- Rue Laporte
- Av. Saint-Denis
- Côte de la Citadelle
- Rue Saint-Michel
- De la Chevrotière
- Rue Saint-Augustin
- Place George V
- Av. Wilfrid Laurier
- Av. George VI
- Place Montcalm
- Av. Taché
- Av. Ontario
- Av. du Cap-Diamant
- Rue Champlain
- Bd. Champlain
- Autoroute Dufferin

↑ Veerboot naar Lévis

440

0 200 400 600 800 m

Ville de Québec

Bezienswaardig
1. La Citadelle
2. Parc des Champs-de-Bataille/Plaines d'Abraham
3. Musée National des Beaux Arts du Québec
4. Terrasse Dufferin
5. Place d'Armes
6. Musée du Fort
7. Basilique-Cathédrale Notre-Dame-de-Québec
8. Séminaire de Québec/Musée de l'Amérique francophone
9. Musée des Ursulines
10. Cathédrale de la Sainte-Trinité
11. Parc d'Artillerie
12. Maison Jacquet
13. Hôtel du Parlement
14. Funiculaire
15. Église Notre-Dame-des-Victoires
16. Centre d'Interprétation de Place-Royale
17. Rue du Petit-Champlain
18. Centre d'Interprétation du Vieux-Port
19. Musée de la Civilisation

Accommodatie
1. Fairmont Le Château Frontenac
2. Manoir Victoria
3. Hotel Cap Diamant
4. Relais Charles Alexandre
5. Hotel Le Concorde
6. Au Château Fleur de Lys
7. Hotel et Condominiums de la Terrasse Dufferin
8. Auberge Internationale de Québec
9. KOA Québec City

Eten en drinken
1. Le Saint-Amour
2. Restaurant-Pub d'Orsay
3. Le Lapin Sauté
4. Café Le St-Malo
5. Café du Monde
6. Le Cochon Dingue

Winkelen
1. Marché du Vieux-Port de Québec

Uitgaan
1. Bistrot Pape-Georges
2. Dagobert Night-Club
3. Pub Saint-Alexandre
4. Boudoir Lounge
5. Grand Théâtre de Québec
6. Palais Montcalm
7. Théâtre Le Capitole

Een oude toeristische wijsheid leert dat u altijd het mooiste uitzicht hebt op de plek waar de kanonnen staan opgesteld. In Québec City is dat in **La Citadelle**, een van de grootste vestingen van Noord-Amerika, die hoog boven de stad en de rivier uit torent. Het wereldberoemde Château Frontenac, Québecs legendarische hotel dat de skyline domineert, lijkt op een steenworp afstand te liggen. Onder aan de indrukwekkende, met gras begroeide aarden wallen stroomt de majestueuze St. Lawrence River, die aan de horizon het historische Île d'Orléans omarmt. De stad ligt nog 1400 km van de Atlantische Oceaan, toch mengt zich hier al zout water in de donkere watermassa. In de winter wordt de macht van de oceaan zichtbaar: eerst knarsen en malen de ijsschotsen, geheel zoals het hoort, stroomafwaarts. Wie uren later nog eens een kijkje neemt, ziet dat alles met dezelfde snelheid in tegengestelde richting stroomt. Het is vloed geworden.

In 1608 fortificeerde Champlain deze flessenhals aan de **Cap Diamant**, waar het water een – toch nog altijd 800 m brede – rivier wordt. Québec werd de springplank van het continent en was de volgende tweehonderd jaar herhaaldelijk de inzet van hevige strijd. Pas na de Oorlog van 1812 kwam er een einde aan het territoriale getouwtrek in Noord-Amerika. Wel lieten de Britten op de fundamenten van de Franse vesting voor de zekerheid nog la citadelle verrijzen. In 1832 was het stervormige bastion klaar, maar een vuurdoop bleef het bespaard. De vesting wordt nog steeds voor militaire doeleinden gebruikt: het 22e regiment van het Canadese leger is er gestationeerd. Deze zogenoemde 'Van Doos' zijn niet alleen vermaard om hun dapperheid, maar ook om hun wisseling van de wacht. 's Zomers (24 juni-1e ma. in sept.) treedt iedere ochtend klokslag 10 uur de wacht aan. Het biedt een tamelijk paradoxale aanblik. Zware berenmutsen en vuurrode uniformen

Ville de Québec

Stralend wit en door licht overspoeld: de uitbreiding van het Musée des Beaux-Arts

exerceren met uiterst Britse precisie op Franse commando's – de Britse vesting wordt tegenwoordig namelijk verdedigd door nazaten van Nieuw-Franse kolonisten. Tijdens een rondleiding van een uur komen bezoekers alles te weten over het leven in de vesting vroeger en nu. In een klein museum zijn historische militaire voorwerpen te bezichtigen.

Parc des Champs-de-Bataille 2
835, av. Wilfrid-Laurier, www.ccbn-nbc.gc.ca, dag. 9-17.30 uur , gratis toegang

Achter de citadel liggen stroomafwaarts de legendarische **Plaines d'Abraham**. Onder de vesting voert er een mooie wandelweg naartoe, de Promenade des Gouverneurs. Op het terrein, dat nu **Parc des Champs-de-Bataille** heet, een rustig park met bomen, monumenten en joggers, werd in 1759 het lot van Frans Noord-Amerika bepaald. In dat jaar dwong de naderende winter de Britse generaal Wolfe na een vruchteloze belegering van drie maanden tot een huzarenstukje. In de nacht van 13 september leidde hij vijfduizend man van de rivieroever langs een steil geitenpad omhoog naar de velden voor de stadsmuren, die de Plaines d'Abraham werden genoemd, en daagde zijn rivaal, de Franse generaal Montcalm, uit tot een open veldslag. De schotenwisseling duurde precies 15 minuten, waarbij de beide generaals om het leven kwamen, en toen was het lot van Nieuw-Frankrijk bezegeld. Welke taal er vandaag in Canada zou worden gesproken als Montcalm had gewonnen, mag u bedenken tijdens een wandeling door dit 107 ha grote park. De herinnering aan de voor vele Québécois nog altijd bitterste dag uit hun geschiedenis is in ieder geval tot op de dag van vandaag alomaanwezig: het motto van de provincie 'je me souviens' (ik herinner me) siert elk nummerbord. De voorgeschiedenis en het verloop van de beslissende slag zijn gedocumenteerd in het **Maison de découverte des plaines d'Abraham**.

Musée National des Beaux-Arts du Québec 3
179, Grande Allée Ouest, www.mnbaq.org, juni-half sept. dag. 10-18, wo. tot 21, anders di.-zo. 10-17, wo. tot 21 uur, volwassenen $ 18, kinderen $ 5

Vieux-Québec: Haute-Ville

In het westelijke deel van het park Champs-de-Bataille worden in dit grote, in moderne stijl opgetrokken museumgebouw tegenwoordig de kunstschatten van de provincie bewaard – vooral natuurlijk kunst uit Québec zelf. Naast fijn geciseleerd zilveren bestek en 27.000 andere kunstig bewerkte voorwerpen uit de koloniale tijd zijn er avant-gardistische installaties van hedendaagse kunstenaars uit Québec te bewonderen.

Ook bezienswaardig zijn de schilderijen van Cornelius Krieghoff, die het landleven in de vroege 19e eeuw vastlegde, en de werken van Théophile Hamel, die als officiële schilder namens de regering talrijke koloniale bestuurders uit zijn tijd portretteerde.

Terrasse Dufferin en Château Frontenac

Terug naar de Haute-Ville van Vieux-Québec. Van de citadel leiden trappen omlaag naar de torens en gevels van de oude stad. Op het **Terrasse Dufferin** 4 , een brede, 671 m lange promenade op de rand van Cap Diamant, dwaalt de blik over de kopergroene daken van de Basse-Ville en de rivier tot aan de zusterstad Lévis.

Opgravingswerkzaamheden die in 2009 zijn beëindigd hebben de resten blootgelegd van oude versterkingswerken uit de jaren 20 van de 17e eeuw, die te bezichtigen zijn. Op deze klip stond vroeger namelijk het paleis van de gouverneur van Nieuw-Frankrijk, dat echter in 1834 in vlammen opging. Nu staat op dezelfde plaats een van de meest gefotografeerde hotels ter wereld: het **Château Frontenac** 1 . Met de bouw in de toentertijd moderne, op de Loirekastelen gebaseerde chateaustijl werd in 1893 begonnen, pas dertig jaar later was het hotel voltooid. Het enorme gebouw completeert het sierlijke silhouet van de stad. Roosevelt en Churchill bespraken hier in 1943 hun strategieën in de oorlog tegen Duitsland en de Amerikaanse president Richard Nixon kwam er op verhaal na het Watergateschandaal. De overige vips zijn te bewonderen op foto's in een zijvertrek van de lobby – inmiddels hebben honderden beroemdheden in het chateau overnacht.

Place d'Armes 5

Ten noordoosten van het hotel staat een monument ter ere van de stichter van de stad, Samuel de Champlain. De vader van *Nouvelle France* kijkt met vastberaden blik landinwaarts over het oude exercitieplein van de stad, de **Place d'Armes**. Ooit werden hier de soldaten van de koning gedrild, nu lopen toeristen af en aan rond het **Monument de la Foi** ('monument van het geloof') midden op het plein. Het in 1916 onthulde monument met fontein herinnert aan de aankomst van de récollettenmissionarissen in 1615. In de rondom liggende oude huizen met rode daken zijn restaurants, cafés en het provinciale toeristenbureau gevestigd.

Musée du Fort 6

10, rue Ste-Anne, www.museedufort.com, apr.-eind okt. dag. 10-17, anders do.-zo. 11-16 uur, volwassenen $ 8, kinderen tot 10 jaar gratis

Een populaire attractie tegenover het Château Frontenac is het **Musée du Fort**, dat in een multimediaal diorama de zes belegeringen van Québec en de nederlaag van generaal Montcalm inzichtelijk maakt. Voor de schooljeugd uit Québec is het patriottische spektakel met strijdkreten en kanongebulder op band een verplicht nummer bij het vak geschiedenis.

Basilique-Cathédrale Notre-Dame-de-Québec 7

16, rue de Buade, www.notredamedequebec.org, ma.-vr. 7-16, za. 7-18, zo. 8-18 uur, diensten ma.-vr. 8 en 12, za. 8 en 17, zo. 9.30, 11.30 en 17 uur, rondleiding $ 1

Via de korte **Rue du Trésor**, waar straatartiesten, schilders en souvenirverkopers elkaar verdringen – Montparnasse is er niets bij – komt u uit bij de **Basilique-Cathédrale Notre-Dame-de-Québec**. Deze neoclassicistische kerk met zijn lichte interieur, vergulde altaar en drie indrukwekkende Casavantorgels is voor veel Québécois een symbool van Frans-Canadese aanwezigheid in Noord-Amerika. De kerk, waarvoor in 1647 de eerste steen werd gelegd, werd in 1759 tijdens de belegering door de Engelsen met kanonnen belaagd en brandde

Wintercarnaval in Québec-Ville

Maar liefst vijf maanden achtereen sneeuw en ijzige kou. West-Europeanen klappertanden al bij het idee, maar de inwoners van de Ville de Québec ontdooien dan pas goed. Bij min twintig organiseren ze optochten, dansen ze uitgelaten op straat en maken ze met fraai vuurwerk van de nacht een dag.

Typisch geval van massahysterie? Een te lange winter? Of zijn de sambaoptochten uit Rio misschien volledig uit koers geraakt? Hoe het ook zij: wat voor Brazilianen het Carnaval del Rio en voor Maastrichtenaars Vastelaovend is, is voor Québécois al meer dan honderd jaar het *Carnaval d'hiver*, het wintercarnaval. De eerste tien dagen van februari zetten ze de winter flink op zijn nummer. Ze laten zich niet door hem kisten, maar maken er met ijssculpturen en vrolijke wedstrijden juist een welkome periode van. En bij het traditionele sneeuwbaden in zwemkleding maken ze helemaal een lange neus naar Koning Winter.

Iedereen die zich in zijn element voelt, gaat het ijs op. Zelfs de voorvaderen staken de deels bevroren St-Laurent al over per rubberboot; bruggen lagen er toen immers nog niet. Etenswaren, post en het laatste nieuws werden zo naar de naburige stad Lévis en naar het Île d'Orléans overgebracht. Daarbij bleef menige pechvogel voor eeuwig achter in het verraderlijke drijfijs. Tegenwoordig lokt het wintercarnaval bezoekers uit de hele wereld naar Québec en is de **roeiwedstrijd** op de tweede zondag het ultieme sportieve hoogtepunt van alle vrolijkheid.

Als het drijfijs licht knarsend tegen de havenmuur schuurt en buiten op de rivier grillige sculpturen vormt, gaan de nakomelingen van de legendarische **Coureurs des bois** in lichte glasvezelboten de strijd aan met de elementen. De enige spelregel luidt: ieder team moet aan de overkant in Lévis aantikken, en dan zo snel mogelijk terugkomen. Hoe, dat mag elke boot zelf uitmaken. Dat het bij de barre kou om meer gaat dan alleen het prijzengeld, spreekt voor zich. Het gaat om kracht en vaardigheid, om roem en eer. IJsplaten zo groot als voetbalvelden drijven op de rivier, breken kapot tegen elkaar en vermorzelen alles wat ze op hun weg tegenkomen.

De **stuurlieden** van de roeiteams moeten het ijs aanvoelen. Een opening in het ijs om doorheen te varen kan het volgende moment al verdwenen zijn. De teams roeien tot ze niet verder kunnen, springen dan uit de boot en trekken hem over afbrokkelende ijsschotsen tot het volgende stuk open water, stappen weer in en roeien verder. Sommige teams hebben zowel een stuurman met goed overzicht als een flinke dosis geluk en slagen erin om de afstand in minder dan een uur af te leggen. Anderen hebben pech, zitten al snel muurvast in het drijfijs en moeten door ijsbrekers worden bevrijd.

Voor de dik ingepakte toeschouwers op de kant is de wedstrijd voor het wereldberoemde decor van het Château Frontenac een enorm spektakel. Vrijwel niemand bevriest, daarvoor is het enthousiasme veel te groot. En wie de kou toch te gortig wordt, neemt gewoon een slok **caribou**. Dit mengsel van cognac en rode wijn doet dankzij het hoge alcoholgehalte de kou snel vergeten. De drank, die alleen met carnaval wordt gemaakt, wordt in wijnglazen geserveerd, maar legio brave huisvaders hebben hem ook bij zich. Let wel, niet in een fles – alcoholconsumptie in het openbaar is in Canada verboden – maar uit voorzorg goed gecamoufleerd in een rode, holle kinderwandelstok van plastic (**canne du carneval**), die overal voor een paar

Ondanks de vrieskou in feeststemming: met dunne carnavalsoutfits trotseren voornamelijk jongeren de winterse termperaturen

dollar te krijgen is. Zo is urenlang letten op je op ijsglijbanen en in sneeuwburchten ravottende kroost best uit te houden.

De vorst van deze vrolijke, twee weken durende gekte in Québec is overigens **Bonhomme Carnaval**, een 2 m hoge kruising tussen een clown en een sneeuwpop, de mascotte van het dolle spektakel. Bonhomme Carnaval voert de optochten aan en woont in het 20 m hoge kasteel van ijs en sneeuw dat tegenover het provinciale parlement wordt gebouwd en daar tien dagen blijft staan.

Een ander hoogtepunt is de **sneeuwsculpturenwedstrijd**, waaraan teams uit meer dan dertig landen meedoen. Met kettingzagen, boren en plamuurmessen gaan de deelnemers enorme sneeuwblokken te lijf en scheppen ze kunstwerken die jammer genoeg maar tijdelijk zijn. En op de bergen van Sainte-Anne-des-Monts, op maar 20 minuten rijden van Québec-Ville, vermaken skiliefhebbers zich opperbest en jagen spannen sledehonden door het witte winterlandschap. Niet de winter houdt Québec in zijn greep, het is juist andersom. Geen wonder dus dat een lied van de chansonnier Gilles Vigneault het officieuze volkslied van Québec is geworden. Het begint zo: *Mon pays, c'est l'hiver* – 'Mijn land is de belichaming van de winter.'.

verscheidene malen af, maar iedere keer werd hij nog mooier herbouwd. In de crypte (rondleiding mogelijk) hebben negenhonderd prominente Québécois hun laatste rustplaats gevonden, onder wie François de Laval (1623-1708), de eerste bisschop van Québec. De Laval leidde het grootste diocees ter wereld: zijn priesters missioneerden in het hele gebied tussen de Grote Meren en de Golf van Mexico.

Séminaire de Québec/Musée de l'Amérique francophone 8

2, côte de la Fabrique, www.mcq.org/fr/infor mations/maf, do.-zo. 10-17 uur, volwassenen $ 8, kinderen 12-16 jaar $ 2

De Lavals missionarissen werden opgeleid in het naastgelegen **Séminaire de Québec**. De in 1663 door Laval gestichte priesteracademie, een imposant ogend, in de 17e en 18e eeuw rond een binnenhof gebouwd eiland van westerse beschaving, was de voorloper van de in 1852 gestichte Université Laval, de eerste Franstalige universiteit van Noord-Amerika. Een wandeling door dit zenuwcentrum, dat de koers van Nieuw-Frankrijk in belangrijke mate bepaalde, geeft een indruk van de machtsverhoudingen in het *ancien régime*.

Bijzondere aandacht verdienen de **Chapelle Monseigneur Olivier Briand** en het eveneens hier ondergebrachte **Musée de l'Amérique francophone**, gewijd aan de Franstalige enclave in Noord-Amerika. Vooral interessant is de documentatie over de verrichtingen van de Frans-Canadezen die na de verovering door de Britten naar het westen trokken om zich te vestigen in het gebied van de huidige Verenigde Staten.

Musée des Ursulines 9

12, rue Donnacona, www.museedesursulines. com, mei-sept. di.-zo. 10-17, anders di.-zo. 13-17 uur, anders op afspraak, volwassenen $ 10, kinderen tot 12 jaar gratis

Naast aangename plekjes om te flaneren, bistro's en caféterrassen met rood-wit geruite tafelkleden biedt de bovenstad nog meer, vooral historische attracties. Het kleine **Musée des Ursulines** in het ursulinenklooster uit 1639 – hier wonen en bidden nog altijd zestig nonnen – neemt u mee naar de begintijd van de kolonie. De zusters arriveerden in 1639 en stichtten de eerste meisjesschool van Noord-Amerika. Ze bekommerden zich destijds net zo lang om de opvoeding van de *filles du roi*, die naar Nieuw-Frankrijk waren gekomen om te trouwen, tot de in weeshuizen, gevangenissen en bordelen opgegroeide jonge meisjes een huwelijkspartner hadden. Het is ook interessant om een kijkje te nemen in de in 1736 voltooide kapel van het klooster, waar generaal Montcalm begraven ligt.

Cathédrale de la Sainte-Trinité 10

31, rue des Jardins, www.cathedral.ca, eind mei-eind juni, sept.-half okt. dag. 10-17, juli, aug. 9-20 uur

Dichtbij, aan de Rue des Jardins, staat de **Cathedral of the Holy Trinity** uit 1804. De oudste anglicaanse kathedraal buiten Groot-Brittannië werd gebouwd naar het voorbeeld van de Londense kerk Saint-Martin-in-the-Fields en herinnert aan het Britse hoofdstuk in de geschiedenis van de stad. De zitplaatsen van de koninklijke familie worden uit eerbied nog altijd vrijgehouden. Het sobere interieur vormt een schril contrast met de weelde van de katholieke kathedraal.

Les Remparts – de vestingwerken

Zijn middeleeuwse uiterlijk dankt Vieux-Québec aan gouverneur lord Dufferin (1872-1878), een groot liefhebber van de romantiek. De Ier voorkwam dat de muren en bastions werden afgebroken, zodat huidige bezoekers nog altijd op de stadsmuren naar de citadel kunnen wandelen en onderwijl genieten van een prachtig uitzicht op de stad en de rivier. De vestingwerken die u ziet – muren, poorten en schansen – zijn overigens gebouwd door de Britten. Zij legden de versterkingen aan om de stad te behoeden voor nieuwe aanvalspogingen van de Amerikanen – de eerste aanval mislukte in 1776 vlak voor Québec.

Hoe Québec er aan het begin van de 19e eeuw uitzag, toont een maquette (schaal 1:300) in het bezoekerscentrum van het **Parc d'Artillerie** 11 (175, rue de L'Espinay, vlak bij

Dauphine Redoubte, begin mei-begin sept. dag. 10-18, begin sept.-half okt. 10-17 uur, volwassenen $ 4, kinderen $ 2).

Wilt u tijdens uw bezoek een hapje eten, dan kan dat ook tussen historische muren. Het **Maison Jacquet** 12 in de Rue St-Louis, het oudste bewaard gebleven woonhuis van de stad (1675), herbergt nu restaurant *Aux anciens Canadiens*, een goed adres voor traditionele *cuisine québécoise* (zie blz. 286).

De Grande-Allée

De vestingmuur, die door de Canadese beheerders van het nationaal park grondig is gerestaureerd, is vooral in het westelijke deel van de oude stad goed intact gebleven. Door de met kantelen versterkte **Porte Saint-Louis**, de mooiste stadspoort, komt u van de oude stad in de luisterrijke zetel van het provinciale bestuur van Québec, het **Hôtel du Parlement** 13 (1045, rue des Parlementaires). In het paleis, in 1886 gebouwd in empirestijl, resideert de *Assemblée Nationale*. Hier worden alle besluiten over de provincie genomen, die – als de separatistische *Parti Québécois* aan de macht is – meestal ook gevolgen hebben voor de rest van Canada. De beeldengalerij rond het hoofdportaal, een rij nissen met beelden van belangrijke politici uit Québec, is 's avonds verlicht en ziet er dan bijzonder indrukwekkend uit (1045 Rue des Parlementaires). In de bijbehorende tuin staat een beeld van René Lévesque, tot op de dag van vandaag de populairste politicus van Québec. Ten zuiden van het gebouw begint de **Grande-Allée**, die naar het westen voert. Vroeger woonde hier de Engelssprekende bovenlaag van de bevolking, nu trekt de straat vanwege zijn vele goede restaurants fijnproevers uit heel Noord-Amerika.

Basse-Ville

Kaart: zie blz. 277
Was de Haute-Ville vroeger voorbehouden aan de **hoogste maatschappelijke stand**

Een volkse versie van de Parijse Champs-Élysées: Québecs Grande-Allée

Ville de Québec

– mensen van adel, priesters en regeringsfunctionarissen – in de compacte benedenstad aan de rivier woonden de lagere klassen: handwerkslieden, handelaars, zeelui en dagloners. Van begin af aan heerste hier ruimtegebrek en er moest daarom geregeld nieuw land worden opgehoogd. Na de verovering bouwden de Britten er pakhuizen en factorijen. Op de oever werd het hout voor Engeland opgestapeld. Met de komst van de stoomschepen kwam er echter een eind aan de bloeitijd van de houtoverslagplaats. Pas in de jaren 60 werd een groots opgezet, nog altijd niet afgerond restauratieproject opgestart dat de benedenstad weer het aanzien van 1720 moet geven – maar dan mooier.

De benedenstad is op twee manieren te bereiken: via een steile trap die niet geheel onterecht *Escalier Casse-Cou* ('trap van de gebroken nek') wordt genoemd en zich rond de rots van Cap Diamant slingert, en met de **funiculaire** 14 . Zowel de trap als deze kruising tussen een lift en een tandradbaan begint op het Terrasse Dufferin en beide bieden interessant uitzicht op de benedenstad. De funiculaire, die onder in het Maison Louis-Joliet aankomt, heeft als voordeel dat u uw krachten kunt sparen (Terrasse Dufferin, www.funiculaire-quebec.com, eind juni-half sept. dag. 7.30-24, anders 7.30-23.30 uur, $ 2,50).

Église Notre-Dame-des-Victoires 15

32, rue Sous-Le-Fort, dag. 9-17 uur

Nergens komt het Europese karakter van de stad zo duidelijk tot uiting als hier tussen de Bretons ogende muren rond de **Place Royale**, waar vroeger de *habitation* van Champlain stond. Koele muren omgeven de bezoekers van de in 1688 gebouwde **Église Notre-Dame-des-Victoires** aan de zuidzijde van het plein. Het voornamelijk in wit en goud uitgevoerde interieur met een op een middeleeuws kasteel geïnspireerd altaar is verrassend sober. Aan het plafond hangt het model van een zeilschip, de Brézé, die in 1665 het sterke regiment van Carignan hierheen bracht om de door de machtige Liga der Irokezen bedreigde kolonie te hulp te schieten.

Centre d'Interprétation de Place-Royale 16

27, rue Notre-Dame, eind juni-begin sept. dag. 9.30-17, anders di.-zo. 10-17 uur, volwassenen $ 7, kinderen $ 2

In de hoofdzakelijk 18e-eeuwse huizen rond het plein zijn verscheidene tentoonstellingen gewijd aan de vroege jaren van Frans Noord-Amerika. Zo illustreert de expositie in het **Centre d'Interprétation de Place-Royale** de vierhonderdjarige geschiedenis van de stad aan de hand van oude voorwerpen, anekdotes en historische foto's. Vooral bezienswaardig is de tentoonstelling over het leven van de koop- en zeelieden die hier vroeger woonden.

Het veel op ansichtkaarten afgebeelde uitzicht op de onmiskenbare skyline van de stad hebt u vanaf het water. Van het zuideinde van de Rue Dalhousie steekt het **autoveer** over naar de buurstad Lévis – een fantastische mogelijkheid om u voor weinig geld te vergapen aan het onbetaalbare uitzicht op kantelen en torentjes. 's Ochtends is het licht het best, maar ook in het zachte zonlicht van de namiddag is het silhouet van de stad betoverend.

Rue du Petit-Champlain 17

Een attractie van een geheel ander soort is de **Rue du Petit-Champlain**, een nauwe, romantische steeg met naast gezellige restaurants ook kunstnijverheidszaken en juweliers, waarvan verscheidene zeer goed zijn. In de 19e eeuw was dit een vervallen buurt, maar nu is het een van de grootste toeristische trekpleisters van de stad. Verkijk u echter niet op de wirwar van toeristen: achter de ansichtkaarten wonen nog steeds mensen en er heerst tegenwoordig weer een vitaal buurtleven. 's Morgens treffen de oude mannen elkaar op de hoek om een pijpje te roken, terwijl huisvrouwen de croissants voor het ontbijt inslaan.

Centre d'Interprétation du Vieux-Port 18

100, quai St-André, begin mei-begin sept. dag. 10-17, anders 12-16 uur, volwassenen $ 4, kinderen $ 2

Voordat u van Rue du Petit-Champlain met de funiculaire terug ratelt naar het Terrasse Dufferin in de bovenstad, zou u eigenlijk eerst nog een stukje in de richting van de St. Lawrence River moeten lopen. In de buurt van de **Rue Dalhousie** zijn er nog twee mogelijkheden om u verder te verdiepen in de bewogen historie van Nieuw-Frankrijk. Zo krijgt u in het door Parks Canada beheerde **Centre d'Interprétation du Vieux-Port** een goed beeld van de geschiedenis van de haven, die lange tijd floreerde als overslagplaats voor pelzen en hout.

Musée de la Civilisation 19

85, rue Dalhousie, www.mcq.org/fr/informations/mcq, di.-zo. 10-17 uur, volwassenen $ 16, kinderen $ 5

Een must voor geschiedenisliefhebbers is daarnaast het **Musée de la Civilisation**, het moderne, door Moshe Safdie ontworpen stedelijk museum, dat opmerkelijk goed harmonieert met de middeleeuwse omgeving. In tien permanente tentoonstellingen worden de cultuur en het dagelijks leven in de stad en de provincie heel creatief belicht.

Informatie

Office du Tourisme de Québec: 835, av. Wilfrid-Laurier, tel. 418-783-1608, www.regiondequebec.com. Helpt bij de voorbereiding van uw reis. Informatie over de stad zelf geeft het kantoor van **Infotouriste** tegenover het Château Frontenac (12, rue Ste-Anne, tel. 1-877-266-5687, www.bonjourquebec.com, eind juni-begin sept. dag. 9-18, anders dag. 9-17 uur).

Accommodatie

Hoge vipfactor – **Fairmont Le Château Frontenac** 1 : 1, rue des Carrières, tel. 418-692-3861, 1-866-540-4460, www.fairmont.com/frontenac. Ambiance van pluche en massief hout in een historisch spoorweghotel uit 1893 (zie ook blz. 279). Toplocatie met adembenemend uitzicht op de St. Lawrence River, chic restaurant. 2 pk $ 220-510.

Heerlijk oubollig – **Manoir Victoria** 2 : 44, côte du Palais, tel. 418-692-1030, 1-800-463-6283, www.manoir-victoria.com. Stijlvol, chic hotel aan de rand van de oude stad. Spa, gym, binnenzwembad en twee restaurants. 2 pk $ 140-280.

> ### Tip
>
> ### HET UITZICHT VAN SAMUEL DE CHAMPLAIN
>
> De versmalling in de St. Lawrence River, de steile rotsen, vanwaar de poort naar Noord-Amerika uitstekend kon worden verdedigd en de vrachtschepen, in de tijd van Champlain natuurlijk nog niet aanwezig, die op ooghoogte langsvaren op weg naar Chicago, in het hart van het continent. Op de 2,5 km lange **Promenade Samuel de Champlain** tussen Quai des Cageux en Sillery kunt u zich ontspannen en bovendien een idee krijgen van het strategische belang van Québec.

Intiem – **Hotel Cap Diamant** 3 : 39, av. Ste-Geneviève, tel. 418-694-0313, www.hotelcapdiamant.com. Gemoedelijk pension met een charmante, enkele eeuwen beslaande collectie meubels. 2 pk $ 120-200.

Goede locatie – **Relais Charles Alexandre** 4 : 91, Grande-Allée Est, tel. 418-523-1220, www.relaischarlesalexandre.com. Stijlvol bakstenen gebouw met eikenhouten vloeren en open haarden. De ontbijtzaal is tevens kunstgalerie. 2 pk $ 110-160.

Voor het uitzicht – **Hotel Le Concorde** 5 : 1225, cours du Général de Montcalm, tel. 418-647-2222, www.hotelleconcordequebec.com. Moderne luxehotel met vierhonderd kamers en suites aan de Grande-Allée. Vanuit het draaiende restaurant hoog boven de stad hebt u een mooi uitzicht. 2 pk $ 100-300.

Très charmant – **Au Château Fleur de Lys** 6 : 15, av. Ste-Geneviève, tel. 418-694-1167, 1-877-691-1884, www.chateaufleurdelys.com. Rustige B&B tussen het citadel en het centrum. Victoriaans ingerichte kamers. 2 pk $ 90-330.

Ville de Québec

Innemend – Hotel et Condominiums de la Terrasse Dufferin 7 : 6, pl. Terrasse Dufferin, tel. 418-694-9472, www.terrassedufferin.net. Fraai pension in een victoriaans huis met uitzicht op de St. Lawrence River en directe toegang tot de Terrasse Dufferin. 2 pk $ 90-180.

Schoon en vriendelijk – Auberge Internationale de Québec 8 : 19, rue Ste-Ursule, tel. 418-694-0755, 1-866-694-0950, www.cisq.org. Grote jeugdherberg in de oude stad. Bed op slaapzaal $ 30, 2 pk $ 95.

Prima camping – KOA Québec City 9 : 684, ch. Olivier, St-Nicolas, tel. 418-831-1813, 1-800-562-3644, www.koa.com/campgrounds/quebec-city. Grote camping met zwembad aan de zuidoever van de St. Lawrence River, zo'n halfuur rijden ten westen van de stad.

Eten en drinken

De belangrijkste restaurantwijken liggen in de oude stad tussen het Château Frontenac en het stadhuis, en aan de Rue St-Jean, de Côte de la Fabrique en – voor de poorten van de stad – aan de Grande-Allée.

Klasse apart – Le Saint-Amour 1 : 48, rue Ste-Ursule, tel. 418-694-0667, www.saint-amour.com, ma.-vr. 11.30-14, 18-22, za. 17.30-22, zo. 18-22 uur. Franse *gourmet cuisine*, toonaangevend in de stad. Uitstekende wijnkaart. Voorgerecht $ 10-30, hoofdgerecht $ 35-48.

Romantisch – Aux Anciens Canadiens 12 : 34, rue St-Louis, tel. 418-692-1627, www.auxancienscanadiens.qc.ca, dag. 12-22 uur. Traditionele *cuisine québécoise* in het oudste pand van de stad (1675). Smakelijke specialiteiten als *tourtière*, erwtensoep en suikergebak met ahornsiroop. Voorgerecht $ 7-19, hoofdgerecht $ 31-59.

Betrouwbaar – Restaurant-Pub d'Orsay 2 : 65, rue Buade, tel. 418-694-1582, www.dorsayrestaurant.com, dag. 11.30-3 uur. Groot, degelijk ingericht restaurant met een ruime keuze, van spaghetti tot *cuisine québécoise*. Voorgerecht $ 5-14, hoofdgerecht $ 22-39.

Met uitzicht – Le Ciel 5 : 1225, cours du Général-de-Montcalm (Hotel Le Concorde), tel. 418-640-5802, www.cielbistrobar.com, ma.-wo. 11.30-22, do., vr. 11.30-23, za. 9-23, zo. 9-22 uur. Traditionele Franse keuken met regionale seizoensingrediënten. Voorgerecht $ 6-14, hoofdgerecht $ 20-38.

Lounge van het elke winter herbouwde 'ijshotel' Hôtel de la Glace: het begrip 'chillen' heeft hier een volledig andere betekenis

Adressen

Rustieke uitstraling – **Le Lapin Sauté** 3 : 52, rue du Petit-Champlain, tel. 418-692-5325, www.lapinsaute.com, ma.-do. 11-22, vr. 11-23, za. 9-23, zo. 9-22 uur. Gezellig restaurant in de buurt van de Place Royale. Gespecialiseerd in wild, zoals konijn; ook rundvlees en vis. Voorgerecht $ 5-15, hoofdgerecht $ 19-26.

Traditioneel – **Café Le St-Malo** 4 : 75, rue St-Paul, tel. 418-692-2004, juli-sept. dag. 11.30-16.30, 17-23, anders tot 22.30 uur. Betrouwbaar adres in de benedenstad: degelijke *cuisine française* met foie gras en bouillabaisse. Voorgerecht $ 5-12, hoofdgerecht $ 18-34.

Onberispelijk – **Café du Monde** 5 : 84, rue Dalhousie, tel. 418-692-4455, www.lecafedumonde.com, ma.-vr. 11.30-23, za., zo. 9.30-23 uur. Bistro met klassiekers als *steak frites* en *moules marinière*. Voorgerecht $ 5-16, hoofdgerecht $ 17-28.

Informeel – **Le Cochon Dingue** 6 : 46, blvd. Champlain, tel. 416-692-2013, www.cochondingue.com, dag. 8-22 uur. Informele jonge Franse keuken in een klein café in de oude stad. Goede quiches en lekkere desserts. Voorgerecht $ 3-13, hoofdgerecht $ 14-17.

Bijzonder – **Le Parlementaire** 13 : Hôtel du Parlement, tel. 418-643-6640, www.assnat.qc.ca/leparlementaire, alleen lunch. De fraaie beaux-artszaal in het parlement is eigenlijk de kantine van de afgevaardigden, maar ook geopend voor bezoekers. *Fine cuisine*, reserveren raadzaam. Driegangenmenu $ 35-38.

Winkelen

Winkelen, *magasiner*, is de populairste vrijetijdsbesteding in Québec. Mogelijkheden zijn er dan ook te over. In de **Basse-Ville** vindt u de meeste **souvenirwinkels** en **kunstnijverheidszaken** bij elkaar aan de Rue du Petit-Champlain. In de **Haute-Ville** is de keuze ruimer en kunt u ook textiel, boeken, antiek en kunst kopen. Als u reisbenodigdheden zoekt, neem dan een kijkje in de warenhuizen en grote winkelcentra aan de Boulevard Laurier in voorstad **Ste-Foy**.

Reisproviand – **Marché du Vieux-Port de Québec** 1 : 160, quai St-André, www.marchevieuxport.com, ma.-vr. 9-18, za., zo. 9-17 uur. Vers fruit en andere proviand voor de roadtrip kunt u kopen in de overdekte markthal, waar boeren uit de omgeving hun waar uitstallen.

Uitgaan

Verzorgd – **Bistrot Pape-Georges** 1 : 8, rue Cul-de-Sac, tel. 418-692-1320, www.papegeorges.ca, ma.-wo. 18-3, do.-zo. 12-3 uur. Gezellige wijnbar met entertainment: blues, chansons, folk. Op het menu staan lichte gerechten als kaas uit Québec en gerookte zalm.

Let's party – **Dagobert** 2 : 600, Grande-Allée Est, tel. 418-522-0393, www.dagobert.ca, dag. 21-3 uur. Grote, populaire tent met discomuziek en regelmatig optredens. Relaxte studenten- en yuppentrefpunt.

Altijd druk – **Pub Saint-Alexandre** 3 : 1087, rue St-Jean, tel. 418-694-0015, www.pubstalexandre.com, dag. 10-3 uur. Populaire pub met meer dan tweehonderd soorten bier uit de hele wereld. Livemuziek.

Hip – **Boudoir Lounge** 4 : 441, rue Du Parvis, tel. 418-524-2777, www.boudoirlounge.com, dag. 12-3 uur, do.-za. vanaf 22 uur dj's. Hippe club. Electro, house, top 40 en uitstekende martini's!

Theater

De meeste theatervoorstellingen zijn in het Frans. In de kleine theaters en ook in veel bars vinden vaak chansonavonden plaats. Populaire uitgaanscentra zijn de **Rue St-Jean** en de **Grande Allée-Est**, even buiten de stadsmuren.

Groots – **Grand Théâtre de Québec** 5 : 269, blvd. René-Lévesque Est, tel. 418-643-8131, www.grandtheatre.qc.ca. Thuishaven van het symfonieorkest van Québec en het toneelgezelschap Théâtre de Québec. Breed repertoire, van Afrikaanse popgroepen tot klassiek ballet.

Onconventioneel – **Palais Montcalm** 6 : 995, pl. d'Youville, tel. 418-641-6040, www.palaismontcalm.ca. Frans- en Engelstalige producties, concerten en tentoonstellingen.

Grande Dame – **Théâtre Le Capitole** 7 : 972, rue St-Jean, tel. 418-694-4444, www.lecapitole.com. Historische theater uit 1903, waar tegenwoordig voornamelijk musicals, revues en concerten worden vertoond. Met restaurant.

Ville de Québec

Actief

Sightseeing per bus – **Gray Line de Québec:** 320, rue Abraham Martin, tel. 800-472-9546. Engelstalige sightseeing-bustours door Québec en naar Côte-de-Beaupré en Île d'Orleans.
Rondvaarten – **Croisières AML, 'MV Louis Jolliet':** Quai Chouinard, 10, rue Dalhousie, tel. 866-856-6668, www.croisieresaml.com. Rondvaarten van 90 minuten op de St. Lawrence River. Ook excursies naar Île d'Orleans en *diner cruises*.

Evenementen

Carnaval de Québec: 16 dagen eind januari tot half februari, www.carnaval.qc.ca. Het grootste en beroemdste festival van de stad is tegelijk het grootste wintercarnaval ter wereld en vindt al plaats sinds 1894 (zie ook Thema blz. 280).
Festival d'été de Québec: 11 dagen begin juli, www.infofestival.com. Zo'n tweehonderd concerten van de beste musici uit Québec en andere Canadese provincies, maar ook uit andere landen, op tien podia in de stad. Québec is dan één groot livespektakel.
Les Grands Feux Loto-Québec: 3 weken eind juli tot half augustus, www.lesgrandsfeux.com. De beste vuurwerkartiesten ter wereld zetten op woensdag en zaterdag, wanneer de avond is gevallen, de lucht boven de Chûtes Montmorency in vuur en vlam.
Les Fêtes de la Nouvelle France: 5 dagen begin augustus, www.nouvellefrance.qc.ca. Nieuw-Franse verhalen worden geanimeerd verteld door gekostumeerde muzikanten, acteurs en figuranten, die in de oude stad het toenmalige leven van alledag laten zien en de Place Royale met geiten en kippen in een stuk geschiedenis veranderen.

Vervoer

Vliegtuig: het **Aéroport international Jean-Lesage** (tel. 418-640-3300, www.aeroportdequebec.com) ligt 16 km voor de stad en wordt aangevlogen door Air Canada, Air Transat, Westjet en diverse Amerikaanse luchtvaartmaatschappijen. U kunt met een taxi of een bus van de RTC van het vliegveld naar de binnenstad.
Trein: de treinen van VIA Rail (tel. 1-888-842-7245, www.viarail.ca) rijden van het Gare du Palais (450, rue de la Gare-du-Palais, tel. 1-888-842-7245) naar Montréal en verder richting Peninsule de Gaspé en New Brunswick.
Bus: van het busstation Gare du Palais (320, rue Abraham-Martin, tel. 418-525-3000) bedienen de bussen van Espacebus, Orléans Express en Greyhound de hele provincie.
Huurauto: alle grote namen zijn vertegenwoordigd op het vliegveld.

Uitstapjes in de omgeving

Niet ver van de hoofdstad liggen plaatsen waar de tijd lijkt te hebben stilgestaan. Fraaie houten huizen met veranda's en gebogen daken, de zogeheten *petites canadiennes*, omzomen de weg, samen met de kleine restaurants, die hier *bar-resto* worden genoemd en vernoemd zijn naar hun eigenaar, zoals Chez Ginette of Chez P'tit-Jean. Hier op het platteland is de hoofdstad van Québec ver weg en de nationale hoofdstad niet meer dan een vaag begrip. Nieuw-Frankrijk lijkt te slapen. U kunt een goede indruk van de mooiste plekjes van dit vredige stukje Québec krijgen tijdens een dagtocht naar de Côte de Beaupré en het Île d'Orléans. Bezoek 's ochtends de **Côte de Beaupré**. Trek zeker twee uur uit voor de Chûtes Montmorency, als u de trap omhoog naar de steile wand wil beklimmen. 's Middags kunt u dan een bezoekje brengen aan het **Île d'Orléans**, het eiland dat recht ertegenover in de rivier ligt.

Côte-de-Beaupré ▶ M 7

Verlaat de stad via Route 440, om daarna via Avenue d'Estimauville naar de rustiger Route 360 te rijden. 'Op zijn Europees' slingert de weg zich langs hellingen aan de noordoever van de St. Lawrence River.

Al rond 1634 ontstonden hier de eerste *seigneuries*, de adellijke landgoederen van Nieuw-Frankrijk. *Seigneurs* gingen als leenheren onder de arme boeren van Noord-Frankrijk

Uitstapjes in de omgeving

op zoek naar *habitants*, toekomstige bewoners van hun landerijen in de Nieuwe Wereld. Deze kregen de overtocht betaald en moesten als tegenprestatie na aankomst in Québec voor de *seigneur* werken. Hij was op zijn beurt verplicht om in tijden van nood voor zijn beschermelingen te zorgen. Nog altijd herinneren de lange, rechthoekige stroken land aan de toenmalige indeling van de grond.

De voorstad **Beauport** is met zijn keurige huisjes een geliefde woonplaats voor de Québécois. Interessant is hier de architectonische mengelmoes, die victoriaanse invloeden combineert met vroege Normandische elementen, en ook de traditionele aandacht voor detail van de bewoners laat zien. Karakteristiek is het zaagtadmotief in de vrijstaande huizen aan de Avenue Royale: ongeacht het stratenpatroon zijn de gevels van alle huizen naar het zuiden gericht. De pioniers waren er al vroeg achter dat in de winter een brede zuidgevel het best profiteerde van de zon.

Het Canadian Shield, dat in de rest van dit gebied onopvallend op de achtergrond blijft, is aan de rand van het stadje zeer prominent aanwezig. Bij de **Chûtes Montmorency** aan Route 360/Avenue Royale eindigt de oudste gesteenteformatie ter wereld abrupt als een bijna 100 m hoge steile wand, waardoor het water van de Rivière Montmorency in een bulderende cascade 83 m in de diepte stort. Per gondel, tandradbaan, zipline en (lange, steile) voetgangerstrap kunt u deze geweldige waterval van boven en van onder ervaren en genieten van een fantastisch uitzicht op de rivier. Bent u hier in de winter, houd uw camera dan in de aanslag: de schuimende massa van de 12 km ten oosten van Québec gelegen waterval is dan bevroren tot een 20 m hoge, spierwitte suikertaart, die sportievelingen uitnodigt tot ijsklimmen en uitgelaten gillende kinderen tot sleetje rijden (2490, av. Royale, het hele jaar door geopend, gratis toegang, gondel volwassenen $ 14, kinderen $ 7, zipline volwassenen $ 25, kinderen $ 18,75).

De imposante **Basilique Sainte-Anne-de-Beaupré** wordt vaak het Lourdes van Nieuw-Frankrijk genoemd. Een aantal zeelieden dat van een wisse dood was gered, richtte hier in 1658 een aan St.-Anna gewijde kapel op. Niet lang daarna vonden de eerste wonderen plaats en sindsdien stromen bedevaartgangers van heinde en verre toe. In 1934 werd de indrukwekkende basiliek met de 90 m hoge dubbele torens en tweehonderd beschilderde bovenlichten gewijd. Tegenwoordig trekt de kerk jaarlijks 1,5 miljoen pelgrims uit de hele wereld aan (10018, av. Royale, www.sanctuairesainte anne.org, dag. 7-21 uur).

Rondom de vijfschepige kerk treft u een druk, wonderlijk bedevaartscircus aan met allerlei winkels in kerkelijke voorwerpen, een wassenbeeldenkabinet en een in 1895 uit Duitsland geïmporteerd monumentaal staaltje van religieuze kitsch: het **Cyclorama de Jérusalem**. Dit is een 110 m metend, rond schilderwerk waarop het Jeruzalem ten tijde van de kruistochten is afgebeeld (8 Rue Régina, www.cyclorama.com, mei-eind okt. dag. 9-17, volwassenen $ 12, kinderen $ 87). In de winter maakt deze drukte plaats voor het skigebeuren op de nabijgelegen **Mont Sainte-Anne**, een van de populairste wintersportgebieden van Québec.

De twee andere attracties van de Côte-de-Beaupré hebben met de natuur te maken. De **Grand Canyon des Chûtes Sainte-Anne** 6 km verderop, mag dan minder imposant zijn dan de Chûtes Montmorency en al helemaal niet zo spectaculair als zijn naamgenoot in Arizona, maar vanwege zijn 3 tot 74 m boven de bulderende watermassa's slingerende hangbruggen en de kriskras over het ravijn gespannen ziplines vormt hij toch een hele uitdaging voor mensen die denken stalen zenuwen te hebben. Statistisch is vastgesteld dat iedere zesde bezoeker ronduit weigert de brug over te steken (206, Route 138, www.canyonsa.qc.ca, 1 mei-23 juni dag. 9-17, 24 juni-Labour Day 9-18, Labour Day-3e week van okt. 9-17 uur, volwassenen $ 12,50, kinderen $ 6,50).

Niet ver van hier, in het **Réserve nationale de Faune du Cap-Tourmente** aan de drassige oever van de rivier, kunt u langs het mooie, ca. 20 km lange wegennet in het voor- en najaar tienduizenden sneeuwganzen zien rusten. De trekvogels voeden zich met de waddenplanten rond de kaap om aan te sterken voor het vervolg van de reis. De in V-formatie vliegende witte vogels kondigen, afhankelijk van het jaargetij, de zomer of de winter in Québec aan (570, ch. du Cap-Tourmente, dag. 8.30-17 uur, volwassenen $ 6, kinderen tot 12 jaar gratis).

Informatie
Office du Tourisme de Québec: 399, rue Saint-Joseph Est, Québec, QC G1K 8E2, tel. 416-641-6290, 1-877-783-1608, www.quebec region.com, www.regiondequebec.com.

Accommodatie
... in Beaupré:
Rustieke elegantie – **Auberge La Camarine:** 10947 Bd. Ste-Anne, tel. 418-827-5703, 1-800-567-3939, www.camarine.com. Mooi, tussen de rivier en de Mont Sainte-Anne gelegen hotel met een bekroond restaurant voor fijnproevers. In de winter brandt in de eetzaal een haardvuur, in de zomer kunt u eten op het terras. 2 pk incl. ontbijt $ 100-210.

Eten en drinken
Aan Route 360 liggen talloze eenvoudige eettentjes en fasfoodrestaurants.

Île d'Orléans ▶ M 7/8
In het zicht van de waterval voert een moderne brug naar het bolle, groene **Île d'Orléans**. Als een propje ligt het geheel beschermde, 34 km lange eiland in de trechtervormige monding van de St-Laurent. Jacques Cartier kwam hier in 1535 aan land, en na de stichting van Québec in 1608 werd het vruchtbare eiland als eerste gekoloniseerd en in cultuur gebracht. Het idyllische boerenlandschap uit de vroegste jaren van Nieuw-Frankrijk is tot de dag van vandaag bewaard gebleven. Daar heeft ook de brug naar het vasteland, die in 1935 werd gebouwd, geen verandering in gebracht. U rijdt in landelijke rust door aardbeienvelden en boomgaarden. Langs de weg liggen boerendorpjes, die – vanzelfsprekend – zijn genoemd naar katholieke heiligen. Sommige kunnen tot de mooiste dorpen van de provincie worden gerekend.

Route 368 voert als een ringweg rond het eiland en biedt telkens opnieuw fraai uitzicht over de rivier en de oever aan de overzijde. Jam en appels, kleurige doorgestikte dekbedden, zelfgebakken brood en ahornsiroop worden langs de weg te koop aangeboden. Drie plaatsen op het eiland verdienen speciale aandacht: Saint-Laurent, Saint-Jean en Sainte-Famille.

Saint-Laurent was in de 19e eeuw een bloeiend centrum voor de scheepsbouw. Zo'n twintig families van scheepsbouwers vervaardigden hier *chaloupes*, brede boten met een platte kiel, aangepast aan de moeilijke omstandigheden op de rivier. Tegenwoordig herinnert het **Parc Maritime de Saint-Laurent**, aangelegd op de plaats van de vroegere werf, aan deze tijd. In gereconstrueerde boothuizen is het eenvoudige gereedschap van de scheepsbouwers te zien en oude foto's geven een beeld van het harde leven van de eilandbewoners 120 jaar geleden (120, ch. de la Chalouperie, www.parc maritime.ca, juni-okt. dag. 10-17 uur, volwassenen $ 5, kinderen gratis).

In **Saint-Jean** wonen al generaties lang veel van de op de St-Laurent varende loodsen. Het kerkhof legt stille getuigenis af van hun vaak levensgevaarlijke beroep. Op liefdevol onderhouden grafstenen zijn tragedies vereeuwigd. Naast de fraaie, met maritieme motieven gedecoreerde huisjes is vooral ook het **Manoir Mauvide-Genest** een kijkje waard. Dit huis, dat in 1734 door een welvarende koopman is gebouwd, geldt als een van de mooiste voorbeelden van de Franse koloniale architectuur (1451, ch. Royal, www.manoirmauvidegenest. com, alleen te bezichtigen met rondleiding na reservering via tel. 418-829-2630, mei-eind okt. dag. 10-17 uur, volwassenen $ 8, kinderen tot 12 jaar gratis). Van de uitkijktoren bij **Saint-François** op het oostelijke uiteinde van het eiland hebt u prachtig zicht over de majestueuze St. Lawrence River.

Sainte-Famille kan bogen op de mooiste kerk van Nieuw-Frankrijk. De in 1748 voltooide **Église de la Sainte-Famille** bekoort door zijn neoclassicistische interieur en een beeltenis van de Heilige Familie, toegeschreven aan de récollettenbroeder Frère Luc, die de kolonie in 1670 bezocht (3915, ch. Royal).

Uitstapjes in de omgeving

Wereldreiziger op doorreis: in de herfst verzamelen duizenden sneeuwganzen zich op Cap-Tourmente

Informatie
... in Saint-Pierre-de-l'Île d'Orléans:
Tourisme Île d'Orléans: 490, côte du Pont, tel. 418-828-9411, 1-866-941-9411, www.iledorleans.com.

Accommodatie
... in Saint-Pierre:
Romantisch – **La Maison du Vignoble:** 1071, ch. Royal, tel. 418-828-9562, www.isledebacchus.com. Slapen op het idyllische wijngoed Isle de Bacchus. Alle vier kamers zijn prachtig, maar het allermooist is L'Oiseaux du Paradis – de paradijsvogels – met zijn gewelfde plafond. 2 pk $ 70-110.
... Sainte-Pétronille:
Elegant – **Auberge La Goeliche:** 22, ch. du Quai, tel. 418-828-2248, 1-888-511-2248, www.goeliche.ca. Fraai pension op oude fundamenten met een goed restaurant (*cuisine française*), een zwembad en leuk uitzicht op Ville de Québec. 2 pk $ 100-180.

Eten en drinken
... in Saint-Laurent:
Culinaire belevenis – **Moulin de St-Laurent:** 754 Ch. Royal, tel. 418-829-3888, www.moulinstlaurent.qc.ca, dag. 11.30-14.30 en 17.30-20.30 uur. Stevige *cuisine régionale* in een oude molen met terras naast een kleine waterval. De filet mignon is niet te versmaden. Voorgerecht $ 7-15, hoofdgerecht $ 18-28.

Winkelen
Antiek – Île d'Orléans staat bekend om zijn goede **antiekzaken**, waarvan het gros aan Route 368 ligt.

Actief, Evenementen
Fietsen – De 70 km lange Route 368 om het eiland wordt steeds populairder als fietsroute – mede dankzij de **Tour de l'Île d'Orléans** voor de hele familie, elk jaar in juni (1449, ch. Royal, St-Laurent, www.letourdelile.com).

Langs de St. Lawrence River naar de Atlantische Oceaan

De 1400 km lange Route 138 langs de noordkust (bijna) tot aan Labrador behoort tot de mooiste autoroutes die Canada te bieden heeft. Dit gebied, met zijn afgelegen Montagnaisplaatsjes, vuurtorens, walvissen en zeevogelkolonies, is de bakermat van Nieuw-Frankrijk. En overal is de St-Laurent een constante in het landschap.

'Ah, le fleuve!' In het collectieve bewustzijn van de Québécois is de brede, majestueus naar de Atlantische Oceaan stromende St-Laurent een vast gegeven. Aan zijn oevers rusten ze uit van de stress van alledag. Hem missen ze in het buitenland het eerst en huiswaarts kerende Québécois happen naar adem bij de aanblik van de rivier en voelen zich pas weer thuis als ze het glinsterende lint zien opdoemen aan de horizon. Nog altijd is de St-Laurent/St. Lawrence de economische ruggengraat van de provincie, wat zichtbaar is aan het drukke scheepsverkeer naar het 3700 km verderop gelegen Lake Superior.

De aantrekkelijke combinatie van Canadees natuurschoon en Frans-Canadese historie maakt de tocht langs de noordoever tot een onvergetelijke reis, waarvoor u zeker vijf dagen moet uittrekken. Vanaf Montréal moet u echter eerst een van de twee eentonige Autoroutes 20 (zuidoever) en 40 (noordoever) afleggen.

Vervolg vanaf Trois-Rivières de reis via Route 138, die parallel aan Autoroute 40 loopt. Dat is de oude **Chemin du Roy**, de in 1730 aangelegde Koningsweg tussen Ville de Québec en Montréal. Deze eerste verharde weg van Canada verkortte de reis, die tot dan toe enkel over het water mogelijk was, destijds met vier dagen – per paardenkoets. Hij was toen 280 km lang en 7,4 m breed en onderweg kwam je langs 24 (later 29) poststations (www.lechemindvroy.com).

Over de Chemin du Roy naar Québec

Kaart: zie blz. 294

Trois-Rivières ▶ L 8

Trois-Rivières ▮1▮, de op een na oudste stad van de provincie Québec (140.000 inwoners), in 1634 gesticht aan de monding van de Rivière de la Mauricie, heeft enkele van de beroemdste ontdekkingsreizigers van Noord-Amerika voortgebracht, zoals Radisson, De la Vérendrye en Des Groseilliers. In de 18e en 19e eeuw groeide de stad uit tot een belangrijke houtoverslagplaats en papierproducent. Nog altijd is de papierindustrie de grootste werkgever. Het papier van bijna alle Canadese en de meeste Amerikaanse kranten komt hier vandaan. U komt meer te weten over de belangrijkste industrie van de stad in het moderne **Boréalis – Centre d'histoire de l'industrie papetière** aan de oever van de rivier (200, av. des Draveurs, www.borealis3r.ca, eind mei-begin okt. dag. 10-18, anders 10-17 uur, volwassenen $ 14, kinderen tot 6 jaar gratis).

Na uw bezoek is het aardig om een wandelingetje te maken door de oude stad, waarbij de koepel van **Monastère des Ursulines** als oriëntatiepunt kan fungeren. Het museum, dat in 1982 binnen de muren van dit klooster werd ingericht, herinnert aan het nijvere, vaak onderschatte pionierswerk van deze nonnenorde

Over de Chemin du Roy naar Québec

(734, rue des Ursulines, www.musee-ursulines.qc.ca, mrt.-apr. wo.-zo. 13-17, mei-eind okt. di.-zo. 10-17 uur, anders op afspraak, volwassenen $ 5, kinderen tot 17 jaar gratis).

Via Grandes-Piles naar het Parc national de la Mauricie ▶ K 8

Voor de tijd van de grote vrachtwagens werden de gekapte stammen in het voorjaar via de Rivière de la Mauricie naar de zagerijen van Trois-Rivières vervoerd. Dit uitstapje via Route 55 naar het noorden voert omhoog over het Canadian Shield. Onderweg komt u langs het **Musée du Bucheron** in het oude houthakkersstadje **Grandes-Piles** 2 (400 inwoners). Hier staan aan de rivieroever circa 25 historische gebouwen – onderkomens, kantines en werkplaatsen – die samen een goed beeld geven van een typisch houthakkerskamp uit die tijd (780, 5e Av., juni-okt. wo.-zo. 10-17, volwassenen $ 15, kinderen $ 7).

Aan de overkant, op de westoever van de rivier, werd de houtkap echter al voor de Tweede Wereldoorlog gestaakt. In 1970 riep Ottawa 536 km2 van deze voor het Canadian Shield karakteristieke natuur uit tot het **Parc national de la Mauricie** 3 (www.pc.gc.ca/mauricie). Door het zuiden van het park loopt de Route Panoramique, een 62 km lange weg die de beide hoofdingangen met elkaar verbindt en op diverse punten prachtig uitzicht biedt op meren, bossen en rotsen. Stap eens uit bij het 20 km lange **Lac Wapizagonke**, dat u staand op een houten uitkijkterras ver in de diepte ziet liggen. Dwars door de natuur voeren kano- en wandelroutes, een uitdaging voor natuurliefhebbers. Het zijn vooral korte natuurwandelingen, maar er zijn ook routes bij waaraan u zich beter alleen kunt wagen als u over een uitstekende conditie beschikt. Zo voert de **Sentier Les Deux-Criques** 17 km over rotspieken en door dicht kreupelhout en moeten er onderweg diverse snelstromende waterlopen worden overgestoken. Het noorden van het park wordt doorsneden door de **Sentier Laurentien**, een prachtige, 75 km lange trail door een van de mooiste delen van het Canadian Shield. Ook kunt u heerlijk kanoën in dit mooie, woeste gebied.

Door de bomen het bos niet meer zien – de wortels van de uitdrukking zouden zomaar in het Parc national de la Mauricie kunnen liggen

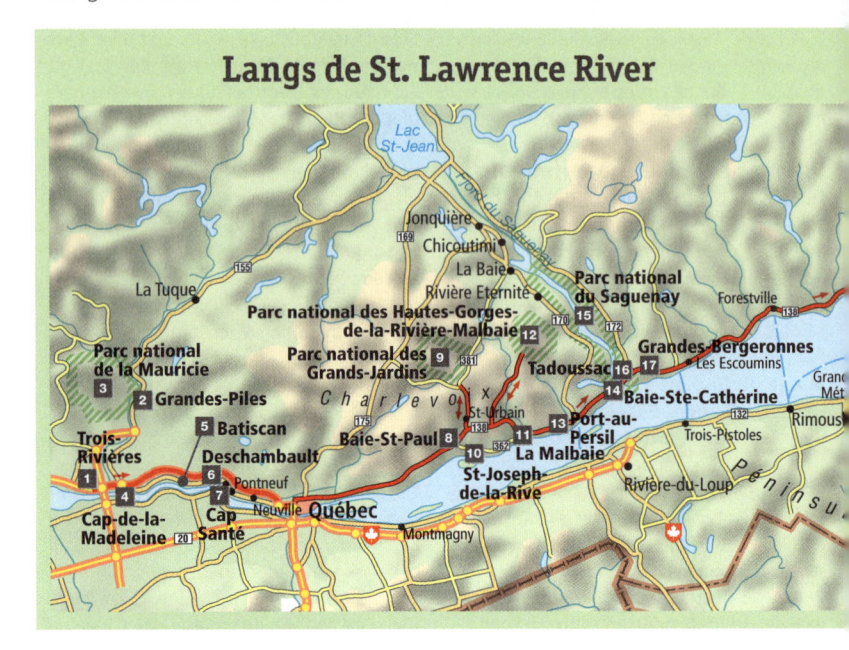

Langs de St. Lawrence River naar de Atlantische Oceaan

Langs de St. Lawrence River

Van Cap-de-la-Madeleine naar Deschambault ▶ L 8

Kleine houten huisjes met veranda's en schommelstoelen, grote kerken en pastorieën en een kruis in de voortuin: het kosmopolitische Montréal lijkt op een andere planeet te liggen. Sinds hier in 1888 een Mariabeeld de ogen opende, stromen jaarlijks duizenden vrome pelgrims naar het in 1964 aan de rivieroever opgerichte heiligdom **Sanctuaire Notre-Dame-du-Cap**, een achthoekige basiliek met een 80 m hoge, kegelvormige toren in het 34.000 inwoners tellende stadje **Cap-de-la-Madeleine** 4 (626, rue Notre-Dame Est, www.sanctuaire-ndc.ca, dag. 8.30-20 uur).

Ook het in 1639 gestichte, 900 zielen tellende stadje **Batiscan** 5 wordt gedomineerd door heiligdommen. De **Vieux Presbytère de Batiscan**, een pastorie uit begin 19e eeuw, is ingericht met koloniale meubelen. Een 'echte' *curé* vertelt verhalen uit het dagelijks leven van de eerste priester (34, rue Principale, www.presbytere-batiscan.com, mei-juni, sept.-okt. dag. 10-17, juli, aug. 10-18 uur, volwassenen $ 5, kinderen tot 6 jaar gratis).

Zeer pittoresk is **Deschambault** 6, dat hoog boven de geleidelijk aan smaller wordende rivier ligt. Hier slingert de Chemin du Roy zich door het complexe stratenpatroon langs huisjes die vaak erg vlak aan de weg staan, een mooie kerk met twee torens en een erachter gelegen pastorie uit 1815 in een klein park.

Nog meer landelijk Nieuw-Frankrijk vindt u in **Portneuf, Cap-Santé** en **Neuville**. Daartussendoor hebt u telkens fraai uitzicht op de rivier en de hier goed herkenbare, nog uit het *ancien régime* stammende, zogeheten seigneuriale landindeling: tot 300 m brede en verscheidene kilometers lange stroken land, die de veelal adellijke landeigenaar *(seigneur)* aan onbemiddelde nieuwkomers uit het moederland *(habitants)* verpachtte met de opdracht ze te ontginnen. Aan één zijde grenzen de kavels aan de rivier, toentertijd de enige verkeersader. Hier bouwde de boer zijn huis. Per jaar bracht hij een halve hectare woeste grond in cultuur, vaak zonder trekdieren, zodat hij aan het einde van zijn leven 10 ha te bewerken had.

Over de Chemin du Roy naar Québec

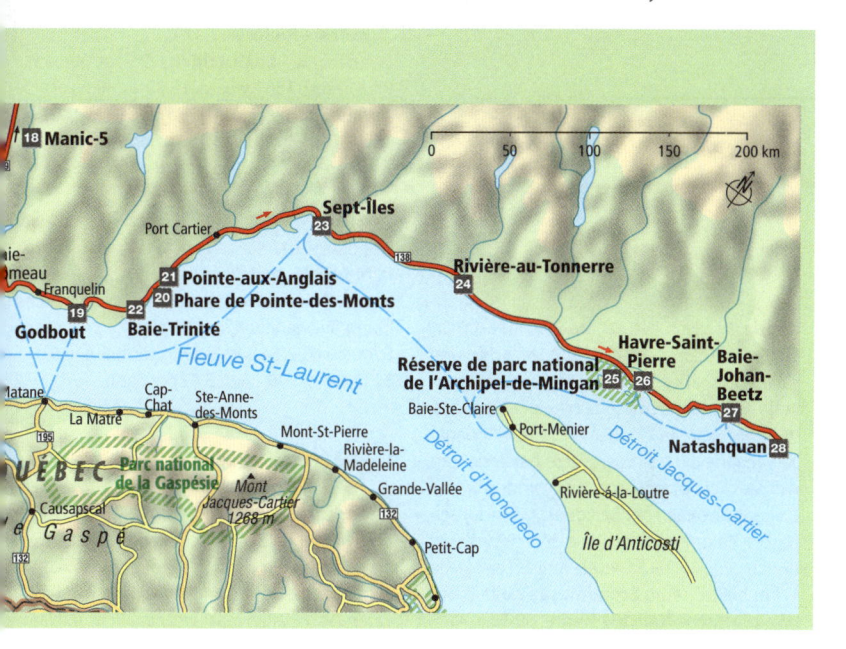

In **Cap-Santé** 7 geeft **Le Vieux Chemin à Cap-Santé**, een fraaie weg voorzien van uitleg, die door Canadese kranten is uitgeroepen tot een van de mooiste straten van het land, een goede indruk van de sfeer van Nieuw-Frankrijk. Koloniale huizen van steen en hout, sommige lieflijk begroeid en andere voorzien van charmante veranda's, omzomen de schaduwrijke laan. Een onevenredig grote kerk met twee torens waakt tot op de dag van vandaag over deze fotogenieke idylle.

Informatie
... in Shawinigan:
Association touristique régionale de la Mauricie: 1882, rue Cascade, tel. 819-536-3334, 1-800-567-7603, www.mauricietourism.com, ma.-vr. 8.30-12 en 13-16.30 uur. Kaarten, brochures, hotel- en restaurantreserveringen en praktische tips.
Chemin du Roy: www.lecheminduroy.com. Veel achtergrondinfo.
... in La Tuque:
Nature Mauricie Internationale: 550, rue St-Louis, tel. 819-676-8824, 1-877-876-8824, www.naturemauricie.com. Verlangt u naar een eenzame blokhut of een hengeltocht in de wilde natuur? Meer dan vijftig ervaren medewerkers van deze organisatie staan klaar om uw droom te verwezenlijken.

Accommodatie
... in Trois-Rivières:
Onmiddellijk overtuigend – **Auberge du Lac Saint-Pierre:** 10911, rue Notre-Dame Ouest (Autoroute 40, afrit Pointe-du-Lac), tel. 819-377-5971, 1-888-377-5971, www.aubergelacstpierre.com. Fraai resorthotel aan de oever van het vogelreservaat Lac St-Pierre aan de St-Laurent. Grote kamers, lichte lobby, uitstekend restaurant. In de zomer buitenzwembad en fietsverhuur. 2 pk $ 120-160.
... in Grand-Piles:
Heerlijk ouderwets – **Auberge Le Bome:** 720, 2e Av., tel. 819-538-2805, 1-800-538-2805, www.bome-mauricie.com. Tien gezellige kamers in een mooi oud huis aan de oever van de rivier. Eetzaal met open haard, whirlpool, bar, Italiaans-Franse keuken. 2 pk $ 115-170 incl. ontbijt.

Tip

BIERTJE?

Wat dacht u van een Ambrée de Sarrasin? Of een Blonde d'Épeautre? Of hebt u misschien liever een Claire Fontaine? **Les Bières de la Nouvelle France** is een van talrijke goedlopende *microbrasseries* in Québec die sinds het begin van de jaren 90 met veel succes het imperium van de licht-alcoholisch bier producerende megabrouwerijen hebben doorbroken. Bij een bezoek hoort een rondleiding door de brouwerij, een *dégustation* (bierproeverij) en een kijkje in het biermuseum **Economusée de la Bière** (Microbrasserie Nouvelle France, 90 Rang Rivière-aux-Écorces, St-Alexis-des-Monts ▶ K 8), 70 km ten noorden van Trois-Rivières, tel. 819-265-4000, www.lesbieresnouvellefrance.com/economusee, ma.-vr. vanaf 11, za., zo. vanaf 8 uur, gratis toegang).

... in Saint-Jean-des-Piles:
Ideale basis – **Aux Berges du Saint-Maurice:** 2369, rue Principale, tel. 819-538-2112, 1-800-660-2112, www.cdit.qc.ca/absm. Rustieke houten lodge, op twee minuten van de ingang van het nationaal park Mauricie aan Route 55. Eenvoudige maar prettige kamers. De lodge biedt ook berenobservatietrips aan. 2 pk $ 60-80 incl. ontbijt.

Eten en drinken
... in Grandes-Piles:
Huiselijk – **Resto de la Berge:** 601, 1e Av., tel. 819-538-8585, ma.-vr. 8-21, za. 9.30-22, zo. 9.30-14.30 uur. Huisgemaakte *cuisine québécoise*, mediterrane salades en grillgerechten. In de zomer een mooi terras met uitzicht op de rivier. Voorgerecht $ 6-13, hoofdgerecht $ 9-16.

... in Trois-Rivières:
Très français – **Le Gueridon:** 275, rue St-Roch, tel. 819-691-1569, wo.-za. 17-22 uur. Klassiekers als faux filet, filet mignon en crêpe suzette. Als Céline Dion in Trois Rivières zingt, eet ze hier. Voorgerecht $ 7-15, hoofdgerecht $ 19-34.

Actief
Wandelen en kanoën – In het **Parc national de la Mauricie** zijn talloze mooie trails en kanoroutes. **Kano- en kajakverhuur:** bij de meren Étang Shewenegan, Lac Wapizagonke en Lac Édouard (702, 5e Rue, Shawinigan, tel. 819-538-3232, kano $ 40, kajak $ 42 per dag).

Charlevoix

Kaart: zie blz. 294

De rivier en de bergen, brede dalen, kale toppen. Bergen die doorlopen tot aan het water, en pittoreske dorpen met huizen voorzien van veranda's. En altijd maar weer dat licht, dat laat in de middag de hemel in fraaie pasteltinten kleurt. Voorbij de Côte de Beaupré ligt de **Charlevoix**, een van de mooiste landschappen van Québec. In 1988 is het gebied door de UNESCO uitgeroepen tot *World Biosphere Reserve*, want met het **Parc des Grands-Jardins**, waar de zuidelijkste kudde kariboes ter wereld leeft, de imposante **Saguenayfjord** en de hoogste rotswanden ten oosten van de Rocky Mountains in het **Parc régional des Hautes-Gorges** kan het bogen op uniek natuurschoon. Landbouw was nauwelijks mogelijk tussen de ruim 1000 m hoge bergen. Hier werd men visser, houthakker, en later scheepsbouwer. Er werden *goélettes* gebouwd, de kleine schoeners waarmee in de 19e eeuw het vrachtverkeer werd verzorgd. In die tijd ontdekten rijke Engels-Canadezen uit Montréal, Bostonians en New Yorkers de Charlevoix als vakantieoord. In **La Malbaie** verrezen fraaie cottages en chique hotels met een eigen stoomschipverbinding.

Baie-Saint-Paul ▶ M 7
Met de gefortuneerde toeristen kwamen ook de kunstenaars. Ze lieten zich door het zachte licht inspireren en maakten van de

Charlevoix een streek waarvan de naam inmiddels synoniem is met kunst en genieten. Een van hun grootste kolonies werd het door hoge bergen omzoomde stadje **Baie-Saint-Paul** 8 (7500 inwoners) in de gelijknamige baai. Cafés, restaurants en bistro's worden afgewisseld door goede musea en galeries. Een must is het **Musée d'art contemporain** (23, rue Ambroise-Fafard, www.macbsp.com, begin juni-begin sept. dag. 10-17 uur, volwassenen $ 10, kinderen tot 12 jaar gratis).

Het **Carrefour Culturel Paul-Médéric** schuin ertegenover is een ontmoetingscentrum. Bezoekers kunnen hier kunstenaars aan het werk zien (4, rue Ambroise-Fafard, www.baiestpaul.com/carrefour, jan.-mei do.-zo. 10-17, juni-half okt. dag. 10-17, eind okt.-dec. do.-zo. 10-17 uur , gratis toegang).

Daarnaast kunt u op het **Circuit des Galeries d'Art** een tiental galeries bezoeken. Vooral interessant is het **Maison René Richard**. Het huis van pelsjager en schilder René Richard was destijds een ontmoetingsplaats voor kunstenaars. Naast grootheden uit Québec als Clarence Gagnon en Marc-Aurèle Fortin waren ook schilders uit de Group of Seven (zie blz. 62) hier kind aan huis (58, rue St-Jean-Baptiste, tel. 418-435-5571, dag. 9.30-18 uur en op afspraak).

Parc national des Grands-Jardins ▶ M 7

In Baie-Saint-Paul buigt Route 381 landinwaarts af naar het **Parc national des Grands-Jardins** 9 . Al snel bepalen bergen met kale graniettoppen en donkere zwartesparrenbossen het beeld. Het nationaal park, in 1981 opgericht ter bescherming van de kariboekudde, omvat 310 km² door de wind geteisterde hoogvlakten. Hier komen ook elanden, lynxen en zwarte beren voor. Het park, dat bereikbaar is via het plaatsje Saint-Urbain, beschikt over een netwerk aan wandelpaden (30 km). Het mooiste pad is de **Sentier Mont du Lac-des-Cygnes**, dat naar een meteoorkrater voert. Sinds 2014 kunnen mensen zonder hoogtevrees de adrenaline laten stromen op de rotsroute Via Ferrata. Natuurvrienden kunnen overnachten in hutten of hun tent opzetten op goed onderhouden kampeerterreinen (25, blvd. Notre-Dame, Clermont, tel. 418-439-1227, www.sepaq.com, eind mei-half okt., volwassenen $ 8,50, kinderen tot 17 jaar gratis).

Saint-Joseph-de-la-Rive ▶ M 7

Weer terug bij de St-Laurent kunt u het best naar het 50 km verderop gelegen La Malbaie rijden via de oude kustweg 362. Vanaf deze weg hoog op de klippen is de zuidelijke oever van de rivier slechts zichtbaar als een donkere streep. De kustweg voert langs enkele van de mooiste dorpen van de provincie, zoals **Saint-Joseph-de-la-Rive** 10 , een verstild, pittoresk plaatsje met slechts 200 inwoners, dat enkel bereikbaar is via een extreem steile toegangsweg. Onder aan de weg staan op een smalle kuststrook kleurige houten huisjes te dromen van vroeger, toen Saint-Joseph nog een centrum van scheepsbouw was. In het plaatselijke **Musée maritime de Charlevoix** herinneren twee *goélettes* aan de tijd dat deze schoeners nog op de rivier voeren (305, rue de l'Église, www.museemaritime.com, half mei-half okt. dag. 9-17 uur, anders op afspraak, volwassenen $ 7, kinderen $ 4).

Schuin hiertegenover produceert de in 1965 gestichte **Papeterie Saint-Gilles** met 18e-eeuwse technieken kwaliteitspapier, waarin wilde bloemen zijn verwerkt (304, rue Félix-Antoine Savard, www.papeteriesaintgilles.com, rondleidingen na aanmelding via tel. 418-635-2430).

La Malbaie ▶ M 7

Een golfterrein met grandioos uitzicht op de 'slechte baai' kondigt **La Malbaie** 11 (9000 inwoners) aan, een oud badplaatsje tegen de helling van het Canadian Shield, dat hier op imposante wijze steil afdaalt in de St-Laurent. In 1608 moest de naamgever Samuel de Champlain, verrast door de eb, hier noodgedwongen een pauze inlassen, maar later kwamen anderen er vrijwillig om in de stijlvolle cottages of het in 1899 gebouwde **Manoir Richelieu** de zomer door te brengen. Voor liefhebbers van oude chique hotels is het op een Frans landhuis geïnspireerde Manoir een must. Zelfs het in de jaren 90 in het Manoir

Langs de St. Lawrence River naar de Atlantische Oceaan

De kleurenpracht in het najaar is een van de redenen dat Charlevoix van oudsher populair is bij kunstschilders

opgenomen Casino de Charlevoix harmonieert met het gebouw. La Malbaie, dat door de omringende bergen niet goed kan uitbreiden, is samengevoegd met **Pointe-au-Pic** en **Cap-à-l'Aigle**, en nog altijd een bekoorlijk recreatieoord.

Parc national des Hautes Gorges-de-la-Rivière-Malbaie ▶ M 6
4, rue Maisonneuve, Clermont, tel. 418-439-1227, 418-439-1228, www.sepaq.com, volwassenen $ 8,50, kinderen tot 17 jaar gratis
La Malbaie is een goede uitvalsbasis voor uitstapjes in het schitterende natuurgebied **Parc national des Hautes Gorges** 12. Met zijn tot 800 m diepe kloven, prachtige één- en meerdaagse trails, waarop u alle vegetatiezones van Oost-Canada in een dag kunt doorkruisen, en een op zijn gemak door de kloven varende excursieboot, is dit 224 km² grote nationaal park een uitstekende bestemming voor liefhebbers van de natuur en van fotograferen. Een bijzondere uitdaging is de **Sentier de La Traversée de Charlevoix**, een 100 km lange wandelroute door het park, waarvoor u verscheidene dagen moet uittrekken. U kunt het park van bovenaf bewonderen op de 9 km lange, op sommige plaatsen bijzonder steile **Sentier L'Acropole des Draveurs**.

Uitstapje naar het Parc national du Saguenay ▶ M 6
Weer op de kustweg 138 moet u zeker even een kijkje nemen in het lieflijke **Port-au-Persil** 13 (230 inwoners). Dit idyllische dorp, dat zich in bergplooien boven de rivier vlijt, staat bekend om zijn ateliers en galeries, en dan met name de **Poterie de Port-au-Persil**, een pottenbakkerij met winkel, expositieruim-

Charlevoix

Het 283 km² grote **Parc national du Saguenay** 15 omvat het fraaiste deel van dit natuurschoon. In dit park zijn veertien dagwandelingen van elke moeilijkheidsgraad uitgezet. Vooral prachtig is de **Sentier La Statue**, een 7 km lang wandelpad dat begint bij het bezoekerscentrum bij Rivière Éternité en steil omhoog voert naar een Mariabeeld dat 500 m boven de fjord prijkt. Accommodatie is mogelijk in eenvoudige hutten of op kampeerterreinen (91, rue Notre-Dame, Rivière-Éternité, tel. 418-272-1556, www.sepaq.com, volwassenen $ 8,50, kinderen tot 17 jaar gratis).

Informatie
... in La Malbaie:
Association touristique régionale de Charlevoix: 495, blvd. de Comporté, tel. 418-665-4454, 1-800-667-2276, www.tourisme-charlevoix.com. Veel praktische tips over Charlevoix.

Accommodatie
... in Baie-Saint-Paul:
Schattig – **Aux Petits Oiseaux:** 30, blvd. Fafard, tel. 418-802-7104, www.auxpetitsoiseaux.ca. Mooie B&B in een pand van rond 1900. Met oog voor detail ingerichte kamers. 2 pk $ 125-160 incl. ontbijt.
Centraal – **Gîte Fleury:** 102, rue St-Joseph, tel. 418-435-3668, www.gitefleury.com. Knusse B&B in het oude hart van de stad. Eenvoudige, maar liefdevol gedecoreerde kamers. 2 pk $ 70-90.

... in La Malbaie:
Sympathiek – **Auberge des Falaises:** 250, ch. de Falaises, tel. 418-665-3731, 1-800-386-3731, www.aubergedesfalaises.com. Charmant hotel boven de rivier. Speels ingerichte kamers die uitkijken op het water. Goed restaurant met *cuisine régionale*. 2 pk per persoon $ 70-280, interessante arrangementen.

... in La Malbaie-Point-au-Pic:
Klassieker – **Fairmont Le Manoir Richelieu:** 181, rue Richelieu, tel. 418-665-3703, www.fairmont.com/richelieu-charlevoix. Prachtig, kasteelachtig hotel met een rijke traditie. Vierhonderd kamers, vele met uitzicht op de St. Lawrence River. 2 pk $ 200-380.

te en een café waar u een leuk uitzicht hebt (1001, rue St-Laurent, tel. 418-638-2349, www.poteriedeportaupersil.com, mei-half okt. dag. 10-16.30 uur).

In **Saint-Siméon** vertrekken de autoveren naar Rivière-du-Loup (zie blz. 309) aan de zuidoever. Bij de Saguenayfjord eindigt de landstreek Charlevoix. Even daarvoor ligt in een brede baai het oude houthakkersdorp **Baie-Sainte-Cathérine** 14, waar tussen juni en oktober walvis- en andere excursieboten naar de fjord vertrekken. De haven is ook de toegangspoort naar het achterland. Vandaar slingert Route 170 zich door een bergachtig gebied naar de Noors aandoende Saguenayfjord. In de laatste ijstijd hebben de gletsjers zich tot 460 m diep in het graniet ingesleten en zo een 100 km lange fjord achtergelaten, waar nu de Rivière Saguenay doorheen stroomt, die bij het Lac Saint-Jean ontspringt.

Langs de St. Lawrence River naar de Atlantische Oceaan

… in La Malbaie-Cap-à-l'Aigle:
Home away from home – **Auberge La Mansarde:** 187, rue St-Raphael, tel. 418-665-2750, 1-888-577-2750, www.aubergelamansarde.com. Mooie oude auberge in een 's zomers bloeiende tuin. Lichte, prettige kamers. Regionale menukaart. 2 pk $ 105-200 incl. ontbijt.

Eten en drinken

… in Baie-Saint-Paul:
Exquise – **Le Mouton Noir:** 43, rue Ste-Anne, tel. 418-240-3030, www.moutonnoirresto.com, eind juni-begin sept. wo.-zo. 17.30-22 uur. Franse keuken in een intieme ambiance. De lamsgerechten zijn erg goed. Patio met mooi uitzicht op de baai. Voorgerecht $ 9-13, hoofdgerecht $ 34-42.

Midden in de stad – **Le Saint Pub/Microbrasserie Charlevoix:** 2, rue Racine, tel. 418-240-2332, www.saint-pub.com, dag. 11.30-24 uur. Authentieke pub bij een lokale brouwerij. Stevige gerechten en sterk bier met namen als Dominus Vobiscum en Vache Folle. Voorgerecht $ 12-19, hoofdgerecht $ 16-20.

… in La Malbaie:
Top – **Vices Versa:** 216, rue St-Étienne, tel. 418-665-6869, www.vicesversa.com, di.-za. 18-21 uur. Uitstekend, klein restaurant zonder pretenties – het gaat puur om de smakelijke gerechten. Driegangenmenu $ 69.

… in La Malbaie-Pointe-au-Pic:
Onconventioneel – **Café de la Gare:** 100, ch. du Havre, tel. 418-665-4272, dag. 11.30-23 uur. Keuken zonder poespas: *steak frites,* mosselen en salades. Aan de pier, met een geweldig uitzicht op de rivier. Voorgerecht $ 8-15, hoofdgerecht $ 17-24.

Winkelen

Schilderijen, reproducties en sculpturen: in de Charlevoix is souvenirs kopen een feest. De meeste galeries en workshops zijn gevestigd in Baie-Saint-Paul, waaronder **Galerie d'art Yvon Desgagnés**, die vooral werken van kunstenaars uit Québec verkoopt (1 Rue Forget, www.galeriedartyvondesgagnes.com, dag. 9.30–18 uur). Bijzondere souvenirs van hoogwaardig papier zijn verkrijgbaar in de Papeterie Saint-Gilles in Saint-Joseph (zie blz. 297).

Kaas – De toonbank van de winkel buigt bijna door onder het gewicht van de kostelijke kaassoorten uit de Charlevoix. Kaasmakerij **Laiterie Charlevoix** verkoopt naast cheddar van elke mate van rijpheid en in alle denkbare variaties ook minder bekende soorten als fleurmier, een zachte kaas tussen brie en camembert in, en le migneron, bekend om zijn nasmaak. Daarnaast heeft de *laiterie* producten van andere kaasmakers uit de Charlevoix in het assortiment (Baie-Saint-Paul, 1167, blvd. Monseigneur de Laval, tel. 418-435-2184, www.fromagescharlevoix.com, eind juni-begin sept. dag. 8-17.30, anders ma.-vr. 8-17.30, za., zo. 9-17 uur).

Actief

Wandelen – Hiking – in de vorm van dagtochten of meerdaagse trips – kan in de Charlevoix naar hartenlust. Het natuurgebied **Parc national des Grands-Jardins** biedt volop bewegingsvrijheid. De imposantste van de wandelroutes door de streek is de ruim 100 km lange **Traversée de Charlevoix**. Als u dit pad, dat door alle ecosystemen van Oost-Canada voert, wilt betreden, moet u voldoende uitrusting en proviand voor zeven dagen meenemen en in uw eigen tent slapen of overnachtingen boeken in een of meer van de in totaal twaalf hutten en cottages langs de weg (La Traversée de Charlevoix, 841, rue Saint-Édouard, C. P. 171, Saint-Urbain, QC Canada G0A 4K0, tel. 418-639-2284, www.traverseedecharlevoix.qc.ca).

Whale watching – **Croisières AML:** 162, Route 138, Baie-Sainte-Cathérine, tel. 1-866-856-6666, www.croisieresaml.com, juni-begin okt. Deze aanbieder brengt zijn gasten met kleine schepen en rubberboten naar vinvissen, bultruggen en beluga's. Ook is het mogelijk een tocht te maken naar de Saguenayfjord. Juli-begin sept., volwassenen vanaf $ 70, kinderen vanaf $ 40.

Côte-Nord

Kaart: zie blz. 294
De Côte-Nord, de 'noordkust' van de St-Laurent, strekt zich uit van de Saguenayfjord tot aan het ruim 800 km verderop gelegen Natash-

Côte-Nord

quan. Voor avonturiers loopt hij zelfs nog verder door. Achter Natashquan begint namelijk de Basse-Côte-Nord, een ruige, nog eens 500 km lange kuststrook zonder wegen, waar net iets meer dan zesduizend mensen wonen in een tiental plaatsjes. U kunt hier alleen per schip of per vliegtuig komen. Vanaf Sept-Îles en Havre-Saint-Pierre vertrekken geregeld vluchten. Als u uw auto wilt meenemen om in Blanc-Sablon bij de grens met Labrador met de veerboot over te steken naar Newfoundland, moet u zich in Sept-Îles inschepen op het bevoorradingsschip *Nordik Express*.

Aan de Côte-Nord draait het zowel om de natuur als om het levensgevoel. De natuur begint onmiddellijk naast Route 138. Het levensgevoel ervaart u later op deze tocht aan de rand van het bewoonde Canada. De geschiedenis van deze regio werd in de 16e eeuw beheerst door Baskische walvisvaarders en tot aan het einde van de 19e eeuw door Franse, Acadische en Newfoundlandse vissers. In de 20e eeuw kwamen de hout- en papierindustrie op, gevolgd door de zware industrie. IJzererts uit het noorden werd per trein naar de overslaghavens Sept-Îles en Port-Cartier vervoerd. In de jaren 60 werd hier een prestatie geleverd waar de provincie nog altijd zeer trots op is: elektriciteitsmaatschappij Hydro Québec bedwong met stuwdammen en gigantische waterkrachtcentrales de meren en rivieren in het noorden. Sindsdien produceert zij hier de elektriciteit voor de provincie en delen van de VS. Andere goede redenen voor deze autotocht zijn de uitstekende mogelijkheden om walvissen te kijken (dertien walvissoorten trekken tussen juni en oktober stroomopwaarts), de zeevogelkolonies, het vissen op zalm, kajakken op zee en de zeer gastvrije bevolking.

Tadoussac en Grandes-Bergeronnes ▶ M/N 6

Met een klein autoveer kunt u in Baie Sainte-Cathérine de Saguenayfjord oversteken. Vanaf de rivier ziet de fjord eruit als een enorme poort, met zijn 460 m hoge rotswanden is hij een waar meesterwerk uit de laatste ijstijd. Aan de overkant richtte in 1600 de pelsjager Pierre Chauvin de eerste handelsposten van Noord-Amerika op. Tegenwoordig is de – gereconstrueerde – **Poste de Traite Chauvin** (157, rue du Bord de l'eau, eind mei-half juni, begin sept.-half okt. dag. 10-18, half juni-begin sept. dag. 9.30-18.30 uur, volwassenen $ 4, kinderen $ 2,50) een van de bezienswaardigheden van Tadoussac.

Het aardige, duizend inwoners tellende dorp **Tadoussac** 16, fotogeniek gelegen in een rotsbaai bij de mond van de fjord, is een populair vakantieoord en bezit met zijn mooie **Hotel Tadoussac**, waarvan het rode dak al van verre zichtbaar is, een opvallend visitekaartje. Aangezien de walvissen in de zomer in de krill- en planktonrijke fjordmonding foerageren, is Tadoussac bij uitstek een plaats om walvissen te kijken. Rondvaart- en rubberboten vervoeren dagelijks duizenden geïnteresseerden naar de vreedzame zeezoogdieren. Voor informatie over de walvissen en de bescherming van deze dieren kunt u terecht in het bezoekers- en onderzoekscentrum **Centre d'Interprétation des Mammifères Marins** (108, rue de la Cale Sèche, half mei-half juni, okt. dag. 12-17, half juni-eind sept. 9-20 uur, volwassenen $ 12, kinderen tot 17 jaar gratis).

Hier wijst men de bezoekers er ook op dat de drukte aan het wateroppervlak de walvissen geen goed doet. De walvisexcursies per boot verkorten de tijd dat de dieren kunnen duiken – en dus eten. Dit heeft weer zeer negatieve gevolgen voor hun voortplanting. U kunt de reuzen van de zee daarom beter vanaf het land bekijken. Vlak achter Tadoussac ligt een mooi uitzichtpunt.

Van het **Centre d'Interprétation et d'Observation du Cap-de-Bon-Désir** in **Grandes-Bergeronnes** 17 voert een korte wandeling over de rotsachtige landtong, die ver uitsteekt in de rivier (13, ch. du Cap-de-Bon-Désir, dag. half juni-half okt.). De walvissen zwemmen hier soms op maar 50 m afstand.

Manic-5

Na een urenlange rit, waarbij u onderweg nauwelijks tegenliggers tegenkomt, knippert u vast even met uw ogen als ineens het zeer verstedelijkte **Baie-Comeau** (22.000 inwoners) opdoemt. De op een na grootste stad aan de noordkust heeft zich ontwikkeld rond een papierfabriek, maar voor toeristen is dat slechts bijzaak. De zijweg Route 389 bereikt na ca. 200 km de megawaterkrachtcentrale **Manic-5** 18. Het gevaarte maakt deel uit van het Complexe Manic-Outardes, dat met het water van deze twee rivieren 7000 megawatt elektriciteit opwekt en deze via hoogspanningskabels van 735.000 volt naar Montréal leidt. Manic-5 organiseert rondleidingen door het hightechlandschap 100 m diep in het graniet en naar de gigantische turbines (eind juni-eind aug. dag. om 9, 11, 13.30 en 15.30 uur, gratis toegang). De bezichtiging van de 141 m hoge en 1314 m lange Daniel Johnson Dam, een kolossaal monument voor de onderwerping van de natuur, stemt menigeen tot nadenken.

Von Godbout naar Sept-Îles
▶ O 5

Voorbij de Baie-Comeau serveert **Route 138** de rivier op een zilveren blaadje. Ronde baaien met door bossen geflankeerde zandstranden bepalen het beeld, en maar zelden verstoort een vrachtschip het idee dat u hier ver weg bent van de bewoonde wereld. Vooral zeer fotogeniek zijn het in een kom gelegen **Franquelin**, een klein houthakkersplaatsje, en het nauwelijks grotere, vierhonderd inwoners tellende vissersdorp **Godbout** 19, aanlegplaats van het autoveer uit Matane, aan de overzijde van de St-Laurent. Wie is geïnteresseerd in geschiedenis, neemt een kijkje in het kleine **Musée amérindien et Inuit**. In dit mooie oude gebouw ziet u met name Inuitsculpturen, schilderijen van gedoopte missie-indianen en foto's van de indiaanse buren uit de 19e eeuw (134, ch. Pascal Comeau, half juni-eind sept. dag. 9-22 uur, volwassenen $ 5, kinderen $ 2,50).

De volgende halte op de route is de **Phare de Pointe-des-Monts** 20. De rood-wit gestreepte vuurtoren, gebouwd in 1830 en inmiddels allang volledig geautomatiseerd, is een van de oudste van Noord-Amerika en siert talloze posters en brochures. Lange tijd lag hier het beruchtste scheepskerkhof van de noordkust. Zo verloor generaal Walker in 1711 in één klap zestien schepen en duizend man toen hij onderweg naar Québec met zijn uit zestig schepen bestaande vloot in een storm terechtkwam en voor het Île-aux-Oeufs averij opliep. De verschrikkelijke bijzonderheden van deze ramp, die de Britse verovering van Nieuw-Frankrijk zo'n veertig jaar uitstelde, verneemt u in het kleine **Musée Louis-Langlois** in **Pointe-aux-Anglais** 21 (2088, rue Mgr. Labrie, half juni-eind aug. dag. 9-17 uur, volwassenen $ 5, kinderen $ 4).

Het **Centre national des naufrages du Saint-Laurent** in **Baie-Trinité** 22 geeft daarnaast nog uitgebreide informatie over andere schipbreuken (27, Route 138, half juni-half sept. dag. 9-19 uur, volwassenen $ 10, kinderen $ 8).

Vervolgens komt u uit bij de kleurloze overslaghaven Port-Cartier en de 25.000 inwoners tellende stad **Sept-Îles** 23, het bestuurlijke centrum van deze kustregio. Vanhier voert een spoorlijn naar een achterland dat rijk aan grondstoffen is. In Schefferville en noordelijk daarvan wordt ijzererts gewonnen en in lange treinen naar de kust vervoerd.

De laatste 200 kilometer tot Natashquan ▶ G/H 2/3

Voorbij Sept-Îles doet het landschap wat aan Newfoundland denken. Overzichtelijke, op rotsachtige bodem gebouwde dorpen plaatsen accenten aan de steeds eenzamer wordende kust. Scheve boothuizen, stapels boeien en kreeftenfuiken glijden voorbij. Vooral fotogeniek is **Rivière-au-Tonnerre** 24, een stralend wit, op de kale rotsen gebouwde groep eenvoudige huisjes, die zich rond een kerk uit ca. 1900 scharen als kuikens rond een kloek.

Even verderop komen de eerste eilanden van het **Réserve de parc national de l'Archipel-de-Mingan** 25 in zicht. De beste uitvalsbasis voor tochten in dit uit veertig onbewoonde eilanden bestaande park is **Havre-Saint-Pierre** 26. In deze kleine havenstad, waar nog altijd een pionierssfeer heerst, laden hijskranen auto's en containers op het postschip Nordik Express. Watertaxi's brengen ongeschoren trekkers naar de eilanden.

Côte-Nord

Met hun bonte snavel en 'smoking' lijken het net clowns: papegaaiduikers in de Réserve de parc national de l'Archipel-de-Mingan

Het nationale park is sinds een paar jaar het onbetwiste eldorado voor zeekajakkers. De visitekaartjes van het park – grillige, tot 4 m hoge kalksteenzuilen – staan als wachtposten op veel eilandstranden. De kans in de glasheldere kustwateren walvissen te zien en zeehonden, papegaaiduikers en sierlijke sterns tegen te komen, maakt ook wandelen op vier van de eilanden een genot (1010, promenade des Anciens, tel. 418-538-3331, www.pc.gc.ca, juni-sept. dag., volwassenen $ 5,80, kinderen $ 2,90).

Voorbij Havre-Saint-Pierre vermengen toendra en kust zich tot een ruig, mooi niemandsland. Hoe verder u doordringt in deze verlaten omgeving, des te kosmopolitischer de streek wordt: Engels, Acadisch Frans en Montagnais zijn even vaak te horen als Frans – herinneringen aan de kolonisatie door vissers uit Newfoundland en Nova Scotia. In het kleine **Baie-Johan-Beetz** 27 staat het door de plaatselijke bevolking Le Château genoemde Maison Johan-Beetz, het huis van een Belg die hier rond 1900 door liefdesverdriet verzeild raakte en zich vervolgens vol overgave inzette voor de belangen van de vissers, die afhankelijk waren van rijke kooplieden. Het interieur valt vooral op door de grote ramen, die alle kamers op ieder moment van de dag verlichten (tel. 418 365 5021, www.baiejohanbeetz.com, 2 pk $ 65).

Route 138 eindigt in **Natashquan** 28. De 'plaats waar op beren wordt gejaagd' staat in heel Québec bekend als de geboortegrond van de chansonnier Gilles Vigneault. Eenvoudige huisjes vlijen zich tegen de kale rotsen en voor de kust geven rode boeien in het water de plaats van de kreeftenfuiken aan. In het Centre d'Interprétation Le Bord du Cap kunt u iets te weten komen over het harde vissersbestaan, maar de plaatselijke bewoners vertellen er ook graag zelf over (32, ch. d'En Haut, half juni-begin sept. dag. 10-17 uur, volwassenen $ 5, kinderen gratis).

Langs de St. Lawrence River naar de Atlantische Oceaan

Informatie

… in Baie-Comeau:
Tourisme Côte-Nord Manicouagan: 337, blvd. LaSalle, Bureau 304, tel. 418-294-2876, 1-888-463-5319, www.tourismecote-nord.com/en. Vertegenwoordigt de kuststreek tussen Tadoussac en Godbout en helpt snel en professioneel bij het plannen van uw reis.

… in Sept-Îles:
Association touristique régionale de Duplessis: 312, av. Brochu, tel. 418-962-0808, 1-888-463-0808, Fax 418-962-6518, www.tourismecote-nord.com/en. Vertegenwoordigt de kust van Godbout tot Blanc Sablon. Goed kaartmateriaal en hulp bij het plannen van uw reis.

Accommodatie

… in Tadoussac:
Intiem – **Auberge Maison Gagné:** 139, rue du Bateau-Passeur, tel. 418-235-4526, 1-877-235-4526, www.aubergemaisongagne.ca. Aangenaam hotel hoog boven de rivier. Smaakvol ingerichte kamers. 2 pk $ 110-150 incl. ontbijt.

Historische schoonheid – **Hotel Tadoussac:** 165, rue du Bord de l'Eau, tel. 418-235-4421, 1-800-561-0718, www.hoteltadoussac.com. Elegant en gezellig tegelijk, met een uitstekend restaurant. 2 pk $ 90-280 incl. ontbijt.

Eenvoudige hostel – **Auberge de jeunesse de Tadoussac:** 158, rue du Bateau-Passeur, tel. 418-235-4372, www.ajtadou.com. Mooie jeugdherberg met recreatiemogelijkheden zoals kajakken. $ 19-60.

… in Baie-Comeau:
verrassend chic – **Hotel Le Manoir:** 8, av. Cabot, tel. 418-296-3391, 1-866-796-3391, www.manoirbc.com. Het chicste hotel aan de noordkust van Tadoussac. Moderne accommodatie in chateaustijl. 2 pk $ 130-150.

… in Baie-Trinité:
Rustiek – **Gîte du Phare de Pointe-des-Monts:** 1937, ch. du Vieux Phare (Pointe-des-Monts), tel. 418-939-2332, 1-866-3694083, www.pointe-des-monts.com. Met zeventien gezellige, volledig ingerichte hutten met keuken, bad en toilet. Voor wie liever voor zichzelf zorgt. Hut voor twee personen $ 90-160 per dag.

Getuigenis van de missionaire ijver van de jezuïeten: de Chapelle des Indiens in Tadoussac

Côte-Nord

… in Sept-Îles:
Betrouwbaar – **Hotel Gouverneur Sept-Îles:** 666, blvd. Laure, tel. 418-962-7071, 1-888-910-1111, www.gouverneur.com. Gerenoveerd lid van een Canadese middenklassenhotelketen. Modern gebouw, waar gasten verblijven in grote, doelmatig ingerichte kamers. 2 pk $ 100-170 incl. ontbijt.

… in Natashquan:
Weldadige gastvrijheid – **Auberge La Cache:** 183, ch. d'En Haut, tel. 418-726-3347, 1-888-726-3347. Verrassend veel comfort aan het einde van de wereld. Goed onderhouden pand, goed restaurant. 2 pk $ 140-170.

Eten en drinken

… in Tadoussac:
Zoals bij moeder thuis – **La Bolée:** 164, rue Morin, tel. 418-235-4750, dag. 11.30-22 uur. Leuke crêperie in het hart van de stad. Franse keuken, voornamelijk seafood. Voorgerecht $ 6-11, hoofdgerecht $ 16-25.

… in Baie-Comeau:
Joviaal ontmoetingspunt – **Restaurant Bar Le Blues:** 48, pl. Lasalle (in Le Grand Hotel), tel. 418-296-2212, www.legrandhotel.ca/resto-bar.html, dag. 7.30-22 uur. Populair restaurant midden in de stad. Grote steaks en pizza's, vaak livemuziek. Voorgerecht $ 6-15, hoofdgerecht $ 11-42.

… in Sept-Îles:
Mediterrane verrassing – **Café chez Sophie:** 495, av. Brochu, tel. 418-968-1616, dag. 8-20.30 uur. In wat aanvoelt als het einde van de wereld ligt dit eilandje met een door het Middellandse Zeegebied beïnvloede keuken. Voorgerecht $ 5-7, hoofdgerecht $ 12-21.

… in Havre-Saint-Pierre:
Kreeft, kreeft en nog eens kreeft – **Chez Julie:** 1023, rue Dulcinée, tel. 418-538-3070, dag. 16-22 uur. Calorierijke *cuisine québécoise*. Voornamelijk zeevruchten, maar ook kip en steaks. Voorgerecht $ 5-14, hoofdgerecht $ 11-34.

Actief

Whale watching – De beste uitkijkpunten waar u voor de kust walvissen kunt zien zwemmen, liggen in Grandes-Bergeronnes en Les Escoumins. Overal waar in de zomer veel walvissen voorkomen, worden *whale watching*-excursies georganiseerd: bij Tadoussac, Pointe-des-Monts, Sept-Îles en Havre-Saint-Pierre.

Zeekajaks – **Kayak du Paradis:** 4, ch. Émile-Bouilianne, Les Bergeronnes, tel. 418-232-1027, www.campingparadismarin.com. Tijdens de kajaktochten met gids bij Cap du Bon Désir kunt u 's zomers ineens een walvis zien opduiken – een onvergetelijke belevenis ($ 62 per persoon).

Outdoorspeeltuin – **Base de Plein Air Les Goélands:** 816, Route 138, Port-Cartier, tel. 418-766-8706, www.baselesgoelands.com. Reserveer een jurt voor de nacht (er zijn ook eenvoudige kamers voor twee of meer personen) en ga met een kajak 'op de bonnefooi' de St. Lawrence River op.

Evenementen

… in Tadoussac:
Festival de la Chanson: 2e week van juni, www.chansontadoussac.com. Tijdens het populairste festival van de streek treden muzikale grootheden uit Québec op.

… in Baie-Comeau:
Symposium de peinture: juni/juli, www.sympobaiecomeau.ca. Schilders uit heel Noord-Amerika laten u over hun schouder meekijken tijdens hun werk.

Vervoer

Veerboten: het vracht- en passagiersschip Nordik Express van rederij **Relais Nordik** vaart van april tot januari eens per week heen en weer tussen de plaatsen Rimouski, Sept-Îles, Port-Menier, Havre-Saint-Pierre, Natashquan, Kegaska, La Romaine, Harrington Harbour, Tête-à-la-Baleine, La Tabatière, Saint-Augustin en Blanc-Sablon (17 Av. Lebrun, Rimouski, tel. 418-723-8787, 1-800-463-0680, www.relaisnordik.com).

Voor de dienstregeling van de veerboot stroomop- en -afwaarts op de St. Lawrence River kunt u tel. 1-877-562-6560 bellen of de website raadplegen.

✺ Péninsule de Gaspé

Kariboes trekken door de toendra, walvissen doorploegen de golven, jan-van-genten landen op hun karakteristieke onhandige wijze, autoradio's zwijgen – zo ver bent u op het ruige schiereiland Gaspé van alles verwijderd. De weg erheen volgt de historisch belangrijke zuidkust van de St-Laurent. Hier verandert de provincie van lieflijk in ruig.

Het **Péninsule de Gaspé** (Engels: Gaspé Peninsula) heeft alles om een outdoorparadijs te worden. In het bergachtige binnenland – dat zo verlaten en ontoegankelijk is dat er zelfs nog in de jaren 30 'nieuwe' meren zijn ontdekt – kunt u naar hartenlust wandelen, trektochten maken, vissen en jagen. De kust, die maar dunbevolkt is, is net zo fotogeniek als die van Cape Breton Island en de kleine hotels en B&B's zijn even vriendelijk als die in Newfoundland.

Maar helaas, een populair recreatieoord als Whistler of Mont-Tremblant zal het nooit worden. Het schiereiland, dat in Québec 'Gaspésie' wordt genoemd, kan het niet helpen: het ligt simpelweg te ver weg. Te ver van Montréal en Ville de Québec om in aanmerking te komen als ontspanningsoord voor de inwoners van de grote stad die een weekendje weg willen. Te ver verwijderd ook van de route naar het oosten die veel Europese toeristen volgen als ze per camper op weg zijn naar Nova Scotia en Newfoundland. En daarom zijn er maar weinigen die het Péninsule de Gaspé hebben ontdekt. Hier komen mensen die van oorspronkelijkheid houden, die eenvoudige, hartelijke gastvrijheid weten te waarderen en tijdens lange wandelingen door de eenzame natuur weer tot zichzelf willen komen. De weg erheen voert door nog twee prachtige landschappen: de regio **Chaudière-Appalaches** en de regio **Bas-Saint-Laurent**. Ze strekken zich uit van Québec tot aan het begin van het Péninsule de Gaspé bij Sainte-Flavie. U hebt twee mogelijkheden: of u volgt de oude kustweg Route 132, of u neemt de snellere Autoroute 20 en onderbreekt de reis voor korte uitstapjes naar de rivier. Welke route u ook kiest, de geleidelijke verandering van het landschap zal u niet ontgaan. De kuststrook, waar de vroegere seigneuriale landverdeling nog altijd zichtbaar is, wordt geleidelijk aan smaller en capituleert ten slotte definitief voor de uitlopers van de Appalachen, die aan het einde nauwelijks genoeg ruimte overlaten voor de weg. In toeristische folders wordt Route 132 niet voor niets Route des Navigateurs genoemd: eerst voeren Baskische walvisjagers stroomopwaarts, daarna kwamen Cartier en de Fransen, gevolgd door de Britse aanvalsvloten en ten slotte de schepen met ondervoede immigranten uit Ierland en Oost-Europa. Allemaal hebben ze op de zuidkust hun sporen achtergelaten, ofwel in de namen, die vaak van Baskische oorsprong zijn, ofwel in de architectuur, ofwel in de genetische diversiteit, waaruit telkens weer Québécois opduiken met namen als MacIntosh of O'Hara en met rode haren en groene ogen.

Chaudière-Appalaches

Kaart: zie blz. 309

Grosse-Île ▶ M 7

Het tot de Archipel des Îles-aux-Grues behorende rotseiland **Grosse-Île** **1** was ooit het Ellis Island van Canada. Tussen 1832 en 1937 waren vier miljoen Europese immigranten, vaak met een erbarmelijke gezondheid, ingekwartierd op het quarantainestation dat er toen lag. Voor de meesten die afkomstig waren van schepen waarop infectieziekten waren vastgesteld, was

Chaudière-Appalaches

de veertig dagen durende isolatie op het eiland niet meer dan een verplicht nummer. Een groot Keltisch kruis herinnert echter aan het feit dat voor velen de droom van een nieuw leven al was afgelopen voordat het goed en wel was begonnen. Tussen 1835 en 1850 bezweken tienduizenden, vooral Ierse immigranten op het eiland aan cholera en tyfus. Families werden verwoest en honderden weeskinderen bleven alleen achter. Ze werden door Franssprekende families geadopteerd, maar mochten hun achternaam behouden – vandaar de bonte verscheidenheid aan namen in de huidige telefoonboeken!

Tegenwoordig is het **quarantainestation** een gedenkplaats onder het beheer van Parks Canada. Gidsen geven rondleidingen door de desinfecteerinrichting, het ziekenhuis en het hotel voor de passagiers van de eerste klas – zelfs tijdens de quarantaineperiode van enkele weken werd er onderscheid gemaakt tussen de verschillende sociale klassen waartoe de mensen behoorden (110, rue de la Marina, Berthier-sur-Mer, tel. 418-259-2140, 1-888-476-7734, begin mei-half okt., volwassenen $ 60, kinderen $ 33, vanaf Berthier-sur-Mer met Croisières Lachance, afvaart 9.45 en 13 uur).

Montmagny ▶ M 7

Het stadje **Montmagny** 2 (12.000 inwoners) is een aardige plaats om even te pauzeren. In enkele mooie huizen uit het *ancien régime*, vooral aan de straten St-Jean-Baptiste en Saint-Thomas, zijn cafés, restaurants en winkeltjes gevestigd. Vogelliefhebbers weten dat deze kuststrook op de vliegroute van de sneeuwganzen ligt en in het voor- en najaar door deze dieren als rustplaats wordt gebruikt. Vooral de kuststrook in de buurt van het **Centre des Migrations** (53, av. du Bassin Nord) kleurt dankzij de hier landende Canadese en sneeuwganzen bruin en wit.

Montmagny is een begrip voor gepassioneerde accordeonisten. In het fraaie **Manoir Couillard-Dupuis** werken de beste accordeonbouwers van Canada aan de stradivariussen uit deze branche (301, blvd. Taché, begin juni-half sept. dag.10-16 uur, anders ma.-vr., volwassenen $ 8, kinderen $ 2).

L'Islet-sur-Mer ▶ M 7

De steeds sneller voortschrijdende modernisering is ook niet ongemerkt voorbijgegaan aan de scheepvaart op de rivier. Eén beroep is echter nog altijd onmisbaar: dat van loods. Al meer dan driehonderd jaar manoeuvreren loodsen met grote kennis van de omgeving stroomopwaarts varende schepen langs de voortdurend veranderende ondiepten in de St. Lawrence River. Vaak is het beroep overgegaan van de ene generatie op de andere. Beroemd om zijn loodsenfamilies is het leuke, 1800 inwoners tellende plaatsje **L'Islet-sur-Mer** 3. Hier ontsluit het uiterst interessante **Musée maritime du Québec** de door de rivier beheerste, niet zelden dramatische geschiedenis van de kust. Naast een tentoonstelling over de poolonderzoeker Joseph-Elzéar Bernier, wiens wortels in L'Islet lagen, kunt u in het museum ook een ijsbreker en de historische draagvleugelboot *Bras d'Or* bekijken (55, ch. des Pionniers Est, www.mmq.qc.ca, okt.-mei di.-vr. 10-12, 13.30-16, juni-sept. dag. 9-18 uur, volwassenen $ 12, kinderen $ 8).

Saint-Jean-Port-Joli ▶ M 7

De kerktorens die al van verre zichtbaar zijn, getuigen ook in dit kustgebied van de enorme betekenis die de kerk vroeger in Québec had. Sacrale kunst speelt hier dan ook een belangrijke rol. **Saint-Jean-Port-Joli** 4, een stadje met 3500 inwoners en lintbebouwing, wordt in de provincie gezien als de hoofdstad van de houtsnijkunst. Talrijke kunstnijverheidswinkels die bezoekers een blik gunnen in hun atelier, omzomen Route 132, die door het plaatsje voert. In het **Musée des Anciens Canadiens** zijn 250 fraaie houtsculpturen bijeengebracht (332, av. de Gaspé Ouest, www.museedesanciensca nadiens.com, half mei- eind juni dag. 9-17.30, eind juni-eind aug. 8.30-20, sept.-half okt. 8.30-17.30 uur, volwassenen $ 8, kinderen $ 3).

Informatie

... in Saint-Nicolas (▶ L 8):
Tourisme Chaudière-Appalaches: 800, Autoroute Jean-Lesage (Autoroute 20), tel. 418-831-4411, 1-888-831-4411, www.chaudiere-appalaches.com.

Peninsule de Gaspé

Accommodatie
... in Montmagny:
Praktisch – **Motel Sympathique:** 15, blvd. Taché E., tel. 1-800-604-2282, www.motelsympathique.com. Twintigtal mooie, in warme kleuren ingerichte kamers. Het hotel organiseert ook excursies naar Grosse-Île en het voor de kust gelegen Île-aux-Grues. 2 pk incl. ontbijt $ 80-160.

Centraal – **Hotel Centre-Ville:** Blvd. Taché Est, tel. 418-248-3623, 877-948-3623, www.hotelmotelcentreville.com. Aangenaam stadshotel in het centrum, met een goed restaurant. Ook bootexcursies naar de eilanden. 2 pk incl. ontbijt $ 80-140.

Eten en drinken
... in Montmagny:
Exotisch – **La Couvée**: 105, ch. des Poirier (in Hotel L'Oiselière), tel. 418-248-9520, www.oiseliere.com. Vanuit het restaurant kijkt u uit op het hotel-atrium met tropische planten. Zorgvuldig bereide vis- en vleesgerechten. Driegangenmenu's voor wisselende prijzen.

... in Saint-Jean-Port-Joli:
Onderhoudend – **Théâtre de La Roche à Veillon:** 547, av. de Gaspé Est, tel. 418-598-7409, www.rocheaveillon.com/theatre, half mei-sept. ma.-vr. 8-22, za., zo. 7-22 uur. Rustieke eethal met seafood en traditionele, met ahornsiroop bereide gerechten uit Québec. Theaterdiner ca. $ 55.

Winkelen
De origineelste souvenirs om mee naar huis te nemen ontdekt u als u rondsnuffelt in de boetieks en galeries aan de Avenue de Gaspé in het houtsnijdersstadje **Saint-Jean-Port-Joli**. Van traditionele Mariabeelden tot avant-gardistische creaties van hout is hier alles te vinden. Kijk vooral eens goed rond in de **Galerie Nicole Deschênes Duval** (532, av. de Gaspé Ouest, www.nicoledeschenesduval.com, mei-begin nov. dag. 9-20, anders dag. 9-17 uur) met zijn kinderbeelden en bij **Bourgault Sculpture**, waar u het werk van traditionele christelijke beeldsnijders kunt bewonderen (326, av. de Gaspé Ouest, juni-okt. 8.30-21 uur).

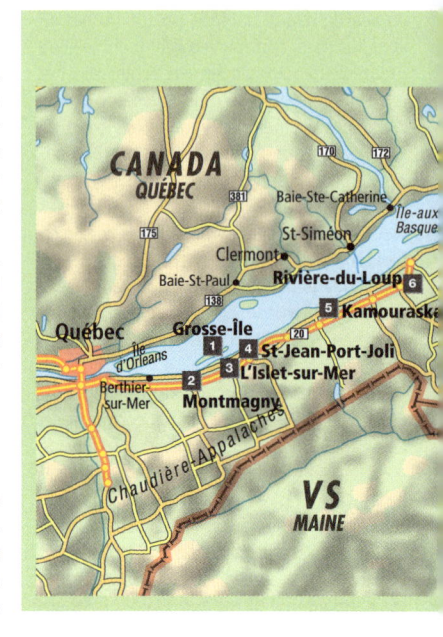

Actief
Cruisen op de St. Lawrence River – **Croisières Lachance,** 110, rue de la Marina, tel. 418-692-1752, www.croisiereslachance.com. Boottochten naar quarantaine-eiland Grosse-Île en excursies naar onder meer de zeevogelkolonies van de Îles-aux-Grues.

Evenementen
... in Montmagny:
Festival de l'Oie Blanche: 1e en 2e week okt., www.festivaldeloie.qc.ca. Het neerstrijken van de sneeuwganzen tijdens hun wintertrek naar het zuiden wordt gevierd met een soort jaarmarkt: concerten, allerlei soorten wedstrijden en natuurlijk vogelexcursies onder leiding van deskundige ornithologen.

Bas-Saint-Laurent

Kaart: zie boven

Kamouraska ▶ M 7
Langs de oever van de inmiddels bijna 10 km brede rivier ligt nog steeds een weids land-

Bas-Saint-Laurent

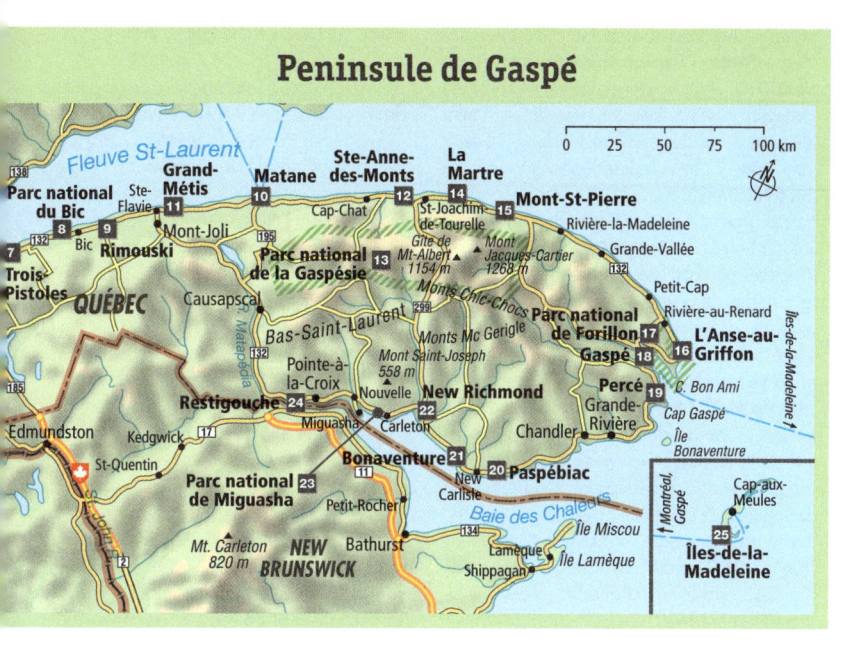

Peninsule de Gaspé

schap: vruchtbare akkers strekken zich uit tot aan het water. Pas waar de heuveltoppen geleidelijk aan hoger worden, begint het bos. Op de vele kleine eilandjes in de rivier broeden talrijke zeevogelsoorten en liggen zeehonden te zonnen op platte rotsen. Het zevenhonderd inwoners tellende dorpje **Kamouraska** 5 – de indiaanse naam betekent 'riet aan de oeverrand' – werd al in 1674 gesticht als *seigneurie* en was een eeuw geleden al een populair vakantieoord. Veel van de oude houten huizen in deze prachtige gemeente zijn bekroond met het hier ontwikkelde, licht gewelfde kamouraskadak.

Het dorp verwierf internationale bekendheid door de roman *Kamouraska* (in het Nederlands uitgebracht als *De sneeuw van Kamouraska*) van Anne Hébert uit Québec. Het boek gaat over een moord in 1839 waarbij de dader, Elizabeth, wordt geplaagd door schuldgevoel en vrijheidsdrang.

De driehonderdjarige geschiedenis van de stad wordt uitgebreid gedocumenteerd in het **Musée régional de Kamouraska** (69, av. Morel, www.museekamouraska.com, juni-half sept. dag. 9-17, anders ma.-vr. 9-17, za., zo. 13-16.30 uur, volwassenen $ 10, kinderen tot 12 jaar gratis).

Rivière-du-Loup ▶ N 6

Voorbij waddenlandschappen en ver in de rivier uitstekende palingfuiken voert de reis verder naar **Rivière-du-Loup** 6 (20.000 inwoners), gelegen op een terras boven de weg. Deze plaats, die in 1673 werd gesticht als *seigneurie* van een rijke pelshandelaar, is een belangrijk verkeersknooppunt. Niet alleen vertrekt hier de veerboot naar Saint-Siméon (zie blz. 299), maar ook buigt Route 185 hier af naar de Atlantische provincies. De stad heeft genoeg te bieden om er een kijkje te nemen of er zelfs te overnachten. Het uitstekende **Musée du Bas-Saint-Laurent** is onder meer gewijd aan de vroege fotografie in Québec en toont historische zwart-witfoto's van de St-Laurent en zijn mensen (300, rue Saint-Pierre, www.mbsl.qc.ca, di.-zo. 13-17 uur, volwassenen $ 7, kinderen tot 12 jaar gratis).

Over de flora en fauna van de St. Lawrence River, die intussen zo breed is dat de noord-

Peninsule de Gaspé

oever nauwelijks te zien is, informeert het moderne **Station exploratoire du Saint-Laurent**. U kunt hier zeesterren aanraken, zeealgen proeven en walvisskeletten bestuderen (Chalet de la Côte-des-Bains, 80, rue Mackay, juni-sept. dag. 9.30-17 uur, volwassenen $ 7,50, kinderen tot 6 jaar gratis).

De grootste attractie van de stad ligt er echter buiten: de **Îles du Bas-Saint-Laurent**. Deze voor de kust gelegen archipel bestaat uit een tiental, door zeevogels en zeehonden bewoonde eilanden en is eigendom van de Société Duvetnor. Deze organisatie onder leiding van een gerenommeerde bioloog richt zich op 'zacht toerisme': één- en meerdaagse excursies vanuit de haven naar aalscholver- en zeekoetenkolonies, waarbij ook ontmoetingen met verschillende walvissoorten, zoals beluga's, niet ongewoon zijn. De oude vuurtoren op het rotsige Île du Pot-à-l'Eau-de-Vie (zie blz. 311) is verbouwd tot een zeer gezellige B&B. Een overnachting hier is een onvergetelijke ervaring.

Trois-Pistoles ▶ N 6

Meer stroomafwaarts stuit u op een tamelijk onbekend hoofdstuk uit de Canadese geschiedenis. Het **Île-aux-Basques**, voor de kust van het stadje **Trois-Pistoles** 7, was in de 16e eeuw een door Baskische walvisvaarders gerund station voor walvisverwerking. Iedere zomer staken ze met hun vloten de Atlantische Oceaan over om bij de Grand Banks voor Newfoundland of op de St. Laurent op walvissen te jagen. Walvistraan, ooit zo kostbaar als goud, zorgde in die tijd namelijk voor de verlichting van de 'mooie kamer'. Aan de vlakke zuidzijde van het Île-aux-Basques, waar de gedode walvissen simpeler aan land waren te trekken, zijn resten aangetroffen van de steenovens waarin destijds het walvisvet werd gekookt. Een boot van de Société Provancher zet bezoekers over vanuit de jachthaven in Trois-Pistoles. Kundige gidsen leiden u naar de ovens en vertellen spannende verhalen uit een tijd die in de geschiedenisboeken hoogstens als voetnoot vermeld staat (Société Provancher, Québec, tel. 418-554-8636, ter plekke: Jean-Pierre Rioux, gardien, tel. 418-851-1202).

Parc national du Bic ▶ N 6

3382, Route 132, tel. 418-736-5035, www.sepaq.com, shuttleservice juni-eind aug. retour volwassenen $ 8, kinderen gratis, park volwassenen $ 8,50, kinderen tot 17 jaar gratis

Even voor Rimouski kondigen ronde, bergachtige eilanden met veel kale rotsen het **Parc national du Bic** 8 aan. Dit slechts 33 km² grote park omvat een voor de rivier karakteristieke biotoop met vochtige gebieden, baaien met rotseilanden en een 300 m hoog kustgebergte. Het getijdenverschil, dat hier 5 m is, zuigt bij eb het water uit het park en schept een fotogeniek, door kreken tussen zandbanken doorsneden waddenlandschap.

Zeehonden en zeevogels kunnen vanaf de jachthaven van het schilderachtige plaatsje **Bic** per kajak worden bezocht (zie kader Actief hiernaast). Dagtochten te voet voeren naar diverse uitkijkpunten met mooi zicht op de rivier. De 350 m hoge **Pic Champlain**, bereikbaar per pendelbus, biedt fantastisch uitzicht op het park en de eilanden voor de kust.

Rimouski ▶ N 6

In **Rimouski** 9, het bestuurlijke centrum van de regio, is het **Musée Empress of Ireland**, een onderdeel van de Pointe-au-Père Site historique maritime aan de uitvalsweg in de richting van Gaspé het bezichtigen waard. Het museum, dat is ondergebracht in een modern gebouw tegenover een historische vuurtoren, is hoofdzakelijk gewijd aan de schipbreuk van de *Empress of Ireland*. In 1914 zonk dit zusterschip van de *Titanic* met ruim duizend Ierse immigranten aan boord in de mist na een aanvaring met een Noors vrachtschip, slechts enkele honderden meters voor de kust. Te zien zijn wrakstukken, stukken bagage en schaalmodellen van de ramp, die zich in een kwartier voltrok.

Op een steenworp afstand ligt de 90 m lange, pikzwarte onderzeeër *Onondaga*. In 2000 ging hij na ruim dertig dienstjaren met pensioen. Hij is nu te bezichtigen (1000, rue du Phare, begin juni-begin okt. dag. 9-18 uur, volwassenen $ 22 voor alle tentoonstellingen, kinderen $ 14,25).

Bas-Saint-Laurent

Actief

KAJAKKEN IN HET PARC NATIONAL DU BIC

Informatie
Begin: pier in het Parc national du Bic (aan de Route du Portagee)
Duur: 5 uur
Aanbieder: Aventures Archipel, Route 132, Le Bic, Parc national du Bic, tel. 418-731-0114, www.aventuresarchipel.com. Zes of zeven uur durende kajaktochten voor de kust met gids $ 140 per persoon
Belangrijk: het water in de baai is meestal rustig, maar zodra u de eilanden achter u hebt gelaten, moet u rekening houden met flinke deining.

Als u gaat kajakken in Bic moet u rekening houden met taferelen als deze: golven duwen de kajak tegen de rotsen en tillen hem op ooghoogte van een paar aalscholvers, die het aanstaande drama met vriendelijke desinteresse volgen. Zwetend en onder het uiten van verwensingen lukt het uiteindelijk op de een of andere manier van de donker dreigende rotsen weg te komen. Van het geplande bezoekje aan het **Île du Massacre**, waar Micmacindianen ooit een troep vijandige Irokezen hebben afgeslacht, komt vanwege de deining bitter weinig terecht.

Niet veel later, op open water aan het einde van de baai **l'Anse à Doucet**, maakt een haast buitenaardse ontmoeting alles weer goed. Rondom de kajak duiken nieuwsgierige zeehonden op. Als kurken komen ze plop, plop boven het wateroppervlak en nemen de peddelaar in zich op. Plotseling duiken ze als op commando onder. Even later blijkt waarom: een paar meter voor de boeg begint de zee te borrelen en een machtige, met mosselen begroeide rug ploegt door de golven. Zout water, vermengd met een nevel van onverteerde maaginhoud daalt als een fijne douche op de kajakker neer. De vorm van deze fontein wijst erop dat het reusachtige diepzeewezen een bultrug is. Tweemaal komt hij nog boven, dan duikt hij weg en laat een glad spoor op het wateroppervlak achter. De kajak brengt eilanden en rotspunten, ontoegankelijke baaien en verborgen stranden voor de bezoeker onder handbereik.

Informatie
... in Rivière-du-Loup:
Tourisme Bas-Saint-Laurent: 148, rue Fraser, tel. 418-867-1272, 1-800-563-5268, www.bassaintlaurent.ca. Zeer informatieve website.

Accommodatie
... in Rivière-du-Loup:
Een droom – **Phare de l'Île du Pot à l'Eau-de-Vie:** Société Duvetnor, 200, rue Hayward, tel. 418-867-1660, www.duvetnor.com/en/lodging/pot-a-leau-de-vie-islands/overnight-escape. Een nacht in de vuurtoren kost vanaf $ 175 per persoon in een 2 pk. In de prijs inbegrepen zijn de bootstransfer van Rivière-du-Loup, twee maaltijden en een snack, boottocht en begeleide excursie.

... in Bic:
Romantisch – **Auberge du Mange Grenouille:** 148, rue Ste-Cécile, tel. 418-736-5656, www.aubergedumangegrenouille.qc.ca, begin mei-eind okt. Tussen kitsch en fin de siècle

Peninsule de Gaspé

balancerend toevluchtsoord. Kamers vol Mariabeelden en snuisterijen. Voortreffelijk restaurant met Franse keuken. 2 pk $ 90-210.

Eten en drinken
... in Bic:
Flinke porties – **Auberge du Vieux Bicois:** 134, rue Jean-Romuald-Bérubé, tel. 418-736-1241, www.levieuxbicois.com, dag. 17.30-22 uur. Het restaurant van deze mooie auberge serveert solide Franse gerechten. Erg goed zijn de kalfs- en visgerechten. Voorgerecht $ 6-9, hoofdgerecht $ 15-30.

... in Trois-Pistoles:
Het oog wil ook wat – **Le Grenier d'Albertine:** 23, rue Pelletier, tel. 418-851-2001, mei-half sept. dag., openingstijden wisselen. Vegetarische gerechten en vis. Mooie veranda met uitzicht op de dorpskerk, bijbehorende galerie. Voorgerecht $ 6-11, hoofdgerecht $ 14-33.

... in Rimouski:
Met zeezicht – **Restaurant du Phare – Place Lemieux:** 1560, rue du Phare, tel. 418-724-2888, www.placelemieux.com, dag. 7.30-13.30, 17.30-22 uur. Eenvoudig seafoodrestaurant naast de vuurtoren. Voorgerecht $ 9-12, hoofdgerecht $ 12-39.

Winkelen
Winkelen in Bas-Saint-Laurent betekent rondsnuffelen in antiek- en kunstnijverheidszaken, voornamelijk in **Kamouraska**, **Bic** en **Rivière-du-Loup**. De houtsnijders, schilders en pottenbakkers uit deze streek vervaardigen soms zeer originele souvenirs.

... in Kamouraska:
Juwelen – **Pierre Brouillette:** 88, av. Morel, tel. 418-308-0559, www.pierrebrouillettejoaillier.com, dag. 10-17 uur. Ringen, armbanden en halskettingen uit het atelier van Pierre Brouil-

Het uitzicht is onbetaalbaar, maar als u overnacht in de Phare de l'Île du Pot à l'Eau-de-Vie is dit uitkijkpunt bij de prijs inbegrepen

De noordkust

lette en andere kunstenaars uit de omgeving, en veel modieuze accessoires.

Vormenveelvoud – **Atelier Dipylon:** 125, Rang du Petit Village, eind juni-half sept. dag. 11-19 uur. Keramiek van kunstenaars uit Québec en Ontario.

… in Bic:

Schilderachtige omgeving – **Galerie du Bic:** 191, rue Ste-Cécile, www.galeriedubic.com, juni-half okt. dag. 10-17.30 uur. Schilderijen van het water, de hemel en de kust van St-Laurent.

Creatief – **Au Gré du Temps:** 2545, Route 132 Est, tel. 418-736-0100, half juni-dec. ma.-za. 9.30-17 uur. In deze mooie kleine boetiek is werk te zien van creatieve locals. Het pallet reikt van geurkaarsen tot originele poncho's.

… in Trois-Pistoles:

Kaas – **Fromagerie des Basques:** 69, Route 132 Ouest, Trois-Pistoles, tel. 418-851-2189, www.fromageriedesbasques.ca, dag. 8-22 uur. Maak kennis met de geur en smaak van deze interessante regio. Heerlijke kaassoorten, waaronder de zachte Notre-Dame-des-Neiges, die alleen hier wordt gemaakt.

Actief

De dominerende aanwezigheid van de rivier drukt ook zijn stempel op de recreatiemogelijkheden: **cruises**, **whale watching** en **kajaktochten** zijn de populairste activiteiten. Het Parc national du Bic is ook geschikt om te fietsen: de vier fietspaden in dit bergachtige natuurgebied pal aan de kust zijn niet lang, in totaal maar 15 km, maar des te mooier. Verhuur van fietsen bij het bezoekerscentrum in het park.

… in Rivière-du-Loup:

Whale watching – **Croisières AML:** 200, rue Hayward, Marina, tel. 1-866-856-6668, www.croisieresaml.com. Walvisobservatietochten.

Eilandhoppen – **Société Duvetnor:** 200, rue Hayward, tel. 418-867-1660, www.duvetnor.com. Naast overnachtingen in de vuurtoren op het eiland Pot à l'Eau-de-Vie (zie blz. 311) worden ook dagtochten naar de archipel aangeboden – per boot en te voet naar zeehonden en zeevogelkolonies.

… in Rimouski:

Kajakken – **Aventures Archipel:** Route 132, Parc national du Bic, tel. 418-731-0114, www.aventuresarchipel.com. Kajaktochten van zes tot zeven uur door de archipel in het park. $ 140 per persoon.

Vervoer

Veerboot: het autoveer van Rivière-du-Loup naar Saint-Siméon aan de noordkust vaart van half juni tot eind januari een paar keer per dag. De overtocht duurt 65 min. (tel. 418-862-5094, restaurant aan boord).

De noordkust

Kaart: zie blz. 309

'La Gaspésie' – in Québec wil dat zeggen: veel natuur en weinig mensen, stugge inwoners en zeekreeft tegen spotprijzen. Helaas zegt dat ook: de hoogste werkloosheid van de provincie. Sinds de ondergang van de kabeljauwvisserij aan het begin van de jaren 90 houden de circa 120.000 Gaspésiens het hoofd boven water met bosbouw en houtindustrie, kreeftvisserij en enig toerisme op het water. De dorpen liggen vrijwel allemaal aan de kust.

Het binnenland, dat wordt gekenmerkt door V-vormige dalen en tot 1300 m hoge bergen, is te ontoegankelijk voor nederzettingen. Er voert maar één weg doorheen, Route 299. Het enige hotel in het binnenland is de Gîte de Mont-Albert in het Parc national de la Gaspésie. Via de kustweg Route 132 rijdt u rond dit wilde niemandsland. De 'Tour de la Gaspésie' is 800 km lang en kan zich vooral op de spectaculaire noordkust meten met de veel beroemdere Cabot Trail op Cape Breton Island (zie blz. 425).

Matane en Grand-Métis ▶ O 5

Sainte-Flavie en de vrij fantasieloze vissershaven **Matane** 10 concurreren om de titel 'toegangspoort naar het Péninsule de Gaspé'. Intussen is alleen de **Poste d'Observation pour la Montée du Saumon de l'Atlantique** in Matane van belang, waar u onder water vanachter glas kunt zien hoe de zalmen via zalmtrappen omhoogzwemmen en u uitleg krijgt over de trektocht van deze gespierde zwemmers (260, av. St-Jerôme, half juni-begin sept. dag. 7.30-21.30, begin-eind sept. dag. 8-20 uur, volwassenen $ 3, kinderen gratis).

Eerst komt u echter nog in het plaatsje **Grand-Métis** 11 langs de **Jardins de Métis**. Voor deze tuinen kunt u gerust twee uur uittrekken. In het ruige zeeklimaat zou u eigenlijk alles behalve een van de mooiste botanische tuinen van Noord-Amerika verwachten. In 1886 verwierf lord George Stephen, de eerste president van de Canadian Pacific Railway, het land en liet er een luxueuze hengellodge bouwen. In 1918 schonk hij het huis aan zijn nicht Elsie Reford, die het tot dan toe ongerepte stuk natuur omtoverde in een schitterende bloementuin. Tegenwoordig zijn hier weelderige rododendrons, azalea's en meer dan duizend andere inheemse en geïmporteerde soorten te bewonderen (200, Route 132, Grand-Métis, www.jardinsdemetis.com, juni dag. 8.30-17, juli, aug. 8.30-18, sept., okt. dag. 8.30-17 uur, volwassenen $ 20, kinderen tot 13 jaar gratis).

Informatie

... in Sainte-Flavie:
Association touristique régionale de la Gaspésie: 1020, blvd. Jacques-Cartier, Mont-Joli, tel. 1-800-463-0323, www.tourisme-gaspesie.com.

Accommodatie

... in Matane:
Met zeezicht – **Hotel-Motel Belle Plage:** 1310, rue Matane, tel. 418-562-2323, 1-888-244-2323, www.hotelbelleplage.com. Mooie accommodatie op een toplocatie direct aan het water. 2 pk $ 100-160.

Eten en drinken

... in Sainte-Flavie:
Kreeft – **Capitaine Homard:** 180, Route de la mer, tel. 418-775-8046, www.capitainehomard.com, mei-begin. sept. dag. 11-23 uur. Zoals de reuzenkreeft aan de straat al doet vermoeden, gaat het hier maar om één ding. Voorgerecht $ 6-18, hoofdgerecht $ 16-48.

... in Matane:
Schitterende zonsondergang – **Hotel-Motel Belle Plage:** s. o., dag. 7-10, 11.30-14, 17.30-22 uur. Hotelrestaurant met creatief bereide gerechten met vis en zeevruchten en uitzicht op de rivier. Voorgerecht $ 7-16, hoofdgerecht $ 24-40.

Evenementen

... in Grand-Métis:
Festival international de jardins de Métis: eind juni-begin okt., www.jardinsdemetis.com. Drie maanden per jaar tonen tuinarchitecten uit heel Canada en de rest van de wereld hun nieuwste ontwerpen.

Vervoer

Veerboot: Matane-Baie-Comeau, tel. 418-562-2500.

De noordkust

Tip

CENTRE D'ART MARCEL GAGNON

Geen zombies, maar een werk getiteld *Le grand rassemblement* ('De massabijeenkomst') van de in Québec populaire kunstenaar Marcel Gagnon: tachtig figuren duiken op uit de rivier en gaan in een zwijgende optocht aan land. In het bijbehorende Centre d'Art Marcel Gagnon zijn nog meer met het water verbonden kunstwerken te zien, van Gagnon en collega's uit de regio. Een aardig café-restaurant zorgt voor culinaire specialiteiten en iedere dag vers gebak (564, Route de la Mer, Sainte-Flavie, tel. 866-775-2829, www.centredart.net, dag. 7.30-22 uur, ontbijt vanaf 7.30, lunch 11-14, diner tot 21 uur).

Sainte-Anne-des-Monts en Parc national de la Gaspésie ▶ P 5

Voorbij Matane komen de onherbergzame **Monts Chic-Chocs** steeds dichter bij de kust. Bij Cap-Chat laten ze nog maar een klein reepje over voor de weg. Die slingert over de steeds steiler uit het water oprijzende klippen van baai naar baai. In iedere inham ligt fotogeniek een klein plaatsje met twintig, misschien dertig bonte houten huizen, een of twee kerken, vijf brandkranen en een café. Na al die tijdrovende haarspeldbochten is het tijd om even de benen te strekken en te voet de steil oprijzende grijze rotsen te verkennen. Bij het vijfduizend inwoners tellende stadje **Sainte-Anne-des-Monts** 12 is het de moeite waard om een uitstapje te maken naar het binnenland van het schiereiland. Als u zich liever ontspant dan inspant bij een wandeling, kunt u zich op de pier van het plaatsje in het **Exploramer**, een aan de flora en fauna gewijd bezoekerscentrum, verpozen voor aquaria en waterbassins met schaaldieren en andere opmerkelijke zeebewoners (1, rue du Quai, www.exploramer.qc.ca, begin juni-half okt. dag. 9-17 uur, volwassenen $ 15, kinderen tot 5 jaar gratis).

Al direct achter het laatste huis wordt u omgeven door steil oprijzende bergen. De toppen zijn bijna 1300 m hoog, maar de boomloze pieken van deze reuzen, waar de boomgrens op 1000 m ligt en de sneeuw tot ver in juni blijft liggen, lijken veel hoger. Op de trails van het 802 km² grote **Parc national de la Gaspésie** 13 kunt u het best genieten van de bijzondere planten- en dierenwereld van de Chic-Chocbergen. Tijdens de laatste ijstijd was dit gebied niet door gletsjers bedekt, waardoor er talrijke prehistorische plantensoorten bewaard zijn gebleven. U hebt keuze uit allerlei trails, tussen de 1 en 17 km lang. Sommige routes zijn alleen aan te bevelen als u over een zeer goede conditie beschikt (zie kader Actief blz. 317). Op de plateaus van de beide hoogste bergen, de **Mont-Albert** (1154 m) en de **Mont Jacques-Cartier** (1268 m), kunt u bovendien met een beetje geluk de enige ten zuiden van de St-Laurent levende kudde kariboes zien grazen. Overigens is dit de enige regio in Noord-Amerika waar u als het meezit alle drie de inheemse hoefdiersoorten – kariboes, herten en elanden – op dezelfde dag kunt tegenkomen.

Informatie

Parc national de la Gaspésie: 1981, Route du Parc, Sainte-Anne-des-Monts, tel. 418-763-7494, www.sepaq.com/pq/gas. Uitstekende tweetalige website van de SEPAQ met tips en prijzen van activiteiten als hiken en kanoën.

Accommodatie

... in Sainte-Anne-des-Monts:
Gezellig – **Auberge La Seigneurie des Monts:** 21, 1re Av. Est, tel. 418-763-5308, 1-800-903-0206, www.bonjourgaspesie.com. Gezellige kamers in een oud huis uit 1864. Met restaurant, pal aan het water. 2 pk $ 140-180.

Peninsule de Gaspé

Schoon en voordelig – **Auberge Internationale Sainte-Anne-des-Monts:** 295, 1ère Av. Est, tel. 418-763-7123, www.hostelworld.com. Jeugdherberg, ondergebracht in een oude school, met slaapzalen en aparte kamers, plus restaurant. Bed in slaapzaal vanaf $ 30, privékamer vanaf $ 70.

… in Parc national de la Gaspésie:
Fantastisch – **Gîte du Mont-Albert:** Route 299, tel. 418-763-2288, www.sepaq.com, half juni-eind okt., eind dec.-eind apr. Comfortabel sporthotel aan de voet van de Mont-Albert; goed restaurant. Tevens 25 hutten en klein kampeerterrein. 2 pk vanaf $ 130 per persoon.

Eten en drinken
… in Sainte-Anne-des-Monts:
Verrassend lekker – **La Broue dans l'Toupet:** 90, blvd. Sainte-Anne Ouest, tel. 418-763-3321, dag. 17-21 uur. Uitstekende vis- en vleesgerechten, van een niveau dat je eerder in de grote stad zou verwachten. Voorgerecht $ 10-12, hoofdgerecht $ 26-30.

Pub grub – **Pub Chez Bass:** 170, 1ère Av. Ouest, tel. 418-763-2613, www.chezbass.com, dag. 18-23 uur. Typisch Engelse pub ondergebracht in de auberge Chez Bass. Pubgerechten, Engels en lokaal bier. Voorgerecht $ 4-12, hoofdgerecht $ 13-42.

… in Parc national de la Gaspésie:
Enige restaurant in de wijde omtrek – **Gîte du Mont-Albert** (zie boven): in de eetzaal van de gîte worden geraffineerde vis- en wildgerechten geserveerd. De wijnkaart is indrukwekkend. Voorgerecht $ 10-16, hoofdgerecht $ 20-49.

Actief
Outdooractiviteiten – in het **Parc national de la Gaspésie** kunnen outdoorfanaten hun hart ophalen. U kunt hier een- of meerdaagse wandelingen maken, een kanotocht op Lac Cascapédia en vissen in een tiental meren (visvergunning in de Gîte du Mont-Albert).

Van La Martre naar L'Anse-au-Griffon ▶P/Q 5
Deze tocht is een van de spectaculairste langs de noordkust. **Route 132** , die op vele plekken met explosieven in de rotsen is aangelegd, voert tussen het kabbelende water van de Golfe du St-Laurent en de grijze bergwanden naar het oosten. De kleine plaatsjes herinneren aan havenstadjes in Newfoundland: eenvoudige houten huizen zonder tuin, een winkel, een pier en gedeukte trucks. Stap in het driehonderd inwoners tellende plaatsje **La Martre** 14 eens uit voor een inspectie van de vuurrode, in 1906 gebouwde vuurtoren. In het even kleine **Mont-Saint-Pierre** 15 , fraai gelegen op het podium van een ca. 400 m hoog amfitheater, moet u niet verbaasd kijken als er plotseling een deltavlieger voor uw auto landt. Van juni tot september is dit plaatsje het centrum van Canadese hanggliders. Fotogenieke vuurtorens bewaken ook de kust voor **Madeleine** en **Pointe-à-la-Renommé**. Hoe zwaar het vissersbestaan 160 jaar geleden was, wordt uit de doeken gedaan in het **Manoir Le Boutillier** in **L'Anse-au-Griffon** 16 (578, blvd. Griffon, www.lanseaugriffon.ca, half juni-begin okt. dag. 9-17 uur, volwassenen $ 8, kinderen tot 12 jaar gratis).

Parc national de Forillon ▶Q 5
122, blvd. Gaspé, Gaspé, tel. 418-368-5505, 1-888-773-8888, www.pc.qc.ca/forillon, volwassenen $ 7,80, kinderen $ 3,90

De hoogste vuurtoren van Canada markeert zeer toepasselijk het hoogtepunt van wat Gaspésie aan landschappelijk schoon te bieden heeft. Het 38 m hoge baken van het vijfhonderd inwoners tellende dorpje Cap-des-Rosiers bekroont de klippen die zich in het zuiden van het **Parc national de Forillon** 17 verheffen. Deze rijzen bijna 200 m hoog op uit de Atlantische Oceaan. In het 244 km^2 grote park kunt u van hoge uitkijkpunten op de rotsen naar walvissen en zeevogels kijken, wandelen op stille trails en een hengel uitwerpen. Men heeft hier tweehonderd verschillende vogelsoorten geteld, waaronder aalscholvers, die zich loodrecht omlaag in het water storten, en papegaaiduikers, en op de in totaal 70 km lange paden kunt u zwarte beren, elanden, coyotes, stekelvarkens en vossen tegenkomen.

De noordkust

Actief

FITNESS OP MONT-ALBERT
(PARC NATIONAL DE LA GASPÉSIE)

Informatie
Begin: Gîte du Mont-Albert
Lengte: 17,4 km
Duur: 7-9 uur
Moeilijkheidsgraad: de beklimming is extreem zwaar. Omdat de Mont-Albert zo steil is, moet u de 870 m hoogteverschil in slechts 3 km trail bedwingen.
Belangrijk: goed ingelopen bergschoenen, vier volle waterflessen en verschillende lagen warme, weerbestendige kleding behoren tot de basisuitrusting. Vraag in ieder geval in het bezoekerscentrum of bekijk op het internet (www.sepaq.com) de actuele weersvoorspellingen voor dit gebied.

De Mont-Albert beklimmen is trekking van de allerbeste soort. U stijgt ononderbroken, aanvankelijk tussen loofbomen, later door naaldbossen en ten slotte voert de trail door hoogalpien kreupelhout. U moet glasheldere bergbeken oversteken, totdat u een hoogvlakte bereikt waarover de koude wind uit Labrador raast. De vlakte is kaal, afgezien van enkele met mos begroeide stukken. Het uitzicht van hierboven over de **Monts Chic-Chocs** is fantastisch en reikt in het westen over de ronde toppen, waarvan er ruim twintig zo'n 1000 m hoog zijn, tot aan het blauwe lint van de rivier St-Laurent. Boven op de berg groeit niets behalve een paar aan de extreme omstandigheden aangepaste mossen en planten, die verder uitsluitend 2000 km verder naar het noorden voorkomen.

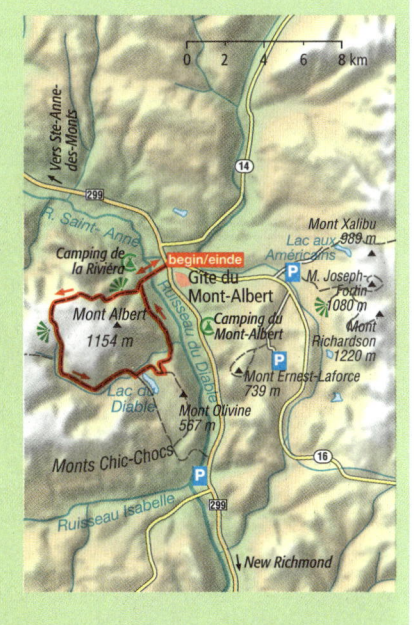

De trail gaat verder tussen de twee **bergen** Mont Jacques-Cartier (1268 m) en Mont-Albert (1154 m) en via een smalle kloof weer steil omlaag. De **Ruisseau du Diable** ('duivelsbeek') wijst de weg. De beek stort van het ene uitgeholde bassin in het andere en verleidt u wellicht tot een verkwikkend voetbad. Met wat geluk ziet u in de schaduw van de verder naar het zuiden oprijzende hoge monoliet **Mont Olivine** (567 m) de kleine kudde kariboes, die bestaat uit 130 dieren en hier in het nationaal park leeft – de zuidelijkste in heel Canada.

Peninsule de Gaspé

De mooiste trail is die naar Cap Gaspé vanaf Grande-Cave, een nauwkeurig gereconstrueerd vissersdorp uit het begin van de 19e eeuw. Het pad volgt de zuidkust tot aan een sierlijke vuurtoren op een klip 150 m boven de oceaan. Een ander pad eindigt bij het Observatoire Mont-Saint-Alban hoog boven het park. De beste uitvalsbasis voor dagtochten in dit fraaie, ruige gebied is Cap-des-Rosiers, waar een handvol eenvoudige overnachtingsgelegenheden ligt. In het park zijn kampeerplaatsen voorhanden.

Accommodatie, eten en drinken ...
... in Mont-Saint-Pierre:
Zeezicht – **Hotel Motel Mont-Saint-Pierre:** 60, rue Prudent-Cloutier, tel. 418-797- 2202, www.hotelmontsaintpierre.com, dag. 7-21 uur. Het hotel (2 pk $ 60-90) heeft een mooie eetzaal met uitzicht op het water. Op de kaart staan natuurlijk vis en zeevruchten. Een en ander wordt zorgvuldig bereid en met liefde geserveerd. Voorgerecht $ 5-8, hoofdgerecht $ 10-22.

Het kampvuur knettert in het warme namiddagzonnetje – een perfect einde van een avontuurlijke dag in Parc national de Forillon

Accommodatie
… in Cap-des-Rosiers:
Vuurtorenzicht – **Hotel-Motel Le Pharillon:** 1293, blvd. de Cap-des-Rosiers, tel. 418-892-5200, 1-877-909-5200, www.hotel-motel-le pharillon.com. Eenvoudige herberg vlak bij het water, op twee minuten rijden van de parkingang. 2 pk $ 70-95 incl. ontbijt.

Evenementen
… in Mont-Saint-Pierre:
Fête du Vol Libre: 3 dagen eind juli, www.tourisme-mont-saint-pierre.com. De beste vliegeraars van Noord-Amerika strijden hier met elkaar – en drinken na de prijsuitreiking samen een biertje op de beach party.

Gaspé ▶ Q 5
Gaspé 18, de hoofdstad van het schiereiland, is eigenlijk vrij fantasieloos, maar toch om drie redenen interessant. Ten eerste is de kleine regionale haven van de vijftienduizend inwoners tellende stad een goed vertrekpunt als u een bezoek wilt brengen aan de Îles-de-la-Madeleine (zie blz. 315), die nog bij Québec horen. De twee andere redenen hebben te maken met de geschiedenis. Zo laat het moderne **Musée de la Gaspésie** als visserijmuseum niet alleen de touwen en netten zien, maar besteedt het ook kritisch aandacht aan de sociale schaduwzijden van de visserij door de jaren heen – uitbuiting, werkloosheid, het wegtrekken van de bevolking en het isolement van de vissersgemeenschap, ver weg van de bevolkingscentra, en houdt ze up to date. Het moderne **Monument Jacques-Cartier** voor de ingang, een groep van zes bronzen dolmens, herinnert aan de Franse zeevaarder die hier als eerste voet op Canadese bodem zette en Canada voor Frankrijk opeiste (80, blvd. Gaspésie, begin juni-eind okt. dag. 9-17, anders wo.-vr. 10-17, za., zo. 12.30-17 uur, volwassenen $ 12,50, kinderen 6-17 jaar $ 6).

De naam van stad en schiereiland is afgeleid van het Mi'kmaqwoord *gespeg* ('einde van de wereld'). U komt meer te weten over de traditionele leefwijze van de oorspronkelijke bewoners van Gaspésie in het nabijgelegen nieuwe **Site d'Interprétation de la culture Micmac de Gespeg**, een door Micmac-indianen beheerd bezoekerscentrum (783, blvd. Pointe-Navarre, www.gespeg.ca, half juni-half sept. dag. 9-17 uur, volwassenen $ 10, kinderen 6-15 jaar $ 7).

Percé ▶ Q 5
Het meest oostelijke puntje van het schiereiland is het toeristische hoogtepunt van de Tour de la Gaspésie. **Percé** 19, vroeger een vissersdorp en kunstenaarskolonie en nu een

populair toeristenoord, strekt zich uit aan weerszijden van de Route 132, die, omgeven door hotels, motels, restaurants en souvenirwinkeltjes, de hoofdstraat van het plaatsje is. Nog altijd wordt er wat krabvisserij bedreven, maar de toeristenindustrie is allang de belangrijkste inkomstenbron voor de vierduizend inwoners. Het dorp is de lange reis zeker waard.

Een middagje slenteren door de met kunstnijverheidswinkels omzoomde straten, die omhoogvoeren naar de 320 m hoge Mont Sainte-Anne boven de stad, of een lange strandwandeling doet de hectiek van de grote stad volkomen vergeten. Beroemd is Percé echter om een andere reden. Twee sikkelvormige baaien met klippen zorgen voor een spectaculaire ligging. Ertussen strekt de **Rocher-Percé** zich in zee uit, een 90 m hoge en 438 m lange monoliet van roze kalksteen met een 30 m hoge 'poort' aan het einde. Bij eb kunt u met droge voeten over een zandbank naar de overkant lopen. Houd wel de getijdenwisseling in de gaten!

De rots, na de Niagara Falls waarschijnlijk het meest gefotografeerde natuurverschijnsel van Canada, maakt deel uit van het **Parc national de l'Île-Bonaventure-et-du-Rocher-Percé**. Dit natuurpark omvat daarnaast ook het voor de kust gelegen **Île Bonaventure**, met zijn tot 100 m hoge klippen een beschermd broedgebied van 250.000 zeevogels, waaronder circa 60.000 jan-van-genten, de grootste kolonie in zijn soort in Noord-Amerika. U komt tot op enkele meters van deze vogels, zodat u hun wat onbeholpen manier van landen goed van dichtbij kunt bekijken (4, rue du Quai, Percé, Anleger Wassertaxi, tel. 418-782-2240, www.sepaq.com, eind meibegin okt.).

Informatie

Office de tourisme du Rocher-Percé: 9, rue du Quai, tel. 418-782-2258, www.rocherperce.qc.ca, eind mei-begin sept. ma.-vr. 8-21, anders 8-17 uur.

Accommodatie

Sympathiek – **Hotel La Normandie:** 221, Route 132 Ouest, tel. 418-782-2112, 1-800-463-0820, www.normandieperce.com. half mei-begin okt. Traditioneel maar gemoderniseerd strandhotel met uitzicht op de Rocher-Percé. Goed restaurant. 2 pk $ 100-350.

Ongecompliceerd – **Hotel Motel Fleur de Lys:** 247, Route 132, tel. 418-782-5380, 1-800-399-5380, www.fleurdelysperce.com. Midden in het dorp. Lichte kamers in het hoofdgebouw, voordelige in het motel. 2 pk $ 80-150.

Eten en drinken

Dé plek voor vis – **La Maison du Pêcheur:** 155, pl. du Quai, tel. 418-782-5331, juni-okt. dag. 11.30-22.30 uur. Dagelijks verse kreeft, maar ook steaks en pizza in een maritieme sfeer met aan de wand visnetten en boeien. Voorgerecht $ 5-17, hoofdgerecht $ 19-31.

Zeezicht – **Café de l'Atlantique:** in hetzelfde gebouw als La Maison du Pêcheur, half juni-begin sept. dag. 7-1 uur. Het beste ontbijt van Percé, 's avonds livemuziek. Voorgerecht $ 5-9, hoofdgerecht $ 14-24.

Winkelen

Percé is hét winkelparadijs van het Péninsule de Gaspé. Langs Route 132, die dwars door het plaatsje loopt, is alles te vinden, van goedkope souvenirshops tot dure sieraden- en kunstnijverheidswinkels. Bezienswaardig is onder meer de **Galerie La Maisonart**, die werk exposeert van de schilder John Wiseman, de beroemdste inwoner van Percé (826, Route 132, tel. 418-782-2047, www.johnwiseman.net, juni-okt. dag. 9-18 uur).

Actief

Walvissen en vogels kijken – **Les Bateliers de Percé:** 162, Route 132, tel. 418-782-2974, 1-877-782-2974, www.lesbateliersdeperce.com, half mei-okt. Boottocht naar Île Bonaventure, volwassenen $ 30, kinderen 6-12 jaar $ 14. Ook excursies naar zeehonden, walvissen en zeevogelkolonies, volwassenen $ 80, kinderen 6-12 jaar $ 38.

Vervoer

Vliegtuig: Montréal-Gaspé-Îles de la Madeleine, Air Canada Jazz, tel. 1-888-247-2262, www.flyjazz.ca.

De zuidkust

Kaart: zie blz. 309

Voorbij Percé buigt Route 132 weer naar het westen. Wat een contrast vormt dit landschap met de vaak zeer ongenaakbare noordkust! De bergen worden ronder en raken steeds meer op de achtergrond. Het landschap wordt weer lieflijker en het klimaat milder. In de zomer is het zelfs verrassend warm. Niet voor niets noemde Jacques Cartier, die hier ook liep te zweten, de uitgestrekte baai tussen het Péninsule de Gaspé en New Brunswick de **Baie des Chaleurs** ('baai van de hitte'). Tegenwoordig brengt de landbouw wat verbetering in het inkomen van de plaatselijke bevolking. Ook hier kan niemand meer van visserij alleen leven.

Paspébiac ▶ Q 6

In de 19e eeuw was de visserij nog winstgevend. Aan de grote tijd van de *Jerseymen*, de uit het Britse Kanaaleiland Jersey geëmmigreerde vissers, herinnert vooral nog de **Site Historique du Banc-de-Pêche-de-Paspébiac** in **Paspébiac** [20], een nagebouwd vissersdorp met visverwerkingsfabriekjes, kades, werven en woonhuizen. De onbetwiste leider van de vissers was de Jerseyman Charles Robin. Zijn bedrijf Robin Company monopoliseerde met veel handelsgeest en niet gehinderd door scrupules aan het begin van de 19e eeuw de gehele visserij in de Gulf of St. Lawrence en voor het Cape Breton Island (3e Rue Paspébiac, www.shbp.ca, juni-eind sept. dag. 9-17 uur, volwassenen $ 12, kinderen tot 6 jaar gratis).

Bonaventure ▶ P 6

Naast de visserij kent men aan de Baie des Chaleurs echter nog meer tradities. In het **Musée acadien du Québec** in **Bonaventure** [21] komen bezoekers alles te weten over de Acadiërs, de Franstalige kolonisten die in de loop van de 17e eeuw het land rond de zuidelijker gelegen Bay of Fundy in cultuur brachten. In 1755 werden ze – in totaal ruim tienduizend mensen – door de zegerijke Britten in een tot dan toe ongekende actie bijeengedreven, afgevoerd en systematisch naar alle windrichtingen verspreid (zie blz. 44).

Sommige Acadiërs wisten echter te ontkomen en enkele families vestigden zich aan de **Baie des Chaleurs**. Hier stichtten ze *L'autre Acadië*, 'het andere Acadië', waar ze hun taal, een zacht, melodieus Frans, hun zeden en gebruiken en vooral hun vlag, de driekleur met een gouden ster, trouw konden blijven. *L'autre Acadië* is ook de naam van de tentoonstelling hier in het **museum**. Te zien zijn talrijke gebruiksvoorwerpen en erfstukken, plus diagrammen waarop de tot aan Louisiana reikende diaspora van de Acadiërs is verduidelijkt (95, av. Port Royal, www.museeacadien.com, ma.-za. 9-12, 13-16, zo. 13-16.30 uur, volwassenen $ 12, kinderen tot 5 jaar gratis).

Van New Richmond naar Restigouche ▶ P 6

Ook de Engelstalige loyalisten hebben aan de Baie des Chaleurs hun cultureel centrum. In het vierduizend inwoners tellende stadje **New Richmond** [22] herinnert het **Site patrimonial de la Pointe-Duthie**, een goed onderhouden openluchtmuseum, aan de koningsgezinden, die na de Amerikaanse onafhankelijkheid van Maine naar Canada verhuisden (351, blvd. Perron Ouest, www.gaspesianvillage.org, eind juni-begin sept., volwassenen $ 10, kinderen $ 5).

Bij **Carleton** duikt u nog verder in het verleden. Volgens fossielenexperts is het **Parc national de Miguasha** [23] een van de beste vindplaatsen ter wereld. In het leisteen van de steile kust heeft men een twintigtal nieuwe vissoorten, vooral uit het devoon (ca. driehonderd miljoen jaar geleden) ontdekt, waaronder een exemplaar met kieuwen en longen dat wereldwijd als *missing link* opzien baarde en tegenwoordig in het museum te bewonderen is (231, Route Miguasha Ouest, mei-begin juni ma.-vr. 9-12, 13-16.30, begin juni-begin okt. dag. 9-17, tot eind okt. ma.-vr. 9-12, 13-16.30 uur, volwassenen $ 10,20, kinderen tot 17 jaar gratis).

Voorbij **Pointe-à-la-Croix** voert Route 132 landinwaarts en volgt de weg het dal van de Rivière Matapédia, een bij vissers geliefde zalmrivier, in noordelijke richting terug naar de St-Laurent.

Peninsule de Gaspé

Tip

CHÂTEAU BAHIA – KASTEELHEER VOOR ÉÉN NACHT

Jean Roussy was vroeger leraar in de provincie New Brunswick. Op een dag keerde hij de stress van het lerarenbestaan de rug toe en bouwde hij even voorbij **Pointe-à-la-Garde** (▶ P 6), 500 m landinwaarts van Route 132, zijn geheel eigen sprookjeskasteel. Het **Château Bahia** – Roussy noemt het ook wel Neuschwanstein II, naar het sprookjesachtige Beierse kasteel – doemt zo onverwacht op in het dichte loofbos dat iedereen die het voor het eerst ziet zijn ogen uitwrijft. Het is geheel opgetrokken uit hout en lijkt met zijn slanke, door felrode daken bekroonde torens inderdaad precies een rustieke versie van het Duitse slot.

Maar liefst zestien jaar bouwde Roussy, met de hulp van Roussy senior, aan zijn droom – omdat hij altijd al in een kasteel had willen wonen. Dat Château Bahia – de tweede naam herinnert aan de tweede grote liefde van de kasteelheer – ooit een hotel zou worden, was toen nog niet voorzien.

Inmiddels beschikt hotelier Roussy over 22 kamers, een lange banketzaal, zeven kleine torentjes en vier grote met zes verdiepingen. In de beste kamer, een achthoekig adelaarsnest geheel boven in de hoogste toren, heeft hij zelf zijn intrek genomen. Het vertrek is nauwelijks groot genoeg voor een bed, maar het uitzicht rondom op de baai en het ruige binnenland is werkelijk grandioos. Hij hoeft er niet rijk van te worden, als hij zijn rekeningen maar kan betalen. Een nacht in dit 'kasteelhotel' is daarom best betaalbaar – en een waar genoegen. Precies zoals de kasteelheer het zich ooit had voorgesteld (Auberge du Chateau Bahia, Château Bahia, 152, blvd. Perron, Pointe-à-la-Garde, tel. 418-788-2048, www.chateaubahia.com, mei-okt., $ 35-160 incl. twee maaltijden).

Voordat u het Péninsule de Gaspé verlaat, moet u eigenlijk in **Restigouche** 24 nog een kort bezoek brengen aan de **Lieu historique national du Canada de la Bataille-de-la-Restigouche**. Het kleine museum boven de hier in de baai uitmondende Rivière Restigouche herinnert aan de jammerlijk verwoeste Franse vloot die in 1760 Nieuw-Frankrijk weer van de nog geenszins vast in het zadel zittende Britten moest bevrijden. De vloot werd echter door Britse fregatten ontdekt in het mondingsgebied van de St. Lawrence River. De Fransen trokken zich terug in het ondiepe water aan het einde van de Baie des Chaleurs, in de veronderstelling dat de zware Britse oorlogsschepen hen daar niet konden volgen. Dit bleek een kapitale fout: de Britten schoten de schepen van de Fransen, die geen kant opkonden, moeiteloos aan puin. Ooggetuigenverslagen en dagboeknotities houden deze voetnoot in de geschiedenis levend en zetten aan tot filosoferen. Wat zou er gebeurd zijn als het de kleine Franse vloot gelukt was de Britten te verslaan? (Route 132, Pointe-à-la-Croix, eind juni-sept. dag. 9-17 uur, volwassenen $ 3,90, kinderen $ 1,90).

Informatie

Tourisme Baie-des-Chaleurs: 102, rue Nadeau, Carleton-sur-Mer, tel. 418-364-3544, www.baiedeschaleurs.ca.

Accommodatie
... in Carleton:
Heerlijk om te relaxen – **Hostellerie Baie-Bleue:** 482, blvd. Perron, tel. 418-364-33 55, 1-800-463-9099, www.baiebleue.com. Vriendelijk badhotel met een mooi privéstrand en een verwarmd buitenbad. 2 pk $ 70-140.

... in Bonaventure:
Praktisch – **Motel Grand-Pré:** 118, av. de Grand-Pré, tel. 418-534-2053, 1-800-463-2053, www.motelgrandpre.com. Modern motel aan het water met een bar. Restaurant om de hoek. 2 pk $ 110-190.

Eten en drinken
... in Carleton:
Lekker oubollig – **Le St-Honoré:** 527, blvd. Perron, tel. 418-364-7618, dag. 17.30-21 uur. Degelijke Franse keuken met foie gras en trois façons, eend en filet mignon en heerlijke crème brulée. Voorgerecht $ 8-14, hoofdgerecht $ 19-28.

... in New Richmond:
Verfijnd – **Hotel Le Francis:** 210 Ch. Pardiac, tel. 418-392-4485, www.hotelfrancis.qc.ca, di., wo. 17-21.30, do.-za. 17-22 uur. U hebt de keuze uit een prima pub en een gezellig fijnproeversrestaurant in een modern hotel. Verfijnde regionale keuken, vis- en wildgerechten. Voorgerecht $ 5-13, hoofdgerecht $ 15-29.

Actief
Het ondiepe water van de Baie des Chaleurs en de smalle **zandstranden** nodigen in de zomer uit tot zwemmen. De mooiste stranden van Gaspésie liggen in de omgeving van het plaatsje **Carleton**.

Îles-de-la-Madeleine
▶ S 6

Kaart: zie blz. 309
Aan de rand van de noordelijke Atlantische Oceaan treft u maar liefst 300 km aan zandstranden, met bovendien het warmste zwemwater ten noorden van North Carolina en elke dag kreeft. De **Îles-de-la-Madeleine** 25, in de zich naar de Golfe du Saint Laurent verbredende rivier, vormen misschien wel het bijzonderste stukje Canada.

Elk seizoen halen de circa driehonderd vissers hier vele tonnen kreeft uit het water. Ze zijn niet allemaal zo groot als die in het museum, maar dikke exemplaren van 5 of 6 kg zijn zeker geen zeldzaamheid. In de haven van de hoofdstad van de eilanden, **Grande-Entrée**, liggen kisten vol kreeften te wachten op het stempel met hun bestemming. Hun laatste reis gaat naar Philadelphia, Boston, New York of Montréal, naar de beste fijnproeversadressen – ten minste, als ze niet voor de plaatselijke consumptie bestemd zijn.

Later in de middag heerst er minder bedrijvigheid in de kleine haven en ziet hij er weer uit als op een vredige ansichtkaart, geschilderd in warme honingtinten. Trouwens, hier op de drempel van de koude noordelijke Atlantische Oceaan zou men alles verwachten, maar niet dat de archipel statistisch per jaar de meeste dagen met zon van Oost-Canada heeft, net zo min als kakelbont geschilderde houten huizen en een levenslustige bevolking.

Vanaf de **Butte du Vent**, de hoogste heuvel van de eilandengroep bij L'Étang du Nord, geeft de archipel zijn totale, uitdagende schoonheid aan de kijker prijs. Zes eilanden – **Havre-Aubert, Cap-aux-Meules, Havre-aux-Maisons, Île-aux-Loups, Grosse-Île** en **Grande-Entrée** – vlijen zich als parels aan een ketting tegen elkaar, achteloos gehuld in een tapijt van langgerekte duinen met een franje van zeeschuim, die onvermoeibaar de rondingen van rood zandsteen liefkoost. Het **Île d'Entrée**, het zevende eiland in het verbond, ziet het verschrikkelijk mooie schouwspel aan vanaf de andere kant van de Baie de Plaisance; Assepoester in het eilandparadijs, maar met de 174 m hoge Big Hill wel de beste plaats voor fotograferende voyeurs.

De vijftienduizend Madelinots hebben het zich hier met al even veel levenslust als de natuur gemakkelijk gemaakt. De Franstalige nazaten van de ooit voor de Britten hierheen gevluchte Acadiërs uit Nova Scotia en New

Peninsule de Gaspé

Brunswick bouwden hun huizen, tegen alle bestemmingsplannen in, midden in de weilanden of op de heuvels. Daar staan ze nu om het hardst te schitteren in de kleuren die hun eigenaars ooit uitkozen: knalrood, knalgeel, knalgroen, knalblauw en in een enkel geval wel eens knalpaars.

De zee is altijd en overal te zien – vanuit de enige supermarkt in de hoofdstad Cap-aux-Meules en vanaf het herentoilet van het chique restaurant Table des Roy op Havre-aux-Maisons. En in elk geval vanaf de bijna 100 km lange weg die door de archipel voert. Meestal waait er fijn zand van de duinen over het asfalt, dat knarst onder het rijden. Er zijn in totaal vier stoplichten en in Havre-aux-Maisons is een klein, ingeslapen vliegveld. Men ademt eens diep in en schakelt naar een lagere versnelling. Van zo veel blauw wordt een mens rustig.

Musée de la Mer

In het **Musée de la Mer** op het Île du Havre-Aubert ziet u een door de eilandbewoners met zorg samengestelde tentoonstelling over de lange geschiedenis van de archipel (1023, Route 199, Cap Gridley, Île du Havre-Aubert, juli, aug. dag. 9-17, anders ma.-vr. 9-12, 13-17 uur, volwassenen $ 10, kinderen 6-17 jaar $ 5).

Informatie

... in Cap-aux-Meules:
Tourisme Îles-de-la-Madeleine: 128, ch. Principal, tel. 418-986-2245, 1-877-624-4437, www.tourismeilesdelamadeleine.com, jan.-begin juni ma.-vr. 9-12, 13-17, juni dag. 9-17, juli-eind aug. dag. 7-20, eind aug.-eind sept. dag. 8-20, okt.-dec. ma.-vr. 9-12, 13-17 uur.

Accommodatie

... in Cap-aux-Meules:
Met spa en sauna – **Hotel Château Madelinot:** 485, ch. Principal, tel. 418-986-3695, 1-800-661-4537, www.hotelsaccents.com. Mooi hotel in cottagestijl met een fantastisch uitzicht. Klein zwembad, kiezelstrand vlakbij, uitstekend restaurant. 2 pk $ 110-160.
Ongecompliceerd – **Auberge Madeli:** 485, ch. Principal, tel. 418-986-2211, 1-800-661-4537, www.hotelsaccents.com. Modern hotel met restaurant, zwembad en bowlingbaan. 2 pk $ 100-190.

Eten en drinken

... in Île-aux-Cap-aux-Meules:
De nr. 1 van de eilanden – **La Table du Roy:** 1188, ch. La Vernière, Étang-du-Nord, tel. 418-986-3004, www.restaurantlatabledesroy.com, begin juni-eind sept. ma.-za. vanaf 18 uur. Gerenommeerd restaurant voor fijnproevers: zeebanket volgens internationale receptuur. Voorgerecht $ 13-28, hoofdgerecht $ 21-52.

Actief

De brede, lege zandstranden op de eilanden nodigen uit tot zwemmen en luieren. Er is 300 km zandstrand en de watertemperatuur loopt 's zomers op tot 21°C. Wie niet wil zwemmen en zonnebaden, kan door de duinen van eiland tot eiland paardrijden. Outfitters in Cap-aux-Meules bieden duikexcursies in onderzeese grotten aan en dagtochten naar de zeehonden- en zeevogelkolonies op het onbewoonde Île de Brion. Daarnaast kunt u hier mountainbikes, zeilboten en surfplanken huren.

Activiteitencentrum – **La Salicorne:** 377, Route 199, Grande-Entrée, tel. 418-985-2833, www.salicorne.ca. Hotel en activiteiten onder één dak, organiseert onder andere kajakexcursies met gids naar de rode kliffen en de grotten van Old Harry.
Kitesurfen – **Aerosports:** 1390, ch. Lavernière, Étang-du-Nord, tel. 418-986-6677, www.aerosports.ca. Cursussen voor beginners en gevorderden, materiaal voor kenners.

Vervoer

Vliegtuig: Air Canada Jazz (tel. 1-888-247-2262, www.flyjazz.ca) vliegt van Montréal, Québec en Gaspé regelmatig naar Îles-de-la-Madeleine.
Veerboot: autoveren van **Traversier CTMA** varen tussen Souris (Prince Edward Island) en Cap-aux-Meules (Îles-de-la-Madeleine), tel.

Het kleine eilandenrijk Îles-de-la-Madeleine lokt met mooie zandstranden en heerlijke kreeft

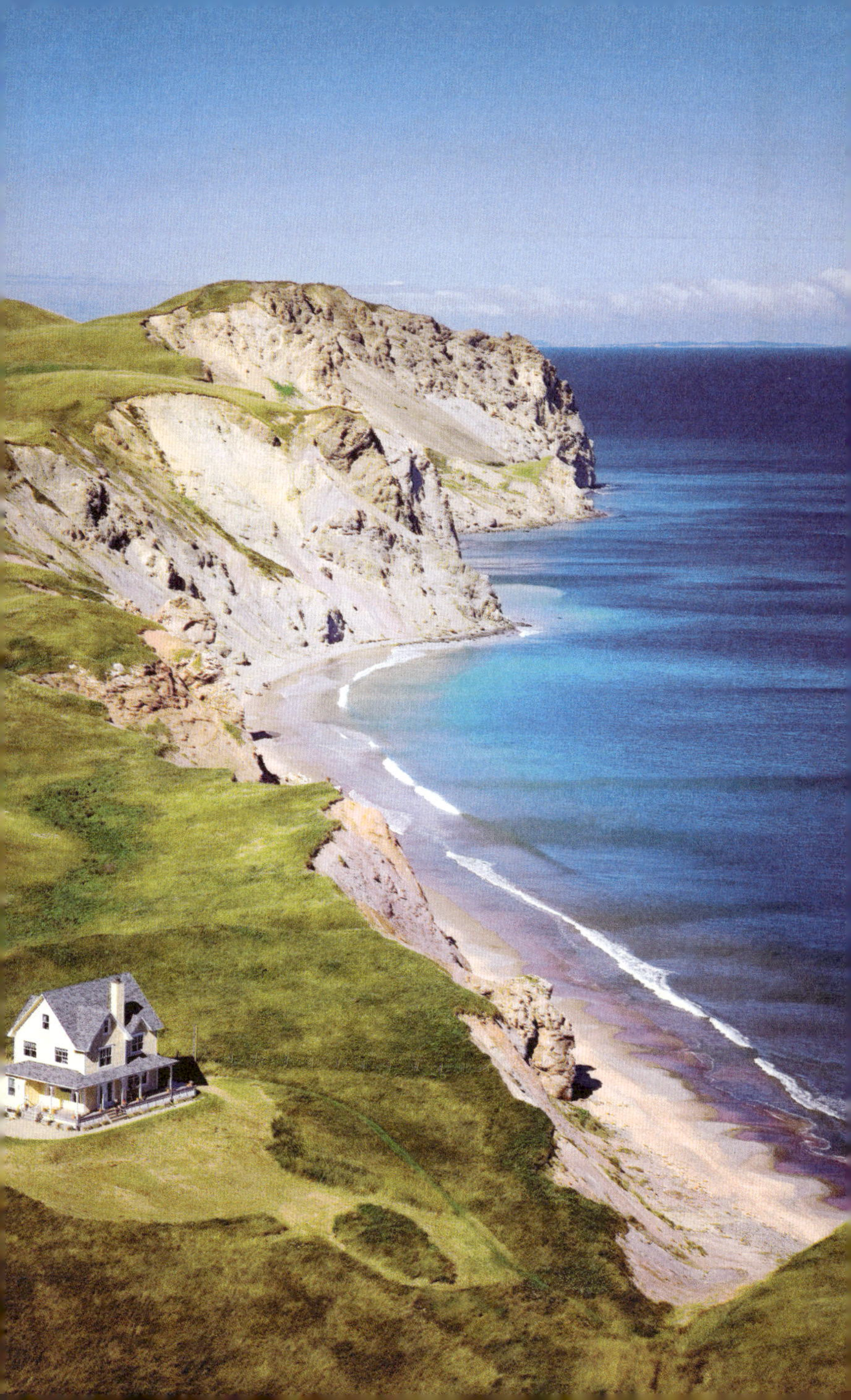

Edmundston

Prince Edward Island

Fredericton • Charlottetown

Saint John

Bay of Fundy

Atlantische Oceaan

Hoofdstuk 5

New Brunswick en Prince Edward Island

New Brunswick is de enige officieel tweetalige provincie van Canada. Iets meer dan een derde van de bevolking spreekt Frans, hoofdzakelijk in de Acadische kustregio bij de St-Laurent/St. Lawrence River tussen Shediac en Caraquet. De twee grootste steden Saint John en Fredericton en het binnenland worden bepaald door de Britse tradities van de loyalisten. Het lijkt erop dat de beide bevolkingsgroepen elkaar ondanks de uitgesproken culturele tegenstellingen veel beter begrijpen dan in het naburige Québec.

Het binnenland is een uitgestrekt plateau, gekenmerkt door moerassen, meren en eindeloze dichte bossen. Afgezien van vissers gaat de interesse van de meeste toeristen echter uit naar de kuststreek. De ruim 2200 km lange kustlijn voert van de Baie des Chaleurs in het noorden van de provincie tot aan de Bay of Fundy, waar tweemaal per dag het grootste getijdenverschil ter wereld wordt gemeten. Op sommige plaatsen in de baai bedraagt het wel 16 m.

Prince Edward Island is de kleinste Canadese provincie. Dankzij de buitengewoon vruchtbare grond en het milde eilandklimaat is de landbouw hier de belangrijkste economische factor. Omdat het aantal toeristen nog altijd meevalt, heeft de 'tuin in de St. Lawrencebaai' zijn landelijk charme weten te behouden. Het grootste deel van de bevolking, bijna 80%, is van Engelse herkomst met een duidelijke Schotse inslag. Het aandeel van de Acadiërs, zoals de afstammelingen van de Franse kolonisten worden genoemd, is nu ca. 17%. Hun Oud-Franse dialect en de rijke folklore zijn tot op de dag van vandaag duidelijk aanwezig, vooral in de omgeving van Mont-Carmel, Abrams Village en Miscouche.

Ook in spiegelbeeld prachtig: de houten vuurtoren van Souris

In een oogopslag: New Brunswick en Prince Edward Island

Hoogtepunten

Saint John: Britse traditie komt tot leven op de Loyalist Trail met historische gebouwen en de Old City Market met zijn bonte gewoel (zie blz. 334).

St. Andrews en de Fundy Isles: voor het schilderachtige stadje (zie blz. 342) ligt een rij eilandjes (zie blz. 339), die alle een eigen karakter hebben.

Bay of Fundy: de steile rotskust biedt de spectaculairste getijden ter wereld, die bij eb bizarre rotsformaties blootleggen (zie blz. 343).

Hopewell Cape: bij eb staan de rotsen als reuzenbloempotten op de bodem van de zee – een bijzondere aanblik (zie blz. 347).

Fraaie routes

Langs de Saint John River: onderweg van Fredericton naar Saint John kijkt u steeds weer uit op de meanderende rivier (zie blz. 334).

Bay of Fundy en Acadian Coast: grandioze kusten en Acadische cuisine en cultuur (zie blz. 348).

Central Coastal Drive: rode zandsteenkliffen en groene gevels (zie blz. 358).

North Cape Coastal Drive: in het land van de Acadiërs en Mi'kmaq (zie blz. 363).

Points East Coastal Drive: door de wind geteisterde zoutmoerassen, hoge duinen, schilderachtige vissersdorpen en vuurtorens (zie blz. 365).

Tips

King's Landing Historical Settlement: in het museumdorp kunt u ervaren hoe koningsgezinde Engelse kolonisten en pioniers hier twee eeuwen geleden leefden (zie blz. 330).

Le Village historique acadien: een paar kilometer buiten Caraquet wordt het leven van de Franse kolonisten en vissers in de 18e en 19e eeuw geschetst (zie blz. 353).

West Point Lighthouse: overnacht in een oude vuurtoren op de zuidwestpunt van Prince Edward Island (zie blz. 365).

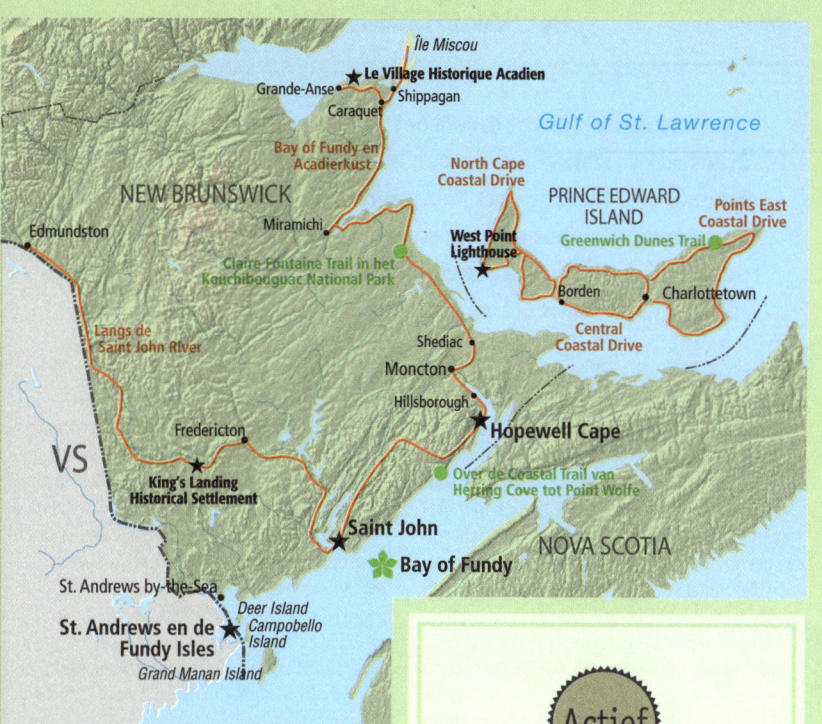

Levend boerderijmuseum: Orwell Corner Historic Village

Actief

Over de Coastal Trail van Herring Cove naar Point Wolfe: wandeling langs de Fundy-kliffen naar een strand vol rotsblokken (zie blz. 345).

Claire Fontaine Trail in het Kouchibouguac National Park: een wandeling door het Acadische gemengd bos met prachtig uitzicht op rivier, lagune en zoutmoerassen (zie blz. 351).

Greenwich Dunes Trail: op boardwalks door een met riet begroeid wetland naar een door enorme duinen omzoomd strand (zie blz. 369).

New Brunswick

Ver van de toeristische drukte heeft de Atlantische provincie New Brunswick vooral natuurvrienden veel te bieden: grillige rotskusten, gevormd door krachtige getijdenstromen, fijnkorrelige zandstranden, gemengd loofbos en schilderachtige eilanden. In de stijlvolle badplaatsen en historische stadjes vermengt het cultureel erfgoed van de Fransen zich met dat van de Britse loyalisten, Schotten en Ieren.

New Brunswick is een van de minst door toeristen bezochte provincies van Canada. Eigenlijk is dit onterecht, want hier vinden vakantiegangers vrijwel alles wat hun hartje begeert. Vooral liefhebbers van de zee komen aan hun trekken – de provincie wordt immers aan drie kanten door de zee omspoeld en heeft een kustlijn van bijna 2300 km. Weliswaar vinden velen de Bay of Fundy te koud om te zwemmen, maar dit wordt ruimschoots gecompenseerd door de adembenemende landschappen en spectaculaire getijdenwerking. De noordelijke kusten bieden nagenoeg ongerepte stranden, met watertemperaturen rond 20°C. In het binnenland strekt zich een heuvellandschap uit met enorme loofbossen, doorsneden door de grote rivierstelsels van de Saint John en de Miramichi. Dit eldorado voor jagers en vissers is in de herfst een lust voor het oog als de loofbomen de prachtigste kleuren hebben.

Langs de Saint John River ▶ N-P 7/8

Kaart: zie blz. 338
Op de Trans-Canada Highway 2, komend uit Québec, komt u enkele kilometers voorbij de provinciegrens bij **Edmundston** [1] uit bij de Saint John River, de oude handelsroute van de indianen, pelshandelaren en jezuïeten naar de Bay of Fundy. De stad wordt omgeven door reusachtige bossen en is het centrum van de florerende houtindustrie van de provincie. Hier, en niet in West-Canada, leefden de eerste *lumberjacks* met hun karakteristieke roodzwart geruite flanellen hemden. Ook de in heel Noord-Amerika bekende legendes over de mythische houthakker Paul Bunyan, die zo sterk zou zijn geweest dat hij bergen kon verplaatsen en rivieren kon omleiden, vinden hier in de regio Madawaska hun oorsprong. In het brede, vruchtbare dal van de Saint John overheersen groene akkers, kolonisatiegebied van koningsgezinde loyalisten, die na de Amerikaanse Revolutie in New Brunswick een nieuw vaderland vonden. Van Edmundston naar Fredericton is het 270 km, en tot aan Saint John aan de Bay of Fundy 370 km.

Midden in de plaats **Grand Falls** [2] is een 23 m hoge waterval te bewonderen. Bij **Hartland** [3] is het de moeite waard om Highway 2 te verlaten en via Highway 103 langs de rivier te rijden. Hier ligt de langste *covered bridge* (391 m) ter wereld. Deze brug uit 1901, die in 1921 is overdekt en bekleed met houten planken, is de interessantste overdekte brug van New Brunswick. In een informatiecentrum komt u alles te weten over het bouwwerk, dat tot National Historic Site is verklaard.

King's Landing Historical Settlement ▶ P 8
Route 2, Exit 253, 35 km ten westen van Fredericton, tel. 506-363-4999, www.kingslanding.nb.ca, half juni-begin okt. dag. 10-17 uur, volwassenen $ 17,99, kinderen 6-15 jaar $ 12,41

Even voor Fredericton kunt u een reis door de tijd naar het begin van de 19e eeuw maken. In **King's Landing Historical Settlement** 5 heeft men aan de oever van de Saint John River zo authentiek mogelijk een oud pioniersplaatsje van de loyalisten opgebouwd. De meeste van de zestig historische gebouwen zijn van de sloop gered bij een stuwmeerproject aan de Saint John River ten westen van Fredericton. Ruim honderd bewoners in historische kledij 'leven en werken' in het museumdorp. Er wordt met spannen ossen geploegd, in de met waterkracht aangedreven zaagmolen worden dikke boomstammen gezaagd, uit de hoefsmederij klinken hamerslagen, vee wordt verzorgd en aan de rivier ligt een houtschip uit 1830 voor anker. Alleen jammer dat de fascinerende waren in de *general store* niet te koop zijn. Trek er gerust een hele dag voor uit als u hier goed wilt rondkijken. Voor kinderen worden speciale activiteiten georganiseerd. In de King's Head Inn kunt u zich te goed doen aan stevige pionierskost uit vroeger dagen.

Fredericton ▶ P 8

Kaart: zie blz. 333, **Kaart:** zie blz. 338
Het 57.000 inwoners tellende dromerige stadje **Fredericton** 6 aan de oevers van de Saint John River is de regeringszetel van de provincie New Brunswick. Goed onderhouden parken, eerbiedwaardige villa's, door statige iepen overschaduwde straten en talrijke historische huizen bepalen het stadsbeeld.

Enkele honderden jaren geleden lag er op de plaats waar nu Fredericton ligt al een indiaans dorp en ook de Fransen vestigden zich hier al. Sainte-Anne noemden zij hun stad, die in 1760 door de Engelsen werd platgebrand. Fredericton werd pas in 1784 gesticht door sir Thomas Carleton en zijn koningsgezinde volgelingen. Al een jaar later werd het King's College opgericht. De stad stond altijd open voor nieuwe ideeën. Menig kunstenaar en wetenschapper vond zijn mecenas in deze stad, die nog altijd Poet's Corner, 'Canada's dichtershoek', wordt genoemd. Ook treft u hier veel kunstnijverheidswinkels aan. Half september wordt in Fredericton het Harvest Jazz and Blues Festival gehouden met Canadese en internationale artiesten.

City Hall 1
397 Queen St., tel. 506-460-2041, www.fredericton.ca, mei-okt. gratis rondleidingen

---

Tip

AVONTUUR IN DE BOOMTOPPEN – ZIPLINING

Ziplining (tokkelen) belooft avontuur tussen boomkruinen voor jong en oud – dat wil zeggen, als u geen hoogtevrees hebt. Kabelbanen, wiebelige hangbruggen en wankele plankiers, touwen en ladders verbinden de platforms en verhogingen in de bomen. Het vermaak is buitengewoon opwindend – maar niet gevaarlijk, want u bent bij deze onderneming professioneel aangebonden en gezekerd met gecapitonneerde gordels om heup en schouders. Terwijl u zich hangend aan uw handen voortbeweegt of hoog boven de grond van het ene naar het andere platform raast, leert u het bos van een heel andere kant kennen. U kunt daarbij zelf bepalen met welke moeilijkheidsgraad en hoe snel u dat doet (TreeGo Mactaquac, 1439, Route 105, Mactaquac, 20 km ten westen van Fredericton bij het **Mactaquac Provincial Park** 4, tel. 506-363-4747, 1-866-440-3346, www.treegomoncton.com, mei-okt., volwassenen $ 38, kinderen 13-17 jaar $ 32, 7-12 jaar $ 23). Ook in Moncton en Cape Enrage, 10 min. van Fundy National Park wordt ziplining aangeboden (Cape Enrage Adventures, 650 Cape Enrage Road, Waterside, tel. 506-887-2273, www.capeenrage.ca). Meer informatie vindt u op www.ziplinerider.com.

New Brunswick

De belangrijkste straat in Downtown Fredericton is Queen Street. Hier staat ook de bevallige victoriaanse **City Hall** uit 1876. Dit stijlvolle bakstenen gebouw met klokkentoren en fonteinen op het voorplein heeft voor het stadhuis werd tevens dienstgedaan als gevangenis en operagebouw. In de Visitors Gallery wordt de geschiedenis van de stad belicht.

Historic Garrison District 2

De **Historic Garrison District**, stadspark en National Historic Site, domineert de binnenstad van Fredericton. De imposante gebouwen aan de **Officers' Square** tussen Carleton en Regent Street hier herinneren aan de vroegere belangrijke militaire betekenis. Hoewel er nu geen soldaten meer gestationeerd zijn, kunnen toeristen nog steeds genieten van kleurige parades op het plein (waar in de zomer ook andere activiteiten plaatsvinden) en van het wisselen van de wacht voor het Guard House – geheel volgens de Britse traditie met vuurrode uniformen en berenmutsen (half juli-3e week aug. 11 en 16 uur, di. en do. ook 19 uur). In de voormalige **Soldier's Barracks** uit 1827 heeft men een vertrek in de originele staat teruggebracht, zodat bezoekers kunnen zien hoe eenvoudige soldaten destijds leefden. In de andere ruimtes worden kunst en kunstnijverheidsproducten verkocht (453 Queen St., tel. 506-460-2837, www.tourismfredericton.ca, begin juli-begin sept. 10-18 uur, anders op telefonische afspraak).

Aan de noordoostelijke kant van de Officers' Square is in een bakstenen gebouw van drie verdiepingen, dat vroeger dienstdeed als officierskwartier, het **York-Sunbury Historical Society Museum** ondergebracht. Hier wordt de geschiedenis van Fredericton belicht, van de Mi'kmaqindianen tot heden (571 Queen St., tel. 506-455-6041, www.frederictonregionmuseum.wordpress.com, juli, aug. 10-17, apr.-juni en sept.-nov. di.-za. 13-16 uur, $ 5).

Legislative Assembly Building 3

706 Queen St., tel. 506-453-2506, www.gnb.ca/legis, 21 juni-eind aug. ma.-vr. 9-17 uur, anders ma.-vr. 9-16 uur, gratis toegang

Bezienswaardig in Fredericton is ook het **Legislative Assembly Building** aan Queen en St. John Street, een indrukwekkend zandstenen gebouw waarin het provinciale parlement vergadert. De parlementsbibliotheek bezit een exemplaar van het beroemde, in 1820 gedrukte en met de hand ingekleurde vogelboek van James Audubon.

Beaverbrook Art Gallery 4

703 Queen St., tel. 506-458-8545, www.beaverbrookartgallery.org, ma.-za. 10-17, do. tot 21, zo., feestdagen 12-17 uur, $ 10

In de **Beaverbrook Art Gallery** aan de overkant zijn naast uitstekende verzamelingen Canadese kunst ook oude meesterwerken tentoongesteld van Europese kunstenaars, zoals Lucas Cranach de Oude en Botticelli.

Christ Church Cathedral 5

803 Brunswick St., www.cccath.ca

Even verderop staat de indrukwekkende **Christ Church Cathedral** uit 1845, een van de mooiste gotische kerkgebouwen van Canada. Het plantsoen aan de rivieroever wordt The Green genoemd. Een wandeling van enkele kilometers langs de oever biedt schitterende uitzichten en voert langs schilderachtige victoriaanse rijtjeshuizen.

Boyce Farmer's Market 6

665 George St., www.frederictonfarmersmarket.ca, za. 6-13 uur

Elke zaterdagochtend wordt aan George Street tussen Regent St. en St. John Street de kleine **Boyce Farmer's Market** gehouden. Op deze boerenmarkt kunt u naast verse groente, fruit en ingemaakte etenswaren ook kunstnijverheid kopen.

Old Burial Ground 7

Ingang 500 Brunswick St., gratis toegang

Op de Old Burial Ground aan Brunswick/Regent Street zijn tussen 1787 en 1878 mensen begraven die tot de eerste loyalisten, kolonisten en militairen behoorden. De grafstenen tonen een doorsnede van de toenmalige samenleving.

Fredericton

Bezienswaardig
1. City Hall
2. Historic Garrison District
3. Legislative Assembly Building
4. Beaverbrook Art Gallery
5. Christ Church Cathedral
6. Boyce Farmer's Market
7. Old Burial Ground

Accommodatie
1. Crowne Plaza – Lord Beaverbrook Hotel
2. The Carriage House Inn
3. Parkview Bed & Breakfast
4. Hartt Island RV Resort

Eten en drinken
1. Brewbaker's

Winkelen
1. Botinicals Gift Shop

Uitgaan
1. Dolan's Pub

Actief
1. Small Craft Aquatic Centre
2. The Wolastoq Boat Tours, Regent Street Wharf
3. Savage's

Informatie
Tourism Fredericton: 11 Carleton St., tel. 506-460-2041, 1-888-888-4768, www.tourismfredericton.ca. Visitor Centre 397 Queen St./hoek York St., tel. 506-460-2129, begin mei ma.-vr. 10-16.30, half mei-3e week juni en begin sept.-begin. okt. dag. 10-17, eind juni-begin sept. dag. 10-20 uur.

Accommodatie
Stijlvol – **Crowne Plaza – Lord Beaverbrook Hotel** 1: 659 Queen St., tel. 506-455-3371, 1-800-723-5185, www.cpfredericton.com. Centrale ligging in de binnenstad, met uitzicht over de Saint John River, overdekt zwembad en een aantal restaurants. 2 pk $ 160-200.

Uitgebreid ontbijt – **The Carriage House Inn** 2: 230 University Ave., tel. 506-452-9924, www.carriagehouse-inn.net. Grote victoriaanse villa in Downtown. Bed & breakfast met tien comfortabele, stijlvol ingerichte kamers. 2 pk $ 107-115.

Comfortabel en gastvrij – **Parkview Bed & Breakfast** 3: 236 Odell Ave., tel. 506-472-1959, www.bbcanada.com/10987.html. Mooie oude B&B in de buurt van de binnenstad met gastvrije eigenaars en een verzorgde inrichting. 2 pk $ 80-105.

Camping – **Hartt Island RV Resort** 4: zo'n 7 km ten westen van Fredericton aan de Trans-Canada Highway, tel. 506-462-9400, 1-866-462-9400, www.harttisland.ca, mei-okt. Fraaie camping, mooi gelegen aan de rivier. Vooral interessant voor kano- en kajakliefhebbers, die hier de wirwar van eilanden in de Saint John River op tochten van diverse moeilijkheidsgraden kunnen leren kennen.

Er zijn ook mooie wandel- en fietspaden uitgezet. De benodigde spullen zijn hier te huur. RV $ 65, camping $ 40, kajak $ 15 per persoon., kano $ 20 per twee personen, alle prijzen per dag.

Eten en drinken

Voortreffelijke keuken – **Brewbaker's** 1 : 546 King St., tel. 506-459-0067, www.brewbakers.ca, ma. 11.30-21, di.-do. 11.30-22, vr. 11.30-23, za. 17-23, zo. 17-21 uur. Lekkere pastagerechten en pizza's uit de steenoven. Wijnbar, dakterras. Lunch $ 12-15, diner $ 23-34.

Winkelen

Origineel – **Botinicals Gift Shop** 1 : 610 Queen St., tel. 506-454-6101, 1-877-450-6101, www.botinicalsgiftshop.com, ma.-vr. 10-18, za. 10-16 uur. Zeer originele kunstnijverheid uit New Brunswick.

Uitgaan

Sfeervol – **Dolan's Pub** 1 : 349 King St., tel. 506-454-7474, www.dolanspub.ca, ma.-di. 11.30-1, wo.-za. 11.30-2 uur. Populaire tent met goed live-entertainment. Het spectrum reikt van folk en blues tot jazz.

Actief

Kanotochten, windsurfen – **Small Craft Aquatic Centre** 1 : 63 Brunswick St., tel. 506-460-2260, www.tourismfredericton.ca/en/small-craft-aquatic-centre, juni-sept. Verhuur van alles wat je nodig hebt om te kajakken, windsurfen of kanoën. U kunt hier ook terecht voor tochten op het water.
Boottocht – **The Wolastoq Boat Tours** 2 : 11 Carleton St., Regent Street Wharf, tel. 506-471-8680, 506-472-9956, www.wolastoqboattours.com. Rondvaarten op de Saint John River, in de zomer vier afvaarten per dag. Volwassenen $ 19, kinderen tot 12 jaar $ 14.
Fietsverhuur – **Savage's** 3 : 441 King St., tel. 506-457-7452, www.sbcoutlet.com, ma.-vr. 9-18, za. 9-17, zo. 12-16 uur. Fietsen voor volwassen en voor kinderen. Halve dag $ 15, hele dag $ 25.
Kanoverhuur – **Hartt Island RV Resort** 4 : adres zie Accommodatie blz. 333.

Van Fredericton naar Saint John ▶ P 8/9

Kaart: zie blz. 338

Voor de rit van Fredericton naar Saint John kunt u het best kiezen voor de langere, maar veel mooiere Route 102 door het rivierdal van de Saint John River. Telkens opnieuw wordt u getrakteerd op fraaie uitzichten over de brede, meanderende rivier met zijn eilanden. Zeiljachten varen voorbij en af en toe ziet u een woonboot of een kajak. Dit is een ideaal watersportgebied, ook geschikt voor beginners. Bij de plaatsen Gagetown of Evandale is het leuk om u met een oude kabelveerboot naar de andere oever te laten overzetten. De veerboot vaart 24/7 en de oversteek duurt maar een paar minuten. Een gratis genoegen zoals dat nog maar zelden in Noord-Amerika te vinden is.

In het aantrekkelijke plaatsje **Gagetown** 7 , 55 km ten zuidoosten van Fredericton, kunt u **Queens County Court House** bezichtigen, een gerechtsgebouw uit 1836, waar tegenwoordig een museum is gevestigd (69 Front St., tel. 506-488-2483, www.queenscountyheritage.com, half juni-half sept. 10-17 uur). Gagetown is daarnaast bekend om zijn winkels met kunstnijverheidsproducten en kunstenaarsateliers. Ook voor ornithologen is de omgeving van Gagetown van bijzondere interesse. Hier in de moerassen, bossen en aan de rivieroevers zijn rond de honderdvijftig vogelsoorten te zien. U kunt per kano oversteken naar het kleine Gagetown Island.

Saint John ▶ P 9

Kaart: rechts; **Kaart:** zie blz. 338
Saint John 8 (75.000 inw., 130.000 in de agglomeratie), gelegen aan de monding van de gelijknamige rivier in de Bay of Fundy, is een bedrijvige havenstad met uitgestrekte industriecomplexen, olieterminals en droogdokken. De laatste jaren is er veel gemoderniseerd, er is een nieuw Convention and Trade Centre verrezen en het Business District is via een *skywalk* met het Waterfront verbonden.

Saint John

Bezienswaardig
1. Barbour's General Store
2. Market Square
3. Imperial Theatre
4. Old City Market
5. Loyalist House
6. Loyalist Burial Ground
7. Trinity Anglican Church
8. Carleton Martello Tower
9. Fort Howe
10. Reversing Falls Rapids

Accommodatie
1. Hilton Saint John
2. Homeport Historic Inn
3. Rockwood Park Campground

Eten en drinken
1. East Coast Bistro
2. Grannan's Seafood Restaurant

Winkelen
1. Brunswick Square
2. Handworks Gallery

Uitgaan
1. Saint John Ale House

Actief
1. Zip Line Tours

Ondanks deze omvangrijke moderniseringen heeft de stad zijn historische uitstraling weten te behouden. De vervallen pakhuizen aan het Waterfront zijn gerestaureerd tot ware pronkstukken. Inmiddels zijn er cafés, winkels en restaurants ondergebracht.

Ook bewaard gebleven zijn de meeste van de talrijke imposante bakstenen gebouwen uit de 19e eeuw. Van King's Square kijkt u omlaag door de vermoedelijk kortste en steilste hoofdstraat van een Canadese stad. Onderaan ziet u de kleine baai liggen, waar in mei 1783 zeven schepen met vluchtelingen voor de Amerikaanse Revolutie aan boord voor anker gingen. Ruim drieduizend loyalisten, die de Engelse koning trouw waren gebleven, kwamen aan land, vestigden zich hier en maakten van het kleine Engelse pioniersplaatsje, dat tot dan toe niet veel meer dan een fort van boomstammen in de wildernis was, een bloeiende stad. Binnen twee jaar werd Saint John geregistreerd als de eerste stad van Canada – met alle stadsrechten. In de 19e eeuw kwamen vooral Schotse en Ierse immigranten naar Saint John.

New Brunswick

De Britse traditie wordt in Saint John in ere gehouden. Ieder jaar in juli wordt tijdens de Loyalist Days de landing van de koningsgezinden nagespeeld. Dan wappert de Union Jack, dragen de mensen kleding uit de 18e eeuw en worden kleurige optochten gehouden.

Maar ook de rest van het jaar herinnert veel aan het verleden, vooral op de Loyalist Trail, die over een afstand van 5 km door het hart van de stad loopt, langs gebouwen van historisch belang. Deze zijn nagenoeg allemaal te bezichtigen.

Barbour's General Store 1

10 Market Square, tel. 506-642-2242, juni-okt. ma.-za. 10-18, zo. 12-18 uur, gratis toegang, een donatie wordt op prijs gesteld, met coffeeshop, giftshop en loketten van touroperators

Een goed vertrekpunt voor een wandeling door de stad is **King Street**, te herkennen aan de beklinkerde trottoirs en oude straatlantaarns. De straat loopt van de Waterfront naar King's Square in het hart van de stad. Aan Market Slip, waar de loyalisten ooit aan land kwamen, ziet u in **Barbour's General Store** het authentieke aanbod van een karakteristieke winkel van sinkel uit 1860. In het achterste deel zijn een originele *barber shop* uit de 19e eeuw, een *dentist office* en een oude apotheek.

Ernaast staat het **Little Red Schoolhouse**, een oud schoolgebouw, dat net als de general store hierheen werd getransporteerd uit het landelijke New Brunswick.

Market Square 2

1 Market Sq., Museum tel. 506-643-2300, www.nbm-mnb.ca, ma.-wo. en vr. 9-17, do. 9-21, za. 10-17, zo. 12-17 uur, volwassenen $ 10, kinderen $ 4,50

Aan de andere kant van King Street staan de gerestaureerde pakhuizen van **Market Square** met leuke winkels, cafés met gezellige terrassen en restaurants. In het complex naast de public library is sinds 1996 ook het New Brunswick Museum ondergebracht, dat voorheen was gevestigd aan Douglas Avenue in het oudste museumgebouw van Canada. Naast kunsttentoonstellingen, natuurhistorische collecties en displays zijn er ook voorwerpen uit de maritieme geschiedenis van de stad en de provincie te zien. U komt er veel te weten over de gouden jaren, toen de 'schepen van hout waren en de mannen van ijzer'.

Imperial Theatre 3

12 King Sq., tel. 506-674-4100, www.imperial theatre.nb.ca, juli, aug. ma.-vr. 10-17 uur

Bezienswaardig is ook het **Imperial Theatre** aan King's Square. In het fraai gerestaureerde vaudevilletheater uit 1913 vinden uitvoeringen van toneel, ballet en opera plaats en worden concerten gegeven. 's Zomers kunt u overdag aan rondleidingen deelnemen.

Old City Market 4

47 Charlotte St., tel. 506-658-2820, www.sjcity market.ca, ma.-vr. 7.30-18, za. 7.30-17 uur

In het grote bakstenen gebouw van de **Old City Market** uit 1876 herinnert de dakconstructie aan de gewelfde spanten van een scheepsromp. Nog altijd heerst hier een levendige, bonte drukte. Sommige kraampjes worden al generaties lang door dezelfde familie gerund. Naast de gebruikelijke delicatessen, zeevruchten, groenten en fruit worden ook kunstnijverheidsproducten en specialiteiten aangeboden, zoals *dulse*, een gedroogd roodachtig zeewier van bijzonder taaie consistentie.

Loyalist House 5

120 Union St./Germain St., tel. 506-652-3590, www.loyalisthouse.com, half mei-juni ma.-vr. 10-17, juli-half sept. 10-17 uur, anders op afspraak, $ 5

Dit mooi gerestaureerde, in 1810-1817 in georgian stijl gebouwd woonhuis aan Union Street, is het oudste gebouw van de stad. Het bleef gespaard bij de grote brand van 1877, waarbij honderd huizen in vlammen opgingen. Gidsen van de New Brunswick Historical Society vertellen wetenswaardigheden over de inrichting van het huis, nu een National Historic Site.

Loyalist Burial Ground 6

Sidney/hoek King Sts., gratis toegang

Nabij het goed onderhouden King's Square ligt de **Loyalist Burial Ground**. De grafstenen van deze oude pioniersbegraafplaats

Saint John

Shoppen, koffiedrinken of een museum bezoeken – in de Market Square is een regenachtige dag zó weer voorbij

gaan terug tot 1784. Pal ernaast staat het Old Court House met een opvallend trappenhuis.

Trinity Anglican Church 7
115 Charlotte St., tel. 506-693-8558, www. trinitysj.com, ma.-vr. 8.30-12.30 uur
Ten zuidwesten van King's Square ligt het Trinity Royal Preservation Area, met fraaie victoriaanse huizen en de **Trinity Anglican Church.** De kerk werd in 1877 door een brand verwoest, maar werd herbouwd. Bij het altaar is een koninklijk wapen te zien van het huis Hannover, dat loyalisten gered hebben uit de raadhuiszaal van Boston.

Carleton Martello Tower en Fort Howe
Buiten de binnenstad zijn twee oude verdedigingswerken, de Carleton Martello Tower en Fort Howe, een bezoek waard, vooral vanwege het mooie panoramische uitzicht over de stad en de haven. De **Carleton Martello Tower** 8 , aan de overkant van de rivier, moest de stad in de Oorlog van 1812 beschermen tegen Amerikaanse aanvallen. Te bezichtigen zijn het gerestaureerde kruitmagazijn en de onderkomens. In het historische nationaal park vertellen medewerkers in 19e-eeuwse kledij wetenswaardigheden over het complex (Fundy Drive/Whipple Street, tel. 506-636-4011, www.pc.gc.ca/tourmartellodecarleton, toren tot nader order gesloten in verband met renovatiewerkzaamheden). **Fort Howe** 9 , tegenwoordig een gereconstrueerd houten bouwwerk aan Magazine Street, werd in 1778 gebouwd om de stad tegen Amerikaanse vrijbuiters te beschermen. Het huidige gebouw is een reconstructie, maar van de rotsachtige kaap waarop deze staat, hebt u een geweldig uitzicht.

New Brunswick

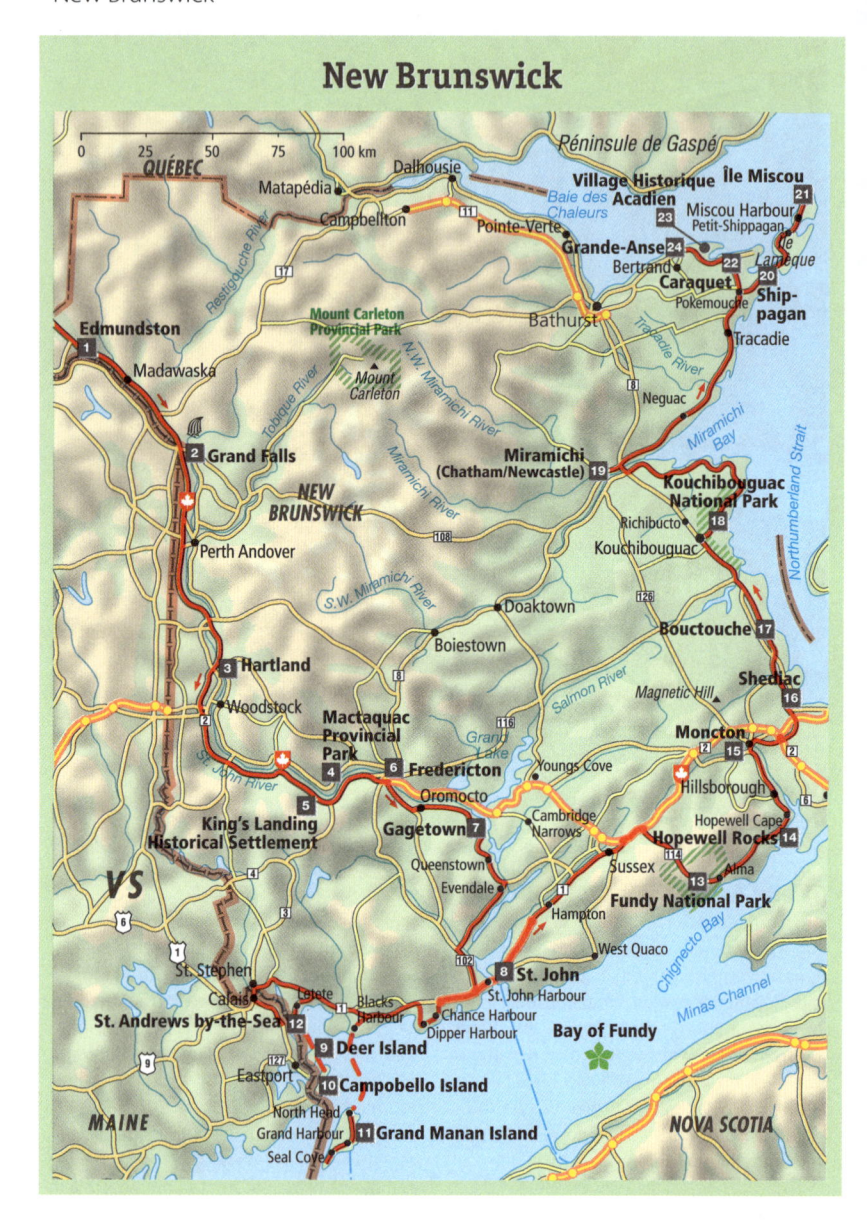

Reversing Falls Rapids [10]

200 Bridge Rd., tel. 506-658-2937, www.discover saintjohn.com/places/reversing-rapids, half mei-half okt. 8-20 uur

Bij de **Reversing Falls Rapids** aan de monding van de Saint John River kunt u tweemaal per dag zien hoe de Fundyvloed de machtige rivier op indrukwekkende wijze 'terugduwt'

Saint John

over de stroomversnellingen. Een korte tijd tussen eb en vloed is het water rustig. Alleen dan is het mogelijk om per boot over te steken van de rivier naar de haven en vice versa. In het **Reversing Falls Visitor Centre** krijgt u uitleg over het fenomeen en u hebt er ook het beste zicht op.

Informatie
St. John Shoppes of City Hall Visitor Information Centre: City Hall, 15 Market Square, tel. 506-658-22855, 1-866-463-8639, www.discoversaintjohn.com.
Saint John Throughway Visitor Information Centre: 1509, Route 1 West, tel. 506-658-2940, 1-866-463-8639, www.discoversaintjohn.com. mei-okt. ma.-vr. 7.30-18, za. 7.30-17 uur.

Accommodatie
Vierenhalve ster aan de haven – **Hilton Saint John 1 :** Market Square, tel. 506-693-8484, 1-800-4445-8667, www.hilton.com. Aangenaam hotel met fraai uitzicht over de haven en de stad. Zwembad, amusement in de Brigantine Bar en restaurant Turn of the Tide Dining Room, zondags buffet (diner vanaf $ 20). 2 pk $ 140-240.
Stijlvol – **Homeport Historic Inn 2 :** 80 Douglas Ave., tel. 506-672-7255, 1-888-678-7678, www.homeport.nb.ca. Fraai gelegen B&B in de buurt van Downtown en de Reversing Falls met uitzicht over de haven en de stad. Kamers in twee historische villa's uit 1858, stijlvol ingericht, uitstekende service. 2 pk vanaf $ 109.
Camping – **Rockwood Park Campground 3 :** Lake Drive S., tel. 506-652-4050, www.rockwoodpark.ca. Ruim tweehonderd staanplaatsen, de meeste met alle aansluitingen, niet ver van Downtown. Het park en het meer bieden gelegenheid tot wandelen, golfen, zwemmen en varen.

Eten en drinken
Franco-Canadese bistro – **East Coast Bistro 1 :** 60 Prince William St., tel. 506-696-3278, www.eastcoastbistro.com. Kleine, dagelijks wisselende, door het seizoen gestuurde menukaart. Delicate vis- en vleesgerechten en huisgemaakte desserts. Reserveren aanbevolen. Hoofdgerecht $ 23-30.
Heerlijkheden uit zee – **Grannan's Seafood Restaurant 2 :** 1 Market Sq., tel. 506-634-1555, www.grannangroup.com, dag. vanaf 11 uur. Populair visrestaurant met terras. Erg lekkere *seafood chowder*. Diner $ 18-47.

Winkelen
Shoppingmall – **Brunswick Square 1 :** King/Germain Sts., tel. 506-658-1000, www.brunswicksquare.ca, ma.-za. 9.30-18 uur. Mall met talloze boetieks.
Hoogwaardig – **Handworks Gallery 2 :** 12 King St., tel. 506-631-7626, www.handworks.ca, ma.-za. 10-17.30 uur. Sieraden, keramiek, kunst en kunstnijverheid uit de hele provincie.

Uitgaan
27 soorten bier en meer – **Saint John Ale House 1 :** 1 Market Sq., tel. 506-657-2337, www.saintjohnalehouse.com, zo.-do. 11-23, vr., za. 11-24, bar zo.-do. 11-1, vr., za. 11-2 uur. Erg goede keuken, ook cocktails en wijn. Bijna elk weekend livemuziek.
Hét podium van de stad – **Imperial Theatre 3 :** King's Square, tel. 506-674-4100, www.imperialtheatre.nb.ca. Theater, ballet, opera en concerten. Kaartverkoop aan de kassa (ma.-vr. 10-17 uur).

Actief
Ziplining – **Saint John Adventures Zip Line Tours 1 :** 50 Fallsview Ave., tel. 506-634-9477, 877-634-9477, www.saintjohnadventures.ca. Met de juiste uitrusting en onder begeleiding van een gids steekt u aan kabels het kolkende water van de Reverse Falls in de Saint John River over. Juni-okt. dag., $ 70.

Vervoer
Veerboot: Bay Ferries, 170 Digby Ferry Rd., tel. 506-649-7777, 1-877-762-7245, www.nfl-bay.com. Veerboten tussen Saint John en Digby in Nova Scotia. De overtocht duurt zo'n 2,5 uur, in de zomer 2 veerboten per dag, volwassenen $ 56, kinderen $ 32, auto vanaf $ 92 plus $ 25 brandstoftoeslag.

New Brunswick

Het zuiden van New Brunswick

Kaart: zie blz. 338

Eilanden in de Bay of Fundy: Deer Island en Campobello Island

Highway 1 voert van Saint John in westelijke richting langs de Fundykust naar St. Stephen aan de grens met de Amerikaanse staat Maine. Onderweg is het beslist de moeite waard om een of meer korte uitstapjes te maken naar sfeervolle vissersdorpjes als **Chance Harbour**, **Dipper Harbour** en **Blacks Harbour**.

Hier aan de zuidpunt van New Brunswick ligt voor de Passamaquoddy Bay een idyllische eilandengroep. De grootste eilanden zijn Deer Island, Campobello en Grand Manan (zie blz. 341). Na de Amerikaanse Revolutie streden de Verenigde Staten en Engeland nog decennialang om Campobello en Deer Island, tot uiteindelijk in de jaren 40 van de 19e eeuw de beide eilanden werden toegewezen aan New Brunswick. Veerboten verbinden de Fundy Isles met het vasteland. De overtocht van ongeveer twintig minuten van Letete naar **Deer Island** 9 is gratis. Het kleine eiland is ruig, ongerept en wordt zelden bezocht. Er ligt een 14 ha groot natuurpark met witte stranden.

Van Deer Island kunt u met de veerboot (niet gratis) naar **Campobello Island** 10, waar naast andere welvarende Amerikanen ook de voormalige president Roosevelt een zomerverblijf had. Het door beide landen samen beheerde grote huis in het Roosevelt International Park verdient zeker een kijkje (Hwy 774, Welshpool, tel. 506-752-2922, www.fdr.net, eind mei-half okt. 10-18 uur, gratis toegang).

In het **Herring Cove Provincial Park** aan de oostkust van Campobello vindt u naast een golfbaan met negen holes ook goede wandelroutes en kampeermogelijkheden. Campobello is vanuit Maine ook over een brug te bereiken.

Informatie
Internet: www.deerisland.nb.ca. Officiële toerismewebsite van Deer Island.

Accommodatie
... op Deer Island:
Cottages met zeezicht – **Richardson Lookout Cottages:** 78 Richardson Rd., Richardson, tel. 506-747-2286, www.deerisland.nb.ca/accom.htm. Drie gezellig ingerichte cottages met een of twee slaapkamers en een zonneterras of veranda. Hele jaar geopend. $ 90 voor 2 personen.

Victoriaans in een vissersdorp – **Deer Island Inn:** 272 Route 772, Lord's Cove, tel. 506-747-1998, www.diinn.com. Vijf leuke kamers in een volledig gerestaureerd victoriaans huis. Weelderig ontbijt, op verzoek ook avondeten. 2 pk $ 85-105.

Actief
... op Deer Island:
Zeekajaks – **Seascape Kayak Tours:** 40 NW. Harbour Branch Rd., Richardson, tel. 506-747-1884, 1-866-747-1884, www.seascapekayaktours.com. Ook voor beginners geschikte zeekajaktochten met gids. U vaart door de beschutte wateren rond Deer Island en St. Andrews en kunt walvissen, dolfijnen en Amerikaanse zeearenden observeren. Een lunch op het strand is inbegrepen. Mei-okt., dagtocht (6-7 uur) $ 150, halve dag (3-4 uur) $ 85, *sunset paddle* (2 uur) $ 65.

... op Campobello Island:
Walvissen en meer – **Capt. Riddle's Sea-Going Adventures:** 727 Friars Bay Beach, Welshpool, tel. 506-752-2009, 1-877-346-2225, www.finback.com. Walvisobservatie-excursies in de Bay of Fundy. Behalve walvissen kunt u dolfijnen, zeehonden, zeevogels en vuurtorens zien. Vaak ziet u ook vissers aan het werk bij hun staande netten. Juni-okt. 10, 13, 16 en 18.30 uur, volwassenen $ 55, kinderen $ 40.

Vervoer
Veerboot: East Coast Ferries, Lord's Cove, tel. 506-747-21 59, www.eastcoastferries.nb.ca. Veerboten tussen Lord's Cove op Deer Is-

Het zuiden van New Brunswick

De in de haven opgestapelde kooien verraden het al: op visserseiland Deer Island draait alles om de kreeftenvangst

land en Campobello Island en van Lord's Cove naar Eastport (Maine, VS). Auto met bestuurder $ 16 plus brandstoftoeslag, passagiers/voetgangers $ 4 per persoon (tot 12 jaar gratis).

Grand Manan Island ▶ P 9/10

Grand Manan Island 11 is het grootste eiland en ligt dieper in de Bay of Fundy. Het telt nog geen 2600 inwoners, die nog altijd hoofdzakelijk leven van de vangst en verwerking van vis, kreeft en andere schaal- en schelpdieren. Een andere inkomstenbron op het eiland is *dulse*, een roodpaars eetbaar zeegras, dat bij eb op de kust wordt verzameld.

Het afgelegen eiland, op twee uur varen van het vasteland, is een paradijs voor schilders, fotografen, natuurliefhebbers en mensen die graag de eenzaamheid opzoeken. Steile klippen verheffen zich aan de westzijde uit de zee, langs de oostkust voert een weg door schilderachtige vissersdorpen, waar de netten en kreeftenfuiken opgestapeld liggen te drogen op de pier. Daartussen liggen verscholen baaien, waar vissersboten uitvaren naar de *weirs* (stelnetten: rondlopende, staande netten die aan lange palen zijn bevestigd). Het ene na het andere uitgestrekte strand nodigt uit tot wadlopen. Boottochten en speciale excursies bieden de mogelijkheid om walvissen, zeehonden en zeevogelkolonies te bekijken. Het gebied rond de Fundy Isles is een geliefd speelterrein voor zo'n zes verschillende soorten walvissen. Wandelliefhebbers kunnen het eiland verkennen via eenzame routes en voor sportduikers zijn er verscheidene oude wrakken te onderzoeken.

Omdat Grand Manan zeer vlak is en er op de zijwegen van Route 776 bovendien weinig verkeer rijdt, leent het eiland zich uitstekend voor fietstochten. Fietsen zijn te huur bij Adventure High in North Head (adres zie Actiefblz. 342), dat ook kano's verhuurt.

New Brunswick

Informatie
Visitor Information Centre: North Head, Route 776, tel. 506-662-3442, 1-888-525-1655, www.grandmanannb.com.

Accommodatie
Mooie kapiteinsvilla – **Marathon Inn,** North Head, 19 Marathon Lane, tel. 506-662-8488, 1-888-660-8488, www.marathoninn.com. Historische kapiteinsvilla met uitzicht op de haven. Zwembad, restaurant met visspecialiteiten (alleen diner). Gasten kunnen gebruikmaken van een keuken en een barbecue. 2 pk $ 89-139.
Havensfeertje – **McLaughlin's Wharf Inn B & B:** 1863 New Brunswick Route 776, tel. 506-662-8760, 3672, www.theradicle.ca/wharfinn. Zes mooi ingerichte kamers (twee badkamers op de verdieping) in een pand direct aan de pier in de vissershaven. Zonneteras, goed restaurant. $ 109 incl. ontbijt.
Camping – **Anchorage Park:** Seal Cove, tel. 506-662-7002, mei-okt. Campground in mooi provinciaal park.

Actief
Boottochten – **Sea Watch Tours:** 2476 Route 776, Grand Manan, tel. 506-662-8552, 1-877-662-8552, www.seawatchtours.com. Excursies van een halve dag naar observatie van walvissen en zeevogels. $ 66.
Fiets- en kajakverhuur – **Adventure High:** 83 Route 776, North Head, tel. 506-662-3563, 1-800-732-5492, www.adventurehigh.com. Fiets halve dag $ 18, hele dag $ 25, ook kajakexcursies ($ 60-110).

Vervoer
Veerboot: tussen Blacks Harbour op het vasteland en North Head op Grand Manan varen schepen van **Coastal Transport,** tel. 506-662-3724, www.coastaltransport.ca. Duur overtocht 90 min., volwassenen $ 12, kinderen $ 6, auto $ 36.

St. Andrews By-the-Sea ▶ P 9
St. Andrews By-the-Sea 12 aan de Passamaquoddy Bay, is met zijn circa tweeduizend inwoners niet groot, maar is wel een van de mooiste vakantieoorden aan de kust. Midden in het plaatsje staat het imposante wit-rode gebouw van het Algonquin Hotel, een fraai resort met verzorgde bijgebouwen uit de tijd van de grote spoorweghotels. St. Andrews was al in de 19e eeuw een vakantieoord voor welgestelden. Ook de spoorwegmagnaat William Van Horne had hier zijn kasteelachtige huis ingericht. Desondanks heeft St. Andrews zijn karakter als vissersplaats weten te behouden.

Bezienswaardig zijn de vele historische huizen. Meer dan de helft van de gebouwen in de stad dateert uit de 19e eeuw. Na de Amerikaanse Revolutie vluchtten veel loyalisten uit Maine naar deze veilige haven. Aangezien het over de Bay of Fundy slechts een korte overtocht was, braken ze hun houten huizen af, namen de onderdelen op hun schepen mee en bouwden ze daarna weer op. Van deze houten huizen staan er nog steeds talrijke in St. Andrews. De wandelboulevard van de stad is Water Street. De straat wordt omzoomd door schitterende gebouwen, cafés, restaurants en talrijke winkels en herbergt daarnaast ateliers waar kunstnijverheidsproducten worden vervaardigd.

In het Visitor Centre is een plattegrond verkrijgbaar voor een rondwandeling door de stad. Vooral interessant zijn het oude Charlotte County Court House, een van de oudste nog functionerende gerechtsgebouwen in Canada, en de Old Gaol, de voormalige stadsgevangenis direct ernaast (123 Frederick St., tel. 506-529-4248, www.ccarchives.ca, juni-sept. 9-17, apr., mei, okt., nov. 13-16 uur , gratis toegang).

Bezienswaardig zijn ook de **Greenock Church** en het **Sheriff Andrews House** uit 1820, waar studenten in historische kledij rondleidingen geven (63 King St., tel. 506-529-5080, juni-aug. dag. 10-18 uur, gratis toegang).

In het **Ross Memorial Museum** kunt u een antiekverzameling bekijken (188 Montague St., tel. 506-529-5124, www.rossmemorialmuseum.ca, juni-begin okt. di.-za. 10-16.30, juli, aug. ook ma. 13-16.30 uur, een donatie wordt op prijs gesteld), en in het aquarium

Het zuiden van New Brunswick

van het **Huntsman Marine Science Centre** zijn interessante displays over mariene biologie te zien. Kinderen zijn dol op het bassin met zeedieren die ze mogen aanraken. Het aquarium ging in 2011 op de schop en heet nu **Huntsman Fundy Discovery Aquarium** (1 Lower Campus Rd., www.huntsmanmarine.ca, tel. 506-529-1200, half mei-half okt. dag. 10-17 uur, volwassenen $ 14, kinderen $ 10).

In het fraai gelegen **Atlantic Salmon Interpretive Centre** aan de Chamcook Creek, ca. 6 km van Route 127, kunt u de zalmen in hun natuurlijke leefomgeving zien (Chamcook Lake Rd., Route 127, tel. 506-529-1384, www.wildsalmonnaturecentre.ca, juni-aug. 9-17 uur, volwassenen $ 6, kinderen $ 3).

De **Kingsbrae Garden**, een schitterende tuin op de heuvel die boven St. Andrews verrijst, maakte oorspronkelijk deel uit van het landgoed Kingsbrae Arms Estate. In 1998 werd de tuin losgekoppeld van het landhuis en geïntegreerd tot een 11 ha groot openbaar park met meer dan tweeduizend soorten gewassen en een Acadisch kustbos. In het tuincafé kunt u lunchen met een fraai uitzicht op de baai (220 King St., tel. 506-529-3335, 1-866-566-8687, www.kingsbraegarden.com, half mei-okt. 10-18 uur, volwassenen $ 16, kinderen $ 12).

Informatie

St. Andrews Welcome Centre: 24 Reed Ave., tel. 506-529-3556, www.tourismnewbrunswick.ca, juli, aug. dag. 8-20, mei-juni, sept.-begin okt. 9-17 uur.

St. Andrews Chamber of Commerce: 252 C Water St., P.O. Box 89, tel. 506-529-3555, www.standrewsbythesea.ca.

Accommodatie, eten en drinken

Chic uit het spoorwegtijdperk – **Algonquin Resort St. Andrews By-the-Sea:** 184 Adolphus St., tel. 506-529-8823, 1-855-529-8693, www.algonquinresort.com, mei-sept. Iets boven het dorpje gelegen vakantiehotel van de Canadian Pacific Railway met golf- en tennisbanen, een park rond het kasteelachtige gebouw en restaurants. 2 pk $ 150-230.

In het oude hart – **Treadwell Inn:** 129 Water St., tel. 506-529-1011, 1-888-529-1011, www.treadwellinn.com. Historische, stijlvol ingerichte B&B uit 1820 met een mooi uitzicht over de haven. Sommige kamers hebben een jacuzzi en/of kitchenette. In de bijbehorende Snug & Oyster Bar kunt u lunchen en dineren. Diner vanaf $ 15, 2 pk vanaf $ 150, minimumverblijf 2 nachten.

Charmant – **Tara Manor Inn:** 559 Mowat Drive, tel. 506-529-3304, 1-800-691-8272, www.taramanor.ca. Landhuis in een rustig, goed verzorgd park even buiten het dorp. De kamers op de bovenverdieping hebben een mooi uitzicht. Zwembad, restaurant. 2 pk vanaf $ 135, cottage $ 250.

Duitse gastvrijheid – **Europa Inn & Restaurant:** 48 King St., tel. 506-529-3818, www.europainn.com. Door een Duits echtpaar gedreven hotel-restaurant met een internationale keuken. De ijsspecialiteiten zijn huisgemaakt. 2 pk $ 140-150. Diner vanaf $ 14.

Eten en drinken

Ambitieuze, jonge keuken – **Savour in the Garden Restaurant:** 220 King St., tel. 506-529-4055, www.kingsbraegarden.com/dining. Uitstekende, creatieve keuken in de Kingsbrae Garden. Driegangenmenu $ 35-45. Op tijd een tafel reserveren!

Actief

Whale watching per zodiac – **Fundy Tide Runners:** 16 King St. (Wharf), tel. 506-529-4481, www.fundytiderunners.com, juni-sept. 8 trips per dag, mei en okt. minder. Excursies per zodiac naar walvissen, dolfijnen en zeehonden. Volwassenen $ 60, kinderen tot 12 jaar $ 45.

Walvissafari's per kotter – **Jolly Breeze Tall Ship Whale Adventures:** 4 King St. (Wharf), tel. 506-529-8116, 1-866-529-8116, www.jollybreeze.com. juli-Labour Day 9, 12.45 en 16.30 uur, juni en Labour Day-okt. 1 of 2 x per dag. Walvissafari's's van 3,5 uur in de Bay of Fundy met een traditionele zeilkotter. Ontbijt of lunch is bij de prijs inbegrepen, bar aan boord, snacks verkrijgbaar. Volwassenen $ 60, kinderen tot 15 jaar $ 40.

New Brunswick

🌸 Bay of Fundy ▶ P/Q 9

Kaart: zie blz. 338

Op sommige plaatsen aan de Bay of Fundy is het verschil tussen eb en vloed maar liefst 16 m. Dit komt doordat de baai zich trechtervormig vernauwt. Hier worden de gigantische watermassa's opgestuwd die tweemaal per dag uit de Atlantische Oceaan de baai in stromen. Ze komen ongeveer overeen met de totale hoeveelheid water die alle rivieren ter wereld in de oceanen lozen. Aan de huizenhoge, met schelpen bedekte kades gaan de schepen tijdens het stijgen en dalen van het water als liften op en neer. Zeelieden die bij het vastleggen van hun boot niet bedacht zijn op dit natuurgeweld wacht een forse domper.

Fundy National Park ▶ Q 8

Op een afstand van circa 130 km ten noordoosten van Saint John, bereikbaar via Highway 1 en 114, ligt **Fundy National Park** 🔲, dat zich over een oppervlakte van 206 km² uitstrekt. Met zijn omvangrijke bossen en moerassen, plassen met bevers, rivierdalen, watervallen en diep ingesneden kust behoort dit nationaal park tot de opwindendste gebieden van de provincie. Vanwege het grote aantal overnachtingsmogelijkheden en mooie wandel-, kano- en kajakroutes leent het park zich bij uitstek voor een langer verblijf. Om te zwemmen is het water van de Bay of Fundy meestal niet warm genoeg, maar de Saltwater Pool, een met zeewater gevuld verwarmd zwembad onder het informatiecentrum van het park, vormt een uitstekend alternatief ('s zomers 11-18.30 uur, $ 3).

U vindt het informatiecentrum van het park in **Alma**, waar u bovendien verscheidene overnachtingsgelegenheden aantreft. Fundy National Park is ook een Dark Sky Preserve (DSP): hier is zo weinig lichtvervuiling *(light pollution)* dat je een fantastische sterrenhemel kunt zien.

Informatie
... in Alma:
Fundy National Park: tel. 506-887-6000, www.pc.gc.ca. Informatiecentrum bij de ingang van het nationaal park.

Accommodatie
... in Alma:
Leuk klein pension – **Cleveland Place:** 8580 Main St., tel. 506-887-2213, www.bbcanada.com/137.html. Gastvrije B&B in een oud pand aan de Bay of Fundy. Met zorg ingerichte kamers, uitgebreid ontbijt. 2 pk $ 140.

Comfortabel – **Parkland Village Inn:** 8601 Main St., tel. 506-887-2313, 1-866-668-4337, www.parklandvillageinn.com. Fraai ingerichte kamers en suites in een direct aan het water gelegen motel. Sommige kamers kijken uit op de baai. 2 pk $ 125.

... in Fundy National Park:
Vakantiehuisjes – **Vista Ridge Cottages:** 41 Foster Rd., Unit 4, tel. 506-887-2808, 1-877-887-2808, www.fundyparkchalets.com. Een dertigtal eenvoudige cabins met keuken en badkamer bij het bos. 's Zomers ook stacaravans met elektriciteit. Vlak bij het *info center* en een golfterrein. Cabin $ 125-145, RV $ 99.

Camping – **Fundy N. P. Campgrounds:** Reserveren tel. 506-887-6000, 1-877-737-3783, www.pccamping.ca. Kamperen in het nationaal park mag op vier plaatsen. Reserveren kost $ 11 extra, maar is in weekends in juli en aug. absoluut nodig.

Eten en drinken
... in Alma:
Eten met locals – **Harbourview Market and Restaurant:** 8598 Main St., tel. 506-887-2450. Visrestaurant, coffeeshop en supermarkt in één. Ontbijt, lunch en diner, vanaf $ 8.

Uit de zee – **Tides:** restaurant in de Parkland Village Inn (zie boven). Specialiteiten: zalm, kreeft en kamschelpen. Mooi uitzicht op zee en Fishermen's Wharf. Lunch en diner, $ 8-18.

Actief
... in Fundy National Park:
Outdoor – Tochten met gids, wadlopen, 80 km *hiking trails*, golf, kanovaren; informatie bij het *info centre* van het nationaal park in Alma.

Zeekajaktochten – Een mooi avontuur aan de Fundykust met zijn steile kliffen en bizarre zandsteenformaties. U vaart naar verborgen, door de machtige getijden uitgeholde grotten en afgelegen strandjes. Doe dit echter niet

Bay of Fundy

Actief

DE COASTAL TRAIL VAN HERRING COVE NAAR POINT WOLFE

Informatie
Begin: Herring Cove Rd., Fundy National Park
Lengte: 5-7 km
Duur: 1-4 uur
Moeilijkheidsgraad: licht tot vrij zwaar
Info: Fundy National Park, Alma, tel. 506-887-6000, www.pc.gc.ca

De **Herring Cove Beach Trail** maakt deel uit van de Coastal Trail, een kustpad langs de hoge klippen van de Bay of Fundy (licht tot gematigd, enkele steile delen). Deze rondwandeling van ongeveer 0,5 km, waarvoor u een halfuur moet uittrekken, loopt van het eindpunt van de **Herring Cove Rd.** naar beneden, naar het met rotsblokken bezaaide strand en een grot die door de getijdenstroom is uitgesleten, en weer terug. Wie deze wandeling te kort vindt en nog niet wil terugkeren naar het beginpunt, volgt de Coastal Trail een stukje verder in zuidwestelijke richting naar **Matthews Head** (heenweg ca. 1,8 km). Neem voor deze wandeling 1 tot 1,5 uur de tijd. De trail leidt door kustbossen en langs oude landbouwgrond en biedt steeds opnieuw een mooi uitzicht op de spectaculaire kustformaties en de Bay of Fundy.

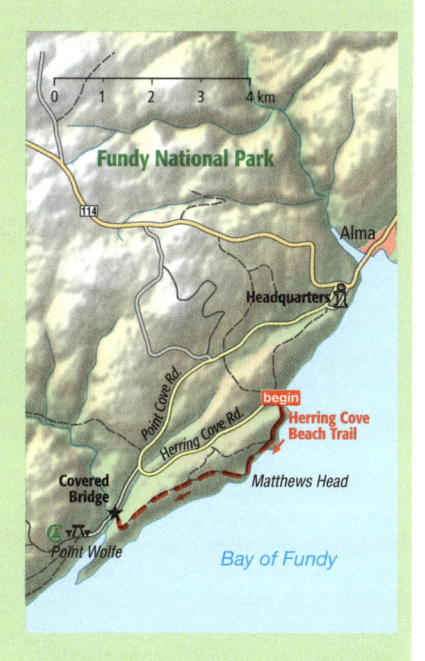

Van Matthews Head loopt de Coastal Trail nog ongeveer 5 km (ca. 2–2,5 uur) door naar **Point Wolfe**. Het grootste deel van dit traject loopt over een tamelijk vlak, bebost terrein, met af en toe vrij uitzicht op de Bay of Fundy. Na een open grasveld in het bos stijgt de trail naar een uitkijkpunt met een geweldig uitzicht op de baai en **Squaw's Cap**, een rots die als een reusachtige bloempot uit het water opsteekt. Daarna gaat het pad weer omlaag en steekt een kleine beek over. Ongeveer 1 km voor de steile klim naar Pointe Wolfe begint, loopt het pad door een klein, oeroud bos van hoge fijnsparren, een voor het Acadische bos kenmerkende boomsoort, die uitsluitend gedijt in het gematigde klimaat van de maritieme provincies van Canada en in de Amerikaanse staat New York.

op eigen houtje. De gigantische getijstromen en de steeds veranderende weersomstandigheden vragen om goede kennis van het gebied en de eb- en vloedtijden. De planning kunt u beter overlaten aan een van de volgende experts. **Fresh Air Adventure**, 16 Fundy View Dr., Alma, tel. 506-887-2249, 1-800-545-0020, www.freshairadventure.com, eind mei-half sept. dag., $ 70-120, verzamelpunt is het 160 jaar oude Kayaking Centre in Alma, vlak voor de brug naar het nationaal park. **Baymount Outdoor Adventures**, Route 114, Hopewell Cape (Kayak Building, Lower Site), tel. 506-734-2660, 1-877-601-2660, www.baymountadventures.com, tochten van 1,5-2 uur (ca. 4 km), juni-begin sept. dag., $ 69. Zeekajakexcursies kunnen ook worden gecombineerd met andere activiteiten van Baymount Outdoor, zoals wandelen en fietsen.

Wandelen – In het Fundy National Park zijn zo'n **veertig wandelpaden** aangelegd. Ze zijn allemaal goed gemarkeerd en onderhouden, en de meeste zijn ook geschikt voor minder sportieve wandelaars. In het bezoekerscentrum van het park bij de noordwestelijke ingang en in het hoofdkwartier in Alma kunt u gedetailleerde informatie krijgen. De rondwandeling **Caribou Plain Trail** (4 km, ca. 1-1,5 uur) ligt naast Route 114, die dwars door het park loopt, bij Wolfe Lake, ca. 9 km van de noordwestingang en ca. 11 km van Alma. Het pad is geschikt voor gezinnen met kinderen, wordt duidelijk aangegeven en loopt deels door een mooi gemengd bos en deels door drasland met beverdammen en plassen, een gebied dat u oversteekt op een plankier. Op bordjes leest u alles over de veelzijdige flora en fauna. Met wat geluk krijgt u bevers en elanden te zien. Bij het begin van de trail start nog een andere rondwandeling. Deze is ca. 500 m lang en begaanbaar voor rolstoelgebruikers.

… in Hopewell Hill:
Paardrijden – **Broadleaf Guest Ranch**: 5526 Rte. 114, Hopewell Hill (ca. 15 km ten zuiden van Hopewell Cape, voor Route 915), tel. 506-882-2349, 1-800-226-5405, www.broadleafranch.com. Trails (30 min. $ 30, 6 uur $ 175) door door moerassen en bossen en langs het strand.

Hopewell Rocks ▶ Q 8
tel. 1-877-734-3429, www.thehopewellrocks.ca, volwassenen $ 10, kinderen 5-18 jaar $ 7,25
Een indrukwekkend gevolg van de getijdenwerking in de Bay of Fundy zijn de **Hopewell Rocks** 14 bij **Hopewell Cape**. In een tijdsbestek van duizenden jaren hebben de af en aan stromende watermassa's hier een eigenaardig landschap van holen en stenen sculpturen uit het gesteente geslepen. Het meest in het oog springen de **Flowerpot Rocks**, die bij eb nog het meest weghebben van reusachtige bloempotten. Bij vloed, waarbij het water gemiddeld 11 m stijgt, steken ze enkel nog als kleine ei-

Bay of Fundy

landjes boven het wateroppervlak uit. In het **Interpretive Centre**, naast de belangrijkste parkeerplaats van het park, belicht een multimediale tentoonstelling de geologie van de Fundykust en de invloeden van de enorme getijdenverschillen. Er hoort ook een restaurant bij, waar u voor of na afloop van het wadlopen de inwendige mens kunt versterken.

Via diverse paden zijn de uitkijkpunten in het park te bereiken. Daar voeren steile ijzeren trappen langs de loodrechte kust omlaag naar het strand. Bij eb kunt u op de drooggevallen kuststrook wandelen, de geërodeerde holen en de voetstukken van de 'bloempotten' van nabij bekijken en in de achtergebleven plassen allerlei zeedieren als zeeanemonen en mosselen ontdekken.

Een wandeling op de zeebodem is alleen mogelijk van drie uur voor tot twee uur na laagwater. Zorg dus dat u de getijdenkaart van het Interpretive Centre bij u hebt als u een strandwandeling gaat maken en let op wanneer het water begint te stijgen, want de vloed komt hier uitermate snel opzetten, soms wel tot 16 m hoog. In de zomer, vooral in juli en augustus, is het hier vaak erg druk en kunt u het grandioze landschap beter 's ochtends vroeg bewonderen.

Spel der getijden bij de Hopewell Rocks: bij vloed kunt u kajakken rond de zandsteenrotsen die bij eb tot wel 15 m hoog blijken te zijn

Via het plankierenpad in het Irving Eco-Centre kunt u door een sinds de ijstijd onveranderd gebleven duinlandschap wandelen

De Acadische kust

Kaart: zie blz. 338

Moncton ▶ Q 8

Moncton 15 is met 70.000 inwoners (agglomeratie 140.000 inwoners) de op een na grootste stad van New Brunswick en met zijn grote Franstalige bevolkingsaandeel het kloppende hart van L'Acadie, wat zichtbaar is aan het grote aantal restaurants, musea, concerten, theaters en festivals. Hier staat ook de enige Franstalige universiteit van de provincie, de Université de Moncton. In de Galerie d'Art et Musée Acadien in het Clément Cormier Building op de campus van de universiteit kunt u zich verdiepen in de vier eeuwen lange geschiedenis en cultuur van de Acadische kolonisten in Atlantic Canada (tel. 506-858-4088, www.umoncton.ca/umcm-maum, juni-sept. ma.-vr. 10-17, za., zo. 13-17, winter di.-vr. 13-16.30, za., zo. 13-16 uur, $ 5).

Het Moncton Museum, het Transportation Discovery Centre en het Visitor Centre zijn ondergebracht in **Resurgo Place**. Het Moncton Museum is voornamelijk gewijd aan de geschiedenis van de stad, maar er zijn ook exposities te zien. De gevel bij de ingang is het enige restant van City Hall dat voor sloop werd behoed (20 Mountain Rd., tel. 506-856-4383, www.resurgo.ca/monctonmuseum, di.-za. 10-17, zo. 12-17 uur, $ 10).

De Acadische kust

Accommodatie, eten en drinken

Modern en comfortabel – **Delta Beauséjour:** 750 Main St., tel. 506-854-4344, 1-888-890-3222, www.deltahotels.marriott.com. Monctons grote hotel met comfortabele kamers, diverse cafés en restaurants als The Windjammer, dat de sfeer van de eerste luxe stoomschepen ademt (specialiteit: zeebanket). Reserveren is aan te bevelen. 2 pk vanaf $ 149.

Stijvol op een wijngoed – **Magnetic Hill Winery Bed & Breakfast:** 860 Front Mountain Rd., tel. 506-394-9463, www.magnetichillwinery.com. Smaakvol ingerichte kamers in een goed onderhouden 18e-eeuws huis op hét wijngoed van de omgeving. Veranda met uitzicht op Moncton. Gratis wijn proeven. 2 pk $ 119-129.

Uitgaan

Brouwerijcafé – **Pump House Brewery:** 5 Orange Lane, tel. 506-855-2337, www.pumphousebrewery.ca, ma.-wo. 11-24, do. 11-1, vr., za. 11-2, zo. 12-24 uur. De pittoreske kroeg hoort bij een microbrouwerij; de brouwketels zijn tevens decor. Stevige gerechten vanaf $ 10.

Shediac ▶ Q 8

Shediac 16 maakt met een enorme kreeftsculptuur duidelijk dat men hier serieus streeft naar de titel Kreeftenhoofdstad. Alles draait hier om de schaaldieren. Restaurants bieden *lobster dinners* aan en begin juli wordt het seizoen het Lobster Festival gehouden, met kunst, amusement en uiteraard volop kreeft (tel. 506-532-1122, www.shediac.ca).

Iets buiten de stad ligt het **Parlee Beach Provincial Park** met kilometerslange fraaie zandstranden. De omstandigheden om te zwemmen zijn hier prima, omdat de watertemperatuur in de zomermaanden wel kan oplopen tot 24°C – warmer zult u het in Atlantic Canada niet snel vinden (Highway 133, $ 13 per auto).

Het **Transportation Discovery Centre** documenteert de betekenis van de scheepsbouw, spoorwegen en luchtvaart voor de ontwikkeling van Moncton. Ernaast staat het gerestaureerde Free Meeting House uit 1821, het oudste gebouw van de stad. In het **Bore View Park** krijgt u de *tidal bore* te zien, de getijdenvloedgolf op de Petitcodiac River. Deze is 's zomers echter minder spectaculair dan de toeristische brochures beloven.

Informatie

Tourism Information Centre: Resurgo Place, 20 Mountain Rd., tel. 1-800-651-0123, www.tourismnewbrunswick.ca.

Bouctouche ▶ Q 7

Het 2500 inwoners tellende **Bouctouche** 17 aan de monding van de gelijknamige rivier heeft de bezoeker naast zijn Acadische char-

New Brunswick

me en een drukke Farmers Market twee topbezienswaardigheden te bieden. De 'fluisterende' duinen van **La dune de Bouctouche** strekken zich uit over een lengte van ca. 12 km, waarbij een nog slechts krap 2 km brede toegangsstrook naar de baai vrij blijft. U kunt door de duinen lopen op een plankier dat op palen is aangelegd. Een deel van de duinen valt onder de naam **Irving Eco-Centre** onder natuurbescherming (tel. 506-743-2600, 1-888-640-3300, www.irvingecocentre.com, eind mei-eind sept. dag. 10-18 uur, gratis toegang).

Op een klein eiland in de baai ligt het themapark **Le Pays de la Sagouine**. Dit is een reconstructie van een Acadisch dorp, dat informatie biedt over de geschiedenis, cultuur en keuken van Acadië. Bij de aanleg van het openluchtmuseum heeft men zich gebaseerd op de bekroonde bestseller *La Sagouine* (1971) van Antonine Maillet. De in 1929 in Bouctouche geboren schrijfster heeft talrijke romans en toneelstukken geschreven die de Acadische cultuur als thema hebben. Daarom behoren opvoeringen van haar stukken tot het vaste programma van het park, evenals *dinner theatre*. Verder vindt u hier een souvenirwinkel met een bijpassend aanbod (tel. 506-743-1400, 1-800-561-9188, www.sagouine.com, volwassenen $ 21, kinderen $ 13).

Kouchibouguac National Park
▶ Q 7

Visitor Reception Centre 186 Highway 117, tel. 506-876-2443, half mei-half juni, begin sept.- half okt. 9-17, half juni-begin sept. 8-20 uur, toegang park eind mei-half sept. volwassenen $ 7,80, kinderen $ 3,90, anders $ 3,90 resp. $ 1,90
Het 240 km² grote **Kouchibouguac National Park** 18 ligt in het mondingsgebied van verscheidene rivieren. In het beschermde natuurgebied en vogelreservaat met dichte bossen, veengebieden, zoutmoerassen, lagunes en duinen ligt ook nog eens 26 km aan zandstrand. Het is dan een populair recreatiegebied om te kamperen, zwemmen, wandelen, fietsen en kanoën. Zorg dat u tijdig een kampeerplaats bespreekt (zie blz. 352).

Eet gebied wordt ontsloten door tien wandelpaden van 0,5 tot 11 km lang, waarvan er slechts drie langer dan 3 km zijn. Een daarvan is de **Claire Fontaine Trail** (zie Actief blz. 351). Alle paden zijn gemakkelijk te belopen. Enkele zijn goed gemarkeerde natuurleerpaden, maar ook op niet-bewegwijzerde paden kunt u niet verdwalen. Ook ligt er maar liefst 50 km aan fietspaden in het park. Kouchibouguac staat dan ook bekend als een van de beste fietsbestemmingen in Atlantic Canada. Tot slot bieden de verschillende rivieren, baaien en lagunes de beste watersportmogelijkheden.

Kellys Beach Boardwalk is het populairste en met 1,2 km heen en terug een van de kortste wandelpaden in het park. Dit natuurleerpad gaat van het parkeerterrein over vlonders en pontonbruggen naar het barrière-eiland en de meerzijdige stranden met hoge duinen. U passeert bos, zoutmoeras, lagune en duinen. Op borden wordt het ontstaan van deze zo verschillende leefgebieden toegelicht. Trek voor de wandeling minimaal een uur uit.

De **Salt Marsh Trail** is een rondwandeling van 750 m (*trailhead* aan de weg door het park, ongeveer 1 km ten noorden van de monding van de Major Kollock Creek), waarbij u over houten vlonders het kustbos en het aangrenzende zoutmoeras doorkruist. U hebt er een betoverend uitzicht op de duinen in de verte. Vooral in de herfst bieden de wisselende kleuren van de verschillende biotopen een bont en fotogeniek panorama.

Accommodatie
... in Shediac:
Topontbijt – **Inn Thyme:** 310 Main St., tel. 506-532-6098, 1-877-466-8496, www.innthyme.com. Mooie, historische B&B onder grote bomen. Zeven kamers in victoriaanse stijl, smaakvol ingericht, alle met eigen bad. In Downtown, niet ver van het strand. 2 pk $ 120-145.

... in Parlee Beach Provincial Park:
Camping – **Parlee Beach P. P. Campground:** Hwy 133, Exit 37, tel. 506-533-3363, www.parcsnbparks.ca/plageparlee, eind mei-begin sept. Mooie camping niet ver van het strand. 195 plekken, die vaak goed bezet zijn. Check dus voor de middag in of reserveer een plekje via de website.

De Acadische kust

Actief

CLAIRE FONTAINE TRAIL
IN HET KOUCHIBOUGUAC NATIONAL PARK

Informatie
Begin: Kouchibouguac National Park
Duur: 1-2 uur
Info en verhuur uitrusting: Kouchibouguac National Park, Visitor Reception Centre, 186, Route 117, Kouchibouguac, tel. 506-876-2443, 1-888-773-8888, www.pc.gc.ca/en/pn-np/nb/kouchibouguac; Ryans Rental Centre, South Kouchibouguac (Ryans day-use area tussen Campground en Kellys Beach), tel. 506-876-8918, juli, aug. dag. 9-20, voor- en naseizoen dag. 9-17 (sept. 14) uur. Verhuur van fietsen ($ 8 per uur, $ 40 per dag), kano's, kajaks en roeiboten (vanaf $ 8 per uur, $ 45 per dag).

De **Claire Fontaine Trail** is een rondwandeling van 3,5 km in een afgelegen deel van het nationale park, ongeveer 9 km ten noorden van het bezoekerscentrum aan Highway 117. De route is gemakkelijk in een tot anderhalf uur te wandelen. Het is verstandig stevig schoeisel aan te trekken, aangezien het pad af en toe vol losse stenen en wortels ligt. Daarnaast zijn er ook drassige stukken. De allernatste daarvan worden overbrugd met een plankier.

In principe volgt de trail de steile oevers van de Rankin Brook en de Black River, en leidt door het karakteristieke secundaire Acadische gemengd bos met daarin ceders, cipressen, rode esdoorns, zwarte sparren, balsemzilversparren, espen en berken. Ook groeien er nog prachtexemplaren van de weymouthden, die elders zeldzaam is geworden. Tijdens de wandeling hebt u af en toe mooi uitzicht op de rivier en de zoutmoerassen en ziet u regelmatig visarenden in de lucht en kanoërs en kajakkers op het water. Ongeveer halverwege, op de punt van het schiereiland, staat u een werkelijk prachtig uitzicht op de lagune te wachten.

New Brunswick

... in Kouchibouguac National Park:
Camping – **Kouchibouguac National Park Campground:** tel. 506-876-2443, Reservierung 1-877-737-3783, www.pc.gc.ca. Staanplaatsen met en zonder elektriciteit, ook hutten en basic tenten. Reserveren $ 11.

Eten en drinken
... in Shediac:
Prima visrestaurant – **Paturel's Shorehouse Restaurant:** 46 Cap Bimet, Legere Street, tel. 506-532-4774, www.capbimet.ca. populair restaurant met zeezicht. Specialiteiten: kreeft, zalm, garnalen en coquilles. Hoofdgerecht vanaf $ 18.

Actief
Outdoor-uitrusters – **Ryans Rental Centre:** South Kouchibouguac, in het bezoekerscentrum bij de ingang van het park. Alle benodigde uitrusting (van roeiboten en zwemvesten tot fietshelmen) en veel informatie over wandelroutes en andere outdooractiviteiten.

Kanotochten met gids – **Voyageur Canoe Marine Adventure:** Kouchibouguac, Cap Saint-Louis Wharf, tel. 506-876-2443. Onder de deskundige leiding van een historisch onderlegde park ranger peddelt u in kleine groepen van vier tot negen personen in het spoor van de Mi'kmaqindianen en van de eerste kolonisten en *voyageurs* per kano door de lagune tussen de monding van de Kouchibouguacis River en de barrière-eilanden. Op deze kano-excursie in een *grand canoe* bestaat de mogelijkheid dat u grijze zeehonden en visdiefjes te zien krijgt (half juni-begin sept. 8.30 uur, Engelstalig ma. en do., Franstalig wo. en za. Reserveren en betalen tot 14 uur de dag voor uw tocht in het bezoekerscentrum van het nationaal park, $ 35).

Miramichi ▶ Q 7
Newcastle en Chatham zijn met enkele kleinere kernen samengevoegd tot de stad **Miramichi** [19]. In Newcastle staan tal van historische kerken en in de parken bij Ritchie Wharf aan het Waterfront herinneren displays aan de hoogtijdagen van de scheepsbouw. Bezienswaardig is ook de St. Michael's Basilica, een imposant zandstenen gebouw, dat het panorama op de rivier domineert (10 Howard St., Chatham, 8-16 uur).

Van Miramichi voert Highway 11 rond het Acadisch Schiereiland naar Tracadie en Caraquet (zie hieronder).

Accommodatie
Smaakvol ingericht – **Governor's Mansion Inn:** 62 St. Patrick's Drive (Nelson), tel. 506-622-3036, 1-877-647-2642, www.governorsmansion.ca. Prettige kamers in twee mooie historische villa's buiten de stad aan de rivier. De grootste kamers hebben een eigen badkamer. 2 pk $ 100-180.

Camping – **Enclosure Campground:** 8 Enclosure Rd., 10 km ten zuiden van Miramichi aan Hwy 8, tel. 506-622-0680, 1-800-363-1733, www.enclosurecampground.com. Mooi gelegen camping met strand, wandelpaden en een verwarmd zwembad.

Shippagan ▶ Q 6
Voordat u doorrijdt naar Caraquet aan de Baie des Chaleurs kunt u bij Pokemouche een uitstapje maken naar Shippagan en naar de eilanden Île Lamèque en Île Miscou. Het **Aquarium and Marine Centre** in **Shippagan** [20] biedt u een fantastisch kijkje in de mariene flora en fauna van de regio en verschaft informatie over de traditie en technieken van de visvangst van gisteren en vandaag. In het bovenste gedeelte van het gebouw is een centrum voor zeeonderzoek ingericht (100, rue de l'Aquarium, tel. 506-336-3013, www.aquariumnb.ca, juni-sept. 10-18 uur, $ 9,15).

Île Lamèque is bereikbaar via een dam, vanhier rijdt u over een brug naar het dromerige **Île Miscou** [21]. Hier vindt u brede, verlaten zandstranden en de oudste houten vuurtoren van de Canadian Maritimes (New Brunswick, Nova Scotia en Prince Edward Island).

Caraquet ▶ Q 6
Caraquet [22] (de naam van het stadje is terug te leiden naar het Mi'kmaq-woord voor een plek waar twee rivieren bij elkaar komen) vormt het hart van een florerende kreeftverwerkingsindustrie aan de Baie des Chaleurs.

De Acadische kust

Elk jaar brengen de boten van het kleine havenstadje duizenden tonnen kreeft en krab aan land, en een paar honderd bewoners van het plaatsje verdienen hun brood met het koken, uit de schaal halen en schoonmaken van de vangst. Vervolgens worden de verfijnde schaaldieren naar alle delen van Noord-Amerika verstuurd. Buiten het vangstseizoen ziet u de houten fuiken hoog opgestapeld naast de steigers liggen. Deze plaats is bovendien het culturele centrum van de Acadische kust. Het **Musée Acadiën de Caraquet** biedt een inzichtelijk overzicht van de 250-jarige geschiedenis van de Acadiërs in New Brunswick (15, blvd. St-Pierre, tel. 506-726-2682, www.museecaraquet.ca, juni, sept. 10-18, juli, aug.10-20, zo. 13-18 uur, $ 3).

Maria-Hemelvaart, 15 augustus, is sinds 1884 een officiële Acadische feestdag. Als hoogtepunt van het feest, dat een week duurt, wordt **Acadia Day** in Caraquet gevierd met kerkdiensten, het zegenen van de vloot, veel folklore en de Tintamarre, een kleurige, luidruchtige carnavalsoptocht.

Informatie
La Chambre de Commerce de Caraquet: 25-48, blvd. St-Pierre Ouest, tel. 506-727-2931, www.chambregrandcaraquet.com.

Accommodatie, eten en drinken
Historisch boetiekhotel – **Hotel Paulin:** 143, blvd. St-Pierre Ouest, tel. 506-727-9981, 1-866-727-9981, www.hotelpaulin.com. Mooi oud hotel, in familiebezit sinds 1912, gezellig ingericht met smaakvolle meubels en messing bedden. In het goede, bijbehorende restaurant worden verse zeevruchten en klassieke Franse gerechten geserveerd. Diner vanaf $ 18, 2 pk $ 195-315.

Acadische charme – **L'Heureux Hasard B&B:** 791, blvd. des Acadiëns, tel. 506-727-6485, www.lheureux-hasard.com. Fraaie kamers in een oude Acadische boerderij. Uitgebreid ontbijt. $ 95-110.

Evenementen
Festival Acadiën de Caraquet: begin augustus, www.festivalacadien.ca. Twee weken durend festival met concerten van klassiek, jazz en pop en theatervoorstellingen. Het hoogtepunt is het straatfeest Tintamarre op 15 augustus en de feestelijke zegening van de vissersvloot door katholieke priesters.

Village historique acadien
▶ Q 6

Een paar kilometer buiten Caraquet, in de richting van Grande-Anse, ligt het museumdorp **Le Village historique acadien** 23 met ruim veertig huizen. Niet minder levendig en kleurig dan in het loyalistendorp King's Landing (zie blz. 330) wordt hier het Acadische leven tussen 1780 en 1890 uitgebeeld. Zo'n honderd 'inwoners' in historische klederdracht demonstreren de bezoekers oude ambachten. Door de restauratie van de oude Acadische *aboiteaux*, een systeem van ontwateringskanalen en dijken, wordt uit de zoutmoerassen vruchtbare landbouwgrond teruggewonnen en hier op traditionele wijze bewerkt.

In het toprestaurant La Table des Ancêtres wordt een authentiek Acadisch menu geserveerd, met stevige soepen, pikante ragouts en verse schaal- en schelpdieren. 's Zomers biedt het restaurant 's avonds van woensdag tot zondag een Acadische dinershow, het *souper-spectacle* (5, rue du Pont, Bertrand, tel. 506-726-2600, 1-877-721-2200, www.villagehistoriqueacadien.com, begin juni-eind sept. 10-18 uur, volwassenen $ 20, kinderen $ 16, *dinner theatre* $ 65).

Baie des Chaleurs ▶ Q 6
Grande-Anse 24, een plaatsje op de klippen van de Baie des Chaleurs, biedt niet alleen fraai uitzicht over de baai, maar ook een flinke portie cultuur. Het vroegere Musée des Papes is getransformeerd tot het **Musée des Cultures Fondatrices.** Het zwaartepunt ligt op de eerste bewoners van deze regio, de kolonisten uit Acadië, de immigranten uit Schottland, Ierland en Engeland en de Mi'kmaq en Maleseet en hun culturen (184, rue Acadie, tel. 506-732-3003, www.museedescultures.ca, eind juni-eind aug. dag. 10-17 uur).

Prince Edward Island

De kleinste Canadese provincie wordt ook wel 'Tuin in de Gulf' en 'Het Denemarken van Canada' genoemd. Prince Edward Island in de Gulf of St. Lawrence, tegen Atlantische stormen beschut door de rotskusten van Newfoundland en Nova Scotia die deze baai afsluiten, heeft een zacht klimaat. Met zijn uitgestrekte stranden, ruige zoutmoerassen, grillige klippen en glooiende heuvels is het eiland een lust voor het oog.

De provincie Prince Edward Island – afgekort P.E.I. – bestaat slechts uit een halvemaanvormig eiland van ca. 6000 km², 225 km lang en tussen 6 en 60 km breed. Het eiland is geen spectaculair reisdoel – als u opzienbarende natuur wilt zien, kunt u beter naar Nova Scotia of Newfoundland gaan – maar de landschappen op Prince Edward Island zijn wel allemaal prachtig. Ze bieden een caleidoscoop van contrasten en kleuren: lucht en water in diep mediterraan blauw, uitgestrekte zandstranden in wit en roze, vuurrode aarde en klippen en diepgroene, heuvelachtige weilanden, onderbroken door bossen. Het grote aantal vissersdorpjes met namen als Rustico, Bay Fortune en Mont-Carmel zijn niet minder pittoresk: uitgezette netten voor verweerde houten schuren, oude huizen met afgebladderde verf en soms ook een boot die in de tuin ligt te vergaan. En als het geen vangstseizoen is, liggen overal kreeftenvallen met bontgekleurde markeringsboeien.

De visvangst is op Prince Edward Island nog net als vroeger een van de belangrijkste bedrijfstakken. Oesters en kreeften zijn dan ook overal verkrijgbaar voor een vriendelijk prijsje, of u ze nu in een restaurant bestelt of rechtstreeks van een visser koopt. Het is ook leuk om tijdens uw vakantie op het strand te picknicken met gegrilde vis of kreeft. Een specialiteit van het eiland zijn de *lobster suppers*, die vaak ook door de kerkgenootschappen worden georganiseerd. Zulke bijeenkomsten ogen eenvoudig, maar de sfeer is des te hartelijker en u komt gemakkelijk met de lokale bevolking in contact. Kreeft is het hele jaar door vers te krijgen. Het seizoen duurt weliswaar maar een paar maanden, maar valt verschillend in de diverse regio's. De meeste kreeftenvissers hebben bovendien in de buurt van de kust een *lobster pond*, een soort fuik waarin ze een deel van hun kreeftenvangst levend bewaren.

Naar het eiland

Prince Edward Island is te bereiken per vliegtuig, autoveer en auto, dat laatste over de grote Confederation Bridge van Cape Tormentine in New Brunswick naar Borden-Carleton in het zuidwesten van het eiland. Veerboten varen tussen Caribou (Nova Scotia) en Woods Island in het zuidoosten. In de zomer vertrekken de veerboten hier om de 90 minuten. De oversteek duurt ongeveer 45 minuten.

Sinds de voltooiing van de imposante Confederation Bridge over de Northumberland Strait in de zomer van 1997, is het 14 km lange bouwwerk een bezienswaardigheid. Even indrukwekkend als het uitzicht op de stralend witte zware pijlers en brugbogen is het zicht van het hoogste punt van de brug op het heuvelachtige groene eiland. Voor de rit over de Confederation Bridge moet tol worden betaald. U hoeft echter pas af te rekenen als u het eiland verlaat (retour $ 46).

Rondritten over het eiland

Kaart: zie blz. 362
Om het eiland te ontsluiten voor autorijdende toeristen, heeft het toeristenbureau verscheidene rondritten *(scenic drives)* gemarkeerd met borden in verschillende kleuren. De **Central Coastal Drive** (253 km, zie blz. 358) loopt rond Queens County in het centrum. Hier liggen enkele van de mooiste stranden en bovendien het P.E.I. National Park. Het noordelijke deel van de Central Coastal Drive heet Green Gables Shore Drive en wordt gemarkeerd door borden met een huisje met een groen dak. Langs de kust heet de route dan weer Red Sand Shore Drive en staat op de borden een strandje met rood zand. De **North Cape Coastal Drive** (280 km, zie blz. 363), herkenbaar aan het symbool van een vuurtoren, voert rond het noordwestelijke deel van het eiland. De **Points East Coastal Drive** (375 km, zie blz. 365) ten slotte, aangeduid met een zeester, slingert zich door Kings County langs de diep ingesneden oostkust en voert via het duinlandschap in het noordoosten terug naar Charlottetown.

Tijdens de rondritten kunt u interessante zijwegen inslaan, bijvoorbeeld naar afgelegen stranden, kleine houten kerken en idyllische forellenbeken. U hoeft niet bang te zijn dat u verdwaalt; elk veldweggetje brengt u terug naar de Highway.

Charlottetown ▶ R 7

Kaart: zie blz. 357; **Kaart:** zie blz. 362
De hoofdstad **Charlottetown** 1 is met ca. 35.000 inwoners een tamelijk stille provinciestad met rustige straten en lanen met bomen. De nederzetting werd in 1720 door de Fransen gesticht, die haar Port-La-Joye noemden. In 1755 staken de Engelsen het fort echter in brand, namen het eiland in bezit en voerden veel van de Franse Acadiërs af. Later kwamen de Fransen terug en bouwden het fort weer op. Na de vrede van 1763 werd het eiland definitief toegewezen aan Engeland en kreeg de hoofdstad de naam Charlottetown. De stad was van begin af aan de belangrijkste handelsplaats van de kolonie en er verrezen al snel statige officiële gebouwen en grote stenen kerken. De ambiance is Brits gebleven en nog altijd bepalen veel gebouwen uit de victoriaanse tijd het stadsbeeld. De binnenstad is overzichtelijk en gemakkelijk te voet te verkennen.

Province House 1
165 Richmond St., tel. 902-566-7626, www.pc.gc.ca, in verband met restauratie lange tijd gesloten, tijdens de sluiting wordt de geschiedenis van de confederatie op de bovenverdieping van het Centre of the Arts (zie blz. 356) aanschouwelijk gemaakt met een replica van de Confederation Chamber en een film

In het **Province House**, een zandstenen gebouw van drie verdiepingen uit 1847, zetelt het provinciale parlement. Het is de trots van Charlottetown en uitgeroepen tot National Historic Site. Hier kwamen in 1864 de grondleggers van de confederatie van de Britse Noord-Amerikaanse provincies, vijftien afgevaardigden uit New Brunswick, Nova Scotia en P.E.I. bijeen en

---

> **Tip**
>
> ## ACTIEF OP P.E.I.
>
> **Zonnebaden** en **zwemmen** zijn natuurlijk de belangrijkste 'activiteiten' tijdens een vakantie op Prince Edward Island. De mooiste **stranden** van het eiland vindt u bij Cavendish en Brackley Beach in het noorden en bij Souris aan de oostkust. In veel eilandhavens kunnen **sporthengelaars** vissen **op open zee**. Gevangen worden makreel, kabeljauw en, als absoluut hoogtepunt, tonijn, waarvan in de kustwateren al wereldrecordexemplaren van ruim 500 kg zijn opgehaald.

Prince Edward Island

stichtten de Maritime Union – de geboorte van Canada was daarmee een feit.

Confederation Centre of the Arts 2

145 Richmond St., tel. Museum 902-628-1864, Festival Theatre 902-566-1267, www.confederationcentre.com, half mei-begin okt. dag. 9-17, anders wo.-za. 11-17, zo. 13-17 uur, gratis toegang, Confederation Chamber juli, aug. ma.-za. 10-17, zo. 12-17 uur, anders ma.-za. 11-15 uur, gratis toegang

Een ultramodern contrast met het historische bakstenen pand ernaast vormt het **Confederation Centre of the Arts** met beelden van kristal en chroom. The Centre, zoals het wordt genoemd, omvat vier theaters, de provinciebibliotheek en een van de beste kunstmusea van Canada, plus op de bovenverdieping een replica van de Confederation Chamber. In The Centre vinden jaarlijks de voorstellingen van het Charlottetown Festival plaats. Het hoogtepunt is altijd de musical *Anne of Green Gables*, naar een kinderboek van Lucy Maud Montgomery, de beroemdste schrijfster van het eiland (kaartjes $ 29-60). De roman gaat over een weesmeisje 'met het hart op de juiste plaats', dat rond 1900 op Prince Edward Island ten slotte toch nog goed terechtkomt.

St. Pauls Anglican Church en St. Dunstan's Basilica

In de buurt van het Confederation Centre verdienen twee kerken een kijkje. De **St. Paul's Anglican Church** 3 uit 1896 is de oudste parochie van het eiland, want al rond 1769 werd op dezelfde plaats de eerste kerk gebouwd. Een paar straten verder in de richting van de haven staat de imposante **St. Dunstan's Basilica** 4 met neogotische torens, een van de grootste kerkgebouwen van Canada. Het is de zetel van het rooms-katholieke diocees.

Confederation Landing Park 5

Van Province House voert **Great George Street**, een National Historic Area met oude huizen, naar het gerestaureerde Waterfront met het **Confederation Landing Park**. Hier zijn de Fathers of the Confederation (grondleggers van de confederatie) in 1864 aan land gekomen. De herinnering aan deze historische gebeurtenis wordt levend gehouden door de Confederation Players, acteurs gekleed in de stijl van die tijd, die 's zomers voor de **Founder's Hall** een stadsrondleiding verzorgen (di.-za. 13 uur). Founders Hall zelf is niet toegankelijk voor bezoekers.

Peake's Wharf 6

Direct ernaast aan **Peake's Wharf** vindt u restaurants aan het water en in de zomer een club. Aan de Waterfront bevinden zich verder een twintigtal winkels en aanbieders van boottochten. In de weekends vaak livemuziek.

Fort Amherst/Port-La-Joye National Historic Site 7

Highway 19, tel. 902-675-2220, www.pc.gc.ca, half juni-half okt. 9-17 uur, $ 3,90

Aan de andere kant van de Charlottetown Harbour, in 35 minuten te bereiken via Highway 1 en 19, ligt bij **Rocky Point** de **Fort Amherst/Port-La-Joye National Historic Site**. De gedenkplaats herinnert aan de eerste Franse kolonie en het latere Britse fort. Het enige wat bewaard is gebleven zijn de tweehonderd jaar oude aarden wallen. Een Interpretive Centre belicht de vroege geschiedenis van het eiland. U vindt er mooie plekjes om te picknicken met fraai uitzicht op de haven van Charlottetown.

Informatie

Tourism P.E.I.: Water St., tel. 902-368-4444, 1-800-463-4734, www.tourismpei.com.
Discover Charlottetown: 151 Great George St., tel. 902-629-1864, www.discovercharlottetown.com, ma.-vr. 8.30-16 uur.
Prince Edward Island National Park: 2 Palmers Lane, tel. 902-672-6350, 1-888-773-8888, www.pc.gc.ca.

Accommodatie

Elegant – **Rodd Charlottetown Hotel** 1 : 75 Kent/Pownal Sts., tel. 902-894-7371, 1-800-565-7633, www.roddvacations.com. Gerenoveerd bakstenen gebouw in georgian stijl, interieur met kunstig houtsnijwerk. Daktuin, binnenbad en restaurant. 2 pk vanaf $ 120.

Charlottetown

Bezienswaardig
1. Province House
2. Confederation Centre of the Arts
3. St. Paul's Anglican Church
4. St. Dunstan's Basilica
5. Confederation Landing Park
6. Peake's Wharf
7. Fort Amherst/Port La Joye National Historic Site

Accommodatie
1. Rodd Charlottetown Hotel
2. Duchess of Kent Inn
3. Cornwall/Charlottetown KOA

Eten en drinken
1. Mavor's
2. Lobster on the Wharf

Winkelen
1. Victoria Row

Actief
1. Peake's Wharf Boat Tours
2. Emerald Isle Carriage Tours
3. MacQueen's Island Tours

Fijne sfeer – **Duchess of Kent Inn** 2 : 218 Kent St., tel. 902-566-5826, 1-800-665-5826, www.duchessofkentinn.ca. Centraal gelegen B&B met grote kamers in een fraai huis uit 1875. 2 pk vanaf $ 110.

Camping – **Cornwall/Charlottetown KOA** 3 : Route 248, nahe Highway 1, Cornwall, 9 km ten westen van Charlottetown, tel. 902-566-2421, www.koa.com/campgrounds/cornwall, half juni-begin sept. Mooie plek aan de West River Inlet. Strand, zwembad en allerlei activiteiten.

Eten en drinken

Bistrosfeer – **Mavor's** 1 : 145 Richmond St., tel. 902-628-6107, ma.-do. 11-22, vr., za. 11-24 uur. Café en restaurant in het Confederation Centre of the Arts. Veelzijdig menu, lekkere hapjes, zeevruchten. Diner vanaf $ 22.

Kreeft en meer – **Lobster on the Wharf** 2 : 2 Prince St., Waterfront, tel. 902-368-2888, www.lobsteronthewharf.com, mei-okt. dag. 12-22 uur. Populair visrestaurant in de haven. Diner vanaf $ 17.

Winkelen

Winkelstraat – **Victoria Row** 1 : het in het centrum gelegen deel van Richmond Street tussen Queen Street en Great George Street is in de zomer een voetgangersgebied. In de oude gebouwen bevinden zich boetieks, studio's en restaurants en cafés.

Strandvertier op Brackley Beach aan de Rustico Bay – een ideale plek voor gezinnen

Actief

Boottochten met de 'Fairview' – **Peake's Wharf Boat Tours** 1 : 1 Great George St., in de oude haven, tel. 902-566-4458, www.peakeswharfboattours.com. Havenrondvaarten van 2,5 uur naar zeehonden en kreeftennetten, juli, aug. 10.30 en 13.30 uur, volwassenen $ 48, ook *sunset cruises*.

Paardenkoets – **Emerald Isle Carriage Tours** 2 : Great George/Richmond Sts., tel. 902-394-3780, www.peicarriagetours.com. 30 of 60 minuten durende koetsritjes door historisch Charlottetown. $ 60-100 per koets, 30 minuten durende horse-bustour vanaf Founders' Hall, volwassenen $ 15, kinderen $ 12.

Fietsverhuur – **MacQueen's Island Tours** 3 : 430 Queen St., tel. 902-368-2453, www.macqueens.com. Fietsen vanaf $ 40 per dag, ook fietstochten met gids.

Evenementen

Charlottetown Festival: half juni-oktober. Concerten, toneelvoorstellingen en musicals in het Confederation Centre of the Arts, tel. 902-628-1864, www.confederationcentre.com, www.charlottetownfestival.com, kaartjes vanaf $ 29.

Central Coastal Drive

Kaart: zie blz. 362

In de eilandhoofdstad Charlottetown begint en eindigt de 253 km lange rondrit **Central Coastal Drive.** Het noordelijke deel, **Green Gables Shore Drive,** wordt gemarkeerd door borden met een huisje met een groen dak. Het zuidelijke traject van de rondrit leidt over de Highways 19 en 10 langs de zuidkust door een groen heuvellandschap met rode kliffen en een groot aantal baaien waarin u kunt zwemmen. De felrode aarde – de kleur is het gevolg van het hoge gehalte aan ijzeroxide – ziet u overigens overal op het eiland en vormt een fraai contrast met de diepgroene weiden. Dit deel van de route, dat **Red**

Central Coastal Drive

Sands Shore Drive heet, wordt dan ook gemarkeerd door borden met een strandje met rode duinen.

Prince Edward Island National Park ▶ R 7

Noordwaarts voert de Blue Heron Coastal Drive van Charlottetown over Route 15 door vruchtbaar moerasland naar het **Prince Edward Island National Park** 2, een 40 km lang kustgebied met veel baaien aan de St. Lawrence River met kliffen van rood zandsteen, bossen, plassen, duinen en zandstranden. Wandel- en fietsroutes doorsnijden het park. Stanhope, Rustico Island en Cavendish beschikken over kampeerterreinen (toegang tot het park $ 7,80).

Het park is ontsloten door tal van wandel- en fietspaden. In Cavendish in het westelijke deel van het pak liggen zes trails van in totaal 15 km, die wandelaars en fietsers echter wel moeten delen. In Dalvay liggen vier wandelpaden plus de in 2009 aangelegde, 10 km lange Gulf Shore Way, eveneens voor wandelaars én fietsers. In het aparte deel Greenwich liggen drie wandelpaden (zie Actief blz. 369).

In het oostelijke deel van het park, bij Stanhope, vindt u een van de beste golfbanen van het eiland en in **Dalvay-by-the-Sea** 3 en historisch hotel met een fantastisch strand. Het in 1895 gebouwde victoriaanse buitenverblijf van een oliebaron verdient alleen al vanwege de exquise keuken aanbeveling (zie onder).

Informatie

Prince Edward Island N. P. Information Centre: in Cavendish (zie blz. 362), in het Greenwich Interpretation Centre.

Accommodatie, eten en drinken

Alles vom Feinsten – **Dalvay-by-the-Sea:** P.E.I. National Park, tel. 902-672-2048, 1-888-366-2955, www.dalvaybythesea.com, eind mei-half sept. Kuurhotel, rijk aan tradities, aan een klein meer in het nationaal park, bootverhuur, strand, tennisbaan, golfterrein, stijlvol restaurant met visspecialiteiten van de houtskoolgrill (dag. 11.30-14, 17.30-21.30 uur, hoofdgerecht $ 27-42). 2 pk incl. ontbijt $ 180-240.

Rustico Bay ▶ R 7

Rondom de **Rustico Bay** 4 liggen diverse vissersplaatsen, waar nu en dan op de pier verse krab en kreeft te koop worden aangeboden. Door zijn centrale ligging leent **Brackley Beach** zich prima als uitvalsbasis voor tochten in het nabijgelegen nationaal park. Het kilometerslange, fijnkorrelige zandstrand van het dorp is een van de mooiste stranden van het eiland. Het is ook het meest geschikt voor gezinnen met kleine kinderen.

In Rustico staan victoriaanse huizen. Naast de St. Augustine's Church ligt een klein bakstenen gebouw, het **Farmers' Bank** of **Rustico Museum** uit 1864. De voormalige spaarbank, Canada's eerste en kleinste, is tegenwoordig een National Historic Site en een museum. U kunt er onder meer persoonlijke bezittingen van de grondlegger, Georges-Antoine Belcourt (1803–1874), bekijken (Church Rd., tel. 902-963-3168, www.farmersbank.ca, juni-sept. ma.-za. 9.30-17.30, zo. 11-17 uur, $ 6).

North Rustico Harbour is een schilderachtig vissersplaatsje met een mooi gerestaureerde havenkade en een oude vuurtoren. In het **Rustico Harbour Fisheries Museum** is een karakteristieke vissersboot voor de kreeftenvangst tentoongesteld en wordt de geschiedenis van de visvangst op het eiland belicht. Ook wordt er aandacht besteed aan de Mi'kmaqs (318 Harbourview Dr., tel. 902-963-3799, half mei-sept. 9.30-17.30 uur, $ 5). In het Blue Mussel Café aan de haven zijn heerlijke visspecialiteiten verkrijgbaar. Bij North Rustico begint ook het misschien wel mooiste gedeelte van het nationale park, de Cavendishkust met rotsige oevers en tot 30 m hoge rode zandstenen klippen.

Accommodatie, eten en drinken

... in Brackley Beach:

Family style bij het strand – **Shaw's Hotel:** 99 Apple Tree Rd., tel. 902-672-7022, www.shawshotel.ca. Hotel met een rijk verleden uit 1860, op 500 m van het strand. Mooi ingerichte kamers, ook cottages. 2 pk vanaf $ 145, cottage vanaf $ 210. Restaurant: juli, aug. 17.45-21, juni, sept. 18-20 uur, hoofdgerecht vanaf $ 24.

Prince Edward Island

Boothuizen in New London aan de Malpeque Bay – een goede reden om u vertrouwd te maken met de panoramafunctie van uw fototoestel

Eten en drinken
... in North Rustico Harbour:
Sfeervol – **Blue Mussel Café:** Harbourview Dr., tel. 902-963-2152, www.bluemusselcafe.com, mei-okt. 11.30-20 uur. Bescheiden restaurant aan de Wharf. Terras, smakelijke zeevruchten. Hoofdgerecht vanaf $ 10.

Kreeft en meer – **Fisherman's Wharf Lobster Suppers:** Route 6, tel. 902-963-2669, www.fishermanswharf.ca. Restaurant voor grote groepen. Voor $ 40-50 (afhankelijk van het formaat) eet u een hele kreeft en mag u onbeperkt gebruikmaken van het uitgebreide buffet.

Winkelen, eten en drinken
... in Brackley Beach:
Kunst en lekker eten – **Dunes Studio Gallery & Cafe:** Rte. 15, tel. 902-672-2586, www.dunesgallery.com, mei-okt. 10-18 uur, in de zomer later. Op een aantal verdiepingen met een indrukwekkende glazen gevel die uitkijkt op zee stellen ruim zeventig op het eiland wonende kunstenaars en ambachtslieden hun werken tentoon. In het café-restaurant kun je heerlijk eten (gerechten vanaf $ 17).

Actief
... in North Rustico:
Excursies en verhuur uitrusting – **Outside Expeditions:** 370 Harbourview Dr., tel. 902-963-3366, 1-800-207-3899, www.getoutside.com, half mei-half okt. Kajaktochten met een gids in het nationaal park en in andere eilandgebieden, excursies, ook met wandelen, fietsen en kamperen. Cursussen en verhuur kano's en zeekajaks. Begeleide kajaktocht 90 min. $ 45, 3 uur $ 65, hele dag $ 125.

Diepzeevissen – **Aiden's Deep-Sea Fishing:** 54 Harbourview Dr., tel. 902-963-3522, www.peifishing.com. Vissen op open zee, excursies, tevens verkoop van kreeft.

Van Cavendish naar de Malpeque Bay ▶ R 7

Aan de westkant van het park stuit u bij **Cavendish** 5 op het Green Gables House. Dit witte boerenhuis met zijn groene gevel vormde voor de schrijfster L.M. Montgomery de inspiratie voor haar beroemde roman *Anne of Green Gables* (1908, in het Nederlands vertaald als *Anne van het groene huis*). Het huis, dat uit de 19e eeuw stamt, is gerestaureerd en de inrichting is afgestemd op het boek. Het ontwikkelde zich in de loop der tijd tot een cultoord voor fans van de Annereeks (Route 6, tel. 902-963-7874, www.gov.pe.ca/greengables, mei-okt. dag. 9-17 uur, volwassenen $ 7,80, kinderen $ 3,90). In New London, een paar kilometer verder naar het westen, staat het eenvoudige geboortehuis van de schrijfster.

De Blue Heron Coastal Drive gaat verder langs de kust via French River en Park Corner naar Malpeque. Een paar kilometer ten noorden van dit plaatsje komt u uit bij het **Cabot Beach Provincial Park** 6 . Dit 140 ha grote park ligt midden in een fantastisch landschap op een in de baai uitstekende landtong met zandstranden en rotsformaties. Bij het provinciale park hoort een bewaakt strand en er zijn mogelijkheden om te kamperen (zie Accommodatie).

In **Indian River** 7 , ca. 10 km naar het zuiden, is het beslist de moeite waard om een bezoek te brengen aan de gerestaureerde St. Mary's Church. In de oude kerk, die een uitstekende akoestiek heeft, worden 's zomers meermaals per week muziekworkshops en concerten gegeven (tel. 902-836-3733, 1-866-856-3733, www.indianriverfestival.com).

Informatie
... in Cavendish:
Prince Edward Island N. P. Information Centre: Route 6/13, tel. 902-963-7832, www.

Prince Edward Island

cavendishbeach.com, eind juni-begin sept. dag. 8-21, sept.-begin okt. dag 9-17 uur. Informatie over het nationaal park.

Accommodatie
... in Cabot Beach Provincial Park:
Camping met alles erop en eraan – **Cabot Beach P. P. Campground:** tel. 902-836-8945, 1-877-445-4938, www.tourismpei.com/provincial-park/cabot-beach, juni-half sept. Honderdzestig staanplaatsen op een groot terrein. Alle faciliteiten zijn voorhanden: van een wasserette tot een winkel en een activiteitencentrum. Stranden en wandelroutes in de nabije omgeving.

Actief
... in Malpeque:
Kajaktochten en bootverhuur – **Malpeque Bay Kayak Tour:** 2 Osprey Lane, Route 105, tel. 902-836-3784, 1-866-582-3383, www.peikayak.ca, half juli-eind aug. Kajakexcursies met gids (vanaf $ 55) en bootverhuur voor individuele tochten.

North Cape Coastal Drive

grootste plaats van Prince Edward Island. Met zijn statige villa's herinnert Summerside aan de grote tijd van de scheepsbouwers en fokkers van zilvervossen, die honderd jaar geleden voor de welvaart van de stad zorgden.

Nu zijn de visvangst en het toerisme de belangrijkste inkomstenbronnen. Aan boulevard Spinnaker's Landing liggen winkels en restaurants. Het Visitor Centre is ondergebracht in een nagebouwde vuurtoren. Boven hebt u een mooi uitzicht over de Bedeque Bay.

Informatie
Summerside Visitor Centre: 124 Heather Moyse Dr., tel. 902-888-8364, 1-800-463-4734, www.exploresummerside.com.

Accommodatie
Goed en goedkoop – **Clark's Sunny Isle Motel:** 720 Water St. East, tel. 902-436-5665, 1-877-683-6824, www.sunnyislemotel.com. Goed verzorgde accommodatie met mooie tuin Leuk ingerichte kamers. 2 pk $ 75-88.

Evenementen
Lobster Carnival: 3e week juli. Bont straatfeest met veel kreeft.

Land van de Acadiërs ▶ R 7

Bij **Miscouche** 9 begint de regio Évangéline, het vestigingsgebied van de Acadiërs. Hier wappert naast de Canadese vlag ook de Acadische driekleur met de gele ster en worden de vissersdorpjes gedomineerd door indrukwekkende katholieke kerken. Het is duidelijk te merken dat de mensen zich hier nog sterk verbonden voelen met het land van hun voorvaderen. Er wordt zowel Engels als Frans gesproken. Het interessante Musée acadien de l'Île-du-Prince-Édouard in Miscouche is gewijd aan de folklore van de Acadiërs en besteedt aandacht aan de Franse kolonisatie van het eiland vanaf 1720 (tel. 902-432-2880, www.museeacadien.org, dag. 9.30-19 uur, $ 4,50).

De torens van de Notre-Dame-du-Mont-Carmel in **Mont-Carmel** 10 zijn al van ver te zien. Op zondag is de kathedraal geopend voor de heilige mis. De overige dagen kunt u bij het Musée Religieux aan de overkant

---

North Cape Coastal Drive

Kaart: zie boven

Summerside ▶ R 7

Op het smalste gedeelte van het eiland, ter hoogte van **Summerside** 8, begint de North Cape Coastal Drive. De ongeveer 280 km lange weg beschrijft een lus om het in het westen gelegen Prince Edward Island. Dit havenstadje is met vijftienduizend inwoners de op een na

Westelijke Malpeque Bay ▶ R 7

Fijnproevers kennen de Malpeque Bay van de Malpeque-oesters. Hier werden de geliefde schaaldieren, die zich onderscheiden door hun lange houdbaarheid en voortreffelijke smaak, het eerst aangetroffen. Tegenwoordig worden ze overal in de kustwateren van het eiland gekweekt.

Het **Green Park Provincial Park** 11 heeft met zijn moeraslandschap en getijdenpoeltjes meer te bieden dan een mooi kampeerterrein. Ook het Green Park Shipbuilding Museum and Yeo House verdient een bezoek. Het fraai gerestaureerde, authentiek ingerichte historische herenhuis van scheepsbouwer James Yeo is bekroond met een koepel, vanwaar hij het werk op de werf in de gaten kon houden. Hierboven hebt u een mooi uitzicht over het uitgestrekte complex tot aan de Malpeque Bay. In het museum achter het huis staat de scheepsbouw op het eiland centraal (360 Green Park Rd., tel. 902-831-7947, juni ma.-vr. 9-17 uur, juli, aug. dag., $ 5).

Een klein uitstapje op Route 163 naar **Lennox Island** 12 in het noordwesten van de Malpeque Bay voert naar het Lennox Island Indian Reservation. Hier leven rond de veertig families van de Mi'kmaqstam. Opgravingen hebben aangetoond dat deze indianen al enkele duizenden jaren geleden op Prince Edward Island woonden en jaagden. Ze noemden het eiland Abegweit, wat zoiets betekent als 'land, gewiegd door de golven'.

In het reservaat staat het kleine museum Mi'kmaq Cultural Centre met traditionele indiaanse kunstnijverheid als met stekelvarkenstekels versierde mandjes (8 Eagle Feather Trail, tel. 902-831-2702, www.lennoxisland.com).

Eten en drinken
... in Tyne Valley:
Met de locals – **The Landing Oyster House & Pub:** 1327 Porthill Station Rd., tel. 902-831-2992, www.thelandingpei.com, do.-za. 17-22, zo. 17-20 uur. Chowders, sandwiches, zeevruchten en vleesgerechten. Populair bij de locals, soms entertainment. Hoofdgerecht vanaf $ 12.

Winkelen
... op Lennox Island:
Kunstnijverheid van indianen – **Indian Art & Craft of North America:** Route 163, North Coastal Drive, tel. 902-831-2653, www.indianartpei.com, half mei-half okt. dag. 9-19 uur. Mocassins, borduurwerk, maskers, manden en aardewerk van de Mi'kmaqs.

Evenementen
... in Tyne Valley:
Tyne Valley Oyster Festival: 1 weekend van augustus, www.tvoysterfest.ca. Volksfeest met straatmuziek en dansen, kreeft en oesters.

Westkust van P.E.I.

De North Cape Coastal Drive voert verder naar de westkust via Highway 12 en Route 14. Eerst kunt u echter op Route 142 een uitstapje maken naar **O'Leary** 13 in het hart van P.E.I.'s aardappelland. Hier zien liefhebbers van het onmisbare knolgewas in het **Canadian Potato Museum** een bijzonder interessante tentoonstelling over de herkomst, verspreiding, kweek en betekenis van de aardappel. In de Country Kitchen worden heerlijke aardappelgerechten geserveerd (1 Dewar Lane, tel. 902-859-2039, www.canadianpotatomuseum.com, half mei-half okt. dag. 9.30-17.30 uur, $ 10).

Erg mooi zijn **Cap-Egmont** en **Cape Wolfe** aan de westkust, kapen met rode zandsteenkliffen en eenzame stranden. Bij **West Point** 14 heeft men in de zwart-witte **vuurtoren** uit 1875 behalve een B&B een klein museum ingericht over de geschiedenis van de vuurtorens op het eiland. Het strand van het aangrenzende **Cedar Dunes Provincial Park** biedt gelegenheid om te zwemmen, picknicken en kamperen.

Wanneer u over de kustwegen rijdt, ziet u na een storm soms stranden die volledig zijn bedekt met een soort zeewier. Vroeger gebeurde dit vaker en was het op de stranden een drukte van belang. Met schoppen werden manden volgeladen, die weer werden geleegd in koetsen en zelfs kleine vrachtwagens. Uit de **Irish Moss,** zoals de groenbruine zeeplant heet, wordt een waardevol extract verkregen, dat in de industrie multi-inzetbaar is. Voor de vissers was dit een leuke bron van neveninkomsten. Waarom het steeds minder vaak voorkomt, is onduidelijk – het is in elk geval nauwelijks meer de moeite. Ook het Irish Moss Interpretive Centre in Mimingash heeft inmiddels zijn deuren gesloten. Op de stranden tussen **Miminegash** en **Seacow Pond** hebt u desalniettemin de kans het schouwspel te observeren.

Accommodatie
... in West Point:
Slapen in de vuurtoren – **Historic West Point Light House Inn & Museum:** R. R. 3 (aan Highway 14), tel. 902-859-3605, 1-800-764-6854, www.westpointharmony.ca. Vriendelijke B&B met negen kamers in een oud vuurtorencomplex. 2 pk vanaf $ 163.
... in Cedar Dunes Provincial Park:
Camping – **Cedar Dunes Provincial Park Campground:** tel. 902-859-8785, www.tourismpei.com/provincial-park/cedar-dunes, half juni-begin sept. Provinciaal park met campsite, mooi strand en allerlei vrijetijdsvoorzieningen.

Eten en drinken
Prima familierestaurant – **The Catch Kitchen & Bar:** 159 Cedar Dunes Park Rd., West Point, tel. 902-859-3541. Vis- en vleesgerechten, kreeft en zeevruchten. Mooi uitzicht op de haven en de Northumberland Strait.

North Cape ▶ R 7
Op de winderige **North Cape** 15, het noordelijkste puntje van het eiland, is het langste rif van Canada te bewonderen, met grillige rotsformaties. Helaas is de bekendste, de Elephant Rock, een paar jaar geleden grotendeels verwoest in een winterstorm. Op de Atlantic Wind Test Site wordt onderzoek gedaan naar energiewinning met windmolens. Bij het complex hoort het Interpretive Centre and Aquarium, waar bezoekers meer te weten kunnen komen over de lokale geschiedenis, over windkracht en turbines en over zeeflora en -fauna (Route 12, tel. 902-882-2991, $ 5).

Accommodatie
Rustiek met mooi uitzicht – **Island's End Motel:** Route 12, 42 Doyle Rd., Tignish, tel. 902-882-3554, www.islandsendmotel.com. Motel op rustige locatie met een mooi uitzicht op de St. Lawrencebaai, 2 pk $ 75-100.

Eten en drinken
Fantastisch uitzicht – **Wind & Reef Restaurant:** Route 12, tel. 902-882-3535. Visrestaurant met uitzicht op de Golf en de Northumberland Strait. Verse zeevruchten, ook steaks, spareribs en gevogelte. Hoofdgerecht vanaf $ 12.

Points East Coastal Drive

Kaart: zie blz. 362

Van Orwell naar Souris ▶ S 7/8
De **Points East Coastal Drive**, te herkennen aan een blauw omrand vierkant met zeester, is met 375 km de langste *scenic drive*. Hij volgt de zigzaglijn van het oostelijke deel van het eiland van de Hillsborough Bay naar East Point over een lappendeken van groene landerijen, bossen, rivieren, stille vissersdorpjes en verlaten stranden. Zeer fraai is de grillige noordkust met hier en daar zandbanken ervoor. Voor de hele tocht moet u twee dagen uittrekken.

Bij **Orwell** 16 aan Highway 1 is het bijzonder aardig om een bezoek te brengen aan het levendige landbouwmuseum **Orwell Corner Historic Village**. Hier krijgt u een goed beeld van de wijze waarop Schotse kolonisten in de 19e eeuw landbouw bedreven. Naast een traditionele boerderij en schuren vindt u er ook een postkantoor, school, kerk en molen plus een bijzonder fraai gerestaureerde *general store*. Daarnaast wordt hier vaak Keltische muziek en dans geprogrammeerd. Eind augustus vindt het drukbezochte **Gaelic Folkways Festival**

Prince Edward Island

Een vrolijke Anne of Green Gables in de Orwell Corner Historic Village

hier plaats (Highway 1, tel. 902-651-8513, www.peimuseum.com/orwell, juni ma.-vr. 9.15-16.45, juli, aug. dag. 9.30-17, sept., okt. ma.-vr. 8.30-16.30 uur, volwassenen $ 8,95, kinderen tot 17 jaar $ 4,50, in het laagseizoen korting).

Het **Lord Selkirk Provincial Park** 17, gelegen aan de Orwell Bay, biedt geen goede mogelijkheden om te zwemmen, maar het park is wel een geschikte locatie om schelpen te zoeken en te wandelen. Bovendien kunt u er goed kamperen. Van de kruising van de Highways 1 en 209 is het niet ver naar **Point Prim** 18. Aan het einde van de weg staat de oudste vuurtoren van Prince Edward Island, gebouwd in 1846. Boven op de 25 m hoge toren kunt u genieten van een schitterend uitzicht rondom (tel. 902-659-2768, juli, aug.).

Bij **Wood Islands** 19 ligt de terminal voor de veerboot naar Nova Scotia. U kunt hier een bezoek brengen aan het **Wood Islands Lighthouse & Interpretive Museum**. In de thematisch ingerichte vertrekken van de historische vuurtoren (gebouwd in 1876) krijgt u een indruk van de visserij, de veerdiensten en het dagelijks leven in deze regio (tel. 902-962-3110, www.woodislandslighthouse.

Points East Coastal Drive

Accommodatie
... in Lord Selkirk Provincial Park:
Camping – **Lord Selkirk Provincial Park Campground:** tel. 902-659-2794, juni-sept. Alle faciliteiten, zwembad en restaurant.

Evenementen
... in Lord Selkirk Provincial Park:
Highland Games: 1e week van augustus. Doedelzakcompetitie, traditionele *highland games* en natuurlijk veel kreeft.

Vervoer
... in Wood Island:
Veerboot: verbinding tussen Wood Islands, P.E.I. en Caribou, Nova Scotia (75 min.) met **Northumberland Ferry,** Wood Islands Ferry Dock, tel. 902-566-3838, 1-877-635-7245, www.ferries.ca/ns-pei-ferry. mei-half dec., voetgangers $ 19 (tot 12 jaar gratis), auto incl. inzittenden $ 72, camper $ 72-117, u betaalt bij de terugtocht of noord-zuidrit over de Confederation Bridge.

Nach Souris ▶ S 7
Ongeveer 15 km voor Souris, in het plaatsje **Bay Fortune** [21], staat een *country inn* met een gezellig restaurant, de Inn at Bay Fortune, een van de beste in Canada.

Souris [22] is een plaats met een oude visserij- en scheepsbouwtraditie. Al aan het begin van de 17e eeuw gingen hier Franse vissers uit Normandië aan land. Het twaalfhonderd inwoners tellende plaatsje leeft nog steeds van kreeft, krab en de verschillende kustvissen van de streek. Talrijke hotelletjes, restaurants en kunstnijverheidwinkels vervullen de wensen van bezoekers. Souris is een goede uitvalsbasis voor uitstapjes in de omgeving. U kunt fietsen en kajaks huren en verscheidene organisaties bieden op de pier boottochten aan naar Basin Head (vanaf $ 30).

Van Souris varen tussen april en januari veren naar de 134 km verderop gelegen, prachtige Îles-de-la-Madeleine in de Gulf of Saint Lawrence. De overtocht duurt circa 5 uur (www.tourismilesdelamadeleine.com, zie ook blz. 323).

com, begin juni-eind sept. 9.30-18 uur, volwassenen $ 6, kinderen $ 4).

Van de kliffen van het **Northumberland Provincial Park**, een paar kilometer verder naar het oosten, hebt u een fraai uitzicht op de zee met de grote veerboten. **Murray Harbour** [20] is een bedrijvige vissersplaats, waar dagelijks boten met zeevissers uitvaren. Een klein museum in een blokhut verschaft een kijkje in de geschiedenis van de regio (juli-Labour Day dag. 9-18 uur), en in verschillende winkels worden ter plaatse vervaardigde kunstnijverheidsproducten verkocht.

Prince Edward Island

Informatie
Visitor Information Centre: 95 Main St., tel. 902-687-7030, 1-800-463-4734, juni-half okt. 9-17 uur.

Accommodatie
Motelkamer of vuurtorensuite – **Lighthouse and Beach Motel:** 51 Sheep Pond Rd., tel. 902-687-2339, 1-800-689-2339, www.lighthouseandbeachmotel.ca. Mooi motel naast de vuurtoren, ca. 3 km buiten Souris. 400 m tot het strand, ook kamers in de vuurtoren, uiteraard met prachtig zeezicht. Half juni-half sept. 2 pk incl. ontbijt $ 75-115, Lighthouse Keeper's Suite $ 700 per week.

Gemoedelijk en elegant – **The Inn at Bay Fortune:** Route 310, 15 km ten zuiden van Souris, tel. 902-687-3745, 1-888-687-3745, www.innatbayfortune.com, juni-half okt. Gemoedelijke B&B country inn met uitstekend restaurant (diner vanaf $ 31). 2 pk vanaf $ 225 incl. zeer uitgebreid en lekker ontbijt.

Eten en drinken
De beste van het eiland – **The Inn at Bay Fortune:** zie hierboven.

Van Souris naar East Point
▶ S 7

Tussen Souris en East Point strekken zich enkele van de mooiste stranden en duinen van Prince Edward Island uit – imposante bergen fijn wit zand, als was een deel van de Sahara met een reusachtige schep hierheen overgebracht. Behalve duinen vindt u hier plassen en door de wind geteisterde zoutmoerassen, ronddrijvend wrakhout en resten van oude pieren. Het **Red Point Provincial Park** 23 beslaat een deel van dit fascinerende landschap. In het park is gelegenheid voor kamperen en picknicken.

Een paar kilometer verderop voert een zijweg van Highway 1 naar **Basin Head** 24. De *singing sands* hier zijn duinen waarbij de bijzondere structuur van de zandkorrels een piepend geluid voortbrengt als u eroverheen loopt. Het **Basin Head Fisheries Museum** ligt op een rots hoog boven de Atlantische Oceaan. Bij het visserijmuseum horen rokerijen, een botenhuis en een zeeaquarium. De geëxposeerde voorwerpen en foto's geven een indruk van het leven van de kustvissers toen en nu (Route 16, 10 km ten oosten van Souris, in de zomer tel. 902-357-7233, in de winter tel. 902-368-6600, www.peimuseum.com, juni-aug. 9.30-16.45 uur, rest van het jaar bellen voor openingstijden, $ 4).

Accommodatie
Camping – **Red Point Provincial Park Campground:** tel. 902-357-3075, eind juni-3e week augustus. Mooie camping aan het strand met een zestigtal staanplaatsen, speeltuin en picknickplekken. Een topplek om te zwemmen en te wandelen.

East Point ▶ S 7
Op de landtong van East Point waarschuwt een vuurtoren de vissers voor een gevaarlijk rotsrif. **East Point Lighthouse** 25 is een van de oudste vuurtorens op het eiland en de enige die nog 'bemand' is (tel. 902-357-2106, www.eastpointlighthouse.com, juni-sept. dag. 10-18, hoogseizoen 9-19 uur, $ 3). Bij zeelieden is de noordkust van P.E.I. berucht. Honderden schipbreuken hebben zich er al voorgedaan en nog altijd vertelt men hier huiverend over die rampzalige oktober in 1851, toen de *Yankee Gale*, een storm met een tot dan toe ongekende windkracht meer dan vijftig schepen noodlottig werd.

In **North Lake** 26 beproeven sportvissers uit de hele wereld hun geluk op de reusachtige tonijnen. Van North Lake voert de Points East Coastal Drive naar het dorp St. Peters. Hier buigt de zijweg Route 313 af naar het Visitor Centre van het **Greenwich Prince Edward Island National Park** 27, het derde deel van het P.E.I. National Park (Greenwich Interpretation Centre, 59 Wild Rose Rd., tel. 902-672-6350, www.pc.gc.ca/pei, half juni-begin sept. dag. 10-18 uur, nationale park hele jaar geopend).

Greenwich kan bogen op een fantastisch strand en wandelende duinen, die geleidelijk aan het aangrenzende bos begraven. Duidelijk gemarkeerde wandelpaden voeren door het kwetsbare ecosysteem van duinen en vochtige gebieden (zie Actief rechts).

Points East Coastal Drive

Actief

GREENWICH DUNES TRAIL

Informatie
Begin: Greenwich, P.E.I. National Park
Lengte: 1,3-4,5 km (heen en terug)
Duur: 1-2 uur
Moeilijkheidsgraad: licht
Info: Prince Edward Island National Park, Greenwich Interpretation Centre, zie blz. 368

Prince Edward Island National Park strekt zich uit over een ca. 40 km lange, maar slechts 26 km² grote kuststrook langs de Saint Lawrence River in het noorden van het eiland. Het is een zeer afwisselend landschap met stralend rode zandsteenklippen, bossen, plassen, zandstranden en duinen. De mooiste wandelingen kunt u maken in Greenwich, het minst bezochte, oostelijke deel van het nationale park. Aan de punt van het schiereiland dat de St. Peters Bay scheidt van de Gulf of St. Lawrence, ligt een breed strand en een boeiend ecosysteem met vochtige gebieden en imposante wandelende duinen. Daarnaast heeft de regio een interessante culturele geschiedenis. Archeologen hebben de afgelopen decennia talloze voorwerpen gevonden die bewijzen dat hier al tienduizend jaar mensen wonen – van de oorspronkelijk bevolking, de Mi'kmaqindianen, tot de eerste Europese kolonisten. De displays over deze materie in het moderne Interpretive Centre zijn uitstekend. Het centrum biedt ook achtergrondmateriaal bij de leerpaden. Van het parkeerterrein bij het Interpretive Centre loopt u naar de drie met elkaar verbonden, goed gemarkeerde wandelpaden. Op de **Havre Saint-Pierre Trail** (1,3 km) hebt u steeds weer een mooi uitzicht over de St. Peters Bay en ziet u de mosselvissers aan het werk. Van deze weg takt een rondwandeling af. Deze **Tlaqatik Trail** (4,5 km) is gewijd aan de cultuurgeschiedenis van de streek. U kunt uw wandeling vervolgen naar de noordkust van het Greenwich Peninsula over de **Greenwich Dunes Trail** (4,5 km). Deze loopt door bossen en open velden over *boardwalks*, een systeem van houten bruggen en drijvende plankieren, over een plas en met riet begroeid drasland. Korte zijpaadjes leiden naar de eigenlijke attractie van het park, een uniek kustlandschap met enorme **paraboolduinen** en hun overgebleven streepduinen. Het middendeel van deze hoefijzervormige duinen, beweegt sneller dan de met vegetatie begroeide zijarmen, die daardoor achterblijven. De duinen verplaatsen zich tot wel 4 m per jaar en verslinden daarbij hele bossen. Later komen de grillige boomskeletten weer bloot te liggen. Het unieke ecosysteem met zeldzame flora en fauna, waaronder andere de bedreigde dwergplevier broedt, werd in 1998 opgenomen in het nationale park.

St. Lawrence baai

Cape Breton Island

Halifax
Lunenburg

Hoofdstuk 6

Nova Scotia

Op een landkaart heeft Nova Scotia de vorm van een enorme kreeft. Met een kustlijn van meer dan 13.000 km strekt het schiereiland zich over een lengte van meer dan 600 km uit van de vuurtoren van Yarmouth aan de Bay of Fundy tot het hoogland van Cape Breton in het noordoosten van de provincie. Nova Scotia is alleen met het vasteland verbonden door de circa 24 km brede Isthmus (langdengte) of Chignecto. Er wonen 950.000 mensen op het schiereiland. Al van oudsher leeft men hier van het hout uit de reusachtige bossen en van landbouw en visserij. Ook nu nog is voor veel inwoners de zee de belangrijkste bron van levensonderhoud, maar door overbevissing zijn de vangsten aanzienlijk teruggelopen, zodat inkomsten uit toerisme steeds belangrijker worden voor de provincie.

Evenals het landschap zijn ook de mensen rijk aan diversiteit. Behalve de loyalisten uit de koloniën van New England trokken nog zes grote groepen kolonisten hierheen: Fransen, Engelsen, Duitsers, Schotten, Ieren en zwarten die met hun meesters meekwamen. En natuurlijk wonen hier de oorspronkelijke bewoners, de Mi'kmaqindianen. Waarschijnlijk hebben Vikingen al rond 1000 n.Chr. de kust van Nova Scotia gezien en veel historici geloven dat Giovanni Caboto in 1497 bij Cape Breton aan land kwam om het continent voor de Britse Kroon op te eisen.

Portugezen en Fransen bevisten al begin 16e eeuw de kustwateren en in 1521, bijna honderd jaar voordat de eerste Pilgrim Fathers in New England voet aan wal zetten, stichtten Portugezen bij Ingonish een vissersdorp. De Fransen waren daarna de eersten die het land, dat zij Acadië noemden, op grotere schaal koloniseerden. In 1605, twee jaar nadat De Champlain zijn eerste reis over de St. Lawrence ondernam, stichtten kolonisten onder leiding van Sieur de Monts de nederzetting Port Royal als pelshandelspost. Ten slotte arriveerden de Schotten, die het gebied Nova Scotia noemden.

Peggy's Cove is met zijn kleurrijke huisjes op rotsen hét schoolvoorbeeld van het romantische Canadese vissersdorpje zoals we ons dat allemaal voorstellen

In een oogopslag: Nova Scotia

Bezienswaardigheden

Peggy's Cove: in dit schilderachtige vissersdorp steekt de bekendste vuurtoren van Canada boven huizenhoge rotsblokken uit (zie blz. 388).

⭐ **Lunenburg**: de hele stad met zijn historische haven staat op de Werelderfgoedlijst van UNESCO (zie blz. 392).

Shelburne: het stadje met fraai gerestaureerde woonhuizen uit de 18e en 19e eeuw was heel even het grootste stedelijke centrum van Noord-Amerika (zie blz. 399).

❋ **Cape Breton Island**: het woest aantrekkelijke landschap van Cape Breton Highlands National Park doet denken aan de Schotse hooglanden (zie blz. 422).

Fraaie routes

Lighthouse Route: vuurtorens en pittoreske kleine vissersdorpjes aan de kuststrook tussen Halifax en Yarmouth (zie blz. 388).

Evangeline Trail: van Yarmouth naar GrandPré door Acadië (zie blz. 403).

Glooscap en Sunrise Trail: de pittoreske kustlandschappen rond het Minas Basin en langs de noordkust zijn indrukwekkend (zie blz. 410 en 416).

Marine Drive: door afgelegen vissersdorpjes langs de zuidkust van Halifax richting Cape Breton Island (zie blz. 418).

Cabot Trail: op een van de mooiste kustwegen ter wereld door het noordwesten van Cape Breton Island (zie blz. 425).

Tips

Walvissafari op Digby Neck: de 74 km lange landtong in de Bay of Fundy is een uitstekende plek voor whale watching (zie blz. 405).

Annapolis Royal: de begin 18e eeuw gestichte plaats was een eeuw lang de hoofdstad van het Franse Acadië en heeft nog altijd veel historische flair (zie blz. 406).

Acadische traditie in Chéticamp: in dit vissers- en boerendorp klopt het hart van Franstalig Cape Breton. Op veel huizen wappert de vlag met de gele Acadische ster op blauw doek en de restaurants serveren Acadische specialiteiten (zie blz. 432).

Actief

Uitstapje naar McNabs Island: midden in de havenpassage, direct in het zicht van het bedrijvige Downtown Halifax, ligt McNab's Island met mooie wandelroutes, een historisch fort en vogelreservaten (zie blz. 384).

Kanoën in het Kejimkujik National Park: het beboste merengebied met riviertjes en rietmoerassen is een paradijs voor kanovaarders, wandelaars en vissers (zie blz. 398).

Rit op de getijdengolf: wildwaterpret op de krachtige vloedgolf die zich tweemaal per dag met duizelingwekkende snelheid door de Shubenacadie River stroomopwaarts perst (zie blz. 411).

Kaapwandeling – Cape Smokey Trail: wandeling over de klippen in het provinciale park op Cape Breton Island met prachtig uitzicht (zie blz. 428).

Halifax

▶ R 9

Halifax, naast hoofdstad ook het culturele en economische hart van de provincie Nova Scotia, ligt dichter bij Europa dan welke Noord-Amerikaanse haven ten zuiden van Newfoundland ook. Het levert een mooie combinatie op van oud en nieuw, met moderne hoogbouw in Downtown en een druk voetgangersgebied in de gerestaureerde havenwijk.

De passagiers op de cruiseschepen genieten vanaf het water van het mooie havenpanorama. Toch is het uitzicht van de Angus L. MacDonaldbrug bijna net zo indrukwekkend. Deze brug verbindt Halifax (ca. 200.000 inwoners, agglomeratie ca. 420.000) met buurstad Dartmouth (ca. 100.000 inwoners) aan de overkant van de baai. De enorme natuurlijke haven met zeer moderne containerterminals, waar ook de Atlantische vloot van de Canadese marine is gestationeerd, blijft altijd geopend, ook wanneer ijs de toegang tot de St. Lawrence verspert.

Geschiedenis

Halifax is in 1749 gesticht door kolonel Edward Cornwallis. In de daaropvolgende jaren vestigden zich hier ruim 2500 kolonisten uit Engeland. Maar ook Duitse onderdanen van de Engelse koning George, die door de mooie belofte van gratis land, maar ook onder een zekere dwang, waren overgehaald om hier een nieuw leven vol ontberingen te beginnen. De voortreffelijke, eenvoudig te verdedigen natuurlijke haven was doorslaggevend bij de keuze van hun vestigingsplaats. De nieuwe Britse nederzetting moest vooral een militair tegenwicht vormen tegen de Franse vesting Louisbourg op Cape Breton Island en zo werd Halifax, met zijn imposante vestingberg, door de Engelsen uitgebouwd tot een van de strategisch belangrijkste militaire bases in Noord-Amerika.

Met glanzende wolkenkrabbers, die naar Noord-Amerikaanse maatstaven vrij bescheiden zijn, moderne luxehotels en stijlvolle bedrijven heeft de vrijwel geheel door water omringde stadskern een kosmopolitische uitstraling. Toch heeft Halifax zijn historische charme behouden. Een wandeling door de mooi gerestaureerde straten aan de voet van de citadel maakt dat duidelijk. Naast prachtige openbare gebouwen staan mooie bedrijfspanden en woonhuizen uit de 18e eeuw. De stad is niet al te groot en zeer overzichtelijk en zodoende prima te belopen. Er zijn veel mooie parken en de bezienswaardigheden zijn gemakkelijk te belopen. Voor wie wil winkelen is slecht weer geen probleem: in Downtown zijn de hotels, bedrijven, restaurants en winkelcentra door overdekte passages met elkaar verbonden. Maar ook met de auto kunt u overal terecht.

Downtown

Kaart: zie blz. 376

Het bedrijvencentrum van Halifax ligt op slechts een steenworp afstand van de haven. De woonwijken bevinden zich in uptown, op de berg achter de oude citadel. Hier vindt u ook de grootste parken en de belangrijkste universiteiten van de stad. Het half dozijn hogescholen met de meer dan twintigduizend studenten heeft ervoor gezorgd dat zich in Halifax de meest bruisende entertainment- en uitgaanscultuur van Atlantic Canada heeft ontwikkeld. Amerikaanse muziekvakbladen loven steeds weer de actieve muziekscene van de stad, van traditionele folkmuziek, jazz,

Downtown

De Old Town Clock is voor Halifax wat de Eiffeltoren is voor Parijs

blues, rock en country tot grunge – en alles van topniveau. Halifax is een twee eeuwen oude havenstad en heeft ook het daarbij behorende levendige nachtleven, dat zich voornamelijk afspeelt in de wijk rond de Grand Parade en in de Historic Properties aan de haven. De inwoners van Halifax noemen hun stad graag het San Francisco van het noorden en dat is niet geheel ten onrechte. Zo is er de brug over de Narrows naar Dartmouth die doet denken aan de Golden Gate, zijn er de schilderachtige, historische havengebouwen en de steil tegen de berg omhooglopende straten, vanwaar u telkens opnieuw een mooi uitzicht op het water hebt.

Halifax Citadel 1

tel. 902-426-5080, www.pc.gc.ca/lhn-nhs/ns/halifax, juli, aug. dag. 9-18, anders tot 17 uur, volwassenen $ 11,70, kinderen 6-16 jaar $ 5,80
De trots van de stadsbevolking is de stervormige **Halifax Citadel** op Citadel Hill, die als het hart van het oude fort boven de stad uitsteekt. Vanaf de vestingberg hebt u een prachtig panoramisch uitzicht over de stad en de haven. In 1749, het jaar waarin de nederzetting werd gesticht, is men al begonnen met het aanleggen van de funderingen. Destijds moest een houten fort bescherming bieden tegen de aanvallen van de Mi'kmaqindianen, die hun land niet zonder slag of stoot door de Britten lieten afpakken. Tussen 1826 en 1856 kreeg het massieve fort zijn huidige vorm. De afschrikwekkende functie heeft uitstekend gewerkt – geen enkel kanonschot hoefde ooit ter verdediging te worden afgevuurd. Sinds 1956 is Citadel Hill een National Historic Site en een van de drukstbezochte historische parken in Canada. Alles is authentiek gerestaureerd: van de opgemaakte veldbedden in de bunkers tot aan de opschriften op de kruitvaten in het magazijn, die overigens geen buskruit meer bevatten. Toch hangt eenmaal per dag kruitdamp boven de vesting, wanneer tijdens een militair ceremonieel om klokslag twaalf uur een kanon wordt afgeschoten. Het fort word tegenwoordig gebruikt door studenten van de universiteiten van Halifax, waar zij, uitgerust met kilt en doedelzak, exerceren voor fotograferende toeris-

Halifax

Bezienswaardig
1. Halifax Citadel
2. Old Town Clock
3. Halifax Public Gardens
4. Nova Scotia Museum of Natural History
5. Spring Garden Road
6. Old Burying Ground
7. Nova Centre
8. St. Paul's Anglican Church
9. Province House
10. Art Gallery of Nova Scotia
11. Purdy's Wharf
12. Historic Properties
13. Metro Transit Ferry
14. Cable Wharf
15. Maritime Museum of the Atlantic
16. Brewery Market
17. Canadian Museum of Immigration at Pier 21
18. Little Dutch Church
19. Quaker Whaler House
20. Black Cultural Centre for Nova Scotia
21. Fairview Cemetery
22. Bedford Institute of Oceanography
23. Shearwater Aviation Museum
24. Fisherman's Cove
25. McNab's and Lawlor Islands Provincial Park

Accommodatie
1. Halifax Marriott Harbourfront Hotel
2. Delta Halifax
3. Lord Nelson Hotel
4. Halifax Waverley Inn
5. Halifax Heritage House Hostel

Eten en drinken
1. The Press Gang Restaurant & Oyster Bar
2. Gio
3. Five Fishermen
4. Chives Canadian Bistro
5. Salty's on the Waterfront
6. Fireside

Winkelen
1. Halifax Folklore Centre
2. Zwicker's Gallery
3. Jennifer's of Nova Scotia

Uitgaan
1. Niche Lounge
2. The Maxwell's Plum
3. The Dome
4. The Grafton Street Dinner Theatre
5. Lower Deck 'Good Time Pub'
6. Cheers
7. Dalhousie University Arts Centre

Actief
1. Ambassatours
2. Murphy's on the Water
3. The Trail Shop
4. Idealbikes

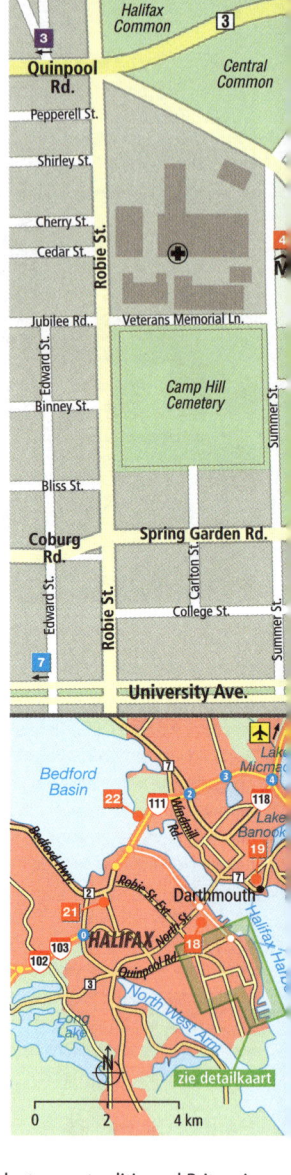

---

ten. Een museum verhaalt over de geschiedenis van de citadel en u kunt een vijftig minuten durende audiovisuele presentatie over de geschiedenis van het fort bijwonen. Op de grote grasvelden van de 'Hill' worden regelmatig Schotse volksfeesten en rock- en folkconcerten georganiseerd, en jaarlijks vindt hier de grote taptoe plaats, een traditioneel Brits militair spektakel met parades en muziek.

Old Town Clock 2

De stad bloeide tussen 1794 en 1800, toen Edward, hertog van Kent, als opperbevelhebber van de Engelse troepen in Noord-Amerika in Halifax resideerde. In die tijd is Halifax verrijkt met talrijke openbare gebouwen, waaronder architectonische pareltjes als het Government House in Barrington Street. De stad kreeg daarmee een aristocratische uitstraling, die niet onderdeed voor het postrevolutionaire Boston of New York. Edward, bij wie stiptheid en discipline hoog in het vaandel stonden, schonk de stad bij zijn vertrek een klokkentoren, die hij aan de voet van de vestingberg liet bouwen. De **Old Town Clock** is nu hét symbool van Halifax, zoals de Eiffeltoren bij Parijs en het Empire State Building bij New York hoort.

Halifax

Halifax Public Gardens [3]
5665 Spring Garden Rd., www.halifaxpublic gardens.ca, mei-nov. dag. 8 uur tot 30 min. voor zonsondergang, anders 7-15 uur

Ten zuidwesten van Citadel Hill, tussen Sackville Street en Spring Garden Road, liggen de zeven hectare grote **Halifax Public Gardens**. De tuin werd aangelegd in 1753, maar was destijds privéterrein van een rijke burger. Het mooiste park van de stad met de oudste victoriaanse tuinen van Noord-Amerika is een bezoek zeker waard. Bruidsparen gebruiken het als decor voor hun trouwfoto's, kinderen voeren er de eendjes, langs een smeedijzeren hek stellen straatkunstenaars hun werk tentoon en op zondag worden er concerten gegeven.

Nova Scotia Museum of Natural History [4]
1747 Summer St., tel. 902-424-7353, www.naturalhistory.novascotia.ca, dag. 9-17, wo. 9-20 uur, nov.-half mei ma. gesloten, volwassenen $ 6,30, kinderen $ 4,05

Een straat naar het noorden staat het **Nova Scotia Museum of Natural History**, waar de geschiedenis van de natuur en het land wordt getoond. U ziet er onder andere opgravingen van een elfduizend jaar oude nederzetting, dertigduizend jaar oude botten van een mastodont die op Cape Breton zijn gevonden, een walvisskelet en gebruiksvoorwerpen van de eerste Acadische kolonisten en de Mi'kmaqs. Bij het museum hoort ook een museumshop.

Spring Garden Road [5]
Spring Garden Road is de winkelstraat van Halifax. Als u in de richting van de haven loopt, komt u door de meest levendige winkelwijk van de stad met talrijke stijlvolle bedrijven, boetieks, cafés, restaurants, pubs en jazzclubs. Andere kunstenaarscafés, bars en internationale restaurants, die vooral worden bezocht door de studenten van Halifax, vindt u in de omgeving van Granville, Grafton en Blowers Street.

Old Burying Ground [6]
1438 Barrington St., www.oldburyingground.ca

De eerste begraafplaats van Halifax, de **Old Burying Ground**, ligt ook aan de Spring Garden Road. Hij was van 1749 tot 1843 in gebruik. De afbeeldingen, symbolen en inschriften op de oude grafzerken geven veel opheldering over de eerste jaren van de stad. Hier liggen personen begraven die geschiedenis hebben geschreven. Zo ook generaal Robert Ross, die in de Oorlog van 1812 met Britse troepen de residentie van de Amerikaanse president in Washington in brand stak. Om de brandplekken weg te werken, verfde men het zandstenen gebouw wit – en noemde men het vanaf dat moment het Witte Huis.

Nova Centre [7]
www.novacentre.ca

Het hart van de stad, tussen Argyle, Prince, Sackville en Market Streets, was lange tijd een grote bouwput. Eind 2017 opende het **Nova Centre** zijn deuren, een futuristisch complex met drie woon- en werktorens. Behalve kantoren en woningen omvat het project ook een hotel, een congresscentrum en winkelcentrum Grafton Place. Met een geschatte kostprijs van een half miljard dollar is dit het grootste bouwproject van Nova Scotia. Nova Centre zal de binnenstad van Halifax een volledig nieuw aangezicht geven.

St. Paul's Anglican Church [8]
1749 Argyle St., www.stpaulshalifax.org

Aan de voet van Citadel Hill, rond Argyle, Barrington, Granville en Hollis Street, ligt het oudste deel van de stad met enkele van de mooiste historische gebouwen. Het oudste bouwwerk in Halifax is de **St. Paul's Anglican Church** op de Grand Parade, tussen Argyle en Barrington Street. Deze eerste Engelse overzeese kathedraal werd in 1750 gesticht en was tevens de eerste protestantse kerk in Canada. Aan de andere kant van de Grand Parade, een prachtig plein, staat het victoriaanse stadhuis van Halifax.

Province House [9]
1726 Hollis St., tel. 902-424-4661, www.nslegislature.ca, in de zomer ma.-vr. 9-17, za., zo. 10-16, anders ma.-vr. 9-16 uur , gratis toegang

Waterfront

Aan Hollis Street staat het tussen 1811 en 1818 gebouwde **Province House**. Sinds 1819 is dit het regeringsgebouw van Nova Scotia en een National Historic Site. Het majestueuze zandstenen gebouw is een van de mooiste voorbeelden van georgian koloniale architectuur uit het begin van de 19e eeuw. De Engelse schrijver Charles Dickens vergeleek het met de Westminster van Londen – 'gezien door het andere eind van een telescoop'.

Art Gallery of Nova Scotia 10

1723 Hollis en Cheapside Sts., tel. 903-424-5280, www.artgalleryofnovascotia.ca, di., wo., vr., za. 10-17, do. 10-21, zo. 12-17 uur, volwassenen $ 12, kinderen $ 5, do. 17-21 uur toegang gratis
Aan de overkant van Hollis Street is in het oude postkantoor uit 1864 de **Art Gallery of Nova Scotia** gevestigd. Bijzonder interessant is de collectie regionale volkskunst. In de Gallery Shop zijn schilderijen en kunstnijverheid van kunstenaars uit Nova Scotia te koop. Na dit artistieke uitstapje zorgt het gezellige café voor de nodige ontspanning.

Waterfront

Kaart: zie blz. 376
Het mooi gerestaureerde, historische havencomplex van Halifax is waarschijnlijk het aantrekkelijkste deel van de stad. De meeste restaurants hebben ook een terras vanwaar u een mooi uitzicht hebt op het water en het voetgangersgebied van de **Halifax Harbourwalk**, die langs de gehele haven loopt. Of u neemt een van de voordelige voetgangerspontjes naar Dartmouth aan de overzijde. Alleen al het panoramische uitzicht op Halifax maakt de tocht lonend. Ook vanaf **Purdy's Wharf** 11 aan het begin van de Harbourwalk hebt u prachtig zicht op het Waterfront.

Historic Properties 12

1869 Upper Water St., gratis toegang
De **Historic Properties** aan de haven vormen naast Citadel Hill de belangrijke attractie van de stad. Het in 1813 gebouwde Privateers Warehouse is het oudste gebouw van dit complex. Dit gedeelte van het Waterfront was ooit het centrum van Halifax' bloeiende zeehandel met Boston, West-Indië, Engeland en China. Toen in de jaren 60 de kades met de oude bakstenen panden van voormalige factorijen en pakhuizen, waarin vroeger stokvis, huiden, rum en melasse lagen opgeslagen, moesten wijken voor de aanleg van een snelweg, kwamen historisch bewuste burgers in opstand. Ze hielden het project tegen en de stad restaureerde de gedeeltelijk met kasseien geplaveide straten. Tegenwoordig herbergen de historische havengebouwen bars, boetieks, boekwinkels, kunstnijverheidswinkels en restaurants.

De **Privateers Wharf** beleefde zijn hoogtijdagen met name tijdens de Brits-Amerikaanse oorlogen in de 18e en 19e eeuw, toen de *privateers* met gekaapte Amerikaanse handelsschepen aanmeerden en de pakhuizen vulden met een grote buit. De op eigen houtje onder Engelse vlag varende vrijbuiters waren de schrik van de Amerikaanse vloot, van Cape Cod tot Florida. Zeer berucht was de *Liverpool Packet*. De strijdlustige kapitein Joseph Barrs kaapte tot aan het einde van de oorlog in 1814 meer dan vijftig schepen van de Yankees en verwierf zich, samen met de eigenaar van de *Liverpool Packet*, Enos Collins, immense rijkdom. Die laatste stierf in 1871 als rijkste man van Canada.

Metro Transit Ferry 13

Meteen naast de Historic Properties ligt de terminal van de **Metro Transit Ferry**. In het gebouw is ook een Visitor Information Centre ondergebracht. De veerpont naar Dartmouth vaart al sinds 1752, destijds nog als roeiboot met een zeil, en is daarmee de oudste maritieme veerverbinding van Canada. De goedkope overvaart is een waar genoegen, dat u niet mag missen. Vanaf de pont toont de haven zich van zijn mooiste kant: met uitzicht op het Waterfront in Dartmouth, de twee bruggen en George's Island en McNabs Island in de monding van de haven.

Cable Wharf 14

Een paar stappen verder bent u bij de **Cable Wharf**, een op palen staand blauw gebouw, dat ver in het water van de haven steekt. Hier

Halifax

meerden ooit de kabelleggers aan die de eerste telefoonverbindingen via de Atlantische Oceaan naar Europa tot stand brachten. Tegenwoordig is dit het beginpunt van diverse excursies en rondvaarten door de haven. Tevens vindt u hier een vismarkt, restaurants en winkels met souvenirs en kunstnijverheid.

Maritime Museum of the Atlantic 15

1675 Lower Water St., tel. 902-424-7490/91, www.maritimemuseum.novascotia.ca, zomer dag. 9.30-17.30, di. tot 20, winter di.-za. 9.30-17, zo. 13-17 uur, volwassenen $ 9,55, kinderen $ 5,15

Meer over de bloeitijd van de koopvaardij, toen de schepen van Nova Scotia overal ter wereld havens aandeden, kunt u te weten komen in het **Maritime Museum of the Atlantic**. Prachtig gesneden en beschilderde boegbeelden van oude windjammers, de pronksloep van koningin Victoria, complete kajuitinterieurs, het gereedschap en de voorraden van een rederij en scheepsmodellen: alles wat met de zoutwatertraditie van Canada te maken heeft, wordt hier getoond.

Zeer interessant zijn de tentoonstellingen over scheepswrakken en reddingen op zee. U kunt hier zelfs voorwerpen uit het wrak van de *Titanic* zien. Een andere indrukwekkende expositie informeert u over de Halifax Explosion van 6 december 1917, waarbij een groot deel van de stad werd verwoest, ruim tweeduizend doden vielen en negenduizend mensen gewond raakten. Op die ongeluksdag botste in de haven van Halifax een Belgisch bevoorradingsschip op een Frans munitieschip, dat daarna vlam vatte en in de lucht vloog. Zelfs op 80 km afstand sprongen er nog ramen en delen van het schip kwamen tot in een omtrek van 5 km terecht. De kracht van de explosie werd pas overtroffen door de atoombom op Hiroshima.

Tot het museumcomplex behoren ook twee schepen als drijvende tentoonstellingen: de Sackville, een korvet uit de Tweede Wereldoorlog, en de Acadia, het eerste Canadese hydrografische onderzoeksschip. Beide zijn te bezichtigen.

Brewery Market 16

Een paar honderd meter verderop in Lower Water Street is de **Brewery Market** gevestigd, waar **Alexander Keith's Nova Scotia Brewery**, de oudste nog functionerende brouwerij van Noord-Amerika, sinds 1836 zijn heerlijke ale brouwt. De hoofdbrouwerij is wel al geruime tijd de Oland Brewery, ten noorden van Downtown, maar in de historische brouwerij in de oude stad worden nog steeds volgens traditioneel recept speciale bieren gebrouwen, die u in de Stag's Head Tavern kunt proeven. Personeel in historisch kostuum licht toe hoe het brouwen in zijn werk gaat, en er zijn een bezoekerscentrum en een bierwinkel (1496 Lower Water St., tel. 902-455-1474, 1-877-612-1820, www.keiths.ca, half mei-eind okt. ma.-do. 11-19, vr., za. 11-20, zo. 12-16, anders vr. 17-20, za. 12-20 en zo. 12-16 uur, rondleiding met proeverij en entertainment $ 26).

Het gehele complex bestaat uit diverse mooi gerestaureerde bakstenen gebouwen, een doolhof van zuilengangen en binnenplaatsen die tegenwoordig gedeeltelijk met glas zijn overdekt. Het is goed voor te stellen hoe hier honderd jaar geleden paard-en-wagens beladen met houten biervaten over de kasseien klepperden, om de taveernes in de stad en de zeilschepen in de nabije dokken met vers gebrouwen ale te bevoorraden. Nu zijn in het gebouwencomplex behalve de brouwerij kantoren, bedrijven en restaurants gevestigd.

Elke zaterdag wordt hier op het terrein een **Farmers Market** gehouden, een kleurig spektakel waar u vers fruit en groente of een lekkere snack kunt kopen, maar ook het genieten van kleinkunst en het bewonderen van kunstnijverheid behoort tot de opties. Straatmuzikanten en jazz- en folklorebands dragen bij aan het vermaak (Historic Farmers' Market, www.historicfarmersmarket.ca, za. 7-13 uur). De historische markt werd voor het eerst gehouden in 1750 en is daarmee de oudste markt in Noord-Amerika die nog steeds plaatsvindt.

Een deel van de boeren en kooplieden is verkast naar een duurzaam verbouwde scheepsterminal aan Pier 20. Hiervandaan hebt u een mooi uitzicht op de haven en George's Island. De **Halifax Seaport Farmers'**

Market is dagelijks geopend (1209 Marginal Rd./Pier 20, tel. 902-492-4043, www.halifax farmersmarket.com, mei-dec. ma.-vr. 10-17, za. 7-15, zo. 9-15 uur).

Pier 21

Wanneer u verder in zuidelijke richting over de havenpromenade wandelt, langs de Tall Ships Quay, komt u bij Pier 21 met de enorme Cruise Ship Terminal. Waar nu cruiseschepen voor anker gaan, kwamen in de periode tussen 1928 en 1971 ruim een miljoen immigranten, vluchtelingen en ontheemde kinderen aan land, terwijl voor honderdduizenden Canadese soldaten in de Tweede Wereldoorlog hier de reis naar de frontlinies in Europa begon. Met interessante tentoonstellingen, multimediapresentaties en manifestaties vertelt het museum, **Canadian Museum of Immigration at Pier 21** [17], over de geschiedenis en lotgevallen van de immigranten, vluchtelingen en soldaten. Er wordt ook aandacht besteed aan moderne immigratie. In het Research Centre zijn passagierslijsten, oude foto's en documenten te zien (1055 Marginal Rd., tel. 902-425-7770, www.pier21.ca, dag. 9.30-17 uur, volwassenen $ 11, kinderen $ 7).

Naar Dartmouth

Kaart: zie blz. 376
Hoewel **Dartmouth** niet veel bezienswaardigheden te bieden heeft, is het alleen al vanwege het fantastische uitzicht beslist lonend om de oversteek naar de andere kant van de haven te maken – voor een paar dollar met de veerpont of met de auto over de Angus L. MacDonald Bridge. In dat laatste geval moet u Brunswick Street nemen.

Little Dutch Church [18]

2393 Brunswick/Gerrish Sts., tel. 902-423-1059
Ongeveer een kilometer voor de afslag naar de brug naar Dartmouth staat de eerste lutherse kerk van Canada, de **Little Dutch Church** met de aangrenzende pioniersbegraafplaats. De eenvoudige, kleine houten kerk werd in 1756 door Duitse kolonisten gebouwd. Dutch betekent in dit geval niet Nederlands, maar Duits. In de kerk worden af en toe nog kerkdiensten gehouden. Voor een bezichtiging dient u eerst telefonisch contact op te nemen.

Quaker Whaler House [19]

59 Ochterloney St., tel. 902-464-2253, www.historicplaces.ca, juni-aug. di.-zo. 10-13, 14-17 uur, $ 5
Interessant in Dartmouth is een bezoek aan het historische **Quaker Whaler House**, nabij de Dartmouth Ferry bij de Waterfront. Het huis werd in 1785 door quakers uit Nantucket gebouwd, die in Dartmouth een walvisvaardersvloot oprichtten. 's Zomers geeft traditioneel gekleed personeel een indruk van het alledaagse leven van een toenmalige quakerfamilie. In de mooie kruidentuin achter het huis is ook ruimte voor een picknick.

Black Cultural Centre for Nova Scotia [20]

10 Cherry Brook Rd., Cherry Brook, tel. 902-434-6223, www.bccnsweb.com, ma.-vr. 10-16, tot eind okt. ook za. 12-15 uur, $ 6
Het **Black Cultural Centre for Nova Scotia** in Dartmouth informeert u middels tentoonstellingen en een omvangrijk archief over de geschiedenis en cultuur van de zwarte bevolking in de regio en de rest van Noord-Amerika. Het centrum is uniek in zijn soort in Canada. Tot het veelzijdige programma behoren ook theater-, dans- en muziekvoorstellingen. U komt te weten dat de eerste zwarte man in Nova Scotia, Mattieu da Costa, al in 1606 aan land kwam. Na de Amerikaanse Onafhankelijkheidsoorlog arriveerden in 1782 duizenden zwarte loyalisten om zich in Nova Scotia te vestigen.

Fairview Cemetery [21]

3720 Windsor St.
Bent u behalve in oceanografie ook geïnteresseerd in de Titanic, rij dan niet naar Dartmouth via de Angus L. MacDonald Bridge, maar via de iets noordelijker gelegen MacKay Toll Bridge ($ 1 tol). Onderweg kunt u namelijk het **Fairview Cemetery** bezoeken, waar ruim honderd geborgen slachtoffers van de ramp met Titanic begraven liggen. Inschriften op de grafstenen

roepen hun tragische lot in herinnering. Een grafsteen draagt naast het nr. 227 ook nog het opschrift J. Dawson – de inspiratie voor Jack Dawson, Leonardo DiCaprio in James Camerons verfilming van het drama.

Bedford Institute of Oceanography 22
1 Challenger Dr., tel. 902-426-2373, BIO Tour Guides tel. 902-426-4306, www.bio.gc.ca, mei-aug. ma.-vr. 9-16 uur , gratis toegang

Het **Bedford Institute of Oceanography** aan Baffin Boulevard, een instituut voor zee-onderzoek, is wereldwijd gerenommeerd en is het grootste in zijn soort in Canada. Bovendien is het beroemd vanwege de documentatie over de Titanic en trekt daardoor flink wat bezoekers. Door middel van tentoonstellingen en rondleidingen wordt u geïnformeerd over het werk van het instituut en de fascinerende wereld van de oceanen.

Bijzonder interessant is het schaalmodel van de gezonken oceaanreus op de zeebodem. U kunt een virtuele brug van een schip betreden en in het aquarium van het Sea Pavilion zeedieren aanraken.

Eastern Passage

Vanuit Dartmouth loopt Route 322 langs de oever van de **Eastern Passage** de smalle zeestraat tussen Dartmouth en McNabs Island. De weg passeert onaantrekkelijke industrieterreinen, een olieraffinaderij en de Canadese luchtmachtbasis Shearwater voor u het schilderachtige vissersdorpje Fischerdorf Fisherman's Cove bereikt.

Shearwater Aviation Museum 23
34 Bonaventure Ave., 12 Wing Shearwater, tel. 902-720-1083, www.shearwateraviation museum.ns.ca, juni-aug. ma.-vr. 10-17, za., zo.

Halifax is een stad die je het beste vanaf het water kunt ontdekken – de toonzaal van het mariene leven is de Waterfront

Eastern Passage

12-16, apr./mei en sept.-nov. di.-vr. 10-17, za. 12-16 uur, gratis toegang, een donatie wordt op prijs gesteld

Liefhebbers van de luchtvaart kunnen in het **Shearwater Aviation Museum** bij de ingang van de basis een tiental gerestaureerde vliegtuigen en andere memorabilia uit de luchtvaartgeschiedenis bezichtigen. Een groot diorama laat de HMCS Bonaventure zien, Canada's laatste vliegdekschip.

Fisherman's Cove en McNabs Island

Maar het doel van de tocht is **Fisherman's Cove** 24. Het schilderachtige vissersdorpje is ruim twee eeuwen oud. Met zijn kleurige vissersboten en huizen, tegenwoordig uitgebreid met galeries, kunstnijverheidswinkels, boetieks en visrestaurants, is het een populaire bestemming voor een uitstapje voor zowel toeristen als de lokale bevolking. Toch is Fisherman's Cove nog steeds een *working fishing town*, waar de schepen met verse vangst de restaurants bevoorraden. Direct bij de ingang van het dorp informeert het **Fisherman's Cove Heritage Centre** over de geschiedenis van het vissersdorp (Government Wharf Road, tel. 902-465-6093, mei-sept. di.-za. 12-19 uur, volwassenen $ 4, kinderen $ 3). U kunt van de Eastern Passage over de Government Wharf Road door het dorp rijden, maar het is leuker om het lopend te verkennen en over de 1 km lange *boardwalk* door de met gras begroeide duinen te slenteren, telkens weer met een mooi uitzicht op de haven van Halifax en McNabs Island. Vanuit Fisherman's Cove kunt u met een kleine veerpont overvaren naar het **McNab's and Lawlor Islands Provincial Park** 25 met stranden en rustige wandelpaden (zie Actief blz. 384).

Informatie

Nova Scotia Tourism: Halifax Waterfront Boardwalk at Sackville Landing, tel. 902-424-4248, 902-422-9334, 1-800-565-0000, www.novascotia.com, www.destinationhalifax.com. Er is ook een infobalie op het vliegveld.

Accommodatie

Chic hotel, historische omgeving – **Halifax Marriott Harbourfront Hotel** 1 : 1919 Upper Water St., tel. 902-421-1700, 1-800-943-6760, www.halifaxmarriott.com. Centraal gelegen hotel aan de haven met overdekt binnenbad en restaurants. 2 pk vanaf $ 242.

Uitzicht op de haven – **Delta Halifax** 2 : 1990 Barrington St., tel. 902-425-6700, 1-888-890-3222, www.marriott.com. Hoteltoren in het centrum van de stad boven Scotia Square, met uitzicht op de haven en de stad. Zwembad, restaurant (diner $ 12-37). 2 pk $ 195-250.

Comfortabel, goede service – **Lord Nelson Hotel** 3 : 1515 South Park St., tel. 902-423-6331, 1-800-565-2020, www.lordnelsonhotel.ca. Elegant oud hotel op een rustige plek aan het stadspark. 2 pk $ 169-199.

Charmante B&B – **Halifax Waverley Inn** 4 : 1266 Barrington St., tel. 902-423-9346, 1-800-565-9346, www.waverleyinn.com. B&B met

Halifax

Actief

UITSTAPJE NAAR MCNABS ISLAND

Informatie

Veerboot: McNabs Island Ferry, vanaf Dartmouth, **Fisherman's Cove** 24, Eastern Passage, tel. 902-465-4563, 1-800-326-4563, www.mcnabsisland.ca. Retour $ 20 p.p., overtocht ca. 5 min. Alternatief: watertaxi vanuit Halifax Harbour, overtocht ca. 20 min., $ 30
Duur: halve tot hele dag
Belangrijk: op het eiland is niets te koop, neem daarom zelf eten en drinken mee
Inlichtingen: Friends of McNabs Island Society, www.mcnabsisland.ca; Department of Natural Resources, voor reserveren van kampeerplaats, tel. 902-861-2560

In het zicht van het bedrijvige Downtown Halifax sluit het 400 ha grote **McNabs Island** 25 als een grote prop de havenmonding af. Het overwegend met esdoorns, berken en roodsparren begroeide eiland is ongeveer 5 km lang en 1,5 km breed en vormt sinds 2002 met het naastgelegen eiland een provinciaal park, het McNab's & Lawlor Islands Provincial Park. Het uit 1889 daterende **Fort McNab** wordt als National Historic Site beheerd door Parks Canada. De vesting was eens het belangrijkste verdedigingswerk van Halifax. Vogelaars kunnen hun hart ophalen, want er leven meer dan tweehonderd soorten vogels op dit eiland. Ook reeën, konijnen en coyotes laten zich met regelmaat zien. Met de kleine veerpont uit Fisherman's Cove steken regelmatig mensen over die hun mountainbike meenemen naar het eiland. Er zijn daar geen auto's, maar wel meer dan 20 km aan idyllische wandel- en fietspaden die naar stranden, een vuurtoren en ruïnes van eeuwenoude forten leiden. In het verleden was McNabs Island een belangrijke schakel in de Britse vestingwerken, en woonden er meer dan honderd koloniale soldaten met hun families. In de 19e eeuw legde een grootgrondbezitter hier een siertuin met veel exotische planten aan. Tegenwoordig zijn de tuinen van de voormalige nederzettingen verwilderd en het eiland is een stil natuurparadijs geworden. In juli en augustus kan het op het strand en op enkele wandelpaden echter erg druk zijn.

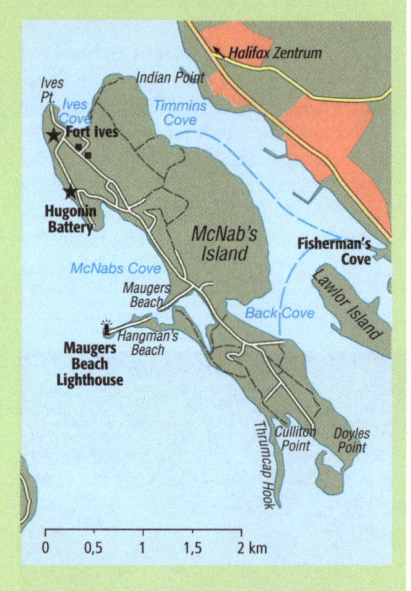

Van de vervallen vestingresten hebt u uitzicht op de baai van **Hangman's Beach**. De naam van dit strand herinnert er nog altijd aan dat de Engelsen in de koloniale tijd hier deserteurs ophingen

Adressen

en als waarschuwing voor andere zeelui de doden lang aan de galgen lieten bungelen. Niet ver van Hangman's Beach staat een fotogenieke vuurtoren op een smalle, door water overspoelde, rotsige landtong. Tot voor enkele jaren kon u de toren met droge voeten over een dam bereiken, maar in 2003 trok een zware tornado over McNabs Island en die sleurde, naast oeroude bomen en vogelkolonies, ook de dam naar de **Maugers Beach Lighthouse** met zich mee.
Van **Fort Ives**, op een met wilde bloemen begroeide heuveltop op de noordpunt van het eiland, hebt u een mooi panoramisch uitzicht op Halifax.

stijvol antiek en een indrukwekkend gastenboek – onder meer Oscar Wilde en George Vanderbilt waren hier te gast. 2 pk $ 130-190.
Voordelig en centraal – **Halifax Heritage House Hostel** 5 : 1253 Barrington St., tel. 902-422-3863, www.hihostels.ca. Centrale ligging in de buurt van Citadel Hill. $ 30-68.

Eten en drinken

Fine dining – **The Press Gang Restaurant & Oyster Bar** 1 : 5218 Prince St., tel. 902-423-8816, www.thepressgang.net, zo.-wo. 17- 22, do.-za. 17-24 uur, vr., za. livemuziek, reserveren is aan te bevelen. Stijlvol restaurant in een van de oudste gebouwen van de stad. Seafood, steaks, gevogelte, wild en een omvangrijke wijnkaart. Hoofdgerecht $ 36-45.
Creatieve keuken – **Gio** 2 : 1725 Market St., in het Prince George Hotel, tel. 902-425-1987, www.giohalifax.com, ma.-wo. 12-22, do.-za. 17-23 uur. Elegante, fijne sfeer. Op de kaart staan pastagerechten, maar ook chowder en hamburgers, lekkere soepen en salades. Lunch $ 12-16, diner $ 28-42.
Seafood en maritieme sfeer – **Five Fishermen** 3 : 1740 Argyle St., tel. 902-422-4421, www.fivefishermen.com. Traditioneel visrestaurant en *grill* op twee verdiepingen in een historisch gebouw. Downstairs Grill ma.-vr. 11.30-22, za., zo. 16-22, restaurant en oesterbar dag. 17-21 uur (happy hour 16-18 uur). Voorgerecht $ 12, hoofdgerecht $ 25-45.
Uitstekend – **Chives Canadian Bistro** 4 : 1537 Barrington St., tel. 902-420-9626, www.chives.ca, dag. 17-21.30 uur. Vis, steaks, lamsvlees, gevogelte en regionale specialiteiten. Bijzonder smakelijk is de Nova Scotia chowder. Zeer populair, tijdig reserveren. Voorgerecht $ 9-16, hoofdgerecht $ 20-30.

Met panoramisch uitzicht – **Salty's on the Waterfront** 5 : 1877 Upper Water St., Historic Properties, tel. 902-423-6818, www.saltys.ca, ma.-vr. 11.30-14, dag. vanaf 17 uur. Gevarieerd aanbod, mooi uitzicht op de haven, groot terras. Voorgerecht $ 13-20, hoofdgerecht $ 25-50.
Gied trefpunt – **Fireside** 6 : 1542 Birmingham St., tel. 902-423-5995, www.thefireside.ca, ma. en vr. 11.30-24, di.-do. 11.30-23, za. 16-12, zo. 16-22 uur. Bar en restaurant. In een mooi gerestaureerd 19e-eeuws huis, café met terras en atrium; pasta, steaks, zeevruchten en lekkere desserts. Gerechten $ 9-24.

Winkelen

Pelgrimsoord voor muziekliefhebbers – **Halifax Folklore Centre** 1 : 1528 Brunswick St., tel. 902-422-6350, www.halifaxfolklorecentre.com, ma.-wo. 11-17.30, vr. 11-19, za. 11-17 uur. Een zeer bijzondere muziekwinkel in een victoriaans pand van 130 jaar oud. Instrumenten, boeken en originele cadeaus.
Kunstgalerie – **Zwicker's Gallery** 2 : 5415 Doyle St., tel. 902-423-7662, www.zwickersgallery.ca, di.-vr. 9-17, za. 10-17 uur. Oudste kunstgalerie van Canada. Goede verzameling Canadese en Europese schilderkunst, litho's en oude landkaarten.
Kunstnijverheid – **Jennifer's of Nova Scotia** 3 : 5635 Spring Garden Rd., tel. 902-425-3119, www.jennifers.ns.ca, apr.-dec. ma.-vr. 9-21, za. 9-18, zo. 10-17 uur, anders korter. Kunstnijverheid van de hoogste kwaliteit van dik honderd kunstenaars uit Nova Scotia.

Uitgaan

Loungen en dansen – **Niche Lounge** 1 : 1505 Barrington St., tel. 902-423-6632, www.

Halifax

nichelounge.com. Ontbijt, lunch, diner, bier, wijn en cocktails 6.30-22 uur, di., wo. tot 23, do.-za. tot 24 uur. Aanpalende Pacifico Dancebar do.-za. tot 2 uur.

Meer dan zestig biersoorten – **The Maxwell's Plum** 2 : 1600 Grafton Street, tel. 902-423-5090, www.themaxwellsplum.com, zo.-wo. 11-24, do.-za. 11-2 uur. English pub met lekkere hapjes, sandwiches en burger. $ 7-14.

Vijf muziekbars onder een dak – **The Dome** 3 : 1726 Argyle St., tel. 902-422-6907, www.thedome.ca, wo.-zo. 22-3.30 uur. Erg populaire combinatie van disco en restaurant.

Bijzonder dineren – **The Grafton Street Dinner Theatre** 4 : 1741 Grafton St., tel. 902-425-1961, www.graftonstdinnertheatre.com, di.-zo. 18.30 uur. Muziek, shows en ander entertainment tijdens een goed verzorgd diner ($ 48).

Eten, drinken, entertainment – **Lower Deck 'Good Time Pub'** 5 : Privateers Warehouse, Historic Properties, 1887 Upper Water St., tel. 902-425-1501, www.lowerdeck.ca. Restaurant, entertainment, bier en muziek op twee verdiepingen.

Topentertainment, goed eten – **Cheers** 6 : 1741 Grafton St., tel. 902-421-1655, www.cheershalifax.ca. Live-entertainment met bekende namen uit de rock- en popwereld. Specialiteit van het huis is de roast beef, die in enorme porties wordt geserveerd. Om 23.30 uur gaan de tafels aan de kant en de voetjes van de vloer.

Kunst en muziek op topniveau – **Dalhousie University Arts Centre** 7 : 6101 University Ave., tel. 902-494-3820, 1-800-874-1669, www.dal.ca/dept/arts-centre.html. Musicals, dans en toneel in de grote zalen van het Rebecca Cohn Auditorium en het Sir James Dunn Theatre.

Actief

Sightseeing – **Ambassatours** 1 : tel. 902-423-6242, www.ambassatours.com, www.mtcw.ca. Stadsrondrit met Britse flair, havenrondvaarten, tripjes naar Peggy's Cove en Lunenburg, vertrekpunt: Historic Properties.

Te land en op het water – **Murphy's on the Water** 2 : Cable Wharf, 1751 Lower Water St., tel. 902-420-1015, www.mtcw.ca. Stad- en haventours met een amfibievoertuig (1 uur), half uur durende havenrondvaart met een sleepboot, *dinner cruise* met de historische **Harbour Queen**, natuurtochten en walvisexcursies met de Haligonian III, trips naar McNabs Island, zeiltochten en andere bootexcursies. Vanaf $ 20.

Huren en repareren – **The Trail Shop** 3 : 6210 Quinpool Rd., tel. 902-423-8736, www.trailshop.com. Verhuur en reparatie van kano's, kajaks, tenten, slaapzakken en fietsen. Ook boeken en landkaarten.

Fietsverhuur – **Idealbikes** 4 : 1678 Barrington St., tel. 902-444-7433, www.idealbikes.ca, ma.-vr. 10-18, za. 10-17 uur. Verkoop, reparatie en verhuur van fietsen. Grote keus in alle soorten en maten, vanaf $ 25.

Evenementen
Nova Scotia International Tattoo: eind juni/begin juli, www.nstattoo.ca. Tijdens een achtdaags vrolijk bont festival wordt de Britse militaire traditie in ere gehouden met parades, muziekkapellen, vuurwerk en verschillende wedstrijden.

Vervoer
Vliegtuig: vanaf Halifax Stanfield International Airport: (Highway 102, zo'n 40 km ten noorden van Downtown, www.halifaxstanfield.ca) vertrekken vliegtuigen naar alle Atlantische provincies. De Airport Express verbindt het vliegveld met de hotels in Downtown ($ 22, kinderen tot 12 jaar gratis). Met de taxi kost de rit $ 63.
Trein: vanaf het station (1161 Hollis Street, www.viarail.ca) rijdt onder andere een nachttrein (wo. en zo.) in 23 uur naar Montréal.
Bus: het busstation bevindt zich naast het treinstation.
Vervoer in de stad: bij het netwerk van MetroTransit horen zowel de stadsbussen in Halifax als de veerboten naar Dartmouth (www.halifax.ca/transit).

In plaats van stoere zeebonken lopen er tegenwoordig toeristen door de Cable Wharf

Rondreizen in Nova Scotia

Nova Scotia is uiterst veelzijdig: op een relatief klein oppervlak liggen ongerepte natuur, indrukwekkende klippen, groene weiden, goudgele zwemstranden, eenzame baaien en door krachtige getijden gevormde kuststroken, waar amateurgeologen op zoek zijn naar halfedelstenen. Langs de zuidkust zwemmen walvissen voorbij en in de schilderachtige vissersdorpjes dragen kreeftenvissers hun vangst aan wal.

Op veel zomerse dagen in Nova Scotia lijkt het vanwege de heldere lucht en het diepblauwe water alsof u zich bevindt aan de Middellandse Zee. Andere dagen zijn daarentegen in zulke zachte parelgrijze tinten gedompeld dat de voor de kust gelegen eilanden zich in een donkere sluier lijken te hullen. Aan de zuidkust krijgt u regelmatig de indruk dat verfverkopers door de slaperige kleine havenplaatsjes met hun witte kerken zijn getrokken: als groene, gele, turquoise, blauwe, rode en roze vlekken steken de houten huisjes schril af tegen de grijze rotsen.

Toeristisch gezien is Nova Scotia opgedeeld in zeven gebieden. Voor elk van deze regio's stelt het provinciale toeristenbureau uitvoerig materiaal beschikbaar. De diverse trails, toeristische routes voor de auto, worden aangeduid met symbolen. De Lighthouse Route en Marine Drive voeren langs de zuidkust met zijn vele vissersdorpjes en vuurtorens; de Evangeline Trail loopt door het land van de Acadiërs aan de noordkust; de Glooscap Trail leidt u rondom het Minas Basin; tot slot strekt zich langs de Northumberland Strait met zijn mooie stranden de Sunrise Trail uit. Het eiland Cape Breton biedt verscheidene mooie routes, waarvan de Cabot Trail en de Bras d'Or Trail de interessantste zijn. Wanneer u slechts enkele dagen voor een reis door Nova Scotia tot uw beschikking hebt en een keuze moet maken, kies dan voor de Lighthouse Route, Evangeline en Cabot Trails.

Over de Lighthouse Route naar Lunenburg
▶ R 9/10

Kaart: zie blz. 400
Ten westen van Halifax, via Highway 3 en zijn zijwegen, loopt de **Lighthouse Route** langs de zuidkust met ontelbare baaien en klippen. Deze met borden aangegeven route is een van de mooiste in Nova Scotia. Hij dankt zijn naam aan de vele **vuurtorens** die u langs deze route nog meer dan elders aantreft. De ruwe, onberekenbare Atlantische Oceaan en de dichte mist hebben regelmatig catastrofale gevolgen gehad, in het bijzonder voor schippers die niet bekend waren met de kust van Nova Scotia. Meer dan drieduizend scheepswrakken zijn daar de stille getuigen van. Het is dan ook geen wonder dat er in de provincie ruim duizend vuurtorens en lichtbakens staan. Ook als automobilist moet u rekening houden met mist, in het voorjaar meer dan in de nazomer, en 's ochtends vaker dan in de namiddag. Toch maakt juist het mistige of ruwe weer de **pittoreske vissersdorpjes** vaak extra aantrekkelijk.

Peggy's Cove ▶ R 9
In **Peggy's Cove** **1** aan de St. Margaret's Bay, een klein uur van Halifax verwijderd, staat vol trots de misschien wel beroemdste vuurtoren van Canada: in fel rood-wit en midden tussen een gebergte van enorme rotsblokken. Alsof

ze door een gigantische zeegod door elkaar zijn gegooid en dan door de golven gladgespoeld. Daarachter drommen sierlijke, kleurige houten huisjes rond de kleine vissershaven met verweerde vlonders en loodsen, waarvoor kreeftenfuiken staan opgestapeld en netten te drogen hangen. De rotsblokken zijn tienduizend jaar geleden in de laatste ijstijd door de gletsjers achtergelaten. De afgesleten granietbasis is meer dan vierhonderd miljoen jaar oud.

Het rustieke, idyllische Peggy's Cove is een geliefd motief voor schilders en fotografen uit de hele wereld, die hier zelfs een kleine kunstenaarskolonie hebben gesticht. De vuurtoren is niet meer bemand; een paar jaar geleden was er nog een klein postkantoor in gevestigd. U kunt een ansichtkaart nu afgeven in het restaurant. In de zomermaanden zijn de parkeerplaatsen in dit slechts honderd inwoners tellende plaatsje nagenoeg allemaal bezet. Als mieren krioelen de toeristen over de zonverhitte rotsen. Pas wanneer de eerste herfststormen zich aandienen, keert de rust terug: eigenlijk de mooiste tijd voor een bezoek. Tijdens het hoogseizoen moet u zorgen dat u hier al vroeg in de ochtend bent, voordat de bussen met toeristen arriveren.

Maar niet overal aan de zuidkust van Nova Scotia heeft het toerisme zo om zich heen gegrepen als in Peggy's Cove. Er zijn tientallen andere vissersdorpjes die met hun gekleurde huisjes net zo schilderachtig zijn en waar de lucht sterk naar zout, zeewier en vis ruikt en waar de kotters aan de pier kabeljauw, makreel of kreeft uitladen. Vaak hebt u ook de gelegenheid om een praatje met de vissers te maken, die dan vaak de meest fantastische verhalen in petto hebben. In deze omgeving met haar zeer avontuurlijke geschiedenis is geen gebrek aan *tall stories* – sterke verhalen. De St. Margarets Bay was de thuishaven voor piraten en vrijbuiters en tijdens de Drooglegging werden de schepen naar New England volgeladen met illegaal gestookte rum en whiskey.

Accommodatie

B&B in vissershuisje – **Peggy's Cove Bed and Breakfast:** 17 Church Rd., tel. 902-823-2265, 1-877-8732, www.peggyscovebb.com. Gerestaureerd vissershuisje met mooi uitzicht op zee en de vuurtoren. Slechts drie kamers, dus op tijd reserveren! 2 pk $ 145-155.

Chester ▶ R 9

Chester 2 (1300 inwoners) aan de Mahone Bay werd in 1760 gesticht door kolonisten uit New England. Ruim een eeuw lang was de baai met zijn 365 eilandjes een eldorado voor piraten, smokkelaars en vrijbuiters, die zich hier perfect konden schuilhouden. Tegenwoordig staat deze plaats bekend als paradijs voor zeilers. Hoogtepunt van het seizoen is de in augustus gehouden Chester Race Week, de grootste regatta van Atlantic Canada.

Vanaf de Government Wharf in Chester kunt u met het voetveer overvaren naar het 9 km verderop gelegen **Big Tancook Island** (tel. 902-275-7885, ma.-vr. 7-17.30, vr. tot 23, za. 12-19, zo. 10-18 uur, Tancook Tourism tel. 902-228-2927, www.tancookislandtourism.ca, ca. 45 min. inclusief fiets, die u in Lunenburg kunt huren $ 7). Het eiland biedt idyllische wandelpaden, een klein Visitor Centre, een regionaal museum, een café en een B&B. Op Graves Island, dat een paar kilometer ten noordoosten van Chester ligt en via een dam te bereiken is, kunt u kamperen in het provinciaal park.

Informatie

Visitor Information Centre: Old Chester Train Station, 20 Smith Rd., tel. 902-275-4616, www.chesterns.com, ma.-za. 9-17.30, zo., feestdagen 10-17 uur.

Accommodatie

Mooi uitzicht op Mahone Bay – **Gray Gables Oceanside B&B:** 19 Graves Island Rd., tel. 902-275-2000, www.graygables.ca. Ca. 3 km van het plaatsje op een heuvel gelegen. Mooi uitzicht op Graves Island Provincial Park. Stijlvol ingerichte, grote kamers, veranda. 2 pk $ 135-150.

Eten en drinken

Maritiem decor – **The Rope Loft:** 36 Water St., tel. 902-275-3430, www.ropeloft.com. Populair visrestaurant met uitzicht op de jachthaven. Uitgebreid menu, keuze uit lekkere hamburgers, kip, lamsvlees, steaks en schaal- en schelpdieren. Vanaf $ 10.

Evenementen
Chester Race Week: half augustus. Grootste zeilregatta in Atlantic Canada.

Ross Farm Living Heritage Museum ▶ R 9
4568 Highway 12, New Ross, tel. 902-689-2210, 1-877-689-2210, rossfarm.novascotia.ca, mei-aug. dag. 9.30-17.30, sept.-nov. wo.-zo. 9-17 uur, volwassenen $ 8, kinderen tot 17 jaar $ 3

Via Highway 12 komt u bij het ongeveer 30 km verderop gelegen **Ross Farm Living Heritage Museum**. De tot in detail gerestaureerde boerderij met verscheidene woonhuizen en werkplaatsen uit de vroege 19e eeuw toont de ontwikkeling van de landbouw in Nova Scotia vanaf 1817. De veehouderij, de landbouw en de ambachten – alles ziet eruit zoals het twee eeuwen geleden was, fascinerend om te zien en zeer geschikt om mooie foto's van te maken.

Oak Island ▶ R 9
De Mahone Bay kan regelrecht concurreren met de legendarische piratenwateren van het Caribisch gebied. In 1813 explodeerde in de baai het piratenschip *Young Teazer*. Nog steeds zou in stormachtige nachten het spookschip, gehuld in vlammen, rondwaren in de baai. Namen als Murderer's Point en Sacrifice Island herinneren aan het wilde verleden, terwijl al sinds 1795 op het nabijgelegen, via een dam te bereiken **Oak Island 3** naar een legendarische schat wordt gezocht. Veel van de onvermoeibare schatgravers vermoeden dat hier het piratengoud van de beruchte Captain Kidd begraven ligt – maar na al het immense graafwerk dat sindsdien is verricht, lijkt dat onwaarschijnlijk. Anderen, zoals Dan Blankenship, die al decennia op het eiland woont en graaft, geloven dat de Orde van de Tempeliers hier eeuwen geleden in een geraffineerd stelsel van tunnels en schachten enorme schatten liet verbergen. In het project 'schatgraven' zijn reeds enorme bedragen geïnvesteerd. Er zijn boringen uitgevoerd en schachten tot wel 55 m diepte gegraven. Behalve wat munten, houtskool, kokosvezels en raadselachtige platen eikenhout heeft men tot nu toe echter niets bijzonders weten op te graven. Het schatgraven heeft al diverse mensenlevens geëist. Steeds maar weer spoelde er zeewater in de schacht en verhinderde het graafwerk. Sinds 2007 probeert een Amerikaans consortium met behulp van hightechapparatuur en tien miljoen dollar het mysterie eindelijk op te lossen.

Onlangs heeft de provinciale overheid aan de nieuwe eigenaren van het eiland een vergunning voor verdere opgravingen geweigerd. Maar wellicht is het laatste woord in deze kwestie nog niet gesproken. Dan Blankenship, inmiddels dik in de negentig, en zijn aanhang jagen in elk geval nog altijd hun droom na (www.oakislandsociety.ca).

Over de Lighthouse Route naar Lunenburg

Tijdens de zomer speelt het leven in de Mahone Bay zich af op het water

Mahone Bay ▶ R 10

Het naar de baai genoemde plaatsje **Mahone Bay** 4 verwelkomt u al van verre met drie schilderachtige kerken langs de kustweg, Trinity United Church, St. John's Lutheran Church en St. James Anglican Church. De gezamenlijke spiegelbeelden worden gereflecteerd door het rustige water van de baai, wat zeker een van de meest gefotografeerde onderwerpen van de provincie is. Alleen de **St. James Anglican Church** is ter bezichtiging geopend (65 Edgewater St., 902-624-8614, juli, aug. do.-za. 11-15 uur). Wel worden regelmatig op vrijdag ook in de andere kerken klassieke concerten georganiseerd (inlichtingen in het Visitor Centre, tel. 902-624-8327, www.townofmahonebay.ca).

Aan de smalle straten in Mahone Bay staan talloze historische gebouwen, waarin thans galeries, kunstnijverheidswinkels, restaurants en cafés zijn gevestigd. U kunt een roeiboot of een kajak huren en de verlaten stranden en baaien van de gelijknamige Mahone Bay verkennen. In de gouden tijd van de zeilvaart was de stad een centrum van de scheepsbouw. Bij het Waterfront demonstreert men de techniek waarmee de houten boten werden gebouwd en worden schepen te water gelaten. Het kleine **Settler's Museum**, dat in een ruim anderhalve eeuw oud houten huis aan de hoofdstraat is gevestigd, informeert over de scheepsbouwtraditie en de pionierstijd (578 Main St., tel. 902-624-6263, www.settlersmuseum.ns.ca, mei-sept. di.-zo. 10-16 uur, gratis toegang).

Accommodatie, eten en drinken

Mooi en rustig – **Atlantica Hotel & Marina Oak Island:** Western Shore, Highway 103 tussen Chester en Mahone Bay, 902-627-2600, 1-800-565-5075, www.atlanticaoakisland.com. Hotel en volledig ingerichte vakantiehuisjes op een prachtige plek aan het water. Restaurant (7-21 uur, hoofdgerecht $ 18-34), jachthaven, verhuur van kajaks en roeiboten. 2 pk $ 150-170.

Eenvoudig en voordelig – **Kip & Kaboodle:** 9466 Highway 3, RR 1 Mahone Bay (3 km buiten het plaatsje), tel. 902-531-5494, 1-866-549-4522, www.kiwikaboodle.com. Backpackershostel, eenvoudige, schone accommodatie met slaapzaal, tevens mogelijk als B&B. Buitenzwembad. Bed op slaapzaal $ 30, 2 pk vanaf $ 49.

Eten en drinken

Panoramisch – **Kedy's Inlet Restaurant:** 249 Edgewater St., tel. 902-531-3030, www.kedysinlet.com. Gezellig restaurant met mooi uitzicht op de haven en de drie kerken; op het menu staan verse schaal- en schelpdieren en lekkere desserts. Hoofdgerecht $ 12-30.

Actief

Kajaktochten – **East Coast Outfitters:** 2017 Lower Prospect Rd., Lower Prospect (tussen Halifax en Peggy's Cove), tel. 902-852-2567, 1-877-852-2567, www.eastcoastoutfitters.com. Kajakexcursies op het kalme water van de Mahone Bay langs rotskusten en mooie eilandstranden; onderweg kunt u dolfijnen zien opduiken en zeearenden zien overvliegen, terwijl talloze futen in het water zwemmen. Excursies, cursussen en verhuur.

✪ Lunenburg ▶ R 10

Kaart: zie blz. 400

Achter de weidse boog van de Mahone Bay ligt **Lunenburg** (2400 inwoners), een beeldschoon, rustig havenstadje met een lange traditie van visserij, zeevaart en scheepsbouw, dat een steeds grotere populariteit geniet onder toeristen. Er is dan ook een groot aanbod aan galeries, musea en restaurants. Het raster van smalle, door bomen geflankeerde straten daalt geleidelijk naar de haven af. De gehele kern van het stadje is door de UNESCO tot Werelderfgoed verklaard. De huizen zijn fel blauw, geel, rood en groen gekleurd. De oude kapiteinsvilla's zijn met erkers, torentjes en balustrades rijk versierd en tot in het kleinste detail beschilderd: Lunenburg is beroemd om zijn houtarchitectuur.

In de **haven** is het woud aan masten van klippers en schoeners allang verdwenen. Maar nog steeds arriveren er grote zeilschepen uit de hele wereld – alleen als passant of voor onderhoud in het dok. Want in Lunenburg wonen tegenwoordig nog steeds zeilmakers en timmerlieden, die de oude kunst van de houtscheepsbouw nog altijd beheersen, ondanks dat de huidige viskotters van staal zijn en over de modernste apparatuur beschikken.

Een grote visserssvloot en moderne verwerkingsfaciliteiten hebben de stad tot een van de belangrijkste vissershavens van de Amerikaanse Atlantische kust gemaakt. Net als elders in de Atlantische provincies zijn ook hier problemen. Door het jarenlang terugschroeven van de vangstquota voor kabeljauw en heilbot is de zeevisserij in een zware crisis terechtgekomen. De kreeftenvangst en kustvisserij kunnen deze verliezen niet compenseren.

Geschiedenis

Al in het midden van de 17e eeuw gingen Franse zeevaarders voor de kust van Lunenburg voor anker. De nederzetting ontstond echter pas een eeuw later, toen in opdracht van de Engelse koning George II Duitse en Zwitserse protestanten hierheen werden verscheept – als tegenwicht voor de Franse invloed in de andere regio's van Québec en Nova Scotia. In het stadsarchief van **Lunenburg** worden trots de oude immigratielijsten getoond. Het waren ongeveer zeventienhonderd waaghalzen die tussen 1751 en 1753 hier hun nieuwe thuis zochten. Het merendeel van de nieuwkomers kwam uit het Duitse Lüneburg. Tegenwoordig wordt in Lunenburg geen Duits meer gesproken, maar de herinnering leeft nog altijd. Op de oude **begraafplaats** dragen veel grafstenen

Lunenburg

Duitse inscripties in gotische letters en in de omgeving liggen plaatsen die bijvoorbeeld New Germany en West Berlin heten.

In 1750 verscheen in Duitsland de eerste proclamatie over de mogelijkheid tot emigratie naar dit deel van de 'Nieuwe Wereld'. Men beloofde de geïnteresseerden vruchtbare grond, rijke viswateren en een gunstige ligging om handel te drijven. Daarbij werd per persoon 25 ha land, huishoudelijk en landbouwgereedschap, vijfhonderd bakstenen en een voorraad spijkers voor het bouwen van een huis, een wapen, munitie en ten slotte ook tien jaar belastingvrijstelling aangeboden. Niet alle beloften werden ingelost. De rotsige klippen rond de Malagash Bay boden de eerste kolonisten die als boer waren gekomen, slechts een schamel levensonderhoud. Dus wendde men zich tot de visserij en de Lunenburgers ontpopten zich tot uitmuntende zeelui, vissers en scheepsbouwers.

Bluenose II
tel. 902-634-8483, 1-855-640-3177,
www.bluenose.novascotia.ca

In 1921 werd in Lunenburg het beroemde schip *Bluenose* gebouwd. Het schip was als schoener voor de zeevisserij op de Grand Banks voor Newfoundland bedoeld, maar won bijna twintig jaar lang alle regatta's langs de oostkust van Amerika. De afbeelding van dit snelste en succesvolste zeilschip van de Noord-Amerikaanse kustwateren siert de achterzijde van de Canadese 10 centmunt. De **Bluenose II**, een detailgetrouwe replica, werd in 1963 van de Lunenburgse werf Smith and Ruland te water gelaten en is tegenwoordig als symbool van Nova Scotia een publiekstrekker.

Wanneer het schip in de haven voor anker gaat, kunnen toeristen de boot bezichtigen. Dan kunt u ook opstappen voor een twee uur durende zeiltocht. De thuishaven van de Bluenose II is Lunenburg. Tijdens het zomerseizoen is de zeilboot veel onderweg en doet diverse havens in Atlantic Canada aan, het vaakst Halifax. Het exacte reisschema van het schip is op te vragen bij Nova Scotia Tourism en via een speciaal Bluenose-telefoonnummer.

Lunenburg Academy

Niet alleen de Waterfront heeft interessante architectuur te bieden. De imposante rood-wit oplichtende **Lunenburg Academy** troont als een burcht op Gallows Hill. Het houten gebouw van drie verdiepingen werd in 1895 neergezet en is met zijn erkers en torens een fantastisch voorbeeld van de victoriaanse architecuur van de late 19e eeuw. De Academy is het oudste schoolgebouw van Nova Scotia en vervult die functie nog altijd: zo'n 165 scholieren gaan hier naar de basisschool.

Eastern Star
tel. 902-634-3535, 1-877-386-3535, www.novascotiasailing.com, volwassenen $ 37, kinderen $ 18

Hoe aantrekkelijk een tocht met de Bluenose II ook mag zijn, het schip is bij tijd en wijle wekenlang niet in de haven en wanneer het er wel is, zijn de kaartjes in een mum van tijd uitverkocht. Wie geen geluk heeft met de Bluenose II, kan toch nog van een zeiltocht genieten. De Eastern Star is een op een klassieke wijze gebouwde, 15 m lange houten tweemaster en hiermee kunt u 's zomers tot vijfmaal per dag een anderhalf uur durende tocht voor de kust van Lunenburg maken.

Fisheries Museum of the Atlantic
68 Bluenose Dr., tel. 902-634-4794, www.fisheriesmuseum.novascotia.ca, half mei-begin okt. dag. 9.30-17, juli, aug. 9.30-17.30 uur, volwassenen $ 12, kinderen 6-17 jaar $ 3,50

Het **Fisheries Museum of the Atlantic** is ondergebracht in de knalrode houten gebouwen van een voormalig visverwerkingscomplex aan de haven. Tentoonstellingen en filmvoorstellingen tonen de ontwikkeling van de visserij in Nova Scotia en op het vasteland. Tot het visserijmuseum behoort ook een schitterend, groot zeeaquarium. Twee historische schepen, de schoener Theresa E. Connor, een van de laatste oude saltbankers, en de afgedankte trawler Cape Sable herinneren aan Lunenburgs hoogtijdagen van de visserij. Het museum is niet alleen voor zeebonken, maar ook voor landrotten een bezoek waard.

Blue Rocks

Een paar kilometer ten oosten van Lunenburg, op de punt van het schiereiland dat de baai afsluit, ligt het kleine, weinig toeristische vissersdorp **Blue Rocks**. Voor de eenvoudige, maar kleurig gestreepte houten huizen liggen vaak opgebokte boten, waarvan de verwering en de afgebladderde verf getuigen van hun intensieve gebruik. De in rijen gestapelde kreeftenfuiken met gekleurde drijvers en de visnetten vervolmaken de maritieme sfeer.

Ovens Natural Park ▶ R 10

tel. 902-766-4621, www.ovenspark.com

Aan de overkant van de baai kunt u via Route 322 naar het **Ovens Natural Park** 5 . Daar leidt een wandelpad door een indrukwekkend landschap naar grotten in de steile kust. Hier werd in 1861 goud gevonden. In het park zijn op verschillende plaatsen nog sporen van de opwinding die toen ontstond te zien en een klein museum informeert over de goudkoorts in Nova Scotia. Daarnaast behoort bij het Ovens Natural Park een mooi kampeerterrein.

Lunenburg is een stad die kleur bekent

Lunenburg

Informatie
Lunenburg Visitor Information & Campground Registration Centre: Blockhouse Hill Rd., Lunenburg, NS B0J 2C0, tel. 902-634-3656, -888-615-8305, www.lunenburgns.com, mei en okt. dag. 9-17, juni en sept. 9-18, juli, aug. 8.30-19 uur.

Accommodatie, eten en drinken
Luxueuze inn – **The Mariner King Inn:** 15 King St., tel. 902-634-8509, 1-800-565-8509, www.marinerking.com. B&B Inn met vier kamers in een stijlvol ingerichte georgian villa. Goed restaurant, tuin. 2 pk $ 175.

Zeiltocht inbegrepen – **Sail Inn B&B:** 99 Montague St., tel. 902-634-3537, 1-877-386-3535, www.sailinn.ca. Gerestaureerde kapiteinsvilla in de haven, vlak bij het Fisheries Museum. Mooi ingerichte, ruime kamers, alle met keukentje en havenzicht. Gastronomisch ontbijt, in de zomer gratis zeiltocht met de Eastern Star. 2 pk $ 125-137.

Centraal en comfortabel – **Lunenburg Arms Hotel & Spa:** 94 Pelham St., tel. 902-640-4040, www.eden.travel/lunenburg. Mooi gerenoveerd pand op een centrale locatie vlak bij de haven. Elegante en comfortable kamers en suites, continental breakfast, goed restaurant. 2 pk vanaf $ 120.

Camping – **Ovens Natural Park:** Route. 332 (15 min. buiten de stad), tel. 902-766-4621, www.ovenspark.com, half mei-eind sept. Cottages en campground op een mooie plek. Restaurant, boottochten naar zeegrotten. Cabins $ 55-135. **Lunenburg Board of Trade Campground:** 11 Blockhouse Hill Rd., tel. 902-634-8100, 1-888-615-8305, www.lunenburgns.com, half mei-half okt. $ 30-48.

Eten en drinken
Zeevruchten op passende plek – **Old Fish Factory Restaurant:** in het Fisheries Museum, 68 Bluenose Drive, tel. 902-634-3333, 1-800-533-9336, www.oldfishfactory.com, dag. 11-21 uur. Origineel ingericht visrestaurant met mooi uitzicht op de haven. Voorgerecht $ 8-18, hoofdgerecht $ 16-26.

Populair en goedkoop – **The Savvy Sailor Café:** 100 Montague St., tel. 902-640-7245, www.thesavvysailor.ca, juni-half sept. ma.-vr. 7.30-22, za., zo. 8-22, anders 7.30-15 uur. Zeer populair, direct naast de steiger van de Bluenose II. Geweldig ontbijt en heerlijke hapjes gedurende de hele dag. Vanaf $ 8.

Actief
Zeiltochten – **Bluenose II** tel. 902-634-8483, 1-877-441-0347, bluenose.novascotia.ca. Zeiltochten van 2 uur op een replica van de legendarische schoener. **Star Charters,** kaartverkoop bij het Fisheries Museum, tel.

902-634-3535, 1-877-386-3535, www.nova
scotiasailing.com, juli, aug. 10.30, 12.30, 14.30
en 16.30 uur, afvaarttijden in juni, sept., okt.
via website. Tochten met de 15 m lange kaag-
schuit Eastern Star. Volwassenen $ 37, kinde-
ren $ 18.
Sightseeing – **Lunenburg Walking Tours:**
Waterfront, tel. 902-521-6867, www.lunen
burgwalkingtours.com, $ 20. Wandelingen
met gids door de historische dorpskern.
Whale watching – **Lunenburg Whale Watching:** Fisheries Museum Wharf, tel. 902-527-
7175, www.novascotiawhalewatching.com,
Excursies naar walvissen, zeeleeuwen en zeevogels, mei-okt. 8.30, 11.30, 14.30 en 17.30
uur, $ 60.
Haven- en visexcursies – **Heritage Fishing
Tours:** Waterfront, tel. 902-640-3535, 1-877-
386-3535, 902-634-3537, nov.-mei, www.
boattour.ca. Havenrondvaart van 45 min.
met een kleine vissersboot, ook visexcursies
(juni-okt.). $ 20-45.
Fietsverhuur – **Rhumb Line Bicycle Shop:**
151 Montague Street, tel. 902-521-6115,
www.lunenburgbikeshop.com, wo.-zo. 10-
17 uur. Fietsverhuur ($ 40 per dag, halve dag
$ 25), reparaties en tochten van een halve dag
met gids ($ 80 per persoon, kinderen $ 40).

Evenementen
Nova Scotia Folk Art Festival: begin augustus, www.nsfolkartfestival.com. Tip voor
verzamelaars: tentoonstelling, verkoop en
veiling van kunstnijverheid uit Nova Scotia.
Lunenburg Folk Harbour Festival: begin/
half augustus, www.folkharbour.com. Optredens van de bekendste folk- en countrybands
van Nova Scotia bij het Fisheries Museum.

Over de Lighthouse Route naar Yarmouth

Kaart: zie blz. 400

Kejimkujik National Park
▶ Q 10
Even voor Liverpool gaat Highway 8 dwars
over het eiland naar Annapolis Royal – een
goede verbinding als u het **Kejimkujik National Park** 6 wilt bezoeken. Dit nationaal
park omsluit een ca. 380 km^2 grote wildernis 40 km ten zuiden van Annapolis Royal en
70 km ten noorden van Liverpool. Verreweg
het grootste deel van dit beboste merenlandschap met vele rivieren, beken en rietmoerassen is uitsluitend bereikbaar per kano
of lopend als *backcountry*-trekker.

Lang geleden bivakkeerden hier al indianen en was Kejimkujik het centrum van de
traditionele kanoroute tussen de Bay of Fundy en de Atlantische kust. **Rotstekeningen**
getuigen nog altijd van de verdwenen cultuur van de Mi'kmaqindianen. De tekeningen die in het zachte gesteente van de rotswanden aan de zeeoever zijn gekrast, tonen
mannen en vrouwen in traditionele kleding
en jachttaferelen. Onder leiding van een *ranger* van het nationaal park zijn wandelingen
te maken naar de rotstekeningen. 'Kesh', zoals het park over het algemeen wordt genoemd, is vooral een paradijs voor kanoërs
(zie kader Actief blz. 398) en sportvissers,
maar biedt ook prima zwem- en kampeermogelijkheden. In september en oktober is
het gemengd bos van het park in schitterende herfsttinten gekleurd.

Trails in het National Park
In het park is een tiental wandelroutes uitgezet, die uiteenlopen van een paar honderd
meter tot 6 km. Alle paden zijn goed onderhouden en gemakkelijk begaanbaar. Bruggen en houten plankieren ontsluiten ook de
drasgebieden.

Al op de **Mersey Meadow Loop**, een
slechts 300 m lang rondlopend plankier direct
bij de ingang, krijgt u een uitstekende indruk
van het park. Op acht informatieve borden
wordt de lokale dierenwereld gepresenteerd.
Op dezelfde plaats begint de **Beech Grove
Trail**, een rondwandeling van 2,2 km (1,5 uur).
Het natuurleerpad voert om een zogeheten
drumlin, een door gletsjers opgestuwde langgerekte heuvel, en vervolgt door de dicht beboste oeverstrook langs de Mersey River.

De **Peter Point Trail** (3 km heen en terug,
1-2 uur) loopt over een landtong die ver uit-

steekt in Lake Kejimkujik. Het pad doorkruist verschillende biotopen: oude bossen van suikeresdoorns, rode esdoorns en hemlocksparren, maar ook oevervegetatie met veel verschillende waterplanten. Op deze wandeling hebt u ook de kans veel vogels te zien.

Op de **Hemlocks and Hardwood Trail**, een 6 km lange rondwandeling (ca. 2,5 uur) komt u door Acadisch gemengd bos eveneens in een oud bos met machtige, meer dan drie eeuwen oude hemlocksparren.

De **Mersey River Trail** (7 km heen en terug, 2-3 uur) leidt door mooie bossen met rode en zilveresdoorns langs de oever van de Mersey en biedt naast prachtige panorama's over de rivier ook de mogelijkheid zeldzame lettersierschildpadden te bekijken. Vooral in de herfst is dit wandelpad met zijn felle kleurenpracht een lust voor het oog.

Informatie
Kejimkujik National Park Visitor Centre: Route 8, Kejimkujik Scenic Drive, Maitland Bridge, tel. 902-682-2772, www.pc.gc.ca, half mei-half okt. ma.-vr. 8.30-16.30, vr. tot 19, za., zo. tot 18 uur, juli, aug. dag. tot 20 uur. Tochten met gids, kano- en fietsverhuur, parkentree volwassenen $ 6, kinderen $ 3, eendaagse visvergunning $ 9,80.
Belangrijk: voor meerdaagse *backcountry*-excursies bent u verplicht u aan te melden in het parkkantoor.

Accommodatie
Camping – **Kejimkujik National Park Campground:** in de Jeremys Bay, www.pc.gc.ca. Toiletten en douches.

Actief
Fiets- en bootverhuur – **Liverpool Adventure Outfitters**: zie Actief blz. 398. Fietsen $ 35 per dag.

Liverpool ▶ R 10
Liverpool 7, een drieduizend inwoners tellend stadje aan de monding van de Mersey River, 65 km van Lunenburg, beleefde zijn hoogtijdagen in de 19e eeuw, toen de grote klippers over de zeeën voeren. In een jaar tijd werden hier maar liefst dertig grote zeilschepen te water gelaten. Aan de rijkdom van de stad werd ook bijgedragen door de kapiteins die als vrijbuiters voor de Engelse koning Spaanse, Franse en later ook Amerikaanse schepen kaapten en wier strijdlust alom gevreesd was. De stad werd daarom ook wel Port of Privateers genoemd. De vele mooie houten huizen getuigen nog steeds van de vroegere glorie. Het zorgzaam gerestaureerde Perkins House werd in 1766 door de beruchte vrijbuiter Simeon Perkins gebouwd. Tegenwoordig is het een museum dat informeert over Perkins zelf en de vrijbuiterij in het algemeen (105 Main St., tel. 902-354-4058, perkinshouse.novascotia.ca, wegens verbouwing gesloten tot medio 2018).

Het **Rossignol Cultural Centre** is ondergebracht in een oud schoolgebouw en is een onverwachte combinatie van twee galeries en vijf kleine musea. Daarnaast horen er een pelsjagershut, een historische *drugstore* en een *outhouse* (latrine) bij. Nadat het Sherman Hines Museum of Photography zijn deuren sloot, werd hier een kleine tentoonstelling opgezet met werk van de bekende fotograaf Sherman Hines (205 Church St., www.rossignolculturalcentre.com, half mei-half okt. di.-zo. 10-17, juli, aug. ook zo. 12-17.30 uur, $ 5).

U vervolgt de Lighthouse Route over Highway 3 en slaat af bij afrit 24. U komt dan aan bij het historische vissersdorp **Lockeport**. Het sikkelvormige zandstrand sierde ooit de Canadese 50 dollarbiljetten. In de **Locke Family Streetscape** staan vijf beschermde gebouwen uit de tijd tussen 1836 tot 1876, die verband houden met de familie van de stichter van de stad, Jonathan Locke.

Informatie
Op internet: www.queens.ca.

Accommodatie, eten en drinken
Voor ieder wat wils – **Lanes Privateer Inn:** 27 Bristol Ave., tel. 902-354-3456, 1-800-794-3332, www.lanesprivateerinn.com. Historische B&B met 27 kamers, waarvan de meeste een mooi uitzicht op de rivier of de haven te bieden hebben. In het tweehonderd jaar oude

Actief

KANOËN IN HET KEJIMKUJIK NATIONAL PARK

Informatie

Begin: Mersey River Bridge aan het eind van de zuidelijke weg door het park
Lengte: 6-8 km
Duur: 3-4 uur
Moeilijkheidsgraad: licht
Info: Kejimkujik National Park Visitor Centre, zie blz. 397

Bootverhuur en excursies: Liverpool Adventure Outfitters, 4003 Sandy Cove Road (HY 3), tel. 902-354-2702, www.liverpooladventureoutfitters.com, zomer ma.-vr. 10-16.30, za. 12-16 uur, kano's en kajaks $ 50, fietsen $ 35 per dag, dagtocht met gids $ 119-139, verhuur van uitrusting, shuttleservice

De kalme meren en stromen maken van het Kejimkujik National Park een van de beste kanogebieden van Atlantic Canada, zowel voor kennismakingstochtjes van een of twee uur als meerdaagse ontdekkingsreizen. De meeste wateren zijn met elkaar verbonden of anders te bereiken door te klunen over korte *portages*, zodat er mooie routes zijn samen te stellen. Bij het parkbeheer zijn uitstekende kaarten te koop, waarop de plaatsen waar u mag wildkamperen aan de oevers zijn aangegeven, en ook de kanoroutes zijn gemarkeerd. Op het water zijn de routes te herkennen aan genummerde gekleurde boeien, zodat u altijd de weg kunt vinden. Bij sterke wind kan het water op het grote meer nogal onrustig zijn. Mensen met weinig ervaring kunnen dan ook beter bij de kant blijven of een route kiezen over kleinere meren en stroompjes.

Over de Lighthouse Route naar Yarmouth

Een mooie en niet moeilijk te varen dagtocht is het stuk van de **Mersey River Bridge** aan het einde van de zuidelijke weg door het park, langs het langgerekte **Hemlock Island** in **Lake Kejimkujik**, waar bevers en ijsduikers *(loons)* zich thuisvoelen. Op deze tocht hoeft u zich niet aan *portages* te wagen. Wie wil, kan de tocht uitrekken tot een meerdaags avontuur in de wildernis, want aan het begin van Lake Kejimkujik liggen op de westelijke oever verschillende prachtige kampeerplaatsen voor kanovaarders.

pand zijn behalve de B&B ook een pub, een boekwinkel met café en een goed restaurant gevestigd (diner $ 10-26). 2 pk $ 193-209.

Evenementen

Privateer Days: eind juni/begin juli, tel. 902-354-4500, www.privateerdays.ca. In het Fort Point Lighthouse Park wordt met opvoeringen en historische kostuums herinnerd aan de tijd van de grote vrijbuiters.

Kejimkujik National Park Seaside
▶ R 10

Ca. 25 km ten zuiden van Liverpool ligt **Kejimkujik National Park Seaside** 8 , het kustgedeelte van het Kejimkujik National Park (zie blz. 396), een gebied van verlaten, romantische kustlandschappen. Talrijke bedreigde vogelsoorten als de dwergplevier hebben hier een veilig heenkomen gevonden. In het park vindt u geen voorzieningen en kamperen is hier niet toegestaan. Bij het **Willis Lake** in **Southwest Port Mouton** loopt een 5 km lang wandelpad naar het **Black Point Beach**. Enkele kilometers verder op Route 103, bij **Port Joli**, gaat een onverharde zijweg naar het park. Vanaf het parkeerterrein aan St. Catherines Road loopt een 2 km lange trail naar het **St. Catherine's River Beach**.

Shelburne ▶ Q 10

Ook het stadje **Shelburne** 9 (1700 inwoners), met zijn zorgvuldig gerestaureerde huizen uit de 18e en 19e eeuw, droomt van vergane glorie. Een korte periode in de geschiedenis was dit het grootste stedelijk centrum van Noord-Amerika. Shelburne werd in 1783 gesticht door drieduizend koningsgetrouwe loyalisten, die waren gevlucht voor de onlusten tijdens de Amerikaanse Revolutie. Al vier jaar later telde de stad ruim zestienduizend inwoners, waarvan de meesten tot de burgerij van New England behoorden. Ze hadden echter grote moeite zich aan te passen aan het harde leven aan de kust van Nova Scotia – al snel begon een nieuwe exodus en in 1816 telde Shelburne nog maar vierhonderd inwoners.

In het **Historic District** aan Dock Street zijn in de mooie, oude houten huizen drie bezienswaardige musea gehuisvest. Het **Ross Thomson House**, gebouwd in 1784, is de enige nog bewaard gebleven loyalist general store, waar veel voorwerpen uit het koloniale tijdperk op de schappen staan (Charlotte Lane, tel. 902-875-3219, rossthomson.novascotia.ca).

Het **Shelburne County Museum** toont exposities over de zeevaartgeschiedenis in deze regio en u kunt er de oudste blusapparatuur van Canada, uit 1740, bezichtigen (20 Dock St./Maiden Lane, tel. 902-875-3219).

In het **Dory Shop Museum**, een voormalige werf, worden traditionele scheepsbouwtechnieken gedemonstreerd (11 Dock St., tel. 902-875-3219, doryshop.novascotia.ca). Het historische decor van Shelburne is inmiddels ook populair onder filmproducenten.

Het **Black Loyalist Heritage Centre** ligt ongeveer 7 km ten noorden van Shelburne op het terrein van de Birchtown National Historical Site. Het toont de geschiedenis van de hier in 1783 gelande zwarte loyalisten, destijds de grootste groep vrije zwarten buiten Afrika, en van andere zwarte kolonisten in Nova Scotia. Op de **Heritage Trail** kunt u historische gebouwen bezichtigen zoals het Old Schoolhouse, de Saint Paul's Church en het Pithouse, en de oude loyalistenbegraafplaats (119 Old Birchtown Rd., Birchtown, tel. 902-875-1310, blackloyalist.novascotia.ca, volwassenen $ 8, kinderen tot 17 jaar $ 5).

Rondreizen in Nova Scotia

Informatie

Shelburne Tourist Bureau: 43 Dock St., tel. 902-875-4547, www.town.shelburne.ns.ca/useful-links.html, half mei-half okt. 10-18 uur.

Accommodatie

Met weelderig ontbijt – **The Cooper's Inn:** 36 Dock St., tel. 902-875-4656, 1-800-688-2011, www.thecoopersinn.com. Zeven kamers in een sfeervolle, historische B&B met mooie tuin in de Historic Waterfront Area. 2 pk $ 130-185.

Rustig en vriendelijk – **Wildwood Motel:** Minto St., aan Highway 3, iets buiten het centrum, tel. 902-875-2964, 1-800-565-5001, www.wildwoodmotel.ca. Ruime kamers, sommige met kitchenette. Fijne sfeer. 2 pk $ 85-100.

Camping – **The Islands Provincial Park:** Highway 3, 5 km ten westen van Shelburne, tel. 902-875-4304, parks.novascotia.ca/content/islands, half juni-okt. Mooi park met eenvoudige camping zonder aansluitingen.

Eten en drinken

Lekker buiten zitten – **Charlotte Lane Café:** 13 Charlotte Ln., tel. 902-875-3314, www.charlottelane.ca, mei-half dec. di.-za. 11.30-14.30,

Over de Lighthouse Route naar Yarmouth

17-20 uur. In een met zorg gerestaureerd oud pand tussen Water en Dock Street. Zwitserse specialiteiten, zeevruchten en pasta. $ 25-33.

Evenementen
Shelburne County Lobster Festival: juni, www.shelburneandlockeport.com. Feest met muziek en dans ter gelegenheid van het einde van het kreeftseizoen.

Cape Sable Island ▶ Q 11
Bij het plaatsje Barrington loopt een 1200 m lange dam naar Cape Sable Island. **Clark's Harbour** 10, de grootste plaats op het eiland, is een oud, onvervalst vissersdorp, waar rond 1900 de eerste Cape Islanderboten werden gebouwd. Deze kleine, maar uiterst zeewaardige viskotters, vaak ingezet voor de kreeftenvangst, zijn tegenwoordig de standaard in deze Noord-Atlantische regio. Cape Sable markeert de zuidelijkste punt van Nova Scotia en is berucht als scheepskerkhof. Strandjutten was hier vroeger een bijzonder lonende bezigheid en een meer dan welkome bijverdienste voor veel vissers. Overblijfselen uit deze periode zijn bijeengebracht

in het Archelaus Smith Museum in het kleine dorp Centreville (tel. 902-745-3361, 1e zo. in juli-laatste za. in aug. ma.-za. 10.30-16.30, zo. 13.30-16.30 uur, gratis toegang). Op een zandbank voor de kust staat het **Cape Lighthouse,** met 31 m de hoogste vuurtoren van Nova Scotia.

Pubnicos ▶ Q 10/11

Ongeveer 40 km ten noorden van Cape Sable Island bereikt u het oude Acadische koloniale gebied de Pubnico's. Een paar honderd families leven in een negental dorpjes, alle met Pubnico in de naam, rond het langgerekte **Pubnico Harbour** 11 van de visserij en de landbouw. Weliswaar is er sinds een paar decennia elektriciteit en zijn de viskotters gemoderniseerd, toch lijkt hier de tijd te hebben stilgestaan. In veel keukens in de Pubnicodorpen ruikt het naar zelfgebakken brood en vaak wordt nog steeds met een ossenspan geploegd. Traditiegetrouw laat men de Acadische vlag wapperen – de driekleur met gouden ster op een blauwe achtergrond – en op de brievenbussen langs de straten zijn namen als D'Entremont, Amirault en D'Eon te lezen. Waarom deze mensen driehonderd jaar geleden Frankrijk hebben verlaten om zich in deze woeste omgeving te vestigen, is eigenlijk niet duidelijk. Het waren ook geen arme mensen die hier een beter leven wilden beginnen; enkelen waren zelfs aristocraten, zoals Philippe D'Entremont, die in 1653 de enige Franse baronie van het oude Acadië stichtte.

Interessant is een bezoek aan het Village historique acadien in West-Pubnico. Het pittoreske, liefdevol gerestaureerde historische dorp aan de haven, met een vuurtoren, vissershuizen, smidsen en een oude Acadische begraafplaats, geeft een goede indruk van het Acadische leven van de 17e tot de 19e eeuw (tel. 902-762-2530, 1-888-381-8999, levillage.novascotia.ca. begin juni-eind sept. 9-17 uur, $ 6).

Over de Acadische geschiedenis en genealogie komt u meer te weten in het Musée Acadien tegenover de brandweerkazerne (tel. 902-762-3380, www.museeacadien.ca, half mei-aug. dag. 9-17, zo. 12.30-16.30, sept., okt. ma.-vr. 12.30-16.30 uur, $ 4).

Yarmouth ▶ Q 10

Yarmouth 12, met een kleine achtduizend inwoners de grootste stad in het westen van Nova Scotia, kan terugkijken op 250 jaar geschiedenis van zeevaart en scheepsbouw. Uit deze tijd stammen ook veel van de grote kapiteinshuizen met hun hoge kamers, mahoniehouten meubels en oriëntaals porselein. Een typisch kenmerk van deze architectuur is de balustrade op het dak. Niet geheel zonder reden werd dit de *widow's walk* ('weduwebalkon') genoemd, want vaak genoeg stonden hier de achtergebleven vrouwen tevergeefs uit te kijken naar thuiskomst van de schepen van hun echtgenoten.

Het **Yarmouth County Museum** verhaalt over het tijdperk van de grote windjammers en hun trotse kapiteins. Naast een grote collectie scheepsschilderijen worden ook exposities over de Acadische en Engelse kolonisatie in de regio getoond (22 Collins St., tel. 902-742-5539, www.yarmouthcountymuseum.ca, juni-sept. ma.-za. 9-17, okt.-mei di.-za. 14-17 uur, $ 5).

Liefhebbers van oude vuurtorens kunnen de mooie tocht naar de punt van het schiereiland maken om het Historic Cape Forchu Lightstation te bezichtigen. Vanaf de kaap hebt u rondom mooie uitzichten op de rotskust.

Informatie

Visitor Information Centre: 228 Main St., tel. 902-742-5033, www.yarmouthandacadianshores.com, juni-okt.

Accommodatie

Moderne – **Rodd Grand Yarmouth:** 417 Main St., tel. 902-742-2446, 1-800-565-7633, www.roddvacations.com. Goed verzorgd hotel met restaurant niet ver van het centrum en veerboten. 2 pk $ 130-138.

Historische charme met comfort – **Lakelawn B&B and Motel:** 641 Main St., tel. 902-742-3588, 877-664-0664, www.lakelawnmotel.com. Uitstekend onderhouden motel en b&b in historische gebouwen vlak bij de veerbootterminal. Rustige, vriendelijke sfeer. 2 pk $ 109-149.

Camping – **Campers Haven:** Highway 3, 5 km ten oosten van Yarmouth, tel. 902-742-4848, www.campershavencampground.com. Zwembad, gezamenlijke ruimte met open haard.

Eten en drinken

Eenvoudig, maar erg lekker – **Jo-Anne's Quick 'n Tasty:** Highway 1, Dayton, 4 km ten noordoosten van Yarmouth, tel. 902-742-6606. Populair restaurant in de stijl van een jarenvijftigdiner. Lekkere burgers en *pies*, chowder en zeevruchten. De specialiteit van het huis is de warme kreeftsandwich. $ 6-20.

Over de Evangeline Trail naar Annapolis Royal

Kaart: zie blz. 400

Van Yarmouth volgt de **Evangeline Trail** Highway 1 langs de Fundykust. De route loopt door het historische Acadische gebied. Het epische gedicht *Evangeline* van Henry Longfellow beschrijft op indrukwekkende wijze de tragische geschiedenis van de verdrijving van de Franse kolonisten door de Engelsen in 1755. Na lange omzwervingen door het oostelijke deel van Noord-Amerika keerden veel Acadiërs uiteindelijk terug naar hun oorspronkelijke koloniën. Hun nakomelingen zijn tot op de dag van vandaag hun oude cultuur trouw gebleven. Ongeveer 50 km voorbij Yarmouth begint voor Cape St. Mary de French Shore, La Côte Acadienne, waar de meesten van de Acadiërs uit de regio wonen. Als parels aan een ketting rijgen zich over de volgende 40 km tot St-Bernard een tiental kleine plaatsen aaneen, gedomineerd door imposante kerktorens en blauw-wit-rode vlaggen met goudgele Acadische sterren op de openbare gebouwen.

Meteghan en Pointe de l'Eglise (Church Point) ▶ P 10

Meteghan 13 is een bedrijvige vissershaven met een interessant museum in een oud-Acadisch huis, La Vieille Maison, dat de typische levensstijl van een Acadische familie laat zien (Highway 1, tel. 902-645-2389, juli, aug. 9-19, juni en sept. 10-18 uur).

In **Pointe de l'Eglise (Church Point) 14** vindt u de enige Franstalige universiteit van Nova Scotia, de Université Sainte-Anne. De belangrijkste attractie van deze plaats is de tussen 1903 en 1905 gebouwde **Église de Sainte-Marie** (St. Mary's Church), de grootste en hoogste houten kerk van Noord-Amerika. De 56 m hoge toren is met 40 ton rotsballast verzwaard om de krachtige zeewind te trotseren. In een klein museum in de kerk is een tentoonstelling van foto's, documenten en religieuze voorwerpen te bekijken. Bovendien worden hier soms theatervoorstellingen gehouden (tel. 902-769-2832).

Evenementen

Festival Acadiën de Clare: eind juli-half augustus, tel. 902-769-0832, www.festivalacadiendeclare.ca. Grootste festival van de Franstalige bevolking van Atlantisch Canada, veertien dagen met veel muziek, dans, theater en culinaire evenementen.

Digby ▶ Q 9

Digby 15 (2150 inwoners), een aantrekkelijk vissersdorp aan de Annapolis Bay, is de thuishaven voor een van de grootste sintjakobsschelpenvissersvloten ter wereld. Het is dan ook geen wonder dat in de restaurants in deze plaats de scallops boven aan de lijst van delicatessen staan. In augustus komen de lekkere schelpdieren zelfs in het middelpunt van de belangstelling tijdens een groot festival, de **Digby Scallop Days**. De haven is altijd een bezoekje waard en het **Admiral Digby Museum** laat foto's en verzamelingen zien over Digby's maritieme geschiedenis (95 Montague Row, tel. 902-245-6322, www.admiraldigbymuseum.ca, half juni-aug. ma.-za. 9-17 uur , gratis toegang, een donatie wordt op prijsgesteld).

Tussen Digby en Saint John (New Brunswick) vaart diverse malen per dag de grote autoveerpont *Princess of Acadia*. Digby is zeer geschikt als uitgangspunt voor uitstapjes in de omgeving.

Informatie

Digby Visitor Centre: 110 Montague Row, tel. 902-245-5714, www.digby.ca, www.digbyarea.ca.

Accommodatie

Luxe in een mooi park – **The Pines Golf Resort:** Shore Rd., tel. 902-245-2511, 1-800-667-4637, www.digbypines.ca, eind mei-half okt. Historisch, elegant grand hotel in de stijl van een herenhuis, midden in een mooi aangelegd park. Golfterrein, tennisbaan, restaurant (diner $ 13-38). 2 pk $ 140-250.

Victoriaans pension – **Summers Country Inn:** 16 Warwick St., tel. 902-245-2250, www.bbcanada.com/5979.html. Historische B&B met een goed onderhouden tuin aan de haven. Elf kamers waarvan twee met een kitchenette. 2 pk $ 60-95.

Camping – **Jaggar's Point Oceanfront Camping:** 57 Cross Rd., aan Highway 1, 11 km ten oosten van Digby, tel. 902-245-4814, 902-247-1860, www.jaggarspoint.ca. Mooie camping aan het strand van het Annapolis Basin. $ 35-60, cabins $ 90.

Eten en drinken

Zeevruchten met zicht op de haven – **Fundy Restaurant:** 34 Water St., tel. 902-245-4950, 1-866-445-4950, www.fundyrestaurant.com. Visrestaurant met mooi uitzicht op de vissersboten. De specialiteit van het huis zijn *scallops* (sint-jakobsschelpen) in alle denkbare variaties. $ 17-34.

Evenementen

Scallop Days: begin-half augustus, tel. 902-308-9445, www.digbyscallopdays.com. Festival van de *scallop*-vloot met wedstrijden, een optocht, muzikale optredens en culinaire evenementen rond de sint-jakobsschelp.

Vervoer

Veerboot: Bay Ferries, Route 303, Digby veerboothaven, aan de monding van het Annapolis Basin, tel. 902-245-2116, 1-888-249-7245, www.ferries.ca/nb-ns-ferry. Autoveren van Digby naar Saint John, New Brunswick (vanaf $ 37 per persoon, $ 89 per auto).

Digby Neck ▶ P 10

Een buitengewoon opwindende ervaring is een dagtrip over Route 217 naar de **Digby Neck 16**, een 74 km lange strandwal met schilderachtige vissersdorpen als Sandy Cove, Mink Cove en Little River, verlaten kuststroken en zeevogelkolonies. Kleine autoveren verbinden East Ferry met Tiverton op Long Island, en Freeport met Westport op Brier Island (vertrek ieder uur, 24/7). De korte overtochten zijn een kleine belevenis en voor een retourtje betaalt u $6.

Bij Tiverton gaat een kustweg naar bizarre basaltpilaren aan het water. De **Balancing Rock** hier is een populair foto-object (zie foto rechts). Brier Island is het laatste punt van de Digby Neck. Het eiland in de Bay of Fundy is een vogelparadijs en biedt ook uitstekende mogelijkheden om te wandelen en walvissen te spotten.

In de zomermaanden worden in **Westport** excursies aangeboden. Neem de tijd voor dit uitstapje en plan eventueel een overnachting op Brier Island in. Als u een reservering voor een walvissafari hebt geplaatst, bel dan in elk geval van tevoren of deze doorgaat. Bij slecht weer is het namelijk mogelijk dat de excursie wordt afgeblazen.

Accommodatie

... op Brier Island:

Prachtig gelegen op een klif – **Brier Island Lodge:** tel. 902-839-2300, 1-800-662-8355, www.brierisland.com. Kamers met zeezicht, goed restaurant. 2 pk $ 99-169.

Actief

... op Brier Island:

Whale watching – **Brier Island Whale and Seabird Cruises:** 223 Water St., Westport, tel. 902-839-2995, 1-800-656-3660, www.brierislandwhalewatch.com. Walvisobservatietochten in de Bay of Fundy met wetenschappers. Boot of zodiac. Volwassenen $ 50-62, kinderen tot 12 jaar $ 28-46.

... op Long Island:

Whale watching – **Freeport Whale and Seabird Tours,** Highway 217 West, Freeport, tel. 902-839-2177, 1-866-866-8797, www.whale

Over de Evangeline Trail naar Annapolis Royal

Balancing Rock bij Tiverton – gaat hij nu wel of niet omkiepen?

watchersnovascotia.ca. Met een schip naar walvissen en zeevogelkolonies. Kaartjes verkrijgbaar bij Lavena's Catch Café.

Naar Annapolis Royal ▶ Q 9

Vanuit Digby is het de moeite waard om via Smith's Cove een uitstapje landinwaarts naar Bear River te maken. Het havenplaatsje **Smith's Cove** biedt prima accommodatie en kampeermogelijkheden en heeft een klein lokaal museum in het Old Meeting House uit 1832.

Bear River 17, een aardig plaatsje aan de gelijknamige rivier met oude huizen op beboste hellingen, staat bekend als kunstenaarskolonie. Ook is er een **lokaal museum**. Bovendien vindt u hier een groot aanbod van kunstnijverheid, zowel van lokale kunstenaars als van de Mi'kmaqs uit het naburige reservaat (www.bearriver.ca, www.bearriverfirstnation.ca).

In **Clementsport** 18 is een van de oudste musea van Nova Scotia gevestigd. Het Old Saint Edward Loyalist Church Museum huist in een loyalistenkerk uit 1788. Van de aangrenzende historische begraafplaats hebt u een prachtig panoramisch uitzicht over het **Annapolis Basin** (34 Old Post Rd., half juni-aug.).

Accommodatie
... in Smith's Cove:

Victoriaanse charme – **Harbourview Inn:** 25 Harbourview Rd., tel. 902-245-5686, 877-449-0705, www.theharbourviewinn.com, half mei-half okt. Rustig gelegen, in de buurt van het strand. Mooie kamers en suites, zwembad, goed ontbijt. 2 pk $ 124-159.

Annapolis Royal ▶ Q 9

Kaart: zie blz. 400

Omdat **Annapolis Royal** [19] heel wat te bieden heeft, kunt u er wat meer tijd voor uittrekken. De oorsprong van deze historische plaats, die tegenwoordig slechts ca. 650 inwoners telt, gaat terug naar het begin van de 17e eeuw. Onder de naam Port Royal was de nederzetting honderd jaar lang de hoofdstad van het Franse Acadië. In 1710 namen de Engelsen het fort definitief in. Sindsdien heet de nederzetting Annapolis Royal.

Het dorpje ziet er verzorgd uit en heeft nog veel van uitstraling uit zijn hoogtijdagen bewaard. In de kleine brochure *Stroll through the centuries* ('wandeling door de eeuwen'), uitgegeven door de Annapolis Royal Historical Association, worden de historische gebouwen van het dorp beschreven. Een groot aantal daarvan staat aan de St. George Street. De interessantste zijn: het **De Gannes-Cosby House** uit 1708, het oudste houten huis van Canada, het **Adams-Ritchie House** uit 1712, het **Farmer's Hotel** uit 1710 en het **O'Dell Inn Museum** van ca. 1869. Genoemde Society organiseert ook rondleidingen met *guides* in historische kostuums (www.tourannapolisroyal.com, ma., wo., do. 14 uur, volwassenen $ 9, kinderen tot 18 jaar $ 5).

Fort Anne National Historic Site

St. George St., tel. 903-532-2397, www.pc.gc.ca/fortanne, juni en sept. di.-za. 9-17.30, juli, aug. dag. 9-17.30 uur, buiten het hoogseizoen wisselende openingstijden, $ 3,90

In de Fort Anne National Historic Site, in een mooi park aan de rivier, zijn nog de oorspronkelijke versterkingswerken uit de 18e eeuw, de aarden wallen, het stenen kruitmagazijn en de oude kanonnen van het Engelse fort te zien. Een **museum** in het sierlijke Britse officierskwartier informeert door middel van tentoonstellingen over de geschiedenis van de regio.

Annapolis Royal Historic Gardens

441 Upper St. George St., tel. 902-532-7018, www.historicgardens.com, mei, juni, sept., okt. dag. 9-17, juli, aug. 9-20 uur, volwassenen $ 14,50, kinderen 12-18 jaar $ 6, 6-11 jaar $ 3

Ook een bezoek aan de Annapolis Royal Historic Gardens met hun prachtige wandelpaden is de moeite waard. Op 4 ha oppervlak vindt u verscheidene thematische tuinen. Zeer aantrekkelijk zijn de Victorian Garden in Engelse stijl en de Acadian Garden, die een indruk van de levensstijl van de eerste kolonisten geeft.

Annapolis Tidal Generating Station

236 Prince Albert Rd., tel. 902-532 5454, www.nspower.com, bezichtiging half mei-half okt. dag. 10-18 uur, rondleiding na telefonische aanmelding, gratis toegang

Sinds het begin van de jaren 80 levert het **Annapolis Tidal Generating Station** stroom aan ongeveer tienduizend mensen. Om het enorme getijdenverschil in de Bay of Fundy in schone energie om te zetten, werd voor onderzoeksdoeleinden aan de Annapolis River een getijdenenergiecentrale gebouwd, de eerste en tot nu toe enige in Noord-Amerika. In de centrale op de dam boven de Annapolis River kunt u in het **Interpretive Centre** het effect van eb en vloed zien en allerlei wetenswaardigheden over het project horen.

Intussen is er echter steeds meer kritiek. Tien jaar na de ingebruikname van de centrale hebben wetenschappers bij het historische Fort Anne een voortschrijdende erosie van de rivieroever geconstateerd. Het is mogelijk dat de dam en de centrale oorzaak van het probleem zijn. Het plan om een gigantische, zeven miljard dollar kostende getijdencentrale, met een netwerk van 128 soortgelijke, dwars door de Bay of Fundy verlopende turbines te bouwen, zal vanwege de vele mogelijke milieuproblemen misschien geen doorgang vinden.

Port Royal National Historic Site [20]

Route 1 naar Granville Ferry, tel. 902-532-2898, www.pc.gc.ca/portroyal, half mei-juni en sept.-begin okt. di.-za. 9-17.30, juli, aug. dag., $ 4

Port Royal – De Nieuwe Wereld van Frankrijk

Bijna vierhonderd jaar geleden zeilde een groepje Franse avonturiers onder leiding van Samuel de Champlain en Sieur de Monts uit de turbulente wateren van de Bay of Fundy de beschutte Baai van Annapolis binnen. Hier stichtten zij in 1605 hun kolonie, die zij Acadië noemden, twee jaar voordat de Engelsen in Jamestown, Virginia, hun eerste permanente nederzetting vestigden.

In enkele weken bouwden de Fransen de belangrijkste gebouwen van de nieuwe nederzetting Port Royal aan de Annapolis Bay. Het fort had een rechthoekige binnenplaats met bron, waaromheen eenvoudige, uit ruwe boomstammen getimmerde **palissadegebouwen** stonden, zoals het **gouverneurshuis**, het **onderkomen voor de priester**, een **smidse**, een **bakkerij**, het **huis voor de apotheker**, een **wachtpost** voor de soldaten en een **entrepot**, waar de indianen hun pelzen ruilen. Het fort was goed beschermd tegen aanvallen, wat eigenlijk niet nodig was, omdat de hier wonende Mi'kmaqs vredelievend waren. Men stelde zich ditmaal beter in op de winter dan bij een eerdere poging aan de St-Croixrivier, maar evengoed stierven in de koude maanden twaalf mannen aan de gevolgen van scheurbuik.

Sieur de Monts was al gelijk in de herfst van 1605 teruggezeild naar Frankrijk en liet de kolonie achter onder leiding van Pontgravé. In de zomer van 1606 bracht de *Jonas* uit Frankrijk ontzet en ravitaillering. Men bereidde zich voor op de naderende en waarschijnlijk weer lange, strenge winter. Om voor motivatie en een goede sfeer in de kolonie te zorgen, bedacht men iets bijzonders. **Gouverneur Jean de Poutrincourt** en de prominentste kolonisten, Champlain, Pontgravé, Biencourt, de apotheker Louis Hébert, de arts Daniel Hay en Marc L'Escarbot, een jonge advocaat uit Parijs, stichtten de **Ordre de Bons Temps**, de 'orde van de goede tijden'.

De leden van deze orde verplichtten zich eenmaal per week een **feestmaal** voor de gemeenschap te organiseren, dat zelfs voor hedendaagse begrippen zeer overdadig was. Zo kwamen geroosterde beverstaart, elandgebraad, ganzenborst en zalm op tafel – alles wat de natuur aan kostelijkheden te bieden had. De beste jager van de dag kreeg een ketting omgehangen, men hield redevoeringen, maakte muziek en speelde toneel. L'Escarbot schreef daartoe het eerste Canadese toneelstuk, **Le Théâtre de Neptune**. In het voorjaar van 1607 breidde men met grote verwachtingen de nederzetting verder uit. Aan de Allain River, nabij het huidige Annapolis Royal, werd de eerste korenmolen van het continent gebouwd, men begon landbouw te drijven in de laaglanden van de Annapolis River en de regio werd uitvoerig verkend.

Intussen stonden de zaken er voor Sieur de Monts slecht voor. Hem werd het **monopolie voor de handel met Noord-Amerika** ontnomen en met het eerstvolgende schip uit Frankrijk kwam het bevel aan De Poutrincourt de kolonie op te geven en hem met alle manschappen te verlaten. Men nam afscheid van de indiaanse vrienden en in de twee jaren daarna bleef Port Royal onbewoond.

Farmer's Market in Wolfville – ook in Canada is de trend van lokaal geproduceerd eten niet te stuiten

Ongeveer 10 km verder aan de overkant van het Annapolis Basin werd in 1938 begonnen met de bouw van de **Port Royal National Historic Site**. De bouw van de historisch getrouwe replica van de eerste Port Royal Habitation uit 1605 werd met traditionele ambachtelijke technieken naar het oorspronkelijke ontwerp van Champlain uitgevoerd. De pelshandelspost met de rond een binnenplaats neergezette blokhutten herinnert aan middeleeuwse boerderijen in Normandië. De onderkomens en opslagruimten, de keuken, de smidse, de bakkerij, de kapel en het gouverneursverblijf zijn alle authentiek ingericht. Het parkpersoneel in 17e-eeuwse kledij zorgt voor een bij de gebouwen passende sfeer.

Het oorspronkelijke fort van Port Royal bestond slechts enkele jaren, omdat het al in 1613 door Engelse troepen uit Jamestown werd vernietigd. De toestroom van kolonisten uit Frankrijk hield echter aan en het fort werd twintig jaar later opnieuw opgebouwd, een paar kilometer stroomopwaarts bij het huidige Annapolis Royal (zie Thema blz. 407).

De Evangeline Trail gaat vanuit Port Royal verder over Highway 1 door het schitterende landschap van de Annapolis Valley. Het vruchtbare dal heeft meer zonuren dan welke andere plek in de provincie ook en is in het bijzonder in mei en juni tijdens de appelbloei een lust voor het oog.

Informatie

Annapolis Royal Visitor Centre: 204 Prince Albert Rd., tel. 902-532-5454, www.annapolisroyal.com/visitors, half mei-half okt.

Accommodatie, eten en drinken

De beste tent van de stad – **Queen Anne Inn:** 494 Upper St. George St., tel. 902-532-7850, 1-877-536-0403, www.queenanneinn.ns.ca. Elegant victoriaans herenhuis in een goed onderhouden park met twaalf mooie, alle verschillend ingerichte kamers en suites. 2 pk $ 99-229.

Oud plattelandspension – **Garrison House Inn:** 350 St. George St., tel. 902-532-5750, 1-866-532-5750, www.garrisonhouse.ca. Historisch hotel met zicht op het betoverende complex van de Fort Anne National Historic Site. Zeven liefdevol ingerichte kamers, zeer aanbevelenswaardig restaurant (diner $ 14-27) met *afternoon tea*. 2 pk $ 125-157.

Camping – **Cove Oceanfront Campground:** Parker's Cove, tel. 902-532-5166, 1-866-226-2683, www.oceanfront-camping.com, half mei-eind okt. Mooie camping aan de Bay of Fundy met verwarmd zwembad, speeltuin en café. $ 45-60.

Eten en drinken

Verse ingrediënten, creatieve keuken – **The Bistro East:** 274 St. George St., tel. 902-532-7992, www.bistroeast.com, ma.-za. 11-21 uur. Centraal gelegen met uitzicht op de Annapolis Valley. Schaal- en schelpdieren, lekkere vis- en vleesschotels. Hoofdgerecht vanaf $ 16.

Winkelen

Markt – Elke zaterdag vindt tussen 8 en 13 uur een **Farmer's & Trader's Market** plaats in de Annapolis Wharf. Het is een levendige markt met een veelzijdig aanbod, van groente en fruit uit de omgeving en huisgemaakt gebak tot kunstnijverheid en 'rommelmarkttrommel'.

Over de Evangeline Trail naar Halifax

Kaart: zie blz. 400

Wolfville ▶ R 9

Wolfville 21 (3800 inwoners) aan de zuidwestpunt van het Minas Basin is een mooi universiteitsstadje met lanen en prachtige victoriaanse villa's. Deze plaats werd in het midden van de 18e eeuw gesticht door planters uit New England. In het Visitor Bureau is de brochure *Heritage Home Walking Tour* verkrijgbaar, waarin de historische gebouwen staan aangegeven. Een van de mooiste huizen is het in 1815 gebouwde Randall House aan Main Street, dat door de Historical Society als museum wordt gebruikt. Bij de haven aan het einde van Front Street kunt u nog de oude dijken zien, die door de Acadiers in de 17e eeuw zijn aangelegd.

Maak van Wolfville een uitstapje naar het Blomidon Peninsula, dat als een grote haak in het Minas Basin steekt. Van de 180 m hoge, rode zandsteenkliffen hebt u een mooi uitzicht op het water; er zijn verscheidene wandelpaden en bij eb kunt u ook over het strand lopen (wel goed het tij in de gaten houden!).

Accommodatie, eten en drinken

Prachtvolle residentie – **Blomidon Inn:** 195 Main St., tel. 902-542-2291, 1-800-565-2291, www.blomidon.ns.ca. Elegant hotel uit de 19e eeuw in een schitterend complex. Antiek meubilair, kamers, suites en een cottage; traditionele keuken uit de Annapolis Valley (diner $ 22-37). 2 pk $ 149-269.

Accommodatie

Camping – **Blomidon Provincial Park Campground:** tel. 519-826-5301, 1-888-544-3434, parks.novascotia.ca/content/blomidon, eind mei-begin sept. Mooie camping met staanplaatsen in het bos in een 760 ha groot provinciaal park aan het Minas Basin. Het terrein is het startpunt van een aantal wandelroutes naar prachtige uitkijkpunten op de rode zandsteenkliffen.

Grand Pré National Historic Site
▶ R 9

Highway 1, 5 km ten oosten van Wolfville, tel. 902-542-3631, 1-866-542-3631, www.pc.gc.ca/grandpre, eind mei-begin okt. dag. 9-17 uur, $ 7,80

Iets verder, ten oosten van de dijk, ligt het plaatsje Grand Pré, dat al in 1680 door Franse kolonisten uit Port Royal werd gesticht. In het goed onderhouden complex van de **Grand Pré National Historic Site** 22 herinneren een in 1922 in Franse stijl gebouwde herdenkingskerk en het bronzen standbeeld van de literaire heldin Evangeline aan de verdrijving van de Acadiërs door de Engelsen na 1755. In de kerk, die niet voor godsdienstoefeningen wordt gebruikt, is een tentoonstelling te zien over het leven en het lot van de Acadiers. Waar nu de herdenkingskerk staat, werd destijds de opdracht tot deportatie voorgelezen. Aan het dichtbij gelegen Evangeline Beach kunt u heerlijk zwemmen.

Accommodatie, eten en drinken

Historische inn met motel – **Evangeline Inn and Motel:** 11668 Hwy. 1, tel. 902-542-2703, 1-888-542-2703, www.evangelineinncafe.com. U kunt hier overnachten in mooie motelkamers of – stijlvoller – in het ouderlijk huis van sir Robert Borden, oud-premier van Canada. Zwembad, café (ontbijt en lunch vanaf $ 4). 2 pk $ 125-145.

Windsor en Mount Uniacke
▶ R 9

Interessant in **Windsor** 23 is de **Fort Edward National Historic Site**. Het fort was een van de verzamelplaatsen tijdens de deportatie van de Acadiërs. Een in 1750 gebouwde blokhut, het oudste gebouw in zijn soort van Canada, maakt deel uit van het oorspronkelijke fort. Aanschouwelijke displays verhalen over de geschiedenis van het complex (67 Fort Edward St., tel. 902-798-2639, www.pc.gc.ca/fortedward, eind juni-begin sept. di.-za. 9-17 uur, rondleidingen juli, aug., gratis toegang).

De laatste bezienswaardigheid op de weg naar Halifax is het **Uniacke Estate Museum Park** in **Mount Uniacke** 24. Het prachtige landgoed uit 1817 met originele inrichting is een van de mooiste voorbeelden van late georgian architectuur in Atlantic Canada (758 Main Rd., tel. 902-866-0032, uniacke.novascotia.ca, juni-sept. ma.-za. 9.30-17 uur, zo. 11-17 uur, $ 3,90).

Over de Glooscap Trail rond het Minas Basin

Kaart: zie blz. 400

Om het **Minas Basin**, een deel van de Bay of Fundy, loopt de Glooscap Trail door waddenlandschappen, bergkloven met verborgen watervallen en knusse dorpjes, waarvan de bewoners al twee eeuwen met de enorme getijden leven, waarbij de waterspiegel dagelijks ongeveer 16 m stijgt en daalt. Hier aan de oevers van het Minasbekken heerste Glooscap, de Indiaanse god van de Mi'kmaqs, over de 'kinderen van het licht', voordat de blanken kwamen. Zijn magische krachten werden toegeschreven aan het grote getijdenverschil, dat bij vloed de rivier terug liet stromen. Glooscaps toverkracht was ook verantwoordelijk voor de halfedelstenen die hier op het wad en in de zandsteenklippen steken. Volgens een sage van de indianen had hij de glinsterende mineralen als een geschenk aan zijn grootmoeder over de stranden uitgestrooid.

Shubenacadie ▶ R 9

De Glooscap Trail ligt bijna 100 km van Halifax, nog geen anderhalf uur rijden over Highway 102. Wie echter graag meer te weten wil komen over de kracht van de machtige getijdenstroming in de Bay of Fundy, kan Highway 102 verlaten bij exit 10 in **Shubenacadie** 25.

Na 10 km kunt u dan in het gehucht Urbania in een rubberboot op de Shubenacadie River een rit op de tidal bore wagen, de getijdengolf die ontstaat als de binnenstromende vloed zich schuimend stroomopwaarts perst. Het is een indrukwekkend schouwspel als door het getijdenverschil een klein stroompje in een woest kokende watermassa verandert (zie Actief blz. 411).

In de verschillende, weidse zones van het **Shubenacadie Provincial Wildlife Park** leven ruim dertig Canadese zoogdiersoorten en 65 vogelsoorten. Een goede gelegenheid om ook eens dieren te bekijken en te fotograferen die u in vrije natuur haast niet zult

Over de Glooscap Trail rond het Minas Basin

Actief

RIT OP DE GETIJDENGOLF

Informatie

Begin: Shubenacadie Tidal Bore Rafting Park
Route: Halifax, Highway 102 North tot Exit 10 (ca. 45 min.), bij het stopbord linksaf, daarna 10 km tot Urbania

Info/reserveren: Urbania, tel. 902-758-4032, 1-800-565-7238, www.raftingcanada.ca, mei-okt., beschermende kleding, zwemvest en rubberlaarzen zijn bij de prijs inbegrepen. Boottocht $ 70-95

De opblaasbare rubberboot glijdt over het traagstromende okerkleurige water van de **Shubenacadie River** naar het doel. De grootste rivier van Nova Scotia lijkt rustig. De omgeving is idyllisch, zachtgroene bossen omzomen de roestkleurige en steile oevers, afgewisseld met zandsteenformaties. In de hoogte cirkelt een Amerikaanse zeearend en onderweg zijn in hoge bomen ook enkele nesten van de majestueuze roofvogels te zien. Af en toe drijft de boot langs zandbanken die uit het water omhoog steken. Bij een breed, midden in de rivier liggend zandeiland springt iedereen op het strand. Het wachten is op de *tidal bore*, de krachtige **getijdengolf**, die zich tweemaal per dag met een ongelooflijke snelheid omhoogperst door de rivier. Zoëven nog was stroomafwaarts slechts een lijn waar te nemen, enkele minuten later wordt het eiland steeds kleiner en spoelt het water om ieders voeten. Iedereen springt in de boten, de pret kan beginnen.

De rubberboten, aangedreven door krachtige motoren, varen stroomopwaarts voor de vloedgolf uit. Dan kijken de bestuurders van de boten uit naar de 'juiste' plaats. Waar daarnet nog talrijke zandbanken uit het water oprezen, hebben zich nu schuimende draaikolken en krachtige golven gevormd, waar de boot zich tegenop moet vechten – en daarbij als een wild paard steigerend op en neer danst. Iedereen houdt zich krampachtig aan het als een reling om de boot gespannen zeil vast, schreeuwend en juichend. Het water slaat over de inzittenden heen en ondanks de gele regenpakken wordt iedereen kletsnat. Elke keer vult de boot zich met water, maar hij wordt door een automatische pomp steeds weer geleegd. Als de draaikolken met het stijgende water weer verdwijnen, keert de boot en schiet stroomopwaarts, om bij de volgende zandbank op de opnieuw aanzwellende golf te wachten. Dit spel herhaalt zich dan nog een paar keer, tot de doorweekte, maar verrukte passagiers ten slotte aanleggen aan de steiger van het **Tidal Bore Rafting Park**.

De intensiteit van dit natte avontuur hangt van de hoogste stand van het tij af. Het fenomeen van een *bore* of getijdengolf komt maar op weinig plaatsen ter wereld voor. Zo'n golf ontstaat in de monding van een relatief vlakke rivier in een zeearm met **extreem grote getijdenverschillen**. Wanneer de vloed zich in de Bay of Fundy perst, stijgt het water in de zijarmen in ca. 3,5 uur tot 16 meter. De monding van de Shubenacadie River in de Cobequid Bay ligt aan het einde van zo'n 'trechter'. Bij toenemende vloed schuift het zeewater over het water van de rivier, waarbij zich bij de zandbanken in de rivierbedding golven van een paar meter en turbulenties kunnen vormen. Omdat het hier niet om wildwater met rotsige stroomversnellingen gaat, bestaat bij dit natte en wilde pleziertje nauwelijks gevaar op verwondingen.

tegenkomen, zoals elanden, beren, lynxen, wolven, coyotes en poema's. Het Wildlife Park wordt beheerd door de provinciale overheid, die benadrukt dat hier geen in het wild gevangen dieren worden gehouden. De dieren die u hier ziet, zijn geboren in Noord-Amerikaanse dierentuinen of waren moederloos en daarom niet in staat te overleven in de vrije natuur (Highway 102, Exit 11, Stewiacke, tel. 902-758-2040, wildlifepark.novascotia.ca, half mei-half okt. 9-18.30 uur, volwassenen $ 4,75, kinderen tot 17 jaar $ 2).

Accommodatie
... in Urbania:
Aan de getijdenstroom – **Shubenacadie Tidal Bore Rafting Park:** aan Highway 215 N (ca. 10 km van Highway 102), tel. 902-758-4032, 1-800-565-7238, www.raftingcanada.ca, mei-okt. Ruime cottages in het bos. Vanaf $ 145.

Camping – **Wide Open Wilderness Campground:** Highway 102, Exit 10, Route 215 naar Urbania, tel. 902-261-2228, 1-866-811-2267, www.wowcamping.com. Mooi aan een begroeid stuk oever gelegen camping met zwembad en winkel. Veel wandelmogelijkheden. Camping vanaf $ 28, cabins vanaf $ 60.

Actief
... in Urbania:
Rafting – **Shubenacadie Tidal Bore Rafting Park:** adres zie onder Accommodatie hierboven. Trips met een zodiac op de getijdengolven (zie Actief blz. 411).

Truro ▶ R 8
Ook in **Truro** 26, dat u via de Routes 215 en 236 kunt bereiken, kunt u het fenomeen van de getijdengolf aanschouwen. Hier rolt hij over de Salmon River. In het Interpretive Centre langs Route 236 wordt uitgelegd hoe de *tidal bore* werkt. In het Colchester Historical Society Museum worden naast lokale thema's ook exposities over de interessante natuurlijke historie van de regio getoond (29 Young St., tel. 902-895-6284, www.colchesterhistoreum.ca, juni-aug. ma.-vr. 10-17, za. 10-16, anders di.-vr. 10-12, 13-16, za. 10-13 uur, $ 5).

Accommodatie, eten en drinken
Prima ketenhotel – **Holiday Inn:** 437 Prince St., tel. 1-800-465-4329, www.hitrurohotel.com. Smaakvol ingericht, veel faciliteiten zoals een overdekt zoutwaterbad, gym en restaurant Bistro on Prince. 2 pk $ 127-182.

Economy en Five Islands
▶ R 8

Van Truro tot Parrsboro voert Highway 2 door een mooi heuvelachtig landschap. Bij het plaatsje **Economy** 27 kunt u bij eb prima mosselen rapen. Vanaf de River Philip Road loopt een 3,5 km lange trail naar de schilderachtige waterval Economy Falls. Het natuurspektakel is vanboven te bewonderen, maar u kunt ook via een houten trap tot onderaan de watervallen afdalen. In het Interpretation Centre van Economy leert u meer over de omgeving.

Een paar kilometer verder biedt het ruim 600 ha grote **Five Islands Provincial Park** aan de kust van het Minas Basin goede picknick-, kampeer- en wandelmogelijkheden. Aan het strand kunt u halfedelstenen vinden en de 5 km lange Red Head Trail biedt mooi uitzicht op de zee en de eilanden.

Parrsboro ▶ R 8/9
Bij **Parrsboro** 28, met vijftienhonderd inwoners de grootste plaats aan het Minas Basin, deden Amerikaanse wetenschappers in 1985 de tot nu toe grootste fossielenvondst in Noord-Amerika. Uit de zandsteenrotsen werden meer dan honderdduizend botten opgegraven. 'Overal in de omgeving staken botten uit', berichtte de bioloog Neil Shubin. De soms wel 325 miljoen jaar oude fossielen stammen van dinosauriërs, voorwereldlijke krokodillen, haaien en oervissen. Tot de belangrijkste vondsten behoren ook de schedels en kaakbeenderen van een zeldzame reptielensoort, die in de evolutie de overgang van de reptielen naar de zoogdieren aantoont.

In het **Fundy Geological Museum** zijn fascinerende collecties van deze prehistorische vondsten en modellen van voorwereldlijke landschappen te zien. Ook zijn er

Fundy Shore Scenic Route

tentoonstellingen over de mineralen en halfedelstenen uit de regio en de werktuigen waarmee deze worden bewerkt. Geologische excursies langs de stranden zijn eveneens mogelijk. Elk jaar in augustus organiseert het museum de Rockhound Round-Up. Daarnaast zijn er vijftienhonderd fossiele voetafdrukken van dinosauriërs en een omvangrijke collectie mineralen van een hobbygeoloog uit Parrsboro te zien (162 Two Islands Rd., tel. 902-254-3814, 1-866-856-3466, fundygeological.novascotia.ca, half mei-begin okt. 9.30-17.30, winter ma.-za. 10-16 uur, volwassenen $ 9, kinderen 12-17 jaar $ 5,25).

Ook wandelaars komen in Parrsboro aan hun trekken. Behalve strandwandelingen liggen er trails in het binnenland: 5 km ten westen van Parrsboro gaat een 6 km lang pad naar de **Ward's Falls**; 5 km oostelijker zijn de **Hidden Falls** aan Highway 2 slechts een paar passen van de parkeerplaats verwijderd.

Informatie
Parrsboro Information Centre: tel. 902-254-2036, www.town.parrsboro.ns.ca. Kaarten en brochures.

Accommodatie
Verzorgde bed & breakfast – **Gillespie House Inn:** 358 Main St., tel. 902-254-3196, 1-877-901-3196, www.gillespiehouseinn.com. Zeven ruime kamers in een centraal gelegen historische country inn. Uitgebreid ontbijt. 2 pk $ 119-129.

Camping – **Glooscap Park and Campground & RV:** 5 km ten zuidoosten van Parrsboro, tel. 902-254-2529, www.novascotia.com, half mei-eind sept. Camping met uitzicht op de Bay. Vanaf $ 27.

Eten en drinken
Met havenzicht – **Harbour View Restaurant:** 476 Pier Rd., tel. 902-254-3507. Restaurant met mooi uitzicht. Zeevruchten, kreeft, huisgemaakt gebak. Hoofdgerecht $ 12-20.

Evenementen
Rockhound Round-Up: half augustus, in het Fundy Geological Museum, tel. 1-866-856-3466, fundygeological.novascotia.ca/gemshow. Door het Fundy Geological Museum georganiseerde bijeenkomst van *rock hounds*, mineralenliefhebbers die stranden afspeuren naar amethisten, agaten, jaspis en onyxen. Er wordt gedemonstreerd hoe halfedelstenen worden bewerkt, u kunt deelnemen aan excursies, er zijn een kunstnijverheidsmarkt, tentoonstellingen en verkoopstands. Bovendien worden er concerten gegeven en boottochten georganiseerd en zijn er nog veel meer evenementen.

Fundy Shore Scenic Route

Kaart: zie blz. 400

Van Parrsboro naar Amherst kunt u kiezen uit twee routes. De kortste, via Highway 2, voert door het binnenland, dat in de herfst erg mooi is als de roodgekleurde bladeren van de uitgestrekte velden met bosbessen het heuvelige landschap doen opgloeien. Maar het is nog interessanter om de Fundy Shore Scenic Route (Highway 209) te nemen. Deze loopt langs de romantische kust van het Minas Channel en de Chignecto Bay. Ook hier kunt u de krachtige getijdenwerking zien. Bijzonder mooi is de regio rond **Advocate Harbour** 29 en de **Cape d'Or**. Het **Cape Chignecto Provincial Park** is aan te bevelen voor trektochten. Meer dan 50 km aan trails doorkruisen het landschap. U kunt hier ook vogelspotten en kajakken.

Bij **Joggins** 30 hebben de getijden driehonderd miljoen jaar oude versteende bomen, planten en reptielen in de 50 m hoge zandsteenklippen blootgelegd. In 2008 is een 15 km lange kuststrook met fossielklippen door UNESCO uitgeroepen tot Werelderfgoed. In het Joggins Fossil Centre worden fossielen tentoongesteld en in de zomermaanden excursies georganiseerd (100 Main St., tel. 902-251-2727, 1-888-932-9766, www.jogginsfossilcliffs.net, eind apr.-mei 10-16, juni-aug. 9.30-17.30, sept., okt. 10-16 uur, museum/excursies vanaf $ 12).

De zevende hemel voor spoorwegfanaten: slapen in een van de oude wagons van de Train Station Inn in Tatamagouche

Accommodatie, eten en drinken
... op Cape d'Or:
In de vuurtoren – **Lightkeeper's Guesthouse:** tel. 902-670-0534, www.capedor.ca, mei-okt. Kleine pension in een vuurtorenwachtershuis dat op de klippen van Cape d'Or hoog boven de Bay of Fundy staat. Er zijn vier kamers, alle met uitzicht op zee (slechts een met eigen badkamer). Salon annex leeskamer, zeevruchtenrestaurant (wo. gesloten, diner $ 12-30) met spectaculair uitzicht. 2 pk $ 80-110.

Over de Sunrise Trail naar Cape Breton

Kaart: zie blz. 400

De Sunrise Trail loopt van het stadje Amherst langs de noordkust van Nova Scotia naar Cape Breton Island. Het landschap is hier wat minder spectaculair dan langs de andere toeristische routes in de provincie, maar deze zonnige kuststrook van Nova Scotia biedt veel mooie baaien en verlaten stranden. De beste stranden liggen

Over de Sunrise Trail naar Cape Breton

Tip

TRAIN STATION INN IN TATAMAGOUCHE

De **Train Station Inn** in **Tatamagouche** is met afstand het origineelste hotel waar u een overnachting kunt boeken. Het **oorspronkelijke spoorwegstation** werd omgebouwd tot hotel, waarbij de kamers zijn ondergebracht in originele voormalige treinwagons, die met liefdevolle precisie op orde zijn gemaakt. Elke wagon kreeg een unieke inrichting. Zo is het niet alleen voor spoorwegfanaten een belevenis om in een dergelijke omgeving een nachtje door te brengen. Hoewel de oudste wagons meer dan honderd jaar oud zijn, hoeft u niet bang te zijn voor een gebrek aan modern comfort. Alle kamers zijn voorzien van badkamer, tv enzovoort. Tot de faciliteiten behoort ook wifi, maar om daarvan gebruik te kunnen maken, moet u soms eerst het juiste plekje op het perron zoeken voor een goede ontvangst. Ontbijten doet u in het **stationsgebouw**. De eetzaal is een beetje klein, maar wel met oog voor detail ingericht en lijkt daarom wel een museum voor spoorweggeschiedenis. Dit onderdak is een must voor elke treinliefhebber die hier in de buurt is. (Train Station Inn, 21 Station Rd., tel. 902-657-3222, 1-888-724-5233, www.tatatrainstation.com, voorgerecht $ 8-14, hoofdgerecht $ 15-30, 2 pk $ 129-189).

bij de plaatsen Northport, Heather Beach, Pugwash, Tatamagouche en Brule. Hier aan de Northumberland Strait is het water warmer dan op enige andere plaats langs de provinciale kust – ideaal voor een strandvakantie.

Amherst en Tatamagouche
▶ R 8

Een interessante wandeling in **Amherst** 31 gaat door Victoria Street langs mooie, historische gebouwen. In het Cumberland County Museum is een informatieve expositie over de vroege kolonisatie van de regio door de Acadiërs te zien (150 Church St., tel. 902-667-2561, www.cumberlandcountymuseum.com, apr.-okt. di.-vr. 9-17, za. 12-17 uur, $ 3).

In **Tatamagouche** 32 kunt u in het **Sunrise Trail Museum** (Margaret Fawcett Norrie Heritage Centre) meer aan de weet komen over de geschiedenis van de regio, de cultuur van de Mi'kmaqindianen en de Acadische kolonisten en de visverwerkende en houtindustrie van de afgelopen honderd jaar (39 Creamery Rd., tel. 902-657-3449, www.creamerysquare.ca, juni zo.-vr. 14-17, za. 9-17, juli, aug. zo.-vr. 10-17, za. 9-17 uur, $ 6 voor alle musea in het Heritage Centre).

Een paar kilometer verder naar het zuiden is bij het gehucht **Balmoral Mills**, dat aan Route 256 ligt, in een schilderachtige vallei de Balmoral Grist Mill te bezichtigen. U treft er een gezellige picknickplaats aan en u kunt er bekijken hoe in de oude watermolen graan wordt gemalen (544 Peter Macdonald Rd., tel. 902-657-3016, balmoralgristmill.novascotia.ca, juni-sept. ma.-za. 10-17, zo. 13-17 uur, volwassenen $ 4).

Accommodatie
... in Tatamagouche:
Beste prijs-kwaliteitverhouding – **Dolan's Inn & Suites:** 3 Pine St., tel. 902-396-8986, 1-888-734-8514. In een historisch pand met alle faciliteiten. Mooie kamers met antieke meubels en een moderne badkamer. 2 pk $ 102.

Pictou ▶ S 8
Pictou 33 dankt zijn centrale positie aan de Trans-Canada Highway. Bovendien meert een paar kilometer naar het noorden bij Caribou de veerboot naar Prince Edward Island aan. De bedrijvige plaats met 4500 inwoners heeft een lange traditie in visserij en scheepsbouw en is voor Nova Scotia ook van historisch belang. De Nederlandse driemaster Hector zette hier op 15 september 1773 de eerste groep Schotse Highlanders aan wal: 33 families en 25 ongetrouwde mannen uit Loch Broom in Schotland.

De Hector Heritage Quay herinnert met zijn historische gebouwen aan de haven aan het begin van de Schotse immigratie, die het karakter van de provincie heeft gevormd. Met traditionele technieken is men bezig een authentieke replica van het historische immigrantenzeilschip uit 1773 te bouwen.

In de oude smidse op de Quay kunt u de bouwwerkzaamheden gadeslaan. In het direct ernaast gelegen **McCulloch Heritage House Museum & Genealogy Centre** krijgt u een goed beeld van de Schotse kolonisatie (86 Haliburton Rd., tel. 902-485-4563, www.mccullochcentre.ca, in de zomer ma.-za. 9.30-17.30, zo. 13-17.30 uur, anders ma.-vr. 9-17 uur, $ 5).

In het **Northumberland Fisheries Museum** aan Caladh Avenue zijn tentoonstellingen over de vissersvloot van Nova Scotia te zien. U kunt hier ook een kreeftenkotter bezichtigen(21 Caladh Ave., tel. 902-485-8925, in de zomer ma.-za. 10-18 uur, $ 5).

Enkele kilometers verderop, aan de andere kant van de baai, herinnert de **Loch Broom Log Church**, een uit simpele boomstammen opgetrokken kerk uit 1778, aan de Schotse afkomst van de eerste kolonisten.

Informatie
Nova Scotia Visitor Information Centre: Pictou Rotary, Pictou Exit, tel. 902-485-6213, www.townofpictou.ca, half mei-half dec.

Accommodatie, eten en drinken
Mooi landhotel met uitzicht – **Braeside Inn:** 126 Front St., tel. 902-485-5046, 1-800-613-7701, www.braesideinn.com. Country inn met achttien kamers op een mooie plek. Restaurant (diner $ 22-26) met fijne sfeer en mooi uitzicht over de haven van Pictou. 2 pk $ 130.

In historisch Downtown – **Auberge Walker Inn:** 78 Coleraine St., tel. 902-485-1433, 1-800-370-5553, www.walkerinn.com. Uitvoerig gerestaureerd hotel waar u gastvrij wordt onthaald. 2 pk $ 89-109 incl. ontbijt.

Camping – **Caribou and Munroe's Island Provincial Park:** 2119 Three Brooks Rd., Highway 6, 10 km ten noorden van Pictou, tel. 1-888-544-3434, www.novascotiaparks.ca/parks/caribou.asp, half juni-begin okt. Camping met 95 standplaatsen en een strand.

Eten en drinken
Populair en voordelig – **Settler's Saltwater Cafe:** 67 Caladh Ave., bij de Hector Heritage Quay, tel. 902-485-2558. Restaurant met mooi uitzicht op de historische kade met de Hektor. Zeevruchten vanaf $ 10.

Over de Sunrise Trail naar Cape Breton

Evenementen

Pictou Lobster Carnival: begin juli, www.pictoulobstercarnival.ca. Optocht van de kreeftenvissers, wedstrijden van kreeftenkotters, wedstrijdjes 'schelpen kraken', veel muziek en lekkere zeevruchten.

Festival of Summer Sounds: begin juli-eind augustus, tel. 902-485-8848. Shows, muziek (ook Schotse) en theatervoorstellingen met diner in het de Coste Centre.

Hector Festival: half september. Festival ter nagedachtenis aan de aankomst van de eerste Schotse kolonisten met muzikale evenementen; hoogtepunt is de in historische kostuums nagespeelde landing van de Hector.

Vervoer

Veerboot: Northumberland Ferries, Rte. 106, Caribou-terminal, tel. 902-626-2550, 1-877-762-7245, www.ferries.ca. Veren tussen Caribou (20 km ten noordoosten van Pictou) en Wood Islands op P.E.I., 5-6 x per dag, $ 75.

Cape George ▶ S 8

De weg over **Cape George** naar Antigonish is het interessantste deel van de Sunrise Trail. Mooie uitzichten op zee en op het hoogland geven een voorproefje van de legendarische Cabot Trail op Cape Breton Island. Bij het **Arisaig Provincial Park**, waar u kunt wandelen en picknicken, zijn fossielen in het afzettingsgesteente van de kust te zien.

Antigonish ▶ S 8

Antigonish 34 is met 4800 inwoners het economische hart van de regio en het centrum van Schotse cultuur in Nova Scotia. Sinds 1861 vinden hier in juli de grote Highland Games plaats. De doedelzakken en de kilts trekken dan bezoekers uit de hele wereld. Bij Exit 32 van Highway 104 is een Nova Scotia Visitor Centre.

Het **Antigonish Heritage Museum**, dat in een oud spoorwegstation is gevestigd, heeft tentoonstellingen en historische

Hector Heritage Quay in Pictou – als er aan iets geen gebrek bestaat in Nova Scotia, zijn het wel vuurtorens

foto's over de pioniersgeschiedenis van de streek (20 E. Main St., tel. 902-863-6160, www.heritageantigonish.ca, juli-aug. ma.-za. 10-17, anders di.-do. 11-15 uur). Het **County Court House** in Main Street, nog steeds in gebruik als rechtbank, is een National Historic Site.

Accommodatie, eten en drinken
Comfortabel, rustig, centraal – **Maritime Inn:** 158 Main St., tel. 902-863-4001, 1-888-662-7484, www.maritimeinns.com. 31 kamers, de bijbehorende Main Street Café & Lounge serveert zeevruchten en lekkere spareribs (ma.-za. 7-21, zo. 8-21 uur, hoofdgerecht $ 18-27). 2 pk $ 112-189.

Eten en drinken
Gezelligheid – **Brownstone Café:** 44 Main St., Tel. 902-735-3225, www.brownstonecafe.ca, ma.-za. 11-21 uur. Burgers, wraps, pizza, vis- en vleesgerechten. Met terras. $ 12-27.

Evenementen
Highland Games: begin juli, tel. 902-863-4275, www.antigonishhighlandgames.ca. Traditioneel Schots sporttoernooi met steenslingeren en paalwerpen, optochten en doedelzakmuziek.

Over de Marine Drive naar Cape Breton

Kaart: zie blz. 400

Ten oosten van Halifax en Dartmouth loopt de **Marine Drive** (Highways 7, 211 en 316) langs de zuidkust van het eiland. Tot Canso op het uiterste puntje van het vasteland van Nova Scotia in totaal 320 km – in ieder geval een hele dag rijden, maar u kunt beter overnachten in Liscombe Mills of Sherbrooke. Net als de Lighthouse Route verbindt de bochtige kustweg talrijke kleine vissersdorpen – hij is alleen veel minder bereden en bebouwd. Daarbij rijdt u steeds door dichte bossen, drassige weilanden en indrukwekkende oeverlandschappen met talrijke eilandjes voor de kust. Grote plaatsen komt u hier niet tegen en ook geen grote hotels en resorts. Daarvoor in de plaats kunt u genieten van de ongerepte natuur en het eenvoudige leven. U kunt altijd terecht in de vele voordelige en sfeervolle inns, motels en restaurants. In de stille dorpjes kunnen geschiedenisliefhebbers hun hart ophalen aan oude kerken, kerkhoven en de oeroude begraafplaatsen van de Mi'kmaqindianen. De streek biedt enkele van de beste stranden en forellenwateren van de provincie, maar ook kanovaarders vinder hier meer dan genoeg vaargebieden.

Van Lawrencetown naar Ship Harbour ▶ R/S 9
Bij **Lawrencetown** 35, slechts enkele minuten verwijderd van Dartmouth, verzamelen de surfers zich op het rotsige strand om de tot 3 m hoge golven te bedwingen. Wie zijn surfplank niet bij zich heeft, huurt er een in de plaatselijke surfshop samen met een pak, want het water is ook 's zomers zelden warmer dan 15°C. Eindeloze stranden met grote zandduinen en een vogelreservaat treft u aan bij **Martinique Beach**. Beide badplaatsen, maar ook Clam Harbour, Taylor Head en Tor Bay beschikken over leuke provinciale parken met recreatie- en picknickmogelijkheden.

In **Musquodoboit Harbour** 36, met een kleine negenhonderd inwoners een van de weinige 'grotere' plaatsen langs deze kust, zijn in een oud spoorwegstation van de CNR een klein **Railway Museum** en het Tourist Information Centre ondergebracht (Main Street, Route 7, dicht bij de kruising met Route 357, tel. 902-889-2689, www.mhrailwaymuseum.com, juli-sept. dag. 9-18 uur).

Bij **Jeddore Oyster Pond** is het Fisherman's Life Museum te bezichtigen. In een gerestaureerd vissershuis met tuin krijgt u een goede indruk van het alledaagse leven van een typische Nieuw-Schotse zeevisser uit de 19e eeuw (58 Navy Pool Loop, tel. 902-889-4209, fishermanslife.novascotia.ca, juni-begin okt. dag. 10-17 uur, volwassenen $ 4, kinderen tot 17 jaar $ 2,75).

Bij **Ship Harbour** ziet u vanaf de weg duizenden witte boeien in zee drijven. Zij vormen een groot aquacultuurproject en markeren de *collectors*, netten waarin aan de opper-

Over de Marine Drive naar Cape Breton

vlakte grote mosselen worden gekweekt. De **Aquaprime Mussel Ranch** in Ship Harbour is de grootste mosselkwekerij van Noord-Amerika. U kunt de oogst van de smakelijke schelpdieren komen bekijken, er is een informatiecentrum en u kunt er voor een paar dollar een zak verse mosselen kopen (14108 Highway 7, tel. 902-845-2993, www.aquaprimemussel ranch.ca, ma.-vr. 8-16 uur).

Accommodatie
... in Murphy's Cove:
Camping – **Murphy's Camping on the Ocean:** 308 Murphy's Rd., tussen Ship Harbour en Tangier, tel. 902-772-2700, 1-800-565-0000, www.murphyscamping.ca, half mei-half okt. Mooie kampeerplaatsen op een met gras begroeide landtong, omgeven door bos en water; tot de activiteiten behoort het uitgraven van mosselen. $ 27-39.

Actief
Kanotochten – **Murphy's Camping on the Ocean:** adres zie boven. Kano- en bootverhuur en kanotochten met gids vanaf $ 25.

Tangier ▶ S 9
In **Tangier** 37 loont een bezoek aan de Deense immigrantenfamilie Krauch, die hier al bijna zestig jaar een visrokerij drijft. Als de bijtende rook u niet stoort, kunt u toekijken hoe makrelen, palingen, forellen en zalmen volgens Willy Krauchs speciale recept worden gerookt. Deze delicatessen worden over de hele wereld verstuurd, maar vers uit de oven smaken ze natuurlijk het best.

Ook voor vrijetijdsbesteding kunt u terecht in Tangier. Langs de zuidkust kunt u bij diverse *outfitters* een uitrusting huren en kajaktochten met gids regelen, want de regio is een uitstekend gebied om te kanoën en te kajakken. De omgeving met meer dan tweehonderd eilanden van Tangier tot aan de monding van de St. Mary's River is rijk aan verborgen lagunes, grotten en verlaten stranden, waar het wemelt van de eetbare schelpdieren. Vuurtorens, verlaten huizen en oude scheepswrakken laten indrukken achter die nauw aansluiten bij de verhalen en legendes van de kustbewoners.

Accommodatie
In een oud vissershuis – **Paddlers Retreat:** 84 Mason's Point Rd., tel. 902-772-2774, 1-877-404-2774, www.coastaladventures. com. Bed and breakfast in een huisje waar in het verleden vissers woonden, vier kamers, ideaal voor watersporters (ook voor beginners). 2 pk $ 50-90.

Winkelen
Verser kan niet – **Willy Krauch & Sons:** 35 Old Mooseland Rd., Highway 7, tel. 902-772-2188, 1-800-758-4412, www.willykrauch.com, ma.-vr. 8-17, za., zo. 9-17 uur. Traditionele visrokerij van de familie Krauch. Gerookte visspecialiteiten voor onderweg of om gelijk op te eten aan de picknicktafel voor de rokerij.

Actief
Kanotochten – **Coastal Adventures:** adres zie Paddlers Retreat hierboven. Kano- en kajakexcursies met gids, ook cursussen en verhuur. Excursies $ 80-120, verhuur kano/kajak vanaf $ 50.

Liscomb Game Sanctuary en Liscomb Mills ▶ S 9
Spry Harbour (180 inwoners) is typerend voor de kleine vissersdorpen langs de zuidoostkust. Het aantrekkelijke **Tailor Head Provincial Park**, dat aan het dorp grenst, biedt met een strand en mooie kustpaden veel gelegenheid om te picknicken en te wandelen. In **Spry Bay**, de volgende kleine plaats, zijn twee oude kerken te bewonderen. Voor een avontuurlijke tocht door de wildernis kunt u terecht in het **Liscomb Game Sanctuary** 38, via Route 374 bij Sheet Harbour te bereiken. Het ruim 500 km^2 grote wildreservaat wordt doorkruist door een netwerk van rivieren en meren. Het is de habitat van elanden, reeën, muskusratten en nertsen en een uitstekend gebied voor wandelaars, vissers en kanoërs.

Aan de kust bij **Liscomb Mills** 39, ongeveer halverwege Cape Breton Island, beheert de provinciale overheid de Liscombe Lodge (zie Accommodatie, eten en drinken), een bebost complex met een hoofdgebouw en een twintigtal comfortabele blokhutten en chalets. Mooie wandel- en fietspaden en rivieren en meren om te vissen of te varen zorgen ervoor dat u zich nooit hoeft te vervelen. De accommodatie is zeer geschikt als basis voor verkenningstochten in de omgeving.

Accommodatie, eten en drinken
... in Liscomb Mills:
All-invakantie – **Liscombe Lodge:** 2884 Hwy 7, tel. 902-779-2307, 1-800-665-6343, www.liscombelodge.ca. Mooie lodge met cottages en chalets aan de kust. Fietsverhuur, bootcharter, uitstekend restaurant – specialiteit: zalm, naar Mi'kmaqgebruik in een kuil bereid. 2 pk vanaf $ 145.

Sherbrooke ▶ S 8
Bij Liscomb draait Highway 7 het binnenland in naar **Sherbrooke** 40, een kleine havenplaats aan de St. Mary's River met een lange en interessante geschiedenis. Al in 1655 trokken Franse kolonisten dit gebied binnen en de Franse pelshandelaar La Giraudière stichtte hier een handelspost.

Rond 1800 kwamen er Schotse en Engelse kolonisten bij, aangetrokken door de rijkdom aan hout en de zalmen, die hier in overvloed aanwezig waren. Tegenwoordig zijn deze nog steeds in zulke enorme aantallen aanwezig dat het vierhonderd inwoners tellende plaatsje bekendstaat als een mekka voor zalmvissers.

In Sherbrooke Village kunt u een reis naar de 19e eeuw maken –
als tijdmachine fungeert de aloude paardenkoets

Over de Marine Drive naar Cape Breton

De echte attractie van deze plaats en zeker ook het hoogtepunt van de Marine Drive is **Sherbrooke Village**, met dertig historische gebouwen uit de bloeitijd rond 1860. Destijds was Sherbrooke een florerend centrum van de visserij, de scheepsbouw en de houtindustrie. Toen er ook nog goud werd gevonden en negentien mijnbouwmaatschappijen naar het gebied kwamen, begon voor dit plaatsje een twintig jaar durende 'gouden eeuw'.

Onder de indruk als men was van het grote aantal nog intacte gebouwen, die al rond 1860 waren opgericht, gaf de provinciale overheid in 1969 opdracht tot de restauratie van het dorp. Anders dan bij de meeste openluchtmusea, waarvoor men van her en der historische gebouwen bijeensprokkelt om een dorp te vormen, werden hier de gebouwen van de plaats zelf gerestaureerd en openbaar toegankelijk gemaakt. Tot het historische dorp behoren twee kerken, een schoolgebouw, een apotheek, een postkantoor, een gevangenis, een zaal voor dorpsvergaderingen, een smidse, een drukkerij en nog meer werkplaatsen en woonhuizen.

Alles is nog in gebruik als anderhalve eeuw geleden en de bijna vijftig bewoners, gekleed in historische kostuums, zorgen voor een levensechte sfeer. Enkele senioren wonen zelfs nog in hun oude huizen en zijn op een bankje voor hun huis altijd tot een praatje bereid (Hwy 7, tel. 902-522-2400, 1-888-743-7845, sherbrookevillage.novascotia.ca, begin juni-eind sept. dag. 9.30-17 uur, volwassenen $ 13,75, kinderen $ 4,75).

In Sherbrooke moet u beslissen of u de snelste route naar Cape Breton Island over de Highways 7 en 104 neemt of over de Marine Drive verder rijdt naar Canso. In dat geval hebt u nog een keer talrijke vissersplaatsen – en bochten – voor de boeg en is het wellicht verstandiger te overnachten in Liscomb Mills of Sherbrooke.

Accommodatie, eten en drinken

Familievriendelijk – **Sherbrooke Village Inn:** 7975 Hwy. 7, tel. 902-522-2228, 1-888-743-7845, www.sherbrookevillageinn.ca. Met kitchenette uitgeruste motelkamers en cottages. Het bijbehorende visrestaurant (mei-okt.) is lekker en goedkoop (diner $ 10-20). 2 pk $ 125, studios $ 159, cabins $ 139.

Zwitserse gastvrijheid – **St. Mary's River Lodge:** 21 Main St., tel. 902-522-2177, www.riverlodge.ca. Vijf kamers niet ver van Sherbrooke Village. 2 pk $ 76-106 incl. ontbijt.

Accommodatie

Camping – **St. Mary's Riverside Campground & Cabins:** Sonora Road, RR 1, tel. 902-522-2913, www.riversidecampground.ca. Aan de rivier. Staanplaats $ 30, cabins vanaf $ 65.

✤ Cape Breton Island

Cape Breton Island, het noordoostelijke deel van Nova Scotia, heeft veel gezichten: Schotse Highlandtradities op de Ceilidh Trail, Acadisch patriottisme en Franse joie de vivre op de Fleur-de-Lis Trail, schilderachtige vissersdorpen, witte zandstranden en de Cabot Trail, een van de mooiste kustwegen ter wereld.

Vermoedelijk bereikte Giovanni Caboto (John Cabot) in 1497 met zijn eenvoudige schip *Matthew* bij **Cape Breton** de Noord-Amerikaanse kust. De Fransen volgden en stichtten de vesting Louisbourg; later koloniseerden Schotten en Engelsen het eiland. Ook de oorspronkelijke bewoners, de Mi'kmaqindianen, wonen nog steeds in diverse reservaten. Cape Breton Island is veel minder dichtbevolkt dan de rest van Nova Scotia. Er wonen slechts zo'n honderdduizend mensen op het eiland – en de meesten daarvan in de regio's rond Sydney en Glace Bay.

De twee hoogtepunten van een reis over Cape Breton zijn ongetwijfeld de autorit over de **Cabot Trail** (zie blz. 425), een ca. 300 km lange rondweg door het gehele noordelijke deel van het eiland, en een bezoek aan de gereconstrueerde vestingstad **Louisbourg** (zie blz. 436), het grootste nationaal historisch park van Canada. Kuststroken met dofrode steile wanden, witte rotsen, brede zandstranden, afgewisseld met vissersdorpen die zich tussen de bergen en de zee genesteld hebben, eilandjes die steeds weer achter de golven verdwijnen en glinsterende meren omgeven door bossen, waarboven Amerikaanse zeearenden cirkelen, maken van de Cabot Trail een van de mooiste wegen van het continent.

Tussen Mabou en Inverness langs de kustweg Highway 19 en Baddeck aan de oever van het **Bras d'Or** (zie blz. 434) ligt het hart van het Schotse Cape Breton Island. Hier wordt nog Gaelic gesproken en houdt men de oude Highlandtradities in stand met folklore en toernooien. Het is een indrukwekkend schouwspel wanneer tijdens de Highland Games in de zomer beresterke mannen in kilt met steen- en boomstamwerpen hun krachten meten. De hartelijke welkomstgroet 'ciad mile failte' (honderdduizend maal welkom!) hoort u overal op het eiland.

Verder noordwaarts langs de westkust (zie blz. 432), in het gebied rond **Chéticamp**, en ook aan de Fleur-de-Lis Trail langs de zuidkust, van **Louisbourg** tot aan Isle Madame (zie blz. 439), liggen de koloniale gebieden van de Acadiërs. Hier wappert de blauw-wit-rode vlag met de gele Acadische ster en spreken her en der nog mensen een ouderwets Frans.

Van de Canso Causeway naar Whycocomagh

Kaart: zie blz. 424

Van het vasteland van Nova Scotia is Cape Breton Island bereikbaar via de **Canso Causeway** 1, een dam door 66 m diep water, die bij Port Hastings over de zee-engte van Canso naar Cape Breton Island gaat. Zodra u de dam over bent, kunt u zich in het Tourist Office van **Port Hastings** over Cape Breton Island laten informeren (zie rechts). De 85 km naar Baddeck, waar de Cabot Trail officieel begint, legt u het snelst af over Highway 105 (de Trans-Canada Highway).

In **Whycocomagh** 2 (▶ T 8) biedt een provinciaal park naast picknickfaciliteiten ook

Ceilidh Trail

De Cabot Trail: noordelijke schoonheid met heerlijke rondingen

prima kampeermogelijkheden (staanplaatsen zonder aansluitingen, $ 27). In de taal van de Mi'kmaqs betekent het woord *whycocomagh* 'begin van het water'. Vanuit het park leidt een ca. 1 km lange, maar wel een tamelijk steile trail de Salt Mountain op. Op de berg hebt u enkele zeer mooie uitkijkpunten over het Bras d'Or Lake. Na het park volgt u Highway 105 langs het St. Patrick's Channel en na een rit van ca. 40 km hebt u **Baddeck** bereikt (zie blz. 426).

Informatie

... in Port Hastings:
Provincial Visitor Centre: East of the Causeway, 1-902-625-4201, www.dcba-info.com, mei-dec. Kaarten en informatie.

Ceilidh Trail

Kaart: zie blz. 424
Hebt u wat meer tijd tot uw beschikking voor Cape Breton, dan is het de moeite waard om eerst nog een tochtje over Highway 19 langs Craigmore, Judique, Mabou en Inverness te maken. Hier loopt de Ceilidh Trail door heuvelachtige bouwlanden met prachtig uitzicht op zee. Dit is oud Schots koloniaal gebied, het thuisland van bekende Gaelic muzikanten en folkzangers. In sommige pittoreske plaatsen worden traditionele concerten gegeven en festivals gehouden. Een ceilidh (spreek uit: 'keelie') was in de Gaelic cultuur in Schotland en Ierland een gezellige samenkomst van de dorpsjeugd met volksdans en vioolmuziek. De immigranten die in de 18e eeuw naar Amerika kwamen, hebben deze traditie in Nova Scotia en in het bijzonder op Cape Breton Island in stand gehouden. De eeuwenoude stijlelementen van muziek en dans werden doorontwikkeld. Tegenwoordig is Gaelic pop en folk razend populair, nog steeds gedomineerd door virtuoos vioolspel.

Mabou ▶ T 7

In het stadje **Mabou** 3 onderhoudt de Mabou Gaelic and Historical Society het kleine museum en cultureel centrum **An Drochaid** ('De Brug', Highway 19, tel. 902-945-2311, www.novascotia.com/see-do/attractions, di.- za. 9-17, zo. 12-16 uur). Bezienswaardig

Cape Breton Island

is het **Mabou Harbour Lighthouse**, waar u een fototentoonstelling en voorwerpen uit de regio kunt bekijken.

Langs Route 19 kunt u tussen Mabou en Inverness de lieflijk aan de voet van de Mabou Highlands gelegen **Glenora Inn & Distillery** bezichtigen. Hier wordt de enige single malt whisky van Noord-Amerika gestookt. In de Glenora Pub kunt u het edele vocht dan proeven onder het genot van wat Gaelic folklore (adres zie hieronder).

Accommodatie, eten en drinken

Whisky direct van de bron – **Glenora Inn & Distillery:** Glenville, 9 km ten noorden van Mabou, tel. 902-258-2662, 1-800-839-0491, www.glenoradistillery.com, half juni-okt. Mooi gelegen country inn met een whiskydistilleerderij. De stokerij is van 9–17 uur te bezichtigen ($ 7); in de Glenora Pub kunt u ontbijten (7-9 uur), lunchen (11-15 uur) en dineren (17-21 uur), in de namiddag en 's avonds ook met entertainment (Gaelic folklore). Ruime kamers en chalets. 2 pk $ 160-190.

Inverness ▶ T 7

Na ongeveer 30 km komt Highway 19 bij **Inverness** 4 weer bij de kust. Met circa 1400 inwoners is deze voormalige Schotse mijnwerkerskolonie de grootste plaats aan Highway 19. Er ligt een mooi badstrand en in de omgeving zijn goede wandelmogelijkheden. In het Inverness Miners Museum wordt de geschiedenis van de kolenmijnbouw uitgelegd. De curator van het museum organiseert ook excursies naar oude mijnen en naar vindplaatsen van fossielen in de omgeving. U kunt zich telefonisch opgeven (62 Lower Railway St., tel. 902-258-3877, www.inverness-ns.ca/inverness-miners-museum.html, half juni-okt. 10-18 uur, $ 1).

Bij **Margaree Harbour** sluit Route 19 aan op de Cabot Trail, vanwaar u in noordelijke richting via Chéticamp naar het Cape Breton Highlands National Park kunt rijden. Een andere fraaie route voert in zuidelijke richting door de **Margaree Valley** (zie blz. 433) naar Baddeck.

Accommodatie, eten en drinken

Gezellig – **The Duncreigan Country Inn:** 11411 Nova Scotia 19 Trunk, tel. 902-945-2207, 1-800-840-2207, www.duncraigan.ca, het hele jaar door geopend. Acht kamers, deels met jacuzzi, uitzicht op de haven en ontbijtbuffet. Vlakbij ligt de Red Shoe Pub met lekker eten (vanaf $ 16) en Gaelicmuziek. 2 pk $ 155-210.

Populaire muziekpub – **Red Shoe Pub:** 1533 Route 19, tel. 902-945-2996, www.redshoepub.com, juni-half okt. ma.-wo. 11.30-23, do.-za. 11.30-2, zo. 12-23 uur. Smakelijke kleine en grote gerechten, vis, vlees, pasta. Live Gaelicmuziek.

Accommodatie

Camping – **MacLeod's Beach Campsite:** Rte. 19 in Dunvegan, 16058 Central Ave., ca. 10 km ten noorden van Inverness, tel. 902-258-2433, www.macleods.com. Mooi aangelegd kampeerterrein aan de baai met panoramisch uitzicht, eigen strand en wandelmogelijkheden. Staanplaats $ 34-38.

Evenementen

Broad Cove Concert: juli, St. Margaret's Parish Grounds in Broad Cove (3 km ten noorden van Inverness), www.broadcoveconcert.ca. Populairste Schotse muziekfestival in Cape Breton.

Ceilidh: elke donderdagavond in juli en aug. Schotse dans en muziek in de Inverness Fire Hall.

Over de Cabot Trail naar Chéticamp

Kaart: links

Bij het oude courthouse, het gerechtsgebouw in Baddeck, begint officieel de ongeveer 300 km lange rondweg Cabot Trail. Hier hebt u de keus om de tocht links- of rechtsom te doen – het panorama is in beide gevallen overweldigend. Toen de Cabot Trail in 1932 werd voltooid, verbond hij de kleine geïsoleerde vissersdorpen op de ruwe noordpunt van het eiland via een smalle, deels ongeasfalteerde weg, die vaak in avontuurlijke bochten langs de kust liep. Het advies luidde destijds om de route absoluut tegen de klok in van Chéticamp naar Ingonish te rijden – want alleen op de binnenbaan van de rijweg bevond men zich op veilige afstand van de steil in zee afdalende klippen. Tegenwoordig is dit advies niet meer zo vanzelfsprekend. De weg is weliswaar nog altijd zeer bochtig, maar sterk verbreed en inmiddels eenvoudig te berijden. Wanneer u er nu voor kiest tegen de klok in te rijden, is het gemakkelijker om te stoppen op de parkeerplaatsen van de uitkijkpunten, die vaak aan de kustzijde van de weg liggen.

Baddeck ▶ T 7

Baddeck 5 , een plaats met achthonderd inwoners aan de oever van het Bras d'Or Lake, was vroeger een bedrijvig scheepsbouwcentrum. Nog steeds staat de zeilsport hier hoog in het vaandel en toeristen kunnen aan verscheidene boottochten meedoen. Middelpunt van de maritieme bedrijvigheid is de **Government Wharf**, de aanlegsteiger voor de talrijke schepen en zeiljachten. Vanaf de Wharf kunt u met de gratis veerpont overvaren naar **Kidston Island**, slechts een paar honderd meter verwijderd van het vasteland. Het is een bosrijk eiland met badstrand, wandelpaden en een vuurtoren.

De **Alexander Graham Bell National Historic Site** is een eerbetoon aan de grote uitvinder en humanist Alexander Graham Bell, die hier de laatste 37 jaar van zijn leven de zomer doorbracht. De geboren Schot wordt als uitvinder van de telefoon beschouwd. Hij werd bovendien bekend door zijn experimenten op medicinaal gebied, in de landbouw en in de lucht- en zeevaarttechniek. Op zijn landgoed Beinn Bhreagh, wat in het Gaelic zoveel betekent als 'mooie berg', ligt Bell begraven. Het aan hem gewijde museum toont omvangrijke collecties foto's, persoonlijke bezittingen van Bell en tal van zijn uitvindingen – onder andere een replica van de draagvleugelboot HD-4, die in 1919 een wereldsnelheidsrecord (110 km/h) wist te vestigen – en natuurlijk zijn eerste telefoons (Chebucto St., tel. 902-295-2069, www.pc.gc.ca/bell, eind mei-eind okt. dag. 9-17 uur, volwassenen $ 7,80, kinderen $ 3,90).

Accommodatie, eten en drinken

Wellnesshotel op mooie plek – **Inverary Resort:** Highway 105, Exit 8, 368 Shore Rd., tel. 902-295-3500, 1-800-565-5660, www.inveraryresort.com. Gemoedelijke vakantiehotel aan de noordoever van Bras d'Or Lake. Binnenzwembad, café, pub met live-entertainment, restaurant Thistledown, Flora's Dining Room (ontbijt 7-10 uur), eigen jachthaven. 2 pk vanaf $ 149.

Historische inn – **Telegraph House:** 479 Chebucto St., tel. 902-295-1100, 1-888-263-9840, www.baddeck.com/telegraph. Grote historische inn uit het midden van de 19e eeuw, waarin Alexander Graham Bell al regelmatig overnachtte. Stijlvol ingerichte kamers in het hoofdgebouw, waarvan enkele met balkon en jacuzzi, moderne motelkamers in een bijgebouw. Bibliotheek, patio, restaurant (diner vanaf $ 12) voor ontbijt, lunch en diner. De specialiteiten van het huis zijn schaal- en schelpdieren, gevogelte, steaks, pasta. 2 pk $ 80-130.

Accommodatie

Camping – **Bras d'Or Lakes Campground:** Hwy 105, Exit 7 en 8 (5 km ten westen van Baddeck), tel. 902-295-2329, 902-239-595-5558 (in de winter), www.brasdorlakescampground.com. Zwembad, winkel. Vanaf $ 42.

St. Ann's ▶ T 7

In **St. Ann's** 6 , 20 km ten noordwesten van Baddeck, kunt u in het **Gaelic College of Celtic Arts and Crafts** behalve de Hoogland-Schotse taal ook de ambachten, de dansen, de liederen en het spelen op de doedelzak leren (tel. 902-295-3411). In het **Great Hall of the Clans Museum** van het Gaelic College ziet u tentoonstellingen over de Schotse geschiedenis en cultuur, maar ook over de grote immigratie uit de Schotse Highlands. Na een bezoek aan de Campus Shop van het Gaelic College kunt u zich met kilt en tartan aankleden als een echte Schot (51779 Cabot Trail, tel. 902-295-3411, www.gaeliccollege.edu/great-

Over de Cabot Trail naar Chéticamp

hall-of-the-clans, half mei-begin okt. ma.-vr. 9-17 uur, juli, aug. 's middags Ceilidhs, volwassenen $ 8, kinderen tot 12 jaar $ 6).

Evenementen
Gaelic Mod – Féis A' Mhòid: augustus, in het Gaelic College. Groot Keltisch cultuurfestival.
Celtic Colours: half oktober op diverse plekken op het eiland, www.celtic-colours.com. Gaelic volksfeest met veel concerten en andere evenementen. Cape Breton toont zich in deze tijd in de bontste herfstkleuren.

Cape Smokey ▶ T 7
Na een kleine 20 km loopt de Cabot Trail langs de schilderachtige St. Ann's Bay, gaat dan een kort stukje landinwaarts om vanaf Indian Brook weer bij de ruwe kustlijn uit te komen, waar de weg kleine vissersdorpen als North Shore, Breton Cove, Skir Dhu en Wreck Cove aandoet. Via smalle haarspeldbochten gaat de weg omhoog en omlaag naar **Cape Smokey** 7, een 366 m hoge landtong in de oceaan. Vanaf een uitkijkpunt in het Cape Smokey Provincial Park hebt u een schitterend panoramisch zicht op de kaap en de zee – tenminste, als 'Old Smokey' zijn naam geen eer aandoet en in mist is gehuld. Een 5 km lang wandelpad leidt naar Stanley Point op de punt van de kaap (zie Actief blz. 428).

Accommodatie
Aan de Cabot Trail – **Wreck Cove Wilderness Cabins:** RR 1 Englishtown (bij Wreck Cove, 20 km ten zuiden van Ingonish) tel. 902-929-2800, 1-877-929-2800, www.capebretonsnaturecoast.com. Twee compleet ingerichte rustieke cottages direct aan de Trail. Eigenaar Mike Crimp organiseerde vroeger zeekajaktochten en kent de regio als zijn broekzak. Cottage vanaf $ 99.

Cape Breton Highlands National Park ▶ T 7
Het **Cape Breton Highlands National Park** geeft een beeld van de oorspronkelijke natuur. De tot 500 m hoge bergen zijn begroeid met bossen van voornamelijk balsemzilver-

Strand op Cape Breton Island – de weg naar een fijne vakantie is hier vaak rotsachtig

Cape Breton Island

Actief

KAAPWANDELING – CAPE SMOKEY TRAIL

Informatie

Begin: *trailhead* aan de noordkant van het parkeerterrein in het Cape Smokey Provincial Park aan de Cabot Trail 13 km ten zuiden van Ingonish Beach
Lengte: 10 km (heen en terug)
Duur: 3-5 uur
Moeilijkheidsgraad: middelzwaar met een aantal steile delen, het hoogteverschil bedraagt 180–275 m

Doel van deze wandeling over een 356 m hoge landtong is het uitkijkpunt Stanley Point in het **Cape Smokey Provincial Park**, waar u een prachtig panoramisch uitzicht hebt – als 'Old Smokey' op dat moment zijn naam geen eer aandoet en in nevelen is gehuld. Zoek daarom voor deze wandeling als het even kan een heldere dag uit (bekijk het weerbericht voor Ingonish).
De trail gaat het eerste halfuur bergafwaarts het binnenland in, om zo een zinkgat *(sink hole)* te omzeilen. Vervolgens stijgt het pad, waarna het min of meer vlak over het **Cape Smokey Plateau** de steile kust volgt – kijk goed uit dat u niet te dicht bij de afgrond loopt! Het uitzicht is hier verpletterend: op een heldere dag kunt u helemaal tot aan Sydney en Glace Bay kijken, die ruim 50 km verderop liggen.
Aan het einde van de trail, op **Stanley Point Look-Off**, dwaalt uw blik over de South Bay met de Keltic Lodge bij Ingonish. Niet zelden kunt u er Amerikaanse zeearenden en haviken boven de klippen zien zweven.
In het algemeen is de trail goed begaanbaar, maar er liggen ook enkele dichtbegroeide en drassige plaatsen op de route, en af toe komt u hindernissen als omgevallen bomen tegen. De rotsblokken vlak voor het Stanley Point Look-Off zijn gemakkelijk te overwinnen. Voor dit alles zijn stevig schoeisel en een lange broek onmisbaar.

Over de Cabot Trail naar Chéticamp

sparren, dennen, berken en esdoorns, waar zwarte beren, elanden, bevers en lynxen leven. Automobilisten op de Cabot Trail krijgen af en toe een glimp te zien van de woeste schoonheid van de wilde natuur met haar uitgestrekte moerassen, beken, rivieren, watervallen en meren met krijsende Amerikaanse zeearenden erboven. Het echte gevoel voor dit unieke, bijna 1000 km² grote nationaal park blijft voorbehouden aan de wandelaars en trekkers, voor wie het park zich ontsluit met zo'n dertig trails en wandelpaden. De trails (zie Actief links) zijn goed onderhouden. Op sommige plaatsen liggen boardwalks van houten planken om de kwetsbare vegetatie te ontzien. In zo'n geval doet u er goed aan op het plankier te blijven.

Ingonish Beach 8 telt slechts ongeveer zeshonderd inwoners, maar is toch het toeristische centrum aan de noordwestkust van Cape Breton Island en met zijn mooie strand ook de enige badplaats in de omgeving van het nationaal park. U vindt er verscheidene hotels, motels, restaurants, galeries en kunstnijverheidswinkels. De plaats strekt zich uit rond een baai en biedt behalve een jachthaven ook een uitstekende golfbaan en een verwarmd zeewaterzwembad. Iets verderop ligt het terrein van de Keltic Lodge op een smalle landtong, die ten westen van Ingonish ver in zee steekt.

Bij het parkeerterrein van de **Keltic Lodge** begint een wandelpad (4 km heen en terug, hoogteverschil 30 m, 1,5-2 uur) naar de **Middle Head**, waar zeevogels en regelmatig ook walvissen te zien zijn. Het pad voert door gemengd bos en grasland over de landpunt. Onderweg belichten verschillende borden de flora en fauna en de geschiedenis van de visserij in deze regio. Op de rotsachtige punt van de landtong hebt u prachtig uitzicht op Cape Smokey aan uw rechterhand en Ingonish Island aan uw linkerhand.

In het Visitor Centre van het nationaal park krijgt u informatiemateriaal over wandelingen en andere recreatiemogelijkheden in het park (half mei-half okt. 9-17, juli, aug. 8.30-19 uur, dagkaart $ 7,80).

Bij Ingonish Beach bereikt de Cabot Trail het **Cape Breton Highlands National Park** 9 . Dit 950 km² grote nationaal park aan het noordoostelijke puntje van Cape Breton tussen de Atlantische Oceaan en de Gulf of St. Lawrence is het oudste van de Atlantische provincies. In dit hoogland met ruige kustformaties, bossen, door de wind geteisterde toendra's, drassig gebied, meren en wildernis leven Amerikaanse zeearenden, elanden, zwarte beren en wilde katten. Met zijn meer dan 200 km aan wandelpaden en talrijke beken en rivieren is het park een eldorado voor wandelaars en vissers (korte wandelingen: Middle Head Trail zie hierboven, en Actief linkerpagina).

Informatie

Cape Breton Highlands National Park: tel. 902-224-2306, www.pc.gc.ca/breton. Klein Visitor Centre in Ingonish met kaartmateriaal en informatie over de geologie, flora en fauna en activiteiten in het park. Een groot Visitor Centre, uitgebreid met een boekwinkel, is te vinden in Chéticamp (zie blz. 433). Beide bezoekerscentra zijn geopend half mei-okt. Voor- en najaar 9-17, zomer 8.30-19 uur. Dagpas zomer $ 7,80, kinderen $ 3,90, voor- en najaar $ 5,80 resp. $ 2,90.

Accommodatie, eten en drinken
... in Ingonish Beach:

Wellnesshotel in het nationale park – **Keltic Lodge Resort & Spa:** tel. 902-285-2880, 1-800-565-0444, www.kelticlodge.ca. Resorthotel op een prachtige locatie in de buurt van het Cape Breton Highlands National Park. Golfbaan, strand en tennisbanen. Het elegante restaurant Àrdan Rùm heeft een panoramisch uitzicht over de Highlands (11-21 uur, lunch $ 8-18, diner $ 19-40). 2 pk $ 220-300 incl. ontbijt, arrangementen voor 2 personen vanaf $ 332.

Accommodatie

Camping – **Ingonish Campground:** aan de lagune bij het golfterrein, tel. 902-224-2306, eind juni-aug. Mooi gelegen terrein met vijftig staanplaatsen zonder aansluiting. $ 26-28.

Cape Breton Island

... in Ingonish:
Mooi aan zee gelegen – **Sea Breeze Cottages and Motel:** 8 km ten noorden van de parkingang, tel. 902-285-2879, 1-888-743-4443, www.seabreezecottagesandmotel.com. Kamers, cottages en chalets, winkels en restaurants in de buurt, kinderspeelplaats. Overnachting met golfpas vanaf $ 140, 2 pk vanaf $ 107.
Camping – **Broad Cove Campground:** ten noorden van Ingonish im Cape Breton Highlands National Park, tel. 902-224-2306, 1-877-737-3783, half mei-begin okt. 260 staanplaatsen, deels met aansluitingen. Strand, in de buurt start een aantal wandelroutes. $ 26-100.

Actief

Golfen – **Highland Links Golf:** 3 km ten noorden van Ingonish Beach, tel. 902-285-2600, 1-800-441-1118, www.highlandslinksgolf.com. De baan wordt tot de honderd beste ter wereld gerekend. Greenfees $ 60-105.
Wandelen – De hieronder genoemde **wandelroutes** beginnen bij de Cabot Trail, de weg die door het nationale park loopt. Ze staan aangegeven op de kaart van het park, die u kunt krijgen bij de bezoekerscentra. Het aantal kilometers betreft de heen- en terugweg dan wel de rondwandeling.

L'Acadiën Trail: *trailhead* op het parkeerterrein van de Chéticamp Campground bij de westingang van het nationale park, rondwandeling 9 km, middelzwaar, hoogteverschil 0-363 m, duur 3-4 uur. Deze trail loopt voortdurend omhoog en omlaag langs een beek, de Robert Brook. Vanaf het hoogste punt hebt u prachtig panoramisch uitzicht.

Skyline Trail: *trailhead* French Mountain aan de Cabot Trail (ca. 10 km ten noorden van Chéticamp), 9,2 km, licht, hoogteverschil 320-400 m, duur: 2-3 uur. Schitterende panoramische uitzichten op de woeste rotskust en de Cabot Trail, die van de zee landinwaarts slingert. Bijzonder indrukwekkend is het uitzicht aan het einde van het pad, waar een houten plankier met 280 treden naar een uitkijkplatform leidt. Vanaf deze en andere uitkijkpunten zijn regelmatig voorbij zwemmende walvissen te zien.

Neils Harbour ▶ T 6/7

Van Ingonish Beach tot aan het vissersdorpje **Neils Harbour** 10 volgt de Cabot Trail de zacht welvende Atlantische kustlijn langs mooie stranden, daarna gaat de weg landinwaarts. Op de mooie picknickplaats Neil Brook kunt u heerlijk aan het water eten. Als alternatief voor de snelweg kunt u bij Neil's Harbour een kleine zijweg nemen naar White Point op de punt van de kaap. Vandaar loopt de alternatieve route langs de kust, tot hij kort voor South Harbour weer aansluit op de Highway.

Rond Cape North ▶ T 6

Bij het vissersdorp **Cape North** 11 bereikt de Cabot Trail zijn noordelijkste punt. Giovanni Caboto, die in Engelse dienst de naam John

Over de Cabot Trail naar Chéticamp

Neils Harbour is een goede plek om verse kreeft te eten

Cabot aannam, zou hier in 1497 met zijn schip *Matthew* zijn geland en de grond van de Nieuwe Wereld hebben betreden. Het **Cabot's Landing Provincial Park**, langs de weg naar Bay St. Lawrence, beschikt over picknickplaatsen en een mooi zandstrand. Een monument herinnert aan de historische landing. Vanhier loopt een trail naar de 440 m hoge **Sugar Loaf Mountain**. Maak vooral ook een uitstapje naar de gelijknamige kaap. De rit naar Bay St. Lawrence en Meat Cove is niet alleen vanwege het landschap zeer aantrekkelijk. U kunt er verlaten, kleine baaien en enkele schilderachtige vissersdorpen ontdekken, langs mooie stranden wandelen en op excursie om zeevogels en walvissen te spotten.

In het 16 km verderop gelegen **Bay St. Lawrence** 12 zijn alle soorten dienstverlening voorhanden. Tijdens een wandeling door de haven kunt u zien hoe de vangst uit de vissersboten wordt geladen en vanaf de steiger kunt u met een motorschip of een zeiljacht uitvaren om walvissen te spotten. Een paar kilometer voor Bay St. Lawrence leidt een zijweg, waarvan de tweede helft ongeasfalteerd is, naar de kleine vissersdorpen **Capstick** en **Meat Cove** 13. Daar vindt u boven op een steile klip, direct boven zee, een kampeerterrein met heel bijzonder uitzicht.

Accommodatie
... in Cape North:
Historische bed and breakfast inn – **Four Mile Beach Inn:** RR 1 Cape North, Aspy Bay, tel. 902-383-2282, 1-877-779-8275, www.fourmilebeachinn.com, juni-okt. Op de weg naar Bay St.

Lawrence gelegen vriendelijke en stijlvol ingerichte voormalige General Store. Salon, mooie veranda. 2 pk $ 99-129.

Actief

… in Cape North:

Verhuurstation – **Four Mile Beach Inn**: Adres zie boven. Excursies, maar ook verhuur van fietsen, kajaks en kano's.

… in Bay St. Lawrence:

Whale watching – **Captain Cox's Whale Watching,** 3384 Bay St. Lawrence Wharf, tel. 902-383-2981, 1-888-346-5556, www.whalewatching-novascotia.com, half juli-okt. $ 45. **Oshan Whale Cruise,** tel. 902-383-2883, 1-877-383-2883, www.oshan.ca, juli-okt., 10.30, 13.30, 16.30 uur. Walvissafari van 2-2,5 uur. Ook diepzeevisexcursies. volwassenen $ 30, kinderen $ 15.

Kajak- en fietsvehuur – **Eagle North Kayak:** 299 Shore Rd., Dingwall, tel. 1-902-383-2552, 1-888-616-1689, www.kayakingcapebreton. ca. Fiets-, kajak- en kanoverhuur (2 uur $ 25, 4 uur $ 45, hele dag $ 60, fiets $ 45 per dag, tocht van een halve dag $ 65) en meerdaagse zeekajaktochten.

Pleasant Bay ▶ T 7

Na Cape North loopt de Cabot Trail door het idyllische dal van de Aspy River, waar de bont gekleurde boerderijen op verfspetters in het landschap lijken. Daarna gaat de weg omhoog langs ravijnen in het gebergte van het hoogland. Hier begint het mooiste gedeelte van de Cabot Trail. Vanaf nu ziet u zeer romantische rotsformaties langs de kust en u komt steeds weer langs prachtige uitkijkpunten. Vanaf de bergweg kunt u bij helder weer zo ver over zee kijken dat u zelfs de Îles-de-la-Madeleine in de Gulf of St. Lawrence kunt zien liggen.

Bij **Pleasant Bay** 14 komt de Cabot Trail weer bij de zee. Hier zou u het **Whale Interpretive Centre** moeten bezichtigen. De verschillende walvissoorten die in de wateren rond Nova Scotia voorkomen, worden hier beschreven en getoond. In het open aquarium van het centrum ziet u de zeefauna van de regio (tel. 902-224-1411, juni-half okt. 9-17 uur, volwassenen $ 4,50, kinderen $ 3,50).

Accommodatie

Goedkope herberg – **Cabot Trail Hostel:** 23349 Cabot Trail, tel. 902-224-1976, www.cabottrailhostel.com. Enige hostel voor wandelaars op de Cabot Trail. Slaapzaal, gezamenlijke keuken, internet. Bed op slaapzaal $ 29, privékamer $ 59.

Actief

Walvissen, zeehonden en meer – **Capt. Mark's Whale and Seal Cruise:** tel. 902-224-1316, 1-888-754-5112, www.whaleandseal cruise.com. Tochten met boot of zodiac, juni-half okt., in het hoogseizoen 4 afvaarten per dag, $ 45-55, kinderen tot 18 jaar $ 20-35.

Chéticamp ▶ T 7

Bij Petit Étang verlaat u het gebied van het nationaal park en na een paar kilometer komt u aan in **Chéticamp** 15 , een levendig vissers- en boerendorp dat met ca. 3500 inwoners de grootste plaats aan de noordwestkust van Cape Breton is. De bevallige bonte houten huizen harmoniëren mooi met het blauw van de zee en het zachtgroen van de heuvels in het achterland. Hier klopt het hart van Franssprekend Cape Breton en op veel huizen en vlaggen prijkt de gele Acadische ster op de blauwe ondergrond. In de restaurants staan Acadische specialiteiten op het menu en in de pubs hoort u vioolmuziek in een zeer bijzondere combinatie van Acadische en Schotse stijlelementen. De excursieschepen om walvissen te spotten en op zee te vissen vertrekken vanaf de Government Pier aan de haven naar de voor de kust gelegen Îles-de-la-Madeleine of Magdalen Islands.

Nadat u zich in het **Acadian Museum** in de Coopérative Artisanale nabij de Églisé St-Pierre over de geschiedenis, folklore en tradities van de Acadische kolonisten hebt laten informeren en hebt toegekeken bij het weven, tapijtknopen en spinnen, kunt u in het bijbehorende restaurant nog authentieke Acadische gerechten proeven (15067 Main St., tel. 902-224-2170, 902-224-3207, www.cheticampns.com, 's zomer 8-21, anders 9-17 uur, gratis toegang, een donatie wordt op prijs gesteld).

Over de Cabot Trail naar Chéticamp

Het Acadische cultureel centrum **Les Trois Pignons** in Chéticamp kunt u niet over het hoofd zien. Het grote houten gebouw met erkers is geheel in de felle blauw-wit-rode Franse nationale kleuren gehouden en voor de ingang wappert trots de Acadische vlag in de mast. Hier ziet u tentoonstellingen over de geschiedenis van de kolonisatie van Chéticamp, het dagelijks leven van de Acadiërs op Cape Breton Island, kunstnijverheidsproducten en kunstvoorwerpen en een collectie handgeknoopte tapijten waar de streek rond Chéticamp om bekendstaat (tel. 902-224-2642, www.lestroispignons.com, half mei-half okt. 8.30-17 uur, $ 7).

Informatie
Cape Breton Highlands National Park Visitor Centre: 15584 Main St. Chéticamp, www.pc.gc.ca/breton, tel. 902-224-2306, 1-888-773-8888, half mei-half okt. 9-17, juli, aug. 8.30-19 uur, entree park volwassenen $ 7,80, kinderen $ 3,90.

Accommodatie
Ruim en leuk – **Ocean View Motel & Chalets:** 15569 Cabot Trail tegenover Le Portage Golf Club, tel. 902-224-2313, 1-877-743-4404, www.oceanviewchalets.com. Ruime, leuke kamers. 2 pk $ 125-140.

Acadische gastvrijheid – **Chéticamp Outfitters Inn:** 13938 Cabot Trail, tel. 902-224-2776, www.cheticampoutfitters.com. Gezellige B&B met mooi uitzicht op de zee en de bergen. Patio, barbecue, fietsverhuur. 2 pk $ 85-120, chalet $ 135-150.

Camping – **Plage St-Pierre Beach & Campground:** 635 Chéticamp Island Rd., tel. 902-224-2112, 902-224-2642, 1-800-565-0000, www.plagestpierrebeachandcampground.com, half mei-half okt. Mooie camping op een breed zandstrand op Chéticamp Island, te bereiken via een dam. 94 staanplaatsen, de meeste met aansluitingen. Ook cottages. **Chéticamp Campground:** Cape Breton Highlands National Park, tel. 902-224-2306, 1-888-773-8888, www.pc.gc.ca/breton. Kampeerterrein vlak bij de westingang van het nationale park. $ 26-39.

Actief
Whale watching – **Whale Cruisers,** Government Wharf, tel. 902-224-3376, 1-800-813-3376, www.whalecruisers.com, juni-sept. Excursie van drie uur met de 13 m lange Whale Cruiser. Volwassenen $ 35, kinderen tot 12 jaar $ 15. **Captain Zodiac Whale Cruise,** Government Wharf, tel. 902-234-7358, 1-877-232-2522, www.novascotiawhales.com, half mei-eind okt. 12 en 15 uur. 2 tot 3 uur durende excursie. De walvissafari met een 9 m lange rubberen zodiac kan bij slecht weer een natte bedoening worden, maar u krijgt een waterdicht thermopak te leen. Bovendien worden landrotten op de brede pontonboten niet zo snel zeeziek als op andere vaartuigen. Een bijzondere ervaring is snorkelen met walvissen. Volwassenen $ 95, kinderen tot 16 jaar $ 59, whale watching volwassenen $ 59 resp. $ 39.

Paardrijden – **Little Pond Stables:** tussen Chéticamp en de ingang van het nationale park in Petit Etang, 103 La Pointe Rd., tel. 902-224-3858, 1-888-250-6799, www.horsebackcapebreton.com. Ritten naar de bergen en over het strand. $ 40-65.

Evenementen
Festival de L'Escaouette: eind juli-begin augustus, www.cheticamp.ca. Acadisches cultuurfestival met volksdansen, optochten en wedstrijden.

Margaree Valley
Na Chéticamp kronkelt de Cabot Trail zich 26 km lang langs de kust, waarbij hij langs verscheidene kleine vissersdorpen komt en steeds weer een mooi uitzicht biedt. In Margaree Harbour sluit de Cabot Trail aan op een andere Scenic Route, de Ceilidh Trail (zie blz. 423). De Cabot Trail vervolgt zijn weg landinwaarts door de Margaree Valley. Het is ongeveer 60 km rijden tot Baddeck.

In het schilderachtige vissersdorp **Margaree Harbour** 16 dobberen aan de pier naast de traditionele kreeftenkotters ook de excursieschepen waarmee u naar de **Margaree Island National Wildlife Area** kunt varen. In het voor de kust gelegen natuurgebied nestelen duizenden zeevogels in nissen in de rotswanden. Margaree Harbour kan bogen op brede zandstranden met uitstekende mogelijkheden om te zwemmen en te zonnen.

Bij Margaree Forks komen de South West en North East Margaree River samen. De wijdvertakte Margaree River met zijn idyllische oevers behoort tot de beste zalmrivieren van Canada. Het visseizoen valt in augustus en september. Ter plaatse vindt u diverse hengelsportwinkels en guides. Ook voor kanoërs is de Margaree Valley met zijn afgelegen beekjes en riviertjes een idyllisch gebied. In het Margaree Salmon Museum en het bijbehorende aquarium in **North East Margaree 17** leert u alles over deze edele vis, zijn levensgewoonten, historische wetenswaardigheden en ook hoe u hem kunt vangen (60 E. Big Intervale Rd., tel. 902-248-2848, www.margareens. com/margaree_salmon.html, half juni-half okt. 9-17 uur, $ 2).

Accommodatie, eten en drinken
... in Margaree Harbour:
Heerlijk gelegen – **Ocean Haven B & B:** 49 Old Belle Cote Rd., Belle Cote, tel. 902-235-2329, www.oceanhaven.ca. In de buurt van Belle Cote Beach en Margaree Harbour. Gezellige kamers in een oude boerderij, weelderig ontbijt. Ook een vakantiehuisje met zeezicht voor vier personen. 2 pk $ 95-125, cottage $ 475 voor 3 dagen.

... in Margaree Valley:
In een prachtige omgeving – **Big Intervale Lodge:** 3719 Big Intervale Rd., tel. 902-248-2275, 1-888-306-8441, www.bigintervalelodge.com, mei-okt. Mooi gelegen lodge aan de Margaree River. Drie comfortabele blokhutten met restaurant. U kunt hier ook naar zalm en forel vissen, kanotochten ondernemen en wandelen. 2 pk $ 89-119, B&B $ 125.

Bras d'Or

Kaart: zie blz. 424
Het **Bras d'Or Lake** is een wijdvertakte, 1165 km² grote binnenzee, die slechts door twee smalle wateren is verbonden met de Atlantische Oceaan. Een klimaat vrijwel zonder mist, warm en rustig water, ontelbare stille baaien en veel idyllische havens maken van het Bras d'Or een van de beste zeilgebieden in Noord-Amerika en het is populair bij zeilers uit de hele wereld. Rond het meer loopt de Bras d'Or Lake Scenic Drive, een kustweg waar u steeds een een ander panoramisch uitzicht hebt: op het meer, de bossen, de weiden en verstilde dorpjes.

In de regio Bras d'Or leeft een van de grootste populaties zeearenden van het continent. Aan de oevers wonen al sinds oudsher ook de oorspronkelijke inwoners van Cape Breton, de Mi'kmaqs. Tegenwoordig leven zij in vier reservaten: Whycocomagh, Wagmatcook, Eskasoni en Chapel Island in de St. Peter's Inlet. De nakomelingen van de autochtone bevolking kunnen tegenwoordig dan wel buschauffeur, bouwvakker of houthakker zijn, toch spreken velen nog altijd de taal van hun voorvaderen en leeft bij hen de folklore elke zomer tijdens een groot festival op Chapel Island in het zuiden van Bras d'Or weer op.

Wagmatcook Culture & Heritage Centre ▶ T 7
10765 Highway 105, tel. 902-295-1542, 1-866-295-2999, www.wagmatcook.com, dag. 9-20 uur, $ 2, voorstellingen vanaf $ 8
Wie zich voor de cultuur, geschiedenis en religie van de Mi'kmaqs interesseert, kan even ten zuiden van Baddeck aan de oever van het Bras d'Or Lake het **Wagmatcook Culture & Heritage Centre 18** bezoeken. U ziet er foto's uit het dagelijks leven van de Mi'kmaqs en leert er hoe ze hebben gejaagd, gevist en gehandeld. Naast een originele wigwam worden ook traditionele wapens, werktuigen, manden en pelzen tentoongesteld. Tevens geven de Mi'kmaqs demonstraties van oude ambachtstechnieken, dans en muziek en hoort u vertellingen door hun spiritueel leiders. In het winkeltje kunt u handwerk kopen en in het Clean Wave Restaurant traditioneel klaargemaakte Mi'kmaqgerechten proeven, bijvoorbeeld wild, zalm en gevulde pannenkoekjes (ma.-vr. 11-18 uur, vanaf $ 10).

Nova Scotia Highland Village Museum

4119 Route 223, 19 km ten oosten van Highway 105, Exit 6, tel. 902-725-2272, 1-866-442-3542, highlandvillage.novascotia.ca, juni-half okt. dag. 10-17 uur, $ 11

De route gaat verder langs het St. Patrick's Channel, dat u dan bij Little Narrows oversteekt met een kabelpont die dag en nacht in bedrijf is. Het **Nova Scotia Highland Village Museum** in **Iona** 19 is een 17 ha groot complex met een prachtig uitzicht op de Barra Strait. Het openluchtmuseum bestaat uit elf historische gebouwen uit de 19e eeuw, die uit de hele provincie afkomstig zijn en hier weer zijn opgebouwd. Gekostumeerd personeel geeft een goed inzicht in de geschiedenis en cultuur van de Hoogland-Schotten, die zo'n tweehonderd jaar geleden naar het eiland kwamen.

Zeer bezienswaardig is de reconstructie van een Taigh Dubh Blackhouse, dat laat zien hoe de kolonisten voor de emigratie in Schotland leefden. Activiteiten als traditionele Gaelicmuziek- en dansvoorstellingen, koken boven open vuur, handwerken, kaarsenmaken en verven geven een interessante en betere kijk op het alledaagse leven van de Schotse kolonisten van twee eeuwen jaar geleden.

Sydney en de regio rond Glace-Bay

Kaart: zie blz. 424

Over Highway 223 of 216 rijdt u van Iona via Eskasoni naar **Sydney** en **Glace Bay**. De regio rond de twee grote steden is het industriële gedeelte van Cape Breton. Hier wonen ca. tachtigduizend mensen op een enorm kolenmijngebied met tunnels en schachten, die tot ver onder zee doorlopen. Omdat de mijnen werden gesloten, is het werkloosheidscijfer hier enorm, hoger zelfs dan in de rest van de provincie, die samen met Newfoundland tot de armste provincies van Canada behoort.

Sydney ▶ T/U 7

Deze industriestad heeft nagenoeg geen bezienswaardigheden te bieden – op enkele historische gebouwen ten noorden van Downtown na, waaronder de **St. Patrick's Church** uit 1828. Als museum informeert de oudste katholieke kerk van Cape Breton u over de geschiedenis van de stad (87 Esplanade, www.oldsydney.com/st-patricks-church-museum, in de zomer di.-za. 9-17, do. 13-21 uur, gratis toegang, een donatie wordt op prijs gesteld).

Informatie

Sydney Visitor Information Centre: 74 Esplanade, tel. 902-539-9876, www.cbisland.com, juni-half okt. Hulp bij het boeken van accommodatie en activiteiten.

Vervoer

Veerboot: Marine Atlantic, Ferry Terminal, North Sydney, tel. 902-794-5200, 1-800-341-7981, www.marine-atlantic.ca. Veerboten naar Port-aux-Basques (6 uur) en Argentia (14 uur) in Newfoundland. Reserveren is aan te bevelen.

Glace Bay ▶ U 7

In **Glace Bay** 20 kunt u onder het **Miners' Museum** in de Ocean Deeps Colliery een stilgelegde mijn en een kilometerslange mijnschacht onder de zeebodem bezichtigen. Gepensioneerde mijnwerkers doen de rondleidingen en geven vakkundig uitleg. Meteen daarnaast, in de gerestaureerde gebouwen van het **Miners' Village**, ziet u hoe de mijnwerkers in de periode van 1850–1900 leefden. Het goed uitgeruste, moderne museum direct aan de Atlantische kust werd in 1967 geopend als een project voor de Canadian Centennial (17 Museum St., tel. 902-849-4522, www.minersmuseum.com, juni-half okt. dag. 10-18 uur, toegang museum $ 17, rondleiding in de mijn $ 13 extra, ook restaurant).

De **Marconi National Historic Site** ligt op een 2 ha groot terrein op de Table Head, een landtong met steile klippen. Het museum is gewijd aan Guglielmo Marconi's eerste

De schat van Louisbourg

In het legendarische Fortress of Louisbourg schuilen nog veel geheimen. Wanneer u zich meer verdiept in de avontuurlijke geschiedenis van de Franse vestingstad uit de 18e eeuw, leest u over een legendarische goudschat die hier zou hebben gelegen, maar na de inname van de vesting nooit boven water kwam.

Historici denken dat het grote aantal artefacten uit de 18e eeuw dat bij de restauratie werd ontdekt de werkelijke schat is, maar geloven ook dat het koningsgoud best ergens op het enorme gebied verborgen kan liggen. Parks Canada, de organisatie van nationale parken, had hetzelfde vermoeden en gaf opdracht aan de succesvolste **schatzoeker** van Canada, **Alex Storm**, om er verder onderzoek naar te doen. Er zijn vele verhalen en aanwijzingen waar en hoe de belegerde Louisbourgers deze schat verstopt konden hebben. Storm kent ze allemaal en zijn ervaringen bij de succesvolle speurtocht naar de **Le Chameau**, die in de zomer van 1725 voor de kust van Cape Breton verloren ging, konden hem helpen het spoor te vinden.

Le Chameau, een met 44 kanonnen bewapend, snel oorlogsschip van de Franse koning, was onderweg van Frankrijk naar Québec. Aan boord waren 316 mensen, naast de bemanning ook hoge militairen en politiek adviseurs van de koning. Het schip was beladen met kostbare goederen – en een vermogen aan goud en zilver. Het schip zonk met man en muis en niemand overleefde het. Toen het nieuws van de verdwijning van het schip bij **Kelpy Cove**, ten zuiden van Louisbourg, de vesting bereikte, begon men direct met bergingswerkzaamheden onder leiding van Pierre Morpain, een Franse vrijbuiter. Met de beperkte middelen die destijds tot zijn beschikking stonden, was dat een moeilijke onderneming en men vond slechts wrakstukken en verdronken zeelui. De waardevolle vracht bleef onvindbaar.

Begin jaren 60 ontdekten Alex Storm en zijn bemanning enkele kanonnen, verstrooid over de zeebodem. Zorgvuldig werd de vindplaats in kaart gebracht en na talloze zoektochten in het ijskoude water vond Storm uiteindelijk de schatkamer van het schip. In 1965 borg hij uit het scheepswrak behalve goed bewaard gebleven musketten, kostbare kristallen glazen en flinterdun porselein ook gouden en zilveren munten met een waarde van een half miljoen dollar. In het **Louisbourg Marine Museum** zijn enkele van de geborgen voorwerpen te zien (zie rechts).

In de eerste helft van de 18e eeuw, toen de haven van Louisbourg tot de vier drukste havens van de Nieuwe Wereld behoorde, eisten stormen en een verraderlijke rotskust een hoge tol. De Atlantische Oceaan werd bij Cape Breton het graf voor talloze zeilschepen. Alleen al tussen 1713 en 1758 staan **26 scheepswrakken** gedocumenteerd. Voornamelijk vissersboten, maar in 1758, tijdens de 33 dagen durende belegering van Louisbourg door de Engelse vloot, gingen talrijke oorlogsschepen verloren. Misschien is het wel meer dan alleen een vermoeden dat de inwoners van Louisbourg tijdens de belegering probeerden hun goud op een schip in veiligheid te brengen, dit ongelukkig ten prooi viel aan de zee en nu op de zeebodem ligt te wachten om te worden ontdekt.

draadloze transatlantische verbinding uit 1902. Het levenswerk van de grote uitvinder wordt in het museum gedocumenteerd door middel van foto's, modellen en historische tentoonstellingsstukken (15 Timmerman St., Table Head, tel. 902-842-2530 in de zomer, 902-295-2069, www.pc.gc.ca/marconi, juli-begin sept. 10-18 uur, $ 2,50).

Louisbourg National Historic Site ▶ U 7

Kaart: zie blz. 424

259 Park Service Rd., tel. 902-733-3548, www.pc.gc.ca/louisbourg, eind mei-half okt. 9.30-17, anders ma.-vr. 9.30-16 uur, beperkt programma in de winter, 's zomers volwassenen $ 17,60, kinderen $ 8,80, rest van het jaar korting

Slechts 40 km zuidelijker over Highway 22 belandt u bij Louisbourg in een totaal andere wereld. Hier, in de **Louisbourg Nationaal Historic Site** 21, lijkt een stukje Frankrijk van de Nieuwe Wereld uit het begin van de 18e eeuw te zijn herrezen. In 1961 besloot de Canadese regering een werkgelegenheidsproject te starten met een bijzonder doel: de wederopbouw van de oude Bourbonse vesting- en havenstad Louisbourg. Deze stad werd oorspronkelijk tussen 1700 en 1720 door de Fransen gesticht en concurreerde als belangrijk handelscentrum en grote vissershaven met Boston en New York. Bovendien was het weerbare complex met het Château Saint Louis de belangrijkste militaire basis van Frankrijk in de Nieuwe Wereld. De handelsconcurrentie, de militaire dreiging en misschien ook wel de zwierige Franse levensstijl waren een doorn in het oog van de puriteinse inwoners van New England. In 1745 namen zij Louisbourg voor de eerste maal in met behulp van 8400 manschappen en ruim honderd schepen. De stad wisselde nog een aantal keren van eigenaar, tot hij in 1760 door de Engelsen tot op de grondvesten werd afgebroken.

Het oorspronkelijke Louisbourg bestond uit zeven vestingen en honderden gebouwen. Voor een bedrag van circa vijftig miljoen dollar is tot op heden ongeveer een derde van de oude stad gerestaureerd. Van het comfortabele gouverneurskwartier tot het doorrookte vissershuis is alles waarheidsgetrouw en tot in het kleinste detail herbouwd. De meer dan honderd burgers, soldaten, ambachtslieden, boeren en vissers die de stad tegenwoordig bevolken, maken het allemaal nog echter. Het zijn studenten en burgers uit de omgeving, die in 18e-eeuwse kleding rondlopen. Op de kasseistraten ziet u paard-en-wagens langsrijden en bont geklede soldaten uit een taveerne komen, waar u volgens de toenmalige spijskaart kunt eten. Uit de smidse klinken hamerslagen, in de kuiperij worden nieuwe vaten van banden voorzien en voor een vissershut worden vissen op planken uitgespreid om ze te laten drogen. Terwijl in de ene keuken het gebraad op een spies wordt bedropen, zit in een andere een gezin te eten aan een blankgeschuurde tafel. U kunt rustig naar binnen lopen en bekijken hoe zij het zich allemaal laten smaken.

Louisbourg Marine Museum

7548 Main St., tel. 902-733-2252, cbmuseums.tripod.com/LMM.html, juni-eind sept. ma.-vr. 10-20 uur, $ 2,50

In het huidige **Louisbourg**, een paar kilometer verwijderd van het historisch nationaal park, vindt u in het **Louisbourg Marine Museum** een fascinerende expositie van voorwerpen die zijn geborgen uit schepen die in de 18e eeuw voor Louisbourg zijn gezonken. Naast een mengelmoes van scheepsmodellen en artefacten uit de maritieme geschiedenis van Nova Scotia ziet u ook een tentoonstelling over de visserij op de Grand Banks met voorwerpen die in de periode van 1850 tot 1950 heel gebruikelijk waren, maar nu bijna niet meer te vinden zijn.

Een **zeeaquarium** herbergt de zeefauna uit het rotsige kustgebied rond Nova Scotia. Veel stukken stammen uit de verzameling van de avonturier en duiker Alex Storm (zie linkerpagina), die onder meer het in 1725 gezonken goudschip *Le Chameau* ontdekte.

Omgeving

Ook de omgeving van Louisbourg is alleraardigst. De rit over de **Havenside Drive** om de havenbaai heen naar de **vuurtoren** aan de overkant biedt een mooi uitzicht over het water en op de verdedigingswerken van Fort Louisbourg.

Accommodatie

Victoriaanse sfeer – **Louisbourg Heritage House en Louisbourg Harbour Inn:** 7544 Main St., tel. 902-733-3222, 1-888-888-8466, www.louisbourgheritagehouse.com, juli-eind sept. B&B in twee victoriaanse villa's. Mooie kamers, een aantal met uitzicht op de haven en de vesting. 2 pk $ 135-175.

Niet ver van het fort – **Cranberry Cove Inn:** 12 Wolfe St., tel. 902-733-2171, 1-800-929-0222, www.cranberrycoveinn.com. Stijlvol ingerichte B&B inn in de buurt van het historische park. 2 pk $ 109-169.

Camping – **Louisbourg Motorhome R.V. Park & Campground:** 24 Harbourfront Crescent, tel. 902-733-3631, 1-866-733-3631. In de haven naast het Louisbourg Playhouse (zie hieronder), 57 staanplaatsen. $ 30.

Eten en drinken

Zoals een kwarteeuw geleden – **Hôtel de la Marine/Grandchamps's Tavern:** Fortress of Louisbourg, aan de Quay bij Frederic Gate, tel. 902-733-3548, www.fortressoflouisbourg.ca, juli-Thanksgiving 11-17 uur. In twee authentiek gerestaureerde gasthuizen in de vesting wordt gekookt volgens 18e-eeuwse receptuur. Hoofdgerecht $ 9-17.

Seafood en meer – **Grubstake Restaurant:** 7499 Main St., tel. 902-733-2308, www.grubstake.ca, dag. 12-20.30 uur. Vis direct uit de zee, maar ook heerlijke varkensvleesgerechten en steaks. Hoofdgerecht vanaf $ 10.

Evenementen

Louisbourg Playhouse: 11 Aberdeen St., tel. 902-733-2996, 1-888--562-9848, www.louis bourgplayhouse.com, half juni-half okt. 19.30 uur. Toneelstukken en concerten zoals ze in de 17e eeuw werden opgevoerd. $ 24.

Over de Fleur-de-lis Trail naar St. Peter's
▶ T 8

Kaart: zie blz. 424

Van Louisburg rijdt u terug naar Sydney. Voor de terugrit naar het vasteland van Nova Scotia zijn er twee mogelijkheden: u neemt Highway 4 via East Bay en Ben Eoin langs het Bras d'Or Lake, of u volgt de Atlantische kust via de Fleur-de Lis Trail langs de pittoreske vissersdorpjes Gabarus, Fourchou en L'Arche-veque. De Fleur-de-Lis Trail is langer, maar rustiger, en het landschap is mooier. Beide wegen lopen door **St. Peter's** aan het historische St. Peter's Canal, dat de Atlantische Oceaan verbindt met Bras d'Or Lake. Op slechts een paar kilometer afstand ligt het **Chapel Island Reserve** 22, een van de oudste Mi'kmaqnederzettingen van de provincie. Hier wordt eind juli de St. Anne's Mission gehouden, een spiritueel en cultureel festival van de Mi'kmaqindianen. Dit evenement trekt jaarlijks ruim vijfduizend bezoekers (tel. 902-535-3317, www.potlotek.ca).

Isle Madame ▶ T 8

Kaart: zie blz. 424

In ieder geval moet u tijdens uw terugrit over Highway 4 een uitstapje naar het afgezonderde **Isle Madame** 23 maken. Het 42 km² grote hoofdeiland van de rotsige archipel voor de zuidkust is vernoemd naar Madame de Maintenon, de tweede vrouw van Lodewijk XIV. In de 18e eeuw, toen Cape Breton Island nog bij Frankrijk hoorde, was deze wirwar van baaien en eilandjes een ideale verblijfplaats voor smokkelaars, die ijverig handel dreven met New England. In vissersdorpen als Petit de Grat, Little Anse en D'Escousse spreekt men nog het oude Frans van de Acadische voorvaderen en Engels met een sterk Frans accent.

Arichat

Arichat, een van de oudste nederzettingen van de provincie, is het centrum van Isle Madame. De indrukwekkende kathedraal verdoezelt het feit dat het plaatsje tegenwoordig nog maar amper negenhonderd inwoners telt. Halverwege de 18e eeuw waren er goede handelsbetrekkingen met het Kanaaleiland Jersey en begin 19e eeuw was Arichat een bloeiende havenstad. Bezienswaardig is de haven en het **Le Noir Forge Museum**, een smidse uit de 18e eeuw (tel. 902-226-2880, juni ma.-vr. 10-17, juli, aug. dag. 10-17 uur, gratis toegang).

Dienstmeiden met witte kapjes poetsen het tafelzilver: in de vesting Louisbourg wordt het alledaagse leven van de eerste kolonisten aanschouwelijk gemaakt

Auyuittuq
National Park
Cape Dorset
Hudson
Bay
Labrador
Sea
L'Anse aux
Meadows
Gros Morne N.P.
St. John's
Channel-Port
aux Basques

Hoofdstuk 7

Newfoundland en Labrador, Nunavut

Newfoundland is nog altijd een goed bewaard geheim van avonturiers, individualisten en natuurliefhebbers. Zij vinden hier ongerepte rotskusten met fjorden die diep het land in steken, eilandjes, winderige moerasgebieden, hoogvlakten, uitgestrekte bossen waar kariboes, elanden en zwarte beren leven, afgelegen vuurtorens en schilderachtige vissersdorpjes. Ook wie de roep van het noorden volgt naar Nunavut, komt oog in oog met overweldigende landschappen. Daar vind je een ongekende dierenwereld en mensen die heel anders zijn, maar ook indrukwekkend gastvrij.

John Cabot zeilde in 1497 voor de kust van Newfoundlands en berichtte van de onmetelijke visrijkdom van de streek. Sindsdien brachten Europese vissers de zomermaanden door voor Newfoundland. Zo'n honderd jaar later begon de kolonisatie door de Engelsen en ontstonden talloze vissersdorpjes. Door overbevissing zijn de vangstquota drastisch verkleind. De hoop van de half miljoen Newfoundlanders ligt nu bij de enorme olievelden voor de kust.

Nunavut werd in 1999 een zelfstandige territory. Het strekt zich uit over bijna 2 miljoen km^2, een vijfde van de oppervlakte van heel Canada. Hier leven slechts 37.000 mensen, van wie ca. 85% bij de oerbevolking Inuit en Dene hoort. De lange zoektocht naar de noordwestpassage opende de arctische streek voor walvisjagers, pelshandelaars en missionarissen en lokte later avonturiers, speculanten en zakenlui. Mijnbouw werd de belangrijkste bron van inkomsten en verjoeg de jacht en visserij.

Iceberg straight ahead! – in de vroege zomer laat de
Labrador-stroming de witte kolossen op hun gemakje
voorbijdrijven aan de kust van Newfoundland

In een oogopslag: Newfoundland, Labrador en Nunavut

Hoogtepunten

St. John's en het Avalon Peninsula: vuurtorens, pittoreske visserdorpjes, rotsige baaien en zeevogelkolonies omzomen de wildromantische kust (zie blz. 444).

Bonavista Peninsula: hier landde John Cabot in 1497 met de Matthew; de maritieme schatkamer Trinity wordt beschermd door monumentenzorg (zie blz. 468).

Gros Morne National Park: tochten door de wildernis in het onbedorven fjordenlandschap met rotsformaties uit de vroegste jaren van de aarde (zie blz. 484).

L'Anse aux Meadows: gereconstrueerde gebouwen laten zien hoe het was te leven in de eerste Vikingnederzetting in Noord-Amerika (zie blz. 490).

Auyuittuq National Park: in de overweldigende bergwereld van het park op Baffin Island is het fantastisch wandelen (zie blz. 503).

Fraaie routes

Rondje over het Avalon Peninsula: op de rondreis van St. John's naar Cape St. Mary's en Harbour Grace komen natuurliefhebbers volledig aan hun trekken (zie blz. 453).

Over de Trans-Canada Highway naar Channel-Port aux Basques: veel wildernis plus verrassende doorsteekjes naar de kust (zie blz. 464).

Viking Trail: over de stille Highway 430 langs de kust van Deer Lake door Gros Morne National Park naar St. Anthony (zie blz. 489).

Tips

Cape Spear: de pittoreske, vaak in nevelen gehulde kaap met de historische vuurtorens is de oostelijkste punt van Noord-Amerika (zie blz. 453).

Witless Bay Ecological Reserve: hier nestelen miljoenen zeevogels, waaronder papegaaiduikers, stormvogels, jan-van-genten en alken. Bovendien kunt u hier uitstekend walvissen spotten (zie blz. 454).

Cape Dorset: het dorp is beroemd om zijn kunstenaars, die behalve houtsnijwerk ook schilderijen en litho's met traditionele en moderne motieven maken zie blz. 504).

Actief

Stiles Cove Path van Pouch Cove naar Flatrock: hoge klippen, grotten en dramatische watervallen op dit mooie stuk van de spectaculaire East Coast Trail langs de oostkust van het Avalon Peninsula (zie blz. 456).

Wandelen naar Cape St. Mary's Ecological Reserve: het via een kustpad bereikbaar beschermd gebied biedt een zeldzame kans om een grote zeevogelkolonie van dichtbij te bekijken (zie blz. 460).

Met de veerboot langs de zuidkust van Newfoundland: de boottocht voert naar schilderachtige vissersdorpjes, die als *outports* alleen over zee bereikbaar zijn (zie blz. 482).

Wandelen en varen op de Western Brook Pond: een mooie trail voor een wandeling en een boottocht door het indrukwekkende fjordenlandschap van het Gros Morne National Park (zie blz. 486).

✣ St. John's en het Avalon Peninsula

Vergeleken met de rest van Newfoundland is het Avalon Peninsula dichtbevolkt. Het kloppend hart van de provincie ligt in de bedrijvige hoofdstad St. John's, met een fraaie, natuurlijke haven, bontgekleurde houten huizen in nauwe straatjes en statige gebouwen uit de koloniale tijd. Langs de ongerepte, romantische kust van het schiereiland liggen talloze pittoreske vissersdorpen, oude vestingen en vuurtorens. Op de ruwe rotswanden broeden vogelkolonies en aan de horizon duiken regelmatig spelende walvissen op.

St. John's ▶ Y 4

Kaart: zie blz. 446; **Kaart:** zie blz. 458

Geschiedenis

St. John's – de naam van de meest oostelijk gelegen stad van Noord-Amerika – staat al vermeld op kaarten uit de 16e eeuw. Historici denken dat Giovanni Caboto (John Cabot) deze baai reeds in de zomer van 1497 verkende. In zijn logboek maakt hij hier echter nergens melding van. Wat wel vaststaat, is dat John Rut de baai dertig jaar later aandeed met de *Mary of Guildford*. Vanwege de gunstige, strategische ligging en de beschutte, natuurlijke haven ontstond er op deze plek algauw een bloeiende nederzetting. Er streken voornamelijk vissers neer uit Ierland, Somerset en Devon, aangetrokken door de grote hoeveelheden vis voor de kust en bij de Grand Banks. Voor Engeland was de militaire betekenis van de perfecte haven altijd van groot belang. In 1583 nam sir Humphrey Gilbert St. John's in bezit namens Elizabeth I.

Sinds de stichting vijf eeuwen geleden beleefde de stad roerige tijden: aangevallen door piraten, bevochten door Hollanders, Spanjaarden en Portugezen, verwoestende branden en bruisende feesten, veroverd door de Fransen en in 1762 de definitieve inname door de Engelsen. Onder hun bestuur ontwikkelde St. John's zich in de 19e eeuw tot een welvarend centrum van handel en visserij. In 1919 schreef de stad luchtvaartgeschiedenis, toen gezagvoerder John Alcock en luitenant Arthur Whitten-Brown van hieruit de eerste geslaagde non-stop trans-Atlantische vlucht uitvoerden. Tijdens de Tweede Wereldoorlog was de stad een belangrijk steunpunt voor geallieerde konvooien naar Europa. Tegenwoordig telt St. John's (en omgeving) zo'n tweehonderdduizend inwoners en is het nog altijd een bedrijvige haven- en handelsplaats, hoewel de malaise in de visserij de stad niet onberoerd heeft gelaten. Ondanks de vele moderne gebouwen heeft het historische centrum zijn victoriaanse aanblik weten te behouden.

Langs Water Street

Bij de **City Hall** **1** in New Gower Street begint bij 'Kilometer 0' de Trans-Canada Highway, die 7775 km verder naar het westen eindigt in Victoria, British Columbia. Via Adelaide Street – voorbij George Street – loopt u in enkele minuten naar Water Street. Hier vindt u ook het toeristenbureau, met uitgebreide informatie en kaartmateriaal (zie blz. 452). Vooral in de haven leert u het karakter van de stad kennen. Alle bezienswaardigheden van Downtown zijn lopend te bereiken. **Water Street** en **Duckworth Street** zijn de oudste straten van de stad. Alle drie de straten lopen parallel

St. John's

aan de haven en zijn via trappen en zijstraten met elkaar verbonden. Eeuwenlang vormden de pakhuizen en handelskantoren het economische hart van de stad. En ook nu nog brengen de vele restaurants, winkels en boetieks een gezellige drukte met zich mee. In de pubs klinkt livemuziek van Ierse folkbands, maar ook country en rock zijn populair. Het middelpunt van de uitgaansscene zijn de **Murray Premises** 2, een stijlvol gerestaureerd pakhuiscomplex aan het Waterfront tussen Beck's Cove en Bishops Cove. Dit complex werd in de jaren 40 van de 19e eeuw oorspronkelijk voor de lokale vishandelaren gebouwd.

Newman Wine Vaults 3
436 Water St., tel. 709-729-0592, www.seethe sites.ca, juli, aug. 9.30-17 uur, volwassenen $ 6, kinderen 6-16 jaar $ 3
Verder westelijk in Water Street, aan het eind van het havenbekken, zijn de stenen muren van de **Newman Wine Vaults** te zien, tegenwoordig een Provincial Historic Site. Het is het laatste overblijfsel van een oude traditie die min of meer toevallig ontstond. In 1679 liep een met port geladen schip van de wijnhandel Newman & Co. de haven van St. John's binnen, op de vlucht voor piraten. Omdat de winter voor de deur stond, werd de kostbare lading overgebracht naar een opslagplaats in de rotsen. Het jaar daarop werd de lading naar Engeland vervoerd, waar men verbaasd vaststelde dat de kwaliteit van de port tijdens het onverwachte oponthoud sterk verbeterd was. Newman & Co. stuurde vanaf dat moment al zijn port op een trans-Atlantische overtocht naar de Newfoundlandse wijnkelders, zodat de drank daar kon rijpen. Dit bleef het gebruik tot in de jaren 90 van de 19e eeuw.

James J. O'Mara Pharmacy Museum 4
488 Water St., tel. 709-753-5877, www.nlpb. ca/for-the-public/james-j-omara-pharmacy-museum, juli, aug. dag. 10-15 uur, anders alleen op afspraak, gratis toegang
Een blok verderop kunt u in het **James J. O' Mara Pharmacy Museum** zien wat er te koop was in een apotheek in de vroege 19e eeuw. Het interieur van deze drugstore is rond 1880 vervaardigd in Engeland.

Railway Coastal Museum 5
495 Water St. W., tel. 709-724-5929, 866-600-7245, www.railwaycoastalmuseum.ca, in de zomer dag. 10-17, anders di.-za. 10-17 uur, volwassenen $ 6, kinderen $ 3
Het **Railway Coastal Museum** in de oude Railway Terminal laat zien hoe belangrijk de spoorwegen voor Newfoundland zijn geweest, van het begin in 1898 tot de laatste passagierstrein in 1969. Hier zijn historische foto's en allerlei interessante memorabilia te zien uit de hoogtijdagen van de Canadese spoorwegen.

Anglican Cathedral of St. John the Baptist 6
16 Church Hill, tel. 709-726-1999, 709-725-5677, www.stjohnsanglicancathedral.org, zomer ma.-vr. 10-16, za. 10-12 uur, rondleidingen, $ 8
Boven de haven, op Church Hill, staat de **Anglican Cathedral of St. John the Baptist**, een van de mooiste voorbeelden van gotische kerkarchitectuur in Noord-Amerika. De kerk, nu een National Historic Site, verrees tussen 1843 en 1885. Bij het complex hoort ook een klein museum. 's Zomers kunt u doordeweeks 's middags heerlijk theedrinken in de Cathedral Crypt Tea Room, die wordt gedreven door vrouwen uit de gemeente.

The Rooms 7
9 Bonaventure Ave., tel. 709-757-8000, www. therooms.ca, juni-half okt. ma.-za. 10-17, zo. 12-17, wo. tot 21 uur, half okt.-eind mei ma. gesloten, volwassenen $ 7,50, kinderen tot 16 jaar $ 4
Op het terrein van het voormalige Fort Townsend bevindt zich een imposant cultureel centrum, waarvan de moderne architectuur aansluiting zoekt bij de traditionele stijl van de kleurige houten huizen op Newfoundland. Het complex, simpelweg **The Rooms** geheten, herbergt de St. John's Art Gallery, de Provincial Archives en het Newfoundland Museum. Hier zijn omvangrijke collecties te zien op het gebied van natuurlijke historie en de maritieme ontwikkeling van de provincie. Het

St. John's

Bezienswaardig

1. City Hall
2. Murray Premises
3. Newman Wine Vaults Historic Site
4. James J. O'Mara Pharmacy Museum
5. Railway Coastal Museum
6. Anglican Cathedral of St. John the Baptist
7. The Rooms
8. Basilica of St. John the Baptist
9. Colonial Building
10. Government House
11. Commissariat House
12. St. Thomas Anglican Church
13. Johnson Geo Centre
14. Queen's Battery
15. Cabot Tower
16. Fort Amherst
17. Quidi Vidi
18. Quidi Vidi Battery Historic Site
19. C. A. Pippy Park

Accommodatie
1. Courtyard by Marriott St. John's
2. Murray Premises Hotel
3. Blue on Water
4. Sheraton Hotel Newfoundland
5. Alcove Suites
6. C. A. Pippy Trailer Park

Eten en drinken
1. Portobello's Restaurant
2. Saltwater
3. Chinched Bistro
4. Green Sleeves
5. Rocket Bakery and Fresh Foods

Winkelen
1. Craft Council of Newfoundland & Labrador

Actief
1. Iceberg Quest Ocean Tours

St. John's en het Avalon Peninsula

Zomerse dagen zijn zelfs in Newfoundland bepaald geen zeldzaamheid

gaat hierbij voornamelijk om voorwerpen van de oorspronkelijke inwoners, waaronder stammen als Dorset, Beothuk, Mi'kmaq en Labrador-Inuit. Verder geven de uitgebreide exposities veel informatie over de eerste Europeanen die zich hier vestigden en de levensstijl in de vissersdorpen en outports. Ook als u het museum zelf niet wilt bezoeken, is het weidse uitzicht vanuit het lichte atrium over de haven en de stad de prijs van het entreekaartje zeker waard.

Basilica of St. John the Baptist 8
16 Church Hill, tel. 709-754-2170, www.thebasilica.ca, ma.-vr. 8-16, za. 10-17, zo. 8-12.30 uur, juli, aug. gratis rondleidingen
Hier pal tegenover, op de hoek van Military Road en Bonaventure Avenue, wordt het stadsgezicht gedomineerd door de **Basilica of St. John the Baptist** met haar twee ranke, 42 m hoge torens. Deze kathedraal, die werd gebouwd tussen 1841 en 1855, is een National Historic Site. Het gebouw staat bekend om de beeldhouwwerken en de schitterende plafondschilderingen met bladgoud die men er kan bewonderen.

Colonial Building en Government House
Aan de Military Road staan nog twee andere indrukwekkende gebouwen. Het **Colonial Building** 9 met zijn massieve klassieke zuilenportaal werd rond 1850 gebouwd met wit kalksteen uit Ierland. Tot 1960 zetelde hier de Newfoundlandse regering. Het stijlvolle **Government House** 10, dat uit 1824 stamt, was in vroeger tijden de residentie van de luitenant-gouverneur. Het gebouw is in 1831 opgetrokken uit rood zandsteen (50 Military Rd., tel. 709-729-2669, www.govhouse.nl.ca).

Commissariat House 11
11 King's Bridge Rd., tel. 709-729-0592, www.seethesites.ca, 19. mei-5. okt. 9.30-17 uur, volwassenen $ 6, kinderen 6-16 jaar $ 3, zo. toegang gratis

Iets verder naar het oosten, aan King's Bridge Road, staat het met zorg gerestaureerde, in georgian stijl opgerichte **Commissariat House** uit 1818/19. Hier hield vroeger de leiding van de militaire post kantoor. Tegenwoordig is het een Provincial Historic Site. Het in historische kledij gestoken personeel leidt bezoekers rond door de vertrekken, die zijn ingericht in de stijl van de vroege 19e eeuw.

St. Thomas Anglican Church 12
8 Military Rd., tel. 709-576-6632,
www.st-thomaschurch.com

Direct ernaast verrijst de fraaie **St. Thomas Anglican Church** uit 1836. Deze twee gebouwen behoren tot de weinige die de grote branden hebben overleefd die in de 19e eeuw delen van de stad in de as hebben gelegd.

Signal Hill

Het symbool van St. John's is **Signal Hill**, het op een na grootste nationaal historisch park van Canada. De strategisch gelegen heuvel is nu een National Historic Site met picknickplaatsen. Vanaf de bergtop op een hoogte van bijna 180 m boven de Narrows, zoals de 200 m brede doorgang naar de haven wordt genoemd, hebt u schitterend uitzicht op de ovale, natuurlijk gevormde haven en de in terrasvorm aangelegde straten van de stad. Daaromheen ziet u de groene heuvels en de rotsige bergen liggen, waar in de smalle straten de oude clapboard-huizen staan met hun bontgekleurde houten betimmering. Ook de twee witte torens van de basiliek zijn opvallende verschijningen. Enkele jaren geleden heeft het aangezicht van St. John's er nog een andere blikvanger bijgekregen: het imposante, kleurige museum The Rooms (zie blz. 445).

Sinds 1704 waarschuwden wachters met behulp van vlaggen vanaf Signal Hill wanneer er een (al dan niet vijandig) schip in aantocht was. Panelen langs een voetpad wijzen op het historisch belang van deze plek. In 1762 leverden Engelse en Franse troepen hier de laatste slag van de Zevenjarige Oorlog op Noord-Amerikaans grondgebied.

Voordat u de top van Signal Hill bereikt, ziet u links het **Johnson Geo Centre** 13 , een futuristisch gebouw, waarvan alleen de glazen entree zichtbaar is. De rest van het centrum is op zodanige wijze weggewerkt in de 550 miljoen jaar oude rots dat bezoekers in het gebouw een blik kunnen werpen op de fascinerende geologische geschiedenis van onze planeet en dan met name die van Newfoundland. De interessante expositie bestrijkt de periode van de oertijd tot de olie- en gaswinning in onze tijd (175 Signal Hill Rd., tel. 709-737-7880, 866-868-7625, www.geocentre.ca, dag. 9.30-17 uur, volwassenen $ 12, kinderen 5-17 jaar $ 6).

Ook in het **Signal Hill Interpretive Centre** is een klein museum ingericht. Hier vlakbij kunt u de **Queen's Battery** 14 bezichtigen. Deze fortificatie uit 1796 is in 1969 gerestaureerd en er zijn nog enkele stukken geschut intact. In juli en augustus organiseert men hier de **Signal Hill Tattoo**, een historische taptoe waarbij u getuige kunt zijn van kleurrijke exercities en het afvuren van een kanon (tel. 709-772-5367, www.pc.gc.ca/signalhill, Visitor Centre half-eind mei wo.-zo., juni-aug. dag., sept.-begin okt. za.-wo. 10-18 uur, Tattoo 's zomers wo., do., za. en zo. 11 en 15 uur, $ 10). Onder Signal Hill strekt zich het voormalige vissersdorp **The Battery** uit met zijn wirwar aan smalle straatjes, die naar de waterkant voeren.

Bij gelegenheid van de feestelijkheden in 1897 wegens het jubileum van koningin Victoria en de vierhonderdste verjaardag van de landing van Giovanni Caboto is op de top van de heuvel **Cabot Tower** 15 opgericht. Deze toren heeft tot 1958 als signaaltoren gefungeerd. Guglielmo Marconi ontving hier in 1901 het eerste trans-Atlantische, draadloze bericht uit Engeland. Een tentoonstelling in de toren geeft informatie over de begintijd van de moderne telecommunicatie en vanaf het uitkijkplatform ontvouwt zich een prachtig panorama over de haven en de stad.

In de richting van de zee ziet u de rotsige kustlijn en aan de overkant van de Narrows de vuurtoren met de ruïne van **Fort Amherst** 16 een fotogeniek geheel. De vuurtoren, de eerste van Newfoundland, is in 1810 door het Engelse garnizoen gebouwd. De woning van de vuurtorenwachter is nauwgezet gerestaureerd en is tegenwoordig voor het publiek opengesteld.

Tip

WANDELEN OP DE EAST COAST TRAIL

De 300 km lange trail **East Coast Trail** (er is een uitbreiding van 245 km gepland en in aanleg) loopt langs de spectaculaire oostkust van het Avalon Peninsula en passeert daarbij ruig gekartelde, steile klippen, uit de zee oprijzende rotstorens en rotsheuvels, vogelreservaten, papegaaiduikerkolonies, vuurtorens, pittoreske vissersdorpen en verlaten nederzettingen, en met een beetje geluk kunt u, als u er op het juiste moment bent, ook ijsbergen, walvissen en de zuidelijkste kariboekudde van Amerika waarnemen.

De East Coast Trail begint bij Portugal Cove, ten noordwesten van St. John's en zal in de nabije toekomst eindigen in Trepassey in het uiterste zuiden van het schiereiland. Op dit moment kunt u de East Coast Trail in 26 trajecten van ca. 5–20 km wandelen – er zijn ook trajecten voor minder sportief aangelegde bezoekers. De goed bewegwijzerde wandelpaden worden onderhouden door vrijwilligers. De trail loopt overwegend over traditionele wegen, die de langs de kust gelegen vissersdorpen al sinds de vroegste tijden met elkaar verbinden. Enkele oude nederzettingen zijn intussen verlaten. Van deze dorpen zijn alleen de overblijfselen nog te zien. De oorzaak van hun neergang was het visverbod op kabeljauw uit begin jaren 90, waardoor in één klap 35.000 Newfoundlanders werkloos werden. Velen van hen trokken naar elders. Niettemin is de maritieme sfeer gebleven. Tegenwoordig leeft men in de vissersdorpen van de krabvisserij en in toenemende mate van toerisme. Langs de East Coast Trail staan talrijke, door vissersfamilies gedreven B&B's, waar wandelaars kunnen logeren. Op verzoek organiseren de beheerders van deze B&B's ook het transport van en naar de *trailheads* van de verschillende trajecten van de East Coast Trail.

Er zijn organisaties die uitvoerige inlichtingen verschaffen over de East Coast Trail, accommodatie en transport organiseren, all-inclusivereizen voor de complete East Coast Trail aanbieden en aanvullende activiteiten zoals boot- en kajaktochten regelen. Wandelgidsen en kaartmateriaal voor de verschillende trajecten zijn verkrijgbaar bij de East Coast Trail Association en in het Irish Loop Tourism Association Information Centre (Foodland Plaza, Bay Bulls, tel. 709-334-2609, www.theirishloop.com) en bij de *heritage shops* in Duckworth Street 158 en Water Street 309 in Downtown St. John's.

Een aantal trajecten is bijzonder aanbevelenswaardig. Het 15 km lange **Stiles Cove Path** (zie Actief blz. 456) leent zich voor een wandeling van een dag. De 3,7 km lange **Blackhead Trail** (1,5 tot 2 uur) is een lichte tot matig zware wandeling. Hij begint in Blackhead op de parkeerplaats buiten de plaats. De East Coast Trail voert hier langs een schilderachtig ruige kuststrook met enkele door de branding uitgesleten grotten, en biedt mogelijkheden om zeevogels te spotten. Hij eindigt in de omgeving van de Cape Spear National Historic Site (zie ook blz. 453).

Fascinerend, maar ook zwaar, is het 18 km lange **Spout Path** met halverwege een door golven gevoede geiser, die tot 60 m boven de zeespiegel omhoogspuit. Andere stukken van dit traject lopen door een afwisselend landschap van klippen, baaien, bossen met veel kreupelhout *(tuckamore)*, weiden en moeras.

> **Wandelsportbenodigdheden:** Outfitters' Adventure Gear & Apparel, 220 Water St., St. John's, tel. 709-579-4453, 1-800-966-9658, www.theoutfitters.nf.ca. Wandelkaarten en wandelsportuitrusting.
> **Informatie, kaartmateriaal en trailguides:** The East Coast Trail Association, 50 Pippy Place, P. O. Box 8034, St. John's, NL, Canada A1B 3M7, tel. 709-738-4453, www.eastcoasttrail.ca, ma.-vr. 10-17 uur.
> **Accommodatie:** Trail Connections, Point's East, 34 Sullivan's Loop, P. O. Box 286, Pouch Cove, NL, Canada A0A 3L0, tel. 709-335-8315, www.trailconnections.ca, voor informatie en het reserveren van bed and breakfasts en shuttleservice.

De omgeving van St. John's

Kaart: zie blz. 446; **Kaart:** zie blz. 458

Quidi Vidi [17]

Op slechts een paar kilometer van Downtown ligt aan een zeearm het vissersdorpje **Quidi Vidi**. Het is via een kanaal verbonden met het gelijknamige meer, waar ieder jaar de St. John's Regatta gehouden wordt, het oudste sportevenement van Noord-Amerika. Hier vindt u ook **Mallard Cottage**, een van de oudste immigrantenhuisjes van Noord-Amerika, nu een National Historic Site. In het liefdevol gerestaureerde gebouw werd een stijlvol restaurant geopend, dat inmiddels populair is bij zowel de locals als toeristen. De kaart wisselt geregeld en biedt waar voor uw geld, en er is regelmatig entertainment (8 Barrows Rd., tel. 709-237-7314, www.mallardcottage.ca, wo.-zo. 10-15.30 (brunch), di.-za. 17.30-21 uur, zo. 10-17 uur, diner $ 10-25).

Ook een bezoek waard is het in de gerenoveerde Tucker Premises ingerichte cultureel centrum Quidi Vidi Plantation met zijn werkplaatsen en ateliers. In het historische gebouw aan de haven krijgen lokale beoefenaars van kunstnijverheid een steuntje in de rug (tel. 709-570-2038, www.qvvplantation.com, di.-za. 10-16, zo. 11.30-16 uur).

Quidi Vidi Battery Historic Site [18]

Verder is het leuk even langs te gaan op de aan het einde van Park Road gelegen **Quidi Vidi Battery Historic Site**. Franse troepen bouwden deze geschutstelling in 1762 nadat ze St. John's hadden ingenomen. De Engelsen maakten al na drie maanden een einde aan de heerschappij van de Fransen. In de zomermaanden is de vesting, die in 1967 is gerestaureerd en teruggebracht in de staat van 1812, bemand door personeel in historische uniformen van de Britse koninklijke artillerie (momenteel gesloten, heropening nog onzeker).

C. A. Pippy Park [19]

St. John's heeft ook sportliefhebbers en natuurvrienden het nodige te bieden. Het **C.A. Pippy Park** is met 1340 ha het grootste park van de stad. Het bestaat uit bossen, heuvels en vijvers en herbergt naast mooie wandelpaden ook verschillende picknickplaatsen, een golfbaan en een grote camping.

In het park is ook de **Memorial University of Newfoundland** gevestigd, met enkele onderdelen die ook voor bezoekers interessant zijn, zoals de 38 ha grote **Memorial University Botanical Garden**. Hier kunt u via een leerpad nader kennismaken met de inheemse flora (306 Mount Scio Rd., tel. 709-737-8590, www.mun.ca/botgarden, mei-aug. dag. 10-17, sept.-nov. 10-16, dec.-apr. 9-16 uur, volwassenen $ 8, kinderen tot 18 jaar $ 3).

In het **Fluvarium** kunt u achter glas de onderwaterwereld van een beek bekijken en de flora en fauna van verschillende zoetwaterhabitats met elkaar vergelijken. Om 16 uur is het voedertijd. Heeft het langdurig geregend, dan is een bezoek minder aan te raden, omdat het water dan nogal troebel kan zijn (5 Nagle's Place, tel. 709-754-3474, www.fluvarium.ca, juli, aug. ma.-vr. 9-17, za., zo. 10-17, juni, sept. ma.-vr. 9-16.30, za., zo. 12-16.30 uur, volwassenen $ 8, kinderen tot 14 jaar $ 5).

St. John's en het Avalon Peninsula

Informatie

Information Centre: 348 Water St., tel. 709-576-8106, www.stjohns.ca, ma.-vr. 9-16.30, za., zo. 12-16.30, zomer 9-17 uur.

Qui Vidi Village Plantation: 10 Maple View Place, tel. 709-570-2038.

East Coast Trail Association: info over de East Coast Trail, een wandelroute langs de spectaculaire oostkust van het Avalon Peninsula die begint bij Portugal Cove. Adressen en openingstijden zie Tip blz. 450.

Accommodatie

Toplocatie – **Courtyard by Marriott St. John's** 1 : 131 Duckworth St., tel. 709-722-6636, www.marriott.com. Aantrekkelijk *harbourfront* hotel, veel kamers met havenzicht. Vriendelijke service, goed restaurant. 2 pk vanaf $ 255.

Havenzicht – **Murray Premises Hotel** 2 : 5 Beck's Cove, tel. 709-738-7773, 1-866-738-7773, www.murraypremiseshotel.com. In gerestaureerde, historische pakhuizen aan de haven. Elegante, stijlvolle kamers met mooie balkenzolderingen en open haarden. 2 pk vanaf $ 209.

Stijlvol boetiekhotel – **Blue on Water** 3 : 319 Water St., tel. 709-754-2583, 1-877-431-2583, www.blueonwater.com. Intiem, klein hotel met elf elegant ingerichte kamers. Licht, modern, prima bar en restaurant. 2 pk vanaf $ 199.

Comfortabel – **Sheraton Hotel Newfoundland** 4 : 115 Cavendish Square, tel. 709-726-4980, 1-888-627-8125, www.sheratonhotelnewfoundland.com. Modern hotel met alle comfort. Mooi uitzicht, twee uitstekende restaurants. 2 pk $ 160-450.

Compleet en centraal – **Alcove Suites** 5 : 136 Gower St., tel. 709-754-7703, www.alcovesuitesandchalet.com. Vijf nette suites met een kleine keuken midden in Downtown, Restaurants, pubs en galeries vlakbij. 2 pk $ 75-140.

Camping – **C. A. Pippy Trailer Park** 6 : Nagle's Place, tel. 709-737-3669, www.pippypark.com. 184 staanplaatsen in Pippy Park, op nog geen 3 km van de oude stad. Alle faciliteiten, mooie wandelroutes, recht tegenover het Fluvarium. $ 29-45.

Eten en drinken

Eten met zeezicht – **Portobello's Restaurant** 1 : 115 Duckworth St., tel. 709-579-7050, www.portobellosrestaurant.ca. Het restaurant met misschien wel het allermooiste uitzicht. De kwaliteit van de veelzijdige gerechten is al even uitstekend. Superlekker is de gegrilde zalm met speciale saus. Voorgerecht $ 10-18, hoofdgerecht $ 32-48.

Vooral zeevruchten – **Saltwater** 2 : 284 Duckworth St., tel. 709-754-5670, www.saltwaterrestaurant.ca, dag. 17.30-22 uur. Gezellige sfeer, goede service. Kreeft, krab, mosselen en alles supervers. Newfoundland-specialiteiten als in de pan gebraden kabeljauwtongetjes, maar ook heerlijke gegrild lams-, rund- en varkensvlees en gevogelte. Hoofdgerecht $ 27-42.

Trendy – **Blue on Water** 2 : 319 Water St. (Murray Premises), tel. 709-754-2583, 1-877-431-2583, www.blueonwater.com, 6-14.30, 16-22 uur. Trendy restaurant met op de kaart veel seafood. Alles is supervers. Ontbijt $ 17-20, hoofdgerecht $ 18-30.

Creatief en voordelig – **Chinched Bistro** 3 : 7 Queen St., tel. 907-722-3100, www.chinchedbistro.com, dag. vanaf 17.30 uur. Fijne verse gerechten met lokale producten in een vriendelijke bistrosfeer. $ 13-23.

Eten en entertainment – **Green Sleeves** 4 : 12-14 George St., tel. 709-579-1070, www.greensleevespub.ca, dag 11.30-22 uur. In de rustieke pub is het nogal druk, maar in het restaurant boven dineert u rustig. Op beide verdiepingen kunt u buiten zitten. Lekkere snacks, knapperige heerlijkheden van de grill. Vanaf $ 8.

Café en bakker – **Rocket Bakery and Fresh Foods** 5 : 272 Water St., 709-738-2011, www.rocketfood.ca, ma.-vr. 7.30-21, za. 8-22, zo. 8-18 uur. Restaurant, bakkerij en café in een historisch gebouw, centraal gelegen, niet duur en zeer populair. Een ruime keuze aan smakelijke gerechten en verfijnde hapjes, weelderige desserts en natuurlijk huisgemaakt gebak. $ 6-10.

Winkelen

Authentieke kunstnijverheid – **Craft Council of Newfoundland & Labrador** 1 : 59 Duckworth St., tel. 709-753-2749, www.craftcouncil.nl.ca, ma.-za. 10-17, zo. 12-17 uur. Galerie en winkel in het historische Devon House. Grote keus aan kunstnijverheid uit de regio, originele cadeauartikelen en souvenirs.

Actief
Boottochten – **Iceberg Quest Ocean Tours** 1 : Pier 7, 135 Harbour Dr., tel. 709-722-1888, 1-866-720-1888, www.icebergquest.com. Scheepsexcursies langs de kust, 4 x per dag, volwassenen $ 65, kinderen tot 12 jaar $ 28.

Evenementen
Signal Hill Tattoo: juli/aug. wo., do., za. en zo., www.signalhilltattoo.org. Historische taptoe met demonstraties in prachtige uniformen en het afvuren van oude kanonnen.
Wreckhouse International Jazz & Blues Festival: sept., www.wreckhousejazzandblues.com. Concerten met muzikanten uit de hele wereld.
Royal St. John's Regatta: begin aug., www.stjohnsregatta.org. Roeien op Quidi Vidi Lake tijdens het oudste sportevenement van Noord-Amerika, met duizenden toeschouwers. Het grootste openluchtfeest van de provincie.

Vervoer
Vliegtuig: St. John's International Airport, Portugal Cove Rd., 15 min. ten noordwesten van Downtown, www.stjohnsairport.com. Dagelijks vluchten naar Halifax, Montréal, Toronto, St. Pierre en Michelon.

Het oosten van het Avalon Peninsula

Kaart: zie blz. 458
Het Avalon Peninsula is met zijn vele schilderachtige vissersdorpjes, ontelbare rotsige baaien, historische nationale parken en enkele van de interessantste vogelreservaten een van de mooiste delen van de provincie.

Erg mooi is de kuststrook langs Route 30 en 20 van Logy Bay naar Pouch Cove, 20 km ten noorden van St. John's. Pouch Cove is een van de oudste stadjes van de provincie. In **Logy Bay** 1 beheert de Memorial University of Newfoundland een **Ocean Science Centre**, waar veel dieren zijn te zien die de wateren van deze provincie bevolken. Een aantal kunt u bij een *touch tank* aanraken. Een verhoogd platform buiten geeft goed zicht op de zeehonden in het centrum. Er is een groot, nieuw zeewateraquarium in aanbouw (Marine Lab Rd., tel. 709-864-2459, www.mun.ca/osc).

Cape Spear ▶ Y 4
Aan Route 11, 12 km ten zuidoosten van St. John's, ligt de **Cape Spear Lighthouse National Historic Site** 2 , een vaak nogal mistige kaap met steile rotswanden. Als u vroeg opstaat en het weer een beetje meezit, bent u een van de eersten die de zon boven Noord-Amerika zien opkomen, want deze kaap vormt het oostelijkste punt van dit continent.

De vuurtoren uit 1835 rijst bijna 100 m op boven zee. Het is de oudste nog gebruikte vuurtoren van de provincie. De vuurtoren, die tegenwoordig automatisch wordt bediend, en de voormalige woning van de vuurtorenwachter zijn voor het publiek geopend. De aangrenzende vestingwerken dateren van de Tweede Wereldoorlog en maken ook deel uit van het historisch park. Deze werden gebouwd om Duitse onderzeeërs op afstand te houden. Van hieruit hebt u niet alleen een prachtig uitzicht op de kust, maar met een beetje geluk krijgt u ook nog walvissen of een voorbijdrijvende ijsberg te zien (tel. 709-772-5367, www.pc.gc.ca/capespear, half-eind mei wo.-zo. 10.30-17.30, juni-aug. dag. 10.30-17.30, sept.-begin okt. za.-wo. 10.30-17.30 uur, $ 3,90).

Petty Harbour ▶ Y 4
Slechts enkele kilometers naar het zuiden staan de huizen van het pittoreske vissersdorpje **Petty Harbour** 3 aan een baai, sommige pal aan de haven, andere lijken zich vast te klampen aan de rotsige kust. De huizen zijn in bonte kleuren geschilderd, uiteenlopend van grapefruitgeel tot knalblauw of vermiljoen. Zelfs de grote roestkleurige houten gebouwen van de oude visfabriek vallen

niet uit de toon – zij zorgen voor een fraai contrast met de voor anker liggende witte viskotters ervoor.

In de haven liggen kleine vissersboten aangemeerd langs de pier. De schippers brengen hun vangst aan wal en nemen meteen een paar zalmen mee, waarvan ze roze filets snijden, die ze voor de avondmaaltijd netjes inpakken. Volgens de vissers is het door de sterk naar beneden bijgestelde vangstquota nog moeilijker geworden om in hun levensonderhoud te voorzien. De bevolking hier wordt zeer hard getroffen door de quota, omdat in deze omgeving geen ander werk te vinden is.

Bay Bulls en Witless Bay Ecological Reserve ▶ Y 5

Verderop langs Route 10 begint de Irish Loop, een rondrit door het zuidoostelijkste deel van het Avalon Peninsula langs vissersdorpen en historische koloniale nederzettingen. Onderweg kunt u prachtige natuurreservaten bezoeken, walvissen spotten en zeevogelkolonies met honderdduizenden papegaaiduikers zien. U kunt ook een sportieve uitdaging aangaan door een wandeling over de East Coast Trail te maken (zie Tip blz. 450).

Bay Bulls (ca. 1000 inwoners), gesticht in 1583 en versterkt in 1683, is een van de oudste plaatsen van de provincie. Tot 1796 is de nederzetting verschillende malen ingenomen door de Fransen. Voor de kust ligt het wrak van de HMS Sapphire, die tot taak had de Britse visserijrechten voor Newfoundland te verdedigen. Om kaping door de Fransen te voorkomen, stak de Engelse kapitein het schip in brand en bracht het zo tot zinken. Het wrak is bestempeld tot Provincial Historic Site.

De grootste attractie van Bay Bulls en de hele regio is het **Witless Bay Ecological Reserve** 4, dat verschillende eilanden voor de kust beslaat. Deze vormen het leefgebied van ca. 2,5 miljoen vogels, vooral stormvogels, papegaaiduikers, zeekoeten, meeuwen en alken. Alleen al de kolonie papegaaiduikers telt een half miljoen exemplaren. Per boot kunt u rond de eilanden varen en de kolonies op de steile rotsen van dichtbij bekijken. Tijdens deze excursie, waarvoor u afvaart uit Bay Bulls, zijn vaak ook walvissen te zien. Het zijn meestal bultruggen, maar er worden ook orka's en dwergvinvissen waargenomen. Aan het begin van de zomer drijven er veel ijsbergen langzaam voorbij.

Bij het dorpje **Bauline East**, 15 km verder naar het zuiden, tegen **La Manche Provincial Park** aan, kunt u 1 à 2 uur durende walvisen vogelexcursies boeken. Doordat u hier iets dichter bij de eilanden van het beschermd natuurgebied zit, zijn de tochtjes een stuk goedkoper (ca. $ 40).

mei-okt. B&B Inn met zeven kamers direct aan zee. Vanuit de ontbijtzaal en het terras hebt u een prachtig uitzicht. Dagelijkse boottochten. 2 pk $ 100.

Accommodatie
... in Bauline East:
Op een mooie plek – **Whale Watchers B&B:** Main Road, tel. 709-334-2921, 709-334-3998,

Actief
... in Bay Bulls:
Walvissen en vogels spotten – **Gatherall's Puffin and Whale Watch,** tel. 709-334-

De op een ruige klif weer en wind trotserende vuurtoren op Cape Spear markeert het oostelijkste punt van continentaal Noord-Amerika

St. John's en het Avalon Peninsula

Actief

STILES COVE PATH VAN POUCH COVE NAAR FLATROCK

Informatie
Begin: St. Agnes-parkeerplaats in Pouch Cove
Lengte: 15 km
Duur: 5-6 uur (dagwandeling)
Moeilijkheidsgraad: matig
Inlichtingen, benodigdheden, accommodatie: zie Tip blz. 450
Belangrijk: als u op de klippen wandelt die pal aan de Atlantische Oceaan liggen, moet u heel erg voorzichtig zijn. Bij hoge golven kunt u het zijpad naar Georges Point beter mijden.

De East Coast Trail begint bij **Portugal Cove**, ten noorden van St. John's. Het tweede deel, Stiles Cove Path, wordt gekenmerkt door steile, hoge klippen, grotten en indrukwekkende watervallen. Op het pad kunt u genieten van fantastische vergezichten langs de kust. Als u een minder lange wandeling wilt maken, kunt u de tocht ook beginnen in Shoe Cove, Stiles Cove of Red Head. In **Shoe Cove** vindt u een van de weinige stranden in deze streek. De baai werd ooit gebruikt als vluchthaven door vissers uit Pouch Cove die door een storm werden overvallen.

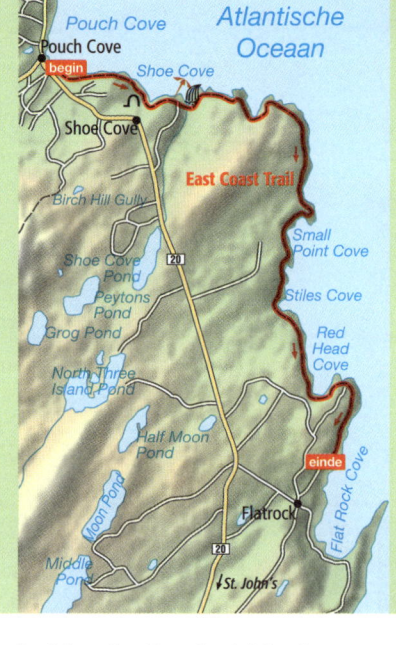

2887, 1-800-419-4253, www.gatheralls.com. Dierobservatietochten met een grote catamaran. Shuttle Service $ 23. **O'Brien's Whale & Bird Tours,** tel. 709-753-4850, 1-877-639-4253, www.obriensboattours.com, mei-half juni, sept.-half okt. Boottochten langs de kust om walvissen en zeevogelkolonies te observeren. Tot 4 x per dag in het hoogseizoen. Ook kajak-, jetboat- en zodiacexcursies, volwassenen vanaf $ 60, kinderen $ 20-40.

La Manche Provincial Park en Avalon Wilderness Reserve
▶ Y 5

Kamperen, wandelen en kanoën, het is allemaal mogelijk in het rivierdal van **La Manche Provincial Park** 5 . Via een voetpad bereikt u het oude dorp La Manche, dat in 1966 verlaten werd na een verwoestende storm. Tegenwoordig ziet u hier alleen nog de funderingen en de reconstructie van de hangbrug, die de aan beide zijden van de haven lopende kustwandelroute East Coast Trail (zie blz. 450) verbindt. Bij het vissersdorpje Brigus South voert een zijweg naar het **Avalon Wilderness Reserve** 6 , een 868 km² groot natuurreservaat waar een kudde van vijfhonderd kariboes leeft. Dit gebied is zeer geschikt om in rond te trekken, te vissen en te kanoën.

Ferryland (Colony of Avalon)
▶ Y 5

Bij **Ferryland** 7 stichtte sir George Calvert (de latere lord Baltimore) in 1621 de eerste succesvolle kolonie van Newfoundland, die hij Avalon noemde, naar het rijk van koning Arthur. Na verloop van tijd vonden de kolonisten de winters hier toch te zwaar en daarom trokken ze in zuidelijke richting naar Maryland. De naam bleef echter bestaan. In de plaats is tegenwoordig een archeologische opgraving te vinden, die voor het publiek geopend is. Het terrein omvat historische kruidentuinen uit de 17e eeuw, en in een nagebouwde keuken kunt u met eigen ogen zien hoe men hier driehonderd jaar geleden leefde. Verder ziet u hier een van de eerste wc's met (stromend) spoelwater en kunt u wandelen over het oudste plaveisel met kinderkopjes van Brits Noord-Amerika. In het **Colony of Avalon Interpretation Centre** wordt de avontuurlijke geschiedenis van de regio belicht. Ook kunt u hier wetenschappers aan het werk zien met de diverse opgegraven voorwerpen (tel. 709-432-3200, 1-877-326-5669, www.colonyofavalon.ca, begin juni-begin okt. dag. 10-18 uur, volwassenen $ 11,50, kinderen $ 9).

Accommodatie
Aan zee – **Dunne's B & B:** 386 Baltimore Dr., Ferryland, tel. 709-432-2155, www.dunnesbnb.com, half mei-half nov. Vriendelijke inn, mooi ingericht en met een weids uitzicht over de haven en eilanden. Behulpzame uitbaters, goed ontbijt. 2 pk $ 110-130.

Eten en drinken
Picknick bij de vuurtoren – **Ferryland Lighthouse Picnics:** Ferryland, tel. 709-363-7456, www.lighthousepicnics.ca, eind mei-sept. wo.-zo. 11.30-16.30 uur. Lekkere sandwiches, curry's, zeevruchten, verse groente uit eigen tuin en zelfgebakken brood en gebak. Vanaf $ 10.

Evenementen
Shamrock Festival: laatste weekend juli, www.ssfac.com. Ierse folklore met een hoop muziek in een leuke pubsfeer.

Cape Race ▶ Y 5

Bij **Portugal Cove** 8 voert een ca. 20 km lange macadamweg naar de kust, tot aan **Cape Race** 9 . De sterke stroming, ijsbergen, hardnekkige mistbanken en gevaarlijke klippen bezorgden dit gebied de reputatie van een scheepskerkhof. De in 1856 gebouwde vuurtoren heeft een 20 ton zware lens en geldt als een van de krachtigste lampen ter wereld. Wegens zijn belang voor de trans-Atlantische scheepvaart en de vroege draadloze communicatie is het terrein uitgeroepen tot National Historic Site. Het **Cape Race Marconi Wireless Station** ontving destijds het noodsignaal op van de Titanic, die meer dan 400 mijl verderop aan het zinken was. Het bericht werd doorgegeven aan andere stations en reddingsboten. Het Marconi Station en de woning van de vuurtorenwachter zijn voor bezichtiging geopend.

In het **Mistaken Point Ecological Reserve** bij Long Beach zijn sporen gevonden van opmerkelijk grote aantallen meercellige fossiele zeedieren uit het precambrium. Het Mistaken Point Ecological Reserve is een van de grootste vindplaatsen in zijn soort in heel Canada en trekt wetenschappers uit de hele wereld aan. Diverse trails voeren door het rotsige kustlandschap, waar de hoofdrollen zijn weggelegd voor wind en zee.

Trepassey ▶ Y 5

In **Trepassey** 10 woonden in de 16e eeuw waarschijnlijk Baskische vissers. Deze plaats was op 18 juni 1928 wereldnieuws: Amelia Earhart begon hier als eerste vrouw aan een 24 uur durende vlucht over de Atlantische Oceaan – zij het als passagier van piloten Wilmer Stulz en Slim Gordon. Pas vier jaar later zou ze hetzelfde traject solo afleggen. In het kleine museum, dat alleen in juli en augustus geopend

St. John's en het Avalon Peninsula

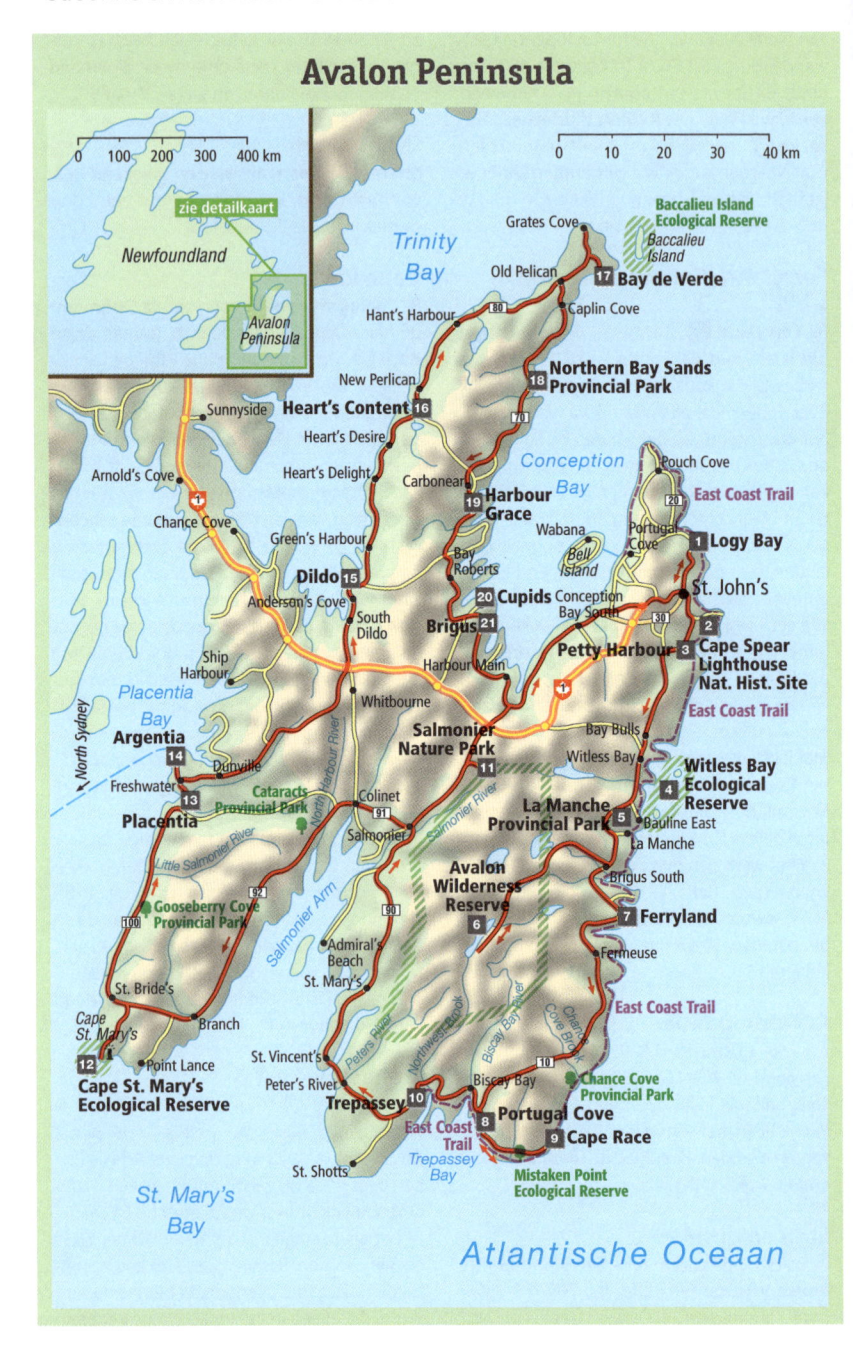

Avalon Peninsula

is, zijn behalve voorwerpen die verwijzen naar het visserijverleden ook enkele zaken te zien die betrekking hebben op Earharts vlucht. Van Trepassey voert een weg naar de het vissersdorpje St. Shott's en de Cape Pine Historic Site, het zuidelijkste punt van Newfoundland.

Accommodatie, eten en drinken

Solide en vriendelijk – **Edge of the Avalon Inn & Restaurant:** aan Route 10, tel. 709-438-2934, www.edgeoftheavaloninn.com, half mei-half nov. Ruime kamers waarvan een met kitchenette. Visrestaurant (diner vanaf $ 12) met veranda achter glas en een mooi panoramisch uitzicht. Geweldig ontbijt. 2 pk vanaf $ 120.

Salmonier Nature Park ▶ Y 5

Bij Salmonier voert Route 90 landinwaarts naar **Salmonier Nature Park** 11, een 1214 ha groot natuurreservaat waar u circa dertig diersoorten van Newfoundland en Labrador van dichtbij kunt zien. In het gebied kunnen elanden, bevers, kariboes, otters en lynxen worden gespot. Vanaf hier rijdt u in ongeveer een uur terug naar St. John's. Wilt u de rondrit over het schiereiland voortzetten via de Cape Shore Loop, dan moet u uw reis vervolgen via Route 91 en 92.

Cape St. Mary's ▶ Y 5

Kaart: zie blz. 458

Via Route 91 en 92 rijdt u naar **St. Bride's**, waar een 13 km lange, smalle macadamweg zich afsplitst. Deze verharde weg doorkruist een moerasgebied en eindigt bij het zuidwestelijkste punt van het schiereiland. Hier ligt **Cape St. Mary's Ecological Reserve** 12. Dit 64 km2 grote natuurreservaat werd in het begin van de jaren 80 gesticht. In de broedtijd (van april tot oktober) herbergt dit natuurgebied enkele honderdduizenden vogels. De reis erheen is minstens zo mooi als het reservaat zelf (zie Actief blz. 460). Tussen de halmen van het drassige gras groeien de donkerrode kelken van de vleesetende pitcher plant, de bloem die symbool staat voor deze provincie.

Deze bekerplant voedt zich met levende insecten. Aan het einde van de weg is een Interpretive Centre gevestigd.

Informatie

Cape St. Mary's Ecological Reserve Interpretive Center: tel. 709-635-4520, 709-277-1666, www.flr.gov.nl.ca/natural_areas/wer/r_csme, mei, okt. 9-17, juni-sept. 8-19 uur. Info over activiteiten, wandelroutes en de hier nestende vogels.

Accommodatie

... in St. Bride's:
Oase met zeezicht – **Bird Island Resort:** Rte. 100, tel. 709-337-2450, 1-888-337-2450, www.birdislandresort.com. Eenvoudige en voordelige kamers, waarvan enkele met complete keuken. Goede uitvalsbasis voor amateur-ornithologen. 2 pk $ 80-130.

Placentia en Trinity Bay ▶ Y 4/5

Kaart: zie blz. 458

Placentia ▶ Y 5

Al in de 16e eeuw vestigden zich Baskische vissers in de streek rond **Placentia** 13. Halverwege de 17e eeuw bezetten Franse troepen het gebied en stichtten de eilandhoofdstad Plaisance. In 1692 bouwden ze op een hooggelegen punt boven de baai hun eerste vesting, Le Gaillardin, en een jaar later verrees Fort Royal. Vandaaruit vielen ze St. John's meermalen aan, maar zonder al te veel succes. Al in 1713 namen de Engelsen Plaisance in. Zij noemden de stad Placentia. De Franse en Engelse vestingruïnes uit de 17e en 18e eeuw zijn uitgeroepen tot **Castle Hill National Historic Site** en zijn als zodanig voor het publiek opengesteld.

De tentoonstelling Life at Plaisance in het Interpretation Centre verschaft informatie over het ruige leven in deze avontuurlijke periode. Van half juli tot augustus wordt hier de historische voorstelling *Faces of Fort*

Actief

WANDELEN NAAR CAPE ST. MARY'S ECOLOGICAL RESERVE

Informatie
Locatie: 13 km ten zuiden van St. Bride's
Begin: bezoekerscentrum van het reservaat
Lengte: ca. 1-2 km (een traject)
Duur: 1-2 uur

Inlichtingen en vogelkijkwandelingen: Cape St. Mary's Ecological Reserve Interpretive Center, tel. 709-277-1666, 709-635-4520, www.env.gov.nl.ca/env/parks/wer/r_csme, zie ook blz. 459

Op het zuidwestelijkste puntje van het Avalon Peninsula ligt een van de meest toegankelijke en spectaculairste **zeevogelreservaten** van Noord-Amerika. Informeer voor u vertrekt telefonisch bij het parkkantoor naar de weersomstandigheden bij de kaap, want vaak loont een bezoek niet wegens de mist. Doorgaans zijn er zo'n tweehonderd dagen met mist per jaar en bedraagt de dagtemperatuur in juni niet meer dan 14°C.

Neem een wind- en waterdicht jack mee. Wees heel voorzichtig op de wandelpaden, want veel trails lopen vlak langs de steile rotswanden en zijn als gevolg van regen of mist vaak glad.

Bij de vuurtoren hoort het **Interpretive Centre**, waar u informatiemateriaal kunt krijgen en een film kunt bekijken over de geologische en klimatologische bijzonderheden van het gebied en de in het park broedende vogelsoorten. Vanhier loopt een weg door glooiend grasland langs de steile kust. De dichtbevolkte **vogelrots**, die als een machtige basaltzuil uit de zee oprijst, ligt ca. 1 km verderop. Hij is zo ver van het vasteland verwijderd dat de vogels er buiten het bereik van landroofdieren kunnen broeden.

Het gekrijs van de zeevogels is al van verre hoorbaar en u ziet ze als een wolk boven de horizon zweven. Dan staat u plotseling boven aan de 100 m hoge afgrond, waar ver onder u de golven van de Atlantische Oceaan tegen de klippen beuken. Uit zee rijzen hoge rotsen op, geheel bedekt met vogels, die in het zonlicht glanzen als sneeuw.

Hier nestelen verschillende vogelsoorten min of meer vreedzaam naast elkaar – **stormvogels**, **zeekoeten**, **jan-van-genten**, **alken** en **meeuwen**. De vogels hebben veel baat bij hun 'biologische klok', die ze beschermt tegen hun natuurlijke vijanden. Bijna alle jongen komen min of meer gelijktijdig uit het ei en leren tegelijkertijd vliegen – op die manier is de 'pakkans' stukken kleiner. De rotsen van St. Mary's vormen het leefgebied van de op één na grootste jan-van-gentenkolonie van Noord-Amerika. Van deze vogelsoort nestelen hier meer dan vijftigduizend paartjes. Voor de kust worden vaak walvissen, dolfijnen en zeehonden waargenomen. U kunt ook verder langs de kust lopen. Het pad gaat over open grasvlakten en vervolgens door een bos met kreupelhout en kleine dwergsparren. Daarna komt u bij een landtong, waar u kunt genieten van een mooi uitzicht. Er zijn geen afzettingen geplaatst, dus u moet heel goed oppassen dat u niet te dicht in de buurt van de klifrand komt.

Royal opgevoerd. Het prachtige uitzicht over de haven en Placentia Bay is eigenlijk nog bijzonderder dan het museum zelf. Het park biedt volop gelegenheid voor een gezellige picknick (Route 100, tel. 709-227-2401, www. pc.gc.ca/en/lhn-nhs/nl/castlehill, Interpretation Centre juni-aug. 10-18 uur, volwassenen $ 4, kinderen tot 16 jaar $ 2).

Ca. 8 km verder noordelijk in **Argentia** 14 ligt de Atlantic Marine Ferry Terminal. In de Tweede Wereldoorlog was hier een Amerikaanse marinebasis (www.portofargentia. ca).

Accommodatie, eten en drinken
... in Placentia:
Tien minuten van de veerboot – **The Bridgeway Hotel:** 15-19 Prince William Dr., tel. 709-227-1700, 709-227-9703, www.bridgewayhotel.net. Klein en vriendelijk hotel in de buurt van de baai. Alle kamers hebben een kitchenette. 2 pk $ 95-110 incl. ontbijt.

Camping – **Fitzgerald's Pond Park:** Route 100 North (Argentia Access Rd.), tel. 709-227-4488. 24 staanplaatsen met alle aansluitingen in het bos. Leuke picknickmogelijkheden aan het meer. Bootverhuur en een eigen aanlegsteiger. Staanplaats vanaf $ 20.

Vervoer
... in Argentia:
Veerboot: Marine Atlantic Ferry Terminal, tel. 1-800-341-7981, www.marineatlantic.ca. In de zomermaanden (juni-sept.) dagelijks meerdere afvaarten van grote autoveren naar Sydney op Cape Breton Island in Nova Scotia.

Dildo ▶ Y 5
Route 100 gaat over in Route 80, de Baccalieu Trail, die langs het noordelijkste punt van het Avalon Peninsula voert. Hierbij passeert u schilderachtige vissersdorpjes met onvergetelijke namen als Heart's Delight, Heart's Desire en Heart's Content. De weg eindigt bij Bay de Verde. Bij Anderson's Cove, in de buurt van het historische vissersdorp **Dildo** 15 , zijn in 1994 de resten van een vier-tot vijfduizend jaar oude nederzetting van zeevarende archaïsche indianen opgegraven.

Het **Dildo Area Interpretation Centre** verzorgt een interessante tentoonstelling van de voorwerpen die bij de opgraving tevoorschijn kwamen, maar ook van de Dorset-Inuit en de Beothukindianen. U komt daarnaast het nodige te weten over het visserijverleden van deze plaats. Bij een bassin kunnen bezoekers verschillende soorten zeedieren aanraken en voor

St. John's en het Avalon Peninsula

het museum staat een levensgroot model van een 8,5 m grote inktvis, die hier in de buurt in 1933 werd opgevist (Front Road, tel. 709-582-3339, www.manl.nf.ca, juli-begin sept., 10-17 uur, volwassenen $ 2, kinderen $ 1).

Ook bezienswaardig is **Dildo Island**, een klein eilandje voor de kust, waar John Guy en zijn kompanen in 1612 verschillende Beothukdorpen waarnamen.

Accommodatie, eten en drinken
Stijlvolle bed and breakfast – **Inn by the Bay:** 80 Front Rd., tel. 709-582-3170, 1-888-339-7829, www.dildoinns.com. Stijlvol met antieke meubels ingerichte B&B inn direct aan het water. Mooi uitzicht op Trinity Bay, grote glazen veranda, bibliotheek. 2 pk $ 96-150 incl. ontbijt.

Heart's Delight en Heart's Content ▶ Y 4
In de anglicaanse kerk St. Matthew in **Heart's Delight** is een fragment te zien van een oude grafsteen waarop de cijfers 154 zijn aangebracht. Het vermoeden bestaat dat dit een stuk van de oudste grafsteen van Noord-Amerika is. De omgeving leent zich voor lange wandelingen, bijvoorbeeld over de mooie Witch Hazel Hiking Trail, die een fantastisch weids uitzicht biedt op de Trinity Bay.

In **Heart's Content** 16 ligt het relaisstation vanwaaruit men in 1866 de eerste telegrafische berichten verzond via een trans-Atlantische kabel. Het gebouw, tegenwoordig **Cable Station Provincial Site** genoemd, herbergt nu een museum met een minutieus nagebouwde zendkamer, compleet met apparatuur en een tentoonstelling over de begindagen van de telegrafie (Highway 80, tel. 709-583-2160, www.seethesites.ca, half mei-begin okt. 9.30-17 uur, volwassenen $ 6, kinderen 6-16 jaar $ 3). De vuurtoren van Heart's Content, die eruitziet als een reusachtige rood-witte lolly, doet het op foto's altijd goed.

Bay de Verde ▶ Y 4
Bij **Bay de Verde** 17 kunt u walvissen kijken, en vanaf een uitkijkpunt in de buurt van de plaats hebt u een schitterend uitzicht op de kustlijn. **Baccalieu Island** is veel zeelieden noodlottig geworden: de zeebodem eromheen ligt bezaaid met scheepswrakken.

Het eiland is een groot vogelreservaat. Van april tot oktober nestelen hier papegaaiduikers, stormvogels, stormvogeltjes, jan-van-genten, alken, zeekoeten en drieteenmeeuwen. Met meer dan drie miljoen nestelende paren is Baccalieu Island de grootste stormvogeltjeskolonie ter wereld. Het vogelreservaat op het eiland is niet geopend voor het publiek, maar in de **Bay de Verde Heritage Premises** vindt u in een mooi gerestaureerd 19e-eeuws koopmanshuis naast andere tentoongestelde voorwerpen ook een informatietableau over het vogeleiland (7 Blundon's Point, tel. 709-587-2766, 709-587-2260, www.baydeverde.com/heritage_premises.php, begin juni-half sept., $ 5).

Conception Bay ▶ Y 4

Kaart: zie blz. 458

Tijdens de rit rond Conception Bay terug naar St. John's rijgen de lieflijke vissersdorpjes zich langs de grillige westkust van de baai aaneen. Voor de bontgekleurde houten huizen wappert de was in de frisse zeewind en op door weer en wind gebleekte stellages ligt gezouten stokvis in lange rijen te drogen.

Caplin Cove dankt zijn naam aan de grote scholen loddes (deze soort, die in het Engels caplin wordt genoemd, is een tot 20 cm grote, olijfkleurige vis uit de familie van de spieringen), die zich in juni of juli bij aanlandige wind en bij druilerig weer door de golven naar het strand laten voeren om daar kuit te schieten. 's Avonds gaan de Newfoundlanders dan met emmers en scheppen naar het strand om de smakelijke 'oogst' binnen te halen.

Het **Northern Bay Sands Provincial Park** 18 met zijn fraaie zandstrand is een ideale stek om te gaan kamperen (tel. 709-584-3465, www.northernbaysands.ca, auto $ 6, staanplaats met stroom $ 28 per nacht).

Harbour Grace ▶ Y 4
Aan de basis van **Harbour Grace** 19 lag de uit 1550 stammende Franse nederzetting Havre

Conception Bay

de Grace ten grondslag. Rond 1610 had de beruchte piraat Peter Easton in Harbour Grace zijn hoofdkwartier. Met zijn vloot roofde hij een immens fortuin bij elkaar. Op de plaats van het vroegere piratenfort werd later het Customs House gebouwd, waarin tegenwoordig het **Conception Bay Museum** is gevestigd. De tentoonstellingen hier zijn gewijd aan de geschiedenis van de plaats en aan zijn rol in de begintijd van de luchtvaart. De nadruk van de expositie ligt echter op het beruchte piratenverleden van Harbour Grace. Dit onderwerp wordt uiterst liefdevol behandeld (1 Water Street, tel. 709-596-5465, 709-596-3631, www.mnl.nf.ca, juli-begin sept. 10-17 uur, $ 2).

In de jaren na 1919 vormde Harbour Grace het vertrekpunt voor tal van trans-Atlantische vluchten en in 1927 werd hier Noord-Amerika's eerste vliegveld voor de burgerluchtvaart geopend. In 1932 vloog Amelia Earhart als eerste vrouw in haar eentje vanuit Harbour Grace de Atlantische Oceaan over. De met gras begroeide landingsbaan van **Harbour Grace Airfield** heeft het predikaat National Historic Site gekregen. In het **Harbour Grace District** is een groot deel van de oude huizen gerestaureerd.

Informatie
Harbour Grace Tourism: tel. 709-596-3631, www.hrgrace.ca.

Accommodatie, eten en drinken
Historische B&B – **Rose Manor:** 43 Water St. East, tel. 709-596-1378, 1-877-596-1378, www.rosemanorinn.com. B&B in een mooi gerenoveerd, 125 jaar oud pand in het Historic District. Zeer stijlvol ingerichte kamers en een grote tuin met oude bomen. Fraai uitzicht, mooie ligging aan het water, zeer smakelijk ontbijt. Victorian Afternoon Tea met scones en theecakes (14-16 uur, $ 32). 2 pk vanaf $ 190.
Gemoedelijk – **Hotel Harbour Grace:** Water St., tel. 709-596-5156, 1-877-333-5156. www.hotelharbourgrace.ca. Een beetje verouderde, maar erg gezellige accommodatie met gemoedelijke hotel- en motelkamers in de buurt van het Historic District. Restaurant met goede Newfoundland-keuken, sportsbar. 2 pk $ 89-130.

Evenementen
Harbour Grace Regatta: eind juli op het Lady Lake. Regatta en volksfeest met eeuwenoude tradities.

Cupids ▶ Y 4
Ook **Cupids** [20], waar de Engelse zakenman en plantage-eigenaar John Guy in 1610 de eerste nederzetting stichtte, heeft de nodige historische bezienswaardigheden te bieden. Op de **Cupids Cove Plantation Provincial Historic Site** is men sinds 1995 bezig de resten van deze nederzetting op te graven. De opgraving wordt tot de tien belangrijkste vindplaatsen in Canada gerekend. Er zijn funderingen en ommuurde vuurplaatsen blootgelegd en verder heeft men gedecoreerd aardewerk, bestek en zilveren munten gevonden.

Tijdens een rondleiding van een halfuur krijgt u de vondsten te zien. In het **Cupids Museum** kunt u tentoonstellingen verwachten over de regionale geschiedenis, maar er zijn ook archeologische vondsten uitgestald (Seaforest Drive, tel. 709-528-1610, www.cupidslegacycentre.ca, begin juni-begin okt. dag. 9.30-17 uur, Plantation Site en Legacy Centre $ 13).

Brigus ▶ Y 5
Het pittoreske vissersplaatsje **Brigus** [21] met zijn oude huizen, stenen muren en mooie tuinen doet denken aan een Engels kuststadje. Dit was de thuishaven van kapitein Robert Bartlett. In 1908 begeleidde hij Robert Peary tijdens diens beroemde expeditie naar de noordpool. In het uit 1830 daterende woonhuis van Bartlett, nu de **Hawthorne Cottage National Historic Site**, worden films vertoond en rondleidingen gegeven. In de Heritage Shop zijn onder meer nieuwe boeken, kunstnijverheidsproducten en antiquarische boeken te koop. Dit bijzondere, historische houten pand, met een rond de woning lopende veranda, wordt als een van de fraaiste voorbeelden van de decoratieve cottagebouwstijl beschouwd (South Street, tel. 709-753-9262, 1-877-753-9262, www.pc.gc.ca/hawthornecottage, juni-aug. dag. 10-18 uur, $ 4,50).

Over de Trans-Canada Highway door Newfoundland

De afstand van St. John's, het begin van de Trans-Canada Highway, tot Channel-Port aux Basques in het zuidwesten van het eiland bedraagt 900 km. U kunt het traject in twee dagen afleggen, ware het niet dat de mooiste plekken van Newfoundland op enige afstand van de Highway liggen. Zoals op Bonavista of het Burin Peninsula, aan Notre Dame Bay met zijn pittoreske kustplaatsjes, en bij Twillingate en Trinity, waar walvissen en ijsbergen langzaam langs de kust trekken.

Bull Arm ▶ X 4

Kaart: zie blz. 466
Op de smalle landengte tussen Trinity Bay en Placentia Bay rijdt u bij **Sunnyside** 1 langs een zeearm die van groot belang is voor de Newfoundlandse olie-industrie. Hier, bij **Bull Arm**, werd in 1991 begonnen met een van de indrukwekkendste bouwprojecten van Noord-Amerika, dat lokale bouwvakkers en ingenieurs nog altijd volop werk bezorgt.

De Bull Arm Site werd ontworpen als bouwplaats voor de hypermoderne boortoren **Hibernia**. Dit boorplatform kan aanvaringen met de grootste ijsbergen doorstaan, is 224 m hoog, heeft een doorsnee van 106 m en weegt 1,2 miljoen ton. In 1997 is dit monster naar open zee gesleept en op zo'n 315 km ten oosten van St. John's, boven de olievelden van de Grand Banks (geschatte reserve: 1,6 miljard vaten ruwe olie), vastgeklonken aan de zeebodem. Sinds dat jaar produceert men op het booreiland tot wel 150.000 vaten olie per dag. In de tanks van dit platform kunnen 1,3 miljoen vaten olie worden opgeslagen.

Na Hibernia ging men meteen door met de bouw van het volgende project, dat van eenzelfde orde van grootte was: het olieplatform Terra Nova. Hiermee pompt men sinds 2001 zo'n 115.000 vaten olie per dag op (www.bullarm.com). Hierna volgde de exploitatie van het **White Rose-olieveld** op de Grand Banks. Onderhoud aan de booreilanden vindt plaats in een gigantische droogdok met een doorsnede van meer dan 200 m.

Het laatste nieuwe project startte in 2012 en is gericht op de exploitatie van het 350 km ten zuidoosten van St. John's gelegen olieveld **Hebron**, goed voor 700 miljoen vaten. Eind 2017 zou het platform naar zee moeten worden gesleept. In de zomer worden eens per maand busexcursies georganiseerd naar de Bull Arm (Bull Arm Information Centre, tel. 907-463-1033, www.hebronproject.com). Ook vanuit St. John's kunt u een excursie naar het enorme industriecomplex (www.newfoundlandtours.com/specialadventures/oil.asp).

Burin Peninsula
▶ W/X 5/6

Kaart: zie blz. 466
Nog voordat u Clarenville bereikt, kunt u beslissen of u via Route 210 een tocht wilt ondernemen naar het **Burin Peninsula**. Daar hebt u de kans een bijzonder uitstapje te maken: een kort verblijf op de eilanden St. Pierre et Miquelon, een piepklein stukje Frankrijk bij het Amerikaanse continent – een laatste

Burin Peninsula

overblijfsel van het ooit zo grote Franse koloniale imperium. Eeuwenlang was het Burin Peninsula van groot belang voor de Europese visserij, toen Portugezen, Fransen en Engelsen in de zomer de rijke visgronden van de Grand Banks voor de kust van Newfoundland exploiteerden. In het bezoekerscentrum in **Marystown** 2 kunt u het omvangrijke informatiemateriaal over het schiereiland op u laten inwerken.

Zeer bezienswaardig zijn **Burin** 3 en de dorpjes in de omgeving. James Cook sloeg hier zijn kamp op toen hij rond 1760 de kustwateren van Newfoundland in kaart bracht. Cook's Lookout in Burin herinnert hieraan. Een steil pad voert omhoog naar een uitkijkpunt, waar de ontdekkingsreiziger de horizon afspeurde op zoek naar vijandige Franse zeilschepen. In Burin is ook het **Heritage House Museum** het bezichtigen waard. Hier vindt u, in twee tegenover elkaar gelegen panden, tentoonstellingen over visserij en natuurlijke historie (33 Seaview Dr., tel. 709-891-1761, eind mei-begin okt. 10-18, juli-aug. 10-20 uur, gratis toegang, een donatie wordt op prijs gesteld).

Het **Frenchman's Cove Provincial Park** aan de oostkust van het Burin Peninsula biedt gelegenheid om te picknicken, te kamperen en te zwemmen. Het sfeervolle vissersplaatsje **Grand Bank** 4 is rond 1750 gesticht door de Fransen en werd aan het begin van de 18e eeuw ingenomen door de Engelsen. Het **Provincial Seamen's Museum**, dat qua vorm doet denken aan het zeil van een schip, is gewijd aan de fascinerende zeevaarthistorie van de provincie (54 Marine Dr., tel. 709-832-1484, www.therooms.ca/exhibits/museums, begin mei-begin okt. ma.-za. 9-16.30, zo. 12-16.30 uur, $ 2,50).

Ook het **George C. Harris House**, een mooi gerestaureerd herenhuis aan Water Street, is een bezoek waard. In dit meer dan 100 jaar oude pand is het kleine plaatselijke museum ondergebracht (16 Water St., tel. 709-832-1574, dag. 10-18 uur, $ 3).

Twee wandelpaden bieden fraai uitzicht op de plaats en de kust. De Heritage Walk voert langs de historische gebouwen van Grand Bank. Sommige gebouwen zijn voorzien van 'weduwengangen'. Dit zijn open galerijtjes op het dak, waar de vissersvrouwen – vaak tevergeefs – stonden te wachten tot ze het schip van hun man zagen aankomen.

Informatie
... in Marystown:
The Heritage Run Tourism Association: tel. 709-279-1887, www.theheritagerun.com.

Accommodatie, eten en drinken
... in Grand Bank:
Vriendelijke uitbaters – **Abbie's Garden B & B:** Highway 210, tel. 709-832-4473, www.abbiesgarden.ca. Huiselijke B&B met een mooie tuin en zeer vriendelijke uitbaters. Vier lichte, ruime kamers met een eigen opgang. 2 pk vanaf $ 125 incl. uitgebreid ontbijt.

Evenementen
... in Burin:
Festival of Folk Song and Dance: begin juli. Iers volksfeest met muziek, folklore, culinaire evenementen, een expositie en stalletjes met kunstnijverheid.

Uitstapje naar St. Pierre en Miquelon ▶ W 6

Vanuit het plaatsje Fortune, een paar kilometer ten zuidwesten van Grand Bank, kunt u met een passagiers- en vrachtveer in 90 minuten de overtocht maken naar de 25 km uit de kust gelegen eilanden **St. Pierre** en **Miquelon** 5. St. Pierre is ook per vliegtuig te bereiken vanuit St. John's, Halifax of Sydney, Nova Scotia. Wilt u ook op het eiland overnachten, dan is een pakketreis (overtocht inclusief overnachting) het voordeligst.

Deze rotsige eilandjes met een oppervlakte van 242 km^2 zijn een Frans vlekje op de kaart, een laatste overblijfsel van het eens zo uitgestrekte Franse rijk in Noord-Amerika, dat de Fransen op grond van het Verdrag van Parijs in 1763 moesten afstaan aan Engeland. Bretonse vissers vestigden zich al in de vroege 16e eeuw op de eilanden en naast het toerisme vormt de visserij nog altijd de

Over de Trans-Canada Highway door Newfoundland

Burin Peninsula

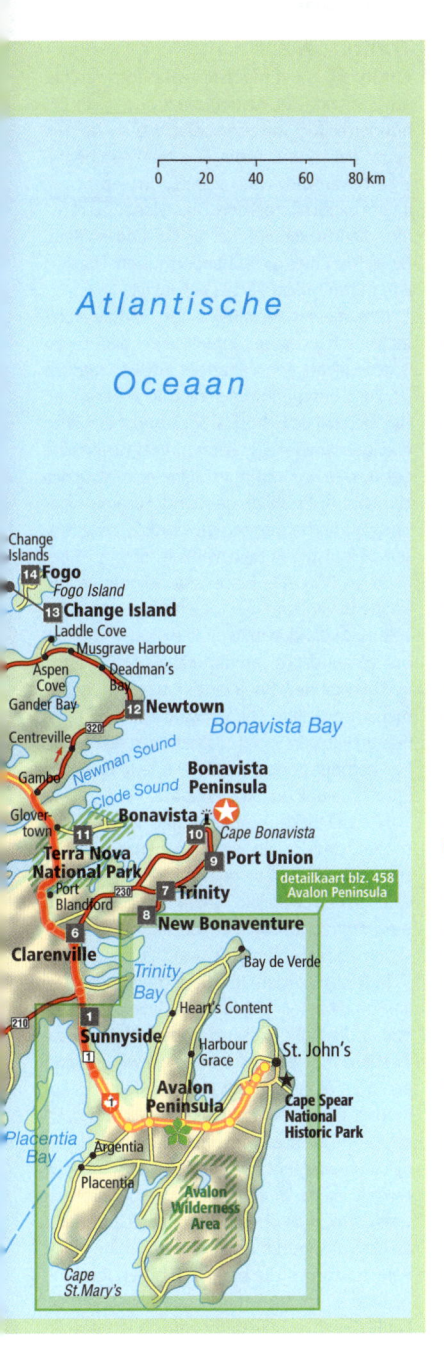

belangrijkste bron van inkomsten voor de circa zevenduizend bewoners. Tijdens de Drooglegging in de Verenigde Staten van 1920 tot 1933 beleefden de eilanden hoogtijdagen als centrum van de rumsmokkel. Beroemde gangsters als Al Capone en Bill McCoy hadden hier eigen 'vestigingen'.

St. Pierre is met 6500 inwoners het belangrijkste van de twee eilanden. In de gelijknamige plaats zorgen Franse flics, mooie huizen met smeedijzeren balkonnetjes, gezellige bistro's, cafés en bars, verse baguettes en *du vin* voor een onmiskenbaar Franse sfeer. U mag uw auto niet meenemen naar het eiland, maar er zijn scooters en fietsen te huur, waarop u zich gemakkelijk kunt verplaatsen. Vanaf St. Pierre kunt u een excursie boeken naar Miquelon. Informatie over een bezoek aan deze eilanden is verkrijgbaar via zowel het Franse als het Newfoundlandse verkeersbureau.

Informatie
... in St. Pierre:

Tourism Office: Place du Général de Gaulle, tel. 011-508-410200, www.lepharespm.com, www.tourisme-saint-pierre-et-miquelon.com/en. Hotelreserveringen, scheepsverbindingen.

Accommodatie, eten en drinken
... in St. Pierre:

Bij de veerboten – **L'Hôtel Robert:** 10 rue du 11 Novembre, tel. 011-508-412419, 1-800-563-2006, www.hotelrobert.com. Tijdens de Drooglegging in de jaren 20 gebouwd hotel/motel met eenvoudige kamers, restaurant (diner vanaf $ 12) en bar. 2 pk $ 90-130.

Vervoer
... in Fortune:

Veerboot: St. Pierre Tours, 5 Bayview Pl., 709-832-0429, 1-800-563-2006, www.saintpierreferry.ca. Van Fortune begin juli-begin sept. ma.-za. 7.15, 11.30, zo. 11.30 uur. Van St. Pierre ma.-za. 10.30, 14.30, zo. 14.30 uur. halfeind juni slechts een overtocht per dag, van Fortune 11.30, van St. Pierre 14.30 uur. Retour volwassenen $ 90, kinderen $ 45, afvaart 11.30 uur volwassenen $ 80, kinderen $ 40. De overtocht met de **M/V Arethusa** duurt

zo'n 90 min. Arrangementen inclusief hotel vanaf $ 190 per persoon per dag (2 personen vanaf $ 135 per persoon, kinderen $ 65).
… in St. Pierre:
Veerboot: van St. Pierre vaart de **Le Cabestan** tussen de eilanden St. Pierre en Miquelon en naar Fortune, Newfoundland, tel. 709-832-3455, 1-855-832-3455.

✪ Bonavista Peninsula
▶ X 3/4

Kaart: zie blz. 466
Bent u weer terug op de Trans-Canada Highway, dan kunt u in het bezoekerscentrum van **Clarenville** 6 informatiemateriaal vinden over het **Terra Nova National Park** (379 Trans-Canada Highway, tel. 709-466-3100). Voordat u op weg gaat naar dit nationale park, moet u beslist een bezoek brengen aan het landschappelijk zeer indrukwekkende **Bonavista Peninsula**.

Op dit schiereiland is een van de interessantste historische vissersdorpen van de provincie te vinden en er staat een van de fotogeniekste vuurtorens. Verder kunt u hier walvissen en zeevogelkolonies zien, en in de vroege zomer drijven er torenhoge ijsbergen voorbij.

Het gebied kent een rijke geschiedenis: hier, op het noordelijkste puntje van Bonavista, kwam de Italiaan Giovanni Caboto in 1497 aan met zijn schip *Matthew* en ontdekte zo het *new found(e) land*. Aangezien Caboto in opdracht van de Engelse kroon reisde, werd hij ook wel John Cabot genoemd. Op Drievuldigheidszondag van het jaar 1501 zeilde de Portugees Gaspar Corte-Real de Trinity Bay binnen, op zoek naar een doorgang naar China.

Deze eerste bezoekers zagen hier grote scholen kabeljauw en vertelden thuis over een zee waarin het simpelweg wemelde van de vis. Deze enthousiaste verhalen hadden vijf eeuwen van overbevissing van de wateren rond Newfoundland tot gevolg. In 1558 werd de eerste zomerbasis van Engelse vissers gebouwd aan Trinity Bay. In de 17e eeuw bouwden Engelse kolonisten tientallen kleine *outports*.

Trinity ▶ X 4
Trinity 7 is het mooiste vissersdorp van het schiereiland. Het rustige plaatsje telt slechts honderdvijftig inwoners. Dat was in de 18e eeuw wel anders. Trinity was toen een bedrijvige havenstad, waar visserij, scheepsbouw, im- en export floreerden. De invloedrijke Newfoundlandse families Lester, Garland en Ryan bestierden hier grote handelshuizen. Hiervan is er in Trinity nog slechts één intact.

Met meer dan vijftig oude, vanuit architectonisch oogpunt interessante gebouwen is deze plaats een Canadees juweel, waarvan de helft bescherming geniet als monument. Hier bepaalt de Historical Society wat er wel en niet gebouwd mag worden. Veel historische gebouwen en natuurgetrouwe reconstructies zijn voor het publiek geopend. Sommige gebouwen herbergen tegenwoordig kleine musea of kunstnijverheidswinkels, of zijn in gebruik als B&B. Alle bezienswaardigheden zijn geopend van eind mei tot eind september. De vele oude panden in het fraaie plaatsje trekken ook de aandacht van filmmakers. In 2001 zijn in Trinity en New Bonaventure scènes opgenomen voor de film *The Shipping News*, een verfilming van een van de romans van de met de Pulitzerprijs onderscheiden auteur E. Annie Proulx (zie ook blz. 93 en blz. 490).

Het prachtige kustlandschap wordt doorsneden door fraaie wandelpaden en de beschutte baai biedt de gelegenheid om te leren varen in een zeekajak. Tijdens excursies kunt u zeegrotten ontdekken en met eigen ogen walvissen, zeevogels en ijsbergen zien.

In Trinity worden de hele zomer toneelstukken op de planken gebracht. Tijdens de *Summer in the Bight* presenteert het **Rising Tide Theatre** met acteurs uit heel Newfoundland een bont repertoire van klassiek drama en komedies. De uitvoeringen vinden plaats op verschillende locaties in en om Trinity. Het belangrijkste evenement van het festival is *The New Founde Lande Trinity Pageant*, een historisch toneelstuk in de openlucht met een gevarieerde cast, die figuren als de legendarische piraat Peter Easton en zijn bemanning, een reizende rechter en de troostende geestelijke van St. Paul's Church en zijn gemeente tot leven wekt.

Bonavista Peninsula

Het symbool van de plaats is de **St. Paul's Anglican Church**, die stamt uit 1892. De helderwitte houten kerk met rode elementen biedt plaats aan ruim vijfhonderd gelovigen. Het is de op twee na oudste kerk van de plaats. Het eerste gebouw verrees al in 1729. Het kerkregister bevat informatie uit het jaar 1753, en is daarmee een van de oudste van Canada.

In het **Trinity Interpretation Centre**, gevestigd in het gerestaureerde Tibbs House, zijn tentoonstellingen te zien over het historische Trinity. Verder zijn hier brochures en landkaarten verkrijgbaar, evenals een bezoekerspas (zie Tip rechts).

De **Lester Garland Premises Provincial Historic Site** (Ryan's Shop) werd gebouwd in 1820. De families van drie zakenlieden hadden dit kantoor gedurende meer dan honderdvijftig jaar in gebruik. Het interieur van het oude handelshuis en de general store zijn teruggebracht in de staat van de begintijd en personeel in historische kledij vertelt bezoekers over de geschiedenis van het pand.

U kunt ook een kijkje nemen in het mooi gerestaureerde, geel-groene **Hiscock House**, dat eveneens tot Provincial Historic Site is bestempeld. Hier dreven Emma Hiscock en haar twee dochters een telegraafkantoor en een general store. Ook hier krijgt u door de aanwezigheid van gekostumeerd personeel een duidelijk beeld van het leven in het landelijke Newfoundland rond 1900. In de **Trinity Museum** aan Church Road is onder meer de oudste brandspuit van Noord-Amerika te zien, naast oud gereedschap en een tentoonstelling over de voor dit gebied belangrijke thema's scheepvaart en visserij.

Aan Church Road vindt u verder de **Green Family Forge**, een historische smidse uit de periode 1895-1900, waar ook nu nog sierhekken, openhaardgerei, wapens, naamborden, schalen en kandelaars worden vervaardigd. Tegelijkertijd doet de oude smidse dienst als museum met circa vijftienhonderd voorwerpen uit de streek.

Het **Lester-Garland House** aan West Street is een getrouwe reconstructie van het in georgian stijl opgetrokken huis van een zakenman. Het oorspronkelijke bakstenen gebouw verrees in 1819. Het Garland House is nu een museum, gewijd aan de visvangst en handel in de bloeiperiode van Trinity.

The Cooperage, eveneens in West Street, is een 'levend museum' waarin een kuiper in zijn gereconstrueerde kuiperij werkt en daarbij laat zien hoe vroeger de grote vaten voor de gepekelde haringen en kabeljauw werden gemaakt.

Het **Court House, Gaol & General Building** aan Dock Road is karakteristiek voor de Newfoundlandse overheidsgebouwen die zo'n honderd jaar geleden op het Bonavista Peninsula stonden. In het gebouw waren destijds, behalve het kantoor van de lokale overheid, ook de douane, het postkantoor met een telegraaf, en een rechtszaal met bijbehorende gevangenis gevestigd. Bovendien was ook de woning van de veldwachter en zijn gezin in dit gebouw ondergebracht.

Tip

BEZOEKERSPAS VOOR TRINITY

Voor de zeven historische bezienswaardigheden Trinity Interpretation Centre, Lester-Garland House, Lester-Garland Premises (Ryan's Shop), Cooperage, Green Family Forge, Hiscock House en het Trinity Museum kunt u een bezoekerspas aanschaffen. De pas kan ook in elk van de vermelde bezienswaardigheden worden gekocht ($ 20, kinderen tot 6 jaar gratis). Ook de Lester-Garland Premises en Hiscock House behoren tot de historische bezienswaardigheden van de **Trinity Historical Society** (tel. 709-464-3599, 709-729-0592, 1-800-563-6353, www.trinityhistoricalsociety.com, half mei-half okt. dag. 9.30-17 uur).

Over de Trans-Canada Highway door Newfoundland

Kerkhof van St. Paul's Anglican Church in Trinity – de oude grafstenen vertellen tragische en troostende verhalen over het nieuwe leven op vreemde bodem

Informatie

Trinity Interpretation Centre: Rte. 239, tel. 709-464-2042, Fax 464-2349, www.townof trinity.com/provincialhistoricsites.asp. Informatie en een boeiende tentoonstelling over de geschiedenis van Trinity.

Accommodatie

Persoonlijke sfeer – **Artisan Inn & Twine Loft Restaurant:** High Street, tel. 709-464-3377, 1-877-464-7700, www.trinityvacations.com. Mooi gelegen, historische B&B met zeezicht, stijlvolle kamers van verschillende grootte en een cottage, stevig ontbijt, uitstekende keuken, lunch, diner, ook vegetarisch (vanaf $ 30). 2 pk $ 99-139 incl. ontbijt.

Met prachtig uitzicht – **Campbell House B & B:** 49 High Street, tel. 709-464-3377, 1-877-464-7700, www.trinityvacations.com/gardens/campbell-house. Stijlvol ingerichte kamers en suites in een liefdevol gerestaureerd, honderdvijftig jaar oud gebouw dat is ingericht met vele authentieke zaken, pal aan het water, mooi tuin, zonneterras. 2 pk $ 115-195.

Gerestaureerd koopmanshuis – **The Eriksen Premises:** West Street, tel. 709-464-3698, 1-877-464-3698, www.mytrinityexperience.com. Stijlvol ingerichte bed and breakfast in een mooi gerestaureerd woonhuis van een koopman uit de 19e eeuw. Goed restaurant. 2 pk $ 139-190.

Eten en drinken

Historische sfeer – **The Dock Marina Restaurant:** Trinity Waterfront, tel. 709-464-2133, www.atlanticadventures.com. Restaurant in een gerestaureerd historisch visserijgebouw met heerlijke, zelfgevangen zeevruchten, spareribs, steak, kip en hamburgers. Hoofdgerecht $ 10-24.

Actief

Whale watching, boottochten – **Atlantic Adventures, Charters & Tours,** Dock Road, zomer tel. 709-464-2133, winter tel. 709-464-2596, www.atlanticadventures.com. Walvissen kijken, excursies naar verlaten vissersdorpen met het zeil-/motorjacht Atlantic Adventurer. In het restaurant Newfoundlandse visspecialiteiten, kunstnijverheid in de Art Gallery en de Craft Shop. **Sea of Whales Adventures:** 1 Ash's Lane, tel. 709-464-2200, 709-427-1217, www.seaofwhales.com, excursies om 9, 13 en 17 uur, volwassenen $ 80, kinderen tot 12 jaar $ 50.

Kajakken – **Trinity Eco-Tours:** 1 Stoneman's Lane, tel. 709-464-3712, 709-427-6788, www.trinityeco-tours.com. Kajaktochten met gids in de Trinity Bay, $ 69 voor 2,5 uur (tandem 2 personen $ 99), half mei-eind sept. 9, 13 en 17 uur, prijzen incl. uitrusting. Ook whale watching (volwassenen $ 80, kinderen tot 12 jaar $ 50).

Evenementen

Rising Tide Theatre: in verbouwde vissershutjes in Green's Point, tel. 709-464-3232, 1-888-464-3377, www.risingtidetheatre.com, 2-3 x per week. *Summer in the Bight*, bezienswaardige uitvoeringen door Newfoundlandse acteurs (zie blz. 468). Kaartjes $ 28, *dinner theatre* $ 43,50.

New Bonaventure/Random Passage ▶ Y 4

Ca. 14 km ten zuiden van Trinity rijdt u via Route 239 naar **New Bonaventure** 8 , een mooi vissersdorp waar in 2000 de filmset werd gebouwd voor tv-serie **Random passage**. Het is een reconstructie van een vissersdorp, bevolkt door Ierse immigranten die rond 1800 naar Newfoundland trokken. U ziet er met graszoden bedekte hutten, kerken en scholen, stellages waarop de kabeljauw werd gedroogd, en een kleine, tegen de rotsen aan gelegen groentetuin. Alles wat u ziet, inclusief grazende schapen, is historisch verantwoord, zodat u zich tijdens de rondleiding goed kunt inleven in het sobere leven dat men leidde in een typische *outport*. Kaartjes zijn te koop in de Old School House and Tea Room van New Bonaventure, vanwaar u een wandeling van 1,5 km naar de filmset onderneemt (tel. 709 464-2233, www.randompassagesite.com, juni-sept. dag. 9.30-17.30 uur, volwassenen $ 10, kinderen tot 17 jaar $ 3,50).

Port Union ▶ Y 3

Via Route 230 naar Bonavista bereikt u het dorpje **Port Union** 9 , de enige plaats in Canada die is gesticht door een vakbond. In het oude deel van het dorp staat de gerestaureerde **Factory**. In deze fabriek, die nog altijd in bedrijf is, werd ook de vakbondskrant *The Fisherman's Advocate* gepubliceerd. Het oude deel van het dorp is nu een National Historic District (tel. 709-469-2207, www.historicportunion.com, mei-okt., $ 7).

In het **Port Union Historical Museum** in het oude Reid Railway Station uit 1917 aan Main Street komt u veel te weten over de lokale geschiedenis en het belang van de in 1908 gestichte Fisherman's Protective Union voor het economische en culturele leven van Newfoundland (tel. 709-469-2159, 709-469-2728, half juni-begin sept. 11-17 uur, $ 2). Ook de **Bungalow** in Port Rexton/Port Union South, de voormalige woning van de legendarische sir William F. Coaker, oprichter en lange tijd voorzitter van de Fisherman's Union, kan tijdens een rondleiding bezichtigd worden (tel. 709-469-2728, half juni-begin sept. wo.-zo. 11-17 uur, $ 5).

Cape Bonavista ▶ Y 3

Bonavista 10 telt zo'n vijfduizend inwoners en is de grootste plaats van het schiereiland. De topattractie hier is de **Ryan Premises National Historic Site** aan de haven. Het is een gerestaureerd complex met oude pakhuizen, waar halverwege de 19e eeuw handel werd gedreven en vis werd verwerkt, bijvoorbeeld in het in de stijl van die periode ingerichte woonhuis van de eigenaar. Guides in historische kledij vertellen over de leefomstandigheden van toen. Tentoonstellingen en evenementen in het bijbehorende **Bonavista Museum** schetsen een beeld van de hoogtijdagen van de kabeljauwvisserij (Ryan's Hill & Old Catalina Rd., tel. 709-468-1600, 1-888-773-8888, 1-800-213-7275, www.pc.gc.ca/ryanpremises, juni-aug. 10-18 uur, $ 4).

Over de Trans-Canada Highway door Newfoundland

De Ryan Premises werden in 1869 bestempeld tot hoofdkwartier van James Ryan Ltd., die tot 1952 met een omvangrijke vloot schoeners gezouten vis exporteerde naar Portugal, Spanje, Italië en West-Indië. De uitvinding van nieuwe vriestechnieken maakte binnen de kortste keren een einde aan het tijdperk van de zoute vis – verse, diepgevroren vis had ieders voorkeur. De Firma Ryan bleef tot 1978 bestaan als handelshuis voor allerlei producten, uiteenlopend van groente tot meubels. Om het belang van de visserij aan de oostkust te onderstrepen, is het gebouw door de beheerder van de nationale parken aangekocht en gerestaureerd. Het opende in 1997 zijn deuren voor het publiek.

Ook een kijkje waard is de **Mockbeggar Plantation** met het uit 1870 stammende herenhuis, dat als laatste bewoond werd door F. Gordon Bradley, de politicus die als eerste namens Newfoundland zitting nam in de Canadese ministerraad. De andere gebouwen van deze Provincial Historic Site maakten deel uit van een handelsstation voor gezouten vis. De 'Big Store', een pakhuis waar de kabeljauw gezouten en verpakt werd, dateert vermoedelijk van het begin van de 18e eeuw (tel. 709-468-7300, 709-729-0592, 1-800-563-6353, www.seethesites.ca, eind mei-eind sept. 9.30-17 uur, $ 6 incl. vuurtoren).

Sinds enkele jaren deint er een replica van John Cabots schip **Matthew** op de golven van de haven van Bonavista. Tijdens een bezoek aan het kleine houten schip, dat een ware publiekstrekker is, krijgt u meer oog voor de historische prestatie die Cabot leverde met zijn reis van Bristol naar de Nieuwe Wereld. Het speciaal voor de *Matthew* gebouwde botenhuis, dat verschillende verdiepingen telt, doet tevens dienst als Interpretation Centre, waar een tentoonstelling over de Matthew en de scheepvaart in de 15e eeuw te zien is (The Matthew Legacy, 15 Roper St., tel. 709-468-1493, 1-877-468-1497, www.matthewlegacy.com, juni-sept. 10-18 uur, volwassenen $ 7,50, kinderen tot 16 jaar $ 3).

Cape Bonavista (letterlijk: kaap met mooi uitzicht) doet zijn naam eer aan – het uitzicht op Bonavista Bay is werkelijk heel indrukwekkend. Het panorama is het mooist vanaf het uitkijkplatform van de in 1843 gebouwde, rood-wit gestreepte vuurtoren. In het **Cape Bonavista Lighthouse**, bestempeld tot Provincial Historic Site, zijn de toren en het woonhuis gerestaureerd in de stijl van de 19e eeuw. Gidsen in historisch kostuum vertellen de bezoekers hoe de vuurtorenwachter en zijn gezin vroeger leefden op deze afgelegen plek. In 1962 is de vuurtorenfunctie geautomatiseerd en ondergebracht in een naastgelegen toren (tel. 709-468-7444, 709-729-0592, www.

seethesites.ca, half mei-begin okt. 9.30-17 uur, 's winters vragen naar de openingstijden, volwassenen $ 6, kinderen tot 16 jaar $ 3). Pal achter de vuurtoren kunt u op de rotsen een kolonie papegaaiduikers bekijken en rond de kaap duiken in bepaalde delen van het jaar regelmatig walvissen op.

Accommodatie, eten en drinken

Het beste van Bonavista – **The Harbour Quarters:** 42 Campbell St., tel. 709-468-7982, 1-866-468-7982, www.harbourquarters.com. Historische inn in een vroegere general store, met mooi uitzicht op de haven van Bonavista. Pub, restaurant (lunch vanaf $ 14, diner vanaf $ 20) met zeevruchtenspecialiteiten. 2 pk $ 145-235.

Eenvoudig en voordelig – **Bonavista Hostel:** 40-42 Cabot Dr., tel. 709-687-4751, 709-468-7741, 1-877-468-7741, www.hihostels.ca, mei-sept. Gemoedelijke hostel in de buurt van de Ryan Premises en de Matthew. Vier eenpersoonskamers met gebruik van keuken. $ 30-79.

Random Passage: tussen de als filmdecor gebouwde armzalige hutjes kun je je indenken hoe hard het leven van de eerste kolonisten moet zijn geweest

Over de Trans-Canada Highway door Newfoundland

Terra Nova National Park ▶ X 4

Kaart: zie blz. 466

Voorbij Port Blandford voert de Trans-Canada Highway over een afstand van 50 km door het 404 km² grote **Terra Nova National Park** 11 . Wilt u het park alleen doorkruisen, dan bent u geen toegangsprijs verschuldigd, maar neemt u bijvoorbeeld onderweg even de tijd voor een picknick, dan moet u een parkpas kunnen tonen. Het Terra Nova National Park beschikt over heel wat leuke plekjes voor een picknick, maar tijdens een wandeling of kanotocht ziet u pas goed hoe mooi de natuur hier is. De trails voeren door dichtbegroeide bossen, langs meren en moerassen, door de heuvels naar de grillige kust, die ten noorden van Newman Sound en ten zuiden van Clode Sound diepe inhammen vertoont. In het voorjaar kunnen bezoekers in de kolkende rivieren bij stroomversnellingen de zalmen zien opspringen die op weg zijn naar hun paaigronden. Met een beetje geluk kunt u hier verder elanden, rendieren, kariboes, vossen, hazen, lynxen, otters en bevers zien.

Bij het **Marine Interpretation Centre** aan Newman Sound geeft men informatie. Er is ook een aquarium waar u zeedieren kunt aanraken (tel. 709-533-2942, half mei-eind juni en sept.-begin okt. do.-ma. 10-16, juli, aug. dag. 10-18 uur, $ 5,80, toegangsprijs is inbegrepen in de prijs van de parkpas). Het park heeft niet alleen wandelaars veel te bieden – vlak bij Port Blandford ligt ook een veeleisende 18 holes-golfbaan. De golfbaan biedt een mooi uitzicht op de Clode Sound, waar nu en dan walvissen opduiken (Terra Nova Golf Resort zie Accommodatie, eten en drinken). Verder biedt het park gelegenheid tot fietsen en kanoën of het maken van boot- en visexcursies.

Informatie
... in Glovertown:
Terra Nova National Park: tel. 709-533-2801, www.pc.gc.ca/terranova, bij de parkentree, half mei-laatste week en sept.-begin okt. do.-ma. 10-16, juli, aug. dag. 10-18 uur, $ 5,80, kinderen $ 2,90.

Accommodatie, eten en drinken
... in Port Blandford:
Uitzicht op het meer – **Terra Nova Golf Resort:** tel. 709-543-2525, 1-877-546-2525, www.terranovagolf.com. Comfortabel resorthotel bij het nationale park met eigen golfterrein, Finse sauna, stoombad, buitenzwembad en een natuurlijk zandstrand vlakbij. Dining room (hoofdgerecht $ 16-36). 2 pk vanaf $ 140 incl. twee rondjes golf.

... aan de Clode Sound:
Met verwarmd zwembad – **Clode Sound Motel:** Charlottetown, tel. 709-664-3146, www.clodesound.com. Mooi gelegen motel met groot eigen terrein pal aan het nationale park met een verwarmd zwembad en een tennisbaan. De meeste kamers hebben een kitchenette, ook B&B-arrangement mogelijk, voordelig restaurant met bakkerij, heerlijke desserts. 2 pk $ 120-150.

... in Glovertown:
Camping – **Newman Sound Campground:** www.pc.gc.ca/terranova, 387 staanplaatsen in het nationale park, deels met aansluitingen, juni-sept. $ 18-30, reserveren via Parks Canada tel. 709-533-2801, 1-877-737-3783, www.pccamping.ca.

Eten en drinken
... in Terra Nova National Park:
Vis natuurlijk – **Starfish Eatery:** tel. 709-533-9555, 709-664-3146, mei-sept. 10-18, juli-aug. 10-19 uur. Voordelig restaurant achter het Marine Interpretation Centre. Gerechten vanaf $ 6.

Actief
... in Terra Nova National Park:
Bootochten en kajaks – **Ocean Quest Adventures:** Visitor Centre, Salton's Brook, contact: Ocean Quest Adventure Resort, 17 Stanley's Lane, Conception Bay South, tel. 709-834-7234, 1-866-623-2664, www.oceanquestadventures.com. Boot- en kajaktochten in Terra Nova Park. Ook verhuur van kajaks, eind mei-begin sept. Excursies vanaf $ 50.

Gander Loop en Twillingate

Kaart: zie blz. 466
Bij Gambo splitst Highway 320 zich af. Dit traject volgt als Gander Loop de kust naar de Hamilton Sound, waar verschillende eilandengroepen voor de kust liggen.

Newtown ▶ X 3
Een eerste goede plek voor een tussenstop is **Newtown** 12. De wijken liggen verspreid over enkele eilandjes, die door bruggen met elkaar in verbinding staan. Deze streek is vanwege de vaak optredende mist niet erg in trek bij zeelieden. Voorbij Deadman's Bay loopt u langs lange zandstranden naar Musgrave Harbour. Er voert een zijweg naar de schilderachtige vissersdorpen **Laddle Cove** en **Aspen Cove.**

In Gander Bay moet u beslissen of u via de wegen 331, 335 en 340 verder langs de kust blijft rijden, of dat u liever over de Trans-Canada Highway via Gander (zie blz. 477) een meer landinwaarts gelegen route wilt volgen. Kiest u voor de kustweg, dan is het een goed idee om de eilanden in de Hamilton Sound te bezoeken. Bij **Farewell** (Rte. 335) kunt u dan een veerboot nemen naar Change en Fogo Island.

Vervoer
Provincial Ferry Services: Ferry Dock Farewell, tel. 1-888-683-5454, www.tw.gov.nl.ca/ferryservices. Autoveren het hele jaar een aantal keer per dag naar Change Island (ca. 25 min.) en Fogo Island (ca. 60 min.).

Change Island ▶ X 3
Change Island 13 is de hoofdstad van Change Island. De mooie, in bonte kleuren geschilderde huizen en loodsen zouden de indruk kunnen oproepen dat er geen wereldproblematiek bestaat. Dit idyllische beeld is echter bedrieglijk, want de lokale economie floreert nu niet bepaald, net als op zoveel andere afgelegen plekken en eilanden. De jeugd trekt weg uit de dorpen, die het alleen maar redden dankzij flinke steun van de overheid. De visvangst, eeuwenlang de drijvende kracht achter de cultuur, levert de plaatselijke bevolking nog maar net voldoende op om in haar levensonderhoud te kunnen voorzien.

Fogo Island ▶ X 2/3
Fogo Island biedt volop gelegenheid tot het maken van wandelingen en boottochtjes, en er zijn enkele leuke streekmusea te bezichtigen. Het is ook mogelijk om op het eiland te overnachten. Het sfeervolle plaatsje **Fogo** 14 ligt aan een beschutte baai. Hier vindt u enkele zeer mooie, goed onderhouden wandelpaden. Tijdens een wandeling op het **Brimstone Head** wordt u beloond met een mooi, panoramisch uitzicht. De Boardwalk Trail naar **Fogo Head** is al even fraai. U komt veel te weten over de geschiedenis van het plaatsje in het interessante **Bleak House Museum**, dat is gevestigd in een met zorg gerestaureerd gebouw uit 1816 (32-36 North Shore Rd., tel. 709-266-1320, 709-266-7083, eind mei-half okt.).

Net als alle *outports* heeft ook Fogo Island zeer geleden onder het verbod op de kabeljauwvisserij, maar de afgelopen jaren maakte het eiland een voorbeeldige heropleving door. Zo ontwikkelde men een nieuwe ecologisch verantwoorde vangstmethode. De vele miljoenen rijke stichting Shorefast (www.shorefast.org) begon niet alleen een kunstgalerie en een bibliotheek met boeken over de streek en zijn bevolking, maar legde ook de basis voor een kunstenaarskolonie, waar kunstenaars uit de hele wereld met lokale ambachtslieden samenwerken.

Informatie
… in Fogo:
Town of Fogo: tel. 709-266-1320, www.townoffogoisland.ca, veerboten tel. 709-627-3492, 1-855-621-3150.

Accommodatie
… in Fogo:
In alle opzichten exclusief – **Fogo Island Inn:** Joe Batt's Arm, tel. 709-658-3444, 855-268-9277, www.fogoislandinn.ca. Een prachtig vormgegeven hotel van wereldklasse, dat als een schip op palen in een archaïsch landschap staat. De studio's met kamerhoge ramen zijn

Over de Trans-Canada Highway door Newfoundland

Tip

ICEBERG ALLEY

De spectaculaire **ijsreuzen**, waarvan de grootste tot wel 80 m hoog en enkele honderden miljoenen tonnen zwaar zijn, breken af van de ijskap van West-Groenland en drijven daarna van maart tot juli met de stroming mee langs de kust van Labrador en Newfoundland, en vormen dan de **Iceberg Alley**. Vaak gaat het om meer dan tienduizend ijsbergen per jaar, waarvan een duizendtal de meerjarige reis tot aan het warme water van de Golfstroom doorstaat, waar ze ten slotte helemaal smelten. Op www.icebergfinder.com vindt u wetenswaardigheden over ijsbergen. De site informeert tevens over de actuele locatie van de witte gevaarten.

---

mooi ingericht met lokaal gemaakte meubels en sierkunst. Een creatieve keuken en de vriendelijke service van het plaatselijke personeel maken dat u zich hier helemaal thuisvoelt. Het hotel wordt gerund door de stichting Shorefast, die hier een uniek sociaal-ecologisch concept heeft gerealiseerd. Met de winst worden projecten gefinancierd die de vissersdorpen op het eiland economisch steunen. Minimaal 2 nachten, vanaf $ 1575 voor 2 pers., volpension $ 1675-2875.
Gemoedelijk – **Peg's Bed and Breakfast:** 60 Main St., in de haven, tel. 709-266-2392, 709-266-7130, www.pegsplace.ca. Vriendelijke B&B met een mooit uitzicht. 2 pk $ 100-120.

Eten en drinken
... in Fogo:
Specialiteiten uit Newfoundland – **Nicole's Cafe:** 159 Main Road, tel. 709-658-3663, www.nicolescafe.ca, di.-za. 11-20 uur. Zeevruchten, kariboe, lekkere salades en vers gebak. Gerechten $ 8-26.

Actief
... in Stag Harbour:
Boottochten – **Fogo Island & Change Islands Adventure Boat Tours:** bij de veersteiger, tel. 709-627-3219, 709-266-7197, www.changeislands.ca/popups/pop_adventure.htm. Tochten op Fogo en Change Island. Walvissen, ijsbergen en papegaaiduikers observeren. Ook verhuur van roeiboten. Excursies $ 15-25.

Boyd's Cove ▶ W 3
Om het New World Island Area te bereiken, hoeft u niet eens een veerboot te nemen. Route 340 voert namelijk via enkele dammen naar deze kleine archipel, waar u kunt rondkijken in verschillende pittoreske vissersdorpen. Voordat u de reis onderneemt, kunt u eerst in **Boyd's Cove** 15 het **Beothuk Interpretation Centre** bezoeken. Op deze locatie was ca. driehonderd jaar geleden een Beothuknederzetting te vinden. Een model van het dorp en de voorwerpen die in deze belangrijke vindplaats zijn opgegraven, staan tentoongesteld in het Interpretation Centre. Ze geven een aardig beeld van het leven dat de oorspronkelijke inwoners van Newfoundland zo'n drie eeuwen geleden leidden. De vindplaats is te bereiken via een voetpad (Route 340, tel. 709-729-0592, 1-800-563-6353, www.seethesites.ca, half mei-begin okt. dag. 9.30-17 uur, volwassenen $ 6, kinderen tot 16 jaar $ 3).

Twillingate ▶ W 3
Twillingate 16, dat ergens halverwege de 18e eeuw werd gesticht, is de grootste en interessantste plaats van de eilandengroep. De inwoners waren dankzij de visserij vrij rijk. Zijn naam dankt Twillingate aan Franse vissers, die bij de aanblik van het rotsige kustlandschap moesten denken aan hun geboorteplaats Touilinguet, niet ver van Brest. Nu telt de plaats zo'n 2300 inwoners, die nog altijd zo goed en zo kwaad als het gaat van de visvangst leven. Het toerisme vormt een tweede pijler onder de lokale economie, want bij Twillingate zijn vaak

walvissen en ijsbergen te zien. Twillingate ligt vlak bij de zogeheten Iceberg Alley (zie Tip linkerpagina).

In de plaats zelf vindt u het **Twillingate Museum**. De tentoonstellingen in dit witte, houten gebouw zijn gewijd aan de visserij en aan voorwerpen van de Beothukindianen en de Dorset-Eskimo's. In hetzelfde gebouw zit ook een souvenirwinkel, met onder andere handgebreide artikelen (tel. 709-884-2044, 709-884-2825, www.tmacs.ca, half mei-begin okt. 9-17 uur, gratis toegang, een donatie wordt op prijs gesteld).

Ook de omweg naar het uit 1876 stammende **Long Point Lighthouse** is de moeite waard. Deze vuurtoren biedt in de vroege zomer zeer goed zicht op de voorbijdrijvende ijsbergen.

Accommodatie
Mooi gerestaureerd douanekantoor – **Harbour Lights Inn**: 189 Main St., tel. 709-884-2763, 1-877-884-2763, www.harbourlightsinn.com. Mooie B&B in een voormalig douanekantoor uit de 19e eeuw. Netjes ingerichte kamers die uitkijken op de haven. 2 pk $ 120-145.

Actief
Beesten en ijsbergen – **Twillingate Island Boat Tours:** 50 Main St., tel. 709-884-2242, 1-800-611-2374, www.icebergtours.ca. Bekijk zeevogels, walvissen en voorbijdrijvende ijsbergen. Naast het kantoortje zit een *craft shop*. Mei-sept. 9.30, 13 en 16 uur, volwassenen $ 50, kinderen $ 25. **Twillingate Adventure Tours,** tel. 709-884-5999, 1-888-447-8687, www.twillingateadventuretours.com. Excursie van 2 uur naar walvissen en ijsbergen. Mei-sept. 10, 13 en 16 uur, volwassenen $ 50 (incl. fish & chips $ 54), kinderen tot 16 jaar $ 25.

Gander en Notre Dame Junction ▶ X/W 3
Gander 17, aan de Trans-Canada Highway en een 123 km lang meer, is het economische centrum van de streek. Veel trans-Atlantische piloten uit de naoorlogse periode kennen deze plaats goed, want zij maakten er een tussenlanding. In het **Atlantic Wings Exhibit** in het gebouw van het vliegveld ziet u hoezeer de geschiedenis van deze plaats is beïnvloed door de luchtvaart. Vanuit Gander stegen tijdens de Tweede Wereldoorlog Amerikaanse en Canadese bommenwerpers op die via Engeland naar Duitsland vlogen om daar hun dodelijke vracht af te werpen.

Ook het **North Atlantic Aviation Museum** aan Highway 1 informeert over de rol van Newfoundland in de trans-Atlantische luchtvaart. Daarnaast zijn hier historische vliegtuigen te zien (35 Trans-Canada Hwy., tel. 709-256-2923, www.northatlanticaviationmuseum.com, wisselende openingstijden, zie website, volwassenen $ 8, kinderen 6-18 jaar $ 7).

Bij **Notre Dame Junction** 18 vindt u een camping en een bezoekerscentrum van de provinciale regering.

Naar Corner Brook

Kaart: zie blz. 466

Grand Falls-Windsor ▶ W 4
Grand Falls-Windsor 19 is een centrum van de houtverwerkende industrie. Werden de papierrollen vroeger over het spoor naar het nabijgelegen Botwood vervoerd, tegenwoordig gaat dat met vrachtwagens. Het verstilde stadje blikt dromerig terug op het verleden. In restaurant Dockside, pal aan de haven, zult u gemakkelijk in gesprek raken met de inwoners, die u graag een paar anekdotes vertellen uit de geschiedenis van dit dorp.

In het **Mary March Museum** komt u veel te weten over vierduizend jaar immigratie en kolonisatie en het tragische lot van de Beothuks. De oorspronkelijke bewoners van Newfoundland dolven in de vroege 17e eeuw het onderspit tegen de oprukkende Europese pioniers, houthakkers, pelsjagers en kolonisten – ze werden verdrongen, bejaagd en op gewetenloze wijze afgeslacht. De besmettelijke ziekten die de blanken met zich meedroegen deden de rest. De gewoonte van de Beothuks om hun huid rood te kleuren zorgde ervoor dat ontdekkingsreizigers na de eerste ontmoetingen de term 'roodhuiden' in Europa introduceerden.

Het museum is gewijd aan de Beothukvrouw Demasduit (de blanken noemden haar Mary March) en haar volk. Demasduit werd in 1819 bij Red Indian Lake gevangengenomen door blanke pelsjagers. Toen ze een jaar later tuberculose kreeg, wilden regeringsbeambten haar terugbrengen naar haar stam. Maar Demasduit bezweek aan haar ziekte in de buurt van het tegenwoordige Botwood zonder haar familie te hebben weergezien.

In 1829 overleed in St. John's de Beothuk Shanawdithit – het laatste lid van haar stam. Zij was in 1823 met haar moeder en zuster gevangengenomen. Veel van wat er bekend is over de cultuur van de Beothuks is te danken aan hun verhalen. Het **Beothuk Village** met *smoke house* en tipi's achter het museum geeft een indruk van het leven met de oorspronkelijke bewoners (24 Catherine St., tel. 709-292-4522/23, www.therooms.ca/exhibits/museums, ma.-za. 9-16.30, zo. 12-16.30 uur, $ 2,50).

Informatie
Adventure Central Newfoundland: 4a Bayley St., Grand Falls-Windsor, tel. 1-877-361-4859, www.centralnewfoundland.com.

Accommodatie, eten en drinken
Mooi gelegen – **Carriage House Inn:** 181 Grenfell Heights, tel. 709-489-7185, 1-800-563-7133, www.carriagehouseinn.ca. Mooie B&B country inn aan een forellenriviertje in Exploits Valley met negen leuk ingerichte kamers. 2 pk $ 99-129 incl. weelderig ontbijt.
Grootste van de stad – **Mount Peyton Hotel:** 214 Lincoln Rd., tel. 709-489-2251, 1-800-563-4894, www.mountpeyton.com. Honderdvijftig gerenoveerde kamers, restaurant, steakhouse. 2 pk $ 122-260.

Uitstapje naar het Baie Verte Peninsula ▶ V/W 2/3
De ijsbergen bij het **Baie Verte Peninsula** 20 vormen een toeristische attractie. Vanuit **Seal Cove**, aan het einde van Route 412, kunt u ze aan het begin van de zomer langs zien drijven. Een tocht langs de vele kustplaatsjes aan de fraaie Notre Dame Bay, met zijn grillige kust en zijn wirwar van eilandjes en zeearmen, neemt de nodige tijd in beslag. Ieder plaatsje heeft zijn eigen geschiedenis, waarin het leven in het onbarmhartige klimaat en economische malaise een grote rol spelen.

Deer Lake ▶ V 4
Het stadje **Deer Lake** 21 (5000 inwoners) is een verkeersknooppunt. De Trans-Canada

Naar Corner Brook

Met dolfijnen zwemmen, met walvissen duiken – been there, done that; voor een echt unieke ervaring ga je old school peddelen tussen de ijsschotsen

Highway vervolgt hier zijn zuidelijke koers en voert via Corner Brook (zie rechts) naar Channel-Port aux Basques. Via Route 430, een zijweg van deze verkeersader, kunt u naar het noordelijkste punt van Newfoundland rijden. Daar, 450 km verderop, vindt u de Vikingnederzetting L'Anse aux Meadows (zie blz. 492). Het eerste hoogtepunt langs Route 430 en een van de belangrijkste trekpleisters van de provincie is het 70 km verderop gelegen Gros Morne National Park (zie blz. 484), sinds 1988 UNESCO-Werelderfgoed. Het bezoekerscentrum van Deer Lake informeert over dit park en de attracties langs de Viking Trail (Hwy. 1, tel. 709-635-2202, www.pc.gc.ca/grosmorne, half mei-half okt. 9-17 uur, volwassenen $ 9,80, kinderen tot 16 jaar $ 4,90).

Corner Brook ▶ U 4

Corner Brook 22, via de Humber Arm verbonden met de Gulf of St. Lawrence, is met circa twintigduizend inwoners de op een na grootste stad van Newfoundland en de enige 'grote' stad in het westen van de provincie. Het plaatsje leeft sinds de 19e eeuw van de houtverwerkende industrie. De Kruger Paper Mill in de haven is een van de grootste papierfabrieken van Noord-Amerika.

De stad gedenkt met trots dat kapitein James Cook de Bay of Islands in 1767 na een verkenningsronde tot ideale vestigingsplaats bestempelde. Het op een heuvel aan Crow Hill Road geplaatste **Captain Cook's Monument** herinnert aan deze Engelse zeeman en ontdekkingsreiziger. Al tijdens de tocht naar boven hebt u mooi uitzicht op de stad en de zee-engte tot aan de Bay of Islands.

Het **Corner Brook Museum & Archive** is gevestigd in een historisch gebouw, dat eerder diende als rechtbank, telegraafstation en douanekantoor. U vindt er naast talloze gebruiksvoorwerpen ook een tentoonstelling over de regionale geschiedenis. Deze tentoonstelling behandelt alles wat de streek betreft, van de oorspronkelijke bewoners tot de opkomst van de hout- en papierindustrie (2 West St., tel. 709-634-2518, www.cornerbrookmuseum.ca, eind juni-eind aug. 9-17 uur, check website voor openingstijden daarbuiten, $ 5).

Het vissersdorp **Lark Harbour** ligt op de punt van een landtong die zich uitstrekt in de Bay of Islands. Het is in trek bij dagjesmensen uit Corner Brook. Op de 488 m hoge **Marble Mountain**, 10 km ten noorden van Corner Brook, kunt u tijdens wandelingen genieten van luisterrijke vergezichten. 's Winters is dit hét skioord van de provincie: goedkoop, sneeuwzeker en met goede afdalingen en loipes. Tijdens het tiendaagse wintercarnaval trekken jaarlijks tienduizenden feestgangers naar deze universiteitsstad.

Informatie
Corner Brook Tourist Chalet: West Valley Rd./15 Confederation Dr., tel. 709-639-9792, 709-637-1500, www.cornerbrook.com.

Accommodatie, eten en drinken
Comfort en activiteiten – **Marble Inn Resort:** 21 Dogwood Dr., Steady Brook, tel. 709-634-2237, 1-877-497-5673, www.marbleinn.com. Mooi gelegen resort aan de Humber River. Gezellige cottages, kamers in de inn en luxueuze suites bij het water. Een prima plek voor families met een breed aanbod aan activiteiten. U kunt er met een kajak, vlot of kano varen over de Humber River, vissen, trektochten maken en grotten exploreren (ook te boeken voor niet-gasten). Het bijbehorende Madison's Restaurant (di.-za. 17-21 uur, diner vanaf $ 26, reserveren aanbevolen) serveert wisselende menu's in een ontspannen sfeer. The Cove Bistro (vr.-ma. 16-21 uur, vanaf $ 10) serveert kleinere gerechten en heerlijke pizza's. 2 pk of cottage $ 139-159, suites vanaf $ 189, excursies vanaf $ 60.

Stijlvol oud-Engels – **Glynmill Inn:** Cobb Lane, tel. 709-634-5181, 1-800-563-4400, www.steelehotels.com. Prima hotel in de buurt van Glynmill-Teich en Margaret Bowater Park, met een steakhouse en pub. 2 pk $ 190-200.

Eten en drinken
Coffee with a view – **Harbour Grounds Cafe:** 9 Humber Rd., tel. 709-639-1677, ma.-vr. 7.30-18, za., zo. 9-18 uur. Heerlijk gebak, sandwiches, soepen en salades. Patio met mooi uitzicht op het water, gratis wifi. $ 4-12.

Winkelen
Om te snuffelen – **Newfoundland Emporium:** 11 Broadway Rd., tel. 709-634-9376, 709-638-0933, www.newfoundland-emporium.com, zomer dag. 9-17 uur. Interessante winkel om in te snuffelen. Kunstnijverheid, oude boeken, antiek en souvenirs. Er is ook een kleine kunstgalerie.

Naar Channel-Port aux Basques

Kaart: zie blz. 466

Port au Port Peninsula ▶ U 4/5
Het **Port au Port Peninsula** 23 is een van de mooiste delen van Zuidwest-Newfoundland, niet in de laatste plaats vanwege het mooie uitzicht op zee. Vanuit Stephenville rijdt u via Route 460 langs de noordkust van de St. George's Bay door tal van fotogenie-

Naar Channel-Port aux Basques

ke vissersdorpen als Abrahams Cove, Jerry's Nose en Ship Cove. Bij Sheaves Cove is een waterval te vinden.

In het **Piccadilly Head Provincial Park** aan Route 463 ligt een beschutte camping. Via Route 460 gaat de reis verder langs de French Coast met zijn steile rotswanden naar een stukje Newfoundland dat ooit in Franse handen was. Vroeger was dit het hart van de Franse visserij op het Noord-Amerikaanse continent.

In Port au Port leven nog nazaten van de Franse vissers en zeelieden die zich hier destijds vestigden. In het noordelijkste stukje van het schiereiland, waar de lange zandstranden naar Long Point voeren, aan de punt van het eiland, is zelfs een plaats met de naam Lourdes te vinden. Zelfs naar Newfoundlandse maatstaven hebben bezoekers op het schiereiland Port au Port het gevoel vijftig jaar terug in de tijd te zijn gereisd. En dat komt ook door de taal. De mensen in Marches Point, De Grau, Petit Jardin en de andere dorpen in dit gebied spreken een ouderwets soort Frans. Bij **Point au Mal** aan het einde van Route 462 hebt u een mooi uitzicht op de Port au Port Bay.

Accommodatie, eten en drinken
... in Cape St. George:

Mooi gelegen B&B – **Inn at the Cape:** 1250 Oceanview Drive, tel. 709-644-2273, 1-888-484-4740, www.innatthecape.com. Gezellige B&B inn met veertien kamers op een aantrekkelijke locatie met uitzicht op zee. Walvis- en elandexcursies. 1 pk $ 99, 2 pk $ 129 incl. uitgebreid ontbijt en dinerbuffet.

Barachois Pond Provincial Park
▶ U 4

tel. 709-649-0048, www.env.gov.nl.ca/env/parks/parks/p_bp, toegang park $ 5, camping $ 23 per nacht, reserveren $ 10,50 extra

Op het traject van de Trans-Canada Highway naar Channel-Port aux Basques liggen verschillende mooie provinciale parken met goede campings en allerhande recreatiemogelijkheden. Het **Barachois Pond Provincial Park** 24 aan de voet van de Long Range Mountains is met 3500 ha het grootste provinciaal park van Newfoundland.

Het park telt honderdvijftig staanplaatsen, alle direct aan zee (maar zonder aansluitingen). U kunt hier wandelen, zwemmen en kanoën. Verder zijn er campfire-programma's en worden wandelingen georganiseerd onder leiding van een natuurkenner.

Channel-Port aux Basques
▶ U 6

Channel-Port aux Basques 25 is de belangrijkste veerhaven van Newfoundland. De verbinding met North Sydney in Nova Scotia maakt officieel deel uit van de Trans-Canada Highway. Dit kleine stadje dankt zijn naam aan de Baskische, Franse en Portugese vissers die aan het begin van de 16e eeuw profiteerden van de rijke visstand langs de Newfoundlandse kusten. De eenvoudige, in pasteltinten geschilderde houten huizen zijn op palen in het water gebouwd en zouden eigenlijk onder bescherming van de Canadese monumentenzorg moeten worden gesteld.

In het **Railway Heritage Centre** op het oude spoorwegstation toont het belang van de visserij, het spoor en de trein voor de economie en cultuur van Newfoundland. U ziet hier onder andere een astrolabium van 1628 en een oude duikuitrusting, afkomstig uit voor de kust geborgen scheepswrakken. Ook kunt er voorwerpen uit een prehistorische Inuitnederzetting bekijken (1 Trans-Canada Hwy., tel. 709-695-5775, 709-694-1775, www.portauxbasques.ca/tourism/railway_heritage_center.php, juli, aug. ma.-vr. 9-20, za., zo. 10-18 uur, volwassenen $ 5, kinderen tot 12 jaar gratis).

Informatie
Visitor Information Centre: Trans-Canada Highway, in de buurt van de veerbootterminal, tel. 709-695-2262, 1-800-563-6353, www.portauxbasques.ca., mei-half okt. dag.

Accommodatie, eten en drinken

Mooi en goedkoop met havenzicht – **St. Christopher's Hotel:** 146 Caribou Rd., tel. 709-695-3500, 1-800-564-4779, www.stchrishotel.com. Motel met visrestaurant (diner $ 9-19) op een mooie locatie in de buurt van de veerbootterminal. 2 pk $ 107.

Actief

MET DE VEERBOOT LANGS DE ZUIDKUST VAN NEWFOUNDLAND

Informatie
Kaart: zie blz. 466
Begin: Rose Blanche of Burgeo
Duur: 1-2 dagen
Informatie en verboten: Provincial Ferry Services, www.tw.gov.nl.ca/ferryservices, Rose Blanche-Burgeo tel. 709-535-6244, Ramea-Grey River-Burgeo 1-888-638-5454 of 292-4300

Accommodatie: Burgeo Haven Inn on the Sea, Dorim Keeping & Martine Dickens, 111 Beach Rd., Burgeo, tel. 709-886-2544, 1-888-603-0273, www.burgeohaven.com. Gezellig pension in een groot historisch pand. 1 pk $ 100, 2 pk $ 110. U kunt ook een actiefpakket nemen: twee overnachtingen met ontbijt plus twee eenpersoonskajaks of een tweepersoonskajak voor $ 250.

Wie de zuidkust van Newfoundland wil verkennen, zal de boot moeten nemen. Tussen **Rose Blanche** en de 250 zeemijlen verderop gelegen Bay L'Argent op het Burin Peninsula ligt een tiental schilderachtige vissersdorpjes, die met elkaar in verbinding staan via passagiers- en vrachtveren. De meeste plaatsjes zijn afgelegen *outports,* die uitsluitend via zee bereikbaar zijn. Wie voldoende tijd heeft, kan voor weinig geld met een veerboot unieke excursies maken

Naar Channel-Port aux Basques

en tegelijkertijd kennismaken met de humor en gastvrijheid van de Newfoundlandse bevolking. U kunt overnachten in B&B's of bij gastvrije dorpsbewoners.

Sinds enkele jaren vaart het kustveer niet meer rechtstreeks van Rose Blanche naar Bay L'Argent. Dat maakt het plannen van een trip in dit gebied er niet gemakkelijker op, maar er zijn gelukkig genoeg alternatieven voor een bezoek aan de afgelegen zuidkust. Wie een kort uitstapje wil maken, kan de auto in Rose Blanche laten staan en daar de kustveerboot naar **La Poile** nemen. Na ongeveer anderhalf uur komt u aan in La Poile, een klein vissersdorp met minder dan honderd inwoners.

Wie ruim in de tijd zit, kan **Burgeo** 27 , een plaats die met de auto bereikbaar is via Route 480, als uitvalsbasis gebruiken. Daar kunt u dan overnachten in de Burgeo Haven Bed and Breakfast en de volgende dag de veerboot nemen naar de schilderachtige *outports* **Grey River** en **François**. De gastvrije pensioneigenaar laat u graag de omgeving zien, organiseert boottochten en regelt accommodatie voor u in **François**. De kuststrook rond Burgeo is bijzonder mooi. In de door zandstranden en groene heuvels omringde baaien rijzen rotsige eilandjes op. De bossen en toendragebieden in de omgeving staan bekend om hun rijke wildstand. Het is een mooie gelegenheid om kariboes – van deze diersoort zouden hier zestigduizend exemplaren leven – en elanden waar te nemen.

Vanuit Burgeo vaart meermalen per dag een autoveer naar het eiland **Ramea Island**, waar enkele honderden mensen wonen. In de 19e eeuw hadden Amerikaanse vissers het recht om hier te vissen. Werven en makers van scheepsinterieurs deden in die tijd goede zaken. Het plaatselijke handelshuis onderhield zakelijke betrekkingen met Europa, Zuid-Amerika en het Caribisch gebied.

Vervoer
Marine Atlantic: Port-aux Basques Terminal, tel. 1-800-341-7981, www.marine-atlantic.ca. Informatie over veerverbindingen naar Sydney, Nova Scotia.

Rose Blanche en de zuidkust
▶ U 5

Een kleine omweg langs de zuidkust naar **Rose Blanche** 26 is in elk geval een aanrader voor wie een mooie vuurtoren wil bezichtigen of geïnteresseerd is in de tragiek van scheepsrampen. Voor de kust, op de bodem van de Cabot Strait, liggen vele tientallen scheepswrakken. Afgelegen vissersdorpen, een grillige kust met donkere rotsformaties, waartegen de ene na de andere golf schuimend uiteenspat, en het prachtige uitzicht vanaf de in 1873 gebouwde vuurtoren maken van deze rit een memorabele belevenis. Het uit granietblokken opgetrokken, 19e-eeuwse **Rose Blanche Lighthouse**, een van de laatste bouwwerken in zijn soort langs de Atlantische Oceaankust, is in 1999 in zijn originele staat teruggebracht (tel. 709-956-2052, 709-956-2903, www.roseblanchelighthouse.ca, mei-okt. 9-21 uur, $ 3).

Accommodatie
Slapen in een vissershuisje – **Lightkeeper's Inn:** tel. 709-956-2052, 709-956-2141, www.roseblanchelighthouse.ca/home/the-lightkeepers-inn.html, mei-okt. Vier kamers in een gerenoveerd vissershuisje, alle met eigen badkamer en een mooi uitzicht op de kust. Het ontbijt moet u zelf verzorgen. 2 pk $ 85.

Eten en drinken
Seafood met bijpassende sfeer – **Friendly Fisherman Cafe:** in de haven, tel. 709-695-2022. Leuk visrestaurant met uitzicht op bootjes en vissershuisjes. Grote porties zeevruchten. Vanaf $ 8.

Vervoer
Veerboot: Provincial Ferry Services, Rose Blanche-LaPoile, www.tw.gov.nl.ca/ferryservices, tel. 709-535-6244. Informatie over veerverbindingen aan de zuidkust.

Gros Morne National Park en de Viking Trail

De Viking Trail, Route 430, loopt grotendeels langs de kust. Er liggen twee bezienswaardigheden van wereldklasse aan, namelijk het UNESCO-Werelderfgoed Gros Morne National Park, met gesteenten uit de vroegste dagen van de aarde, en het Vikingdorp L'Anse aux Meadows. Steeds weer verleidt de aanblik van de Gulf of St. Lawrence tot een korte tussenstop.

❋ Gros Morne National Park

Kaart: zie blz. 491
Het 4662 km² grote **Gros Morne National Park** is in 1988 door de UNESCO op de Werelderfgoedlijst geplaatst. Dichtbeboste bergen, glasheldere meren, donkerblauwe wateren, ruwe rotsformaties en hier en daar een vissersdorpje met pastelkleurige huizen – een indrukwekkend rijkgeschakeerd landschap. Wandelen, trekken, boottochten, maar ook trailritten behoren in dit park tot de mogelijkheden. Met zeewaardige kajaks door het mooie fjordenlandschap peddelen, bijvoorbeeld naar de zich ver landinwaarts uitstrekkende Bonne Bay Fjord, is een heel bijzondere belevenis.

Het nationaal park wordt doorkruist door de **Long Range Mountains**. Deze bergketen vormt het uiteinde van de Amerikaanse Appalachen en wordt als het oudste gebergte op aarde beschouwd. Hier ligt een geologenmekka, **'The Galapagos of Plate Tectonics'**, zoals de lokale bevolking het noemt. In de laatste ijstijd is door gletsjeractiviteit oergesteente blootgelegd. Het contrast tussen de beboste en milde kustregio en de schrale begroeiing op het onherbergzame bergplateau is opvallend.

Het park vormt het leefgebied van vele zwarte beren, elanden, kariboes, vossen, sneeuwhazen, bevers en meer dan 230 vogelsoorten, waaronder Amerikaanse zeearenden. In St. Paul's Inlet liggen zeehonden op de rotsige oever in de zon. Overnachten is mogelijk in Rocky Harbour, Norris Point, Trout River of Woody Point, of op comfortabele en voordelige campings.

Trails in het nationaal park

Voor wie graag meer te weten wil komen over de geologie van het park is een wandeling over de **Tablelands Trail** een must. Vanaf de parkeerplaats aan Route 431 tussen Woody Point en Trout River voert een 2 km lang voetpad door het vreemde maanlandschap van de Tablelands. Vanwege het hoge magnesiumgehalte in het gesteente komt hier vrijwel geen vegetatie voor. Hier liggen 570 miljoen jaar oude, uit de aardmantel afkomstige gesteenten aan de oppervlakte, die wetenschappers nieuwe inzichten hebben opgeleverd over het ontstaan van de aardplaten. De trail geldt als licht tot matig inspannend, en voor de in totaal 4 km lange wandeling moet u ongeveer anderhalf uur uittrekken.

De 16 km lange **James Callaghan Trail** is matig zwaar tot moeilijk en omvat enkele steile stukken. Het pad loopt rond de top van Gros Morne door een gebied met basterdwederik en weelderig groene balsemsparrenbossen, die na verloop van tijd steeds minder hoog oprijzen en daarna al snel plaatsmaken voor kreupelhout, alpiene azalea's en heide. Op het vlakke, onherbergzame deel rondom de

Gros Morne National Park

top komt vrijwel alleen korstmos voor. **Gros Morne** is met 806 m de hoogste berg op het eiland. De vlakke top biedt een mooi uitzicht over de op een toendra lijkende hoogvlakte en op de Gulf of St. Lawrence. Vanaf een uitkijkpunt kunt u in de diepte de Ten Mile Pond zien liggen.

Informatie
Gros Morne National Park Visitor Centre: Route 430 tussen Rocky Harbour en Norris Point, tel. 709-458-2417, www.parkscanada.gc.ca/grosmorne, begin mei-eind juni en begin sept.-eind okt. dag. 9-17, eind juni-begin sept. 8-20 uur. Exposities over de geologie, flora en fauna van het park, boeken en goed kaartmateriaal. Dagkaart volwassenen $ 9,80, kinderen 6-16 jaar $ 4,90.

Accommodatie
Er liggen vijf campings in het nationaal park (onder meer Trout River Ponds, zie blz. 489, Shallow Bay, zie hieronder, Green Point en Berry Hill, zie rechts). Reservering via Gros Morne National Park Campgrounds, tel. 1-877-737-3783, www.pccamping.ca. $ 15,70-25,50 plus $ 11 reserveringskosten.

Camping – **Shallow Bay Campground:** aan de noordkant van het park bij Shallow Bay, reserveren via tel. 1-877-737-3783, begin juni-half sept. Alle faciliteiten en aansluitingen. $ 25,50. Reserveringskosten 11.

Rocky Harbour ▶ U 3
Rocky Harbour 1 is de grootste plaats in Gros Morne National Park en beschikt over een uitgebreide toeristische infrastructuur. Ten noorden van de plaats is in het **Lobster Cove Head Lighthouse** een tentoonstelling ingericht over de ecologie van het park (half meihalf okt. 10-17.30 uur). Alleen al het prachtige uitzicht over de Bonne Bay en de Gulf of St. Lawrence maakt een bezoek de moeite waard.

Accommodatie, eten en drinken
Het populairste hotel in het nationale park – **The Ocean View Hotel:** Main St., tel. 709-458-2730, 1-800-563-9887, www.theoceanview.ca. Centraal gelegen, ruime kamers, bar en restaurant. Ook verhuur van boten en diverse activiteiten. 2 pk $ 156-180.

Familievriendelijk – **Mountain Range Cottages:** 32 Parsons Lane, tel. 709-458-2199, www.mountainrangecottages.com. Leuk ingerichte, ruime cottages met keuken en patio met barbecue. 2 pk $ 100-150.

Camping – **Green Point Campground:** Route 430, 12 km ten noorden van Rocky Harbour, het hele jaar geopend. De mooiste, pal aan zee gelegen camping is een zeer sobere bedoening zonder aansluitingen of douche. Reserveren niet mogelijk. $ 15,70. **Berry Hill Campground:** Route 430, reserveren via tel. 1-877-737-3783, 10 juni-10 sept. Vanwege zijn centrale ligging trekt deze camping de meeste bezoekers, alle faciliteiten en aansluitingen. $ 25,50 plus $ 11 reserveringskosten.

Eten en drinken
Eenvoudig, maar goed – **Fisherman's Landing:** Main Street, tel. 709-458-2711, 1-866-458-2711, www.fishermanslandinginn.com, dag. 6-23 uur. Sobere aankleding, maar goed eten. Stevige Newfoundland-cuisine en lekkere visspecialiteiten. Ontbijt vanaf $ 5, diner $ 8-20.

Norris Point ▶ U 3
Op een schilderachtige plek aan Bonne Bay ligt het dorp **Norris Point** 2 , waar een kleine vissershaven te vinden is. Het **Bonne Bay Marine Station**, een onderzoekscentrum van de Memorial University of Newfoundland, brengt bezoekers tijdens een rondleiding langs het aquarium op de hoogte van de nieuwste ontdekkingen op marien gebied. U vindt er ook een zeewaterbassin waar zeefauna uit de streek kan worden aangeraakt. Verder kunt u hier deelnemen aan een boottocht over Bonne Bay (1 Clarkes Lane, tel. 709-458-2550, www.bonnebay.ca, half mei-half sept. dag. 9-17 uur , gratis toegang, een donatie wordt op prijs gesteld).

De **Burnt Hill Hiking Trail** aan de kust bij Norris Point is een kleine wandeling op de berg boven het dorp. Boven op deze berg hebt u fantastisch uitzicht op Norris Point, de Bonne Bayzeearm en de Tablelands.

Actief

WANDELEN EN VAREN OP DE WESTERN BROOK POND

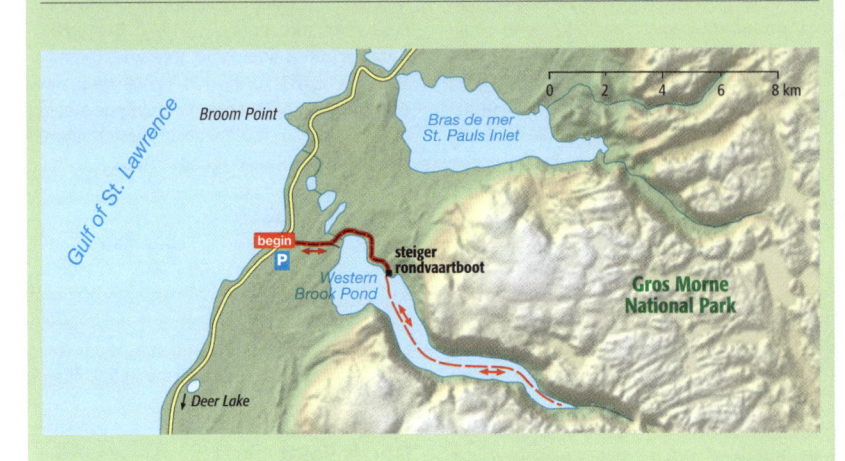

Informatie

Begin: *trailhead* van de Western Brook Trail pal aan de parkeerplaats aan Route 430, 27 km ten noorden van Rocky Harbour
Lengte: 3 km (zonder terugtocht)
Duur: 45 minuten wandelen naar de aanlegplaats van de boot, boottocht 2,5 uur
Moeilijkheidsgraad: licht tot matig
Inlichtingen: Gros Morne Visitor Centre zie blz. 485

Organisator: Bon-Tours, Norris Point, tel. 709-458-2016, 1-888-458-2016, www.bontours.ca. Afvaart Western Brook Pond Dock juni, sept. 12.30 uur, juli, aug. 10, 11, 12.30, 13.30, 16, 17 uur, volwassenen $ 58-65, kinderen tot 11 jaar $ 20-25,50, 12-16 jaar $ 26-32,50; daarnaast moet u de Gros Morne National parkpas laten zien. Reserveren wordt aanbevolen, de dienstregeling kan wijzigen.

Ook als u in het Gros Morne National Park geen uitgebreide trektochten plant, bijvoorbeeld over de James Callaghan Trail (zie blz. 484), moet u zeker een boottocht over de **Western Brook Pond** maken. Daar komt ook een kleine wandeling bij kijken.

U bereikt de aanlegplaats van de rondvaartboot over de **Western Brook Trail**. Het goed aangelegde, deels over een plankenpad lopende, 3 km lange wandelpad voert door uitgestrekte moerasgebieden en over heuvels – in de ijstijd ontstane stuwwallen – die zijn begroeid met ongerepte sparren- en dennenbossen. Informatiepanelen informeren over de flora en fauna van dit fascinerende ecosysteem. U vindt er naast verschillende orchideeënsoorten ook de nationale plant van

Gros Morne National Park

Newfoundland, de *pitcher plant*, een insectenetende bekerplant met donkerrode bloemen. U kunt veel watervogels waarnemen en in de vochtige laagvlakten vertonen zich regelmatig elanden.
Na ongeveer 45 minuten bereikt u de **aanlegplaats** en kan de twee uur durende tocht op de **Western Brook Pond 5** beginnen. Deze voert door een werkelijk spectaculair landschap. In het 16 km lange en 165 m diepe fjordachtige meer, dat door een riviertje met de zee in verbinding staat, leven zalmen, forellen en zalmforellen. Steile, meer dan 600 m hoge rotswanden omgeven de door gletsjerwerking uitgesleten fjord. Talrijke watervallen, die door beekjes op het plateau worden gevoed, storten schuimend en donderend in de diepte, waarbij de kleinere watervallen tegen de tijd dat ze het wateroppervlak bereiken zijn gereduceerd tot een nevelgordijn. De machtige rotsen van gneis en graniet zijn meer dan een miljard jaar oud. Zo'n tienduizend jaar geleden lag de Western Brook Pond pal aan zee, maar tegenwoordig ligt hij 3 km landinwaarts en 30 m boven de zeespiegel.
Op de Western Brook Pond varen twee rondvaartboten, waarvan de ene zeventig en de andere negentig passagiers kan vervoeren. De gids doet zijn verhaal tijdens de tocht in het Engels en het Frans.

Accommodatie, eten en drinken

Luxe in het hart van het park – **Sugar Hill Inn:** 115-129 Sexton Rd., tel. 709-458-2147, 1-888-299-2147, www.sugarhillinn.nf.ca. Vriendelijke, informele sfeer. Mooie, ruime kamers met badkamer en eigen opgang. Goed restaurant (diner $ 28-38). 2 pk $ 175-250.

Actief

Diverse sporten – **Gros Morne Adventures,** tel. 709-458-2722, 1-800-685-4624, www.grosmorneadventures.com. Alle tochten beginnen in Norris Point. Eendaagse wandeltochten op de Gros Morne Mountain en in de Tablelands vanaf $ 150, twee tot vierenhalf uur durende excursies met zeekajak $ 59-149, zesdaagse trektocht met overnachting in tenten $ 1295, kajakverhuur vanaf $ 39.
Boottochten – **Bon Tours:** Norris Point Dock, tel. 1-888-458-2016, juni en sept. 14 uur, juli, aug. 10, 14 uur. Met de boot door de Bonne Bay. Volwassenen $ 40, kinderen 11-16 jaar $ 17, tot 11 jaar $ 14.

Vervoer

Watertaxi: tussen Norris Point en Woody Point vaart driemaal per dag een watertaxi (half juni-begin sept.). Vanaf Norris Point Dock 9, 12.30 en 17 uur, vanaf Woody Point Dock 9.30, 13.15 en 17.30 uur, enkeltje $ 8, retour $ 14.

Woody Point ▶ U 3

Een uiterst informatieve tentoonstelling over de natuurlijke historie van Gros Morne National Park is te vinden in het eigentijdse **Discovery Centre** aan Route 431 bij **Woody Point 3**. De toegang is inbegrepen bij de prijs van een dagkaart voor het park (tel. 709-458-2417, www.pc.gc.ca/grosmorne, half mei-begin okt. 9-17, half juni-begin sept. 9-18 uur).

Informatie

Roberts House Information Centre: tegenover de aanlegsteiger van de veerboot, tel. 709-453-2273, www.woodypoint.ca, juli-sept. 9-17 uur. Informatiecentrum in een honderd jaar oud pand.

Eten en drinken

Verse zeevruchten – **The Old Loft Restaurant:** Water St., tel. 709-453-2294, 709-453-2522. Rustieke ambiance in een historisch pakhuis. Bij mooi weer kunt u buiten zitten en het weidse uitzicht van Woody Point bewonderen. Lekkere visschotels, salades, zelfgebakken brood en lokale bieren. Hoofdgerecht $ 20-40.

Trout River ▶ U 3

De eerste inwoner van **Trout River 4** was George Crocker uit het Engelse Dorsetshire, die zich hier in 1815 vestigde vanwege de

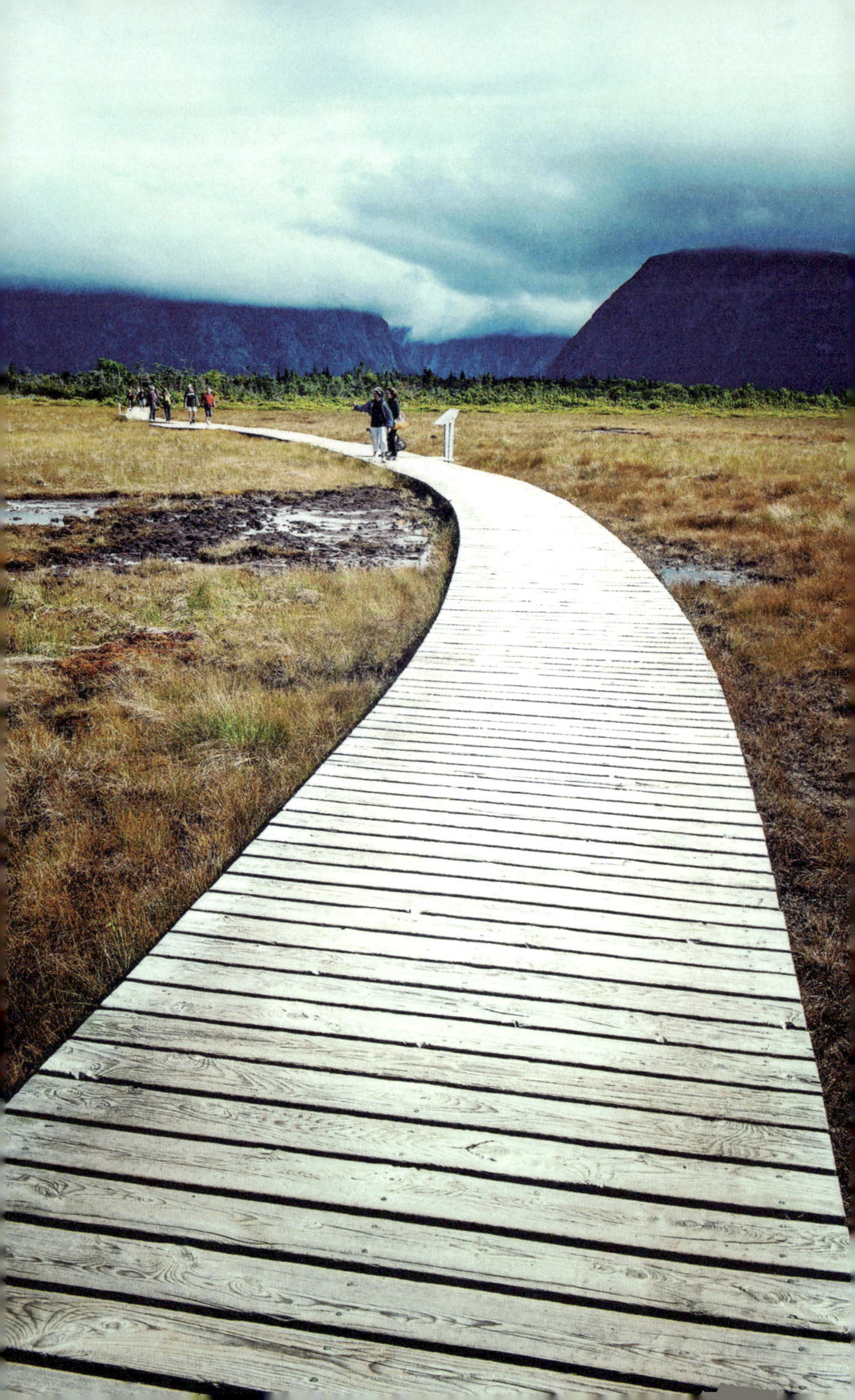

goede vooruitzichten voor de visvangst. Het **Crocker House, Fishermen's Museum and Interpretive Centre** geeft boeiende informatie over het leven van de vissers in de omgeving van de Bonne Bay. Geheel in stijl met het thema is het museum ondergebracht in een traditionele Newfoundlandse visserswoning uit 1898 (tel. 709-451-5376, www.townoftrout river.com, juli-sept. 12-20 uur, $ 5).

Tijdens een boottocht op de **Trout River Pond** 6 maakt u een tijdreis naar de oudste geschiedenis van de aarde. U kunt zich ook met de boot naar Over Falls Trail laten brengen, een wandelpad met een prachtig uitzicht op het zuidoostelijke einde van het ca. 15 km lange meer (5 km, duur 5-6 uur). Momenteel zijn er geen vaste aanbieders van een regelmatige rondvaartdienst op het meer, maar dergelijke tochten kunnen wel voor ca. $ 25-40 worden georganiseerd (zie hieronder, Sheppard's B&B).

Accommodatie

Vriendelijk thuis – **Sheppard's Bed & Breakfast:** 1 Sheppard's Lane, tel. 709-451-7590, www.sheppardsbandb.com, apr.-okt. B&B op een heuvel met een panoramisch uitzicht over de Trout River en de zee. De vier grote, comfortabele kamers beschikken over een eigen badkamer, het ontbijt is heerlijk en royaal. De toegewijde en zeer vriendelijke uitbaters helpen u graag bij het plannen van activiteiten in de omgeving (excursies, wandelen, trekken, boottochten op de Trout River). U kunt hier ook kano's huren. 2 pk $ 95.

Camping – **Trout River Pond:** aan het eind van Route 431, in het zuidwesten van het nationale park bij de Trout River, mooi gelegen op een plateau boven het meer. Reserveren via tel. 1-877-737-3783, half juni-begin okt. Veertig staanplaatsen, alle faciliteiten. $ 18,60 plus $ 11 reserveringskosten.

Eten en drinken

Heerlijke zeevruchten – **Seaside Restaurant:** tel. 709-451-3461. Populair, eenvoudig visres-

Jerry's Pond in Gros Morne National Park: de wildernis is slechts op een paar plekken zo toegankelijk als hier

taurant met veelzijdig menu en een mooi uitzicht op de baai. $ 10-20.

Viking Trail naar L'Anse aux Meadows

Kaart: zie blz. 491

Arches Provincial Park en River of Ponds Provincial Park ▶ U 3

Tussen Parson's Pond en Daniel's Harbour ligt het **Arches Provincial Park** 7 , waar de golven twee grote rotsbogen uit het gesteente hebben uitgesleten. Dit is een mooie plaats voor een picknick en een strandwandeling, maar kamperen is er niet toegestaan. Het 60 km noordelijker gelegen **River of Ponds Provincial Park** 8 biedt volop gelegenheid om te picknicken en te kamperen. Ook zijn er prima stekken waar op zalm en forel kan worden gevist.

Port au Choix ▶ U 2

In het vissersdorp **Port au Choix** 9 kunt u in het bezoekerscentrum van de **Port au Choix National Historic Site** archeologische vondsten van de zeevarende archaïsche indianen bewonderen. Dit volk van jager-verzamelaars leefde vierduizend jaar geleden langs de Atlantische kust van Labrador tot aan Maine. In 1967/1968 zijn hier op drie plaatsen met meer dan vijftig graven artefacten en beenderen van een honderdtal mensen gevonden. Ook zijn de resten van een latere nederzetting van Dorset-Inuit ontdekt. Op basis van wat men aantrof is later een historische behuizing gereconstrueerd. De vindplaatsen liggen over het hele schiereiland verspreid. U kunt ze bezoeken tijdens wandelingen met een gids. In de zomer kunt u hier de archeologen aan het werk zien. De vindplaats Phillip's Garden is te bereiken na een wandeling van 20 minuten ('s zomers tel. 709-861-3522, winter tel. 709-458-2417, www. pc.gc.ca/portauchoix, half juni-begin sept. 9-17 uur, buiten het seizoen op aanvraag, volwassenen $ 7,80, kinderen $ 3,90).

Aan de rand van de plaats ligt **Ben's Studio**, waar u zeker even een kijkje moet nemen. De kunstenaar Ben Ploughman vervaardigt hier driedimensionale houten figuren, fascinerende collages van Newfoundlandse motieven. Zijn **Museum of Whales & Things** met een bonte verzameling artefacten, foto's en geschriften toont als belangrijkste attractie een 14 m lang skelet van een potvis (Rte. 430-28, 26 Fisher St., tel. 709-861-3280, www.bensstudio.ca, begin juni-eind sept.).

In het **Port au Choix Heritage Centre** heeft men aan de hand van antiquiteiten en kunstnijverheid een beeld van de plaatselijke geschiedenis in de afgelopen honderd jaar geschetst. Een kleine souvenirwinkel verkoopt handwerk uit de regio (Fisher Street, tel. 709-861-4100, half juni-begin sept. dag. 9-17 uur).

Accommodatie

Vriendelijke B&B – **Jeannie's Sunrise Bed and Breakfast:** 84 Fisher St., tel. 709-861-2254, 1-877-639-2789, www.jeanniessunrisebb.com. Met veel liefde ingerichte B&B met zes ruime kamers en een gezellige salon annex ontbijtruimte. 2 pk $ 99-109.

Eten en drinken

Maritieme sfeer – **Anchor Café:** 10 Fisher St., tel. 709-861-3665, begin juni-eind sept. Met zijn ingang in de vorm van een scheepsbrug zult u dit restaurant niet snel over het hoofd zien. Ook binnen heerst een maritieme sfeer met fuiken en decoratieve visnetten. Op de kaart staan visspecialiteiten; heerlijk is de gegrilde kabeljauw *(blackened cod)*. Diner vanaf $ 13.

Quoylekust ▶ U/V 1/2

Rijdt u verder over Route 430, dan passeert u een stel vissersdorpen en idyllische rivieren vol zalm en forel. Hier voert de weg door een van de meest desolate streken van Newfoundland. Langs de Quoylekust, zoals de inwoners de kuststrook tussen **Blue Cove**, **St. Barbe**, **Deadman's Cove**, **Flower's Cove** en **Eddie's Cove** noemen, speelt zich de met de Pulitzerprijs bekroonde roman *The Shipping News* van E. Annie Proulx af, die in 1994 de aandacht van literatuurliefhebbers op Newfoundland vestigde. Haar verhaal over het nieuwe leven van de ietwat onhandige Quoyle laat op indrukwekkende wijze zien hoezeer de cultuur van Newfoundland eeuwenlang is beïnvloed door de visserij. Haar roman stelde Newfoundland in een positief daglicht en gaf een stevige impuls aan het toerisme. Toch vielen de drastische termen waarmee ze haar personages heeft neergezet niet bij alle Newfoundlanders in de smaak, en het boek was dan ook in de hele provincie onderwerp van verhitte discussies.

Bij **St. Barbe** 10 kunt u even van de route afwijken door met een veerboot de 17 km brede Strait of Belle Isle over te steken naar Blanc Sablon (zie blz. 494). Daar verkent u dan een klein stukje van het ontsloten deel van Labrador – een leuke excursie, met ook nog eens een interessante en goedkope overtocht.

Accommodatie, eten en drinken
... in St. Barbe:

Bij de veerboot – **Dockside Motel:** Main Road, tel. 709-877-2444, 1-877-677-2444, www.docksidemotel.nf.ca. Basic motel met twintig kamers, tien cabins en een restaurant. 2 pk $ 89-129.

Vervoer

Veerboot: MV Apollo Ferry, tel. 709-535-0810, www.tw.gov.nl.ca/ferryservices/schedules/j_pollo.html, apr.-eind jan. 1-2 x per dag. Enkele reis St. Barbe naar Blanc-Sablon volwassenen $ 11,25, kinderen 5-12 jaar $ 9,50, auto incl. bestuurder $ 32,25, camper vanaf $ 43,25.

Flower's Cove ▶ V 1

Zo'n 14 km verder naar het noorden splitst bij **Flower's Cove** 11 Burns Road zich af van Route 430. Voorbij de Marjorie Bridge komt u via een smal weggetje bij het water, waar zeer zeldzame **stromatolieten** te zien zijn. Deze ronde, vlakke rotsen zijn fossielen die bestaan uit een afzettingsgesteente van algen en bacteriën. Ze zijn ruim 650 miljoen jaar oud en daarmee de oudste vormen van leven op aarde.

Viking Trail naar L'Anse aux Meadows

Gros Morne National Park en Viking Trail

⭐ L'Anse aux Meadows
▶ V 1

Kaart: rechts
Highway 436, zomer tel. 709-623-2608, winter tel. 709-458-2417, www.pc.gc.ca/lanse meadows, bezoekerscentrum begin juni-begin okt. 9-17 uur, $ 11,70

Voorbij Eddie's Cove voert de weg door het binnenland naar L'Anse aux Meadows National Historic Site, dat op het noordelijkste puntje van het Great Northern Peninsula is te vinden. Hier zijn in de jaren 60 opgravingen gedaan door een internationaal team van archeologen. Het Vikingdorp dat hier onder leiding van de Noor Helge Ingstad werd blootgelegd, is de oudste Europese nederzetting op het Amerikaanse continent. Waarschijnlijk gaat het hier bij de 'baai van de weiden' – zoals de vertaling van L'Anse aux Meadows luidt – om het legendarische Vinland.

De inname van Newfoundland vond plaats aan het einde van de 10e eeuw. Volgens IJslandse heldensagen was dit het werk van de Viking Leif de Gelukkige. Het geluk zouden de Vikingen op Newfoundland echter niet vinden. Al een paar jaar na hun aankomst moesten ze, waarschijnlijk wegens herhaaldelijke aanvallen van de Skraelinger, zoals zij de oorspronkelijke bewoners noemden, de terugtocht aanvaarden.

Hierdoor zijn er in het zeer bezienswaardige **L'Anse aux Meadows Visitor Centre**, vlak bij de oorspronkelijke nederzetting, slechts een handjevol overblijfselen uit die tijd te bewonderen: beenderen, artefacten van ijzer en enkele bronzen gespen. De reconstructies van de met graszoden bedekte Vikingwoningen heeft men op grond van overgeleverde informatie zo natuurgetrouw mogelijk ingericht. Parkmedewerkers in Vikingkleding laten zien hoe sober men zo'n duizend jaar geleden in deze omgeving leefde.

Accommodatie

Afgezonderd op een eiland – **Quirpon Lighthouse Inn:** Route 436, Quirpon Island, 7 km ten zuidoosten van L'Anse aux Meadows, tel. 709-634-2285, 1-877-254-6586, www.linkumtours.com/quirpon-lighthouse-inn, mei-okt. Schilderachtig gelegen historische woning van een vuurtorenwachter met elf kamers, overtocht naar het eiland met een veerboot, wandelpaden, begeleide kajaktochten, ijsbergen en walvissen kijken. 2 pk $ 375-425 incl. alle maaltijden en overtochten.

Leuke en gezellige B&B – **Valhalla Lodge:** Route 436, in Gunner's Cove, 5 km ten zuiden van L'Anse aux Meadows, tel. 709-754-3105, 1-877-623-2018, Winter 709-896-5476, www.valhalla-lodge.com, mei-okt. Aantrekkelijke B&B met kleine, gezellig ingerichte kamers, op een heuvel boven zee. Vanaf hier kunt u walvissen en voorbijdrijvende ijsschotsen zien. 2 pk $ 115, cottage $ 180-225.

Camping – **Viking R. V. Park:** Route 436, in Quirpon, 7 km ten zuidoosten van L'Anse aux Meadows, tel. 709-623-2046, juni-sept. 110 staanplaatsen met aansluitingen. $ 20-28.

Eten en drinken

Fijnproeversrestaurant in Vikingland – **The Norseman Restaurant & Gallery:** L'Anse aux Meadows Harbourfront, tel. 709-754-3105, 1-877-623-2018, www.valhalla-lodge.com/restaurant, juni-sept. 9-21 uur. Een van de beste restaurants van Newfoundland, met een mooi uitzicht op de haven en de zee, waar u bij gunstig weer ook van een zeer fraaie zonsondergang kunt genieten. Het stijlvolle interieur wordt vervolmaakt door de kunstwerken aan de muren. Het menu is zeer veelzijdig, de wijnkaart uitgebreid, het malse lamsvlees en de gegrilde kariboesteaks smaken heerlijk. Natuurlijk kunt u ook kiezen uit een groot aantal visspecialiteiten, waaronder kreeft, *chowder* met zalm en kabeljauw en kamschelpen in peterseliesaus. Hoofdgerecht $ 19-38.

Norstead Port of Trade ▶ V 1

Route 436, vlak achter de afslag naar de Anse aux Meadows National Historic Site, tel. 709-623-2828, 1-877-620-2828, www.norstead.com, begin juni-eind sept. 9.30-17.30 uur, volwassenen $ 10, kinderen $ 6,50

De tegenhanger van nationaal historisch park L'Anse aux Meadows is **Norstead Viking Port**

L'Anse aux Meadows

of Trade, dat een bloeiende handelsnederzetting van de Vikingen in Europa moet voorstellen. In Norstead brengt gekostumeerd personeel de nagebouwde nederzetting tot leven. Vrouwen maken het eten klaar, spinnen en verven de wol en maken kledingstukken. Ook ziet u de smid aan het werk en mag u proeven van het versgebakken brood. Het indrukwekkendst is de fraaie replica van een groot Vikingschip, dat in 1998 door een negenkoppige bemanning van Groenland naar L'Anse aux Meadows werd overgezeild. Alles in ogenschouw nemend lijkt dit nagebouwde Vikingdorp heel echt; daar dragen de ligging aan de winderige kust, de grazende schapen, de werkende mensen en de gebouwen die er als gevolg van het ruige klimaat al wat verweerd beginnen uit te zien aan bij.

Uitstapje naar St. Anthony
▶ V 1

Het is leuk om na uw bezoek aan L'Anse aux Meadows een uitstapje te maken naar **St. Anthony** 12 . De grootste plaats van het Northern Peninsula is de thuisbasis van de Grenfell Mission, een stichting die zich inzet voor de medische verzorging van de bevolking in het afgelegen noorden van Newfoundland en Labrador. Oprichter was dr. (later: sir) Wilfred Grenfell, die vanaf 1892 gedurende tientallen jaren de inwoners van de ver uiteenliggende dorpen aan de kust van Labrador behandelde in zijn 'drijvende ziekenhuis'. Toen hij op leeftijd kwam, wijdde sir Wilfred Grenfell zich aan het inzamelen van fondsen voor doktersposten, ziekenhuizen en weeshuizen.

Het leven en het werk van sir Wilfred Grenfell staan centraal in het **Grenfell Interpretation Centre**. Bij het centrum vindt u ook een cafetaria en een winkeltje, waar de Grenfell Mission kunstnijverheidsproducten verkoopt (4 Maraval Rd., tel. 709-454-4010, www.grenfell-properties.com, 's zomers dag. 8-17, 's winters ma.-vr. 8-17 uur, volwassenen $ 10, kinderen tot 18 jaar $ 3, het entreekaartje geeft ook toegang tot het museum).

Achter het ziekenhuis staat op een heuvel het deftige huis waar Grenfell jaren woonde met zijn gezin. Hier is nu het **Grenfell House Museum** gevestigd, waar te zien is hoe deze legendarische arts geleefd heeft ('s zomers dag. 8-17, 's winters ma.-vr. 8-17 uur, volwassenen $ 10, kinderen tot 18 jaar $ 3).

Accommodatie, eten en drinken
Uitzicht op St. Anthony – **Haven Inn:** 14 Goose Cove Rd., tel. 709-454-9100, 1-877-428-3646, www.haveninn.ca. Mooi ingerichte kamers die uitkijken op St. Anthony. Lounge en restaurant met Newfoundlandse specialiteiten. 2 pk $ 105-147.

Eten en drinken
Prachtig zeezicht – **The Lightkeeper's Restaurant:** West St., tel. 709-454-4900, 1-877-454-4900, www.lightkeepersvikingfeast.com, dag. 11.30-21 uur. Restaurant in een voormalig vuurtorenwachtershuis in het park. Lekkere visspecialiteiten. Een aantal keer per week vindt in een met graszoden bedekt huis het Great Viking Feast plaats. Entertainment en eten op de manier van de Vikingen. Diner $ 12-25.

Winkelen
Mooie souvenirs – **Grenfell Handicrafts:** in het Grenfell Interpretation Centre, zomer tel. 709-454-3576, winter tel. 709-454-4010. Souvenirs, bestickte parka's en kunstnijverheid.

Actief
Walvissen en ijsschotsen – **Northland Discovery Boat Tours:** achter het Grenfell Interpretation Centre, tel. 709-454-3092, 1-877-632-3747, www.discovernorthland.com, eind juni-begin aug. 9, 13 en 16 uur, buiten het seizoen 1 tot 2 afvaarten. Excursies van 2,5 uur met een comfortabel schip voor 48 personen. De kapitein is marien bioloog en kan alle vragen beantwoorden. Volwassenen $ 60, kinderen 10-17 jaar $ 32, 3-9 jaar $ 25.

Main Brook ▶ V 1
Om terug te komen op de Trans-Canada Highway vervolgt u uw weg weer via Route 430. Wie nog een paar dagen vakantie wil houden in de natuur, met een flinke portie avontuur, zonder al te veel in te leveren op het gebied van

Ze worden weleens de zachtaardige reuzen genoemd, maar toch: oog in oog met zo'n staartvin begrijp je waarom gepaste afstand bij een whale watching-excursie een goed idee is

comfort, moet bij Brig Bay ca. 80 km via Route 432 door het binnenland naar het aan de Hare Bay gelegen **Main Brook** 13 rijden.

Een paar kilometer ten zuiden van de plaats liggen aan een meer de **Tuckamore Lodge** en een stel gezellige blokhutten. De omgeving biedt gelegenheid om te wandelen, kanoën en er kan gevist worden op zalm en forel. De lodge vormt het vertrekpunt voor verschillende excursies, waarbij beren, elanden en kuddes kariboes waargenomen kunnen worden. Ook kan men hier een boottocht organiseren naar de Grey Islands of naar Labrador, een tocht waarop vaak walvissen en ijsberen te zien zijn.

Accommodatie, eten en drinken

Exclusief en rustiek – **Tuckamore Lodge:** Barb Genge, zomer tel. 709-865-6361, 1-888-865-6361, winter 865-4371, www.tuckamorelodge.com. Comfortabele wildernislodge met uitstekende keuken (lunch $ 20, diner $ 40, reserveren aanbevolen) en een groot aanbod outdooractiviteiten. 2 pk $ 150-180 incl. ontbijt.

Uitstapje naar Labrador

Kaart: zie blz. 491

Blanc-Sablon ▶ U 1

Op een heldere dag kunt u de kust zien liggen aan de overzijde van de Strait of Belle Isle, de 17 km brede zee-engte tussen Newfoundland en Labrador, waar het ijskoude water van de rivieren uit Labrador zich vermengt met dat van de St. Lawrence River.

De overtocht met de veerboot *Apollo* vanuit St. Barbe naar **Blanc-Sablon** 14 aan de Québecse kant van de provinciegrens duurt een krappe 2 uur. Deze boottocht kan nog spannend uitpakken wanneer aan het begin van de zomer een naar het zuiden drijvende

Uitstapje naar Labrador

ijsberg in zicht komt, of wanneer er plotseling spelende walvissen opduiken. Vooral in de herfst vergapen passagiers zich vaak aan het kleurrijke spektakel dat *aurora borealis*, ofwel noorderlicht wordt genoemd.

De veerdienst gaat in het voorjaar van start, zodra het pakijs in stukken breekt, en wordt weer uit de vaart genomen voordat 's winters de Strait of Belle Isle dichtvriest. Blanc Sablon wordt ook aangedaan door de veerboten uit Québec die de noordelijke oever van de Gulf of St. Lawrence bevaren. Vanuit Blanc Sablon rijdt u over de 85 km lange Route 510 naar Red Bay. Hier eindigt de verharde weg. Deze kuststreek, Labrador Straits genoemd, telt nog geen 2500 inwoners.

Informatie
Labrador Coastal Drive: www.labradorcoastaldrive.com. Info over bezienswaardigheden, accommodatie, evenementen en veerboten.

Vervoer
Veerboot: MV Apollo Ferry, tel. 709-535-0810, 1-866-535-2567, www.tw.gov.nl.ca/ferryservices/schedules/j_pollo.html, apr.-begin jan. 1-2 x per dag. Enkele reis St. Barbe-Blanc-Sablon volwassenen $ 11,25, kinderen 5-12 jaar $ 9,50, auto en bestuurder $ 32,25, camper vanaf $ 43,25, voor juli en aug. moet u op tijd reserveren.

L'Anse-au-Clair ▶ U 1
Direct aan de rand van **L'Anse-au-Clair** 15, de eerstvolgende plaats op de route, kunt u een bezoek brengen aan het **Gateway to Labrador Visitor Centre**, dat gevestigd is in een mooi gerestaureerde houten kerk. Displays, foto's en een tentoonstelling verschaffen boeiende informatie over de visserij en de scheepvaarttradities van Labrador (tel. 709-931-2013, www.labradorcoastaldrive.com, half juni-sept. 9.30-17.30 uur).

Accommodatie, eten en drinken
Het beste in de buurt – **Northern Light Inn:** 58 Main St., tel. 709-931-2332, 1-800-563-3188, www.northernlightinn.com. 59 ruime, comfortabel ingerichte kamers en suites, waarvan enkele met een compleet ingerichte kitchenette. Restaurant (diner vanaf $ 12). 2 pk $ 110-185, staanplaatsen camping $ 25-35.

L'Anse Amour ▶ U 1
Bij **L'Anse Amour** 16 is een meer dan 7500 jaar oud graf gevonden van een jongen die tot de zeevarende archaïsche indianen behoorde. Het is het oudste graf in zijn soort in heel Noord-Amerika. Het jongenslichaam was in dierenhuiden en berkenbast gewikkeld en lag met het gezicht naar beneden. Verder vond men in het graf werktuigen en wapens. Men denkt dat dit gebied al negenduizend jaar geleden bewoond was. Van die vroege indiaanse kariboejagers is niet meer gevonden dan enkele resten van opslagplaatsen en graven (**Maritime Archaic Burial Mound National Historic Site,** L'Anse Amour Road, tel. 709-927-5825).

Even buiten de plaats, bij Amour Point, kunt u de 122 treden van de hoogste vuurtoren (33 m) langs de Canadese Atlantische kust beklimmen en genieten van het mooie uitzicht. Als **Point Amour Lighthouse Provincial Historic Site** doet het gerestaureerde stenen huis van de vuurtorenwachter tegenwoordig dienst als museum. U komt er van alles te weten over de interessante scheepvaartgeschiedenis van Labrador (L'Anse Amour Road, tel. 709-927-5825, www.pointamourlighthouse.ca, eind mei-begin okt. 9.30-17 uur, rondleiding volwassenen $ 6, kinderen $ 3).

Accommodatie, eten en drinken
Waar voor je geld – **Lighthouse Cove B&B:** tel. 709-927-5690, lighthousecovebb.labradorstraits.net. Drie kamers, op verzoek ook een traditioneel Newfoundlands diner. 2 pk $ 60 incl. ontbijt.

Labrador Straits Museum
▶ U 1
Tussen **Forteau** en L'Anse-au-Loup ligt het **Labrador Straits Museum** 17. Hier laat men zien hoe het leven in Labrador in de laatste honderdvijftig jaar veranderd is. Het museum is gesticht door het Southern Labrador

Women's Institute. Aan de hand van opstellingen en voorwerpen schetst men hier een beeld van het huiselijke leven van de vissersfamilies en de rol van de vrouw in het dorp. In een winkel is handwerk uit het dorp te koop (tel. 709-927-5600, www.labradorstraitsmuseum.ca, juli-sept. 9-18 uur, volwassenen $ 5).

Evenementen

... in Forteau:
Southern Labrador Bake Apple Festival: augustus. Driedaags festival dat is genoemd naar de in Newfoundland en Labrador vaak zalmkleurige bessen. Bessenoogst, taartbakwedstrijden, volksmuziek en dans.

Red Bay ▶ V 1

Aan het eind van de verharde weg ligt **Red Bay** 18. Hier hebben archeologen de overblijfselen blootgelegd van een Baskisch walvisstation uit de tweede helft van de 16e eeuw. Ook ontdekten de archeologen scheepswrakken uit uiteenlopende perioden, waaronder het interessante wrak van het 300 ton metend galjoen *San Juan*, dat in 1565 voor de kust zonk met aan boord een lading levertraan. Ieder jaar kwamen ruim twintig Baskische walvisvaarders naar Red Bay om op Groenlandse walvissen en noordkapers te jagen, die door de Strait of Belle Isle trokken. Eeuwenlang vonden zo'n honderd mensen werk in dit walvisstation, dat daarmee een van de eerste industriële complexen van de Nieuwe Wereld was.

De archeologen begonnen hun zoektocht onder water in 1978. Binnen zes jaar groeide hun project uit tot het grootste in zijn soort in heel Canada. Er werd een ongelooflijk groot aantal voorwerpen, werktuigen, apparaten en persoonlijke bezittingen aan land gebracht. Alle vondsten worden getoond in het **Red Bay National Historic Site Interpretation Centre**. Een tentoonstelling en aanvullende informatie over de scheepswrakken benadrukken het belang van de vondsten voor de kennis over het ontwerp en de bouw van schepen in de 16e en 17e eeuw. Hoogtepunt van de tentoonstelling is een gerestaureerd schip voor de walvisvaart. Het is een 430 jaar oude Baskische chalupa, die van de bodem van de Red Bay is gelicht (tel. 709-920-2051, 709-920-2142, www.pc.gc.ca/redbay, begin juni-sept. dag. 9-17 uur, volwassenen $ 7,80, kinderen $ 3,90).

Accommodatie, eten en drinken

Goedkoop en goed – **Whaling Station Restaurant and Cabins:** tel. 709-920-2156, winter 709-920-2060, www.redbaywhalers.ca, mei-okt. In een gerestaureerd gebouw uit het visserijtijdperk, mooi aan het water gelegen, tegenover het Red Bay National Historic Site. Tevens het enige restaurant met goede visgerechten ($ 11-20). Cabins $ 95-135.

Actief

Walvissen en ijsbergen – **Gull Island Charters:** 18 East Harbour Dr., tel. 709-920-2058, www.labradorcoastaldrive.com/home/195. juni-sept. Boottochten, ijsbergen en walvissen kijken. Veerservice naar de Red Bay National Historic Site.

Battle Harbour

Ook als u niet van plan bent om over de onverharde weg honderden kilometers door de Labradorse wildernis naar Goose Bay te rijden, is een uitstapje naar het op een eiland gelegen vissersdorp **Battle Harbour** 19 een goed idee. Eerst volgt u Route 510, de ca. 85 km lange macadamweg naar Mary's Harbour. Daar neemt u de MV Iceberg Hunter naar Battle Island (ongeveer 75 min., vertrek 11, 18 uur, terug van Battle Harbour 9, 16 uur, retour $ 60).

Battle Harbour was een van de eerste Europese nederzettingen, die zich vanaf 1750 tot een belangrijke vissershaven ontwikkelde. Rond 1848 lagen er in de haven vaak meer dan honderd schepen voor anker, en de zeelui spraken dan ook over de 'hoofdstad van Labrador'. In 1893 stichtte dr. Wilfred Grenfell hier zijn eerste Labradorziekenhuis en in 1904 werd er zelfs een Marconi Wireless Station gebouwd. Toen de visserij langs de kust in de 20e eeuw terugliep, werd de economische positie van Battle Harbour een stuk minder. In de jaren 60 verhuisden de eerste inwoners naar het op het vasteland gelegen Mary's Harbour. Enkele gezinnen verbleven 's zomers weliswaar op het eiland, maar eigenlijk was Battle

Uitstapje naar Labrador

Harbour een spookstad geworden. Veel van de oude vissershuisjes en pakhuizen, waar de gezouten kabeljauw werd verwerkt, zijn behouden gebleven. In de jaren 90 kwamen de steeds verder in verval rakende gebouwen in handen van de Battle Harbour Historic Trust, die het plaatsje nauwgezet heeft gerestaureerd. Het dorp wordt als de bestbewaarde *outport* van de provincie beschouwd en valt als **Battle Harbour National Historic District** onder monumentenzorg. Een **Interpretation Centre** organiseert rondleidingen door Battle Harbour (tel. 709-921-6216, 709-330-6325, www.battleharbour.com, half juni–half sept. tochten 60-90 minuten, informeer naar de tarieven).

Accommodatie, eten en drinken
Liefdevol gerestaureerd – **Battle Harbour Inn:** tel. 709-921-6325, www.battleharbour.com. Mooi op een heuvel gelegen pension, met kamers in het hoofdgebouw en in historische cottages. Arrangementen incl. maaltijden en overtocht vanaf $ 545.

De noordkust van Labrador
In **Noord-Labrador** zijn geen wegen. Wie de spectaculaire rotskust met diep uitgesleten fjorden en de meer dan 1800 m uit de zee oprijzende Torngat Mountains wil zien, moet varen. De ruig gekloofde Torngats behoren met hun leeftijd van bijna vier miljard jaar tot de oudste rotsformaties van de wereld. Deze omgeving vormt een oeroud leefgebied van de Inuit, wier voorouders hier al duizenden jaren leven.

Het **Torngat Mountains National Park** is een 9700 km² groot natuurreservaat, dat zich uitstrekt van de Saglek Fjord in het zuiden tot de noordelijkste punt van Labrador. In dit prachtige landschap met steile bergketen en weidse toendravlakten komen grote populaties ijsberen, zwarte beren en kariboes voor. Het park kan alleen worden bereikt met het expeditieschip of per chartervlucht uit het 200 km zuidelijker gelegen Nain, waar ook het Park Office staat (tel. 709-922-1290, 1-888-922-1290, www.pc.gc.ca/torngats, ma.-vr. 8-16.30 uur).

Alleen de tocht per veerboot langs de spectaculaire kust is al een waar genot. Dit is ook een relatief betaalbaar avontuur. Van half juni tot half september vaart de kustveerboot **M/V Northern Ranger** wekelijks van Goose Bay en Cartwright door Lake Melville naar Groswater Bay en verder langs de kust via de kleine Inuitdorpen Rigolet, Makkovik, Postville, Hopedale, Natuashish naar Nain (5-6 dagen retour, ca. $ 650 incl. kajuit, eenvoudige slaapkooi $ 300).

Cartwright (▶ H 1, ca. 650 inwoners) is een service- en aanlegplaats voor veerboten en kustvaarders. De plaats werd genoemd naar George Cartwright, die in de jaren 1770 als een van de Europese kolonisten naar deze kust kwam. Sinds 2010 loopt er een steenslagweg naar Happy Valley-Goose Bay.

In **Hopedale** kunt u de voormalige zendingspost van de Moravische broeders uit 1782 bezichtigen, nu een National Historic Site. Hij bestaat uit een kerk, het woonhuis van de zendelingen en de handelspost met het pakhuis.

Het eindpunt van het veer is **Nain** (▶ G 1, ca. 1400 inwoners). De noordelijkste plaats in Labrador is tegelijk het bestuurscentrum van de autonome regio Nunatsiavut, die de Inuit in 2002 toegewezen hebben gekregen. De visserij is de voornaamste inkomstenbron, daarnaast wordt op traditionele wijze gejaagd en zijn de lokale ambachtslieden beroemd om hun speksteensculpturen. De Moravische broeders stichten hier al in 1771 een eerste zendingspost.

Actief
Wildernistochten – **Cruise North Expeditions:** 14 Front St. S., Mississauga, Ontario, Canada L5H 2C4, tel. 905-271-4000, 1-800-363-7566, www.adventurecanada.com. Excursies met een indiaanse gids langs de kust van Labrador en naar het nationaal park Torngat Mountains, waarbij u veel wild te zien krijgt. Ook wordt veel verteld over de geschiedenis en tradities van de oorspronkelijke bevolking.

Vervoer
Veerboot: MV Northern Ranger, Nunatsiavut Marine, tel. 709-896-2262, 1-855-896-2262, www.tw.gov.nl.ca/ferryservices/schedules, www.labradorferry.ca.

Nunavut

Op 1 april 1999 kregen de Inuit hun eigen territory. Nunavut, het oostelijke deel van de oude Northwest Territories, bestaat uit meer dan 2 miljoen km^2 arctische toendra, eeuwige ijsvelden en één weg. Als je ze vraagt hoe ze in zo'n omgeving kunnen leven, antwoorden Inuit gewoonlijk dat ze liever een 30 pond zware zalmforel uit het water halen dan een hamburger kopen.

Canada's nieuwe territorium

Ruim 37.000 mensen – en dertig keer zoveel kariboes – leven in het nieuwe *territory* van Canada. Van de bewoners is 85% Inuit, de officiële talen zijn Inuktitut, Engels en Frans. Een vergelijking kan helpen om u een voorstelling te maken van de uitgestrektheid en de leegte van het grootste landsdeel van Canada. Het is bijna zestig maal zo groot als Nederland, maar de bevolkingsdichtheid is voor West-Europese begrippen belachelijk laag: 0,01 inwoners per km^2. Als **Nunavut** een onafhankelijke staat was geweest, was het de dunstbevolkte ter wereld.

Het leefgebied van de Inuit bestaat uit de kusten en eilanden van de Noordelijke IJszee. Ze kwamen relatief laat – pas ongeveer vijfduizend jaar geleden – over de Beringstraat. De tegenwoordige Inuit zijn nakomelingen van een volk dat als *Thule* werd aangeduid. Vroeger – en nu ook nog vaak – werden ze Eskimo (in de taal van de Cree-indianen 'rauwvleeseters') genoemd, maar ze noemen zichzelf Inuit, wat simpelweg 'mensen' betekent. Ze jagen op walvissen, zeehonden en kariboes.

Pas in de laatste decennia van de 18e eeuw kwamen de Inuvialuit de delta van de Mackenzie River binnen. Zij leefden oorspronkelijk in Alaska en verdrongen de Mackenzie-Inuit, die gedecimeerd waren door ziekten die blanke walvisvaarders hadden overgebracht.

Nunavut bestaat grotendeels uit toendra – bomen groeien uitsluitend in de ontoegankelijke zuidwestelijke uithoek van het territory. Het Canadian Shield heeft ook zijn stempel op dit voor het grootste deel boven de poolcirkel gelegen landsdeel gedrukt. Diep ingesneden fjorden en imposante kliffen van grijs graniet kenmerken vooral de kusten van de arctische eilanden, die met minder dan 200 mm neerslag per jaar technisch gezien woestijn zijn. Buiten de verrassend modern aandoende hoofdstad Iqaluit zijn er maar een paar wegen, met een gezamenlijke lengte van zo'n 100 km. De langste weg is de verbinding tussen Arctic Bay en Nanisivik. Het is dus geen wonder dat de Inuit vijfmaal zo vaak met een vliegtuig reizen als de Canadezen in het zuiden van het land.

De drie belangrijkste pijlers van de economie van Nunavut zijn de **mijnbouw**, **visserij** en het **toerisme**. Het laatste is de snelst groeiende bedrijfstak. Het aanbod aan avonturen in de wildernis loopt uiteen van wandeltochten over **Baffin Island** via ijsberen, walvissen en kariboes observeren tot een kano-expeditie op **Ellesmere Island**. Overweldigende natuurbeleving is gegarandeerd, zowel in de korte zomer, die van juni tot begin september loopt, als in de winter, die met temperaturen tot -40 niet alleen bitter koud is, maar met zijn heldere nachten vol sterren nauwelijks minder indrukwekkend. En last but not least is er nog de rijke cultuur van de bevolking. De bewerkte beeldjes van de Inuit zijn wereldberoemd. In een groot aantal van de 28 gemeenten van Nunavut worden mooie handgemaakte voorwerpen geproduceerd. Een centrum van **kunstnijverheid**

Nunavut

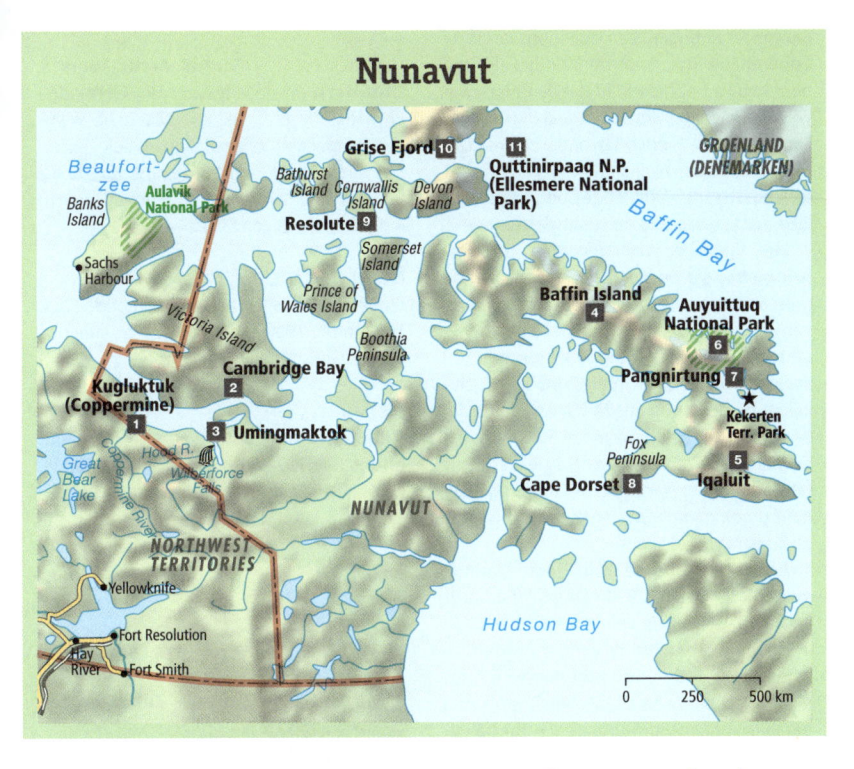

is Iqaluit, met verschillende galeries en het Nunatta Sunakkutaanngit Museum.

Op 1 april 1999 werden de Northwest Territories in een westelijke (onder de oude naam NWT) en een oostelijke helft (onder de nieuwe naam Nunavut) gesplitst. In het kader van de Nunavut Land Claims Agreement kregen de Inuit door de Canadese federale regering niet alleen politiek zelfbestuur, maar ook landrechten over bijna 360.000 km², een aandeel in de bodemschatten en $1,2 miljard financiele steun toegekend. Hoge werkloosheidscijfers en de torenhoge kosten die gepaard gaan met het creëren van een infrastructuur maken het begin van de politieke zelfstandigheid van Nunavut niet altijd even gemakkelijk. Men is echter optimistisch: de federale regering van Canada zal ook in het vervolg helpen, het toerisme kan nog groeien en de bevolking is jong: 60% van de inwoners van Nunavut is jonger dan 25 jaar.

Centrale Arctische kust

Kaart: zie boven

Met deze term wordt een weids toendragebied aangeduid, met meren die tot half juli met ijs bedekt zijn en ontelbare eilanden. In de zomer hult een onafzienbaar tapijt van kleine bloemen de toendra in vrolijke kleuren. Hier leven de enkele duizenden dieren tellende kariboekuddes, die op hun zoektocht naar voedsel duizenden kilometers door het land trekken. Wijd verspreid liggen de weinige, kleine Inuitnederzettingen, vrijwel altijd op een plaats waar goede omstandigheden heersen voor jacht en visserij. Ook vissers en jagers uit andere delen van de wereld worden door deze regio aangetrokken.

In **Kugluktuk** 1 (1500 inwoners), dat vroeger Coppermine heette, op de plaats waar de gelijknamige rivier in de Coronation Gulf uitmondt, bestaan al sinds de oertijd

Nunavut

Inuitnederzettingen. Een trail loopt langs de Coppermine River naar de Bloody Falls, genoemd naar het bloedbad dat de Chippewayan onder leiding van de ontdekkingsreiziger Samuel Hearne aanrichtten onder de vreedzame Inuit. Tochten naar de watervallen of langs de landschappelijk buitengewoon aantrekkelijke kust kunnen ter plaatse worden geregeld.

Met ongeveer 1700 inwoners is **Cambridge Bay** 2 op Victoria Island een van de grotere plaatsen van het hoge noorden en tevens het vervoers- en bestuurscentrum van de regio. De schilderachtige kerk is een bezoek waard. Het is ook interessant om te gaan kijken bij de cooperatieve visverwerkingsfabriek, die in de zomermaanden 50.000 kg *Arctic char* (trekzalm, beekridder), de lekkerste vis uit het noorden, verwerkt. In Cambridge Bay kunt u ook traditioneel vervaardigde parka's en kunstnijverheid kopen.

Aan de **Bathurst Inlet** ligt **Umingmaktok** 3 (zo'n 25 inwoners), Inuktitut voor 'plaats van de vele muskusossen', de enige Inuitnederzetting zonder blanke inwoners. De oude levensstijl van vissen en jagen leeft hier nog altijd voort. Het is een paradijs voor natuurfotografen, want behalve muskusossen kunt u hier kariboes, grizzlyberen, zeehonden en meer dan tachtig soorten vogels fotograferen. Umingmaktok is alleen te bereiken met een chartervliegtuig vanuit Yellowknife of Cambridge Bay.

Informatie
Arctic Coast Visitor Centre: P. O. Box 1198, Cambridge Bay, NU X0E 0C0, tel. 867-983-2224, www.nunavutparks.com.

Accommodatie
... in Cambridge Bay:
In de natuur – **Arctic Islands Lodge/Inns North:** P.O. Box 1031, NU X0B 0C0, tel. 867-983-2345, 1-888-866-6784, www.cambridgebayhotel.com. Aan de noordwestpassage gelegen hotel met 25 kamers. Restaurant met traditioneel menu, onder andere steak van muskusos, *bannock* (indianenbrood), arctische aalvelinus van de gril. Natuurkundige en historische excursies. 2 pk $ 235-335.

Actief
Natuurexcursies – **Central Arctic Tours & Outfitters:** Luke Coady, Box 1199, Cambridge Bay, NU X0B 0C0, tel. 867-983-2024, www.cambridgebayhotel.com. Individuele excursies naar Mount Pelly en de kust van de ijszee en vistochten. Ook accommodatie in een lodge aan de Queen Maud Gulf.

Evenementen
Omingmak Frolics: half mei, Cambridge Bay. Traditionele spelen, hondenslee- en sneeuwscooterwedstrijden.

Vervoer
Adlair Aviation Ltd.: P. O. Box 111, Cambridge Bay, NU X0B 0C0, tel. 867-983-2569, www.adlairaviation.ca. Chartervluchten.

Baffin Island en het uiterste noorden

Kaart: zie kaart blz. 499

IJsbergen en reusachtige ijsschotsen, gletsjers die naar zee slingeren, ijsberen, walvissen en walrussen en de cultuur van de Inuit – er is vrijwel geen regio die zo dicht benadert wat men zich voorstelt bij de 'echte' noordpool. **Baffin Island** 4 is een van de bekendste streken van het hoge noorden. Er zijn mogelijkheden te over voor mensen die van een actieve vakantie houden: in het voorjaar ritten met een traditioneel span sledehonden, uitstapjes per motorslee of skitochten naar de fjorden tot aan de rand van het drijfijs; 's zomers trektochten, kanotochten op de rivieren en excursies met boten langs de kust. De topattractie is natuurlijk de tocht naar de Ak-shayuk Pass in het Auyuittuq National Park, die te voet alleen van half juli tot eind augustus kan worden gemaakt.

Iqaluit 5

Iqaluit, vroeger Frobisher Bay genaamd, aan de zuidoostkust van Baffin Island, is met een bevolking van ongeveer 7500 inwoners de grootste plaats van Nunavut, hoofdstad en verkeersknooppunt. In de stad zijn een modern ziekenhuis, banken, een bioscoop, verscheidene hotels en restaurants te vinden; uitgebreide informatie krijgt u in het **Unikkaarvik Visitor Centre**, waar de regio ook aan de hand van exposities en displays wordt belicht. Uitstekende arctische

Jongeren hebben in Nunavut geen al te rooskleurige perspectieven – sinds Jordin Tootoo het heeft gemaakt in de NFL, probeert menigeen professioneel ijshockeyer te worden

De noordwestelijke doorvaart

De zoektocht naar de noordwestelijke doorvaart is een van de boeiendste hoofdstukken uit de Canadese geschiedenis. Honderden moedige zeelieden eindigden in het eeuwige ijs, slechts weinige keerden terug. De opwarming van de aarde heeft de belangstelling doen herleven: de route is langer ijsvrij dan ooit en belooft een verkorting van de zeeverbinding tussen Europa en Azië met 4000 km.

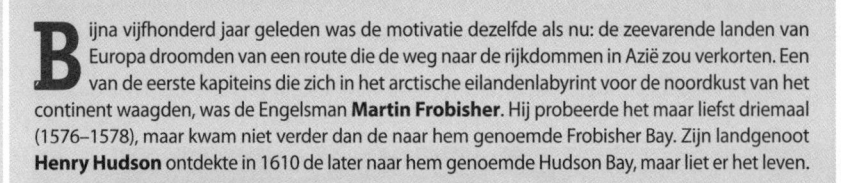

Bijna vijfhonderd jaar geleden was de motivatie dezelfde als nu: de zeevarende landen van Europa droomden van een route die de weg naar de rijkdommen in Azië zou verkorten. Een van de eerste kapiteins die zich in het arctische eilandenlabyrint voor de noordkust van het continent waagden, was de Engelsman **Martin Frobisher**. Hij probeerde het maar liefst driemaal (1576–1578), maar kwam niet verder dan de naar hem genoemde Frobisher Bay. Zijn landgenoot **Henry Hudson** ontdekte in 1610 de later naar hem genoemde Hudson Bay, maar liet er het leven.

In de volgende tweehonderd jaar werden geen baanbrekende ontdekkingen gedaan op het gebied van de noordwestelijke doorvaart. Pas in het begin van de 19e eeuw voeren nieuwe expedities uit. Ook de reizen van John Ross, William Edward Parry, James Clark Ross en anderen konden echter maar enkele stukjes aan de puzzel toevoegen. Over land was iemand al verder gekomen: in 1789 had de Engelsman **Samuel Hearne** vanuit Fort Churchill bij de MacKenziedelta de Noordelijke IJszee bereikt – per ongeluk, want het was zijn opdracht om de Grote Oceaan te bereiken. In 1845 gingen twee schepen onder bevel van **Sir John Franklin** voor Baffin Island voor anker en zetten vandaar koers naar de Beaufortzee. Ze werden nooit meer teruggezien, ondanks vele zoektochten. De ontdekking van de HMS Erebus en HMS Terror in 2014 en 2016 zorgt misschien voor nieuwe inzichten over hun lot.

De 'verovering' van de noordelijkste waterweg zou uiteindelijk door een Noor worden volbracht. Van 1903 tot 1906 voer de poolonderzoeker Roald Amundsen op de Gjöa via de noordwestelijke doorvaart van de Atlantische naar de Grote Oceaan. De commerciële uitbuiting zou echter nog op zich laten wachten: de door hem gevonden route leek voor grote schepen te ondiep en de ijsvrije periode te kort. In de daaropvolgende tijd slaagden andere expedities erin de noordwestelijke doorvaart in beide richtingen te bedwingen. In 1944 lukte het de **St. Roch** van de Canadese **RCMP (Royal Canadian Mounted Police)** om als eerste schip de doorvaart in één zomer uit te voeren.

In 1969 voer de eerste **supertanker** door de noordwestelijke doorvaart, maar het zou nog eens dertig jaar duren voor de route iets meemaakte wat de aanduiding scheepvaartverkeer verdiende. Tegenwoordig maken tientallen vrachtschepen en tankers gebruik van de door de opwarming van de aarde veroorzaakte **verlenging van de ijsvrije periode** – tot ergernis van de Canadese regering, die de noordwestelijke doorvaart, anders dan de EU en de VS, als Canadees water beschouwt. Ter benadrukking van zijn soevereiniteitsaanspraak duidt Ottawa de regio van de noordwestelijke doorvaart sinds 2006 aan als **Canadian internal waters**.

kunst en kunstnijverheid kunt u bekijken in het **Nunatta Sunakkutaanngit Museum** – gevestigd in een gerenoveerd historisch pakhuis van de Hudson's Bay Company.

Een 20 minuten durende boottocht brengt u naar een historische nederzetting van de *Thule*, die hier 2600 jaar geleden leefden. Iqualuit is met een lijnvlucht vanuit Montréal, Ottawa, Edmonton en Yellowknife te bereiken. Vanhier gaan ook regelmatig vluchten naar andere plaatsen op Baffin Island.

Informatie

Nunavut Tourism: P. O. Box 1450, Iqaluit, NU X0A 0H0, tel. 867-979-6551, 1-866-686-2888, www.nunavuttourism.com.
Unikkaarvik Visitors Centre: tel. 867-979-4636, 1-866-686-2888.
Nunavut Parks and Special Places: P. O. Box 1000, Station 1300, Iqaluit, Nunavut, X0A 0H0, tel. 867-975-7700, www.nunavutparks.ca.

Accommodatie

Vriendelijk en modern – **The Discovery:** P. O. Box 387, Iqaluit, NU X0A 0H0, tel. 867-979-4433, www.thediscoveryiqaluit.com. Met goed restaurant. 2 pk vanaf $ 161.
Beste hotel van de stad – **Frobisher Inn,** P. O. Box 4209, Iqaluit, NU X0A 0H0, tel. 867-979-22 22, 1-877-422-9422, www.frobisherinn.com. Groot, modern hotel met zwembad, winkels en een restaurant. 2 pk vanaf $ 238.

Winkelen

Inuitkunst – **Nunatta Sunakkutaangit Museum:** 212 Sinaa, Iqaluit, tel. 867-979-5537. Eersteklas souvenirs en kunstnijverheid van de Inuit in de museumwinkel. In juni en aug. dag., anders di.-zo. 13-17 uur. **Iqualuit Fine Arts Studio:** Helen Webster, P. O. Box 760, Iqaluit, X0A 0H0, tel. 867-979-5578, 867-979-1103. Spekssteenbeeldjes, traditionele sieraden uit knoken en fossiel ivoor, kleding en grafische kunst. **Northern Collectables:** P. O. Box 1342, Iqaluit, NU X0A 0H0, tel. 867-979-6495, www.northerncollectables.com. Beeldhouwwerk, wandkleden, traditionele kleding, schilderijen en zeefdrukken.

Baffin Island en het uiterste noorden

Actief

Natuurexcursies – **Polynya Adventure:** 2536 Paurngaq Crescent, Box 2338, Iqaluit, NU X0A 0H0, tel. 867-979-6260, 1-866-366-67 84, www.polynya.ca. Korte en meerdaagse excursies met hondensleeën, sneeuwscooters en boten. Wildobservaties, vistochten en helicoptervluchten.
Avontuurlijk – **Inukpak Outfitting:** 3310 Niaqunngusiariaq St., Iqaluit, P. O. Box 11392, Iqaluit, Nunavut, X0A 1H0, tel. 867-222-6489, 867-979-74 89, www.inukpakoutfitting.ca. Cultural Tours of Iqualuit ($ 40), trektocht in het Auyuittuq National Park, excursies met kano en kajak (vanaf $ 120), 's winters met hondensleeën en sneeuwscooters (ab $ 200).

Evenementen

Toonik Tyme: begin apr., www.tooniktyme.ca. Zevendaags voorjaarsfeest met spelen en hondensleewedstrijden.

Vervoer

Kenn Borek Air Ltd.: Box 1741, Iqaluit, NU X0A 0H0, tel. 867-979-0040, www.borekair.com. Vluchten in de Baffin-regio.

Auyuittuq National Park

Het 21500 km^2 grote **Auyuittuq National Park** 6 is een wildernis uit de oertijd: imposante bergen, gletsjers en torenhoge, loodrecht oprijzende rotswanden, enorme puinhellingen en weiden vol arctische bloemen. De toepasselijke Inuitnaam betekent 'het land dat nooit ontdooit'. De gletsjers van de Penny Ice Cap, meer dan 2000 m hoog, bedekken ruim 5100 km^2 van het park. Veel bezoekers gaan naar het dal van de Weasel River, dat omhoogloopt naar de **Akshayuk Pass** (vroeger de Pangnirtung Pass), waar zich een overweldigend panorama ontvouwt. Soms vertonen zich ijsberen, walrussen, beloega's en narwallen met hun tot 3 m lange hoorn. Van mei tot juni gaat de zon hier nooit onder. De reis ernaartoe verloopt met het vliegtuig via Iqaluit naar Pangnirtung. Hier vindt u ook het Park Office, waar het verdere vervoer naar het park wordt geregeld. De beste periode voor een bezoek is tussen eind juni en begin augustus.

Nunavut

In **Pangnirtung** [7] leven ca. 1400 Inuit van de visvangst, de jacht op kariboes, walrussen en zeehonden, en ook van de verkoop van hun zeer gezochte kunstnijverheidsproducten. Op een drie uur durende excursie met de boot kunt u het 50 km verderop gelegen **Kekerten Territorial Park** bereiken. Hier vindt u een openluchtmuseum, de stenen fundamenten van een walvisstation van halverwege de 19e eeuw en resten van aarden huizen van de Inuit.

Informatie
Angmarlik Visitor Centre: P. O. Box 271, Pangnirtung, NU X0A 0R0, tel. 867-473-8737, 1-800-491-7510, www.pangnirtung.ca/angmarlik. Tours en transport in het nationale park.
Auyuittuq National Park: P. O. Box 353, Pangnirtung, NU X0A 0R0, tel. 867-473-2500, www.pc.gc.ca/auyuittuq.

Accommodatie
Geweldig uitzicht op het fjord – **Auyuittuq Lodge:** Pangnirtung, P. O. Box 53, NU X0A 0R0, tel. 867-473-8955, 1-888-866-6784, www.pangnirtunghotel.com. Comfortabel hotel en *fishing camp*. Goede keuken, wasserette. 10 juli-20 aug. Vanaf $ 239 per persoon.

Actief
Natuurexcursie – **Alivaktuk Outfitting,** Box 3, Pangnirtung, NU X0A 0R0, tel. 473-8721, www.alivaktukoutfitting.ca. Een- en meerdaagse excursies met boot, hondenslee en sneeuwscooter. Whale watching, vistrips.

Evenementen
Pangnirtung Music Festival: 3 dagen in juli of augustus. Muzikanten uit Nunavut en Groenland.

Cape Dorset
Cape Dorset [8], een Inuitnederzetting met 1300 inwoners aan de zuidwestpunt van Baffin Island, staat internationaal bekend als 'kunstenaarsdorp in het noordpoolgebied' vanwege de daar gemaakte, prachtig gesneden speksteenen beeldjes en de artistiek hoogstaande litho's en zeefdrukken. De Inuitkunstenaars hebben zich aaneengesloten tot de West Baffin Eskimo Co-operative, die de verkoop van de kunstwerken op zich heeft genomen en de grootste werkgever van de plaats is. Bij Cape Dorset hebben archeologen resten van een prehistorische beschaving gevonden, die zij **Dorsetcultuur** noemden. De opgravingsplaatsen zijn met een hondenslee of boot te bereiken.

Mensen die ondernemingsgezind zijn, moeten naar **Resolute** [9] op Cornwall Island gaan. Vanhier organiseert een outfitter verscheidene tochten naar de magnetische noordpool in de buurt van Bathurst Island, naar Ellesmere National Park of zelfs naar de noordpool. Er is voldoende daglicht voor een uitgebreid excursieprogramma: hier in het hoge noorden gaat de zon van begin mei tot half augustus zelfs helemaal niet onder (Resolute heet in de taal van de Inuktitut Qausuittuq, 'Plaats zonder Schemering').

Geschikt voor een tussenstop is **Grise Fjord** [10], de noordelijkste plaats van Amerika. Dit Inuitdorp met maar 130 inwoners, landschappelijk buitengewoon mooi gelegen tussen de zee en machtige bergen, behoort tot de fascinerendste plaatsen van het hoge noorden. Aan de andere kant van het fjord vindt u eeuwenoude stenen hutten, tentringen en visweren, en nog altijd leven de dorpelingen van de traditionele jacht. Lokale gidsen kunnen u naar de enorme ijsschotsen brengen om ijsberen of vogels te observeren.

Accommodatie
Door Inuit uitgebaat – **Qausuittuq Inns North:** P. O. Box 270, Resolute, NU X0A 0V0, tel. 867-252-3900, 1-888-866-6784, www.innsnorth.com, www.resolutebay.com. Comfortabel hotel met mooi uitzicht op de noordwestpassage. Met restaurant en souvenirwinkel. Vanaf $ 250 per persoon.
Ietwat verjaard – **Kingnait Inn:** P. O. Box 89, Cape Dorset, NU X0A 0C0, tel. 867-897-8863. Zeventien kamers met alle twee eenpersoonsbedden. Acht hebben een eigen douche. Restaurant, wasserette. Gasten kunnen

Baffin Island en het uiterste noorden

indien gewenst een gratis rondleiding door de stad krijgen. 2 pk vanaf $ 230, met volpension vanaf $ 250.

Met excursies – **Dorset Suites:** Huit Huit Tours, Box 4, Cape Dorset, NU X0A 0C0, tel. 867-897-8806, www.capedorsettours.com, www.dorsetsuites.com. Comfortabele, met volpension of gebruik van keuken te boeken kamers. Daarnaast bestaat de mogelijkheid tours en excursies in de Cape Dorset-regio te ondernemen. 2 pk vanaf $ 200.

Actief

Natuurexcursie – **Nanuk Outfitting:** Box 98, Resolute, NU X0A 0V0, tel. 867-252-3694, www.resolutebay.com. Een- en meerdaagse tours op het ijs met sneeuwscooter of hondenslee – in de zomer met een terreinwagen. Tijdens de excursies overnacht u in een tent of iglo.

Quttinirpaaq National Park (Ellesmere National Park) 11

De 40.000 km² ongerepte wildernis van **Quttinirpaaq National Park** ligt hoog in het noorden van het arctische eiland Ellesmere, op slechts 800 km van de noordpool. Een bezoek aan het nationale park is een indrukwekkende ervaring: oogverblindend witte gletsjers tussen puinhellingen en rotsen in de meest uiteenlopende schakeringen geel, bruin en zwart, ijsbergen in de fjorden en een groot binnenmeer, **Lake Hazen**, waaromheen een poolwoestijn ligt, winderig en droog. Hier leven grote kolonies sneeuwhazen. In het park kunt u pearykariboes, muskusossen en wolven zien.

Informatie

Quttinirpaaq National Park of Canada, P. O. Box 278, Iqaluit, Nunavut, Canada, tel. 867-975-4673, www.parkscanada.ca/quttinirpaaq.

Wie op zoek is naar eenvoudige outdooractiviteiten, is in Nunavut aan het verkeerde adres – het arctische gebied is extreem (en) uitdagend

Register

Abbaye de St-Benoît-du-Lac 268
Acadiërs 44, 321, 363
Acadische kust 348
accommodatie 74
Adolphustown 190
Advocate Harbour 413
Agawa Canyon 219
Aguasabon Falls 221
alcohol 88
Algonquin Provincial Park **180**, 182
Amherst 415
Amherstburg 157
Annapolis Royal 406
Appalachen 26, 29
Arches Provincial Park 489
architectuur 63
Argentia 461
Arichat 439
Atwood, Margaret 61
Auyuittuq National Park 503
Avalon Peninsula 444
Avalon Wilderness Reserve 457

Baddeck 426
Baffin Island 501
Baffin, William 41
Baie-Comeau 301
Baie des Chaleurs 321
Baie-Johan-Beetz 303
Baie-Sainte-Cathérine 299
Baie-Saint-Paul 296
Baie-Trinité 302
Baie Verte Peninsula 478
Barachois Pond Provincial Park 481
Basin Head 368
Bas-Saint-Laurent 308
Batiscan 294
Battle Harbour 496
Bauline East 454
Bay Bulls 454
Bay de Verde 462
Bay Fortune 367

Bay of Fundy 30, 344
Bay St. Lawrence 431
Beachburg 212
bed and breakfast 74
Beecher-Stowe, Harriet 161
Belleville 189
bevolking 27, 55
Bic 310
Blanc-Sablon 494
Blockhaus de Lacolle 268
Boldt Castle 193
Bonaventure 321
Bonavista 471
Bonavista Peninsula 468
Borduas, Paul-Émile 63
Bouctouche 349
Boyd's Cove 476
Bras d'Or 434
Brault, Jacques 62
Bridal Veil Falls 173
Brigus 463
Bruce Peninsula 168
Bruce Pensinsula National Park 169
btw 101
Bull Arm 464
Burgeo 483
Burin 465
Burin Peninsula 464

Cabot Beach Provincial Park 361
Cabot, John 430
Cabot's Landing Provincial Park 431
Cabot Trail 425
Cambridge Bay 500
Campobello Island 340
Canadian Transportation Museum & Heritage Village 156
Canso Causeway 422
Cantons de l'Est 267
Cap-de-la-Madeleine 294
Cape Bonavista 471
Cape Breton Highlands National Park 427

Cape Chignecto Provincial Park 413
Cape Dorset 504
Cape George 417
Cape North 430
Cape Race 457
Cape Sable Island 401
Cape Smokey 427
Cape Smokey Plateau 428
Cape Smokey Provincial Park 428
Cape Spear 453
Cape St. Mary's 459
Cape St. Mary's Ecological Reserve 459, 460
Caplin Cove 462
Cap-Santé 295
Capstick 431
Caraquet 352
Cardinal, Douglas 66, 67
Carleton 321
Carr, Emily 207
Cartier, Jacques 50, 234, 290
Cartwright 497
Cavendish 361
Cedar Dunes Provincial Park 364
Ceilidh Trail 423
Champlain, Samuel de 41, 185, 191, 207, 214, 279
Change Island 475
Channel-Port aux Basques 481
Chapel Island Reserve 438
Charlevoix 296
Charlottetown 355
Chase, Don 67
Chaudière-Appalaches 306
Chemin du Roy 292
Chester 389
Chéticamp 432
Chûtes Montmorency 289
Clarenville 468
Clark's Harbour 401
Clementsport 405
Cobourg 188
Cochrane 225, 226

Vetgedrukte cijfers verwijzen naar een hoofdartikel

Conception Bay 462
Contemporary Arts Society 63
Cook, James 465
Corner Brook 479
Côte-de-Beaupré 288
Côte-Nord 300
Coureurs des bois 280
Cree 56
Cullen, Maurice 62
Cupids 463

Dalvay-by-the-Sea 359
Davies, Robertson 60
De Champlain 42
Deer Island 340
Deer Lake 478
Deschambault 294
Digby 403
Digby Neck 404
Dildo 461
diplomatieke vertegen-
   woordigingen 88
Dorion 221
Dorsetcultuur 40
Dresden 159
drugs 89
duiken 81
Dulongpré, Louis 62

East Coast Trail 450, 457
East Point Lighthouse 368
economie 27, 35
Edmundston 330
elektriciteit 89
Elora 165
Essex 158
Eté indien (Indian summer) 30
eten en drinken 76
Étienne-Cartier, George 202
Evangeline Trail 403
exportbepalingen 101

Fathom Five National Marine
   Park 169
fauna 32
feestdagen 89
Fergus 165
Ferryland 457
fietsen 79
Findley, Timothy 61

Five Islands Provincial Park 412
Fleur-de-lis Trail 438
flora 30
Flower's Cove 490
Fogo Island 475
fooien 89
Fort Chambly 267
Fort Erie 154
Fort Lennox 268
Fort Malden National Historic
   Site 157
Fort William 223
fotograferen 89
Franklin, John 41
Franklin, Sir John 502
Franquelin 302
Frans Noord-Amerika 41
Fredericton 331
Frenchman's Cove Provincial
   Park 465
French River 177
Frobisher, Martin 41, 502
Fundy National Park 344

Gagetown 334
Gananoque 194
Gander 477
Gaspé 319
Gaspé, Philippe-Ignace François
   Aubert du 62
Gatineau 209
geld 89
geografie 26
Georgian Bay Islands National
   Park 184
geschiedenis 26, 40
gezondheid 90
Giovanni Caboto (John
   Cabot) 50
Glace Bay 435
Glooscap Trail 410
Godbout 302
Gore Bay 173
Grand Bank 465
Grand Bend 161
Grand Canyon des Chûtes
   Sainte-Anne 289
Grande-Anse 353
Grandes-Bergeronnes 301
Grandes-Piles 293

Grand Falls 330
Grand Falls-Windsor 477
Grand Manan Island 341
Grand-Métis 314
Grand Pré National Historic
   Site 409
Green Park Provincial Park 364
Greenwich Prince Edward
   Island National Park 368
Grise Fjord 504
Gros Morne National Park 484
Grosse-Île 306
Group of Seven 62, 129, 207

Halifax 44, 50, **374**
Hamel, Théophile 62
Harbour Grace 462
Harris, Lawren S. 63
Hartland 330
Havre-Saint-Pierre 302
Hearne, Samuel 502
Heart's Content 462
Heart's Delight 462
Hébert, Anne 62
heenreis 70
Hémon, Louis 62
Herring Cove Provincial
   Park 340
Hopedale 497
Hopewell Rocks 346
hostels 75
hotels 74
Houseboatvakanties 83
Houston, James Archibald 67
Hudson, Henry 41, 42, 50, 502
Hudson's Bay Company 50, 226
huurauto 72

Île d'Orléans 290
Îles-de-la-Madeleine 323
indianen 66
Indian River 361
Indian summer 30
Ingonish Beach 429
internet 91
Inuit 56, **59**, 66
Inverness 425
Iona 435
Iqaluit 501
Isle Madame 439

Register

Jack Miner's Bird Sanctuary 156
jagen 80
Jeddore Oyster Pond 418
jeugdherbergen 75
Joggins 413
John Alexander Macdonald 47

kaarten 91
Kagawong 173
kajakken 83
Kakabeka Falls 224
Kamouraska 308
kamperen 74
Kane, Paul 62, 207
kanoën 83
Kejimkujik National Park 396, 398
Kejimkujik National Park Seaside 399
Kenora 224
Killarney 217
Killarney Provincial Park 217
kinderen, reizen met 95
King's Landing Historical Settlement 330
Kingston 191
Kirkland Lake 229
Kitchener-Waterloo 164
kleding 91
klimaat 30, 92
Kouchibouguac National Park 350, 351
Krieghoff, Cornelius 62, 207
Kugluktuk 499
kwestie-Québec 35

Labrador Straits Museum 495
Lac Memphrémagog 269
Lake of the Woods 224
Lake Ontario 29
Lake Superior 29
Lake Superior Provincial Park 220
La Malbaie 297
La Manche Provincial Park 454, 456
La Martre 316
Lambton Heritage Museum 161
L'Anse Amour 495
L'Anse-au-Clair 495

L'Anse-au-Griffon 316
L'Anse aux Meadows 492
Laurentides 263
Lawrencetown 418
Leacock, Stephen 60
leestips 92
Lemelins, Roger 62
Lennox Island 364
Levèsque, René 48
Lighthouse Route 388
Liscomb Game Sanctuary 419
Liscomb Mills 419
L'Islet-sur-Mer 307
literatuur 60
Little Current 176
Liverpool 397
Lockeport 397
Logy Bay 453
Lord Selkirk Provincial Park 366
Louisbourg 44, 50, 437
Louisbourg, de schat van 436
Louisbourg National Historic Site 437
loyalisten 50, 142, 154, 321
Lunenburg 44, 392

maateenheden 94
Mabou 423
Macdonald, John A. 202
Mactaquac Provincial Park 331
Magog 269
Mahone Bay 391
Maillet, Antonine 62
Main Brook 493
Manic-5 301
Manitoulin Island 171
Manitowaning 173
Mansonville 268
Margaree Harbour 433
Margaree Valley 433
Marine Drive 418
Mariner's Park Museum 189
Martel, Yann 61
Martinique Beach 418
Marystown 465
Matane 314
Mattawa 215
McDonald, Joseph E. H. 63
M'Chigeeng 172
Meat Cove 431

media 94
Merrickville 199
Meteghan 403
Midland 185
milieubescherming 31
Miquelon 465
Miramichi 352
Miron, Gaston 62
Miscouche 363
Mississagi Lighthouse 173
Mistaken Point Ecological Reserve 457
Moncton 348
Mont-Carmel 363
Montérégie 267
Montmagny 307
Montréal
 – 1000 de la Gauchetière 245
 – Bank of Montréal 237
 – Basilique Notre-Dame 236
 – Boulevard St-Laurent 250
 – Cathédrale Christ Church 246
 – Cathédrale Marie-Reine-du-Monde 245
 – Centre Canadien d'Architecture (CCA) 245
 – Centre d'Histoire de Montréal 235
 – Centre Eaton 246
 – Chapelle Notre-Dame-de-Bon-Secours 239
 – Château Ramezay 238
 – Cimetière Mont-Royal 254
 – Cimetière Notre-Dame-des-Neiges 254
 – Édifice Sun Life 245
 – Hôtel de Ville 238
 – Île Notre-Dame 239, 243
 – Île Sainte-Hélène 239, 242
 – Jardin Botanique de Montréal 253
 – Les Cours Mont-Royal 246
 – Marché Bonsecours 238
 – Marché Jean-Talon 251
 – Mile End 251
 – Mont-Royal 254, 261
 – Musée d'Archéologie et d'Histoire Pointe-à-Callière 235
 – Musée d'Art Contemporain 246

Vetgedrukte cijfers verwijzen naar een hoofdartikel

- Musée des Beaux-Arts 250
- Musée McCord d'Histoire Canadienne 250
- Oratoire St-Joseph 254
- Outremont 251
- Parc des Îles 239
- Parc du Mont-Royal 254
- Parc Olympique de Montréal 253
- Petite Italie 251
- Place d'Armes 235
- Place Jacques-Cartier 237
- Place Royale 235
- Place Ville-Marie 244
- Quartier Chinois 251
- Quartier Juif 251
- Quartier Portugais 251
- Rue Crescent 246
- Rue Sherbrooke 246
- Rue St-Denis 253
- Rue Ste-Cathérine 246
- Rue St-Jacques 237
- Square Dorchester 244
- Square Westmount 250
- Université du Québec à Montréal (UQAM) 253
- Université McGill 250
- Vieux-Port 239
- Vieux Séminaire de Saint-Sulpice 236
- Ville Souterraine 244
- Westmount 251

Mont-Saint-Pierre 316
Moose Factory 228
Moose Factory Island 226
Moosonee 226, 228
Morrisburg 197
Morrisseau, Norval Copper Thunderbird 67
motels 74
mountainbiken 79
Mount Uniacke 410
muggen 90
Munro, Alice 61
Murray Harbour 367
Muskoka 178
Musquodoboit Harbour 418

Nain 497
nationale parken 34

Neils Harbour 430
New Bonaventure 471
New Richmond 321
Newtown 475
Niagara Falls 148
Niagara Glen Nature Area 148
Niagara-on-the-Lake 142
Niagara Parks Botanical Gardens 148
Niagara River 29
noodgevallen 95
noordwestpassage 41, 502
Norris Point 485
Norstead Port of Trade 492
North Bay 216
North Buxton 158
North Cape 365
North East Margaree 434
Northern Bay Sands Provincial Park 462
North Lake 368
Northumberland Provincial Park 367
Notre Dame Junction 477
Nova Scotia Highland Village Museum 435
Nunavut 498

Oak Island 390
Oil Springs 161
Old Order Mennonites 164
O'Leary 364
Ondaatje, Michael 61
openingstijden 95
Orwell 365
Ottawa **200**
- 24 Sussex Drive 208
- Bank of Canada Building 204
- Byward Market 207
- Canada Aviation and Space Museum 208
- Canadian Museum of History 209
- Canadian Museum of Nature 208
- Canadian War Museum 208
- Château Laurier Hotel 204
- Confederation Square 201
- Gatineau Park 209
- National Arts Centre 201

- National Gallery of Canada 207
- National War Memorial 201
- Nepean Point 207
- Notre Dame Basilica 207
- Ottawa Locks 204
- Parliament Hill 201
- Rideau Canal 204
- Rideau Centre 205
- Sparks Street Mall 203
Ouimet Canyon 221

Painters Eleven 63
Pangnirtung 504
Parc national de Forillon 316
Parc national de la Gaspésie 315
Parc national de la Mauricie 293
Parc national de l'Île-Bonaventure-et-du-Rocher-Percé 320
Parc national de Miguasha 321
Parc national des Grands-Jardins 297
Parc national des Hautes Gorges-de-la-Rivière-Malbaie 298
Parc national du Bic 310, 311
Parc national du Mont-Orford 269
Parc national du Mont-Tremblant 264
Parc national du Saguenay 298, 299
Parlee Beach Provincial Park 349
Parrsboro 412
Parry Sound 177
Paspébiac 321
Peggy's Cove 388
Pellan, Alfred 63
Pembroke 214
Penetanguishene 184
Percé 319
Petty Harbour 453
Phare de Pointe-des-Monts 302
Piccadilly Head Provincial Park 481
Picton 189
Pictou 416
Pinery Provincial Park 161
Pitseolak 67
Placentia 459
Pleasant Bay 432

Register

Pointe-à-la-Croix 321
Pointe-aux-Anglais 302
Pointe de l'Eglise (Church Point) 403
Point Pelee National Park 155, 156
Point Prim 366
Polar Bear Express 225, **226**
politiek 27, 35
Port au Choix 489
Port-au-Persil 298
Port au Port Peninsula 480
Port Carling 179
Port Colborne 154
Port Hastings 422
Port Hope 188
Port Royal 41, **407**
Port Royal National Historic Site 406
Portugal Cove 457
Port Union 471
Post 95
Pouch Cove 456
Pow Wow **174**, 176
prijspeil 95
Prince Edward Island National Park 359
Providence Bay 172
Pubnico Harbour 402
Pubnicos 402
Pukaskwa National Park 220

Québec **274**
– Basilique-Cathédrale Notre-Dame-de-Québec 279
– Cathedrale de la Sainte-Trinité 282
– Centre d'Interprétation de Place-Royale 284
– Centre d'Interprétation du Vieux-Port 284
– Château Frontenac 279
– Église Notre-Dame-des-Victoires 284
– Funiculaire 284
– Hôtel du Parlement 283
– La Citadelle 275
– Les Remparts 282
– Maison Jacquet 283
– Musée de la Civilisation 285
– Musée des Ursulines 282
– Musée du Fort 279
– Musée National des Beaux Arts du Québec 278
– Parc d'Artillerie 282
– Parc des Champs-de-Bataille 278
– Place d'Armes 279
– Promenade Samuel de Champlain 285
– Rue du Petit-Champlain 284
– Terrasse Dufferin 279
Queenston 147
Quetico Provincial Park 224
Quinte's Isle 189
Quttinirpaaq National Park (Ellesmere National Park) 505

raften 84
Red Bay 496
Red Point Provincial Park 368
reisperiode 92
religie 27
Réserve de parc national de l'Archipel-de-Mingan 302
Réserve nationale de Faune du Cap-Tourmente 289
Resolute 504
Restigouche 322
Rideau Canal 198
Rimouski 310
Riopelle, Jean-Paul 63
River of Ponds Provincial Park 489
Rivière-au-Tonnerre 302
Rivière-du-Loup 309
Rocky Harbour 485
roken 96
Rose Blanche **483**
Ross Farm Living Heritage Museum 390
Rossport 221
Roy, Gabrielle 62
Rustico Bay 359

Safdie, Moshe 66, 207, 285
Sainte-Adèle 263
Sainte-Agathe-des-Monts 264
Sainte-Anne-des-Monts 315
Sainte-Flavie 314
Sainte-Marie among the Hurons 186
Saint-Jean-Port-Joli 307
Saint John 334
Saint-Joseph-de-la-Rive 297
Saint-Sauveur-des-Monts 263
Salmonier Nature Park 459
Sauble Beach 168
Sault Ste. Marie 218
schilderkunst 62
Sept-Îles 302
Severn Sound 184
Shediac 349
Sheguiandah 176
Shelburne 399
Sherbrooke 420
Ship Harbour 418
Shippagan 352
Shubenacadie 410
Sleeping Giant Provincial Park 221
Smith Falls 199
Smith's Cove 405
Souris 367
souterrain van Montréal 247
souvenirs 101
sport 79
Spry Bay 419
Spry Harbour 419
Stanbridge East 268
St. Andrews By-the-Sea 342
St. Ann's 426
St. Anthony 493
St. Barbe 490
St. Bride's 459
St. Jacobs 164
St. John's 41, 444
St. Lawrence Islands National Park 197
St. Lawrence River 29
St. Peter's 438
St. Pierre 465
Stratford 162
Summerside 363
Sunnyside 464
Sunrise Trail 414
Sydney 435

Tadoussac 41, 57, **301**
Tailor Head Provincial Park 419

Vetgedrukte cijfers verwijzen naar een hoofdartikel

Tangier 419
Tatamagouche 415
telefoneren 97
Terra Nova National Park 474
Thomson, Tom 62
Thousand Islands 193
Thousand Islands National Park 196
Thule 40, 498
Thunder Bay 222
tijdzones 97
Timmins 229
Tobermory 171
Torngat Mountains National Park 497
Toronto **108**
- Air Canada Centre 115
- Art Gallery of Ontario (AGO) 123
- Bank of Montréal 118
- Bank of Montréal Building 118
- Bank of Nova Scotia Tower 118
- Black Creek Pioneer Village 129
- Brookfield Place 118
- Canada's Wonderland 129
- Casa Loma 127
- CBC Museum 115
- CF Toronto Eaton Centre 121
- Chinatown 122
- CN Tower 113
- Commerce Court 118
- Distillery Historic District 119
- Dominion Bank Building 118
- Dundas Square 120
- Ed Mirvish Theatre 122
- Elgin and Winter Garden Theatres 122
- Exhibition Place 112
- Fairmont Royal York Hotel 117
- Fleck Dance Theatre 112
- Four Seasons Centre for the Performing Arts 117
- Gardiner Museum 125
- Gooderham Building 118
- Greektown 128
- Hart House 125
- Historic Fort York 112
- Hockey Hall of Fame 118
- Kensington Market 122

- King Edward Hotel 118
- Little Italy 128
- Mackenzie House 122
- Maple Leaf Square 115
- McMichael Canadian Art Collection 129
- MZTV Museum 117
- New City Hall 121
- Old City Hall 121
- Ontario Parliament 125
- Ontario Place 112
- Osgoode Hall 121
- Portugal Village 128
- Power Plant Gallery 112
- Princess of Wales Theatre 115, 116
- Queen's Park 125
- Queen's Quay Terminal 112
- Queen Street Village 116
- Ripley's Aquarium of Canada 113
- Roger's Centre 113
- Royal Alexandra Theatre 115, 116
- Royal Bank Building 118
- Royal Bank Plaza 118
- Royal Ontario Museum (ROM) 125
- Roy Thomson Hall 115
- Sony Center for the Performing Arts 119
- Spadina Museum 128
- St. James Cathedral 119
- St. Lawrence Hall 119
- St. Lawrence Market 119
- The Annex 127
- TIFF Bell Lightbox 115
- Toronto Dominion Centre 118
- Toronto Islands 114
- Toronto Police Museum and Discovery Centre 122
- Toronto Public Library 126
- Toronto's First Post Office 119
- Toronto Stock Exchange 118
- Trader's Bank 118
- Union Station 119
- West Queen West 116
- York Quay Centre 112
Trenton 189
Trepassey 457

Trinity 468
Trois-Pistoles 310
Trois-Rivières 292
Trout River 487
Trudeau, Pierre Elliott 48, 51
Truro 412
Tubman, Harriet 160
Twillingate 476

uitgaan 98
United Empire Loyalists 45
Upper Canada Village 197

Valcourt 269
Val-David 264
Vallières, Pierre 62
veiligheid 98
vervoer, binnenlands 71
Vikingdorp 492
Vikingen 40
Viking Trail 489
Village Historique Acadien 353
vissen 80

Wagmatcook Culture & Heritage Centre 434
walvissen 34
wandelen 81
Wasaga Beach 187
water 99
Wawa 220
websites 99
wellness 101
West Point 364
Whycocomagh 422
Wikwemikong 176
Windsor 157, 410
winkelen 101
wintersport 85
Witless Bay Ecological Reserve 454
Wolfville 409
Wood Islands 366
Woody Point 487

Yarmouth 402
Yorkville 126

zeilen 85
zwemmen 85

Colofon

Hulp gevraagd!
De informatie in deze reisgids is aan verandering onderhevig. Het kan dus wel eens gebeuren dat u ter plaatse een andere situatie aantreft dan de auteur. Is de tekst niet meer helemaal correct, laat ons dat dan even weten: anwbmedia@anwb.nl of Uitgeverij ANWB, Postbus 93200, 2509 BA Den Haag

Omslagfoto's: Voorzijde omslag: Peggy's Cove (SIME/Canali); achterzijde omslag en rug: Boothuizen in New London aan de Malpeque Bay (Look-Foto, München/Design Pics)

Fotoverantwoording: DuMont Bildarchiv, Ostfildern: blz. 155, 162/163, 238, 375 (Heeb). Fotolia, New York: blz. 291 (olivieri). Glow Images, München: blz. 341 (All Canada Photos/Barrett & MacKay); 136/137 (All Canada Photos/Georgi); 216/217 (All Canada Photos/Sylvester). Ole Helmhausen, Montréal: blz. 11 re. Huber-Images, Garmisch-Partenkirchen: blz. 87 o., 233, 258 (Carassale); 241 (Cozzi); 69 m., 245 (Kremer); blz. 28/29, 45, 107, 123, 132/133, 390/391, 394/395, 408, 448, 454/455 (Schmid). iStock.com, Calgary: blz. 346/347 (franckreporter); 186 (Orchidpoet); 103 (Peters); 124 (Sanchez); 427 (Vladone). laif, Keulen: blz. 58, 505 (Arcticphoto); 494 (Arcticphoto/Alexander); 227 (Aurora/Wood); 293 (Escudero/Hoa Qui); 81, 138, (Georgi); 104, 206, (Gerber); 120/121 (Hahn); 31, 49, 69 b., 228, 440 (Heeb); 75, 281, 318/319 (hemis.fr); 93, 312/313 (hemis.fr/Frilet); 69 o. (hemis.fr/Palanque); 54/55, 82 li. b., 252, 278, 337 (hemis.fr/Renault); 77 o. (Le Figaro Magazine/Martin); 303 (Martin); 270 (Nausbaum/robertharding); 222 (Redux/Morris); 488 (Runkel/robertharding); 72, 82 o., 273, 298/299, 304 (Tophoven). Look-Foto, München: blz. 500/501(age fotostock); 220/221, 325, 348/349, 360/361, 405 (Design Pics); 178/179 (Glasshouse Images); 87 b. (robertharding); 235, 386/387 (Travel Collection); 167 (Widmann). Mauritius Images, Mittenwald: blz. 32/33, 146/147, 152 (Alamy); 329, 366/367, 414/415, 482 (Alamy/All Canada Photos); 225 (Alamy/Cardozo); 502 (Alamy/Falkensteinfoto); 326 (Alamy/Gozansky); 36 (Alamy/Rochon); 398, 407 (Alamy/Rolf Hicker Photography); 61 (Alamy/Sutton-Hibbert); 127 (Alamy/Torontonian); 170 (Firstlight); 420/421, 470, 478/479 (Hicker); 39 (Nature Picture Library/Owen); 42 (SuperStock/Stock Montage); 149 (United Archives). Kurt J. Ohlhoff, Isernhagen: blz. 11 li., 64/65, 175, 185, 262/263, 382/383, 438/439, 460, 472/473. picture alliance, Frankfurt a. M.: blz. 160 (Glasshouse Images). Schapowalow, Hamburg: blz. 247 (Cozzi); 77 re. b. (Irek/4Corners); 77 li. b., 275 (Kremer); 417, 436 (Schmid); 286 (SIME/Biscaro); 25, 82 re. b., 204/205, 370 (SIME/Canali); 230 (SIME/Carassale); 257, 283 (SIME/Cozzi). Shutterstock, New York: blz. 198/199 (Alina R); 46 (DayOwl); 266 (DGPICTURE); 430/431 (Lewis); 194/195 (Loma Wu 2); 423 (McKinnon). Tourism PEI: 358 (Stephen Harris). Wilderness Tours, Beachburg, Ontario: blz. 213

Citaat: blz. 24 Eric Weiner, *Can Canada teach the rest of us to be nicer?*, BBC Travel, www.bbc.com/travel/story/20150311-can-canada-teach-the-rest-of-us-to-be-nicer, 19. mrt. 2015

Productie: Uitgeverij ANWB
Coördinatie: Els Andriesse
Tekst: Kurt J. Ohlhoff, Ole Helmhausen
Vertaling: Amir Andriesse, Diemen
Eindredactie: Quinten Lange, Amsterdam
Opmaak: Hubert Bredt, Amsterdam (binnenwerk)
Atelier van Wageningen, Amsterdam (omslag)
Grafisch concept: Groschwitz, Hamburg
Omslag: Yu Zhao Design, Den Haag
Cartografie: © DuMont Reisekartografie, Fürstenfeldbruck

© 2017 DuMont Reiseverlag, Ostfildern
© 2017 ANWB bv, Den Haag
Vierde, herziene druk
ISBN: 978 90 18 04151 9

Alle rechten voorbehouden
Deze uitgave werd met de meeste zorg samengesteld. De juistheid van de gegevens is mede afhankelijk van informatie die ons werd verstrekt door derden. Indien de informatie onjuistheden bevat, kan de ANWB daarvoor geen aansprakelijkheid aanvaarden.
www.anwb.nl